大学赤本シリーズ

545

大和大学
大和大学白鳳短期大学部

はしがき

おかげさまで，大学入試の「赤本」は，今年で創刊70周年を迎えました。

これまで，入試問題や資料をご提供いただいた大学関係者各位，掲載許可をいただいた著作権者の皆様，各科目の解答や対策の執筆にあたられた先生方，そして，赤本を使用してくださったすべての読者の皆様に，厚く御礼を申し上げます。

以下に，創刊初期の「赤本」のはしがきを引用します。これからも引き続き，受験生の目標の達成や，夢の実現を応援してまいります。

本書を活用して，入試本番では持てる力を存分に発揮されることを心より願っています。

編者しるす

＊　＊　＊

学問の塔にあこがれのまなざしをもって，それぞれの志望する大学の門をたたかんとしている受験生諸君！　人間として生まれてきた私たちは，自己の欲するままに，美しく，強く，そして何よりも人間らしく生きることをねがっている。しかし，一朝一夕にして，この純粋なのぞみが達せられることはない。私たちの行く手には，絶えずさまざまな試練がまちかまえている。この試練を克服していくところに，私たちのねがう真に人間的な世界がはじめて開かれてくるのである。

人生最初の最大の試練として，諸君の眼前に大学入試がある。この大学入試は，精神的にも身体的にも，大きな苦痛を感ぜしめるであろう。あるスポーツに熟達するには，たゆみなき，はげしい練習を積み重ねることが必要であるように，私たちは，計画的・持続的な努力を払うことによって，この試練を克服し，次の一歩を踏みだすことができる。厳しい試練を経たのちに，はじめて満足すべき成果を獲得できるのである。

本書は最近の入学試験の問題に，それぞれ解答を付し，さらに問題をふかく分析することによって，その大学独特の傾向や対策をさぐろうとした。本書を一般の参考書とあわせて使用し，まとはずれのない，効果的な受験勉強をされるよう期待したい。

（昭和35年版「赤本」はしがきより）

挑む人の、いちばんの味方

1954 年に大学入試の過去問題集を刊行してから 70 年。赤本は大学に入りたいと思う受験生を応援しつづけてきました。これからも，苦しいとき落ち込むときにそばで支える存在でいたいと思います。

そして，勉強をすること，自分で道を決めること，努力が実ること，これらの喜びを読者の皆さんが感じることができるよう，伴走をつづけます。

そもそも赤本とは…

受験生のための大学入試の過去問題集！

70年の歴史を誇る赤本は，500点を超える刊行点数で全都道府県の370大学以上を網羅しており，過去問の代名詞として受験生の必須アイテムとなっています。

…………… なぜ受験に過去問が必要なのか？ ……………

大学入試は大学によって問題形式や頻出分野が大きく異なるからです。

赤本の掲載内容

傾向と対策

これまでの出題内容から，問題の「**傾向**」を分析し，来年度の入試に向けて具体的な「**対策**」の方法を紹介しています。

問題編・解答編

- 年度ごとに問題とその解答を掲載しています。
- 「**問題編**」ではその年度の試験概要を確認したうえで，実際に出題された過去問に取り組むことができます。
- 「**解答編**」には高校・予備校の先生方による解答が載っています。

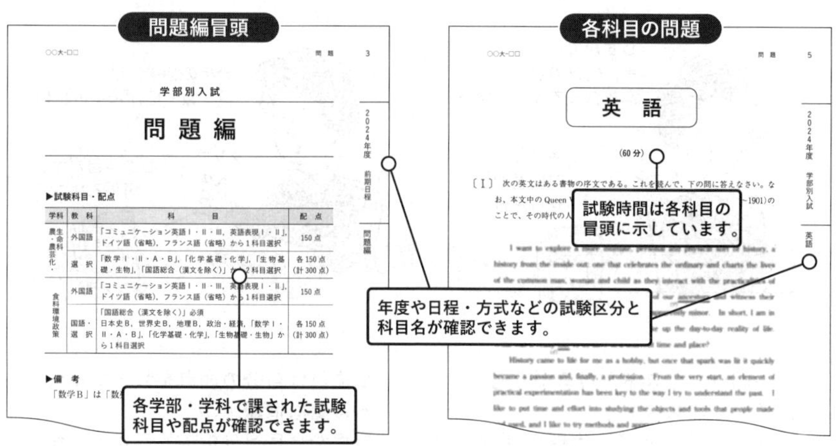

他にも，大学の基本情報や，先輩受験生の合格体験記，在学生からのメッセージなどが載っていることがあります。

掲載内容について

著作権上の理由やその他編集上の都合により問題や解答の一部を割愛している場合があります。なお，指定校推薦入試，社会人入試，編入学試験，帰国生入試などの特別入試，英語以外の外国語科目，商業・工業科目は，原則として掲載しておりません。また試験科目は変更される場合がありますので，あらかじめご了承ください。

受験勉強は

過去問に始まり，

STEP 1

なにはともあれ

まずは解いてみる

過去問は，**できるだけ早いうちに解く**のがオススメ！
実際に解くことで，**出題の傾向，問題のレベル，今の自分の実力**がつかめます。

STEP 2

じっくり具体的に

弱点を分析する

間違いは自分の弱点を教えてくれる**貴重な情報源**。
弱点から自己分析することで，**今の自分に足りない力や苦手な分野**が見えてくるはず！

合格者があかす赤本の使い方

傾向と対策を熟読
（Fさん／国立大合格）
大学の出題傾向を調べるために，赤本に載っている「傾向と対策」を熟読しました。

繰り返し解く
（Tさん／国立大合格）
1周目は問題のレベル確認，2周目は苦手や頻出分野の確認に，3周目は合格点を目指して，と過去問は繰り返し解くことが大切です。

過去問に終わる。

STEP 3

志望校にあわせて

苦手分野の重点対策

参考書や問題集を活用して，苦手分野の**重点対策**をしていきます。**過去問を指針**に，合格へ向けた具体的な学習計画を立てましょう！

STEP 1▶2▶3

サイクルが大事!

実践を繰り返す

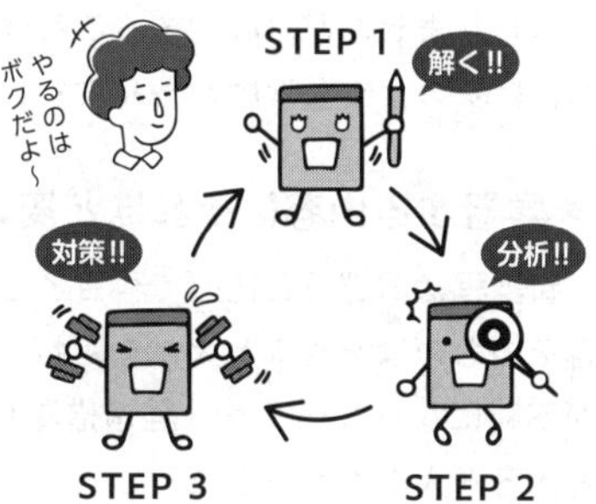

STEP 1～3を繰り返し，実力アップにつなげましょう！
出題形式に慣れることや，**時間配分を考えること**も大切です。

目標点を決める
（Yさん／私立大合格）
赤本によっては合格者最低点が載っているので，それを見て目標点を決めるのもよいです。

時間配分を確認
（Kさん／私立大学合格）
赤本は時間配分や解く順番を決めるために使いました。

添削してもらう
（Sさん／私立大学合格）
記述式の問題は先生に添削してもらうことで自分の弱点に気づけると思います。

新課程入試 Q&A

2022 年度から新しい学習指導要領（新課程）での授業が始まり，2025 年度の入試は，新課程に基づいて行われる最初の入試となります。ここでは，赤本での新課程入試の対策について，よくある疑問にお答えします。

Q1. 赤本は新課程入試の対策に使えますか？

A. もちろん使えます！

OK

旧課程入試の過去問が新課程入試の対策に役に立つのか疑問に思う人もいるかもしれませんが，心配することはありません。旧課程入試の過去問が役立つのには次のような理由があります。

● 学習する内容はそれほど変わらない

新課程は旧課程と比べて科目名を中心とした変更はありますが，学習する内容そのものはそれほど大きく変わっていません。また，多くの大学で，既卒生が不利にならないよう「経過措置」がとられます（Q３参照）。したがって，出題内容が大きく変更されることは少ないとみられます。

● 大学ごとに出題の特徴がある

これまでに課程が変わったときも，各大学の出題の特徴は大きく変わらないことがほとんどでした。入試問題は各大学のアドミッション・ポリシーに沿って出題されており，過去問にはその特徴がよく表れています。過去問を研究してその大学に特有の傾向をつかめば，最適な対策をとることができます。

出題の特徴の例	・英作文問題の出題の有無 ・論述問題の出題（字数制限の有無や長さ） ・計算過程の記述の有無

新課程入試の対策も，赤本で過去問に取り組むところから始めましょう。

Q2. 赤本を使う上での注意点はありますか？

A. 志望大学の入試科目を確認しましょう。

過去問を解く前に，過去の出題科目（問題編冒頭の表）と 2025 年度の募集要項とを比べて，課される内容に変更がないかを確認しましょう。ポイントは以下のとおりです。科目名が変わっていても，実際は旧課程の内容とほとんど同様のものもあります。

英語・国語	科目名は変更されているが，実質的には変更なし。 ▶▶ **ただし，リスニングや古文・漢文の有無は要確認。**
地歴	科目名が変更され，「歴史総合」「地理総合」が新設。 ▶▶ **新設科目の有無に注意。ただし，「経過措置」(Q３参照)により内容は大きく変わらないことも多い。**
公民	「現代社会」が廃止され，「公共」が新設。 ▶▶ **「公共」は実質的には「現代社会」と大きく変わらない。**
数学	科目が再編され，「数学 C」が新設。 ▶▶ **「数学」全体としての内容は大きく変わらないが，出題科目と単元の変更に注意。**
理科	科目名も学習内容も大きな変更なし。

数学については，科目名だけでなく，どの単元が含まれているかも確認が必要です。例えば，出題科目が次のように変わったとします。

旧課程	「数学Ⅰ・数学Ⅱ・数学 A・数学 B（数列・ベクトル）」
新課程	「数学Ⅰ・数学Ⅱ・数学 A・**数学 B（数列）・数学 C（ベクトル）**」

この場合，新課程では「数学C」が増えていますが，単元は「ベクトル」のみのため，実質的には旧課程とほぼ同じであり，過去問をそのまま役立てることができます。

Q3. 「経過措置」とは何ですか?

A. 既卒の旧課程履修者への対応です。

多くの大学では，既卒の旧課程履修者が不利にならないように，出題において「経過措置」が実施されます。措置の有無や内容は大学によって異なるので，募集要項や大学のウェブサイトなどで確認しておきましょう。

○旧課程履修者への経過措置の例

- 旧課程履修者にも配慮した出題を行う。
- 新・旧課程の共通の範囲から出題する。
- 新課程と旧課程の共通の内容を出題し，共通範囲のみでの出題が困難な場合は，旧課程の範囲からの問題を用意し，選択解答とする。

例えば，地歴の出題科目が次のように変わったとします。

旧課程	「日本史 B」「世界史 B」から１科目選択
新課程	「**歴史総合**，日本史探究」「**歴史総合**，世界史探究」から１科目選択※ ※旧課程履修者に不利益が生じることのないように配慮する。

「歴史総合」は新課程で新設された科目で，旧課程履修者には見慣れないものですが，上記のような経過措置がとられた場合，新課程入試でも旧課程と同様の学習内容で受験することができます。

要チェックだホン

新課程の情報は WEB もチェック！
より詳しい解説が赤本ウェブサイトで見られます。
https://akahon.net/shinkatei/

科目名が変更される教科・科目

	旧課程	新課程
国語	国語総合 国語表現 現代文A 現代文B 古典A 古典B	現代の国語 言語文化 論理国語 文学国語 国語表現 古典探究
地歴	日本史A 日本史B 世界史A 世界史B 地理A 地理B	歴史総合 日本史探究 世界史探究 地理総合 地理探究
公民	現代社会 倫理 政治・経済	公共 倫理 政治・経済
数学	数学Ⅰ 数学Ⅱ 数学Ⅲ 数学A 数学B 数学活用	数学Ⅰ 数学Ⅱ 数学Ⅲ 数学A 数学B 数学C
外国語	コミュニケーション英語基礎 コミュニケーション英語Ⅰ コミュニケーション英語Ⅱ コミュニケーション英語Ⅲ 英語表現Ⅰ 英語表現Ⅱ 英語会話	英語コミュニケーションⅠ 英語コミュニケーションⅡ 英語コミュニケーションⅢ 論理・表現Ⅰ 論理・表現Ⅱ 論理・表現Ⅲ
情報	社会と情報 情報の科学	情報Ⅰ 情報Ⅱ

目　次

2023年度 問題と解答

●大和大学：学校推薦型選抜（公募制）

●白鳳短期大学：学校推薦型選抜（公募制推薦入試）前期日程

●大和大学・白鳳短期大学：一般選抜前期Ａ日程

2022年度 問題と解答

掲載内容についてのお断り

- 本書では以下の日程を掲載しています。
  大和大学：学校推薦型選抜（公募制）〈政治経済学部の個別日程は非掲載〉
  大和大学白鳳短期大学部：学校推薦型選抜（公募制推薦入試）前期日程
  大和大学・白鳳短期大学部：一般選抜前期A日程から1日程分〈2022年度は一般選抜前期・大学入学共通テストプラス選抜から1日程分〉
- 著作権の都合上，下記の内容を省略しています。
  2024年度：学校推薦型選抜　情報・社会・理工・政治経済・教育（英語教育除く）・保健医療学部「英語」4の英文
  一般選抜前期A日程　情報・社会・政治経済・教育（国語教育除く）・保健医療学部・短期大学部「国語」二
  2023年度：一般選抜前期A日程　教育（英語教育）学部「英語」4の英文
  2022年度：一般選抜前期　社会・理工・政治経済・教育（英語教育除く）・保健医療学部・短期大学「英語」4の英文

下記の問題に使用されている著作物は，2024年5月30日に著作権法第67条の2第1項の規定に基づく申請を行い，同条同項の規定の適用を受けて掲載しているものです。

2024年度：一般選抜前期A日程　情報・社会・理工・政治経済・教育（英語教育除く）・保健医療学部・短期大学部「英語」5

基本情報

学部・学科の構成

大　学

●情報学部

情報学科（情報科学専攻，データサイエンス専攻，情報経済経営専攻）

●理工学部

理工学科（数理科学専攻，機械システム工学専攻※1，電気電子情報工学専攻※1，建築学専攻，生物生命科学専攻※2）

※1　2025 年 4 月，機械工学専攻から機械システム工学専攻，電気電子工学専攻から電気電子情報工学専攻に名称変更予定。

※2　2025 年 4 月開設予定（設置構想中）。

●政治経済学部

政治・政策学科（政治学専攻，政策学専攻）

経済経営学科（経済学専攻，経営学専攻）

グローバルビジネス学科

●**社会学部**

社会学科（現代社会学コース，メディア社会学コース，社会心理学コース）

●**教育学部**

教育学科（初等幼児教育専攻，国語教育専攻，数学教育専攻，英語教育専攻）

●**保健医療学部**

看護学科

総合リハビリテーション学科（理学療法学専攻，作業療法学専攻，言語聴覚学専攻）

●**白鳳短期大学部**

総合人間学科（こども教育専攻，リハビリテーション学専攻〈理学療法学課程，作業療法学課程〉，看護学専攻）

※リハビリテーション学専攻・看護学専攻は３年課程。

（備考）コース・専攻に分属する年次は学科により異なる。

専攻科（１年課程）

●**総合人間科**

リハビリテーション学専攻（言語聴覚学課程，理学療法学課程，作業療法学課程）

地域看護学専攻

助産学専攻

（備考）専攻科は看護系大学・３年制の短期大学（看護に関する学科等）を卒業した者が対象。

大学所在地

大和大学

大和大学白鳳短期大学部

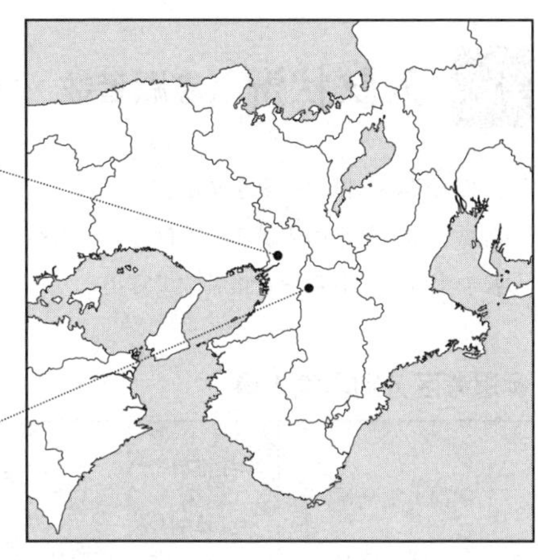

大和大学	〒564-0082	大阪府吹田市片山町 2-5-1
大和大学白鳳短期大学部	〒636-0011	奈良県王寺町葛下 1-7-17

2024年度入試データ

入試状況（志願者数・競争率など）

○大和大学の入試データを掲載。

○白鳳短期大学部の入試データは，ホームページに掲載。

○競争率は受験者数÷合格者数で算出。

●選考区分別募集人員

学部・学科等			学校推薦型選抜（公募制）	一般選抜 前期A・B	一般選抜 後期	大学入学共通テストプラス選抜	大学入学共通テスト利用選抜 前期・後期
情報	情報		80	80	10	14	16
社会	社会		80	95	15	—	10
理工	理工	数理科学	11	8	2	3	4
		情報科学	20	18	2	4	4
		電気電子工学	20	18	2	4	4
		機械工学	20	18	2	4	4
		建築学	20	18	2	4	4
政治経済	政治・政策		37	14	3	—	4
	経済経営		60	42	10	—	4
	グローバルビジネス		40	28	5	—	4
教育	教育	初等幼児教育	45	45	6	—	4
		国語教育	10	11	2	3	4
		数学教育	10	11	2	3	4
		英語教育	10	11	2	3	4
保健医療	看護		45	45	6	—	4
	総合リハビリテーション	理学療法学	14	18	2	—	3
		作業療法学	14	18	2	—	3
		言語聴覚学	14	18	2	—	3

（備考）政治経済学部の学校推薦型選抜（公募制）の募集人員は，前期と個別日程の合計。

学校推薦型選抜（公募制）

●前期

学部・学科等			区分	志願者数	受験者数	合格者数	競争率
社会	社会		基礎評価型	531	530	110	4.8
			総合評価型	382	381	120	3.2
政治経済	政治・政策		基礎評価型	374	371	97	3.8
			総合評価型	257	256	99	2.6
	経済経営		基礎評価型	498	493	77	6.4
			総合評価型	333	330	100	3.3
	グローバルビジネス		基礎評価型	245	243	36	6.8
			総合評価型	164	163	38	4.3
			英語重視型	78	78	39	2.0
教育	教育	初等幼児教育	基礎評価型	246	244	92	2.7
			総合評価型	194	193	72	2.7
		国語教育	基礎評価型	94	93	23	4.0
			総合評価型	71	71	17	4.2
		数学教育	基礎評価型	107	107	31	3.5
			総合評価型	88	88	26	3.4
		英語教育	基礎評価型	53	52	30	1.7
			総合評価型	39	38	22	1.7
保健医療	看護		基礎評価型	344	341	89	3.8
			総合評価型	283	281	77	3.6
	総合リハビリテーション	理学療法学	基礎評価型	119	118	34	3.5
			総合評価型	95	95	33	2.9
		作業療法学	基礎評価型	78	77	43	1.8
			総合評価型	63	63	44	1.4
		言語聴覚学	基礎評価型	57	56	27	2.1
			総合評価型	48	48	32	1.5

（表つづく）

学部・学科等			区　分	志願者数	受験者数	合格者数	競争率
理工	理工	数理科学	基礎評価型	71	71	40	1.8
			総合評価型	46	46	35	1.3
			数学重視型	26	26	18	1.4
			理科重視型	8	8	5	1.6
			英語重視型	15	15	11	1.4
		情報科学	基礎評価型	177	176	63	2.8
			総合評価型	97	97	45	2.2
			数学重視型	103	102	37	2.8
			理科重視型	14	14	3	4.7
			英語重視型	32	31	18	1.7
		機械工学	基礎評価型	124	123	61	2.0
			総合評価型	68	68	43	1.6
			数学重視型	78	77	36	2.1
			理科重視型	20	20	8	2.5
			英語重視型	32	31	19	1.6
		電気電子工学	基礎評価型	124	124	70	1.8
			総合評価型	76	76	51	1.5
			数学重視型	73	73	39	1.9
			理科重視型	17	17	8	2.1
			英語重視型	28	28	19	1.5
		建築学	基礎評価型	103	102	46	2.2
			総合評価型	55	55	26	2.1
			数学重視型	59	58	21	2.8
			理科重視型	15	15	2	7.5
			英語重視型	32	31	10	3.1
情報	情報（理系方式）		基礎評価型	234	234	70	3.3
			総合評価型	132	132	46	2.9
			数学重視型	129	129	41	3.1
	情報（文系方式）		基礎評価型	122	120	45	2.7
			総合評価型	68	66	19	3.5
			数学重視型	60	60	14	4.3
合　計				7,079	7,035	2,377	3.0

●政治経済学部個別日程

学部・学科等		区　分	志願者数	受験者数	合格者数	競争率
政治経済	政治・政策	英語型	75	74	22	3.4
		数学型	36	33	3	11.0
		英・数型	22	21	2	10.5
	経済経営	英語型	78	77	15	5.1
		数学型	47	44	6	7.3
		英・数型	26	25	2	12.5
	グローバルビジネス	英語型	57	57	9	6.3
		英・数型	6	6	1	6.0
合計			347	337	60	5.6

一般選抜

●前期A日程

学部・学科等			方式	志願者数	受験者数	合格者数	競争率
社会	社会		スタンダード3科目型	707	693	89	7.8
			2科目型	440	430	62	6.9
政治経済	政治・政策		スタンダード3科目型	512	503	90	5.6
			2科目型	297	290	63	4.6
	経済経営		スタンダード3科目型	597	584	93	6.3
			2科目型	342	334	65	5.1
	グローバルビジネス		スタンダード3科目型	268	261	42	6.2
			2科目型	149	145	36	4.0
教育	教育	初等幼児教育	スタンダード3科目型	437	432	121	3.6
		国語教育	スタンダード3科目型	148	144	26	5.5
		数学教育	スタンダード3科目型	202	200	22	9.1
		英語教育	スタンダード3科目型	65	65	26	2.5
保健医療	看護		スタンダード3科目型	455	450	78	5.8
			2科目型	373	369	89	4.1
	総合リハビリテーション	理学療法学	スタンダード3科目型	170	169	28	6.0
			2科目型	121	120	18	6.7
		作業療法学	スタンダード3科目型	130	129	47	2.7
			2科目型	93	92	23	4.0
		言語聴覚学	スタンダード3科目型	65	65	21	3.1
			2科目型	41	41	8	5.1
理工	理工	数理科学	スタンダード3科目型	85	84	39	2.2
			数学重視型	35	34	14	2.4
			理科重視型	15	14	5	2.8
			英語重視型	10	10	3	3.3
		情報科学	スタンダード3科目型	280	268	95	2.8
			数学重視型	165	161	42	3.8
			理科重視型	101	98	12	8.2
			英語重視型	53	48	11	4.4

（表つづく）

学部・学科等			方　式	志願者数	受験者数	合格者数	競争率
理工	理工	機械工学	スタンダード3科目型	147	138	70	2.0
			数学重視型	90	83	17	4.9
			理科重視型	71	66	16	4.1
			英語重視型	40	36	12	3.0
		電気電子工学	スタンダード3科目型	167	154	95	1.6
			数学重視型	83	77	15	5.1
			理科重視型	66	59	15	3.9
			英語重視型	45	41	17	2.4
		建築学	スタンダード3科目型	154	149	47	3.2
			数学重視型	94	92	16	5.8
			理科重視型	81	79	9	8.8
			英語重視型	57	56	4	14.0
情報	情報（理系方式）		スタンダード3科目型	286	278	65	4.3
			数学重視型	184	181	33	5.5
			理科重視型	108	105	20	5.3
	情報（文系方式）		スタンダード3科目型	231	224	50	4.5
			2科目型	180	174	34	5.1
合計				8,440	8,225	1,803	4.6

●前期B日程

学部・学科等		方　式	志願者数	受験者数	合格者数	競争率
社会	社会	スタンダード3科目型	243	241	32	7.5
		2科目型	188	186	40	4.7
政治経済	政治・政策	スタンダード3科目型	162	157	13	12.1
		2科目型	125	121	19	6.4
	経済経営	スタンダード3科目型	187	183	13	14.1
		2科目型	144	141	18	7.8
	グローバルビジネス	スタンダード3科目型	67	63	4	15.8
		2科目型	50	47	3	15.7

（表つづく）

学部・学科等			方式	志願者数	受験者数	合格者数	競争率
教育	教育	初等幼児教育	スタンダード3科目型	159	155	62	2.5
		国語教育	スタンダード3科目型	58	57	16	3.6
		数学教育	スタンダード3科目型	96	93	13	7.2
		英語教育	スタンダード3科目型	14	14	7	2.0
保健医療	看護		スタンダード3科目型	188	179	65	2.8
			2科目型	161	152	58	2.6
	総合リハビリテーション	理学療法学	スタンダード3科目型	76	75	26	2.9
			2科目型	64	63	23	2.7
		作業療法学	スタンダード3科目型	58	57	31	1.8
			2科目型	48	47	24	2.0
		言語聴覚学	スタンダード3科目型	24	23	10	2.3
			2科目型	21	20	10	2.0
理工	理工	数理科学	スタンダード3科目型	34	34	12	2.8
			数学重視型	12	12	3	4.0
			理科重視型	9	9	4	2.3
			英語重視型	4	4	3	1.3
		情報科学	スタンダード3科目型	107	98	25	3.9
			数学重視型	65	62	22	2.8
			理科重視型	46	42	6	7.0
			英語重視型	22	18	5	3.6
		機械工学	スタンダード3科目型	56	52	21	2.5
			数学重視型	35	32	4	8.0
			理科重視型	26	23	4	5.8
			英語重視型	19	16	4	4.0
		電気電子工学	スタンダード3科目型	61	55	20	2.8
			数学重視型	33	32	6	5.3
			理科重視型	28	26	5	5.2
			英語重視型	17	14	4	3.5
		建築学	スタンダード3科目型	53	50	13	3.8
			数学重視型	32	31	13	2.4
			理科重視型	29	28	7	4.0
			英語重視型	28	25	5	5.0

（表つづく）

学部・学科等			方式	志願者数	受験者数	合格者数	競争率
情報	情報（理系方式）		スタンダード3科目型	112	105	14	7.5
			数学重視型	86	82	11	7.5
			理科重視型	50	47	6	7.8
	情報（文系方式）		スタンダード3科目型	106	102	11	9.3
			2科目型	83	82	14	5.9
合計				3,286	3,155	729	4.3

●後期

学部・学科等			方式	志願者数	受験者数	合格者数	競争率
社会	社会		スタンダード2科目型	47	43	8	5.4
政治経済	政治・政策		スタンダード2科目型	45	42	9	4.7
	経済経営		スタンダード2科目型	64	60	10	6.0
	グローバルビジネス		スタンダード2科目型	37	34	10	3.4
			英語重視型	12	11	6	1.8
教育	教育	初等幼児教育	スタンダード2科目型	31	30	9	3.3
		国語教育	スタンダード2科目型	14	14	3	4.7
		数学教育	スタンダード2科目型	29	29	6	4.8
		英語教育	スタンダード2科目型	3	3	1	3.0
保健医療	看護		スタンダード2科目型	19	18	3	6.0
	総合リハビリテーション	理学療法学	スタンダード2科目型	8	8	2	4.0
		作業療法学	スタンダード2科目型	6	6	2	3.0
		言語聴覚学	スタンダード2科目型	6	6	3	2.0
理工	理工	数理科学	スタンダード2科目型	13	13	3	4.3
		情報科学	スタンダード2科目型	43	40	7	5.7
		機械工学	スタンダード2科目型	26	24	9	2.7
		電気電子工学	スタンダード2科目型	38	36	17	2.1
		建築学	スタンダード2科目型	22	21	3	7.0
情報	情報（理系方式）		スタンダード2科目型	37	34	5	6.8
	情報（文系方式）		スタンダード2科目型	36	33	5	6.6
合計				536	505	121	4.2

大学入学共通テストプラス選抜

●第 1 回

学部・学科等			志願者数	受験者数	合格者数	競争率
教育	教育	国語教育	11	11	1	11.0
		数学教育	18	18	6	3.0
		英語教育	3	3	1	3.0
理工	理工	数理科学	6	6	3	2.0
		情報科学	12	10	4	2.5
		機械工学	2	2	0	—
		電気電子工学	7	6	3	2.0
		建築学	9	9	4	2.3
情報	情報（理系方式）		10	7	4	1.8
	情報（文系方式）		8	8	3	2.7
合計			86	80	29	2.8

●第 2 回

学部・学科等			志願者数	受験者数	合格者数	競争率
教育	教育	国語教育	1	1	0	—
		数学教育	5	5	1	5.0
		英語教育	2	2	0	—
理工	理工	数理科学	2	2	0	—
		情報科学	9	8	2	4.0
		機械工学	5	4	1	4.0
		電気電子工学	8	7	2	3.5
		建築学	2	2	0	—
情報	情報（理系方式）		5	5	2	2.5
	情報（文系方式）		5	5	1	5.0
合計			44	41	9	4.6

大学入学共通テスト利用選抜

●前期

学部・学科等			方 式	志願者数	受験者数	合格者数	競争率
社会	社会		3教科型	73	73	18	4.1
			5教科型	9	9	2	4.5
政治経済	政治・政策		3教科型	28	28	9	3.1
			5教科型	5	5	2	2.5
	経済経営		3教科型	38	38	11	3.5
			5教科型	10	10	2	5.0
	グローバルビジネス		3教科型	22	22	7	3.1
			5教科型	5	5	1	5.0
教育	教育	初等幼児教育	3教科型	37	37	11	3.4
			5教科型	30	30	14	2.1
		国語教育	3教科型	18	17	2	8.5
			5教科型	11	10	7	1.4
		数学教育	3教科型	33	33	13	2.5
			5教科型	24	24	9	2.7
		英語教育	3教科型	11	11	3	3.7
			5教科型	11	11	3	3.7
保健医療	看護		3教科型	37	35	15	2.3
			5教科型	19	18	10	1.8
	総合リハビリテーション	理学療法学	3教科型	10	9	4	2.3
			5教科型	5	5	3	1.7
		作業療法学	3教科型	3	2	1	2.0
			5教科型	3	3	3	1.0
		言語聴覚学	3教科型	4	4	2	2.0
			5教科型	2	2	2	1.0

（表つづく）

学部・学科等			方　式	志願者数	受験者数	合格者数	競争率
理工	理工	数理科学	3教科型	16	16	9	1.8
			4教科型	5	4	4	1.0
		情報科学	3教科型	24	24	11	2.2
			4教科型	17	17	11	1.5
		機械工学	3教科型	17	17	6	2.8
			4教科型	9	9	4	2.3
		電気電子工学	3教科型	25	25	13	1.9
			4教科型	7	7	2	3.5
		建築学	3教科型	31	31	11	2.8
			4教科型	20	20	8	2.5
情報	情報		3教科型	63	63	11	5.7
			4教科型	25	25	7	3.6
合計				707	699	251	2.8

●後期

学部・学科等			方　式	志願者数	受験者数	合格者数	競争率
社会	社会		3教科型	5	5	3	1.7
政治経済	政治・政策		3教科型	0	0	0	—
	経済経営		3教科型	3	3	0	—
	グローバルビジネス		3教科型	4	4	3	1.3
教育	教育	初等幼児教育	3教科型	2	2	0	—
		国語教育	3教科型	4	4	1	4.0
		数学教育	3教科型	1	1	1	1.0
		英語教育	3教科型	2	2	1	2.0
保健医療	看護		3教科型	2	2	0	—
	総合リハビリテーション	理学療法学	3教科型	1	1	0	—
		作業療法学	3教科型	0	0	0	—
		言語聴覚学	3教科型	0	0	0	—

（表つづく）

学部・学科等			方　式	志願者数	受験者数	合格者数	競争率
理工	理工	数理科学	3教科型	5	4	0	—
		情報科学	3教科型	7	6	1	6.0
		機械工学	3教科型	4	4	1	4.0
		電気電子工学	3教科型	4	3	1	3.0
		建築学	3教科型	3	3	0	—
情報	情報		3教科型	12	10	1	10.0
合計				59	54	13	4.2

募集要項（出願書類）の入手方法

インターネット出願が導入されています。募集要項は，大学ホームページで確認およびダウンロードしてください。また，テレメールでも請求できます。

問い合わせ先

大和大学　入試広報本部
〒564-0082　大阪府吹田市片山町 2-5-1
TEL　06-6155-8025
FAX　06-6385-8110
URL　大和大学
https://www.yamato-u.ac.jp
大和大学 白鳳短期大学部
https://www.hakuho.ac.jp

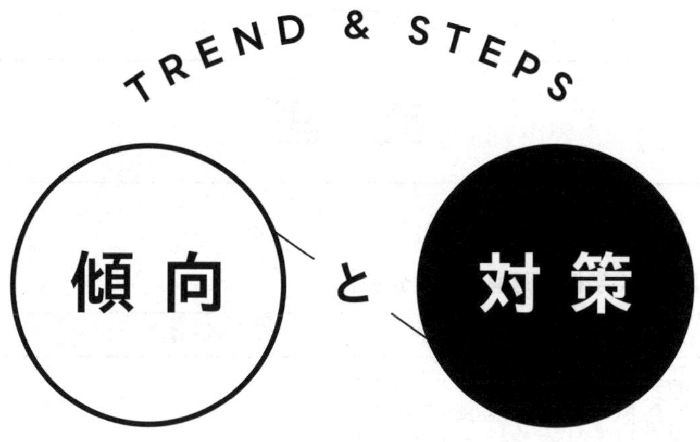

科目ごとに問題の「傾向」を分析し，具体的にどのような「対策」をすればよいか紹介しています。まずは出題内容をまとめた分析表を見て，試験の概要を把握しましょう。

注　意

「傾向と対策」で示している，出題科目・出題範囲・試験時間等については，2024 年度までに実施された入試の内容に基づいています。2025 年度入試の選抜方法については，各大学が発表する学生募集要項を必ずご確認ください。

掲載日程・方式・学部

- 2023 年度より一般選抜前期は，A日程とB日程に分けて実施されている（B日程は掲載省略）。
- 一般選抜前期の試験日と掲載日について

2024 年度：A日程の 1 月 24 日，1 月 25 日，1 月 26 日実施分から 1 月 25 日実施分を掲載

2023 年度：A日程の 1 月 25 日，1 月 26 日，1 月 27 日実施分から 1 月 25 日実施分を掲載

2022 年度：1 月 24 日，1 月 25 日実施分から 1 月 24 日実施分を掲載

上記はいずれの日程も同傾向のため，大和大学白鳳短期大学部の一般選抜前期志願者は上記の掲載日程を参考にしてください。

英　語

▶大和大学：学校推薦型選抜（公募制）

年　度		番号	項　目	内　容
2024 ●	教育(英語除く)・情報・社会・理工・政治経済・保健医療	〔1〕	文法・語彙	空所補充
		〔2〕	文法・語彙	空所補充
		〔3〕	会 話 文	空所補充
		〔4〕	読　　解	空所補充，内容説明，内容真偽
		〔5〕	読　　解	空所補充，段落挿入箇所，同一用法，要約文の完成
		〔6〕	文法・語彙	語句整序
	教育（英語）	〔1〕	文法・語彙	空所補充
		〔2〕	文法・語彙	語句整序
		〔3〕	読　　解	空所補充，主題
		〔4〕	読　　解	空所補充，内容説明，同意表現，内容真偽
		〔5〕	読　　解	共通語による空所補充，語句整序，内容説明，空所補充，内容真偽
2023 ●	教育(英語除く)・情報・社会・理工・政治経済・保健医療	〔1〕	文法・語彙	空所補充
		〔2〕	文法・語彙	空所補充
		〔3〕	会 話 文	空所補充
		〔4〕	読　　解	空所補充，欠文挿入箇所，内容真偽
		〔5〕	読　　解	空所補充，段落挿入箇所，同意表現，内容真偽，内容説明
		〔6〕	文法・語彙	語句整序
	教育（英語）	〔1〕	文法・語彙	空所補充
		〔2〕	文法・語彙	語句整序
		〔3〕	読　　解	空所補充
		〔4〕	読　　解	内容説明，語句整序，空所補充，内容真偽
		〔5〕	読　　解	空所補充，欠文挿入箇所，共通語による空所補充，内容真偽

2022 ●	社会･理工･政治経済･教育(英語除く)･保健医療	〔1〕	文法・語彙	空所補充
		〔2〕	文法・語彙	空所補充
		〔3〕	会　話　文	空所補充
		〔4〕	読　　　解	空所補充，内容説明，欠文挿入箇所，内容真偽
		〔5〕	読　　　解	空所補充，内容真偽，同意表現，主題
		〔6〕	文法・語彙	語句整序
	教育（英語）	〔1〕	文法・語彙	空所補充
		〔2〕	文法・語彙	語句整序
		〔3〕	読　　　解	空所補充
		〔4〕	読　　　解	同意表現，共通語による空所補充，語句意，語句整序，内容真偽
		〔5〕	読　　　解	空所補充，語句整序，内容真偽

（注）●印は全問，◑印は一部マークシート方式採用であることを表す。

▶白鳳短期大学部：学校推薦型選抜（公募制推薦入試）前期日程

年度	番号	項　目	内　容
2024	〔1〕	読　　　解	空所補充，内容説明，語句整序，内容真偽
	〔2〕	読　　　解	空所補充，内容説明，語句整序，共通語による空所補充，内容真偽
	〔3〕	文法・語彙	空所補充
	〔4〕	文法・語彙	空所補充
2023	〔1〕	読　　　解	同意表現，空所補充，語句整序，内容真偽
	〔2〕	読　　　解	空所補充，内容説明，語句整序
	〔3〕	文法・語彙	空所補充
	〔4〕	文法・語彙	空所補充
2022	〔1〕	読　　　解	空所補充，語句整序
	〔2〕	読　　　解	語句意，語句整序，空所補充，内容真偽
	〔3〕	文法・語彙	空所補充
	〔4〕	文法・語彙	空所補充

▶大和大学・白鳳短期大学部：一般選抜前期

年度		番号	項目	内容
2024	情報·社会·理工·政治経済·教育(英語除く)·保健医療·短大 ●	〔1〕	文法・語彙	空所補充
		〔2〕	文法・語彙	空所補充
		〔3〕	会話文	空所補充
		〔4〕	読解	内容説明，空所補充
		〔5〕	読解	空所補充，同意表現
		〔6〕	文法・語彙	語句整序
	教育(英語) ◑	〔1〕	文法・語彙	空所補充
		〔2〕	文法・語彙	語句整序
		〔3〕	読解	空所補充
		〔4〕	読解	空所補充，内容説明，内容真偽，英文和訳
		〔5〕	読解	空所補充，内容説明，内容真偽，英文和訳
2023	情報·社会·理工·政治経済·教育(英語除く)·保健医療·短大 ●	〔1〕	文法・語彙	空所補充
		〔2〕	文法・語彙	空所補充
		〔3〕	会話文	空所補充
		〔4〕	読解	欠文挿入箇所，空所補充，内容説明，内容真偽，主題
		〔5〕	読解	空所補充，段落挿入箇所，内容説明
		〔6〕	文法・語彙	語句整序
	教育(英語) ◑	〔1〕	文法・語彙	空所補充
		〔2〕	文法・語彙	語句整序
		〔3〕	読解	空所補充
		〔4〕	読解	空所補充，内容説明
		〔5〕	読解	語の定義，内容説明，空所補充，内容真偽，英文和訳
2022	社会·理工·政治経済·教育(英語除く)·保健医療·短大 ●	〔1〕	文法・語彙	空所補充
		〔2〕	文法・語彙	空所補充
		〔3〕	会話文	空所補充
		〔4〕	読解	空所補充，欠文挿入箇所，同意表現，共通語による空所補充，内容真偽，主題
		〔5〕	読解	段落挿入箇所，空所補充，内容真偽，内容説明
		〔6〕	文法・語彙	語句整序
	教育(英語) ◑	〔1〕	文法・語彙	空所補充
		〔2〕	文法・語彙	語句整序
		〔3〕	会話文	共通語による空所補充，空所補充
		〔4〕	読解	内容説明，空所補充，内容真偽，英文和訳
		〔5〕	読解	空所補充，共通語による空所補充，内容説明，内容真偽，英文和訳

（注） ●印は全問，◑印は一部マークシート方式採用であることを表す。

文法・語彙，読解と会話文で標準的な英語力を幅広く問う

01 出題形式は？

大学の推薦と大学・短大の一般はともに大問 5，6 題の出題で，試験時間は教育（英語教育）学部が 90 分，その他の学部・専攻等は 60 分または 2 科目 120 分である。一般選抜の教育（英語教育）学部はマーク（一部記述）方式となっている。その他は全問マーク方式である。

短大の推薦は大問 4 題の出題で，記号を選択して記述する形式である。試験時間はこども教育専攻が 50 分，リハビリテーション学・看護学専攻が 2 科目 100 分となっている。

02 出題内容はどうか？

大学・短大の推薦・一般いずれも文法・語彙，読解の出題で，会話文も出題されることが多い。文法・語彙の問題は標準的な英語の知識を問うものが大半である。読解問題については，空所補充，内容説明，同意表現，内容真偽，欠文（段落）挿入箇所など多岐にわたり，その中で標準的な単語・熟語力，文法・構文力が問われている。英文のテーマについても，人文・社会科学や社会問題，自然科学など多様である。会話文では日常の事柄を中心に，基礎的な会話表現が問われるだけでなく，全体の流れの中から適切な語句や文を導き出す内容も含まれている。

03 難易度は？

読解のテーマ，語彙・構文のレベル，試験時間とのバランスなど，どの観点からみても，標準的な英語力を問う適切な内容となっている。どの入試の形態においても，試験時間から考えれば量的には標準から多めの出題であり，全体的には標準的な難易度と言える。空所補充中心の文法・語彙問題を手早く解き，読解問題に時間を回せるようにしたい。

対策

01 読解問題対策

読解問題で用いられている英文の題材は幅広いが，高校生が興味をもちやすい問題もよく出題されている。普段から社会で問題となっている事柄を意識しておこう。内容説明や内容真偽の問題は緻密な読解が求められるので，長文を速く読むことと正確に読むことを両立させなければならない。代名詞が何を指すかという問いも出題されているので，日頃から代名詞が指す内容を意識したい。普段から速読を習慣づけ，語彙力を高め，聞かれていることに答える練習を積むとよい。また，試験時間内に完答することが難しい場合もあるので，日頃から時間を計って解き，時間配分など本番を意識した対策を行おう。『基礎英語長文問題精講』『大学入試 全レベル問題集 英語長文 3 私大標準レベル』（いずれも旺文社）といった問題集を使って演習するとよいだろう。

02 文法・語彙問題対策

文法・語彙問題は基礎的な知識を問うものが多い。この大問をいかに素早く処理するかが，入試に合格できるかどうかの1つの分かれ目と言っても過言ではない。文法問題対策としては，『Next Stage』（桐原書店），『UPGRADE』（数研出版），語彙問題対策としては，『英単語ターゲット』シリーズ（旺文社）などの基礎・標準レベルのものを使うとよいだろう。

03 会話文問題対策

会話文が題材となっていても，会話特有の表現を単独で問う問題はほとんどなく，会話の流れの中で空所に適切な語句や文を補充させたり，下線部の意味を問う文脈重視型の問題が大半を占めている。特別な会話文対策が必要となるわけではないので，01や02の対策と同じく，初級・中級レベルの「単語」「熟語」「文法」の問題集を解いて，語彙力を高めることが有効な対策になる。

日本史

▶一般選抜前期

年度	番号	内容		形式
2024 ●	〔1〕	吉備真備・三善清行の生涯	⊘表	選択・正誤
	〔2〕	保元の乱，モンゴル襲来，嘉吉の変		正誤·選択·配列
	〔3〕	「海舶互市新例」「異国船打払令」—江戸時代の対外関係	⊘史料	選択·正誤·配列
	〔4〕	近現代の日朝・日韓関係	⊘年表	選択·正誤·配列
2023 ●	〔1〕	古代の総合問題		選択・正誤
	〔2〕	「新編追加」「大乗院日記目録」—中世の二毛作，正長の土一揆	⊘史料	選択・正誤
	〔3〕	江戸時代の対外関係	⊘年表	選択·配列·正誤
	〔4〕	犬養毅・吉田茂の生涯		選択·正誤·配列
2022 ●	〔1〕	「愚管抄」—古代の総合問題	⊘史料	選択·配列·正誤
	〔2〕	足利義満の生涯		選択·配列·正誤
	〔3〕	江戸時代の町・村・街道	⊘視覚資料	選　　択
	〔4〕	近現代の日本経済	⊘年表・視覚資料	選択・正誤

（注）　●印は全問，◐印は一部マークシート方式採用であることを表す。

基本事項中心，史料対策も十分に

01　出題形式は？

大問 4 題の出題で解答個数 36 個。試験時間は教育（国語教育）学部は 60 分，その他の学部・専攻等は 2 科目 120 分。全問マーク方式で，語句および語句の組み合わせを選択する問いや正文・誤文選択を中心に，配列法や正誤の組み合わせを問う問題も出題されている。史料問題が必出で，年表や絵図・写真などの視覚資料を用いた出題もみられる。

なお，2025 年度は出題科目が「日本史探究」となる予定である（本書編集時点）。

02 出題内容はどうか？

時代別では，古代，中世，近世，近現代から大問 1 題ずつ出題されている。現代史は 2024・2022 年度は 3 問，2023 年度は 2 問出題されており，内閣名などが問われている。

分野別では，政治史が中心ではあるが，視覚資料を用いた出題など，文化史，社会・経済史に関わる設問もみられる。また，年表を用いた問題と年代配列問題は必ず出題されている。

史料問題は，史料文中の空欄を補充する問題や，史料の内容や出典を問う問題が出題されている。2024 年度の「海舶互市新例」「異国船打払令」など，教科書に掲載されているような基本的な史料がほとんどである。

03 難易度は？

基本的な歴史事項を問う出題が中心で，教科書の内容をきちんと理解していれば十分に対応できる。一部に詳細な内容を問う問題がみられるが，教科書の脚注や用語集を活用すれば判断できる問題なので，教科書・用語集を精読しておきたい。判断に迷う選択肢があっても，消去法で解ける問題もあるので，落ち着いて取り組みたい。

対策

01 教科書・用語集の精読を

教科書の内容に基づいた出題が中心なので，教科書の精読が重要である。空所補充の問題が目立つので，用語の使われ方に注意しながら，教科書の内容を理解しておきたい。その際，『日本史用語集』（山川出版社）などの用語集を活用し，多角的な視点で理解を深めたい。2023 年度の翼賛選挙（1942 年）・大東亜会議（1943 年）・サイパン島陥落（1944 年）や，2024 年度の治安維持法（1925 年）・国家総動員法（1938 年）・独占禁止法（1947 年）など狭い時期の年代配列問題も出題されているので，出来事の順序や因果関係をよく理解することも必要である。大和大学に適する問題集として，『日本史基礎問題精講』（旺文社）や『書きこみ教科書 詳説日本史』（山川出版社）があげられる。また，正誤判定や年代配列問題が多いので，『大学入試 全レベル問題集 日本史 2 共通テストレベル』（旺文社）で形式に慣れておくとよい。

02 史料問題の対策を

史料問題は毎年出題されている。空所補充や史料の内容理解を問う問題もみられるので，『詳説 日本史史料集』（山川出版社）などを注釈や解説も含めてしっかりと読み，過去問を解いて史料に慣れておく必要がある。

03 過去問の研究を

例年，出題傾向は似ており，過去問に取り組むことが重要である。本書を用いて過去問の形式を把握し，問題を解いては教科書に戻り，知識を確認することを繰り返していこう。その際，よく似た事象やつながりのある前後の出来事に注意し，周辺知識を体系的に広げていくとよいだろう。

世界史

▶一般選抜前期

年度	番号	内　容	形　式
2024 ●	〔1〕	北アフリカとユーラシアの諸文明の成立 ⊘**地図**	選択・配列・正誤
	〔2〕	10 世紀から 18 世紀の世界 ⊘**史料**	選択・正誤・配列
	〔3〕	近現代のヨーロッパとアメリカ ⊘**史料・年表**	配列・選択・正誤
	〔4〕	第二次世界大戦後の世界 ⊘**年表**	選択・配列・正誤
2023 ●	〔1〕	インド・東南アジア・中国・アメリカの古代文明 ⊘**地図・視覚資料**	選択・正誤
	〔2〕	中世ヨーロッパ ⊘**地図**	選択・正誤・配列
	〔3〕	近世ヨーロッパ ⊘**地図・年表**	選択・配列・正誤
	〔4〕	帝国主義の時代	選択・配列・正誤
2022 ●	〔1〕	古代地中海世界 ⊘**地図**	選択・配列・正誤
	〔2〕	イスラーム世界の文化，外来の学問 ⊘**地図**	選択・正誤
	〔3〕	中国の官僚制度，科挙 ⊘**年表**	選択・正誤
	〔4〕	ヨーロッパにおける疫病と第二次世界大戦 ⊘**年表・グラフ**	配列・選択・正誤

（注）●印は全問，◑印は一部マークシート方式採用であることを表す。

標準レベルだが正誤法・配列法など多彩
史料・視覚資料・地図にも注意

01　出題形式は？

大問 4 題の出題で解答個数は 36 個。全問マーク方式である。用語，正文・誤文選択問題や 2 文の正誤を判定させる正誤法，3 つの事項を年代順に並べる配列法などから構成されている。地図やグラフ，図や写真などの視覚資料が多い。また，2024 年度は史料を用いた問題も出題された。

試験時間は，教育（国語教育）学部は 1 科目 60 分，その他の学部・専攻等は 2 科目 120 分である。

なお，2025 年度は出題科目が「世界史探究」となる予定である（本書編集時点）。

02 出題内容はどうか？

地域別では，2022 年度はアジア地域と欧米地域が半々であったが，2023・2024 年度は欧米地域からの出題が 7 割程度となり，やや地域的に偏った出題となった。また，欧米地域からの出題であっても小問レベルで同時代や関連するアジア地域からの出題がみられた。

時代別では，古代から現代までそれほど偏ることなく出題されている。現代史については，2023 年度は 20 世紀前半を，2022・2024 年度では第二次世界大戦後を対象にした問題が出題されている。

分野別では，政治・外交史が中心であるが文化史からも出題されており，2022 年度は大問 1 題が文化史からの出題であった。また，2023 年度では，社会・経済史の分野からも多く出題された。

03 難易度は？

全体的には標準レベルの問題であるが，年代や出来事の順序などについて正確な知識を問う問題が多い。さらに，2023 年度〔3〕問 8 の「砂糖入り紅茶が労働者の家庭にまで普及した」時期を問う問題のように思考力を必要とする問題も出題されている。落ち着いて取り組み，設問の指示の取り違えや文章の読み間違いのないようにしたい。

01 教科書を重点的に

まずは歴史的な出来事の背景や因果関係などに注意して教科書を精読し，歴史の流れの理解に努めよう。その際，教科書内の脚注や地図・写真に至るまで，隅々に目を配っておきたい。また，基本的な事項の年代，世紀，順序にも注意しよう。

02 用語集・資料集・問題集の利用

正文・誤文選択問題や正誤判定問題については，歴史事項に付随する細かな知識を身につけておくことが有利となる。『世界史用語集』（山川出版社）などを利用すれば，使用している教科書に載っていない事項も確認でき，知識を増やすことができる。また，史料問題への対策として，『大学入学共通テスト対応 30 テーマ 世界史問題集』（山川出版社）や『共通テスト過去問研究 歴史総合，世界史探究』（教学社）などの問題集を使って慣れておくことが大切である。

03 地図や視覚資料にも対策を

地図やグラフ，年表や，図・美術作品・写真などの視覚資料も頻出している。地図を用いて重要な地名や各国・王朝の領土などを確認しておこう。重要な出来事は年表を用いて年代を視覚的に把握しておくことも重要である。図説などを用いて美術作品や建築物なども確認しておきたい。また，歴史資料から何が読みとれるかを自分でまとめておくようにしたい。

04 現代史にも注意を

現代史への対策も必要である。さまざまな出来事が複雑に関係しあうので，なかなか頭に入りにくい分野であるが，地域史・テーマ史としてまとめ直すとわかりやすくなる。それぞれの地域，テーマについてサブノートを作って整理しておきたい。簡単なまとめを作成したり，重要な出来事を年代順に並べたりするだけでも効果がある。

地　理

▶一般選抜前期

年度	番号	内　容		形　式
2024 ●	〔1〕	地球と世界の地形	⊘地図	選　択
	〔2〕	世界の気候環境と農業	⊘統計表・地図	選　択
	〔3〕	人口と都市	⊘統計表・地図・視覚資料	選　択
	〔4〕	アメリカ合衆国の地誌	⊘地図・図・グラフ・統計表	選　択
	〔5〕	日本の地理	⊘地形図・視覚資料・図・地図	選　択

（注）●印は全問，◑印は一部マークシート方式採用であることを表す。
2024 年度より出題。

基本・標準レベルの問題
資料を用いた問題が多い

01 出題形式は？

大問 5 題の出題で解答個数は 34 個。全問マーク方式である。正文・誤文選択問題や正しい組み合わせを問う問題などから構成されている。また，地図・地形図・統計表などの資料が多く用いられている。試験時間は，教育（国語教育）学部は 1 科目 60 分，その他の学部・専攻等は 2 科目 120 分である。

なお，2025 年度は出題科目が「地理総合，地理探究」となる予定である（本書編集時点)。

02 出題内容はどうか？

さまざまな分野から幅広く出題されている。1 題は地誌，1 題は地形図を含んだ日本地誌から出題されており，残りの 3 題は系統地理から出題されている。多くの問題は教科書準拠の基礎的事項を問うものだが，一部には語句の説明文を選択させる問題もみられる。地形図読図問題も出題されているので，基本的な読図力を身につけておく必要がある。

03 難易度は？

全体的には基本的な問題や標準レベルの問題が多くを占めるので，それらをケアレスミスなく解答することが大切である。統計判定問題や地形図や断面図の読図に落ち着いて取り組めるよう，基本的な問題はなるべく短時間で解きたい。

対策

01 基本事項を確実に

出題の多くは基本・標準レベルの事項なので，教科書をすみずみまで徹底して読み込み，高校地理の基本事項をしっかりと理解しておくことが大切である。系統地理分野では教科書だけでなく，資料集を併用した学習が望まれる。各分野の重要な地理用語については『地理用語集』（山川出版社）などを活用して確認しておこう。

02 統計資料の確認を

『データブック オブ・ザ・ワールド』（二宮書店）などの統計集に普段からこまめに目を通しておこう。統計の学習の際には「なぜこれらの国が上位なのか」を常に確認しておくこと。そのことが，統計判定問題などに役立つだろう。

03 地名を確認しよう

地名や地形（山脈，平野，プレートなど）が関連する問いがみられる。

学習の際に出てきた地名は，常に地図帳などで確認するようにしよう。また，白地図にまとめるなどして，自分なりに知識を定着させておくとよい。

04 地形図学習も確実に

地形図読図問題や視覚資料の撮影地点を問う問題が出題されている。等高線の読み方や地図記号の意味など，読図の基本的知識をおさえておく必要がある。また，視覚資料の撮影地点を問う問題については，さまざまな類題に普段から取り組み，慣れておくとよいだろう。

政治・経済

▶一般選抜前期

年度	番号	内　容	形　式
2024 ●	〔1〕	大日本帝国憲法と日本国憲法	選択·配列·正誤
	〔2〕	世界の政治体制	正誤・選択
	〔3〕	日本の戦後経済　⊘年表	選　択
	〔4〕	国際紛争	選択·配列·正誤
2023 ●	〔1〕	日本国憲法	選択·配列·正誤
	〔2〕	大日本帝国憲法と日本国憲法，選挙	選択・正誤
	〔3〕	金融	選択・正誤
	〔4〕	核兵器の歴史　⊘年表	選　択
2022 ●	〔1〕	基本的人権の拡大	選択・正誤
	〔2〕	参政権	選択・正誤
	〔3〕	労働，経済全般　⊘図	選択・正誤
	〔4〕	難民と国際政治　⊘グラフ	選択・正誤

（注）●印は全問，◑印は一部マークシート方式採用であることを表す。

教科書の基礎・基本を確実に
新聞・ニュースを意識し，時事問題に注目を

01　出題形式は？

大問 4 題の出題。解答個数は例年 36 個。全問マーク方式で，主に選択法で空所補充問題を組み合わせて解答を選ばせるものが目立った。また，2 つの短文の正誤を判断する正誤法がほぼ各大問ごとに出題されている。試験時間は教育（国語教育）学部は 1 科目 60 分，その他の学部・専攻等は 2 科目 120 分。

02 出題内容はどうか？

政治分野３題，経済分野１題のパターンが続いている。

政治分野からの出題が多く，日本国憲法の中の基本的人権と統治機関（国会，内閣，裁判所，地方自治），国際政治など，基本的内容を問う問題が多い。基本的人権の範囲では重要判例の理解を問う問題もみられた。2023 年度は平和主義，核兵器の歴史について人々の関心の高い分野からの出題があり，2024 年度は世界の政治体制や冷戦後の国際紛争について時事的な出来事を含んだ出題があった。

経済分野では，2022 年度は需給曲線について出題された。2023 年度は金融を中心にした経済問題が出題された。2024 年度は日本の戦後経済についての知識問題が多く出題された。

全体としては基本的な問題が多く，教科書・資料集を中心とした学習で十分対応できる。正誤法の問題など，一部細かい知識を問う出題もあるが，消去法を駆使することで正解を導ける場合が多い。

03 難易度は？

大半が教科書・資料集レベルの問題である。特に語句・用語・人名などを選択する問題は基本問題が多いので，確実に得点したい。2023 年度は金融，知的財産権，国際原子力機関（IAEA）について，2024 年度は日本の人口減少社会，シリア内戦，民族自決について細かな内容を問うものがあったが，全体としてはよく工夫された標準レベルの問題といえよう。見直す時間がとれるようペース配分にも注意したい。

01 基本事項を徹底的に

大半が基本的内容から出題されているので，まず教科書の精読からはじめる必要がある。その際，資料集を使ってデータや最近の動向を押さえておくこと。教科書にある年表などを活用して，事項の前後関係をしっかり理解しておく必要がある。また用語と内容の正しい組み合わせを問う出題もある。このような基本・標準事項の知識を問う出題には，教科書の通読と並行して，『政治・経済用語集』（山川出版社）などの用語集を活用して，基本用語と時事問題をチェックするとよいだろう。さらに，グラフ問題対策として，『政治・経済資料』（とうほう）などの資料集および『日本国勢図会』や『世界国勢図会』（ともに矢野恒太記念会）にも目を通しておくとともに，『シグマ基本問題集 政治・経済』（文英堂）などの基本的な問題集で知識を身につけてから過去問演習をすすめていこう。

02 時事問題に関心をもつ

時事的な出来事を切り口とした問題が出題されることも多い。2022 年度はビッグデータ，黒人差別，ロヒンギャ，2023 年度は夫婦別姓，フィンテック，クラウドファンディング，核兵器廃絶国際キャンペーン（ICAN），2024 年度は中国の国家主席（2024 年 1 月現在），アメリカ大統領選挙，シリア内戦などの出題があった。こういった問題の対策としては，新聞やテレビなどでニュースに毎日触れることを習慣として身につけ，政治・経済に興味をもつことが大切である。そのための参考書として『ニュース検定公式テキスト「時事力」』シリーズ（毎日新聞出版）がおすすめである。毎年最新事項が掲載されていて，中身はカラーで写真つきであるので，読みやすいだろう。

03 問題演習を

過去問は情報の宝庫である。出題形式，レベル，内容とも共通テストに似た問題が出題されている。本書および共通テスト対策用の問題集を通じて，実戦的な演習を積んでほしい。

数　学

▶大和大学：学校推薦型選抜（公募制）

年　度		番号	項　目	内　容
2024 ●	情報・理工・教育（数学）	〔1〕	小 問 5 問	(1)基本対称式　(2)絶対値記号を含む方程式　(3)連立不等式　(4)三角比　(5) 2 次関数のグラフ
		〔2〕	場 合 の 数	円周上の点からできる三角形
		〔3〕	小 問 3 問	(1)放物線と接線・面積　(2)最短距離　(3) 2 次方程式の解
		〔4〕	数　　列	和が与えられた数列
		〔5〕	小 問 3 問	(1)複素数の極形式　(2)楕円　(3)指数関数のグラフ
	社会・政治経済・教育（初等・英語）・保健医療	〔1〕	〈情報・理工・教育（数学）学部〉〔1〕に同じ	
		〔2〕	図形と計量	三角形の面積
		〔3〕	場 合 の 数	円周上の点からできる三角形
		〔4〕	整数の性質	剰余類
2023 ●	情報・理工・教育（数学）	〔1〕	小 問 3 問	(1)集合 (2)必要条件・十分条件 (3)トーナメントの確率
		〔2〕	小 問 3 問	(1) 2 次方程式の解の配置 (2) 2 次不等式 (3) 15° の三角比
		〔3〕	小 問 3 問	(1)放物線と接線 (2)円と接線 (3) 1 の 3 乗根 ω の計算
		〔4〕	ベ ク ト ル	平面ベクトル
		〔5〕	小 問 4 問	(1)複素数平面 (2) 2 次曲線 (3)分数関数 (4)媒介変数
	社会・政治経済・教育（初等・英語）・保健医療	〔1〕	小 問 2 問	(1)必要条件・十分条件 (2) n 進数
		〔2〕	2 次 関 数	2 次方程式の解の配置
		〔3〕	確　　率	数字の確率，くじ引きの確率
		〔4〕	図形の性質	正多面体，正八面体

2022 ●	理工・教育（数学）	〔1〕	2 次関数，集合と論理	2 次関数のグラフと x 軸の交点，必要条件・十分条件
		〔2〕	図形と計量	三角形と円
		〔3〕	微・積分法	曲線と直線で囲まれた面積
		〔4〕	数　列	群数列
		〔5〕	小問 4 問	(1)関数の極限 (2)部分分数分解 (3)無理関数 (4) 2 次方程式
	社会・政治経済・教育（初等・英語）・保健医療	〔1〕	小問 4 問	(1) 1 次不定方程式 (2)命題 (3) 2 次関数 (4)データの分析
		〔2〕	場合の数	玉を並べる場合の数
		〔3〕	図形と計量	直方体の計量
		〔4〕	整数の性質，確　率	約数と倍数，n 進法，1 次不定方程式，互いに素である確率

（注）●印は全問，◐印は一部マークシート方式採用であることを表す。

- 2023・2024 年度：情報（理系方式）・理工・教育（数学教育）学部は〔1〕～〔3〕必須，〔4〕〔5〕はいずれか 1 題を選択解答。情報（文系方式）学部は〔1〕～〔3〕を解答。
- 2022 年度：理工・教育（数学教育）学部は〔1〕～〔3〕必須，〔4〕〔5〕はいずれか 1 題を選択解答。

▶白鳳短期大学部：学校推薦型選抜（公募制推薦入試）前期日程

年度	番号	項　目	内　容
2024	〔1〕	小問 4 問	(1)数の計算 (2)文章題 (3)平方数 (4) 2 次不等式
	〔2〕	小問 2 問	(1)内接円の半径 (2)集合の要素の個数
	〔3〕	場合の数	4 桁の偶数の個数
	〔4〕	小問 2 問	(1)方べきの定理 (2)三角錐
	〔5〕	整数の性質	条件を満たす自然数の決定
2023	〔1〕	小問 4 問	(1)平方数 (2)文章題 (3) 1 次不等式 (4)放物線の対称移動
	〔2〕	小問 2 問	(1)三角比 (2)必要条件・十分条件
	〔3〕	データの分析	データの代表値
	〔4〕	確　率	場合の数
	〔5〕	図形の性質	円周角の定理，接線と弦のつくる角
	〔6〕	整数の性質	条件を満たす整数の決定
2022	〔1〕	小問 5 問	(1)数の大小 (2)・(3)数と式 (4) 1 次不等式 (5)放物線の平行移動
	〔2〕	小問 2 問	(1)三角関数の不等式 (2)必要条件・十分条件
	〔3〕	データの分析	代表値
	〔4〕	確　率	場合の数，玉の色の確率
	〔5〕	小問 3 問	(1)三角形と内接円 (2) 1 次不定方程式 (3)集合の要素

▶大和大学・白鳳短期大学部：一般選抜前期

年度		番号	項目	内容
2024	情報・理工・教育（数学）◑	〔1〕	小 問 4 問	(1)三角比 (2)必要条件・十分条件 (3)2次方程式 (4)式の値
		〔2〕	小 問 3 問	(1) n 進法 (2)カードの数字の確率 (3)図形の性質
		〔3〕	小 問 2 問	(1)対数関数 (2)三角関数
		〔4〕	数列	整数の性質と数列
		〔5〕	微・積分法	回転体の容器と水，等速円運動
	社会・政治経済・教育（数学除く）・保健医療・短大 ●	〔1〕	小 問 3 問	(1)約数 (2)べき乗 (3)データの分析
		〔2〕	2 次 関 数	2次関数の最小値
		〔3〕	確率	円周上の点からできる三角形の確率
		〔4〕	図形と計量	三角柱の切断
2023	情報・理工・教育（数学）◑	〔1〕	小 問 4 問	(1)式の値 (2)条件付き最小値 (3)三角比 (4)データの分析
		〔2〕	小 問 3 問	(1)四面体 (2)下1桁・2桁の数字 (3)玉の確率
		〔3〕	高次方程式	4次方程式
		〔4〕	数列	群数列，対数と数列
		〔5〕	微・積分法	等速円運動 ⊘図示
	社会・政治経済・教育（数学除く）・保健医療・短大 ●	〔1〕	2 次 関 数	2次方程式
		〔2〕	データの分析	データの分析
		〔3〕	確率	三角形の確率
		〔4〕	図形と計量	立方体と三角錐
2022	理工・教育（数学）◑	〔1〕	小 問 3 問	(1)対称式 (2)2次関数の最小値と最大値 (3)集合の要素
		〔2〕	小 問 3 問	(1)玉の色と確率 (2)三角形と内接円 (3)円と共通接線
		〔3〕	数列	三角関数で定義された数列
		〔4〕	ベクトル	四面体と空間ベクトル
		〔5〕	微・積分法	指数関数の微分，対数関数の積分，定積分で表された関数，円柱を切断した立体の側面積
	社会・政治経済・教育（数学除く）・保健医療・短大 ●	〔1〕	小 問 2 問	(1)必要条件・十分条件 (2)置き換えて解く2次方程式
		〔2〕	2 次 関 数	いろいろな放物線
		〔3〕	確率	さいころの確率
		〔4〕	図形と計量	正四面体

（注） ●印は全問，◑印は一部マークシート方式採用であることを表す。

- 2023・2024年度：情報（理系方式）・理工・教育（数学教育）学部は〔1〕～〔3〕必須，〔4〕〔5〕はいずれか1題を選択解答。ただし理工（数理科学・電気電子工学・機械工学）学部志願者（併願を含む）は〔5〕を解答すること。情報（文系方式）学部は〔1〕～〔3〕を解答。

• 2022 年度：理工・教育（数学教育）学部は〔1〕〜〔3〕必須，〔4〕〔5〕はいずれか1題を選択解答。ただし理工（数理科学・電気電子工学・機械工学）学部志願者（併願を含む）は〔5〕を解答すること。

出題範囲の変更

2025 年度入試より，数学は新教育課程での実施となります。詳細については，大学から発表される募集要項等で必ずご確認ください（以下は本書編集時点の情報）。

	2024 年度（旧教育課程）	2025 年度（新教育課程）
情報（理系方式）・理工・教育（数学教育）学部	数学Ⅰ・Ⅱ・Ⅲ・A・B（数列，ベクトル）	数学Ⅰ・Ⅱ・Ⅲ・A・B（数列）・C（ベクトル，平面上の曲線と複素数平面）
情報学部（理系方式・文系方式）	数学Ⅰ・Ⅱ・A・B（数列，ベクトル）	数学Ⅰ・Ⅱ・A・B（数列）・C（ベクトル）
社会・政治経済・教育（数学教育除く）・保健医療学部・短期大学部	数学Ⅰ・A	数学Ⅰ・A

傾向　基本からやや難レベルまで幅広く出題

01　出題形式は？

推薦（大学）：情報（理系方式）・理工・教育（数学教育）学部は試験時間 90 分で，大問5題のうち3題が必須，2題のうち1題を選択解答。その他の学部・専攻等は1科目 60 分または2科目 120 分の試験時間で大問3，4題を解答する。いずれも全問マーク方式である。

推薦（短大）：試験時間はこども教育専攻が 50 分，リハビリテーション学・看護学専攻が2科目 100 分で，大問数は5，6題。解答はすべて答えのみの記述式である。

一般（大学・短大）：情報（理系方式）・理工・教育（数学教育）学部は試験時間 90 分で，大問5題のうち3題が必須，2題のうち1題を選択解答。ただし理工学部の一部の専攻では解答する大問が指定されている。マーク（一部記述）方式である。その他の学部・専攻等は1科目 60 分または2科目 120 分の試験時間で大問3，4題の出題。全問マーク方式である。

02 出題内容はどうか？

これまでの「数学Ⅰ・A」の範囲では，すべての分野から幅広く出題されている。「数学Ⅱ・B」の範囲では，指数・対数関数，三角関数，数列，微分法からの出題が多い。「数学Ⅲ」は主に微・積分法から出題されている。

03 難易度は？

ほとんどの問題が基本から標準レベルである。時間のかかる問題もあるため，解けるものから手早く解いて，見直しや再検討の時間を確保したい。

対策

01 教科書を完全にマスター

幅広い分野から出題されているが，ほとんどが基本的な問題であり，まずは教科書の例題や練習問題を確実に解けるようにすることが大切である。また，いくつかの分野を融合した問題もよく出題されているので，解法のパターンが決まっている問題だけでなく，他の分野の解法も多角的に使えるよう十分に理解しながら習得していくことが求められている。

02 苦手分野をなくすこと

数学Ⅰ・Aからはすべての分野の問題が幅広く出題されているので，数と式，２次関数，図形と計量，場合の数と確率，図形の性質のどれもが得意分野といえるような学習をするべきである。データの分析からの出題も多くなっているので，基本レベルの問題は必ず解答できるようにしておくこと。数学Ⅱ・Bからは指数・対数関数と微分法の融合問題など教科書や参考書ではあまり見られないような問題も出るため，解き方を暗記するような学習の仕方では解けないこともある。問題集を解いて実戦的な演習を重ね，苦手な分野を克服しておきたい。

03 正確でスピーディーな計算力をつけよう

情報・理工・教育（数学教育）学部は1題あたり約20分の時間配分であるが，1題中の問題の分量が多い場合や，なかなか解法の方針が立てられずに立式まで時間がかかる問題もある。その他の学部・専攻等は1題あたり約15分の時間配分となる（短大の推薦を除く）が，計算量がやや多い問題もある。いずれも，正確に素早く計算する力が求められているので，ミスしないよう普段からよく手を動かして計算力をつけておくことが望ましい。

04 立体図形の問題にもチャレンジしよう

数学Ⅰの「図形と計量」の分野で立体図形の問題が出題されると，解き慣れていない受験生にはなかなか手強いかもしれない。平面図形の問題が解けるようになったら，立体図形の問題にもチャレンジして苦手意識をなくしておこう。短大の推薦では中学校の数学の内容も出題されているので，少し難しい高校入試の立体図形の問題も復習しておくとよいであろう。

物　理

▶大和大学：学校推薦型選抜（公募制）

年度	番号	項　目	内　容
2024 ●	〔1〕	力　学	ばねにつるされたおもりの単振動
	〔2〕	電磁気	磁場内を通過するコイルの電磁誘導
	〔3〕	波　動	ドップラー効果
	〔4〕	熱力学,原子	ピストンで仕切られた気体，比電荷の導出
2023 ●	〔1〕	力　学	モーメントのつりあい
	〔2〕	電磁気	磁場内での荷電粒子の運動
	〔3〕	波　動	薄膜での光の干渉
	〔4〕	熱力学,原子	気体の状態変化，核反応

（注）●印は全問，◑印は一部マークシート方式採用であることを表す。
2023 年度より出題。

▶大和大学・白鳳短期大学部：一般選抜前期

年度	番号	項　目	内　容
2024 ●	〔1〕	力　学	円筒面内を運動する小球
	〔2〕	電磁気	電池の内部抵抗
	〔3〕	波　動	弦の共振と気柱の共鳴
	〔4〕	熱力学,原子	熱サイクル，放射線
2023 ●	〔1〕	力　学	仕事と力学的エネルギー
	〔2〕	電磁気	コンデンサー
	〔3〕	波　動	気柱の共鳴
	〔4〕	力学,原子	圧力と浮力，ミリカンの油滴実験
2022 ●	〔1〕	力　学	力学的エネルギーの保存，運動量の保存
	〔2〕	電磁気	点電荷による電場と電位
	〔3〕	波　動	ドップラー効果
	〔4〕	熱力学,原子	気体の状態変化，光電効果

（注）●印は全問，◑印は一部マークシート方式採用であることを表す。

基本～標準レベルの問題を幅広く出題

01 出題形式は？

大問 4 題の出題で，推薦・一般とも，試験時間は，情報・理工・教育（数学教育）学部が 1 科目 60 分，その他の学部・専攻等が 2 科目 120 分である。全問マーク方式で，2022・2023 年度は大部分が文字式による計算問題であったが，2024 年度は用語に関する問題や，状況から現象を考察する問題が多く出題された。

02 出題内容はどうか？

出題範囲は「物理基礎・物理」である。

例年，すべての分野から出題されている。

03 難易度は？

難易度は基本～標準レベルである。教科書の例題，練習問題，章末問題と同程度の問題である。1 題あたり 15 分と考えると分量は適量であるが，問題文の読み間違いによるミスや計算問題でのケアレスミスに注意したい。

01 教科書の完全マスター

用語の意味や物理現象を十分に理解し，法則・公式を正確に覚え，基本的な問題に適用できるようになっておこう。理解を深めるのに物理図録などが役立つ。

02 教科書傍用問題集を仕上げよう

教科書傍用問題集でたくさん問題を解けば，知識をより確実にすることができるし，いろいろな場面でどの公式を使うかを見極める力がつく。難しい問題に手を出すよりも，教科書傍用問題集を確実に解けるように仕上げておくことが大切である。

03 マーク方式に慣れよう

マーク方式で確実に得点するには，慣れが必要である。2024 年度に多くみられた用語や現象に関する問題では，選択肢の文章を正しく見極められなければならない。また，文字式による計算問題では，式の変形などを要領よくできるようにしておく必要がある。市販の共通テスト対策用問題集を使ってしっかり演習を積んでおきたい。

化　学

▶大和大学：学校推薦型選抜（公募制）

年度	番号	項　目	内　容
2024 ●	〔1〕	構造・変化	分離法，分子結晶，原子の構造，溶解度，電気分解の量的関係 ⊘計算
	〔2〕	状態・変化	物質の三態，混合気体の分圧，凝固点降下 ⊘計算
	〔3〕	無　機	リンの性質，ケイ素の性質，ナトリウムの性質，スズと鉛の性質
	〔4〕	有機・高分子	脂肪族炭化水素の構造，アルコールの性質，油脂の性質，フェノールの性質，多糖類の性質，ゴムの性質
2023 ●	〔1〕	構造・変化	単体と化合物，同素体，原子の構造，混合気体の燃焼，化学平衡，結合エネルギー ⊘計算
	〔2〕	状態・変化	コロイド，鉛蓄電池，酢酸の電離平衡，塩の水溶液の pH ⊘計算
	〔3〕	無　機	ハロゲンの性質，硝酸の性質，アルミニウムの性質，鉄の性質
	〔4〕	有機・高分子	脂肪族炭化水素の性質，酢酸の性質，セッケンと合成洗剤，サリチル酸の性質，繊維，アミノ酸

（注）●印は全問，◑印は一部マークシート方式採用であることを表す。
2023 年度より出題。

▶大和大学・白鳳短期大学部：一般選抜前期

年度	番号	項　目	内　容
2024 ●	〔1〕	構造・状態	元素と単体，分離法，同位体，混合気体の密度，不純物を含む物質の純度，理想気体 ⊘計算
	〔2〕	状態・変化	コロイド，熱化学，逆滴定，酸化還元滴定，電気分解の量的関係，化学平衡 ⊘計算
	〔3〕	無　機	硝酸の性質，アルミニウムの性質，遷移元素の性質，錯イオン
	〔4〕	有機・高分子	C_4H_8O の構造，洗剤の性質，芳香族化合物の性質，糖・アミノ酸・タンパク質の性質，機能性高分子化合物

年度	番号	項目	内容
2023 ●	〔1〕	構造・変化	状態変化，分離と精製，原子の構造，イオン結晶，化学反応の量的関係，pH，中和滴定，酸化還元反応　⊘計算
	〔2〕	状態・変化	気体の圧力，沸点上昇，メタノールの生成熱，電気分解の量的関係，化学平衡　⊘計算
	〔3〕	無　　機	硫酸の性質，炭素とその化合物，ナトリウムとその化合物，銅とその化合物
	〔4〕	有機・高分子	有機化合物の特徴，カルボン酸の性質，フェノールの製法，有機化合物の分離，油脂，多糖類の性質
2022 ●	〔1〕	構造・状態	原子の構造，イオン結晶，混合気体　⊘計算
	〔2〕	状態・変化	凝固点降下，電気分解の量的関係，弱酸の電離平衡　⊘計算
	〔3〕	無　　機	マグネシウムの性質，リンの性質，硫酸の性質，遷移元素の性質
	〔4〕	有機・高分子	アセチレンの性質，アルコールの分類と反応，アセトンの性質と製法，芳香族化合物の性質，タンパク質の性質・酵素の性質，化学繊維

（注）●印は全問，◑印は一部マークシート方式採用であることを表す。

傾向　「化学基礎・化学」全般の幅広く正確な知識を

01　出題形式は？

大問4題からなる全問マーク方式による選択問題である。2024年度は推薦では理論8問，無機4問，有機6問，一般では理論12問，無機4問，有機5問であり，総解答個数は推薦が70個，一般が67個であった。無機と有機の大問は，正誤判定の問題がほとんどである。試験時間は推薦・一般ともに情報・理工・教育（数学教育）学部は60分，その他の学部・専攻等は2科目120分である。

02　出題内容はどうか？

出題範囲は「化学基礎・化学」である。

出題範囲全般にわたって幅広く出題されている。理論化学の分野では計算問題も多く出題されている。

03 難易度は？

大部分が基本から標準レベルの問題であるが，教科書内容の正確な知識および計算力を問われる。また，試験時間に対し解答個数はかなり多めに設定されているため，速く正確に解答する必要がある。大問1題あたり約15分の時間配分となるが，解ける問題から素早く解き，計算問題や判断に迷った正誤判定問題の見直しなどに時間をあてるようにしたい。

対策

01 理 論

教科書の内容を基本から学習して教科書の問題や傍用問題集を用いて演習をしておくことが重要である。特に，固体の溶解度，気体の法則，電気分解，反応速度，化学平衡は頻出であるので，基本問題を中心にしっかり演習しておきたい。固体の溶解度の問題は計算が複雑になることがあるので，短時間で正確に計算できるように問題を多く解いて，パターンをつかもう。『化学［化学基礎・化学］入門問題精講』（旺文社）など，解説が丁寧な参考書や問題集で解法を身につけよう。

02 無 機

気体の製法・性質や硫酸，硝酸，アルミニウム，鉄などの工業的製法について整理し，反復して学習しておく必要がある。また，身の回りの無機物質や金属イオンの系統分析についても基本事項をまとめておくとよい。『大学入試の得点源 化学［無機］』（文英堂）や図説で各元素の特徴や化合物について整理しよう。

03 有 機

基本的な脂肪族化合物，芳香族化合物については，性質・製法・化学式

（構造式）を覚えておく必要がある。アセチレンやベンゼンから反応系統図を描いて化合物の名称や構造式を整理しておくとよい。また，異性体や芳香族化合物の分離についても問題集の基本問題を中心にしっかり演習しておきたい。高分子化合物については物質名や性質などの基本事項を整理しておこう。『大学入試の得点源 化学［有機］』（文英堂）などで知識を確かなものにしよう。

生　物

▶大和大学：学校推薦型選抜（公募制）

年度	番号	項　目	内　容	
2024 ●	〔1〕	代　謝	光合成	
	〔2〕	体内環境	自律神経系	
	〔3〕	生　態	バイオーム	
	〔4〕	遺伝情報	遺伝子の発現調節	
2023 ●	〔1〕	代　謝	光合成	
	〔2〕	体内環境	内分泌系	⊘計算
	〔3〕	遺伝情報	DNA の複製，翻訳	⊘計算
	〔4〕	遺伝情報	細胞周期	⊘計算

（注）●印は全問，◑印は一部マークシート方式採用であることを表す。
2023 年度より出題。

▶大和大学・白鳳短期大学部：一般選抜前期

年度	番号	項　目	内　容	
2024 ●	〔1〕	代　謝	代謝とエネルギー	
	〔2〕	生　態	世界のバイオーム	⊘計算
	〔3〕	生殖・発生	植物の発生・生殖	
	〔4〕	動物の反応	興奮の伝導と伝達	⊘計算
2023 ●	〔1〕	体内環境	腎臓，内分泌系	⊘計算
	〔2〕	生殖・発生	動物の発生，ABC モデル	
	〔3〕	生　態	窒素の循環	
	〔4〕	遺伝情報	遺伝子発現・調節	
2022 ●	〔1〕	代　謝	光合成，窒素同化	
	〔2〕	遺伝情報	遺伝情報の発現，PCR 法	
	〔3〕	生　態	植生の遷移としくみ	
	〔4〕	体内環境	自律神経系と内分泌系	

（注）●印は全問，◑印は一部マークシート方式採用であることを表す。

標準的な内容が中心 計算問題や考察問題も

01 出題形式は？

推薦・一般ともに大問 4 題の出題で，全問マーク方式が採用されている。解答個数は例年 30 個であったが，2024 年度の一般では 38 個とやや増加している。試験時間は推薦・一般ともに情報・理工・教育（数学教育）学部では 1 科目 60 分，その他の学部・専攻等では 2 科目 120 分である。

02 出題内容はどうか？

推薦・一般ともに出題範囲は「生物基礎・生物」である。

空所補充問題や文章の正誤を判断する問題が多いが，グラフや表からの考察問題や計算問題も出題されている。出題範囲から幅広く出題されているが，例年，代謝，体内環境，遺伝情報，生態からの出題が目立つ。

03 難易度は？

全体としては標準的な問題が中心であるが，正誤の判断がやや難しい問題や，グラフや表などからの考察に時間のかかる問題も含まれている。標準的な問題に時間をかけすぎないようにして，考察問題や計算問題などを解く時間を確保する必要がある。

対策

01 教科書学習の徹底を

まずは基本事項をきちんと押さえておく必要がある。教科書を徹底的に読んで，重要語句を覚えるとともに，その用語を簡潔に説明できるように，きちんと理解するようにしたい。正誤問題に対処するためにも，正確な暗記を心がけよう。教科書に載っている実験については，その目的や方法とともに，考察・結果をまとめておくとよい。グラフ・図については，縦軸・横軸の単位と意味についても理解したうえで，自分で簡単なグラフや略図を描き，説明できるようにしておこう。

02 問題演習に取り組もう

教科書に準拠した問題集か標準レベルの問題集を繰り返し解いて，知識を定着させる必要がある。特に，空所補充問題，一問一答形式の問題，正誤問題などで演習を行うとよいだろう。模擬試験や本書などを利用し，マーク方式の問題にも慣れておきたい。

03 計算問題・考察問題

問題集の計算問題を繰り返し解き，自信を持って素早く解けるようにしておきたい。その際，計算過程もきちんと書くようにすること。考察問題では，まず，問題文から条件設定や事実関係を確認し，そのうえで，基本事項をもとに判断することを意識したい。

国　語

▶大和大学：学校推薦型選抜（公募制）

年度		番号	種　類	種別	内　容	出　典
2024 ●	情報・社会・政治経済・教育（初等・英語）・保健医療	〔1〕	現代文	評論	空所補充，語意，内容説明，内容真偽	「宗教の本性」佐々木閑
		〔2〕	現代文	評論	空所補充，語意，内容説明，内容真偽	「学校現場で役に立つ精神分析」平井正三
		〔3〕	国語常識		書き取り，四字熟語，慣用表現	
	教育（国語）	〔1〕	古　文	物語	文法，敬語，語意，口語訳，内容説明，内容真偽，文学史	「堤中納言物語」
		〔2〕	現代文	評論	空所補充，語意，内容説明，表現効果，内容真偽	「わかりあえないことから」平田オリザ
		〔3〕	現代文	小説	語意，空所補充，四字熟語，内容説明，表現効果	「たてがみ」古処誠二
		〔4〕	国語常識		書き取り，四字熟語，慣用表現	
2023 ●	情報・社会・政治経済・教育（初等・英語）・保健医療	〔1〕	現代文	評論	空所補充，語意，内容説明，主旨	「武器としてのことば」鈴木孝夫
		〔2〕	現代文	評論	語意，空所補充，内容説明，内容真偽	「考える脳は創造する」酒井邦嘉
		〔3〕	国語常識		書き取り，四字熟語，慣用表現	
	教育（国語）	〔1〕	古　文	物語	文法，語意，口語訳，内容説明，敬語，内容真偽，文学史	「とりかへばや物語」
		〔2〕	現代文	評論	空所補充，語意，内容説明	「教育にできること，教育ですべきこと」佐藤学
		〔3〕	現代文	小説	語意，空所補充，内容説明，文の構造，表現効果，内容真偽	「葬式の名人」川端康成
		〔4〕	国語常識		書き取り，四字熟語，慣用表現	

年度	学部	番号	種類	種別	内容	出典
2022 ●	社会・政治経済・教育（初等・英語）・保健医療	〔1〕	現代文	評論	空所補充，語意，内容説明，内容真偽	「群衆」 今村仁司
		〔2〕	現代文	評論	空所補充，語意，内容説明	「芸術の辺際」 奥野健男
		〔3〕	国語常識		書き取り，四字熟語，慣用表現	
	教育（国語）	〔1〕	古文	日記	文法，語意，内容説明，口語訳，和歌修辞，人物指摘，内容真偽，文学史	「紫式部日記」
		〔2〕	現代文	評論	空所補充，語意，内容説明，主旨	「いじめとは何か」 森田洋司
		〔3〕	現代文	小説	語意，空所補充，内容説明，表現効果	「風よ　あらしよ」 村山由佳
		〔4〕	国語常識		書き取り，四字熟語，慣用表現	

（注）●印は全問，◑印は一部マークシート方式採用であることを表す。

▶白鳳短期大学部：学校推薦型選抜（公募制推薦入試）前期日程

年度	番号	種類	種別	内容	出典
2024	〔1〕	国語常識		書き取り，読み，慣用句	
	〔2〕	現代文	評論	内容説明，箇所指摘，空所補充，文学史	「頭は『本の読み方』で磨かれる」茂木健一郎
	〔3〕	現代文	小説	段落指摘，内容説明（25字他），空所補充	「バッタと鈴虫」 川端康成
2023	〔1〕	国語常識		書き取り，読み，敬語	
	〔2〕	現代文	評論	段落整序，内容説明（25字他），箇所指摘，空所補充，内容真偽	「栗田式記憶法ハンドブック」 栗田昌裕
	〔3〕	現代文	小説	内容説明（25字他），文法（口語），箇所指摘	「ハートストーン」 石田衣良
2022	〔1〕	国語常識		書き取り，読み，故事成語，ことわざ	
	〔2〕	現代文	評論	内容真偽，空所補充，内容説明，語意，箇所指摘	「中学生からの哲学『超』入門」 竹田青嗣
	〔3〕	現代文	小説	内容説明（30字他），語意，空所補充	「鯉」 井伏鱒二

▶大和大学・白鳳短期大学部：一般選抜前期

年　度		番号	種　類	種別	内　容	出　典
2024	情報・社会・政治経済・教育(国語除く)・保健医療・短大 ●	〔1〕	現代文	評論	空所補充，語意，内容説明，内容真偽	「アメリカ」 藤原新也
		〔2〕	現代文	評論	語意，四字熟語，空所補充，内容説明，内容真偽	「中国史」 宮崎市定
		〔3〕	国語常識		書き取り，四字熟語，慣用表現	
	教育（国語） ◑	〔1〕	古　文	物語	文法，敬語，語意，口語訳，和歌修辞，内容説明，内容真偽，文学史	「竹取物語」
		〔2〕	現代文	評論	空所補充，語意，内容説明（40字他），内容真偽	「『やさしさ』過剰社会」 榎本博明
		〔3〕	現代文	小説	空所補充，語意，内容説明（60・80字他），表現効果	「しろばんば」 井上靖
		〔4〕	国語常識		読み，書き取り，四字熟語	
2023	情報・社会・政治経済・教育(国語除く)・保健医療・短大 ●	〔1〕	現代文	評論	語意，空所補充，内容説明，内容真偽	「社会学概論」 橋爪大三郎
		〔2〕	現代文	評論	空所補充，語意，内容説明，内容真偽	「罪と報い」 気多雅子
		〔3〕	国語常識		書き取り，四字熟語，慣用表現	
	教育（国語） ◑	〔1〕	古　文	物語	文法，語意，和歌修辞，口語訳，内容説明，内容真偽，文学史	「浜松中納言物語」
		〔2〕	現代文	評論	空所補充，語意，内容説明（90字2問），空所補充，文章の構成，主旨	「経済学とは何だろうか」 佐和隆光
		〔3〕	現代文	小説	語意，空所補充，内容説明（20・40・100字他），表現効果	「黛家の兄弟」 砂原浩太朗
		〔4〕	国語常識		読み，書き取り，四字熟語	
2022	社会・政治経済・教育(国語除く)・保健医療・短大 ●	〔1〕	現代文	評論	空所補充，語意，内容説明，内容真偽	「退屈について」 小原信
		〔2〕	現代文	評論	空所補充，語意，内容説明，内容真偽	「人間であること」 時実利彦
		〔3〕	国語常識		書き取り，四字熟語，慣用表現	
	教育（国語） ◑	〔1〕	古　文	日記	文法，語意，口語訳，内容説明，人物指摘，内容真偽，文学史	「蜻蛉日記」 藤原道綱母
		〔2〕	現代文	評論	空所補充，語意，内容説明（60・90字他），主旨	「対象喪失」 小此木啓吾
		〔3〕	現代文	小説	語意，空所補充，内容説明（70字他），表現効果	「ロボット」 三浦哲郎
		〔4〕	国語常識		読み，書き取り	

（注）　●印は全問，◑印は一部マークシート方式採用であることを表す。

現代文の評論は標準レベル，小説はやや難 古文はやや難しい設問も

01 出題形式は？

推薦（大学）：教育（国語教育）学部は古文1題，現代文2題，国語常識1題の出題で，試験時間は90分。それ以外の学部・専攻等は，現代文2題，国語常識1題の出題で，試験時間は1科目60分または2科目で120分。全問マーク方式での出題である。

推薦（短大）：現代文2題，国語常識1題の出題で，記述式である。20～30字程度の記述問題も出題されている。試験時間はこども教育専攻が50分，リハビリテーション学・看護学専攻が2科目100分となっている。

一般（大学・短大）：教育（国語教育）学部は古文1題，現代文2題，国語常識1題の出題で，試験時間は90分。マーク方式と記述式の併用で，20～100字の内容説明問題も出題されている。その他の学部・専攻等は現代文2題，国語常識1題の出題で，全問マーク方式。試験時間は1科目60分または2科目で120分。

02 出題内容はどうか？

現代文は評論が中心で，新書からの出題が多い。2題中1題は小説が出題されることもある。いずれも本文はそれほど長くはなく，標準的な内容である。国語常識として漢字が独立して出題されているため，現代文の大問の中では漢字の出題がないが，語意はほぼ必出である。空所補充にも語彙力が必要なものが出題されている。それ以外は内容説明，内容真偽が中心で，選択肢の文章が長いものもある。国語常識問題は，漢字の書き取り，読み，四字熟語や慣用表現などである。

古文は，推薦・一般の教育（国語教育）学部で出題されている。物語，説話や日記など比較的なじみやすい出典である。文法と文学史が必ず出題されている。あとは，語意，口語訳，敬語，和歌修辞，内容説明，内容真偽などである。

03 難易度は？

現代文については，評論は新書からの出題が多く，本文の長さ，設問レベルともに標準的である。紛らわしい選択肢のある設問がいくつかあり，選択肢の要素を含む箇所が見つけにくかったり，表現が異なっていたりするので注意を要する。全体的にみると標準的からやや難しいレベルである。小説は，深い読み取りを求められる設問もみられ，やや難しいが，選択肢の細部までよく読み取れば，消去法で対応可能である。

古文は，文法，敬語，文学史は標準的なレベル，口語訳や語意問題も標準的なレベルであるが，内容説明問題はやや難しい内容を問う設問がある。

全体として現代文の評論に限れば，標準的なレベル。小説や古文を含めると標準よりはやや上のレベルである。迷う設問で時間を使いすぎないようにし，試験時間内で全問に解答できるよう，時間配分に注意したい。

対策

01 現代文

評論・小説など，教科書レベルの文章に数多くふれて読解力を養おう。難しい内容の評論が出題されることもあるので，教科書や問題集だけではなく，興味のある分野の新書を何冊か読んでおくのもよいだろう。過去問を解く場合は，大きく文章構造をつかんだうえで，細部を丁寧に読むことを心がけたい。内容説明問題の選択肢には紛らわしいものもあるので，解答の根拠となる語句に注意して本文を読んでいこう。共通テスト対策向け現代文の問題集を何冊か解いておくのも効果的である。

02 国語常識

国語常識問題が大問１題で出題されており，比重が大きいので，確実に解答したい。漢字の読み，書き取りを中心に，四字熟語や慣用句などもしっかり学習しておこう。『生きる 漢字・語彙力』（駿台文庫）などを使って対策するとよいだろう。

03 古　文

まずは頻出の文法・敬語をマスターしよう。用言の活用，助詞・助動詞の用法や意味を中心に，基礎の総復習をしておこう。口語訳の設問にも役立つはずである。また，古文単語は読解の基盤となるものなので，300 語レベルをしっかりマスターしておこう。そのうえで，教科書レベルの問題集を何冊か解いておくとよいだろう。文法や文学史は標準的な出題なので，ここをしっかりと学習して得点源としたい。

04 記述問題対策

記述式の問題では，字数制限のある内容説明問題が必ず出題されている。記述式の問題集で，設問に字数の指示がなくてもある程度の字数でまとめる練習をして，字数に対する勘を養っておこう。その際，同じ設問の解答を字数を変えてまとめる練習をしておくと，本番でどのような字数制限であっても対応可能である。

2024年度

問題と解答

大和大学：学校推薦型選抜（公募制）

問題編

▶試験科目・配点

基礎評価型

<table>
<tr><th colspan="2">学　部</th><th>教　科</th><th>科　　　　目</th><th>配　点</th></tr>
<tr><td rowspan="4">情報</td><td rowspan="2">文系方式</td><td>数　学</td><td>数学Ⅰ・Ⅱ・A・B</td><td>100 点</td></tr>
<tr><td>選　択</td><td>「コミュニケーション英語Ⅰ・Ⅱ・Ⅲ，英語表現Ⅰ・Ⅱ」，「国語総合（古文・漢文を除く），現代文B」から1科目選択</td><td>100 点</td></tr>
<tr><td rowspan="2">理系方式</td><td>数　学</td><td>「数学Ⅰ・Ⅱ・A・B」または「数学Ⅰ・Ⅱ・Ⅲ・A・B」</td><td>100 点</td></tr>
<tr><td>選　択</td><td>「コミュニケーション英語Ⅰ・Ⅱ・Ⅲ，英語表現Ⅰ・Ⅱ」，「物理基礎・物理」，「化学基礎・化学」，「生物基礎・生物」から1科目選択</td><td>100 点</td></tr>
<tr><td colspan="2" rowspan="2">社会・政治経済</td><td>英　語</td><td>コミュニケーション英語Ⅰ・Ⅱ・Ⅲ，英語表現Ⅰ・Ⅱ</td><td>100 点</td></tr>
<tr><td>選　択</td><td>「数学Ⅰ・A」，「国語総合（古文・漢文を除く），現代文B」から1科目選択</td><td>100 点</td></tr>
<tr><td rowspan="4">理工</td><td rowspan="2">数理科学・電気電子工学・機械工学</td><td>数　学</td><td>「数学Ⅰ・Ⅱ・A・B」または「数学Ⅰ・Ⅱ・Ⅲ・A・B」</td><td>100 点</td></tr>
<tr><td>選　択</td><td>「コミュニケーション英語Ⅰ・Ⅱ・Ⅲ，英語表現Ⅰ・Ⅱ」，「物理基礎・物理」，「化学基礎・化学」から1科目選択</td><td>100 点</td></tr>
<tr><td rowspan="2">情報科学・建築学</td><td>数　学</td><td>「数学Ⅰ・Ⅱ・A・B」または「数学Ⅰ・Ⅱ・Ⅲ・A・B」</td><td>100 点</td></tr>
<tr><td>選　択</td><td>「コミュニケーション英語Ⅰ・Ⅱ・Ⅲ，英語表現Ⅰ・Ⅱ」，「物理基礎・物理」，「化学基礎・化学」，「生物基礎・生物」から1科目選択</td><td>100 点</td></tr>
</table>

<table>
<tr><td rowspan="8">教育</td><td rowspan="2">初等幼児教育</td><td>英 語</td><td>コミュニケーション英語Ⅰ・Ⅱ・Ⅲ，英語表現Ⅰ・Ⅱ</td><td>100 点</td></tr>
<tr><td>選 択</td><td>「数学Ⅰ・A」，「物理基礎・物理」，「化学基礎・化学」，「生物基礎・生物」，「国語総合（古文・漢文を除く），現代文B」から1科目選択</td><td>100 点</td></tr>
<tr><td rowspan="2">国語教育</td><td>英 語</td><td>コミュニケーション英語Ⅰ・Ⅱ・Ⅲ，英語表現Ⅰ・Ⅱ</td><td>100 点</td></tr>
<tr><td>国 語</td><td>国語総合（漢文を除く），現代文B，古典B（漢文を除く）</td><td>200 点</td></tr>
<tr><td rowspan="2">数学教育</td><td>数 学</td><td>「数学Ⅰ・Ⅱ・A・B」または「数学Ⅰ・Ⅱ・Ⅲ・A・B」</td><td>200 点</td></tr>
<tr><td>選 択</td><td>「コミュニケーション英語Ⅰ・Ⅱ・Ⅲ，英語表現Ⅰ・Ⅱ」，「物理基礎・物理」，「化学基礎・化学」，「生物基礎・生物」から1科目選択</td><td>100 点</td></tr>
<tr><td rowspan="2">英語教育</td><td>英 語</td><td>コミュニケーション英語Ⅰ・Ⅱ・Ⅲ，英語表現Ⅰ・Ⅱ</td><td>200 点</td></tr>
<tr><td>選 択</td><td>「数学Ⅰ・A」，「国語総合（古文・漢文を除く），現代文B」から1科目選択</td><td>100 点</td></tr>
<tr><td colspan="2">保健医療</td><td>選 択</td><td>「コミュニケーション英語Ⅰ・Ⅱ・Ⅲ，英語表現Ⅰ・Ⅱ」，「数学Ⅰ・A」，「理科（『物理基礎・物理』，『化学基礎・化学』，『生物基礎・生物』から1科目選択）」，「国語総合（古文・漢文を除く），現代文B」から2科目選択</td><td>200 点
（各 100 点）</td></tr>
</table>

▶入試方式

- 総合評価型，数学重視型，理科重視型，英語重視型は基礎評価型に出願する場合のみ出願可能。
- 総合評価型では上記に加え，調査書（50 点：全体の学習成績の状況×10）が加味される。
- **情報学部**：基礎評価型，総合評価型のほか，数学重視型がある。数学の配点が 200 点，その他の科目が 50 点の計 250 点満点で合否判定する。
- **理工学部**：基礎評価型，総合評価型のほか，数学重視型・理科重視型・英語重視型がある。数学重視型は数学の配点が 300 点，その他の科目が 100 点の計 400 点満点，理科重視型は理科の配点が 300 点，数学が 100 点の計 400 点満点，英語重視型は英語の配点が 300 点，数学が 100 点の計 400 点満点で合否判定する。
- **政治経済学部**：グローバルビジネス学科の前期日程では，基礎評価型，総合評価型のほか，英語重視型がある。英語の配点は，基礎評価型は200点，総合評価型は150点，英語重視型は250点。また，総合評価型のほか英語重視型でも調査書（50点：全体の学習成績の状況×10）が加味される。

▶備　考

- 英語は聞き取り試験は含まない。
- 「数学B」の出題範囲は「数列・ベクトル」。「数学Ⅲ」の出題範囲は「積分法」を除く。
- 英語外部試験のスコア・資格に応じて換算した「英語」の得点で合否判定を受けることができる英語外部試験利用制度がある。ただし，理工学部の理科重視型を受験する場合，英語外部試験利用制度は適用できない。

英　語

◀情報・社会・理工・政治経済・教育（英語教育除く）・保健医療学部▶

（情報・理工・教育（国語教育・数学教育）学部　1科目　60分
その他　2科目 120分）

1　次の問1～問5の英文の空欄 [1] ～ [5] に入る最も適切なものを，①～④から1つずつ選び，解答欄にマークしなさい。

問1　To be honest, I don't like this new carpet [1].

① right　② much　③ wrong　④ such

問2　Juice is the [2] that comes from fruit or vegetables.

① bud　② leaf　③ liquid　④ seed

問3　Bob had been waiting for Hanna for an hour and he was getting [3].

① comfortable　② impatient　③ meaningful　④ tender

問4　I sometimes have dry eyes when I [4] contact lenses.

① read　② sit　③ touch　④ wear

問5　The weather forecast says there's a 70% [5] of rain.

① chance　② fate　③ idea　④ imagination

2　次の問１～問６の英文の空欄 [6] ～ [11] に入る最も適切なものを，①～④から１つずつ選び，解答欄にマークしなさい。

問１　This sort of work [6] great patience.

① calls for　② does out　③ looks for　④ turns on

問２　We'd better leave now. [7], we will be late for the concert.

① However　② On the other hand　③ Otherwise　④ Therefore

問３　I [8] economics when I entered the university.

① am not studying　② hadn't studied
③ haven't studied　④ won't study

問４　I went to the store where [9].

① does shopping recently　② traveled to the US last year
③ we worked for last weekend　④ you bought your computer

問５　[10] Sunday, the department store was crowded.

① To be　② It is　③ It being　④ To being

問６　[11] will be elected as president of the US?

① Do you think who　② Who do you think
③ Do you think whom　④ What do you think

3 次の問1～問5の会話文の空欄 12 ～ 16 に入る最も適切なものを，①～④から1つずつ選び，解答欄にマークしなさい。

問1 *A:* Your e-mail [12].

B: Really? I'm very sorry about that.

A: I need it for today's presentation.

B: I'll send it right away.

① mentioned good information ② had no attached file

③ gave a lot of advice ④ explained everything on this

問2 *A:* You can use my PC while you stay here.

B: [13]. I appreciate it very much.

A: Would you like to check your e-mail on this now?

B: Actually, I just checked it on my smartphone. Thanks anyway.

① That's convenient ② You've just lost it

③ It's very kind of me ④ It's too early to say that

問3 *A:* Which do you prefer for dinner, fish or meat?

B: Either sounds fine, but [14].

A: We surely did.

B: Let's have something light instead.

① we had a heavy lunch today ② I hate vegetables

③ we're so hungry now ④ there was a lot of food

問4 *A*: We have to cancel our event because of a coming typhoon.

B: I understand that.

A: [15] on your web page?

B: In about 20 minutes.

① What can we do to announce it

② When did you get the news

③ Where can we announce it

④ How soon can you put this announcement

問5 *A*: You were invited to Bob's house party, weren't you?

B: Right. I was there with some of my classmates.

A: Did you have a good time?

B: Yes, he organized everything for us.

A: Great.

B: We had a good laugh at his jokes.

A: [16].

① You cook better than anyone else

② We fall silent in such cases

③ He really has a good sense of humor

④ You didn't understand his jokes

4　次の英文を読み，問1～問4に答えなさい。 17 ～ 22

著作権の都合上，省略。

How Color Can Influence Memory Performance, Teachers1on1 on April 15, 2021

（注） *physiological responses　生理学的反応　*neurological pathways　神経経路

問1　文脈に合うよう（ 1 ）（ 3 ）（ 5 ）に入る最も適切なものを，①～④からそれぞれ1つずつ選び，解答欄にマークしなさい。 17 18 19

（ 1 ） 17

① complex　② cheap　③ dull　④ poor

(3) [18]

① sleeping, and eating　　② sensation of touch, and taste

③ pulse, and blood flow　　④ eyesight, and grip strength

(5) [19]

① how　② what　③ where　④ that

問2　下線部(2)の内容を表す日本語として最も適切なものを，①～④から1つ選び，解答欄にマークしなさい。 [20]

① 色がもたらす影響の役割は，思考，気持ち，身体的な範囲にまで及ぶと推測されている。

② 色がもたらす役割の影響は，決心，感覚，そして身体機能にまで及ぶと示唆されている。

③ 色は，心，感情，そして身体機能にまで影響力のある役割を果たすことが証明されている。

④ 色は，身体的な影響から生じて，思考や気持ちまで変化させることが警告されている。

問3　文脈に合うよう(4a)(4b)それぞれに入る語の適切な組み合わせを，①～④から1つ選び，解答欄にマークしなさい。

[21]

① (4a) dry　　(4b) Hard
② (4a) warm　　(4b) Cool
③ (4a) soft　　(4b) Wet
④ (4a) cold　　(4b) Hot

問4　内容が本文と一致するものを，①～④から1つ選び，解答欄にマークしなさい。
[22]

① None of the functions of the brain have been confirmed because it is really complicated.

② Certain colors can be provoked by the thoughts and feelings of human beings.

③ By studying color psychology, we can stop people from feeling calm or sad.

④ It is thought that the magnetic energy of every different color has an effect on a person.

5

次の英文を読み，問1～問5に答えなさい。 23 ～ 31

The children's journey began when they were flying with their mom from the village of Araracuara, to San Jose del Guaviare. On May 1 in 2023, their small plane had engine trouble, and crashed in the rainforest. (1a), all three adults on the plane died, including the children's mother. This left the four children alone in the jungle. The oldest child was a 13-year-old girl. Next came a 9-year-old, a 4-year-old, and an 11-month-old baby.

①

The children are members of the *indigenous Huitoto tribe. The Huitotos live in the Amazon rainforest, so the children were familiar with some of the plants and fruits that could be found there. At first, the children lived off of flour made from cassava roots. They had found the flour in the airplane *wreckage. When they ran out of flour, the children used their knowledge of the forest's fruits and seeds to survive. (1b), it was a time when many rainforest plants were producing fruit.

As soon as the plane went down, people started searching to see if anyone had survived. After two weeks, the plane was found. The people conducting a search found signs that the children might still be alive. Rescue teams flew in helicopters and dropped boxes of food, hoping the children would find them. But they couldn't see the ground because the forest was so (3). The helicopters even played a recorded message from the children's grandmother, encouraging the kids to avoid moving around.

Over 150 soldiers were sent out with dogs to search on the ground. These teams left whistles around, hoping the children would find them and use them to make noise. Around 70 indigenous volunteers also helped search. At different points in time, the search teams found (4) of the children — a bottle, a partly-eaten piece of fruit, and even a rough shelter made by the children.

④

Everyone was extremely happy and relieved that the children were safe. Narcizo Mucutuy, the grandfather of the three girls and one boy, told reporters he was delighted at the news of their rescue. Colombian President Gustavo Petro said they were an "example of total survival that will go down in history."

The children were sent to a hospital in Colombia's capital, Bogota, (5) they were expected to stay for about two weeks. The children got healthier and soon were able to eat solid food again.

[⑤]

The story of the children's survival inspired many people. The children had some knowledge of where to look for food and shelter from their indigenous backgrounds. It also showed how the knowledge and skills of indigenous people can (6) help in difficult times.

(注) *indigenous　(その土地・国に) 固有の，現地の　　*wreckage　残骸

問1　文脈に合うよう (1a) (1b) それぞれに入る語の適切な組み合わせを，①～④から1つ選び，解答欄にマークしなさい。

[23]

① (1a) Luckily　　(1b) Briefly
② (1a) Briefly　　(1b) Wisely
③ (1a) Sadly　　(1b) Luckily
④ (1a) Wisely　　(1b) Sadly

問2　次の段落が入る最も適切な場所を [①] ～ [⑤] から1つ選び，解答欄にマークしなさい。 [24]

After more than a month, the soldiers finally found the children in a small clearing in the forest, about 3 miles from where the plane had crashed. The children were very weak, but they were alive. The soldiers who found the children wrapped them in blankets and gave them drinks. A helicopter was used to lift the kids up and out of the rainforest.

問3　文脈に合うよう (3) (4) (5) に入る最も適切なものを，①～④からそれぞれ1つずつ選び，解答欄にマークしなさい。 [25] [26] [27]

(3) [25]

① thick　　② thin　　③ thirsty　　④ third

(4) 26

① looks　② signs　③ tools　④ words

(5) 27

① what　② where　③ which　④ who

問4　下線部 (6) の意味用法と同じ語を用いた英文として最も適切なものを，①～⑤から1つ選び，解答欄にマークしなさい。 28

① Does this explanation help?
② I can't help wondering how he's feeling.
③ He was a great help to us.
④ She helped me with my work.
⑤ There was no help for it but to wait.

問5　次の英文は，本文の概要を簡潔にまとめたものである。本文の内容に合うよう，文中の (7a) (7b) (7c) に入る最も適切なものを，①～④からそれぞれ1つずつ選び，解答欄にマークしなさい。 29 30 31

Four children have survived (7a) in Colombia's Amazon rainforest for 40 days. On May 1, their small airplane crashed. However, somehow, they (7b) to survive for over a month in the jungle before being rescued. The news that they're safe has brought (7c) to the entire country.

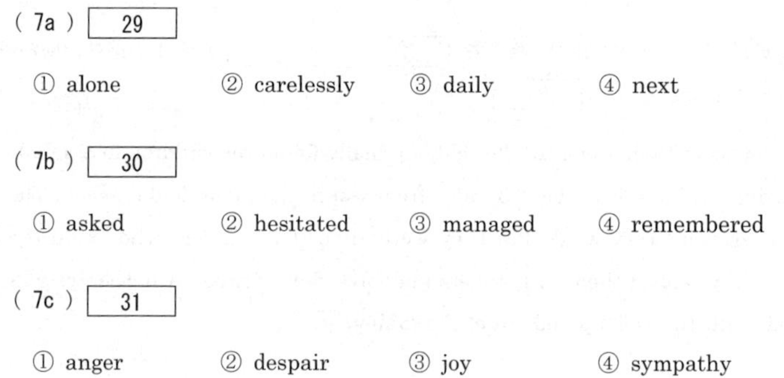

(7a) 29

① alone　② carelessly　③ daily　④ next

(7b) 30

① asked　② hesitated　③ managed　④ remembered

(7c) 31

① anger　② despair　③ joy　④ sympathy

6　次の問１～問５の日本語に合うよう，与えられた語（句）を並べ替えて英文を完成させるとき，空欄 [32] ～ [41] に入るものを，それぞれ①～⑤から１つずつ選び，解答欄にマークしなさい。

問１　母はきっちり３分で，私にカップラーメンを作った。

My mother ＿＿ [32] ＿＿ [33] ＿＿ ramen for me.

① a cup of　② cooking　③ spent exactly
④ minutes　⑤ three

問２　月面を歩くっていうのは，どんな感じなんだろうな。

I wonder ＿＿ [34] ＿＿ [35] ＿＿ on the moon.

① be like　② it　③ to walk
④ what　⑤ would

問３　昨夜はお話ができて，とても楽しかったです。

I really ＿＿ [36] ＿＿ [37] ＿＿ night.

① you　② last　③ with
④ talking　⑤ enjoyed

問４　現代社会では，女性に働く機会を提供することは不可欠です。

In the modern society, it is ＿＿ [38] ＿＿ [39] ＿＿ an opportunity to work.

① provide　② with　③ indispensable
④ to　⑤ women

問５　我々は，我が社のために働きたいという人なら誰でも雇用するつもりだ。

We are going to ______ [40] ______ [41] ______ for our company.

① work　② to　③ wants

④ whoever　⑤ employ

◀教育（英語教育）学部▶

（90分）

1　次の問1～問15の空欄 [1] ～ [15] に入る最も適切なものを、①～④から1つずつ選び、解答欄にマークしなさい。

問1　Most shops in this mall stay [1] until midnight.

① open　② to open
③ opening　④ openly

問2　My grandfather said he was a member of a famous rock 'n' roll band in the '60s, [2] was true.

① what　② why
③ which　④ who

問3　[3] he lost the key to his bike, he decided to take a taxi.

① Although　② Since
③ Even if　④ For

問4　The number of students who are often absent from school [4] decreasing in our school district nowadays.

① is　② are
③ being　④ have been

問5　I have three cousins. One lives in Suita and [5] live in Amagasaki.

① others　② the ones
③ the others　④ anothers

問６　Mr. Hasebe got a large [6] of money because he won a lottery.

① number　② currency
③ cash　④ amount

問７　Reading foreign novels in their original languages is very difficult, but [7], very interesting.

① previously　② nonetheless
③ scarcely　④ moreover

問８　He said he didn't mean to harm Jane but actually he did on [8].

① purpose　② act
③ charge　④ volunteer

問９　The opinions the author showed in her latest work are the same as [9] I have had for a long time.

① that　② it
③ which　④ those

問１０　Why are you still here? Leave at once; [10], you won't get a good seat.

① nevertheless　② therefore
③ hardly　④ otherwise

問１１　"Can I use a ballpoint pen or a felt-tip pen?"
"[11] will do. You have to fill in this form with a pencil only."

① Neither　② Some
③ Other　④ Either

問12　The teaching staff were asked to [12] for any emergency.

① be prepared　② preparing
③ be predicted　④ predict

問13　With winter approaching, my mother is planning to [13] our wardrobes tomorrow.

① return　② apply
③ upset　④ update

問14　My sister Liz and I took [14] at taking care of our puppy dog.

① orders　② turns
③ places　④ parts

問15　They decided to buy and move to the mansion on the [15] .

① air　② urban
③ spot　④ sight

2　次の問１～ 問８について、与えられた語（句）を並べ替えて英文を完成させるとき、空欄 [16] ～ [31] に入る語（句）をそれぞれ①～⑥から１つずつ選び、解答欄にマークしなさい。

問１　彼はこちらから話しかけなければ、口を利くことはない。

He ____ ____ ____ [16] [17] ____ .

① to　② spoken　③ a word

④ unless　⑤ never　⑥ speaks

問２　このプロジェクトが成功するかどうかは誰が協力してくれるか次第だ。

The success of this project ____ [18] ____ [19] ____ ____ us.

① cooperate　② on　③ with

④ will　⑤ who　⑥ depends

問３　あなたたち二人ともそろそろ仕事にとりかかる時間ではないのですか。

Isn't it ____ [20] ____ [21] ____ ____ work?

① you　② got　③ two

④ to　⑤ about　⑥ time

問４　私は彼の話し方から、彼が本気だと分かった。

I could ____ ____ [22] ____ ____ [23] he was serious.

① that　② he　③ spoke

④ tell　⑤ from　⑥ the way

問5　その辞書は18世紀に出版されたと言われている。

The dictionary ____ [24] ____ [25] ____ ____ in the eighteenth century.

① said　② is　③ published
④ have　⑤ to　⑥ been

問6　私の立っているところからあなたの家がよく見える。

I can ____ ____ [26] [27] ____ ____ .

① see　② I　③ your house well
④ stand　⑤ where　⑥ from

問7　その遺跡はあまり訪ねてみる価値がない。

It ____ ____ ____ [28] [29] ____ .

① visiting　② is　③ the ruins
④ hardly　⑤ while　⑥ worth

問8　彼らは役に立ちそうなことは何でもした。

They did ____ [30] ____ [31] ____ ____ .

① they　② everything　③ be
④ thought　⑤ would　⑥ helpful

3 次の英文を読んで、後の問いに答えなさい。[32] ～ [40]

A couple of years ago a friend of mine who was about eighty-five was getting [32] to cross the street on a wet, rainy day. A young person offered to help him across. My friend refused the help and was hit by a car, an accident which eventually brought about his death. Despite his age, he was still trying to assert his independence and not allow himself to say, “ [33] ”

People refuse help because they feel their sclf-esteem depends on their being “independent.” We fear that somehow or other we have been diminished because we need, want, and desire another person’s help. That’s because of our independent, individualistic culture. We have a sense that we should be like the mythical cowboy. Free, easy, able to do anything, able to take on and [34] anything and live in the world without the need for other people. The Lone Ranger type.

That’s an image a lot of men, especially, carry around. They don’t allow themselves to develop a sense of their interpersonal needs. I think it’s very unfortunate. For we need [35] more than we know.

In fact, these needs are very great on the emotional, psychological level, as [36] as on the physical level. But we tend to avoid exposing these needs like the plague. From my point of view, it makes so much more sense to be clear about your needs and realize that you need others, just as they need you.

The manner of the person offering help can have a positive or negative impact on what the response will be. Here are some [37] if you are visiting or caring for someone who needs assistance.

First, don’t offer to do something if you really don’t want to do it, because your family member or loved one is likely to sense your feelings and will find [38] harder to accept your help without feeling angry or humiliated. If you are asked to do something that is too inconvenient or uncomfortable for you, be honest about your reasons for declining—if possible, help set up an alternative way for the task to be done by someone else.

Try not to treat your loved one with kid gloves. Be specific when asking him if he needs help. If you see he is having difficulty getting a drinking straw out of its wrapper, offer to open the wrapper for him without making a big deal of it. Be matter-of-fact in your manner when appropriate.

Be respectful and maintain the usual boundaries of propriety when possible. [39] , don’t lift your friend’s head and start *fluffing her pillow without asking. Regardless of how *incapacitated she is, she will want to know that you still respect her *autonomy.

注 *fluff : ふわっと膨らませる *incapacitated : 能力を奪われた
*autonomy : 自主性

出典追記：Morrie In His Own Words by Morrie Schwartz, Walker Books

問1　前の英文の空欄 32 ～ 39 に入る最も適切なものを次の①～④からそれぞれ1つずつ選び、解答欄にマークしなさい。

32
① sad　② escaped　③ angry　④ ready

33
① Maybe I should have thanked this young man for his kindness.
② Yes, I need the help of this person.
③ No. I will do it on my own.
④ Don' t underestimate me! I'm not that old.

34
① conquer　② destroy　③ give up　④ shrink

35
① ourselves　② our own persistence
③ other's compromise　④ each other

36
① well　② soon　③ long　④ good

37
① advantages　② don'ts　③ negotiations　④ suggestions

38
① one　② it　③ you　④ those

39
① Moreover　② For example　③ In addition　④ In short

問2　このパラグラフのタイトルとして最もふさわしいものを、次の①～④から 1 つ選び、解答欄にマークしなさい。
40

① When things are inaccessible, unattainable, or unreachable, don't get too frustrated or angry.
② Recognize that your body is not your total self, only part of it.
③ Expect stressful situations to occur as your illness progresses.
④ Get as much help as you can when you need it.

4 次の英文を読んで、後の問いに答えなさい。 41 〜 51

In my scientist husband's perfect world of order, there would always be a [41] for everything, and everything would always be in its [41]. But, in our family of seven, that just didn't happen.

Neal had many あ pet peeves, but having to search for his brush each morning ranked among the highest. Sometimes, he'd find it in the boys' bathroom. Other times, it would be in the girls' toy box with Barbie hairs tangled in the bristles. On rare occasions, he might find it where it belonged in his bathroom drawer.

While looking through our local home improvement store, he hit [42] an idea, a stroke of genius in his mind, to end this hide-and-seek routine with his brush. When he came home, I noticed the small bag he carried.

"What's that?"

"You'll see." His ア grin bothered me.

After a trip to the garage, he went straight to the bathroom. While I cooked supper, banging and drilling noises added to my イ misgivings. Finally, he called me to see his inspired solution.

He had chained his brush to the wall!

There, beside the sink, his brush sat on a pile of chain. He'd drilled a hole in the end of his brush and, to my ウ chagrin, drilled a hole through my new wallpaper. It looked awful. But Neal's motto is い "practical is better than pretty."

Every morning, the brush was right there beside the sink. His idea was working out just as he planned.

Or so he thought.

You see, spiking hair with gel was the "in" style for boys at that time, and every morning my youngest son, William, watched his brothers get ready for school. A few days after Neal attached his brush to the wall, I noticed William's hair. It looked strange. Kinda slick.

I asked, "Honey, what did you do to your hair?"

"Gelled it." His blue eyes danced. He was so proud of himself.

It didn't much look like gel. "Show me the gel."

He took my hand, passed the kids' bathroom, and went straight to mine. On the counter was an open jar of Vaseline and, lucky for him, a brush-chained to the wall. He explained to me that since he couldn't take the brush back to the boys' bathroom and use their gel, he used this other jar of う"gel" that he found in our bathroom right next to the chained hairbrush.

I wanted to get that stuff out of my baby's hair. I tried shampooing it, but the petroleum jelly sucked in the shampoo like some kind of swamp monster, turning into a gelatinous mess.

Then I called my neighbor who owned a hair salon. I explained what William had done, and when he finally quit laughing, he suggested I try dishwashing soap, the kind that is supposed to cut through grease.

It did a fair job, but William still looked like a teen from the fifties. The kids came home, I made supper, and the whole thing was forgotten.

Until the next morning, that is.

While cooking breakfast, Neal yelled for me. I ran to the bathroom to find him, brush in hand, looking a lot like William did the day before. Giggles bubbled up in my throat and demanded to be let out, but I didn't dare.

"Look at me!" He stared in the mirror. "I can't go to work like this! What is this stuff in my brush?"

"Vaseline."

I couldn't hold the エ hilarity in any longer and erupted in laughter.

"I don't see anything funny about this."

By now, tears were rolling down my face. But I managed to get him the dish soap. It helped—a little.

There is a proverb that says, "There is a way that seems right to a man, but in the end it leads to death." Well, chaining his brush to the wall seemed right to Neal, and [43] it didn't lead to death, it certainly led to disaster!

問1 [41] ～ [43] に入る最も適切なものを、それぞれ①～④から１つずつ選び、解答欄にマークしなさい。

[41]

① place　② square　③ room　④ common

[42]

① behind　② upon　③ in　④ for

[43]

① even　② so　③ while　④ because

問2 下線部あ pet peeves と、下線部い "practical is better than pretty." の内容を最もよく表しているものを、それぞれ①～④から１つずつ選び、解答欄にマークしなさい。

あ [44]

① 気に障ること
② ペットとして可愛がっているもの
③ お気に入りのもの
④ とても大切にしていること

出典追記：Chicken Soup for the Soul: Family Matters: 101 Unforgettable Stories about Our Nutty but Lovable Families by Jack Canfield, Mark Victor Hansen, Amy Newmark, and Susan M. Heim, Chicken Soup for the Soul Publishing

い 45

① 練習すればどんなことでもよりうまくできる。
② かわいらしくなるようにすることよりも、現実的であることが大切だ。
③ 見た目よりも実用性が大切だ。
④ 実行することに意義がある。

問３ 下線部**ア〜エ**とほぼ同じ意味のものを、それぞれ①〜④から１つずつ選び、解答欄にマークしなさい。

ア 46
① ease ② smile ③ frown ④ relief

イ 47
① admiration ② doubt ③ satisfaction ④ anger

ウ 48
① astonishment ② irritation ③ joy ④ fancy

エ 49
① amusement ② temper ③ curiosity ④ indifference

問４ 下線部**う**“gel”は本文中のどの単語のことか。①〜④から１つ選び、解答欄にマークしなさい。

う 50
① soap ② grease ③ shampoo ④ Vaseline

問５ 本文の内容と一致する英文を①〜⑤から１つ選び、解答欄にマークしなさい。 51

① The writer's husband was well-organized, and so were the rest of his family.
② Neal could always find his brush easily in the morning because he kept it in the same place.
③ Neal always had trouble finding his brush every morning, but he left the problem unsolved.
④ After Neal chained his brush to the wall, William mistook Vaseline for gel, and his hair looked strange.
⑤ The writer felt sorry for Neal after he used his brush and his hair looked strange.

5　次の英文を読んで、後の問いに答えなさい。 52 ～ 64

"Every kid wants a democracy," Rex likes to say, "but every grown-up wants a dictatorship."

He's talking about families, of course Rex wants one person, one vote, right at our kitchen table. I don't know what he envisions for 2-2 ties.

"What's so good about democracy?" I asked in one of those conversations. He was ten.

"If lots of people have a (ア)," he said, "you can make better decisions."

"イ[① are / ② if / ③ confused / ④ what / ⑤ people]? Or just wrong?"

"Then you'd make bad decisions," he said.

"So we could get good or bad decisions. Are there other reasons to want democracy?"

"Well, if something might affect you, you should have a (ア) in it," Rex said. He illustrated his point with a very complicated story about a utility company attempting to run a power line across our yard. "Wouldn't you want a (ア)?" he asked.

"For sure," I said.

"Also, democracy's just fair," Rex added. "It's equal. Everyone counts the same."

That's a pretty *pithy case for democracy. It gives people an opportunity to participate in important decisions. And it treats them as equals. Indeed, democracy constitutes people as equals, by creating a sense in ウ which they are one person, one vote.

But our family is not a democracy, and エ it won't be no matter how many times Rex asks. I've told you the reasons already. We are responsible for our kids, and to do our job, we often have to make decisions they don't like. We're not equals, not yet. And adopting procedures that constituted us as equals would be a serious mistake—for us and them.

But オ I try to remember it's hard to be a kid, constantly told what to do by one adult or another. It makes you feel out of control, in a quite literal sense. So I try to be patient when the kids seek control. It's never enough, though.

"I declare independence," Hank announced.

He was seven. We were taking a walk in a park. Or, rather, I was taking a walk. He was being pulled down a path while he protested the idea that we should get some exercise.

"Okay," I said. 58

"At home."

"Whose home?"

"Our home."

59

He looked at me, puzzled.

"I have a home," he said. 60

"No, Hank. I have a home. And so do Rex and Mommy. But you just declared independence. So I'm afraid you don't have a home anymore."

Silence.

"Okay. I don't have a home," he said, grumpily.

"You could pay rent," I said.

61

62

"A dollar."

63

注 *pithy：明快な

問1 3つの(ア)に共通して入るものを、次の選択肢より選び、解答欄にマークしなさい。 52

① do ② go ③ run ④ say

問2 下線部イを並べ替えて英文を完成させる際、2番目と4番目に来るものを、解答欄にマークしなさい。 2番目 53 4番目 54

問3 下線部ウ、エの which、 it が指すものを①～④からそれぞれ選び、解答欄にマークしなさい。

下線部ウ which 55

① case ② democracy ③ equals ④ sense

下線部エ it 56

① a democracy ② how many times Rex asks
③ our family ④ one vote

問4 波線部オの内容を最も良く表しているものを①～④から選び、解答欄にマークしなさい。 57

① The writer tries very hard to memorize what children are told to do.
② The writer finds it difficult to remember what to do because he is told by so many people at one time.
③ The writer tries to keep in mind that to be a child is difficult.
④ The writer is willing to forget about what it is like to be a child.

問5 空欄 58 ～ 63 に入る最も適切なものを次の①～⑥から1つずつ選び、解答欄にマークしなさい。

58 ～ 63

① "You don't have a home."
② "Where do you plan to live?"
③ "Where we live?"
④ "How much could you pay?"
⑤ "How much does it cost?"
⑥ "Okay. We'll keep you around."

出典追記：Nasty, Brutish, and Short: Adventures in Philosophy with Kids by Scott Hershovitz, Penguin Books Ltd.

問6　本文の内容と一致する英文を①～⑥から１つ選び、解答欄にマークしなさい。

64

① Rex stated that he needed democracy and his father totally agreed with his opinion.

② The writer realized Rex gave two points for democracy and two points for dictatorship when he demanded democracy.

③ The reason Rex wanted the right to cast a vote was because he had to protect his yard from a utility company.

④ The writer didn't think children need democracy because of its negative impact on them.

⑤ The writer listened patiently to what his children said when they were trying to seek control.

⑥ Hank refused to walk with his father because his request for democracy was denied.

数　学

数学解答上の注意

1　解答は，解答用紙の問題番号に対応した解答欄にマークしなさい。

2　問題の文中の［ア］，［イウ］などには，符号（−，±）又は数字（0～9）又は文字（a～d）が入ります。ア，イ，ウ，…の一つ一つは，これらのいずれか一つに対応します。それらを解答用紙のア，イ，ウ，…で示された解答欄にマークして答えなさい。

例　［アイウ］に −83 と答えたいとき

ア	● ⊕ ⓪ ① ② ③ ④ ⑤ ⑥ ⑦ ⑧ ⑨ ⓐ ⓑ ⓒ ⓓ
イ	⊖ ⊕ ⓪ ① ② ③ ④ ⑤ ⑥ ⑦ ● ⑨ ⓐ ⓑ ⓒ ⓓ
ウ	⊖ ⊕ ⓪ ① ② ● ④ ⑤ ⑥ ⑦ ⑧ ⑨ ⓐ ⓑ ⓒ ⓓ

なお，同一の問題文中に［ア］，［イウ］などが2度以上現れる場合，原則として，2度目以降は，［ア］，［イウ］のように細字で表記します。

3　分数形で解答する場合，分数の符号は分子につけ，分母につけてはいけません。

例えば，$\dfrac{\boxed{エオ}}{\boxed{カ}}$ に $-\dfrac{4}{5}$ と答えたいときは，$\dfrac{-4}{5}$ として答えなさい。

また，それ以上約分できない形で答えなさい。

例えば，$\dfrac{3}{4}$ と答えるところを，$\dfrac{6}{8}$ のように答えてはいけません。

4　根号を含む形で解答する場合，根号の中に現れる自然数が最小となる形で答えなさい。

例えば，$\boxed{キ}\sqrt{\boxed{ク}}$ に $4\sqrt{2}$ と答えるところを，$2\sqrt{8}$ のように答えてはいけません。

5　根号を含む分数形で解答する場合，例えば，$\dfrac{\boxed{ケ}+\boxed{コ}\sqrt{\boxed{サ}}}{\boxed{シ}}$ に $\dfrac{3+2\sqrt{2}}{2}$ と答えるところを，$\dfrac{6+4\sqrt{2}}{4}$ や $\dfrac{6+2\sqrt{8}}{4}$ のように答えてはいけません。

6　比を答える場合，一番小さい自然数の比で答えなさい。

例えば，［ス］：［セソ］に 2：13 と答えるところを，4：26 や 6：39 のように答えてはいけません。

◀情報・理工・教育（数学教育）学部▶

（情報学部（文系方式）　60 分
その他　90 分）

注意事項

- 問題は、[1]〜[5]の計５題あります。
- 60 分試験の受験生は、[1]〜[3]の３題を解答し、[4]、[5]は解答しないこと。
- 90 分試験の受験生は、[1]〜[3]の３題を必須解答、[4]または[5]のいずれか１題を選択解答し、合計４題解答しなさい。

[1]　次の各問いに答えよ。

問１　$x+\dfrac{1}{x}=3$ のとき，$x^2+\dfrac{1}{x^2}=$ [ア]，$x^3+\dfrac{1}{x^3}=$ [イウ]，$x^5+\dfrac{1}{x^5}=$ [エオカ] である。

問２　方程式 $|x|+3|x-3|=|x+3|$ を解くと，$x=$ [キ]，[ク] である。
ただし，[キ] < [ク] とする。

問３　x に関する連立不等式 $\begin{cases} 6x-4>3x+5 \\ 3x<x+2a \end{cases}$ を満たす整数がちょうど３個あるとする。
このとき，定数 a のとりうる値の範囲を表す不等式の形を，次の⓪〜③の中から一つ選ぶと，[ケ] である。
また，[コ]，[サ] に当てはまる数を答えよ。

⓪ [コ] $<a<$ [サ]　　① [コ] $\leqq a \leqq$ [サ]

② [コ] $<a\leqq$ [サ]　　③ [コ] $\leqq a<$ [サ]

問４　△ABC において，次の等式が成り立つとき，この三角形の最も大きな内角の余弦の値は $\dfrac{\boxed{シスセ}}{\boxed{ソタ}}$ である。

$$\frac{\sin A}{4}=\frac{\sin B}{6}=\frac{\sin C}{3}$$

問5　放物線 $y=x^2-4x+k$ と x 軸の共有点の個数は，

$k<$ [チ] のとき [ツ] 個，

$k=$ [チ] のとき [テ] 個，

$k>$ [チ] のとき [ト] 個

である。

[2]　下図の点 A，B，C，D，E，F，G，H，I，J，K，L は，半径 1 の円の円周上を 12 等分した点である。この 12 個の点の中から 3 点を選び，それぞれを結んだ線分でできる三角形について考える。

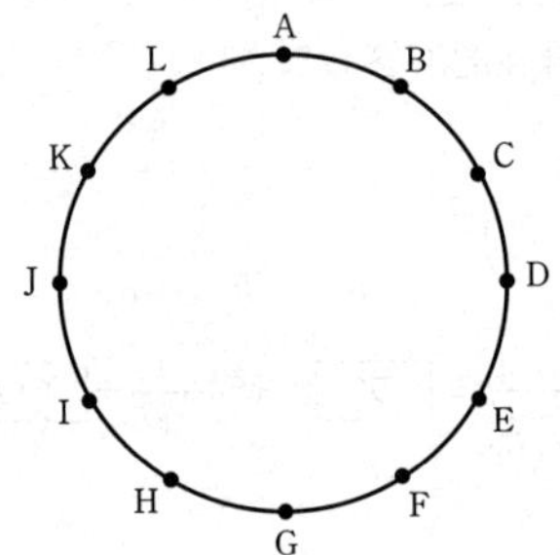

問1　3 点を選びそれぞれを結ぶことで得られる三角形の総数は [アイウ] 個あり，そのうち，正三角形が [エ] 個，二等辺三角形が [オカ] 個，直角三角形が [キク] 個存在する。

問2　[アイウ] 通りの三角形の中で互いに合同ではない三角形は全部で [ケコ] 種類存在し，その中で最も面積が大きい三角形の面積は $\dfrac{[サ]\sqrt{[シ]}}{[ス]}$ であり，最も面積が小さい三角形の面積は $\dfrac{[セ]-\sqrt{[ソ]}}{[タ]}$ である。

3　次の各問いに答えよ。

問1　放物線 $y=-x^2+1$ 上の点 $(a,\ -a^2+1)$ における接線が点 $(1,\ 9)$ を通るとき，

$a=$ アイ および $a=$ ウ である。

$a=$ アイ のとき接線の方程式は $y=$ エ $x+$ オ であり，

$a=$ ウ のとき 接線の方程式は $y=$ カキ $x+$ クケ である。

また，この 2 本の接線と放物線で囲まれた領域の面積は コサ である。

問2　座標平面上の 2 点を A$(1,\ 1)$，B$(2,\ 3)$ とする。線分 AB を 1：2 に内分する点

P の座標は $\left(\dfrac{\text{シ}}{\text{ス}},\ \dfrac{\text{セ}}{\text{ソ}}\right)$ であり，1：2 に外分する点 Q の座標は

(タ , チツ) である。

また，直線 $y=x-1$ に関して点 A と対称な点 C の座標は (テ , ト) である。

さらに，直線 $y=x-1$ 上を動く点 R について，距離の和 AR＋BR が最小になるとき，点 R の座標は (ナ , ニ) である。

問3　二次方程式 $x^2-5x-7=0$ の解の一つを α とする。

このとき，$\dfrac{1}{\alpha}=\dfrac{\text{ヌ}}{\text{ネ}}\alpha-\dfrac{\text{ノ}}{\text{ハ}}$ であり，$\dfrac{1}{\alpha+2}=\dfrac{\text{ヒフ}}{\text{ヘ}}\alpha+$ ホ である。

4 数列 $\{a_n\}$ の初項から第 n 項までの和 S_n は次の式で与えられている。

$$S_n=\frac{8}{7}a_n-n\ (n=1,\ 2,\ 3,\ \cdots)$$

問1　$a_1=$ [ア]，$a_2=$ [イウ] である。

問2　a_{n+1} を a_n を用いて表すと，$a_{n+1}=$ [エ] a_n+ [オ] である。

問3　a_n を n を用いて表すと，$a_n=$ [カ]$^n-$ [キ] である。

問4　a_n は [ク] の倍数であることを数学的帰納法を用いて証明する。

[1]　$n=1$ のとき

$a_1=$ [ア] より，a_1 は [ク] の倍数である。

[2]　$n=k$ のとき

$a_k=$ [カ]$^k-$ [キ] が [ク] の倍数であるとすると，

$n=k+1$ のとき

$a_{k+1}=$ [カ]$^{k+1}-$ [キ]

$=($ [ケ] $+1)\times$ [カ]$^k-$ [キ]

$=$ [ケ] $\times$ [カ]$^k+($ [カ]$^k-$ [キ]$)$

ここで，[ケ] $\times$ [カ]^k と [カ]$^k-$ [キ] はともに [ク] の倍数であるから，

和の [ケ] $\times$ [カ]$^k+($ [カ]$^k-$ [キ]$)$ も [ク] の倍数である。

よって，a_{k+1} も [ク] の倍数である。

[1]，[2]より，すべての正の整数 n に対して，a_n は [ク] の倍数である。

（証明終わり）

5 次の各問いに答えよ。

問１ 複素数 $z=\sqrt{6}-\sqrt{2}\,i$ を極形式 $z=r(\cos\theta+i\sin\theta)$ で表すと，絶対値 r と偏角 θ は，$r=\boxed{\text{ア}}\sqrt{\boxed{\text{イ}}}$，$\theta=\dfrac{\boxed{\text{ウエ}}}{\boxed{\text{オ}}}\pi$ である。ただし，偏角 θ は $-\pi<\theta\leqq\pi$ とする。

問２ 楕円 $4x^2+9y^2-8x+36y+4=0$ の焦点の座標は，$\left(\boxed{\text{カ}}\pm\sqrt{\boxed{\text{キ}}},\ \boxed{\text{クケ}}\right)$ である。

問３ 関数 $y=xe^x$ は $x=\boxed{\text{コサ}}$ のとき，$\boxed{\text{シ}}$ 値 $\dfrac{\boxed{\text{スセ}}}{e}$ をとる。

ただし，$\boxed{\text{シ}}$ は下の語群の⓪～④から最も適切なものを一つ選べ。

【語群】 ⓪ 絶対 ① 極大 ② 極小 ③ 中央 ④ 平均

また，変曲点の x 座標は，$x=\boxed{\text{ソタ}}$ である。

さらに，点 $(0,\ a)$ からこの関数のグラフに接線が２本引けるとき，定数 a の値は $a=\dfrac{\boxed{\text{チツ}}}{e^{\boxed{\text{テ}}}}$ である。

◀社会・政治経済・教育（初等幼児教育・英語教育）・保健医療学部▶

（教育（英語教育）学部　1 科目　60 分
その他　2 科目 120 分）

1 次の各問いに答えよ。

問 1　$x+\dfrac{1}{x}=3$ のとき，$x^2+\dfrac{1}{x^2}=$ ［ア］，$x^3+\dfrac{1}{x^3}=$ ［イウ］，$x^5+\dfrac{1}{x^5}=$ ［エオカ］である。

問 2　方程式 $|x|+3|x-3|=|x+3|$ を解くと，$x=$ ［キ］，［ク］である。
ただし，［キ］＜［ク］とする。

問 3　x に関する連立不等式 $\begin{cases} 6x-4>3x+5 \\ 3x<x+2a \end{cases}$ を満たす整数がちょうど 3 個あるとする。
このとき，定数 a のとりうる値の範囲を表す不等式の形を，次の⓪～③の中から一つ選ぶと，［ケ］である。
また，［コ］，［サ］に当てはまる数を答えよ。

⓪　［コ］$<a<$［サ］　①　［コ］$\leqq a\leqq$［サ］

②　［コ］$<a\leqq$［サ］　③　［コ］$\leqq a<$［サ］

問 4　△ABC において，次の等式が成り立つとき，この三角形の最も大きな内角の余弦の値は $\dfrac{［シスセ］}{［ソタ］}$ である。

$$\frac{\sin A}{4}=\frac{\sin B}{6}=\frac{\sin C}{3}$$

問 5　放物線 $y=x^2-4x+k$ と x 軸の共有点の個数は，

$k<$［チ］のとき［ツ］個，

$k=$［チ］のとき［テ］個，

$k>$［チ］のとき［ト］個

である。

2　$AB=\sqrt{6}$, $AC=5$, $\cos\angle BAC=\dfrac{\sqrt{6}}{4}$ である△ABCがあり，辺AC上に点Dを$CD=4$となるようにとる。

問1　$BC=$ ア ，$BD=$ イ ，$\sin\angle BAC=\dfrac{\sqrt{\text{ウエ}}}{\text{オ}}$ である。

問2　△ABCの面積は $\dfrac{\text{カ}\sqrt{\text{キク}}}{\text{ケ}}$，△ABCの外接円の半径は $\dfrac{\text{コ}\sqrt{\text{サシ}}}{\text{ス}}$ である。

問3　△ABCの外接円と直線BDとの交点のうちBと異なる点をEとするとき，$CE=$ セ $\sqrt{\text{ソ}}$，$DE=$ タ である。

問4　△CDEの面積は $\sqrt{\text{チツ}}$ であり，△ABCの面積をS_1，△AECの面積をS_2とするとき，$\dfrac{S_2}{S_1}=$ テ である。

3　下図の点A，B，C，D，E，F，G，H，Iは，半径1の円の円周上を9等分した点である。この9個の点の中から3点を選び，それぞれを結んだ線分でできる三角形について考える。なお， キ は選択肢から最も適切なものを一つ選べ。

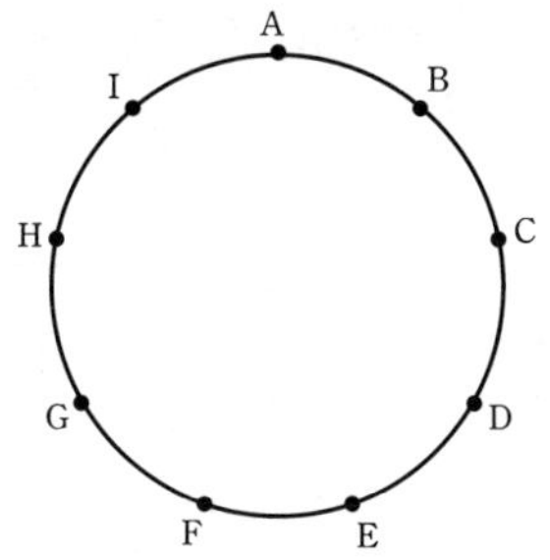

問1　3点を選びそれぞれを結ぶことで得られる三角形の総数は アイ 個であり，そのうち，正三角形が ウ 個，二等辺三角形が エオ 個存在する。

問2　 アイ 通りの三角形の中で互いに合同ではない三角形は全部で カ 種類存在しその中で最も面積が大きい三角形は キ であり，その面積は $\dfrac{\text{ク}\sqrt{\text{ケ}}}{\text{コ}}$ である。

≪ キ の選択肢≫

⓪　二等辺三角形　　①　直角三角形　　②　正三角形　　③　直角二等辺三角形

4 整数 a を 7 で割った余りが 3，整数 b を 7 で割った余りが 5 である。

問 1 整数 $a+b$ を 7 で割った余りは [ア]，整数 $2a-3b$ を 7 で割った余りは [イ]，整数 a^2b^3 を 7 で割った余りは [ウ]，整数 a^{2024} を 7 で割った余りは [エ] である。

問 2 西暦 $a\times b$ 年を西暦 2001 年から西暦 2100 年までの年とするとき，最初の年は西暦 [オカキク] 年，最後の年は西暦 [ケコサシ] 年である。西暦 [ケコサシ] 年のとき，$a=$ [ス]，$b=$ [セソタ] となる。また，西暦 2001 年から西暦 2100 年までの間に西暦 $a\times b$ 年となる年は全部で [チ] 年存在する。

物　理

（情報・理工・教育（数学教育）学部　1科目　60分
教育（初等幼児教育）・保健医療学部　2科目　120分）

受験者は 1 から 4 全てを解答しなさい。

1

　ばね定数 k の軽いばねの上端を天井に固定し，下端に質量が m のおもりをとりつけた。ばねが自然の長さになるときのおもりの位置を原点($x=0$)とする鉛直下向きの x 軸をとると，おもりはつりあいの位置($x=x_0$)で静止した。その後，$x=x_1(x_1>x_0)$の位置までおもりを引き下げ，静かにはなすとおもりは振動をはじめた。重力加速度の大きさを g とする。

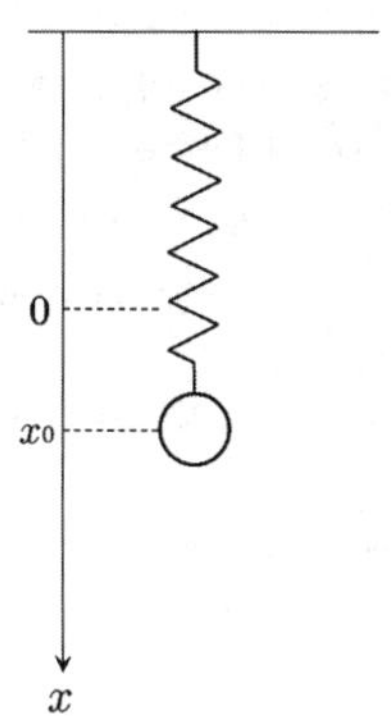

問1　x_0として正しいものを，次の①〜⑥のうちから一つ選びなさい。 1

①　mg　　②　kmg　　③　$\frac{mg}{k}$　　④　0　　⑤　$\sqrt{kmg}$　　⑥　$\sqrt{\frac{mg}{k}}$

問2　おもりの位置が x のときの，おもりの加速度を a とする。a を表す式として正しいものを，次の①〜⑥のうちから一つ選びなさい。 2

①　$a=\frac{k}{m}x$　　②　$a=-\frac{k}{m}x$　　③　$a=-\frac{k}{m}(x+x_0)$

④　$a=-\frac{k}{m}(x-x_0)$　　⑤　$a=-\frac{k}{m}(x+x_1)$　　⑥　$a=-\frac{k}{m}(x-x_1)$

問３　おもりの振動の角振動数と周期の組み合わせとして正しいものを，次の①〜⑥のうちから一つ選びなさい。3

	①	②	③	④	⑤	⑥
角振動数	$\sqrt{\frac{m}{k}}$	$\sqrt{\frac{m}{k}}$	$\sqrt{\frac{m}{k}}$	$\sqrt{\frac{k}{m}}$	$\sqrt{\frac{k}{m}}$	$\sqrt{\frac{k}{m}}$
周期	$2\pi\sqrt{\frac{m}{k}}$	$2\pi\sqrt{\frac{k}{m}}$	$\frac{1}{2\pi}\sqrt{\frac{m}{k}}$	$2\pi\sqrt{\frac{m}{k}}$	$2\pi\sqrt{\frac{k}{m}}$	$\frac{1}{2\pi}\sqrt{\frac{m}{k}}$

問４　$x=x_0$ を通過するときのおもりの速さとして正しいものを，次の①〜⑥のうちから一つ選びなさい。4

①　$(x_1-x_0)\sqrt{\frac{k}{m}}$　　②　$x_1\sqrt{\frac{k}{m}}$　　③　$x_0\sqrt{\frac{k}{m}}$

④　$(x_1-x_0)\sqrt{\frac{m}{k}}$　　⑤　$x_1\sqrt{\frac{m}{k}}$　　⑥　$x_0\sqrt{\frac{m}{k}}$

問５　$x=x_1$ でおもりをはなしたときの時刻を $t=0$ とする。時刻 t におけるおもりの位置 x を表す式として正しいものを，次の①〜⑥のうちから一つ選びなさい。5

①　$x=x_1\sin\left(\sqrt{\frac{k}{m}}t\right)+x_0$　　②　$x=x_1\sin\left(\sqrt{\frac{k}{m}}t+\frac{\pi}{2}\right)+x_0$

③　$x=x_1\sin\left(\sqrt{\frac{k}{m}}t-\frac{\pi}{2}\right)+x_0$　　④　$x=(x_1-x_0)\sin\left(\sqrt{\frac{k}{m}}t\right)+x_0$

⑤　$x=(x_1-x_0)\sin\left(\sqrt{\frac{k}{m}}t+\frac{\pi}{2}\right)+x_0$　　⑥　$x=(x_1-x_0)\sin\left(\sqrt{\frac{k}{m}}t-\frac{\pi}{2}\right)+x_0$

2

図のように，$0 \leqq x \leqq 2L$ に紙面裏から表の向きに磁束密度の大きさ B の一様な磁場が存在する空間がある。そこに，一辺の長さが L の正方形コイル abcd を，x 軸の正の向きに一定の速さ v で移動させる。コイルは，辺 bc が x 軸上にあり，長さ L あたりの抵抗値が R で，自己誘導は無視できる。コイルの辺 ab が $x=0$ に達する時刻を $t=0$ として，次の問いに答えよ。

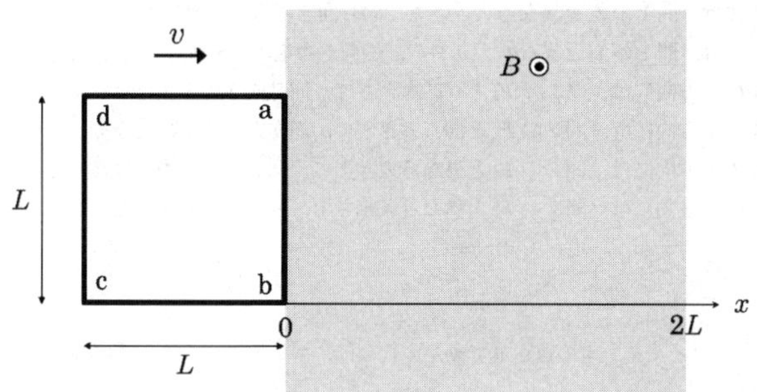

問1　$0<t<\dfrac{L}{v}$ のときに，コイルに流れる電流を I_1 とする。ただし，I_1 は，コイルの a→b→c→d の向きに流れる場合を正とする。I_1 を表したものとして正しいものを，次の①〜⑦のうちから一つ選びなさい。6

①　$\dfrac{vBL}{R}$　　②　$\dfrac{vBL}{2R}$　　③　$\dfrac{vBL}{4R}$

④　$-\dfrac{vBL}{R}$　　⑤　$-\dfrac{vBL}{2R}$　　⑥　$-\dfrac{vBL}{4R}$　　⑦　0

問2　$0<t<\dfrac{L}{v}$ のときに，コイルが磁場から受ける力の x 成分を F_1 とする。問1の I_1 を用いて F_1 を表したものとして正しいものを，次の①〜⑥のうちから一つ選びなさい。7

①　$|I_1|BL$　　②　$2|I_1|BL$　　③　$4|I_1|BL$

④　$-|I_1|BL$　　⑤　$-2|I_1|BL$　　⑥　$-4|I_1|BL$

問3　$\dfrac{L}{v}<t<\dfrac{2L}{v}$ のときに，コイルに流れる電流を I_2 とする。ただし，I_2 は，コイルの a→b→c→d の向きに流れる場合を正とする。I_2 を表したものとして正しいものを，次の①〜⑦のうちから一つ選びなさい。8

①　$\dfrac{2vBL}{R}$　　②　$\dfrac{vBL}{R}$　　③　$\dfrac{vBL}{2R}$

④　$-\dfrac{2vBL}{R}$　　⑤　$-\dfrac{vBL}{R}$　　⑥　$-\dfrac{vBL}{2R}$　　⑦　0

問4　$\frac{2L}{v}<t<\frac{3L}{v}$のときのコイルの様子について正しく述べたものを，次の①～⑧のうちから二つ選びなさい。ただし，解答の順序は問わない。[9]・[10]

① コイルには，問1の I_1 と同じ大きさで，同じ向きの電流が流れる。
② コイルには，問1の I_1 と同じ大きさで，逆向きの電流が流れる。
③ コイルには，問1の I_1 と異なる大きさで，同じ向きの電流が流れる。
④ コイルには，問1の I_1 と異なる大きさで，逆向きの電流が流れる。
⑤ コイルの x 方向には，問2の F_1 と同じ大きさで，同じ向きの力がはたらく。
⑥ コイルの x 方向には，問2の F_1 と同じ大きさで，逆向きの力がはたらく。
⑦ コイルの x 方向には，問2の F_1 と異なる大きさで，同じ向きの力がはたらく。
⑧ コイルの x 方向には，問2の F_1 と異なる大きさで，逆向きの力がはたらく。

問5　$0<t<\frac{3L}{v}$でコイルを一定の速さ v で動かすために，コイルに与える仕事について正しく述べたものを，次の①～⑥のうちから一つ選びなさい。[11]

① $0<t<\frac{L}{v}$と$\frac{2L}{v}<t<\frac{3L}{v}$で与える仕事の和と，$\frac{L}{v}<t<\frac{2L}{v}$で与える仕事は，どちらも0である。
よって，$0<t<\frac{3L}{v}$で与える仕事の和は0である。

② $0<t<\frac{L}{v}$と$\frac{2L}{v}<t<\frac{3L}{v}$で与える仕事の和と，$\frac{L}{v}<t<\frac{2L}{v}$で与える仕事は，どちらも0である。
しかし，$0<t<\frac{3L}{v}$で与える仕事の和は0ではない。

③ $0<t<\frac{L}{v}$と$\frac{2L}{v}<t<\frac{3L}{v}$で与える仕事の和と，$\frac{L}{v}<t<\frac{2L}{v}$で与える仕事は，どちらも0ではない。
しかし，$0<t<\frac{3L}{v}$で与える仕事の和は0である。

④ $0<t<\frac{L}{v}$と$\frac{2L}{v}<t<\frac{3L}{v}$で与える仕事の和は0であるが，$\frac{L}{v}<t<\frac{2L}{v}$で与える仕事は0ではない。
よって，$0<t<\frac{3L}{v}$で与える仕事の和は0ではない。

⑤ $0<t<\frac{L}{v}$と$\frac{2L}{v}<t<\frac{3L}{v}$で与える仕事の和は0ではないが，$\frac{L}{v}<t<\frac{2L}{v}$で与える仕事は0である。
よって，$0<t<\frac{3L}{v}$で与える仕事の和は0ではない。

⑥ $0<t<\frac{L}{v}$と$\frac{2L}{v}<t<\frac{3L}{v}$で与える仕事の和と，$\frac{L}{v}<t<\frac{2L}{v}$で与える仕事は，どちらも0ではない。
よって，$0<t<\frac{3L}{v}$で与える仕事の和は0ではない。

3

図のように，振動数 f_0 の音源Sからの音波を観測者Oが観測するとき，振動数がどのように変化するかを考える。いま，観測者Oと音源Sは，それぞれ図の右向きに一定の速さ v_O, v_S で動いているとする。音速を V として，次の問いに答えよ。ただし，$v_O<V$, $v_S<V$ である。また，観測者Oは時刻 t_1 以前より，音源Sからの音波を観測していたとする。

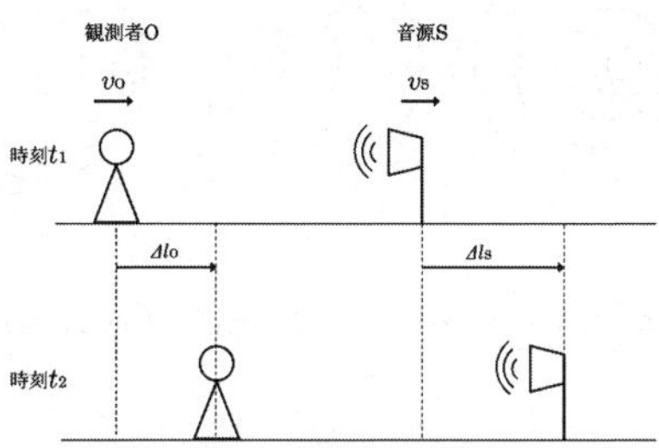

音源Sが時刻 t_1 から t_2 の間に進む距離（Δl_S）は［ア］となる。また，観測者Oの方向に時刻 t_1 に発せられた音波は，時刻 t_2 までに図の左向きに［イ］だけ進んでいる。

時刻 t_1 から t_2 の間にSから発せられた波の数は［ウ］であり，この数の波が長さ［ア］＋［イ］の中に存在しているといえる。以上より，Oの方向に向かう波1つ分の長さ（波長）λ は，$\lambda=$［エ］となる。

一方，Oが時刻 t_1 から t_2 の間に進む距離（Δl_O）に注意すると，時刻 t_1 から t_2 の間に波長 λ の音波を長さ［オ］だけ観測するとみなせる。その結果，単位時間あたりにOが受け取る波の個数（振動数）f は［カ］となる。

問1　文中の［ア］・［イ］に当てはまる式の組み合わせとして正しいものを，次の①～⑥のうちから一つ選びなさい。［12］

	①	②	③
ア	$v_S(t_2-t_1)$	$v_S(t_2-t_1)$	$v_S(t_2-t_1)$
イ	$V(t_2-t_1)$	$(V-v_S)(t_2-t_1)$	$(V+v_S)(t_2-t_1)$

	④	⑤	⑥
ア	$(v_S-v_O)(t_2-t_1)$	$(v_S-v_O)(t_2-t_1)$	$(v_S-v_O)(t_2-t_1)$
イ	$V(t_2-t_1)$	$(V-v_S)(t_2-t_1)$	$(V+v_S)(t_2-t_1)$

問２　音源Ｓから発せられる音波の波面の様子を模式的に表した図として最も適当なものを，次の①～⑤のうちから一つ選びなさい。ただし，半径の最も大きい円が時刻 t_1 で発せられた音波の波面で，『・』が時刻 t_2 でのＳの位置を表している。13

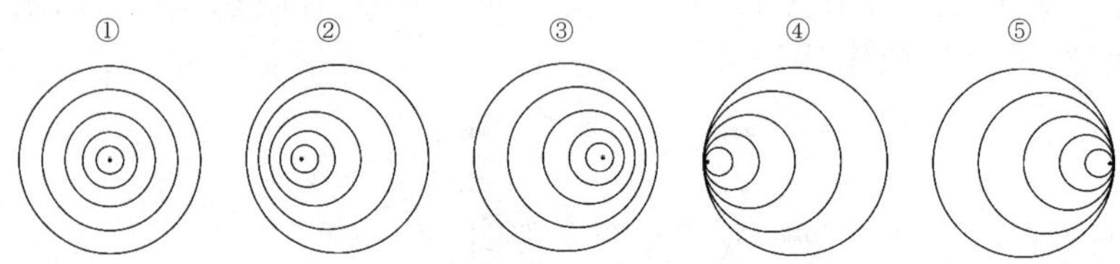

問３　文中の ウ ・ エ に当てはまる式の組み合わせとして正しいものを，次の①～⑥のうちから一つ選びなさい。14

	①	②	③
ウ	f_0t_2	f_0t_2	f_0t_2
エ	$\dfrac{V}{f_0}$	$\dfrac{V+v_S}{f_0}$	$\dfrac{V-v_S}{f_0}$

	④	⑤	⑥
ウ	$f_0(t_2-t_1)$	$f_0(t_2-t_1)$	$f_0(t_2-t_1)$
エ	$\dfrac{V}{f_0}$	$\dfrac{V+v_S}{f_0}$	$\dfrac{V-v_S}{f_0}$

問４　文中の オ に当てはまる式として正しいものを，次の①～⑥のうちから一つ選びなさい。15

①　Vt_2　　②　$(V-v_O)t_2$　　③　$(V+v_O)t_2$

④　$V(t_2-t_1)$　　⑤　$(V-v_O)(t_2-t_1)$　　⑥　$(V+v_O)(t_2-t_1)$

問５　文中の カ に当てはまる式として正しいものを，次の①～⑥のうちから一つ選びなさい。16

①　$\dfrac{V+v_S}{V+v_O}f_0$　　②　$\dfrac{V+v_S}{V-v_O}f_0$　　③　$\dfrac{V-v_S}{V-v_O}f_0$

④　$\dfrac{V+v_O}{V+v_S}f_0$　　⑤　$\dfrac{V+v_O}{V-v_S}f_0$　　⑥　$\dfrac{V-v_O}{V-v_S}f_0$

4 次の文章（Ⅰ・Ⅱ）を読み，以下の問いに答えなさい。

Ⅰ

図のように，断面積が一様な容器がある。この容器はなめらかに移動することができる質量 m のピストンAによって2つの部屋に分けられている。図の左側と右側の部屋には，同種の単原子分子理想気体がそれぞれ物質量 n_1，n_2 だけ閉じ込められている。なお，容器とピストンAは断熱材でできている。

はじめ，ピストンAは，図の左側の気体が体積 V_1，温度 T_1，圧力 P_1 に，右側の気体が体積 V_2，温度 T_2，圧力 P_2 の状態になるような位置で固定されている。ただし，$P_1 > P_2$ であった。

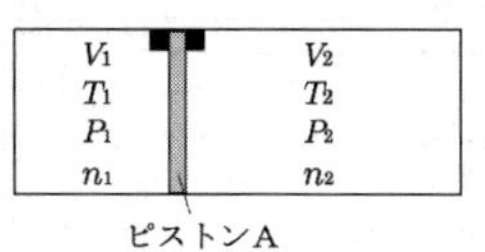

問1　はじめの状態のとき，左側の気体がもつ内部エネルギーとして正しいものを，次の①～⑥のうちから一つ選びなさい。17

① $\dfrac{3P_1V_1}{2}$　② $\dfrac{3P_1V_1}{2T_1}$　③ $\dfrac{3n_1T_1}{2}$　④ $\dfrac{P_1V_1}{2}$　⑤ $\dfrac{P_1V_1}{2T_1}$　⑥ $\dfrac{n_1T_1}{2}$

問2　続いて，ピストンAの固定を外すと，Aが動き始め，あるときAの速さが最大となった。速さが最大になるときのAについて正しく述べたものを，次の①～⑥のうちから一つ選びなさい。18

① Aの速さが最大になるのは，気体の圧力によらず，容器の中央にAが到達したときである。
② Aの速さが最大になるのは，気体の圧力によらず，Aの固定を外した瞬間である。
③ Aの速さが最大になるのは，2つの気体の圧力差が最も大きくなり，加速度の大きさが最大となるときである。
④ Aの速さが最大になるのは，2つの気体の圧力差が最も大きくなり，加速度の大きさが最小となるときである。
⑤ Aの速さが最大になるのは，2つの気体の圧力が等しくなり，加速度の大きさが最大となるときである。
⑥ Aの速さが最大になるのは，2つの気体の圧力が等しくなり，加速度の大きさが最小となるときである。

問3　ピストンAのかわりに，熱をよく通す材質でできたピストンBを用いた。問2と同様にBの固定を外すと，Bが動き始めた。十分に時間が経ったときのAとBの様子について正しく述べたものを，次の①～④のうちから一つ選びなさい。19

① Aは左右の往復運動を繰り返すが，Bは静止する。
② Aは静止するが，Bは左右の往復運動を繰り返す。
③ AもBも左右の往復運動を繰り返す。
④ AもBも静止する。

II

図のように長さ l で厚さの無視できる極板Aと極板Bを用意する。AとBは端が $x=0$ に位置するように，x 軸と平行に，Aが $y=0$ に，Bは $y=2d$ におかれている。2枚の極板の間には，図の向きに電圧 V が加わっている。いま，$x=0$，$y=d$ の位置から，質量が m，電荷 $-e$ の電子を x 軸と平行に速さ v で進入させた。次の問いに答えよ。

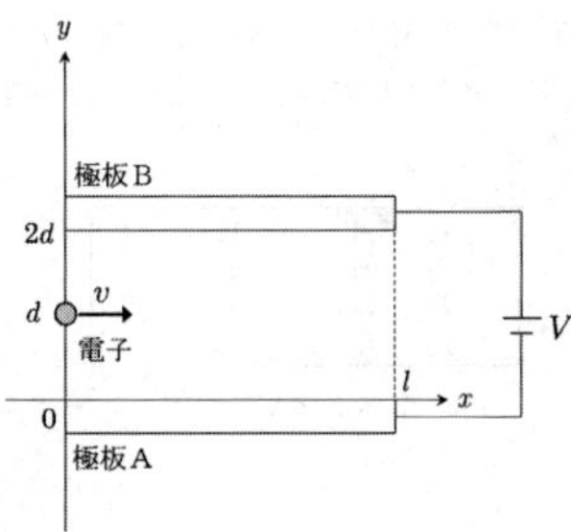

問1　電子は極板に衝突することなく，$x=l$ に到達した。このときの電子の y 座標 y_1 として正しいものを，次の①～⑥のうちから一つ選びなさい。20

① $y_1=\dfrac{eVl^2}{mdv^2}+d$　② $y_1=\dfrac{eVl^2}{2mdv^2}+d$　③ $y_1=\dfrac{eVl^2}{4mdv^2}+d$

④ $y_1=-\dfrac{eVl^2}{mdv^2}+d$　⑤ $y_1=-\dfrac{eVl^2}{2mdv^2}+d$　⑥ $y_1=-\dfrac{eVl^2}{4mdv^2}+d$

問2　極板間に一様な磁場を加えると，電子は $y=d$ 上を直進した。加えた磁場の向きと，磁束密度の大きさ B の組み合わせとして正しいものを，次の①～⑥のうちから一つ選びなさい。ただし，磁場の向きは，紙面表から裏の向きを正とする。21

	①	②	③	④	⑤	⑥
磁場の向き	正	正	正	負	負	負
B	$\dfrac{V}{2d}$	$\dfrac{V}{2dv}$	$\dfrac{V}{dv}$	$\dfrac{V}{2d}$	$\dfrac{V}{2dv}$	$\dfrac{V}{dv}$

問3　電子の比電荷を，問1の y_1，問2の B を用いて表した式として正しいものを，次の①～⑥のうちから一つ選びなさい。22

① $\dfrac{e}{m}=\dfrac{(y_1-d)V}{Bld}$　② $\dfrac{e}{m}=\dfrac{(y_1-d)V}{B^2ld}$　③ $\dfrac{e}{m}=\dfrac{(y_1-d)V}{Bl^2d}$

④ $\dfrac{e}{m}=\dfrac{(y_1-d)V}{B^2l^2d}$　⑤ $\dfrac{e}{m}=\dfrac{(y_1-d)V}{Bl^2d^2}$　⑥ $\dfrac{e}{m}=\dfrac{(y_1-d)V}{B^2l^2d^2}$

化　学

（情報・理工・教育（数学教育）学部　1科目　60分）
（教育（初等幼児教育）・保健医療学部　2科目 120分）

必要があれば、次の値を使うこと。
原子量　H 1.0　C 12　N 14　O 16　S 32　Cu 64
気体定数　8.3×10^3Pa・L/(K・mol)
水のイオン積　1.0×10^{-14}(mol/L)^2
ファラデー定数　9.65×10^4C/mol
$\log_{10}2 = 0.30$
気体は、実在気体とことわりがない限り、理想気体として扱うものとする。

1　各問いに答えよ。

問1　次の各記述に関連する分離の方法として最も適当なものを、解答群から一つずつ選べ。

a　海水から水を取り出す。 1

b　少量の塩化ナトリウムを含む硝酸カリウムから、硝酸カリウムの結晶だけを取り出す。 2

c　お茶の葉に熱水を加えて、色素やカフェインなどを溶かしだす。 3

d　砂を含む水から砂を取り除く。 4

e　ガラスの破片が混じったヨウ素からヨウ素だけを取り出す。 5

①　ろ過　②　蒸留　③　分留　④　再結晶　⑤　昇華法　⑥　抽出

問2　次の結晶の中で分子結晶はどれか。最も適するものを解答群から一つ選べ。 6

①　塩化アンモニウム　②　銀　③　ダイヤモンド　④　ヨウ素
⑤　硫酸マグネシウム

問3　臭化物イオン Br^- の電子の数は36個である。質量数79の臭素原子に含まれる中性子の数として最も適当な数値を解答群から一つ選べ。 7

①　39　②　40　③　41　④　42　⑤　43　⑥　44

問4　無水硫酸銅(Ⅱ)の溶解度（g/100g 水）は20℃で20、60℃で40である。60℃の硫酸銅(Ⅱ)飽和水溶液 140g を 20℃まで冷却すると、析出する硫酸銅(Ⅱ)五水和物の結晶

は何 g か。最も適当な数値を解答群から一つ選べ。 8 g

① 13　② 20　③ 26　④ 31　⑤ 35　⑥ 42

問５　白金電極を用いて、0.10mol/L の硫酸銅（Ⅱ）水溶液 500mL に電流を流して電気分解したところ、陰極の質量が 0.128g 増加した。各問いに答えよ。ただし、電気分解による水溶液の体積変化はなく、陰極から気体の発生はなかったものとする。

a　この電気分解によって陽極から発生した気体の体積は、標準状態で何 mL か。最も適当な数値を解答群から一つ選べ。ただし、発生した気体の水への溶解は無視できるものとする。 9 mL

① 11.2　② 22.4　③ 44.8　④ 112　⑤ 224　⑥ 448

b　この電気分解後の水溶液の pH はいくらか。最も適当な数値を解答群から一つ選べ。 10

① 0.70　② 1.80　③ 2.10　④ 2.70　⑤ 3.00　⑥ 7.00

2　各問いに答えよ。

問１　物質の状態に関する各記述について、正しい場合は①を、誤りを含む場合は②を選べ。

a　三重点とは、気体、液体、固体の三態が共存する温度、圧力のことである。 11

b　結晶は構成粒子が規則正しく配列した固体であり、粒子は運動をしていない。 12

c　水を冷却していくと、0℃以下でも氷にならないことがある。この状態を過冷却という。 13

d　実在気体は、高温・低圧にするほど理想気体のふるまいに近づく。 14

問２　温度が調節できる容器Ａと容器Ｂがコック C で連結されており、はじめコック C は閉じられている。容器Ａの体積は 1.0L、容器Ｂの体積は 4.0L であり、容器Ａには気体の炭化水素 0.16g が、容器Ｂには酸素が入っている。各問いに答えよ。ただし、容器Ｂには点火装置がついており、点火装置およびコック C の体積は無視できるものとする。

a　容器全体を 27℃に保ったところ、容器Ａ内の圧力は 2.5×10^4Pa であった。容器Ａ内の炭化水素の分子式はどれか。最も適当なものを解答群から一つ選べ。 15

① CH_4　② C_2H_2　③ C_2H_4　④ C_2H_6　⑤ C_3H_8

b　温度を 27℃に保ったままコック C を開き、十分な時間気体を混合させると、容器内の圧力が 1.7×10^4Pa となった。このときの酸素の分圧は何 Pa か。最も適当な数値を解答群から一つ選べ。 16 Pa

① 5.0×10^3　② 8.5×10^3　③ 1.2×10^4　④ 1.7×10^4　⑤ 2.1×10^5

c　点火装置を用いて容器内の炭化水素を完全燃焼させた。その後、容器全体を27℃に保ったところ、容器内の圧力は1.06×10^4Paとなった。27℃における水の飽和蒸気圧は何Paか。最も適当な数値を解答群から一つ選べ。[17]Pa

①　1.6×10^3　②　3.6×10^3　③　5.6×10^3　④　8.6×10^3　⑤　1.1×10^4

問3　凝固点降下について、各問いに答えよ。ただし、電解質は水溶液中で完全に電離しているものとする。

a　質量モル濃度0.10mol/kgの水溶液にしたとき、その凝固点が最も低くなる物質はどれか。最も適当なものを解答群から一つ選べ。[18]

①　硫酸アルミニウム　②　グルコース　③　硝酸カリウム
④　塩化カルシウム　⑤　塩化ナトリウム

b　水200gに塩化ナトリウム0.010mol溶かした溶液の凝固点は−0.185℃であった。水のモル凝固点降下は何K・kg/molか。最も適当な数値を解答群から一つ選べ。
[19]

①　0.185　②　0.370　③　1.23　④　1.85　⑤　3.70

c　水200gに塩化ナトリウム0.010mol溶かした溶液を−0.40℃まで冷却した。このとき生じている氷は何gか。最も適当な数値を解答群から一つ選べ。[20]

①　46　②　93　③　108　④　154　⑤　200

[3]　各問いに答えよ。

問1　リンに関する各記述について、正しい場合は①を、誤りを含む場合は②を選べ。

a　リンの同素体には黄リンと赤リンがあり、黄リンは二硫化炭素に溶解するが赤リンは溶解しない。[21]

b　黄リンは空気中で自然発火するため、石油中に保存する。[22]

c　十酸化四リンは乾燥剤として利用されるが、酸性の気体の乾燥には適していない。
[23]

d　リン酸は強い酸化作用があるので、漂白・殺菌剤に利用される。[24]

e　過リン酸石灰（リン酸二水素カルシウムと硫酸カルシウムの混合物）は肥料として用いられる。[25]

問2　ケイ素に関する各記述について、正しい場合は①を、誤りを含む場合は②を選べ。

a　ケイ素の単体は天然には存在しない。[26]

b　二酸化ケイ素は直線形の分子である。[27]

c　二酸化ケイ素を融解し、透明度の高い繊維としたものは、光ファイバーとして利用される。[28]

d　ケイ酸ナトリウムに水を加えて煮沸すると、粘性の大きな液体である水ガラスになる。[29]

e　シリカゲルは乾燥剤として利用されるが、塩化コバルト(Ⅱ)を含ませておくと、色の変化により水の吸収の程度を知ることができる。 30

問3　ナトリウムに関する各記述について、正しい場合は①を、誤りを含む場合は②を選べ。

a　ナトリウムの単体は酸やアルコールと反応し、水素を発生する。 31

b　ナトリウムイオンを含む水溶液の炎色反応は橙色を示す。 32

c　水酸化ナトリウムは、塩化ナトリウム水溶液を電気分解することによってつくられている。 33

d　水酸化ナトリウムの固体を加熱すると、分解して酸化物となる。 34

e　炭酸ナトリウム十水和物は空気中に放置すると、水和水が失われて一水和物となる。この現象を風解という。 35

問4　スズおよび鉛に関する各記述について、正しい場合は①を、誤りを含む場合は②を選べ。

a　スズの単体は合金やめっきとして、はんだや青銅、トタンなどに利用されている。 36

b　鉛の単体は鉛蓄電池の負極やX線の遮蔽板に用いられる。 37

c　スズ(Ⅱ)イオンは電子を放出してスズ(Ⅳ)イオンに変化しやすいため、還元剤として用いられる。 38

d　鉛(Ⅱ)イオンを含む水溶液に塩化物イオンを加えると白色沈殿を生じるが、加熱すると沈殿は溶解する。 39

e　酢酸鉛(Ⅱ)を浸みこませた試験紙は、硫化水素の検出に用いられる。 40

4　各問いに答えよ。

問1　炭化水素に関する各記述について、正しい場合は①を、誤りを含む場合は②を選べ。

a　メタンのすべての水素原子は同一平面上に存在する。 41

b　エチレンのすべての水素原子は同一平面上に存在する。 42

c　プロパンのすべての炭素原子は同一直線上に存在する。 43

d　プロペン（プロピレン）のすべての水素原子は同一平面上に存在する。 44

e　プロピン（メチルアセチレン）のすべての炭素原子は同一直線上に存在する。 45

問2　アルコールに関する各記述について、正しい場合は①を、誤りを含む場合は②を選べ。

a　1価アルコールの水への溶解性は、高級になるほど小さくなる。 46

b　160～170℃に加熱した濃硫酸にエタノールを加えると、2分子間で脱水反応が起こり、ジエチルエーテルが生成する。 47

c　メタノールは無色、有毒な液体である。 48

d　エタノールはアルコール飲料の成分でもあり、グルコースを原料としてアルコール発酵によりつくられる。 49

e　2価アルコールであるエチレングリコールは、不凍液や合成繊維の原料として用いられる。 50

問3　油脂に関する各記述について、正しい場合は①を、誤りを含む場合は②を選べ。

a　グリセリンと高級脂肪酸とのエステルを油脂という。 51

b　油脂を構成する脂肪酸として、不飽和脂肪酸の割合が多い油脂ほど常温で固体のものが多い。 52

c　常温で液体の油脂に、ニッケルを触媒として水素を付加すると固体になる。このようにして生じた油脂を乾性油という。 53

d　油脂1molを完全にけん化するのに必要な水酸化カリウムは1molである。 54

e　油脂100gに付加するヨウ素の質量〔g〕をヨウ素価という。ヨウ素価は油脂に含まれる不飽和結合の程度を知る目安となる。 55

問4　フェノールに関する各記述について、正しい場合は①を、誤りを含む場合は②を選べ。

a　フェノールはベンゼンスルホン酸ナトリウムに固体の水酸化ナトリウムを混合し、強熱して融解させた後、酸を加えることで生成する。 56

b　フェノールに炭酸水素ナトリウム水溶液を加えると、二酸化炭素が発生する。 57

c　フェノールに水酸化ナトリウム水溶液を加えると、水素が発生する。 58

d　フェノールに無水酢酸を加えて加熱すると、酢酸フェニルが生成する。 59

e　フェノールの水溶液に臭素水を加えると、黄色のピクリン酸が生成する。 60

問5　多糖類に関する各記述について、正しい場合は①を、誤りを含む場合は②を選べ。

a　デンプンは直鎖状構造をもつアミロペクチンと枝分かれ構造をもつアミロースで構成されている。[61]

b　ヨウ素デンプン反応はデンプン分子のらせん構造内にヨウ素分子が入り込むことで呈色する。[62]

c　デンプンに酵素アミラーゼを作用させると、最終的にグルコースになる。[63]

d　セルロースは植物の細胞壁の主成分である。[64]

e　セルロースに濃硝酸と濃硫酸の混合物を反応させると、火薬として用いられるトリニトロセルロースを生じる。[65]

問6　ゴムに関する各記述について、正しい場合は①を、誤りを含む場合は②を選べ。

a　ゴムノキの樹皮に傷をつけると、白色の乳濁液が採取できる。この乳濁液をラテックスという。[66]

b　天然ゴムは、ポリイソプレン分子がシス形の構造をとるが、ポリイソプレン分子がトランス型の構造をとるものはエボナイトという。[67]

c　天然ゴムに数%の硫黄を加えて加熱すると、架橋構造が生じて弾性が大きくなる。この操作を加硫といい、生じたゴムを弾性ゴムという。[68]

d　スチレンと 1,3-ブタジエンを縮合重合させると、スチレン－ブタジエンゴムができる。[69]

e　シリコーンゴムは、ケイ素を主成分としており、耐熱性、耐寒性、電気絶縁性などに優れ、人体に影響が少ないので医療分野でも用いられている。[70]

生　物

（情報・理工・教育（数学教育）学部　1科目 60分
教育（初等幼児教育）・保健医療学部　2科目120分）

1　代謝に関する次の文章を読み、下の問い（**問1～8**）に答えよ。

Ⅰ　生体内では、物質の合成や分解が常に起こっている。この化学反応全体をまとめて代謝とよび、代謝は、大きくァ異化と同化に分けられる。生体内で起こるさまざまな化学反応はィ酵素が触媒することによって進められている。また、細胞内での代謝によるエネルギーのやり取りはゥATPとよばれる物質を仲立ちとして行われている。同化の中でも、二酸化炭素を取り込み、有機物につくりかえるはたらきを炭酸同化という。炭酸同化は、同化に必要なエネルギーとして光を用いる光合成と、［エ］することで得られるエネルギーを用いるォ化学合成に分けられる。

問1　下線部**ア**に関して、異化と同化に関する記述として最も適当なものを、次の中から一つ選べ。［1］

① 呼吸は異化の反応であり、エネルギーを吸収する反応である。
② 呼吸は同化の反応であり、エネルギーを放出する反応である。
③ 光合成における糖の合成は異化の反応であり、エネルギーを放出する反応である。
④ 光合成における糖の合成は同化の反応であり、エネルギーを吸収する反応である。

問2　下線部**イ**に関して、酵素の一般的な性質に関する記述として**誤っているもの**を、次の中から一つ選べ。［2］

① 酵素の主成分はタンパク質からできている。
② 自身は変化せず、繰り返し反応することができる。
③ 細胞内で1つの酵素が多くの異なる反応を促進する。
④ 熱に弱く、一度、立体構造が崩れると働きを失ってしまう。

問3　下線部**ウ**に関して、ATPに関する記述として最も適当なものを、次の中から一つ選べ。［3］

① ATPはアデニンにリン酸が2つ付加された化合物である。
② ATPが分解されると多量のエネルギーが放出される。
③ アデノシンは、アデニンにデオキシリボースが結合している。
④ アデノシンとリン酸との結合を高エネルギーリン酸結合という。

問4　文章中の［エ］に入る語句として最も適当なものを、次の中から一つ選べ。［4］

① 有機物を酸化　② 有機物を還元　③ 無機物を酸化　④ 無機物を還元

問5　下線部**オ**に関して、化学合成を行う細菌(化学合成細菌)を、次の中から一つ選べ。 5

①　亜硝酸菌　②　紅色硫黄細菌　③　ネンジュモ　④　酵母菌
⑤　乳酸菌　⑥　オオカナダモ

Ⅱ　ミトコンドリアや葉緑体におけるATP合成のしくみが十分に明らかでなかった1961年に、ミッチェルは新たな考え方である化学浸透説を提唱した。当初は仮説の域を出なかったものの、カ<u>ヤーゲンドルフが葉緑体を用いて行った実験</u>を契機として、多くの研究者が化学浸透説を支持するようになった。次の図1は、葉緑体において実際に行われているATP合成のようすを模式的に示したものである。

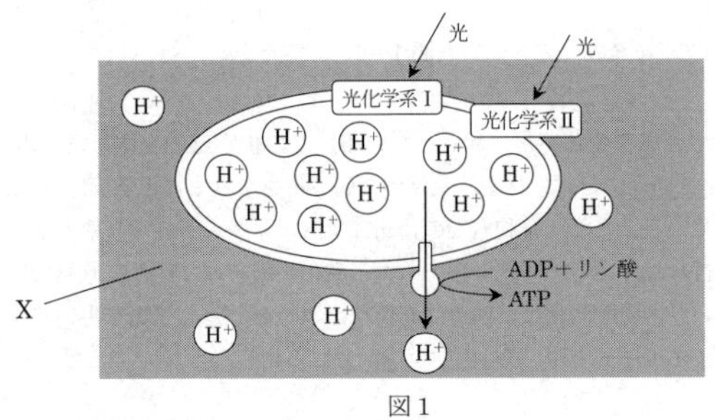

図1

問6　図1中のX(網掛けの▒部分)は、葉緑体のある部分領域を示している。その部分の名称として最も適当なものを、次の中から一つ選べ。 6

①　クリステ　②　チラコイド　③　マトリックス　④　ストロマ

問7　図1中の光化学系Ⅰと光化学系Ⅱにおいて、光エネルギーが吸収されることで生じる反応について述べた記述として最も適当なものを、次の中から一つ選べ。 7

①　光化学系Ⅰでは酸素が発生し、光化学系ⅡではNADPHが生成される。
②　光化学系Ⅰでは酸素が発生し、光化学系ⅡではNADPHが分解される。
③　光化学系ⅠではNADPHが生成され、光化学系Ⅱでは酸素が発生する。
④　光化学系ⅠではNADPHが分解され、光化学系Ⅱでは酸素が発生する。

問8　文章中の下線部**カ**に関して、ヤーゲンドルフが行った実験は、次のようなものである。

【実験】　ADPとリン酸を含まない溶液に葉緑体を浸して光を十分に与え、その後、光を与えない条件にしてADPとリン酸を加えると、ATPが合成された。

上記の**【実験】**に対して、H^+が生体膜を自由に通過できるようにする薬品を加えて同様の操作を行うと、結果はどのようになると考えられるか。最も適当なものを、次の①～④のうちから一つ選べ。ただし、加える薬品は生体膜にのみ作用し、他の生体反応には影響を与えないものとする。 8

①　水素イオンの濃度勾配が形成されやすくなり、合成されるATPの量が増加する。
②　水素イオンの濃度勾配が形成されやすくなり、合成されるATPの量が減少する。
③　水素イオンの濃度勾配が形成されにくくなり、合成されるATPの量が増加する。
④　水素イオンの濃度勾配が形成されにくくなり、合成されるATPの量が減少する。

2　自律神経系に関する次の文章を読み、下の問い（**問1～6**）に答えよ。

ヒトの体内環境は、自律神経系と内分泌系が協調してはたらくことによって一定の範囲の状態に維持されており、ア自律神経系と内分泌系の主な中枢は間脳の視床下部にある。イ体温の調節などのように、自律神経系とホルモンが協調的にはたらいている場合もある。自律神経系には交感神経と副交感神経があり、これらは同じ器官に分布していることが多く、互いに拮抗的に作用する。自律神経系による心臓の拍動の調節について調べるために、次の**実験**を行った。

実験　2匹のカエルから心臓を取り出し（心臓Ⅰ、心臓Ⅱとする)、チューブやビーカーを取り付けて、リンガー液（体液に近い組成をもつ液体）が心臓Ⅰから心臓Ⅱに流れる装置を作製した。なお、心臓Ⅰ、心臓Ⅱにつながる副交感神経はそのまま残されている。ウ心臓Ⅰにつながる副交感神経に電気刺激を与えると、心臓Ⅰの拍動数が減少し、少し遅れて心臓Ⅱの拍動数も減少した。

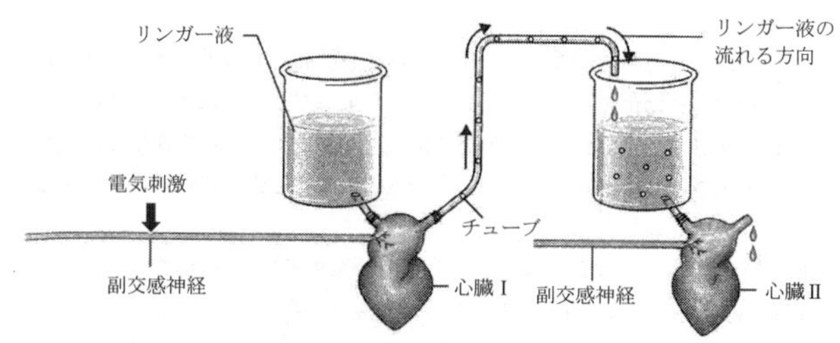

問1　下線部**ア**について、自律神経系（交感神経、副交感神経）のはたらきとして、最も適当なものを次の中から一つ選べ。 9

① 瞳孔は交感神経のはたらきで縮小し、副交感神経のはたらきで拡大する。
② 気管支は交感神経のはたらきで拡張し、副交感神経のはたらきで収縮する。
③ 立毛筋は交感神経のはたらきで収縮し、副交感神経のはたらきで弛緩する。
④ 胃腸のぜん動は交感神経のはたらきで促進され、副交感神経のはたらきで抑制される。

問2　心臓に分布する（1）交感神経と（2）副交感神経は、中枢神経系のどの部分から出ているか。最も適当なものを次の中からそれぞれ一つずつ選べ。

(1) 交感神経 10
(2) 副交感神経 11

① 間脳　② 中脳　③ 延髄　④ 脊髄

問 3　下線部**イ**に関連して、体温が低下したときの体温調節に関する記述として最も適当なものを、次の中から一つ選べ。 **12**

①　立毛筋に分布している副交感神経が興奮して、立毛筋が収縮する。
②　皮膚の血管に分布している交感神経が興奮して、皮膚の血管が収縮する。
③　脳下垂体後葉から甲状腺刺激ホルモンが分泌され、肝臓や筋肉の活動を促進する。
④　副腎髄質から糖質コルチコイドが分泌され、心臓の拍動を促進して、血液の熱を全身に伝える。
⑤　副腎皮質からアドレナリンが分泌され、心臓の拍動を促進して、血液の熱を全身に伝える。

問 4　この**実験**から、副交感神経の末端から分泌される化学物質によって、心臓の拍動が調節されることが明らかになった。下線部**ウ**のように、心臓Ⅰにつながる副交感神経に電気刺激を与えると、心臓Ⅰの拍動数が減少してから少し遅れて心臓Ⅱの拍動数が減少した。その理由として最も適当なものを、次の中から一つ選べ。 **13**

①　心臓Ⅰに放出された化学物質が、神経によって心臓Ⅱに運ばれて作用したため。
②　心臓Ⅰに放出された化学物質が、リンガー液によって心臓Ⅱに運ばれて作用したため。
③　心臓Ⅱに放出された化学物質が、神経によって心臓Ⅰに運ばれて作用したため。
④　心臓Ⅱに放出された化学物質が、リンガー液によって心臓Ⅰに運ばれて作用したため。

問 5　この**実験**と同じ装置を用いて、心臓Ⅱにつながる副交感神経に電気刺激を与えた場合に予想される結果として最も適当なものを、次の中から一つ選べ。 **14**

①　心臓Ⅰの拍動数が減少し、少し遅れて心臓Ⅱの拍動数も減少する。
②　心臓Ⅱの拍動数が減少し、少し遅れて心臓Ⅰの拍動数が増加する。
③　心臓Ⅱの拍動数が減少するが、心臓Ⅰの拍動数は変化しない。
④　心臓Ⅰの拍動数も心臓Ⅱの拍動数も変化しない。

問 6　重度の心臓病の患者に、脳死した他人の心臓を移植する治療法がある。心臓移植を受けた患者が運動すると、移植された心臓には自律神経がつながっていないにもかかわらず、ゆっくりとではあるが心臓の拍動数が増加する。心臓移植を受けた患者において、運動時に心臓の拍動数が増加する理由として最も適当なものを、次の中から一つ選べ。 **15**

①　すい臓から分泌されたグルカゴンが血液を介して心臓に作用するから。
②　脳下垂体から分泌されたバソプレシンが血液を介して心臓に作用するから。
③　副腎から分泌されたアドレナリンが血液を介して心臓に作用するから。
④　副甲状腺から分泌されたパラトルモンが血液を介して心臓に作用するから。
⑤　甲状腺から分泌されたアセチルコリンが血液を介して心臓に作用するから。

3 バイオームの分布に関する次の文章を読み、下の問い（**問1～7**）に答えよ。

I　ある地域の植生の相観を中心とした区分をバイオーム（生物群系）という。図1は、世界の植生と気温や降水量との関係を示したものである。

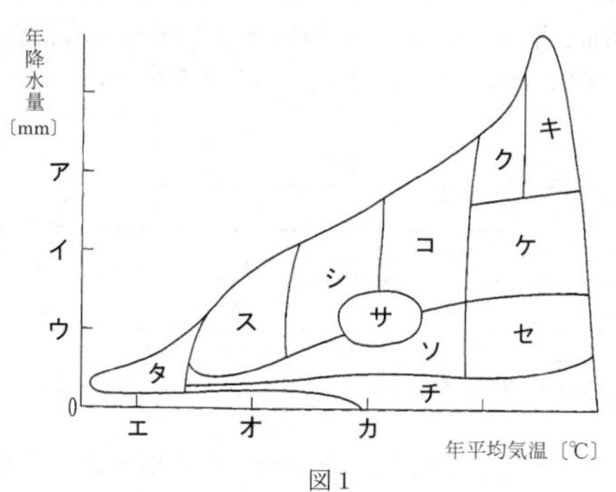

図1

問1　図1の**ア～カ**のうち、年降水量 1000mm と年平均気温 0℃を示している目盛りの組み合わせとして最も適当なものを、次の中から一つ選べ。 16

	年降水量 1000mm	年平均気温 0℃		年降水量 1000mm	年平均気温 0℃
①	イ	オ	②	イ	カ
③	ウ	エ	④	ウ	オ
⑤	ア	オ	⑥	ア	カ

問2　図1の**ケ**と**ソ**に該当するバイオームの説明として最も適当なものを、次の中から一つずつ選べ。
ケ 17 ・ソ 18

① 主に常緑広葉樹からなる森林で、階層構造が発達している。植物の種類数が非常に多い。
② 比較的暖かい暖温帯のち、葉の表面に厚いクチクラ層をもつ常緑広葉樹からなる森林である。
③ 面積は広大だが、森林を構成する樹種が少ない。主に常緑針葉樹からなるが、落葉性のものもある。
④ 熱帯や亜熱帯のうち、雨季と乾季がはっきりと分かれており、主に乾季に落葉する広葉樹からなる。
⑤ 乾燥する熱帯や亜熱帯に分布し、イネ科草本が優占するが、木本類も散在している。
⑥ 乾燥する温帯に分布し、イネのなかまの草本が中心の草原で、木本はほとんどない。
⑦ 熱帯や温帯で降水量が極端に少ない地域で、乾燥に適応した多肉植物が散在する。

問3　図1中の**サ**で囲った領域で見られる植生が分布する地域として最も適当なものを、次の中から一つ選べ。 19

① 南アメリカの頭部の沿岸域　　② 北アメリカの東部の沿岸域
③ 東南アジアの沿岸域　　④ 地中海の沿岸域

II　日本列島は南北に細長く、地域によってさまざまな気候がみられる。一般的に日本列島は十分な降水量があり、特に気温の違いによって、緯度に応じた多様なバイオームがみられる。また、日本に分布するバイオームは標高に応じた変化もみられ、このような標高に応じた分布を［ ツ ］という。

本州中部の極相状態にある広葉樹林の中に特定の面積の調査区を設け、春(4月上旬)、夏(7月下旬)、秋～初冬(10月中旬)の3回、季節ごとに調査区の林床の照度を測定した。また、それぞれの調査日から1カ月間の調査区内の落葉量を調べた。次の表1は、この調査の結果を示したものである。

表1

調査区の季節	P	Q	R
林床の照度*1	48％	6％	71％
落葉・落枝量*2	56％	5％	0％

*1：表中の照度は、林冠より上部の照度を100としたときの相対照度で表す。

*2：表中の落葉・落枝量は、年間の落葉・落枝量の総量を100としたときの相対値で表す。

問4　文中の空欄［ ツ ］に当てはまる語として最も適当なものを、次の中から一つ選べ。［ 20 ］

① 水平分布　② 階層構造　③ 垂直分布　④ 生産構造

問5　表1のような森林内でみられる可能性のある植物の組み合わせとして最も適当なものを、次の中から一つ選べ。［ 21 ］

① ハイマツ、コケモモ　② ビロウ、ヘゴ　③ ブナ、カタクリ

④ コメツガ、トウヒ　⑤ ツバキ、タブノキ　⑥ オリーブ、コルクガシ

問6　本州中部の地域において、表1のような極相林がみられる場所のおよそ標高と［ ツ ］の名称の組み合わせとして最も適当なものを、次の中から一つ選べ。［ 22 ］

① 標高約2500m以上－高山帯　② 標高約2500～1500m－亜高山帯

③ 標高約1500～500m－山地帯　④ 標高約500m以下－丘陵帯

問7　この森林内の調査区の季節P、QおよびRの結果（表1）から判断できることとして、**誤っているもの**を次の中から一つ選べ、［ 23 ］

① この調査区の森林内では、林床の明るさが季節的に変化すると考えられる。

② この調査区のバイオームは夏緑樹林で、日本での生育の場合、晩秋から初冬にかけて落葉し、春から初夏にかけて葉を広げる。

③ 調査が行われた森林の季節QではP、Rに比べて林床照度が著しく低く、季節PではQ、Rに比べて多量の落葉・落枝量もみられることから、落葉広葉樹だと推定できる。

④ P、Q、Rの調査結果は、Pが秋～初冬の11月、まだ葉が展開していないQが春の3月、Rは葉が展開して林冠を覆う夏の7月だと判断できる。

4 遺伝子の調節に関する次の文章を読み、下の問い（**問1～5**）に答えよ。

真核生物の転写調節配列の機能について、転写の調節に関わるDNA領域を調べる方法として、レポーターアッセイという実験方法がある。真核生物では遺伝子の転写は核内で行われる。遺伝子の転写開始部位の近くには、転写の開始に関与する［ア］と呼ばれる領域が存在し、基本転写因子と呼ばれる複数のタンパク質がここに結合する。転写は、［イ］が基本転写因子を認識してDNAに結合し、それらの複合体が形成されることで開始される。転写の時期や量は、遺伝子の周辺にある転写調節配列と、それに結合する転写調節タンパク質によって制御されている。

レポーターアッセイでは、調べたいある遺伝子Xについて、図1のようにその遺伝子の上流領域を分け、さまざまな長さでレポーター遺伝子（発現を定量するために用いる遺伝子）の上流に配置したDNA1～5を用意する。今回の実験では、レポーター遺伝子として、緑色の蛍光を発するタンパク質であるGFPの遺伝子を用いる。GFPの量と傾向の強さが正の相関を示すことから、蛍光の強さを測定することでタンパク質の量を調べることができる。

これらのDNAを1種類ずつ、培養した神経細胞と表皮細胞に導入する。これらの細胞で、導入したDNAからGFPがつくられると発光が起こる。DNA1～DNA5が導入された細胞の発光量をそれぞれ測定し、GFPの転写量を調べたところ、以下の表のような結果が得られた。ただし、この実験では、表皮細胞と神経細胞へのDNAへの導入効率、およびDNA1～DNA5がそれぞれ細胞に導入される効率は同じものとする。

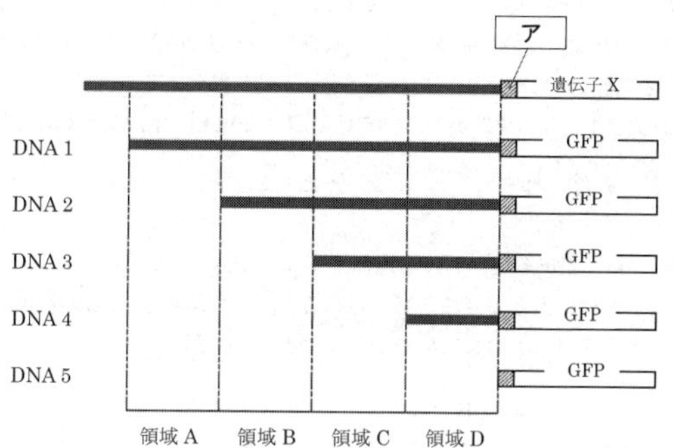

図1

神経細胞		表皮細胞	
導入したDNA	GFP発光量（相対値）	導入したDNA	GFP発光量（相対値）
DNA 1	0.1	DNA 1	10.0
DNA 2	0.1	DNA 2	7.4
DNA 3	6.2	DNA 3	5.6
DNA 4	3.5	DNA 4	5.6
DNA 5	0.2	DNA 5	0.2

問1　文中の空欄［ア］・［イ］に当てはまる語句の組み合わせとして最も適当なものを、次の中から一つ選べ。［24］

	ア	イ		ア	イ
①	オペロン	DNAポリメラーゼ	②	オペロン	RNAポリメラーゼ
③	プロモーター	DNAポリメラーゼ	④	プロモーター	RNAポリメラーゼ

問2　遺伝子の発現調節と分化に関する記述として最も適当なものを、次の中から一つ選べ。［25］

① 真核生物では、基本転写因子がなくても転写が起こる。
② 細胞の種類に応じて遺伝子の発現が調節され、細胞の分化が起こる。
③ 分化した神経細胞と表皮細胞において、ともに発現している遺伝子は存在しない。
④ 多細胞生物における細胞の分化は、細胞ごとにゲノムが異なることによって起こる。

問3　以下の文章は、図1および表の結果から、神経細胞における遺伝子Xの上流領域の転写の作用について説明したものである。〔説明文〕の空欄に当てはまる語や短文として適当なものを、〔選択肢〕の中から一つずつ選べ。ただし、同じ選択肢を繰り返し用いてもよい。ウ［26］　エ［27］　オ［28］

〔説明文〕　神経細胞について、図1および表のデータを検討すると、DNA1と2の比較から、領域Aの有無によって差が認められないため、発現を［ウ］領域である。DNA2と3の比較から、領域Bをもたない DNA3 導入時の方で発光量が大きいため、領域Bは発現を［エ］領域であることがわかる。また、DNA3と4および4と5の比較から、領域CとDは発現を［オ］領域であると考えられる。

〔選択肢〕　① 促進する　② 抑制する　③ 促進する、抑制するとはどちらともいえない

問4　図1および表の結果から、表皮細胞における遺伝子Xの上流領域A～Dのうち、転写の促進に作用を及ぼすと考えられる部分は、どの領域と考えられるか。その領域を上流領域A～Dの中から過不足なく選んだとき、最も適当なものを次の中から一つ選べ。［29］

① 領域Aと領域B　② 領域Bと領域C　③ 領域Aと領域C
④ 領域Aと領域Bと領域C　⑤ 領域Aと領域Bと領域D　⑥ 領域Bと領域Cと領域D

問5　図1および表の結果から、遺伝子Xの転写調節領域の働きについてどのようなことが考えられるか。転写調節領域の働きに関する次の記述のうち、最も適当なものを、次の中から一つ選べ。［30］

① 遺伝子Xの転写調節領域は細胞の種類によらず、作用は基本的に同じで、表皮細胞においても、神経細胞においても促進的に働く。
② 遺伝子Xの転写調節領域は細胞の種類によらず、作用は基本的に同じで、表皮細胞においても、神経細胞においても抑制的に働く。
③ 遺伝子Xの転写調節領域は細胞の種類によって作用が異なり、促進的に働くこともあれば抑制的にも働くこともある。
④ 遺伝子Xの転写調節領域は細胞の種類によって作用が異なるが、表皮細胞、神経細胞のどちらの細胞においても転写調節領域に関係なく、転写をある程度、効率的に行うことができる。

F 猫の飼育をイタクする。 40

① 原稿執筆をイライする。
② キャンセルしてイヤクキンを払う。
③ イキョクを尽くして説明する。
④ 犯人をホウイする。
⑤ 健康のイジに努める。

G 難関にイドむ。 41

① 使い捨てのフウチョウを見直す。
② 高原のセイチョウな空気を吸う。
③ チョウバツ委員会で処分を論じる。
④ 地震のゼンチョウが見られる。
⑤ チョウハツ的な発言が話題を呼ぶ。

H 二人には年齢のヘダたりがある。 42

① カクシキを重んじる。
② エンカク操作でドローンを飛ばす。
③ 問題のカクシンを突く。
④ 制度をカイカクする。
⑤ 去年の資料とヒカクする。

I 順風□に見えても、人知れぬ苦労はあった。 43

① 満帆
② 正風
③ 全快
④ 長放
⑤ 逆流

J □にかけた娘を送り出す。 44

① 手間暇
② 手取り足取り
③ 手綱
④ 手塩
⑤ 手配

四　漢字・語句について、次の問いに答えなさい。

問　A～Hの各傍線部に相当する漢字を含むものはどれか。また、I～Jの空欄に入れるのに最も適当な語句はどれか。それぞれ一つずつ選びなさい。解答番号は 35 ～ 44 。

A　修行によって煩悩をチョウコクする。 35
① シンコクな悩みを抱える。
② コクメイな記録が残っていた。
③ 筆跡がコクジしている。
④ 検察にコクソする。
⑤ コクドの開発と保全の両立をはかる。

B　自分だけがソガイ感を覚える。 36
① カソの村で観光資源を発掘する。
② 病気の進行をソシする。
③ 消費者へのソキュウ効果の高い広告。
④ 分子のソセイを明らかにする。
⑤ 食べ物をソマツにする。

C　森林のタイハンを山火事で失う。 37
① 世間のハンノウを見る。
② 容疑者がハンコウを認めた。
③ 新書をシュッパンする。
④ 車のへこみをバンキン修理で直す。
⑤ 創立者がハンセイを振り返る。

D　定刻にごサンシュウください。 38
① 当館は四千人シュウヨウ可能です。
② 財布をシュウトクし交番に届ける。
③ これはシュウイツな句である。
④ 意見のシュウヤクが遅れている。
⑤ 酔ってシュウタイをさらす。

E　戦力外の選手をレイグウする。 39
① 研究をショウレイする。
② 容姿タンレイな舞台俳優。
③ 王はレイショウを浮かべた。
④ ゼンレイにならって仕事をする。
⑤ 全員集合のゴウレイをかける。

いたやんちゃなハナの記憶と、目の前で喜ぶ金月号の姿とが重なり、また、同じ栗毛の美しい牝馬であるという見かけも相まって、小山は金月号をハナの生まれ変わりであるように感じたから。

⑤　互いに値踏みする小山と金月号であったが、媚を売らない毅然とした態度の小山に、金月号は態度を軟化させ、従順になっていった。その方法は小山が農家である実家で学んだものであり、かつて金月号と同じように、出産に立ち会い、幼い頃から苦労しつつ心を通わせていったハナのことが、小山には自然に思い出されたから。

問8　本文の表現ならびに内容の説明として最も適当なものを、次の中から一つ選びなさい。解答番号は 34 。

①　命の軽重は何によって決まるのかという課題を、戦争を背景にして、それは時には徴発額によって決まり、時には命に対する思いの強さで決まる、というように様々な場面を通して考えることで、結局は命に軽重はないという真理にたどり着くように展開している。

②　会話文だけで続く場面を頻繁に用いるということは、余計な場面描写を廃することになるが、それによって人間同士の緊迫した心のぶつかり合いが直接的に表現され、読者が余白を埋めることで想像力をかき立てることに成功している。

③　小山が故郷で過ごす場面と、戦地におもむいてから金月号が倒れた場面、さらには戦地での回想の場面を織り込むことで、小山の馬に対する知識の確かさが描かれ、さらにハナへの愛情が同じように金月号にも注がれていくことが、巧みに描かれている。

④　戦争という、命の与奪を余儀なくされる極限状態を、ハナと平和に過ごす小山の故郷の風景を差し挟みながら対比的に描き、その苛酷さを際立たせることによって、命のありがたさや戦争の悲惨さという主題に対しての焦点を絞りやすくしている。

⑤　普段は用いない「セブリ」「馬油」や「サンボ」「スタンレー山脈」などの名詞を用いることで、読者を、日常生活とは切り離された場面に没入するように効果的に導いて、さらには全ての場面での切迫したやり取りに、臨場感を生み出している。

期を迎え、金月号に似つかわしくないこのような結末をもたらした病気の歩兵を許せないでいる。

③　金月号が運んだ米をこの歩兵が食べているならば、この歩兵は金月号に対しての大恩があり、それに報いるべくいかなる努力も惜しむべきではないが、病状から仕方なくそれを実行に移せないこの歩兵が許せないでいる。

④　食糧を運ぶ馬によって兵たちはその命をつないでいるに等しいのに、この歩兵がいかに苛酷な状況にあるとはいえ、金月号の廃馬を持ちかけるのは、馬に害を加えて報いることになるので、それを許せない思いでいる。

⑤　徴発額の多寡を比べると明らかに馬の方が価値が高いはずなのに、今まさに安く徴集された人間が高く徴発された馬を殺そうとしている状況であり、実際にハナを徴発された自分としては、それを許せない思いでいる。

問7　「D小山はおのずとハナを連想した」とあるが、それはなぜか。その理由として最も適当なものを、次の中から一つ選びなさい。解答番号は［33］。

①　活兵器と言われて重宝される軍馬に対して、価値の低い人間は横柄な態度を取ってはならないという規則はあるが、小山はそれを曲げて頭を下げずに挨拶した。それが功を奏して金月号は小山に対してだけは親しい態度を見せたが、それがかつて小山にとって唯一の友と言える故郷のハナの姿をほうふつとさせたから。

②　金月号との関係が良好になるために、小山は農家である実家で学んだコツを生かして向き合い、そして金月号の知恵と感情は就学年齢に達した子供に近いことに気づいた。そのような馬に関する実家での記憶の中で、まわりがお似合いだと口を揃えて言うほどの仲だったハナのことを、小山が思い出さない理由がなかったから。

③　軍歴の長い金月号がわがままな態度から徐々に素直になっていくという関係を結ぶようになる中で、小山は実家で学んだことをたくさん思い出した。また小山は金月号から、徴発される前に故郷で可愛がられていた記憶の片鱗を見て取ったが、それが実家で可愛がったハナの記憶と、当然のように結び付いたから。

④　少しずつ心を通わせる小山と金月号であるが、そこでは小山が農家である実家で学んだ知識が物を言った。その知識に結び付

判断して自分のなすべきことを実行する動物であると思い知ったが、翻って人間である自分が、ハナが軍馬に徴発されるまでその可能性すら考えずただ漫然と過ごしてきた、無邪気な態度を責めている。

② 出生から三年間を共に過ごしてきたハナは、これからもずっと農耕馬として自分の家にいるだろうと、何の根拠もなく考えていたが、そのような、ハナが軍馬として徴発されることに対して一切考えなかった自分の態度が、かえってハナ自身に心の整理をさせてしまったのではないかと思い、自分のこれまでの軽率さを責めている。

③ 戦争には軍馬として馬が徴発されるのは聞いていたし、ハナにもその可能性があるということは薄々知ってはいたが、自分の馬に限ってそんな不運なことはなかろうと高を括っていた矢先にハナが徴発されることになったものの、徴発を拒否するにも既に遅く、根拠のない考えによって自分がこれまで何もしなかった愚かさを責めている。

④ 馬籍簿の存在も、当然ハナがそこに登録されていることも知らず、登録されていないならば徴発されることもないと、ハナの今後について農耕馬として自分と過ごすことばかり考えていたが、実際に登録や徴発の件に直面すると、なす術なくそれに従うしかないというような、権威に対して何もできない無力な自分を責めている。

⑤ わずか三年しか共に過ごしていないハナではあったが、徴発がいずれ待っていると少しでも考えが及べば、これまでとは違う、まさに苦楽をともにしたと言えるくらいの、もっと濃密な、後悔のない三年間が送れたのではないのかと考え、徴発の可能性に考えが至らなかった、自分の想像力のなさや戦争に対する無知を責めている。

問6 「C恩を仇で返されるような腹立たしさ」とあるが、それはどのような「腹立たしさ」か。その説明として最も適当なものを、次の中から一つ選びなさい。解答番号は 32 。

① 馬によって食糧が運ばれ、兵たちはその恩恵にあずかるべきだが、この歩兵は明らかな食欲不振であり、それは馬の行為を台無しにすることに等しいので、そのような病状の歩兵を理不尽とはいえ許せない思いでいる。

② 多くの食糧を運び、人のために華々しく働き続けた金月号が、病気の歩兵を傷だらけで運んだ末に力尽きるというさびしい最

問3　[X]に入る四字熟語として最も適当なものを、次の中から一つ選びなさい。解答番号は[29]。

①　一騎当千　②　海千山千　③　人馬一体　④　千載一遇　⑤　千差万別

問4　「A鞍傷の原因はあくまで酷使にあった」とあるが、この状況の説明として最も適当なものを、次の中から一つ選びなさい。
解答番号は[30]。

①　馬は本来不潔厳禁であるはずだが、鞍傷やニューギニアの悪環境に耐えていることからも分かるように、金月号は抜きん出て責任感が強く、忍耐力があるため、他の馬よりも一層厳しく使役されてきた。
②　五年式駄載鞍は馬の背を傷つけるような代物ではないのに、それでも金月号の鞍傷がひどいということから分かるように、鞍の高い性能を無意味にするほどの過度の労働を、金月号は課され続けてきた。
③　駄載鞍を外したとたんに金月号が動けなくなったことから分かるように、人間だけでなく馬一頭にさえも重責を課すほど、戦争というものは各自の担う役割が重要であり、規律の厳しいものである。
④　熱帯性マラリアに冒された歩兵を乗せたせいで、金月号の鞍傷がひどくなったことからも分かるように、軍馬は活兵器ともてはやされながらも、実際は常に戦争の理不尽な重労働を課され続けている。
⑤　本来馬を傷つけないはずの五年式駄載鞍が、金月号を苦しめていたことからも分かるように、満足な軍備も行き届かず、鞍の整備一つもできていないほどに、戦況は日本にとって苦しいものである。

問5　「B自責の念」とあるが、ここでの小山の心境の説明として最も適当なものを、次の中から一つ選びなさい。解答番号は[31]。

①　営門に着き、別れの時に際しても特に嫌な態度を見せないハナを見て、馬というものは人間が思うよりもよほど賢く、状況を

「a観念」 25
①　あきらめる覚悟　②　自分なりの考え　③　抽象的な形　④　人情めいた悲しみ
⑤　物事に対する見解

「b慣用句」 26
①　言いならわした表現　②　身内の合い言葉　③　使い古された文句
④　的確な言い回し　⑤　何かになぞらえた比喩

「c不遜だった」 27
①　うぬぼれていた　②　思い上がっていた　③　恩知らずだった　④　懸命だった
⑤　無知のままだった

問2　次の【会話文】ア～オから i ～ v に一つずつ会話文を当てはめる際、 i ・ ii ・ iii に入るものの組み合わせとして最も適当なものを、次の中から一つ選びなさい。解答番号は 28 。

【会話文】
ア　ほう
イ　値段が違うんですよ
ウ　鬣を切り取っておけ
エ　言ってくれるではないか。駄馬兵が
オ　あんたは死んでもいいが、金月が死んでは困る

①　i＝ア　ii＝ウ　iii＝オ　②　i＝イ　ii＝エ　iii＝ウ　③　i＝ウ　ii＝オ　iii＝エ
④　i＝エ　ii＝ア　iii＝オ　⑤　i＝オ　ii＝イ　iii＝ウ

――お前らは良い戦友になれるだろう。

支那との戦いが四年にもなろうかというご時世で、戦友という言葉の意味も単純化していた。小山と金月号を今一度眺めた班長は、言葉通り馬が合うと保証した。

その眼力は確かだったが、金月号はしばらくの間わがままを見せた。蹄油塗布を嫌がったかと思うと、嬉しいはずの摩擦で暴れた。心を許していない人間に触れられる不快はもとより、前任者の躾が悪かったからである。

馬が病気にかかり、あるいは怪我でもしようものなら、二等兵は生きた心地がしない。小山がその怖れに屈して媚でも売っていれば、班長の言う戦友にはなれなかったに違いない。

馬のわがままに対しては無言で見つめるのが最適だと実家で学んでいた。小山はそうして自分が不機嫌であることを金月号に示し続けた。無言に耐えかねた金月号が目をそらすのを待って世話に戻るのがこつだった。馬の知恵と感情は、就学年齢に達した子供に近かった。

望もうと望むまいと苦楽をともにする関係であることを理解したのか、じきに金月号は素直になった。徴発馬のことごとくは、それぞれの郷で百姓に可愛がられた記憶を持っている。人参を出すたびに足踏みして喜ぶ金月号を見るうちに、D<u>小山はおのずとハナを連想した</u>。ハナも栗毛の美しい牝馬だった。

（注）1　駄載鞍――荷を運ぶ馬の背に着ける鞍。
2　セブリ――仮小屋。
3　馬油――馬の皮膚の手入れのために塗布する油。
4　兵站――作戦軍のために、後方を支える機関。
5　雨外被――防雨のために服の上に着る衣類。

問1　波線部a～cの本文中での意味として最も適当なものを、次の中からそれぞれ一つずつ選びなさい。解答番号は 25 ～ 27 。

階級を無視した物言いに頓着せず、歩兵は鼻で笑った。

「俺たちは戦いづめだよ」

クムシ河とサンボの間を往復する日々はもう長く、その過程で駄馬中隊は歩兵の身勝手に触れてきた。主兵たる彼らの自負は、ときに他兵種への侮蔑をともなう。小山を駄馬兵と呼ぶところにもそれは表れていた。スタンレー山脈から払い落とされた恥はまるで感じられない。兵站がしっかりしていれば濠州兵に背を向ける無様はなかったというのが言い分だろう。馬の苦労も知らず、彼らはいつでもc不遜だった。

「一度詫びてみないか」

「誰に何を詫びる必要がある」

手拭いを自分で裏返し、歩兵は再び目を閉じた。

「すまなかったと馬に言ってみろ。自分が歩けないばかりに負担をかけたと頭をさげてみろ」

軍隊における馬の価値が兵隊の比でないことは事実だった。それゆえに馬は、ときに自惚れもする。金月号はしかし、過酷な任務に一度も抗わなかった。高い身分には相応の責任があるとの分別さえ感じさせるほど、黙々と米と人を運び続けた。

内地での初対面時には気位の高さすら見せていた。すでに階級章も見分けており、なじまない軍衣に二等兵の襟章をつけて現れた小山を明らかに見下していた。

——名は金月だ。

班長は仲人のような面持ちをしていた。うっかり倒した小銃に一晩中謝らせるという軍隊の理不尽話は地方でも聞かれ、とかく高価を強調される活兵器に横柄な態度はとれなかった。金月号の目を真っ直ぐに見て、小山は「よろしくお願いします」と言った。そのとき小山は、上官からも馬からも値踏みされていた。

——さすがに百姓は慣れてるな。

班長いわく、頭をさげなかったのは合格らしかった。馬の性分は X である。ただし例外なく賢い。軍歴のある馬は自分が二等兵より偉いと知り、いかに温厚な性格であろうと必ずどこかで思いあがりを覚える。やってきた新兵が頭をさげた瞬間に舐めてかかり、その後は苦労が絶えなくなる。

わずか三年では百姓の苦楽をともにしたとは言いがたい。おとなしいハナの横顔を見るたびに小山はB自責の念を強めた。ハナを自分の馬だと思い込んでいた能天気による自責だった。

営門に着き、いよいよ別れとなったとき、ハナは涙を見せた。むしろ嫌がり、手を煩わせてくれるほうがありがたかった。ハナの鬣を撫でながら小山は息を止めた。

かけるべき言葉は出なかった。おしなべて口下手で、気の利いたことのひとつとして言えない百姓は、もの言わぬ馬の心に接したときいつでも言葉に詰まった。

——馬にはおよそ千円が払われる。

戸籍係はそんな慰めを口にした。活兵器と位置づけられる存在であり、御紋章を戴く歩兵銃や大砲と同じように扱われるのだと慰めは続いた。

高い命を絶やそうとする金月号の横で、歩兵は安い命を繋ぎ止めていた。簡単に死ぬような下士官ではない。雨に打たれての後送は、兵站病院までの辛抱だった。

「一銭五厘の兵隊が千円の軍馬を殺すなど、あってはならないか」

兵隊を指して言われる一銭五厘の値段は、往年の郵便葉書から来ていた。奇妙といえば奇妙だった。召集令状が葉書であるはずもなく、郵送されるはずもなかった。かつ現役徴集の者もいる。入営間の給料や恩給をも考えるとすべてが不適切だった。しょせん、もののはずみで誰かが口にしたところが定着したb慣用句でしかない。

「俺が憎いか」

この歩兵がいつマラリアにかかったのかは知らない。しかし、やつれを見れば食欲不振の長さは知れた。脚気の兆しだろう浮腫もあった。いずれ本来の金月号の力からすれば軽い荷物だった。五年式駄載鞍は六斗の米を積め、その総重量は百キロを超えた。

「金月が運んだ米を、あんたもどこかで口にしたかも知れない」

そう考えれば、C恩を仇で返されるような腹立たしさが募った。

「馬も上陸から働きづめか」

「当たり前だろ」

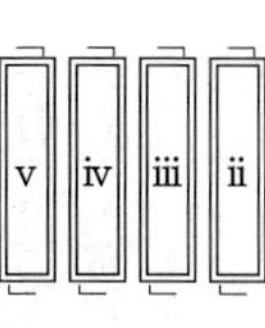

まぶたがゆっくりと開かれた。視界が曇っているのか、視線はしばらく宙をさまよった。
「ならば教えてもらおうか。いったい馬はいくらするんだ。え」

ハナが「入営」した日、小山は馬の徴発額を知った。
厩でよろめく時間は短く、ハナはあっという間にやんちゃ盛りになり、田へ出るようになった。母馬のあとを追いながらいっぱしに農耕馬面するハナを指して、村の者は小山にお似合いだと声をそろえた。
悪い気はしなかった。ハナはこれから自分と苦楽をともにするのだと小山は思っていた。ハナの誕生が役場に届け出されていたことなど知らなかった。馬籍簿で一頭一頭が掌握されていることも知らなかった。過去の戦役における軍馬の話は学校でも聞いたが、それを自分の家の馬と結びつけて考えたことはなかった。北支で戦が始まり、郷土部隊が動員をかけたときも、後備役の父親は召集されまいと思っただけである。
――青紙が来た。
馬匹徴発告知書を持ってきた役人を見送ったあと、父親はそう言った。馬の召集令状だった。馬籍簿の存在と、それが人間の壮丁名簿にあたることを、小山は初めて知らされた。
ハナは立派な三歳馬になっていた。人の心にはとりわけ敏感だった。何かしらの異変が訪れたことを察知し、落ち着かない日をしばらく過ごすことになった。湯で体を洗われ、念入りに摩擦された入営の日には、はっきりと別れを感じ取っていただろう。されるがままでいる姿にはa観念すら見えた。小山の母親は、ハナの背に日章旗をかけながらこらえきれずに泣いた。
同日に徴発された五頭の馬とともに、ハナは役場の前に整列した。寒村のことである。郷土部隊まで引率する戸籍係は兵事係も兼ねていた。のちに自分が同じ道を歩いて入営するとは思いもよらず、小山はただ戸籍係の歩度に合わせてハナを曳いた。自分に行かせてくれと父親に頼んでのことだった。

毅然としてはいられなかっただろう。小山は呼吸を詰まらせ、同時に体を強ばらせた。

胴が出たあとは早かった。それまでの難産ぶりが嘘のように、仔馬は寝藁へ滑り出た。

死んでいるように見えたのもつかの間、後日ハナと名付けられる仔馬は立ち上がろうともがき始めた。握れば折れそうなほど脚は細かった。起きあがっては倒れ、倒れては起きあがった。

よろぼう我が子へ鼻先を向けながら、母馬はそのとき慈しみを見せていた。目には確かに涙があった。苦痛によるものか、安堵によるものか、喜びによるものか。いずれにせよ理由は人間と変わらなかっただろう。

金月号のそばに歩兵がへたり込んだ。熱帯性マラリアの熱にうかされ、その呂律は怪しかった。

「名はなんというのだ」

思えば互いに名も知らない。クムシ河の渡河点で会ったときから自力で立てず、小山にとっても金月号にとっても歩兵は単なる荷物だった。歩兵自身荷物に徹していた。金月号に乗ったあとは、ただ駄載鞍にしがみついていた。

「小山です」

「馬の名だ」

体を起こしているのも苦しいらしく、寝藁に肘をついたかと思うと歩兵は横臥した。濡れた体には(注6)雨外被が羽織られていた。

「金月です」

軒で濡らした手拭いを小山は押しつけた。雨に打たれた体であろうと濡れ手拭いはありがたいのか、歩兵は礼を口にしながら額に載せた。

「この馬はもう駄目だ。廃馬だ」

「簡単に言ってもらっては困ります」

「ではどう言えばいい」

それが他部隊の兵に対する下士官の口調だと信じているように、歩兵は居丈高だった。小山の覚える反感を承知しているからでもあるだろう。まぶたを閉じつつ、ぞんざいに続けた。

「［ i ］」

三　次は古処誠二の小説『たてがみ』の一節である。これを読んで、後の問いに答えなさい。

老衰も極まった年寄りのように歩き続け、金月号は動けなくなった。背から歩兵が降り、(注1)駄載鞍が外された直後のことである。賢さは特筆すべきものがあり、責任感の強さにいたっては人を凌ぐ馬だった。次の(注2)セブリまでと気力を振り絞ったことは疑えない。荷のなくなったことで押し寄せた解放感が目にうかがえた。

首に手を添え、鬣をそっと撫で、小山は無言で詫びた。背中に広がる鞍傷はただ痛ましい。五年式駄載鞍の使い勝手は申し分なく、A鞍傷の原因はあくまで酷使にあった。

「辛抱しろ」

(注3)馬油を塗り込むと、金月号はわずかに耳をさげてこたえた。黒い瞳は小山に留められたままだった。呼吸のたびに腹が膨らみ、口角に泡を溜めていた。

密林の木々を騒がせて、雨の冷気が吹き抜けた。セブリは防水布で屋根を葺いただけの小屋だった。(注4)兵站宿舎としては劣悪で、馬房の寝藁にいたっては雑草でしかない。

不潔厳禁の馬が、ニューギニアの悪環境に耐えてきたことだけでも驚異だった。すべての事柄に従順で、すべての事象を素直に受け止め、金月号はおそらく自分の死をも悟っている。その目にはやがて潤みが広がった。

馬の涙ほど身に応えるものはない。初めて見たのは尋常小学校を卒業した翌年のことだった。産気づいた母馬を前に、お前も見ておけと父親は言った。小山は厩へ一晩籠もることになった。

言われた通り、見ていることしかできなかった。母馬は身を横たえ、苦しげに鼻息を出し、しきりに頭を振っていた。膨らみきった体から滲み出る体液は、寝藁へ染み込むほどに濁りを増していた。その間、助けを求めるような目が何度も向けられた。農耕馬がそうした要求を露わにするなど滅多にないことだった。力強く代を掻く姿からは想像もできないほど母馬は脆弱に見えた。

両生類の皮膚にも似た袋が押し出されていった。

仔馬の頼りなげな足が出てきたとき袋はやぶれた。

血の混じった体液が、バケツをひっくり返したようにこぼれ出た。心配ないとすかさず言った父親も、息子の前でなければそこまで

③「そう、田中先生が好きなのね。だったら宿題はやるべきよ」
④「へえ、田中先生が好きなのね。先生は機嫌がよくて儲かったね」
⑤「ふうん、田中先生はいい人ね。怒られなくてよかったね」

問6　「C患者さんから「胸が痛いんです」と言われると、そのまま「ああ、胸が痛いんですね」と、まずオウム返しに答える」とあるが、この返答を筆者が評価するのはなぜか。その説明として最も適当なものを、次の中から一つ選びなさい。解答番号は 23 。

① 変に言い換えられると、自分の言葉をまともに受け止めていないと感じる患者が一定数いることへの配慮がみられるから。
② 胸が痛いなら「どう痛いか」「どこが痛いか」「いつから痛いか」を質問せねばならず、まず症状を再確認すべきだから。
③ 私達には「How」を知りたい欲求が強くあるのに、その欲求を抑え、患者に貢献する姿勢を示すことを重んじているから。
④ 発言自体はただの繰り返しでも、患者に集中していることを患者に示し、患者に安心させる効果があると考えられるから。
⑤ 患者の発言の一部を引用することで、発言を聞きとめていることを患者に示し、患者を落ち着かせる効果があるから。

問7　本文の主旨と合致するものを次の中から一つ選びなさい。解答番号は 24 。

① 戯曲の解釈や演劇の上演に当たっては、監督や演者が文化の違いを踏まえて徹底的に下調べをする必要がある。
② 隣国同士は、文化特性上の共通点が多い点ではよき友だが、コミュニケーション上では敵にもなりかねない。
③ コミュニケーションは、言葉のやりとりだけでなく、発言者の意図やその背景にある文化への理解を含んで成立する。
④ 子どもの怒り方には気をつけるべきだが、だからといって子どもを怒らないままでは、よい教育には決してならない。
⑤ 文化の摩擦は、相手の発言を聞き、かつその発言の理由を細かく問いただささないことには、今後も起こりうるであろう。

して相手に押し付けがちになり、相手を軽んじる発言が出やすい環境にあるから。

問4　「Bさて、では読者諸氏の中で、実際にサモワールでお茶をいれたことのある人が何人いるだろうか?」という問いの提示が果たす役割は何か。その説明として最も適当なものを、次の中から一つ選びなさい。解答番号は 21 。

① 二国間の文化が異なる場合、その差異が明確であればその差異に着目して考えようとする人が、少ないながらも実際にいることを示し、そのことによって筆者の主張を補強する役割。

② 二国間の文化が異なる場合、その差異が明確であればその差異に着目して考えようとする人が、実際には一部の例外を除いて皆無であることを示し、そのことによって筆者の主張の説得力を高める役割。

③ 二国間の文化が異なる場合、その差異は不明確で気づかれにくいが、その差異に着目して日本の現状を憂える同志が日本人の中にも少ないながら実在することを示して、筆者の主張の論理性を強固にする役割。

④ 二国間の文化が異なる場合、その差異は不明確で気づかれにくいが、その差異に着目して日本演劇界を発展させようとする研究者が存在していることを示して、筆者の主張の正当性を裏づける役割。

⑤ 二国間の文化が異なる場合、その差異の多少や大小にかかわらず、その差異を見逃さず検討する真面目な演劇人がいて日本演劇界が成立したことを示し、筆者の演劇への熱量を印象づける役割。

問5　文脈上、［　　　　］に入ると考えられるのはどのような言葉か。最も適当なものを、次の中から一つ選びなさい。解答番号は 22 。

① 「ええ、田中先生優しいね。しかし宿題はやらないといけないね」

② 「ああ、田中先生優しいね。でも明日は怒られるかもよ」

②　よくわからなかったものの詳細が解明されるようになること
③　気づかれにくかったものの存在が知覚されるようになること
④　心に秘めていたものが周囲に悟られるようになること
⑤　この世になかったものが現実世界に現れるようになること

「b存外」 18

①　期待していた水準には届かずに　②　考えて試す場合に比べると　③　想定前の状態とは反対に
④　思っていたこととは違って　⑤　予想していたことがはずれて

「c名にし負う」 19

①　独特の　②　よく知られた　③　由緒ある　④　力の込もった　⑤　自信のある

問3　「A世界中を見渡しても、隣国同士はたいてい仲が悪い」とあるが、それはなぜか。その説明として最も適当なものを、次の中から一つ選びなさい。解答番号は 20 。

①　両国の文化が近すぎ、共有できる部分が多すぎるがために、暗黙の内に相手を分かっていると思っているうちに、互いのふるまいに理解できないことがあっても遠慮と我慢が先行して、互いの感情の衝突が生じやすい環境にあるから。
②　両国の文化がそっくりだと、まるで相手の中に自分を見るような思いがして感情が抑制できなくなるのであって、性格の似通った者同士が憎み合うさまは、まるで肉親間のそれに似た様相すら見せるから。
③　両国の文化に似る部分があると、実生活で小さなすれ違いが起きがちだが、隣国同士は文化が近く、交流の機会も多い分、すれ違いも蓄積しやすいため、互いの国民性の問題として一般化され、文化上のもめごとに発展しやすい環境にあるから。
④　両国の文化に距離がないので、例えば「ボウリングに行こうよ」という言い合う間柄であったとしても、そのニュアンスの伝わり方に実は差があるにもかかわらず、その違いが、いとも簡単に相互への不信を両国民間に招くという構造があるから。
⑤　両国の文化に共通部分が多いがために、普段から互いの文化が違うものだと意識しづらく、それゆえついつい自己流を基準に

しかし、患者さん受けのいい、コミュニケーション能力の高いとされる看護師さんは、そうは答えないそうだ。C患者さんから「胸が痛いんです」と言われると、そのまま「ああ、胸が痛いんですね」と、まずオウム返しに答える。ただの繰り返しに過ぎないのだが、これが一番患者さんを安心させるらしい。

おそらく、このことによって、その看護師さんは、「はい、私はいま、あなたに集中していますよ。忙しそうに見えたかもしれないけれど、いまはあなたに集中していますよ」ということをシグナルとして発しているのだと考えられる。患者さん受けのいい看護師さんは、こういったノウハウを暗黙知として身につけているのだ。

（平田オリザ『わかりあえないことから―コミュニケーション能力とは何か』による）

（注）1　上がり框――玄関や勝手口など段差のある箇所の、土間から床に上がるところ。

2　コンテクスト――文脈。狭義では、前後の文・文章における語句や表現内容の論理的な対応関係。広義では、その意義を大局的に把握するための、一連の大きな流れを指す。

問1　X、Yに入る言葉として最も適当なものを、次の中からそれぞれ一つずつ選びなさい。解答番号は15～16。

X　15　①　しかも　②　しかし　③　だから　④　また　⑤　つまり

Y　16　①　そして　②　もっとも　③　要するに　④　ところで　⑤　あるいは

問2　波線部a～cの本文中での意味として最も適当なものを、次の中からそれぞれ一つずつ選びなさい。解答番号は17～19。

「a顕在化」　17

①　知られていなかったものの価値が知れ渡るようになること

学生からの答えはまず、「宿題は、やんなきゃダメでしょう」といった類のもの。それから、「よかったね」というもの。そして、「どうして怒られなかったんだろう?」といった疑問形型に大別される。

さて、コンピューターに子どものこの発言をインプットすると、主に二つの情報がCPU（中央処理装置）に伝わる。「宿題をやらなかった」そして、「にもかかわらず怒られなかった」

コンピューターは、過去の蓄積からしか答えが出せないので、「宿題をやらなかった」に対しては、「宿題はやらなきゃダメ」という答えが返ってくる。一方、「にもかかわらず怒られなかった」に対しては、「よかったね」「儲（もう）かったね」という答えが返ってくる。

さて、しかし、本当に子どもがお母さん、お父さんに伝えたかったことは何だろう。

クイズだと書いたのには、訳がある。要するに落とし穴、引っかけがあるのだ。この問題の落とし穴は、「嬉しそうに走って帰ってきた」という点にある。嬉しそうに走って帰ってきてまで、「宿題やらなかったのに、怒られなくって儲かっちゃったよ」ということを親に伝えたいひねくれた小学校一年生はあまりいない。おそらくその子が、走って帰ってきてまで伝えたかったのは、「田中先生は優しい」「田中先生が大好き」という気持ちだろう。そうでなければ、「嬉しそうに走って帰ってきた」という理由を説明できないから。

一般に、子どもに接するときの優れたコミュニケーションとは、子どものコンテクストを受け止めて、さらに「受け止めているよ」ということをシグナルとして返してあげることが肝要だと言われている。

もとより、子育てや教育に一般解はないのだが、クイズとしたからにはあえて回答を作るとすれば、

[　　　　　　　　　　]

と答えてあげるのが、一番いいとされる。

ここで、「宿題はやらなきゃダメ」といきなり宿題の話をすると、子どもはきょとんとしてしまうのだ。その子どもは、田中先生の話をしているのであって、宿題の話をしているつもりは毛頭ないのだから。

[Y]、私を阪大に呼び寄せた鷲田（わしだ）清一前阪大総長の文章にあった以下のような話。

ダメな看護師さんというのはわかりやすい。患者さんが「胸が痛いんです」と言ってくると、「大変だ、先生呼んできます」と自分もパニック状態になってしまうような人。これはダメだ。

標準的な看護師さんは、「胸が痛いんです」と言われると、「どう痛いんですか?」「どこが痛いんですか?」「いつから痛いんですか?」と問いかける。これは当たり前の行為。

たちは、「ボウリングって何だ?」と考えた。

困った彼らは、翻訳した大学教授のところをわざわざ訪ねて、「ボウリングって何ですか」と質問したそうだ。しかし、その教授先生も、いまのように自由にアメリカに行ける時代ではなかったので、ボウリングを見たことがなかった。そこでその先生はあらためて辞書で調べて、「どうもボウリングというのは鉄の球で棒を倒す遊びらしいよ」と答えたという。

これでは、「ボウリング」の意味はかろうじてわかるかもしれないが、「ボウリング」のイメージはちっともつかめない。イメージがつかめなければ、この台詞のコンテクストは理解できない。

たとえば、話をわかりやすくするために、「ボウリングに行こうよ」という台詞があったとしよう。この台詞を劇作家が書くということは、ボウリングに行くことが大事なわけではない。台詞の発話者と、その相手が、「ボウリングに行こうよ」と言いあう間柄であるということを、劇作家は客席に伝えたいのだ。

いま、この文章を読んでいる多くの皆さんは、おそらくご自身がボウリングをするしないにかかわらず、「ボウリングに行こうよ」という言葉が、どんなときに、どんな間柄で発せられるかを想像できるだろう。初対面の人に、「つかぬ事をお伺いしますが、今日ボウリングに行きませんか?」とは聞かないし、一八歳の男の子が一七歳の女の子をデートに誘うのに、「ねえ、これから将棋指さない?」とは言わない。いや、たぶん、滅多(めった)に言わない。

台詞のコンテクストとは、すなわち、劇作家がその台詞によって、観客に何を伝えたいのかを意味する。

こういった事柄について、大阪大学の大学院生、特に理系の学生たちに興味を持ってもらうのがいまの私の仕事なので、たとえば授業では以下のような話をする。

いま、この「コンテクスト」という概念は、人工知能や人工言語の世界でも注目を集めている。コンテクストを理解するコンピューターを開発しようとしている研究室は、阪大の中にも多数ある。逆に言えば、コンピューターはコンテクストを理解するのが苦手だ。

ここでクイズを出す（このクイズ自体も、人工知能の開発者から聞いたものである）。

皆さんに小学校一年生くらいの子どもがいるとしよう。その子が、学校から嬉(うれ)しそうに走って帰ってきて、

「お母さん、お母さん、今日、僕、宿題やっていかなかったんだけど、田中先生、全然怒んなかったんだよ」

と言ったとする。私は学生たちに問いかける。

「さあ、皆さんはいいお母さん、いいお父さんです。何と答えますか?」

昔の新劇の方は真面目だったから、わからないことがあると百科事典を調べたり、ロシア料理店に行ってサモワールなるものを使わせてもらって事態の把握に努めた。そこまでのことはしなくても、俳優なら、このような意味のわからない台詞にぶつかったときに、「サモワールって何？」と考えて、何らかの方法で想像を巡らすことだろう。

しかし、「旅行ですか？」という台詞は、意味がわからないわけではない。『旅行』って何？」『旅行ですか？』って、どう言えばいいの？」とは考えない。考えないで、ぽろっと言ってしまうから、b存外、うまくいかない。

意識のできない(注2)コンテクストの「ずれ」にこそ、落とし穴がある。

シェイクスピアでも同様だ。

シェイクスピアの作品中もっとも有名な『ロミオとジュリエット』、その中でもさらにc名にし負うバルコニーのシーン。

さて、しかし、読者の中にバルコニーのある家に住んでいる人が、どれほどいるだろうか？　もちろん、バルコニーの意味はみんな知っている。だから「バルコニー」は、「サモワール」よりは「旅行ですか？」に近い。

だが私たち日本人には、よくわからないことがある。バルコニーのある家というのは、一体どのくらいの金持ちなのだろうか。

そして、そのことがわからなければ、ジュリエットの哀しみはよくわからない。『ロミオとジュリエット』は、よく知られているようにモンタギューとキャピュレットという二つの名家が仲違いをしており、その息子と娘が、決して添い遂げられない恋に落ちることから悲劇が起こる。そしてこの物語を、人類は四〇〇年以上も見続けている。これが、そこら辺の商店街の仲の悪い八百屋と魚屋の娘と息子の話なら、人びとはこれほどの関心を示してはこなかっただろう。

では、それほどの金持ちとはどのような生活をしているのか。バルコニーの高さは？ロミオが忍び込んで夜のやみに紛れるうっそうとした庭とは、どれくらいの広さなのか？

私たちにはわからない。

［X］、わからないから考える。イメージの壁があれば意識をする。これは、コンテクストの「ずれ」ではなく、「違い」である。

シェイクスピアは四〇〇年前、チェーホフは一〇〇年前だが、もっと身近な例もある。

二〇世紀のアメリカを代表する劇作家テネシー・ウィリアムズの作品が日本に紹介されはじめたのは、一九五〇年代だった。のちに杉村春子さんの名演で評判をとる『欲望という名の電車』の中に、何度か「ボウリング」という単語が出てくる。しかし、当時の日本の俳優たちは、ボウリングを知らなかった。先ほど読者子の多くが、おそらく「サモワールって何だ？」と思ったのと同じように、当時の俳優

「How」を知りたいのだ。そしてこの「How」の認識は、近い文化との「ずれ」から得られることが多い。

文化摩擦や誤解など、ネガティブな事柄も同様だ。

私たち日本人は、靴を脱いで(注1)上がり框に足をかけるとき、脱いだ靴をくるりと反転させる。しかし、聞くところによると、韓国の方たちはこれを嫌がるらしい。「そんなに早く帰りたいのか」と思うのだそうだ。

この現象は、靴を脱いで家に上がるという文化を共有しているからこそ起こる摩擦だろう。西洋人との間なら、「ここは靴を脱いでください」という言語コミュニケーションが介在するから、摩擦はa顕在化し、その都度解消される。しかし、靴の向きを変えるか変えないかといった些細な事柄は、私たちの日常の中では見過ごされがちだ。

両国にいまだに根強い嫌韓、反日の感情も、こういった近親憎悪的な事例、あるいはそこに由来・派生する事柄が多くある。日韓だけではない。A世界中を見渡しても、隣国同士はたいてい仲が悪い。その原因の一つは、文化が近すぎたり、共有できる部分が多すぎて、摩擦が顕在化せず、その顕在化しない「ずれ」がつもりつもって、抜き差しならない状態になったときに噴出し、衝突を起こすという面があるのではないか。

「そんなに早く帰りたいのか」と思う韓国人に対して、「そんなふうに悪くとらなくてもいいだろう」と日本人は思うだろう。実生活では、この程度で止まっておけば問題がないが、こういった「ずれ」が蓄積し、鬱積し、「だから日本人は信用できない」「韓国人は日本人のことを何でも悪くとる」といった一般化が始まるとやっかいなことになる。この小さな「ずれ」が、いくつもの亀裂となって文化摩擦が起こる。だから、そうなる前に私たちは、文化の違いというものを正しく自覚し、またそれを丁寧に丁寧に解きほぐしていかなければならない。

演劇の世界でも、実際、これが「ずれ」ではなく、大きな「違い」だったら、私たちはもう少し注意深くなるのではないか。

アントン・チェーホフは、約一〇〇年前のロシアに生きていた近代戯曲の父である。日本の多くの演劇人が一度はチェーホフの戯曲を演じるわけだが、これが一〇〇年前のロシアが舞台になっているから、私たちには意味のわからない台詞がよく出てくる。たとえば、「銀のサモワールでお茶をいれてよ」という台詞がある。

Bさて、では読者諸氏の中で、実際にサモワールでお茶をいれたことのある人が何人いるだろうか？　私は二〇年のワークショップ講師の経験の中で、実際にサモワールを使ったことがあるという人間に、累計で二七人と出会った。これを多いと見るか、少ないと見るかは人それぞれだろうが、ある一定数は確実にいるのだ。

二七人のうち、五人はロシア人だった。二人はリトアニア人、一人はポーランドからの留学生。あとは日本人だった。

その一九人の日本人のうちの一人は、大阪芸大の教授を長く務められ、劇団☆新感線や南河内万歳一座を育てた劇作家の秋浜悟史先生だった。

① 見覚えのある家が荒れ果てていて、中将があちこちのぞいても、とがめ立てする人もなかった。
② 物詣での留守番は辛いため、近くまで行って休憩していたいと女の子が言う。
③ 透垣のすすきの茂みの元に隠れて中将がのぞき見したところ、女の子がいた。
④ 花桜の邸の主人と思われる女性は小柄で、言葉つきもかわいらしかった。
⑤ 夜が明けたので急いで別れた女のことを中将が思いやり、手紙を書いた。

問10 この文章と成立の年代・時期が最も近い作品を、次の中から一つ選びなさい。解答番号は 14 。

① 大鏡　② 竹取物語　③ 土佐日記　④ 徒然草　⑤ 平家物語

二　次の文章を読んで、後の問いに答えなさい。

韓国では、箸とスプーンを使って飯を食う。厳密には箸でおかずを食し、スプーンで飯を食ったりスープを飲んだりする。食事の際には食器を持ち上げてはいけない。だいたい金属の食器であるから、熱くて持ち上げることはできない。

日本では、箸ですべての食事を済まし、茶碗(ちゃわん)は持ち上げなければマナー違反となる。

韓国の食事のルールを日本人俳優に伝えて実際に演技をさせてみる。俳優であるから、もちろん言われたとおりに演じることができる。しかし、そこに台詞(せりふ)が入ってくると、やがて知らず知らずに、左手で茶碗を持ち上げていたりする。そしてそのとき私たちは初めて、自分たちが「どのように」食事をしているかを認識することができる。

私たち日本人が、「自分たちは茶碗と箸で飯を食っているのだ」ということを自ら認識したのは、一四〇年前、ナイフとフォークで食事をする西洋人と出会ったときだろう。これは、「What」に関する認識である。しかし、それだけでは俳優の演技の根拠としては物足りない。私たちは

④　中将は昔、気の利いたことを言った男を呼び止めて、「ここに住んでおられた女房は、まだいらっしゃいますか。『山で暮らす人にお話申し上げたいと言う人がいる』」と女房に取り次ぎをしてくれるよう頼んだ。
⑤　中将は昔、情を通わせていた女を呼び止めて、「ここに住んでおられた女は、まだおいでになりますか。『片田舎に住む人にご挨拶したいと言う人がいる』」と女房に取り次ぎをしてくれるよう頼んだ。

問7　「Cをのこども少しやりて」の現代語訳として最も適当なものを、次の中から一つ選びなさい。解答番号は 11 。

①　若い男たちを少し派遣して　②　殿上人を少し出発させて　③　召使いを少し見逃して
④　供人を少し遠ざけて　⑤　男の子を少し逃がして

問8　「Dおどろかさまほしけれど、しばし見れば」の現代語訳として最も適当なものを、次の中から一つ選びなさい。解答番号は 12 。

①　中将が女の子に気づかせたいけれど、しばらく見ていると
②　中将が女の子の目を覚まさせたいけれど、長い時間眺めているので
③　中将は女房が忘れたころに便りをしたいと、久しくのぞいているので
④　季光が女の子をびっくりさせたいと、少しの間見ていると
⑤　季光が女房の注意を引きたいけれど、じっと様子をうかがっていると

問9　本文の内容に**合致しないもの**を、次の中から一つ選びなさい。解答番号は 13 。

「ウものぐるほしや」 8

① ばかげているよ ② 恋心に溺れているよ ③ 平常心を保っているよ
④ 正気の沙汰だね ⑤ 気分が乗ってるね

問5 「A思ふらむところいとほしけれど、たち帰らむも遠きほどなれば」の現代語訳として最も適当なものを、次の中から一つ選びなさい。解答番号は 9 。

① 見送った女の心中がいじらしいけれど、元のさやに戻るのもほど遠いので
② 見送った女の心中がかわいげがないけれど、新年を迎えるのもほど遠いので
③ 見送った女の心中がかわいそうだけれど、引き帰すにも遠い道のりなので
④ 夜深く起き出した中将の心中がかわいそうだけれど、引き帰すのも遠い距離ならば
⑤ 夜深く起き出した中将の心中が気の毒だけれど、折り返し返事するのも遠い距離ならば

問6 「Bこのありつるものの返る呼びて、「ここに住みたまひし人は、いまだおはすや。『山人に物聞こえむと言ふ人あり』とものせよ」と言へば」とあるが、この部分の状況の説明として最も適当なものを、次の中から一つ選びなさい。解答番号は 10 。

① 中将はのぞき見えた白い装束の女に、「ここに定住しておられた女は、まだ生きていらっしゃいますか。『山人に伝えたいと言う人がいる』」とこの邸に住む女主人に取り次ぎをしてくれるよう頼んだ。
② 中将はのぞき見えた白い装束の女に、「ここに住んでおられた女は、まだおいでになりますか。『山人にご挨拶したいという人がいる』」とこの邸に住む女主人に取り次ぎをしてくれるよう頼んだ。
③ 中将は取り次ぎをしていた男を呼び止めて、「ここに定住していた女房は、まだ生きていますか。『片田舎に住む人に申し上げたいと言う人が訪ねている』」と女房に取り次ぎをしてくれるよう頼んだ。

問2 □で囲んだ活用語Ⅰ、Ⅱの本文における活用形として最も適当なものを、それぞれ次の中から一つずつ選びなさい。なお、同じものを重ねて用いても構いません。解答番号は 3 ～ 4 。

Ⅰ のぞけ 3
Ⅱ らむ 4

①未然形 ②連用形 ③終止形 ④連体形 ⑤已然形 ⑥命令形

問3 「xおはしまさ」、「y聞こえ」、「zのたまふ」それぞれの本文における敬語表現について、敬語の種類を示した組み合わせとして最も適当なものを、次の中から一つ選びなさい。解答番号は 5 。

① x 尊敬語 y 謙譲語 z 尊敬語
② x 尊敬語 y 尊敬語 z 謙譲語
③ x 尊敬語 y 謙譲語 z 謙譲語
④ x 謙譲語 y 尊敬語 z 尊敬語
⑤ x 謙譲語 y 謙譲語 z 尊敬語

問4 「アおとなふ」、「イうしろめたくて」、「ウものぐるほしや」の本文中における意味として最も適当なものを、次の中からそれぞれ一つずつ選びなさい。解答番号は 6 ～ 8 。

「アおとなふ」 6 ① 音を遮る ② 音を立てる ③ 訪問する ④ 手紙を出す ⑤ おとなしい

「イうしろめたくて」 7 ① 後ろ盾になって ② 安心して ③ 気がとがめて ④ 気がかりで ⑤ じれったくて

ただ御供に参りて、近からむところに居て、御社へは参らじ」など言へば、「ウものぐるほしや」など言ふ。
みなしたてて、五、六人ぞある。下(お)るるほどもいとなやましげに、「これぞ主なるらむ」と見ゆるを、よく見れば、衣(きぬ)ぬぎかけたる様体、ささやかに、いみじう児(こ)めいたり。物言ひたるも、らうたきものの、（注8）ゆうゆうしく聞こゆ。「うれしくも見つるかな」と思ふに、やうやう明くれば、帰りたまひぬ。

（注）
1　白きもの――花桜の邸から出てきた老女の着ていた白い装束を指す。
2　光遠(みつとを)――とっさに挙げた架空の人名。
3　蘇芳(すはう)――黒みをおびた紅色。
4　衵(あこめ)――婦人・童女が表着の下に着る着物、また肌着として着る、裾の短いもの。
5　小袿(こうちき)――高貴な女性の日常服。もとは礼服に準じるものであった。
6　月と花とを――『後撰和歌集』の「あたら夜の月と花とを同じくはあはれ知れらむ人に見せばや」の第二句。「同じことなら、もっと情趣を解する人に見せたいものだ。」の意。
7　季光(すゑみつ)――中将の家来。
8　ゆうゆうしく――やさしくみやびやかに。

問1　「aなり」、「bつる」の助動詞の本文中における意味・用法として最も適当なものを、次の中からそれぞれ一つずつ選びなさい。解答番号は［1］～［2］。

「aなり」［1］　①　伝聞　②　推定　③　断定　④　存在　⑤　詠嘆

「bつる」［2］　①　並列　②　詠嘆　③　存続　④　過去　⑤　完了

▲教育（国語教育）学部▼

（九〇分）

一 次の文章は『堤中納言物語』「花桜折る少将」の冒頭で、中将が通う女の所からの帰途、花桜の邸を垣間見る場面である。これを読んで、後の問いに答えなさい。

月にはかられて、夜遅く起きにけるも、A思ふらむところいとほしけれど、たち帰らむも遠きほどなれば、やうやうゆくに、小家などに例ア おとなふものも聞こえず、くまなき月に、ところどころの花の木どもも、ひとへにまがひぬべく霞みたり。いま少し、過ぎて見つるところよりも、おもしろく、過ぎがたき心地して、

そなたへとゆきもやられず花桜にほふこかげにたびだたれつつ

と、うち誦(ずん)じて、「はやくここに、物言ひし人あり」と思ひ出でて、立ちやすらふに、築地(ついぢ)のくづれより、(注1)白きものの、いたう咳(しはぶ)きつつ出づめり。あはれげに荒れ、人けなきところなれば、ここかしこ Ｉ のぞけど、とがむる人なし。Bこのありつるものの返る呼びて、「ここに住みたまひし人は、いまだおはすや。『山人に物聞こえむと言ふ人あり』とものせよ」と言へば、「その御方は、ここにもx おはしまさず。なにとかいふところになむ住ませたまふ」とy 聞こえつれば、「あはれのことや。尼などにやなりたるⅡ らむ」と、イ うしろめたくて、「かの(注2)光遠(みつとを)にあはじや」など、ほほゑみてz のたまふほどに、妻戸をやはらかい放つ音すa なり。

Cをのこども少しやりて、透垣のつらなる群すすきの繁き下に隠れて見れば、「少納言の君こそ。明けやしぬらむ。出でて見たまへ」と言ふ。よきほどなる童(わらは)の、様体(やうだい)をかしげなる、いたう萎(な)えすぎて、宿直姿なる、(注3)蘇芳(すはう)にやあらむ、つややかなる(注4)衵(あこめ)に、うちすきたる髪のすそ、(注5)小袿(こうちき)に映(は)えて、なまめかし。月の明(あか)きかたに、扇をさしかくして、「(注6)月と花とを」と口ずさみて、花のかたへ歩み来るに、Dおどろかさまほしけれど、しばし見れば、おとなしき人の、「(注7)季光(すゑみつ)は、などか今まで起きぬぞ。弁の君こそ。ここなりb つる。参りたまへ」と言ふは、ものへ詣づるなるべし。ありつる童はとまるなるべし。「わびしくこそおぼゆれ。さばれ、

H　彼の失敗は、選択のアヤマりによるものであった。 **26**

① ソウゴに助け合う。　② 事実をゴニンする。　③ 人権をヨウゴする。
④ イゴを打つ。　⑤ カクゴを決める。

I　彼女の片言［　］は時の宰相をも左右した。 **27**

① 隻語　② 積話　③ 少節　④ 半句　⑤ 一文

J　どうにも［　］に据えかねる話だ。 **28**

① 頭　② 額　③ 腹　④ 肝　⑤ 足

B　公平ムシの態度を立派に貫く。 20
① ショシ貫徹をめざす。
② 教育学のシソである人物。
③ シジョウを交えずに話す。
④ 海外に出てシヤを広げたい。
⑤ この漫画はフウシが利いている。

C　彼は知識量において古今ムソウの男である。 21
① 箱根のサンソウに首相を招く。
② 彼女らは一卵性のソウセイ児だ。
③ 警視庁によるソウサが進む。
④ 彼の身の上話はみなソウサクだ。
⑤ 旅立つ仲間のためソウベツ会を開く。

D　組織がヒダイする。 22
① ヒゴウの死をとげる。
② ヒナン訓練を実施する。
③ ヒロウ宴に招かれる。
④ タイヒを作って畑にまく。
⑤ 自分をヒゲする必要はない。

E　ムボウな運転は危ない。 23
① 駅員にボウゲンを吐く。
② カンボウの流行を防ぐ。
③ ボウカン者ではいけない。
④ タボウな毎日を送る。
⑤ インボウ論が渦巻く。

F　不当なレンバイは違法である。 24
① 今の仕事にミレンはない。
② 本社とレンラクをとる。
③ 彼女にレンボの情を抱く。
④ レンキンジュツを心得た政治家。
⑤ 自らのセイレン潔白を証明する。

G　席をカえてもらう。 25
① 仕事のタイマンを叱られる。
② 雪中でタイカン訓練を行う。
③ フタイテンの決意を表明する。
④ 破損品のダイタイ品が届く。
⑤ 梅雨前線が本州にテイタイする。

ライアントの心の中身の重要な部分を、分析家がクライアントとの心理的関係性を観察しながら把握することが重要なので、分析家も自身の心を詳細に観察することが大切になる。

④　人が〈ありのまま〉の自分と周囲が期待する自分とのずれに気付いた時、〈ありのまま〉を見せることによって周囲がそれに対して失望する可能性を考えるようになり、それによって〈ありのまま〉の姿を見せられないようになり、周囲への憤りや怒りを抱え、将来の見通しが立たなくなる場合があるが、精神分析的心理療法を通じて〈ありのまま〉の自分を受け入れられる経験をすることで、そのような心理状態は緩和される。

⑤　大人の場合、自分の心を見つめその気持ちを言語化することが可能であるが、子どもはそれが難しく、クラインは、遊びが子どもの内的世界にアクセスする最良の媒体であることを発見し、大人の自由連想法に代わるものとして子どものごっこ遊びや人形遊び、描画などを基に分析することで、人の心の〈ありのまま〉を見ていこうとし、言葉による報告だけにたよることなく遊びなどの非言語的表現をことさら重要に扱うようになった。

三　漢字・語句について、次の問いに答えなさい。

問　**A**～**H**の各傍線部に相当する漢字を含むものはどれか。また、**I**～**J**の空欄に入れるのに最も適当な語句はどれか。それぞれ一つずつ選びなさい。解答番号は 19 ～ 28 。

A　エイエイと築いてきた社会的信用を失う。 19

①　海辺でヤエイをする。
②　エイリな刃物を扱う。
③　勝利は主君のエイダンによる。
④　勝利のエイカンを手にする。
⑤　調理場はエイセイ的である。

⑤　精神分析は人の心の〈ありのまま〉をみていくために、第一に関係性の観察を行うことが重要で、クライアントが一方的に自己観察しそれを分析家に報告するというものではなく、分析家との関係性に具現化することのない、クライアントの無意識的なものを理解するために、分析家の無意識を研ぎ澄ました上で観察することが大変重要であるということ。

問6　文脈上、［A］、［B］に入る言葉の組み合わせとして最も適当なものを、次の中から一つ選びなさい。解答番号は［17］。

①　A　観察、B　記録　　②　A　観察、B　討議　　③　A　記録、B　観察
④　A　記録、B　討議　　⑤　A　討議、B　観察　　⑥　A　討議、B　記録

問7　本文の内容と合致するものを次の中から一つ選びなさい。解答番号は［18］。

①　精神分析は、その名前の通り「精神（psyche）」を「分析（analysis）」する実践で、そこから得られた知の集積である理論から成り立っているので、スクールカウンセリングなど学校現場での精神分析療法は、「頭でっかち」なアプローチが多く教条主義的で心理療法至上主義であると学校現場には全く向かないものとして批判され続けていたが、最近は、様々な折衷理論の中で、人の情念を扱う精神分析は学校臨床に活用され始めた。

②　観察は、人間関係の中で起こっていることを、その中に身を置くことによって、自分自身の心に起こっていることに注意を払うことを通じ、そこで起こっていることをじっくりと考えて話し合っていくことだが、その過程で、心理臨床の実践方法を学ぶことこそが、学校現場など広く一般の臨床現場で応用できる精神分析実践的エッセンスとなるので、カウチに寝転び、自由連想を聞くモデルとは異なるとはいえ、十分に役に立つ実践である。

③　精神分析は人の心の〈ありのまま〉をみていくことがその実践の中核になるが、人の心は人間関係の中でその本当の姿が現れていくことが多いので、フロイトの自由連想法においては、クライアントが分析家との心理的関係性のなかに具現化させる、ク

④　医師になりたくなくなった〈ありのまま〉の自分を見せれば、医師になるのが当然と考える親が失望することがわかっているため、自分自身の〈ありのまま〉が見せられなくなり、その憤りが募るにもかかわらず、自分を隠し人に良く思われようと努力を重ねた結果、親の期待する「医師になる」姿勢を演じざるを得なくなった、ということ。

⑤　〈ありのまま〉の自分を見せれば親が失望するだろうと勝手に思い込み、そのうえ自分自身の〈ありのまま〉を見せられない親を憎み、そうした自分の思いを親に悟られないようひた隠しにする必要が生じたことから、他人を欺く仮の姿として、「医師になる」自分を装っているうちに、医師になりたいと装う演技がうまくなっていった、ということ。

問5　「C精神分析実践では観察が大変重要なのである」とあるが、「観察」の「重要」な点の説明として最も適当なものを、次の中から一つ選びなさい。解答番号は 16 。

①　精神分析は人の心の〈ありのまま〉をみていくために、第一に関係性の観察を行うことが重要で、クライアントが一方的に自己観察しそれを分析家に報告するという方法ではなく、分析家との関係性に具現化された手掛かりや、クライアントの無意識を理解するための、分析家自身の無意識的な部分を見逃さずに観察することが大変重要であるということ。

②　精神分析は人の心の〈ありのまま〉をみていくために、第一に分析を行うことが重要で、クライアントが一方的に自己観察しそれを分析家に報告するというだけではなく、分析家との関係性に具現化された、クライアントの無意識を理解するには、分析家の意識的な部分と無意識的な部分を両方重視して分析しつつ観察することが大変重要であるということ。

③　精神分析は人の心の〈ありのまま〉をみていくために、第一に関係性の観察を行うことが重要で、クライアントが一方的に自己の〈ありのまま〉を分析家に報告するというものではなく、そこに具現化されたクライアントと分析家との意識的なものの関係、そしてクライアントと分析家の無意識的なものの関係を観察することが大変重要であるということ。

④　精神分析は人の心の〈ありのまま〉をみていくために、第一に無意識の観察を行うことが重要で、クライアントが一方的に自己観察しそこで意識したものを分析家に報告するというものではなく、クライアントが自己観察の中で見いだしたはずの無意識的なものを、分析家は関係性の中で具現化させ、観察することが大変重要であるということ。

りわからない状態にあるから。

② 親は子どもの内面を見ないか考えないようにする構えがしみついているので、子どもの心にトラブルが起こっても、余程の状態でないかぎり気づかないから。

③ 親は子どもはこうすべきであるという思考が強いので、自分の子どもが本心を語れたらうれしいと思っているはずなのに、それを結果的に抑圧してしまっているから。

④ 親は子どもの話を聞くのをないがしろにしてきたので、子どもが自分の思いを自由に語るのが大変こわく、子どもの心を努めて見ないようにしてきたから。

⑤ 親は学校には行くべきだと考えがちであるうえ、特に親は自分の子への期待もあるので、自分の子の現状を積極的には受け入れようとしないから。

問4 「B自分をよく見せるためのポーズ」とはどういうことか。その説明として最も適当なものを、次の中から一つ選びなさい。解答番号は 15 。

① 〈ありのまま〉の自分を見せれば親が失望するとずっと思い込んできた一方で、自分が〈ありのまま〉を見せれば親に対する怒りが沸き起こり、自分自身が暴力的になるのがわかっていたことから、親の期待通りに振る舞うほうが家庭が平和になると考え、ひたすら本当の自分を見せず、見せかけだけ「医師になる」態度を取っていた、ということ。

② 親に自分の〈ありのまま〉を見せたいと常に思っているのだが、〈ありのまま〉の自分を見せれば親が失望するという考えもあるので、見せたいという気持ちをおさえて親の期待通りに振る舞うほうが親が喜ぶと考え、本当の自分を見せないで生きてきた結果、いつの間にか自分の中に「医師になる」構えがおのずとできていた、ということ。

③ 〈ありのまま〉の自分を見せれば親が失望するとずっと思い込んできたと同時に、自分自身も〈ありのまま〉を親に見せれば親が怒り、それに対抗する自分も暴力的になるのがわかっていたので、それを回避するためにひたすら本当の自分を隠すことに努力してきた結果、自身の偽りの姿として「医師になる」意志を見せていた、ということ。

（平井正三「学校現場で役に立つ精神分析」による）

問1　X 、 Y に入る言葉として最も適当なものを、次の中からそれぞれ一つずつ選びなさい。解答番号は 10 〜 11 。

X 10　①　だが　②　要するに　③　さて　④　ちなみに　⑤　さらに

Y 11　①　つまり　②　しかし　③　また　④　ところで　⑤　たしかに

問2　波線部 a〜b の本文中での意味として最も適当なものを、次の中からそれぞれ一つずつ選びなさい。解答番号は 12 〜 13 。

「a 教条的な」 12
①　時代に即して柔軟に修正しようとする
②　場面によっては受け入れようとする
③　融通をきかせず厳密に守ろうとする
④　経験にのっとって判断しようとする
⑤　他人の考えに当てはめようとする

「b 虚心に」 13
①　むなしい思いで
②　うそと気づかれないように
③　非常にこだわって
④　すなおな気持ちで
⑤　すきにつけこんで

問3　「A 子どもがどんな状態であるか、どんな気持ちなのかに目を向けることが難しい」とあるが、親が子どもに「目を向けることが難しい」のはどうしてか。その説明として最も適当なものを、次の中から一つ選びなさい。解答番号は 14 。

①　親は子どもの心のトラブルに関して、そのようなトラブルは起こるはずがないと考えるので、子どもがどんな気持ちかさっぱ

（1）観察

精神分析的観察は、先に述べたように、関わる人の言葉だけでなく、また表情、雰囲気、振る舞いなど非言語的表現に注目するだけでなく、関係性や観察者の心に起こってきたことにも注目する。観察者は観察対象だけでなく、自分自身の心の中に起こってくることにも注意を払うのが精神分析的観察の肝である。

（2）記録

記録は、観察によって受け止めたことを言語化する試みである。精神分析的観察は、人の心を捉えるために、自分自身の心を感受装置として用いる観察実践と言える。そのために感受する力、感受性を研ぎ澄ますことが重要であるが、さらに何を感受したのか把握する試みが大変重要になってくる。いわばカメラで撮った写真の現像階段にあたるこの過程は、この後に続く熟語や話し合いの基盤となる。良い記録が書けることは臨床スキルの要なのである。

（3）討議

言葉にされた観察は、セミナーに持ってこられ、セミナーメンバーはそれをもとに、何が起こっているか話し合っていく。その際に、それぞれのメンバーは、何らかの理論や概念に飛びつくのではなく、わからなさに留まりつつ、自分の頭と心で感じ考えたことを話していく。一つの事象はさまざまな観点から見られることが明らかになり、すぐにはわからなかったことが、観察と討議を続けることで次第に明瞭なパターンが見え始め、その意義がわかってくる経験をしていく。こうしたグループでの討議の経験が、精神分析実践における熟考の基盤になる。つまり、精神分析実践における熟考とは、わからなさに留まりつつ、さまざまな視点の存在を認めながら、次第に一定の定式化が現れるのを待つことを指すのである。

タビストック・クリニックでは、上記の乳幼児観察で培ったスキルを、心理療法以外の臨床現場での仕事に応用する実践を行っており、それはワークディスカッション・セミナーと呼ばれている。このセミナーでは、受講生それぞれの臨床現場で起こることを詳細に［A］してその［B］をセミナーに持って来、そこで何が起こっているか、そしてどういう介入が適切なのか話し合っていく。

このような〈人間関係の中で起こっていることを、その中に身を置く自分自身の心に起こっていることに注意を払うことを通じて（自分の心を感受装置として用いて）観察し、そこで起こっていることをじっくりと考えて話し合っていく〉心理臨床の実践方法こそ、学校現場など広く臨床現場で応用できる精神分析実践のエッセンスであると言えよう。つまり、タビストック・モデルの精神分析実践法は、個人心理療法だけでなく、さまざまな心理臨床の場で実践可能であり、かつ役に立ちうる実践法なのである。

ある男の子は心理療法にやって来ると、動物のミニチュアで遊び始めた。彼がその遊びで作り出す世界は、動物たちは互いに強い者が弱い者をひどい目にあわせる弱肉強食の世界であった。［Y］、この男の子が、子どもである彼を守ってくれる存在はいない世界にいると感じていることが、彼の教師に対する暴力の一因になっていることがわかるのである。母子家庭で育ったこの子どもは、幼いころから母親による暴力にさらされていた。

子どもだけでなく、大人もしばしば自分が感じていることを言葉以外の方法で表現する。人の心の〈ありのまま〉を見ていくには、言葉による報告だけでは不十分であり、遊びなどの非言語的表現、さらには振る舞いそのものをよく見ていくことが必要になってくる。そうした意味で、C精神分析実践では観察が大変重要なのである。

ここまで述べてきたように精神分析は人の心の〈ありのまま〉をみていくことがその実践の中核になる。ここで人の心は人間関係の中でその姿が現れていくことを認めれば、精神分析的観察は、第一に関係性の観察であることが理解できるであろう。フロイトの自由連想法は、クライアントが一方的に自己観察しそれを分析家に報告するというものではなく、神経症症状を形成している困難な部分は心の中に浮かんでこず、分析家との関係性に具現化する（これは転移と呼ばれる）ことにフロイトは気づいていった。つまり、クライアントの心の中身の重要な部分は関係性の中に現れるのであるから、関係性を観察することが極めて重要になるのである。さらにフロイトは、クライアントの無意識を理解するのは分析家の無意識であると述べている。とすれば、分析家は自分自身の心（逆転移と呼ばれる）を詳細に観察することが大切だということになる。つまり精神分析的観察とは、クライアントの言動を観察するだけでなく、クライアントと分析家との関係性、そして分析家の心の中に起こっていることを観察することを含んでいるような観察を指す。

この精神分析的観察のスキルが、精神分析実践、そして学校現場などでの精神分析の応用実践の際にその中核になる。このような観察スキルを訓練する目的のために開発されたのが、タビストック方式乳幼児観察である。これは、一九四八年にタビストック・クリニックの児童青年心理療法コースの訓練の一環としてエスター・ビックによって導入された観察訓練法である（Bick, 1964）。訓練生は、経験豊かな心理療法士が指導する、五人くらいから成るセミナーグループに属し、生まれたばかりの赤ん坊のいる家庭を毎週きめられた曜日、時間に訪問し、一時間観察してくる。記録は観察後に取り、訓練生は一回分の観察記録をセミナーに持って来る。セミナーでは、その一回分の観察を、主にそこで何が起こっているかを中心に一時間以上かけて話し合う。こうした観察―記録―討議という営みを赤ちゃんが二歳になるまで続ける。この訓練法は、精神分析的観察のスキルが、観察、記録、討議という三つの要素から構成されていることを明確にしている。

はこうである」とか、「こうすべきである」とか考えている。自分の中のそうでない部分については見ないか考えないことにしがちである。しかし、心にトラブルが起こるのはまさしくそうして見ないか考えないで来たことのツケが回ってくるときであろう。特に学校現場のようなところでは、「こうすべきである」とか「本来こういうものだ」式の思考や議論が大変強力になりがちで、「実際はどうなのか」といった〈ありのまま〉に目を向けることが難しくなることが多いようである。X、これは例えば不登校などで相談に来られる親御さんにもよく見られる傾向である。「学校には行くべきである」「こんな子のはずではなかった」というばかりで、実際のA子どもがどんな状態であるか、どんな気持ちなのかに目を向けることが難しいのである。

例えば、ある青年は医師の家庭に生まれてこの方ずっと自分は医師になるものだと思い、家族もそう思っていたところ、青年期になって学校に行けなくなった。分析的心理療法を通じて、この青年の心の中にあるものをb虚心に見ていくと、医師になるというのは、B自分をよく見せるためのポーズであり、実のところこの青年はずっと〈ありのまま〉の自分を見せれば親が失望すると感じていたことが判明する。さらに自分の〈ありのまま〉を見せられない親に対する憤りや憎しみが渦巻いているので、この青年はそうした自分をさらに見せられなくなり、ますます自分を隠し人に良く思われようと頑張って来ていたのであった。こうして、この青年は、学童期は大変適応的で成績もよく周りからも好かれていたが、個人のアイデンティティ形成が真に問題になる中学校以降次第に難しくなり、ついに登校できなくなったようであった。この青年は心理療法でのセラピストとの関係の中で自分の〈ありのまま〉を見せ、それが受け入れられる経験をし、新たに自分の生き方を立て直すのには数年の心理療法の取り組みが必要であった。

自由連想は、このように自分自身の〈ありのまま〉を見ていくこと、すなわち内省方法であるとみることができ、これが精神分析実践の基盤であると言えよう。精神分析実践とは何よりもまず、自分自身の心の〈ありのまま〉を見ていくことなのである。さて、こうした議論を聞くと、しばしば精神分析はカウチに横になって自由連想することだけを指すのであれば、やはりそうした実践など考えられない学校現場では役に立たないという人がいるかもしれない。しかし、カウチに横にならないまでも、少し立ち止まって、すぐに「解決策」を求めるのではなく、心の中に何が起こっているかじっくりと見ていくということはできるだろう。それが精神分析実践の第一歩なのである。

しかし、大人の場合、自分の心を見つめそれを言葉にすることが可能であるが、子どもはそれが難しい。クラインは、遊びが子どもの内的世界にアクセスする最良の媒体であることを発見し、大人の自由連想法に代わるものとして遊戯技法を子どもの分析のために開発した。子どもは、自分が感じていることを言葉ではなく、ごっこ遊びや人形遊び、描画などで表現する。教室で非常に暴力的になる

④ 心は何かを経験したとき、心に快や不快を感じ、その快を継続させ不快をなくしたいと願うものであるが、快いものを経験する際に人間は、その快さをいったん味わうと、そのことにとらわれて他のことを考えられなくなる性質があることから、道教においては、その性質の原因を探り、原因ごとその性質を心から除去することが重要だと説かれている。

⑤ 仏教は、釈迦を神格化し仏像をつくって拝むことから一神教であると思われがちだが、実はそうではなく、釈迦はインドに実在した私たちと同じ普通の人間であるものの、釈迦が単なる人間でないのは、この世の真理を発見し私たちに教えてくれた偉人だということによる。

二 次の文章を読んで、後の問いに答えなさい。

精神分析は、その名前の通り「精神（psyche）」を「分析（analysis）」する実践方法とそこから得られた知の集積である理論から成り立っている。わが国では、この理論の部分だけが不釣り合いに「輸入」され、精神分析と言えば人の心について知的に説明するだけで実践には役に立たないと思われがちであった。学校現場でのスクールカウンセリングなどの心理臨床活動においても、精神分析は「頭でっかち」なアプローチであったり a 教条的な心理療法至上主義であったりして現場が必要としていることを提供できない実践であると批判されてきた。

しかし、精神分析の対象であるpsycheとは、mind（認知的な心）と異なり、人の情念の中核を指す。つまり、精神分析は何よりも実際の人間の情念に満ちた心に触れ、それについて考えていく営みなのである。学校現場に拘（かか）わらず、心理臨床の現場は、まさしく人の心のどろどろした情念が人間関係の中で渦巻いている。そうした現場の中に身を委ねて自らの心も動かされながら、何が起こっているのか考えていく試みが精神分析なのである。

フロイトによって創始された精神分析実践の中核には、自由連想法がある。自由連想法は、クライアントがカウチ（寝椅子）に横になり心に浮かぶことをすべて分析家に伝えるという方法を指す。クライアントは、こんな考えや気持ちを口にしてはいけないとか、関係ないとか、変だとか言って黙っているのではなく、心の中に浮かぶものをすべて分析家に報告するように努める。私たちは、「自分

⑤　何かを望んでそれが手に入ると、私達は一時的には満足するものの、その快感は消えないで続くのに、さらなる強い快感を追い求めようとする姿勢が沸き起こるので、そうであればあるほど苦しみの連鎖に陥っていく。

問6　文脈上、［　］に入る言葉として最も適当なものを、次の中から一つ選びなさい。解答番号は［8］。

①　あらゆるものは変化せず、消滅することもない
②　一部のものは常に移ろい、一部のものは少しずつ変化し続けている
③　あらゆるものは常に移ろい、変化し続けている
④　一部のものは移ろうが、その他のものは変化し続けている
⑤　すべての事柄はほろぶが、現象はほろばない

問7　本文の内容と合致するものを次の中から一つ選びなさい。解答番号は［9］。

①　釈迦は心が何か快いもの、あるいは不快なものを経験したときに、不安になるので、そのような時、ただあるがままに理解することができれば、苦しみはなくなり、悲しみも感じなくなると説いたが、それによって人が本来もつ悲しさの中の豊かさは失われてしまうことになる。
②　釈迦は、すべての事柄や現象は独立して存在しているのではなく、原因があってはじめて結果があると考えるので、私たちは常日頃から自身の行動を日々ふり返り、内省をしっかり行い日々精進し、あるがままの自分を受け入れることができれば、私たちは日々、穏やかな生活が送ることができると説いた。
③　ジャイナ教は仏教と似ていて、私たちは一種の物質的悪要素が充満した世界で生きているとされ、私たちが強い意思作用を起こすと、私たちを苦へ導くと説き、この強い意志は煩悩と同じで、これは難行苦行を行うことでしか絶対神のいる安楽の世界に到達できないと言われている。

①　ジャイナ教　②　仏教　③　ストア主義　④　キュニコス派　⑤　道徳理論

問4　「B 釈迦が発見した『この世の真理』」とあるが、「この世の真理」の内容を説明したものとして最も適当なものを、次の中から一つ選びなさい。解答番号は 6 。

①　原因があってはじめて結果が現れるので、すべての事柄や現象には絶対神や霊的な神秘性などが介在している。
②　釈迦を超越者として認め、神的存在として崇めることにより、人間は理想の境地にたどり着くことができる。
③　自然法則を踏まえた正しい生き方を選択すれば、欲望は消滅させることもでき、その方法として瞑想法が有効である。
④　人の心はいつも煩悩で渦巻いているが、そこから抜け出すためには現実をあるがままに受け容れることである。
⑤　世界を支配するのは超人的秩序のある神や神の意思や気まぐれではなく、宇宙と人生の根源的な法則である。

問5　「C 快いものを経験したときにさえ、私たちはけっして満足しない」とあるが、筆者によれば、それはどのようなしくみで起こるというのか。その説明として最も適当なものを次の中から一つ選びなさい。解答番号は 7 。

①　何かを望んでそれが手に入ると、私達は一時的には満足するが、その欲望は消えずに残るのでかえって不快になり、さらにもっと素晴らしい物を手に入れなくてはならないとの循環にはまり、それが快感へと変化する。
②　何かを望んでそれが手に入ると、私達は一時的には満足するが、その快感はいずれ消えてしまうだろうとあきらめるので、もっと強い快感を追い求め、快楽に頓着するようになり、それが終わりのない苦しみを引き起こす。
③　何かを望んでそれが手に入ると、私達は一時的には満足するが、その快感がいずれ消えてしまうのではないかと恐れ、さらにもっと強い快感を追い求めようとするので、自分の欲望が尽きることなく生み出され続ける。
④　何かを望んでそれが手に入ると、私達は一時的には満足するものの、その快感はいずれ消えてしまうのではないかと恐れるうちに、さらにもっと強い快感を追い求めようとする快楽的欲望が沸き起こり、その欲望に自我がむしばまれる。

(佐々木閑『宗教の本性　誰が「私」を救うのか』による)

(注) 1　多神教――神や超越者が多数存在する宗教。複数の神々を同時に信仰する。
2　一神教――神は唯一だとする宗教。特定の神だけが絶対の存在とみなされ，その神のみを信仰する。

問1　X、Y に入る言葉として最も適当なものを、次の中からそれぞれ一つずつ選びなさい。解答番号は 1 ～ 2 。

X 1　①　要は　②　しかも　③　たしかに　④　たとえば　⑤　さらに

Y 2　①　ところで　②　しかし　③　もちろん　④　つまり　⑤　たしかに

問2　波線部a～bの意味として最も適当なものを、次の中からそれぞれ一つずつ選びなさい。解答番号は 3 ～ 4 。

「a安寧」 3
①　丁寧で安心な状態　②　天候がよく安定した状態　③　落ち着いてのんびりした状態
④　悠然とあわてない状態　⑤　平穏で安らかな状態

「b瞑想」 4
①　まぼろしを思い浮かべること　②　心を静めて無心になること　③　思い詰めてのぼせること
④　あれこれと思いをめぐらせること　⑤　心を集中して思いを凝らすこと

問3　「Aハラリさんが挙げた宗教」とあるが、ここでいう「宗教」を指すものとして**適当でないもの**を、次の中から一つ選びなさい。
解答番号は 5 。

ゴータマはこの悪循環から脱する方法があることを発見した。心が何か快いもの、あるいは不快なものを経験したときに、物事をただあるがままに理解すれば、もはや苦しみはなくなる。人は悲しみを経験しても、悲しみが去ることを渇愛しなければ、悲しさは感じ続けるものの、それによって苦しむことはない。じつは、悲しさの中には豊かさもありうる。喜びを経験しても、その喜びが長続きして強まることを渇愛しなければ、心の平穏を失うことなく喜びを感じ続ける。

だが心に、渇愛することなく物事をあるがままに受け容（い）れさせるにはどうしたらいいのか？　どうすれば悲しみを悲しみとして、喜びを喜びとして、痛みを痛みとして受け容れられるのか？　ゴータマは、渇愛することなく現実をあるがままに受け容れられるように心を鍛錬する、一連の b瞑想（めいそう）術を開発した。この修行で心を鍛え、「私は何を経験していたいか？」ではなく「私は今何を経験しているか？」にもっぱら注意を向けさせる。このような心の状態を達成するのは難しいが、不可能ではない。（下巻29頁）

私たちは苦しいことや不幸なことに出会うと、そこから逃れたいと願いますが、その逃れたいと願うのも渇愛です。渇愛は、先ほど申し上げたように、それが叶おうが叶うまいが、さらなる苦しみを生み出すことになります。ですから、そこから逃げ出そうとするのではなく、「現実を、渇愛のない状態で、あるがままに受け容れるように」と釈迦は説いたのです。

人間は誰もが老・病・死の苦しみを背負って生きています。しかし苦しみを感じるのは、それに抗（あらが）おうとするからです。縁起の法則に従って「永遠の命など存在せず、人間は誰しも老いさらばえてやがては死ぬ」と考え、それを素直に受け止めれば、死に対する悲しいという気持ちは消えずとも、心は安定する――そう言っているのが、前半部分です。

後半部分では、仏教に示された「現実をあるがままに受け容れ」る方法が書かれていますが、ここでハラリさんは非常に深いことを言っています。釈迦が発見したのは、心を鍛えるためのトレーニング法であり、その瞑想修行で「私は何を経験していたいか？」ではなく、「私は今何を経験しているか？」に注意を向けることによって、心は鍛えられると言うのです。非常に的確な表現で、こんなふうに仏教を説明できる人は、お坊さんでもなかなかいないと思います。

ハラリさんはイスラエル出身のユダヤ教徒ですが、仏教に強い興味を持ち、ミャンマー人の瞑想指導者サティア・ナラヤン・ゴエンカさんのもとで瞑想修行に励んだこともあったそうです。瞑想の意味や目的を完璧に理解しているのは、おそらく実体験で仏教を学んだからでしょうが、さらに彼がすごいのは、釈迦の時代の仏教から大乗仏教成立に至るまでの仏教の流れについてもしっかり把握している点です。

「私」という存在も同様です。「私」とか「私のもの」にも実体がなく、さまざまな関係性の中で一時的に存在しているだけで、永遠不変のものではないと考えます。

そして最終的に、釈迦は「人間の苦しみの原因となっているのは欲望(煩悩)であり、縁起の法則を理解し、法則を踏まえたうえで正しい生き方を選択すれば、欲望は消滅し、心のa安寧が得られるはずだ」という結論にたどり着きました。

人間なら誰しも欲望を持っていて当然です。性欲、食欲、睡眠欲などは人間の本能として生まれつき備わっているものですし、どんな欲望も、それが叶えられれば喜びにつながることを思えば、「欲望＝生きるエネルギーの源」とも言えます。それなのに、なぜ釈迦は「欲望を苦しみの原因」ととらえたのでしょうか。その理由をハラリさんは、次のように説明しています。

心はたとえ何を経験しようとも、渇愛をもってそれに応じ、渇愛はつねに不満を伴うというのがゴータマ（釈迦＝引用者注）の悟りだった。心は不快なものを経験すると、その不快なものを取り除くことを渇愛する。快いものを経験すると、その快さが持続し、強まることを渇愛する。したがって、心はいつも満足することを知らず、落ち着かない。痛みのような不快なものを経験したときには、これが非常に明白になる。痛みが続いているかぎり、私たちは不満で、何としてもその痛みをなくそうとする。だが、C快いものを経験したときにさえ、私たちはけっして満足しない。その快さが消えはしないかと恐れたり、あるいは快さが増すことを望んだりする。（下巻28―29頁）

「渇愛」とは仏教語で、喉の渇きに耐えかねた者が激しく水を求めるような強い欲望、執着（仏教では本来「執著」と書きます）を意味し、煩悩の中でもきわめて強いものだと考えられています。なぜ強いかというと、渇愛は常に不満を伴うからです。

何かを求める気持ちがあると、それが手に入らないときに私たちは不満を感じます。そして、たとえ求めていたものが手に入って一時的には満足したとしても、その快感がいずれ消えてしまうのではないかと恐れたり、さらにもっと強い快感を追い求めようとするので、渇愛はさらなる渇愛を生み出すことになります。

Y釈迦は「欲望にはどこまで行っても終わりがないのだから、求めれば求めるほど苦しみは増す。苦しみから逃れる唯一の方法は、求める気持ちを消すことだ」と考えたのです。

続けてハラリさんは、仏教に説かれた「渇愛から抜け出すための方法」をこんなふうに説明しています。

このジャイナ教の世界観においては、どこにも絶対神やありがたい救済者は想定されていません。この世を司っているのは自然法則であり、我々は、その法則を熟知することで、真の生活への道を見つけ出すことができるのです。このようにジャイナ教は、宇宙を支配しているのは神ではなく法則であり、欲を捨てて解脱を目指すことが心の安定につながると説きました。

中国に誕生した道教の場合なら、宇宙と人生の根源的な真理を「道（タオ）」と呼び、人間はそれに従って無為自然に生きるべきだと説き、仙人のような生活を理想と考えます。一方の儒教は、いわば道徳理論のようなもので、社会秩序を重視し礼を重んじて仁義を実践しながら、上下の秩序を守って生きることが幸せにつながるとしています。

ヘレニズム哲学の領域ならば、ストア主義は、「自然に従って生きる」をモットーとし、病や死も自然の中の不変の法則であり、人間がすべきことはそれを受け入れることだと言います。キニク主義はキュニコス派とも言い、無為自然を理想として物質的な贅沢を否定し、無欲、無所有こそが幸せの要件であると考えました。もう一つのエピクロス主義は、禁欲的なストア主義やキニク主義とは異なり、人間の生命も原子でつくられているので死を恐れるのは無意味だと説き、適度な快楽を求めるのは正しいと説いています。

これらが「法則を信じる一派」としてAハラリさんが挙げた宗教です。理想とする生き方や幸福についての考え方はそれぞれ違っているものの、どれもが「神」の存在にはほとんど関心を示さず、なんらかの法則がこの世には存在し、それに従って生きることが幸福につながると説いているところがポイントです。

仏教もこれらと同じで、神を信じるのではなく、法則性の存在を信じる宗教です。「でも、仏教ではお釈迦様を神的存在として崇めているのだから、仏教も一神教では？」と思われる方がいらっしゃるかもしれません。

X 現在の仏教では、釈迦を神格化し仏像をつくって拝んでいます。しかし、仏教は本来、釈迦を超越者として崇拝するのではなく、釈迦が修行の末に発見した「この世の真理」を信じる宗教として誕生しました。釈迦というのは、その真理を発見し、私たちに教えてくれた偉人ですが、あくまで、インドに実在した私たちと同じ普通の人間なのです。

では、B釈迦が発見した「この世の真理」とはいかなるものだったのか。

釈迦はまず「縁起の法則」によって、この世界は成り立っていると考えました。縁起の法則では、すべての事柄や現象は独立して存在しているのではなく、原因があってはじめて結果として現れると考えます。これは科学でいう因果律と同次元の原理なので、そこには当然のことながら絶対神や霊的な神秘性などといったものは一切介在しません。

続けて釈迦は、すべての事柄や現象は縁起の法則の中で一瞬だけかたちとして現れているに過ぎず、［　　　］ととらえました。

国語

▲情報・社会・政治経済・教育（初等幼児教育・英語教育）・保健医療学部▼

（情報・教育（英語教育）学部　一科目　六〇分
その他　　　　　　　　　　　　二科目一二〇分）

一　次の文章は、筆者が宗教について解説するもので、「ハラリさん」（ユヴァル・ノア・ハラリ、イスラエルの歴史学者・哲学者）の著書（『サピエンス全史』柴田裕之訳）を踏まえている。これを読んで、後の問いに答えなさい。

紀元前一千年紀、(注1)多神教や(注2)一神教とは明らかに異なる「自然法則を信奉する宗教」がアフロ・ユーラシア大陸で広がりはじめます。その代表格が、古代インドに誕生したジャイナ教と仏教です。ほかにも中国で誕生した道教や儒教、ヘレニズム時代に古代ギリシアで生まれたストア主義やキニク主義、エピクロス主義なども、この一派に属するとハラリさんは述べています。これらに共通するのは「世界を支配している超人的秩序は神の意思や気まぐれではなく自然法則の産物である」ととらえた点です。すぐに仏教の話に入りたいところではありますが、その前に、仏教以外の自然法則を信じる宗教について少しだけ触れておきましょう。

まずはジャイナ教。ジャイナ教は仏教とほぼ同時期にインドで誕生した宗教で、仏教が否定した苦行を肯定しているところが特徴的ですが、基本的な世界観や教義は仏教と似ています。私たちは業（ごう）という、一種の物質的悪要素が充満した世界で生きており、私たちが強い意思作用を起こすと、自動的にその業が私たちの内部に流入してきて、私たちを苦へ導くと考えます。ですからジャイナ教徒は、苦行や正しい生活によってその業を振り払い、二度と流入してこないように防御することで、真の安楽に到達できるというのです。

解答編

英語

◀情報・社会・理工・政治経済・教育（英語教育除く）・保健医療学部▶

1　**解答**　**1**―②　**2**―③　**3**―②　**4**―④　**5**―①

解説

1.「正直なところ，私はこの新しいカーペットがあまり好きではない」

don't like *A* very much「*A* があまり好きではない」の very が抜けた表現。

2.「ジュースは果物や野菜からとれる［2］である」

③「液体」が正解。

3.「ボブはハンナを1時間待ち続けており，［3］してきた」

この文脈に合うのは，②「いらいらする」である。その他の選択肢の意味は次の通り。①「快適な」 ③「有意義な」 ④「柔らかい，優しい」

4.「コンタクトレンズを［4］と，時々ドライアイになる」

④「～をつける」が正解。

5.「天気予報」「70%」「雨」という言葉から，①「可能性」が正解。「天気予報によると降水確率は70%だ」という文になる。

2　**解答**　**6**―①　**7**―③　**8**―②　**9**―④　**10**―③　**11**―②

解説

6.「この種の仕事は，非常に根気を［6］」

この文脈に合うのは，①「～を必要とする」である。②は「(部屋などを）掃除する，片付ける」という意味なので不適である。

7.「すぐに出発したほうがいい。 7 ，コンサートに遅れちゃうよ」

この文脈に合うのは，③「さもないと」である。

8. when 以下の文の時制が過去形なので，現在形の動詞を含む①，現在完了の動詞を含む③，未来を表す助動詞を含む④は不適である。②の過去完了であれば，「大学に入った時（よりもっと前に）経済学を勉強したことはなかった」となり，文法的にも内容的にも成立する。

9. 関係副詞に続く文は，名詞の抜けていない完全文になる。この条件を満たしているのは，④のみである。「あなたがコンピュータを買ったお店に行ったよ」という文になる。

10. ①は「日曜日になるために」という意味になり不適。②は文が２つあるのに接続詞がないため不適。④は文法的に説明がつかない。③は分詞構文。分詞構文の副詞節内の主語が省略できるのは，主節の主語と同じ場合である。Since it was Sunday, the department store was crowded.「日曜日だったので，デパートは混んでいた」という文が分詞構文になった文になっている。

11.「誰がアメリカ合衆国の大統領に選ばれると思う？」

Do you think ～？と Who will be elected as president of the US? という２文が１文になっている。疑問詞は文頭に出すので，Who do you think will be ～？の形になる。②が正解。

３ 解答　12―②　13―①　14―①　15―④　16―③

解説

12. 会話文の続きが「大変申し訳ありません」「今日のプレゼンでそれが必要なんだ」「すぐに送ります」となっている。この文脈から，②「添付ファイルがなかった」が正解。

13. 空所の直前に「ここに滞在している間，私のパソコンを使ってもいいですよ」とあり，空所直後にはその申し出に感謝する発言がある。以上の内容から，①「それは便利ですね」が正解。③は最後の me が you であれば成立する。

14. 空所を含む発言に対して，We surely did.「確かにそうね」と答えている。did は代動詞で，空所内の一般動詞の過去形の代わりに用いられている。選択肢の中で一般動詞の過去形が含まれているのは，①のみである。文脈的には，夕食に魚と肉のどちらがいいかと聞かれ，それに対して「どちらでもいいね，でも［14］」と返答している。さらに，最後の発言で「それよりも何か軽いものを食べよう」と提案している。以上の文脈に合うものを探すと考えても，正しい発言を選べるだろう。

15. 最後の発言で「大体 20 分後です」とあり，in は「(現時点から見て)～後に」という意味で用いられている。①は「それ（イベントの中止）を知らせるために，ウェブサイト上で何ができるだろう？」となり不適。②はそもそも未来の表現になっていないので不適。③は，空所を含む発言の中に on your web page と告知の場所について述べているのに，Where が含まれているので不適。④「(現時点から）どのくらいでこの告知（イベント中止の告知）ができますか？」が正解。

16. 直前にある「彼のジョークに大笑いしたよ」に対する返答を選ぶ問題。①は料理に関することで，文脈に合わないため不適。②「私たちはそういう場合は静かになる」は，「そういう場合」がここまでの話の中に登場しないため不適。④「君（たち）は彼のジョークがわからなかった」は，「大笑いした」という内容に合わないので不適。③「彼は本当にユーモアのセンスが良いよね」が文脈に合う。

④ 解答 17―① 18―③ 19―② 20―③ 21―② 22―④

解説

《色彩が人に及ぼす影響力》

17. 第１段第２文（Even the advanced …）は，空所を含む文の説明になっており，「最先端の知識をもつ科学者でさえ，脳の驚くべき機能のすべてを理解しているわけではない」とある。この文脈に合うものは，①「複雑な」である。

18. 空所は such as の前に書かれている「生理学的反応」の具体例となっている。第３段は第１文（What effects do …）に書かれているように，「色が脳にどのような影響を及ぼすのか？」についての説明となっており，下線部(2)には，「色は心，感情，身体の機能にさえ影響を及ぼす」とある。選択肢の中で「心，感情，身体の機能」に関係する具体的内容となっているのは，③「脈拍や血流」である。

19. 空所に続く文は，they が主語，may associate が動詞，the color が目的語，with 以下が修飾語になっているが，subconsciously「潜在意識下で」は副詞なので with の目的語にはなり得ない。以上のことから名詞の働きをするものが答えと判断できるので，①と③は不適である。④ that は名詞節を作るが，後ろには名詞の抜けていない完全文が続くので不適である。正解は②で，and 以下は「人が潜在意識下でその色を何と結びつけるか」という意味になる。

20. Colors have been proven to *do* は「色は～すると証明されている」，play an influential role は「影響力を及ぼす役割を果たす」が直訳，in the mind, emotions, and even bodily functions は「心，感情，そして身体の機能にさえ」という意味。③が下線部の内容として最も適切である。

21. (4a) の具体例として挙げられているのが，such as 直後の「赤色，橙色，黄色」であり，(4b) の具体例として挙げられているのが，「青色，緑色，紫色」である。この内容に合致するのは，②である。warm color は「暖色」，cool color は「寒色」という意味である。

22. ①「脳の機能は本当に複雑なので，それについては一切確認されていない」

第1段第3文 (Some fascinating aspects …) より不適。

②「特定の色が人間の考えや感情によって呼び起こされることがある」

第2段第2文 (This is because …) に「特定の色は，脳や特定の色が引き起こす思考や感情に影響を与える」とあり，人の考えや感情によって色が呼び起こされるのではなく，色が思考や感情に影響を与えているので，不適。

③「色彩心理学を学ぶことで，人々が落ち着いた気分になったり悲しい気分になったりするのを妨げることができる」

第4段第2文 (This area of …) に書かれているように，「特定の色がどのようにさまざまな雰囲気や感情を引き起こすのかを重点的に扱っている」だけであり，特定の気分になるのを妨げることができるとは書かれていないので不適。

④「それぞれの異なる色の磁気エネルギーは人に影響を及ぼすと考えられている」

最終段第2・3文（It is thought … perceives the color.）に，「すべての色には独自の波長があり，独自の磁気エネルギーがあるため，神経経路に影響を与えると考えられている。したがって，人に影響を与えるのは，厳密には色ではなく，脳が色を知覚する際に経験する波長なのだ」とあることから，一致する。

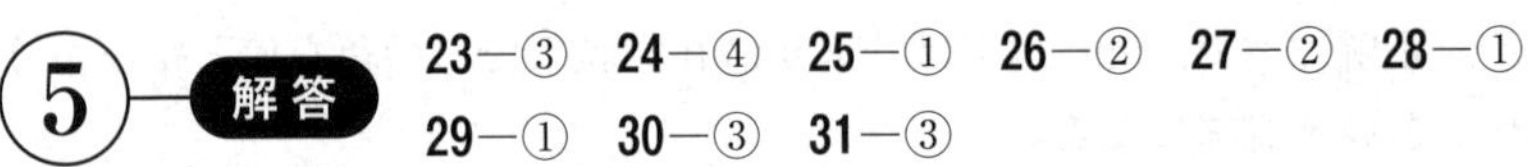

5 解答 23―③ 24―④ 25―① 26―② 27―② 28―① 29―① 30―③ 31―③

出典追記：Children Survive Alone in Rainforest for 40 Days, NewsForKids.net on June 17, 2023

解説

《飛行機事故から生還した子供たち》

23. (1a) の後は，「飛行機に乗っていた3人の大人は全員死亡した」とありマイナスの内容，(1b) の後は，「多くの熱帯雨林の植物が実を結ぶ時期だった」とありプラスの内容になっている。③ (1a)「残念ながら」，(1b)「幸運にも」が正解。

24. 挿入する段落は，子供たちがようやく発見されたという内容になっている。第4段には子供たちの捜索の様子が書かれており，第5段第1文 (Everyone was extremely …) に「皆が非常に喜び，子供たちが無事だったことに安堵した」とあることから，④に入るとわかる。

25. 空所を含む文の前半には「地面が見えなかった」と書かれており，because 以下はその理由になる。①「密集した」が正解。

26. 空所を含む文の後半，ダッシュ（—）以下に，空所の具体例として「瓶，食べかけの果物，子供たちが作った粗末なほったて小屋のようなもの」があげられている。この内容をまとめた意味になっている，②「痕跡」が正解。

27. 空所の後に続く文は，they が主語，were expected が動詞，to stay 以下が補語の完全文なので，関係代名詞の選択肢，①・③・④は不適。正解は関係副詞の② where である。

28. 下線部(6)の help は目的語がないことから，自動詞「役立つ」という意味である。同じ意味用法なのは①である。その他の選択肢の意味用法は次の通り。② cannot help *doing*「～せずにはいられない」(help は「避ける」の意味) ③名詞で「助け」の意味。④help *A* with *B*「*A* の *B* を手伝う」という意味になる他動詞。⑤「待つ以外に仕方がない」という意味で，help は名詞「逃げ道」の意味で用いられている。

29. 第 1 段第 3・4 文（(1a), all three … in the jungle.）より，「4 人の子供たちだけで生き残った」となる，①alone「～だけで」が正解。

30. 第 2 段に飛行機事故から生き残った子供たちが，工夫をしながらなんとか生き延びたことが書かれている。不定詞をともない，「なんとか～する」の意味になる③が正解。

31. 最終段第 1 文（The story of …）に「子供たちが生存していたという話にたくさんの人たちが感激した」とあるので，③「喜び」が正解。

6 解答

32―⑤　**33**―②　**34**―②　**35**―①　**36**―④　**37**―①
38―④　**39**―⑤　**40**―④　**41**―②

解説

32・33. My mother (spent exactly three minutes cooking a cup of) ramen for me. spend *A* (in/on) *doing*「～するのに *A*（時間）を使う」の *A* に three minutes が入り，three minutes の前に「きっちり」という意味で exactly が入る。

34・35. I wonder (what it would be like to walk) on the moon. What is ～ like?「～はどのようなものか？」という表現の主語を仮主語の it に，真主語に不定詞を用いると，What is it like to *do*? という形になる。さらに動詞部分を would be にすると，What would it be like to *do*? という形になる。これが wonder の目的語（間接疑問文）になり，解答の語順になる。

36・37. I really (enjoyed talking with you last) night. enjoy *doing*「～して楽しむ」の動名詞部分に talk with ～「～と話をする」が入っている。

38・39. In the modern society, it is (indispensable to provide women with) an opportunity to work. It is … to *do*「～することは…だ」の補語の位置に indispensable「不可欠な」が，不定詞部分に provide *A* with

B「*A* に *B* を供給する」が入っている。

40・41. We are going to (employ whoever wants to work) for our company. employ「～を雇用する」の目的語に whoever wants to work が入っている。whoever ～「～する人は誰でも」

◀教育（英語教育）学部▶

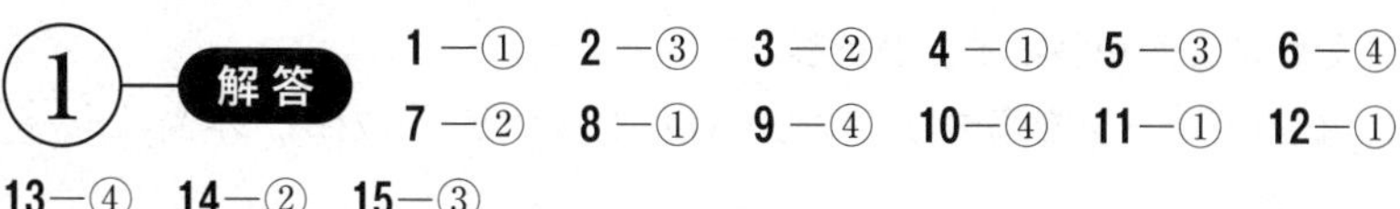

1 解答　1－①　2－③　3－②　4－①　5－③　6－④　7－②　8－①　9－④　10－④　11－①　12－①　13－④　14－②　15－③

解説

1.「このモールの店のほとんどは真夜中まで開いている」

stay は第 2 文型で「（ある状態の）ままでいる」という意味になる。形容詞の選択肢①が正解。

2.「祖父は 60 年代に有名なロックバンドのメンバーだったと言ったが，それは本当だった」

空所の後に主語が抜けていることから，主格の関係代名詞と判断できる。先行詞は said 以下すべてであり，前文の一部，もしくは全体を先行詞にできる関係代名詞，③ which が正解。

3.「彼はバイクの鍵をなくしたので，タクシーに乗ることに決めた」

カンマの前と後は因果関係になっているので，理由の接続詞②が正解。④も理由の意味があるが，文頭には使えないので不適。

4.「学校を頻繁に休む生徒の数は，最近私たちの学区では減少している」

The number が主語，空所と decreasing が動詞。the number of～「～の数」は単数扱いするので，①が正解。

5. 第 1 文に「3 人のいとこがいる」とあり，第 2 文の and の前に「1 人は吹田に住んでいる」とある。空所直後の動詞に三単現の s がついていないことから，複数形の主語が入るとわかる。説明される名詞は 2 人に限定されるので，the がついていて複数形になっている③が正解。「私には 3 人のいとこがいる。1 人は吹田に，残りは尼崎に住んでいる」という意味になる。

6.「ハセベ氏は，宝くじに当選したので多額のお金を手に入れた」

money は不可算名詞。①の number of の後ろには名詞の複数形が入るので不適。②は「通貨」，③は「現金」という意味で money と意味が重なるため不適。④が正解。a large amount of～で「たくさんの（量の）～」という意味になる。

7.「原語で外国の小説を読むことはとても難しい，しかし，[7] とても面白い」

①「以前は」，③「ほとんど～ない」，④「さらに」は文脈に合わない。②「それにもかかわらず」が正解。

8.「彼はジェーンを傷つけるつもりはなかったと言ったが，本当は [8] やった」

この文脈に合うのは①である。on purpose は「故意に，わざと」という意味。

9. 比較の文では，比較対象をそろえなければならない。この英文では，the opinions と空所に入る語（私が長い間もっている「意見」）が同じであるという内容。複数形になっている④が正解。「最新の研究でその著者が示した意見は，私が長い間もっていた意見と同じだった」という意味。

10.「なぜまだここにいるの？ すぐに出発しなさい，[10]，良い席が取れないよ」

この文脈に合うのは④「さもないと」である。その他の選択肢の意味は次の通り。①「それにもかかわらず」 ②「それゆえ」 ③「ほとんど～ない」

11.「ボールペンかサインペンを使ってもいいですか？」という問いに対して，空所を含む文の後に「この用紙は，鉛筆でしか記入してはいけません」とあることから，①が正解。「どちらもいけません」という意味になる。

12.「教職員はあらゆる緊急事態に [12] 求められていた」

①が正解。be prepared for ～で「～に備えている」という意味になる。③と④で用いられている predict は「予想する」という意味。

13.「冬が近づいているので，母は私たちの洋服ダンスを明日 [13] することを計画している」

この文脈に合うのは④「最新のものにする」である。ここでは洋服ダンスの中身を冬服に入れ替えることを意味する。

14.「姉のリズと私は，交代で私たちの子犬の世話をした」

take turns (at/in) *doing*「交代で～する」という意味になる②が正解。

15. 空所の前に the があることから名詞の選択肢を選ぶ。②は形容詞なので不適。①は on (the) air で「放送中で」という表現があるが，文意に合わない。③が正解。on the spot は「直ちに，即座に」という意味。「彼らは直ちにマンションを購入して引っ越すことに決めた」という意味になる。

2 解答 **16**―④ **17**―② **18**―② **19**―④ **20**―⑥ **21**―③ **22**―⑥ **23**―① **24**―① **25**―④ **26**―⑥ **27**―⑤ **28**―⑤ **29**―① **30**―① **31**―⑤

解説

16・17. He (never speaks a word unless spoken to).「口を利くことはない」は，与えられた語句から never speaks a word となる。unless は接続詞であり，通常，後ろには主語と動詞が続くはずだが，与えられた語句が足りない。副詞節中の主語と be 動詞は，主節の主語と同じ場合は省略できるので，unless spoken to の形になる。

18・19. The success of this project (depends on who will cooperate with) us.「～次第だ」は depends on ～となり，「誰が協力してくれるか」は，cooperate with ～「～と協力する」を用いて表現できる。

20・21. Isn't it (about time you two got to) work? It is about time S *did*「そろそろ～する時間だ」が否定疑問文になっている。「あなたたち二人とも」は you two で表現し，「仕事にとりかかる」は get to ～「～（仕事など）にかかる〔始める〕」で表現する。

22・23. I could (tell from the way he spoke that) he was serious. tell *A* from *B*「*B* から *A* がわかる」の *B* の部分に，「彼の話し方」the way he spoke が入り，倒置が起こって *A* の部分 that he was serious が文末にきている。

24・25. The dictionary (is said to have been published) in the eighteenth century. It is said that ～が受動態になった S be said to *do* の不定詞部分は，「18 世紀に出版された」と書かれているように，主節の時制 is said よりも過去を指すので，不定詞の完了形を用いて to have been published と表現される。

26・27. I can (see your house well from where I stand).「あなたの家がよく見える」は I can see your house well と表現し，「私の立っているところから」は from where I stand となる。関係副詞 where は先行詞が the place の場合，省略できる。

28・29. It (is hardly worth while visiting the ruins). worth while *doing*「～する価値がある」の前に hardly「ほとんど～ない」をおいて，「あまり～する価値がない」の部分を作る。

30・31. They did (everything they thought would be helpful).「彼らは何でもした」は They did everything となり，everything を修飾する形で「役に立ちそうなこと」を続ける。与えられた語句から they thought would be helpful の並びを作る。関係代名詞の後に S hear や S think が挿入されることがあり，限定用法の場合はその関係代名詞は省略できるため，主格の関係代名詞であるにもかかわらず省略されている。

（例）I saw a boy (who) I thought was a friend of my son's.「私は息子の友人と思われる少年を見た」

3　解答

32―④　33―②　34―①　35―④　36―①　37―④
38―②　39―②　40―④

解説

《必要な時はできる限り助けてもらいなさい》

32. 空所を含む文の次の文（A young person …）に，「一人の若者が（道を）渡るのを手伝おうとした」とあることから，④が正解。get ready to *do* は「～するための準備をする」という意味。

33. 空所を含む文は，「年齢にもかかわらず，彼は自分が自立していると依然として主張しようとし，『[33]』とは言えなかった」という内容。この文脈から空所には，助けを求めるという内容が入るとわかる。②「はい，私はこの人の助けが必要です」が正解。

34. 第2段第4文（We have a …）に「私たちは伝説的なカウボーイのようであるべきだという感覚をもっている」とあり，その説明として空所を含む文が書かれている。ここにはその自立したカウボーイの特徴が書かれているので，そのような文脈になる選択肢を選ぶ。①「～を克服する」が正解。

35. 空所を含む文の前には，特に男性は対人関係のニーズが増すのを認めず，筆者はこのことに対して残念だという意見をもっていると書かれており，その理由として空所を含む文が段落の最後に書かれている。空所を含む文は，「というのも，私たちは自分たちが思っている以上に [35] を必要としているからだ」という内容。対人関係，つまり，自分で何もかもするのではなく，時には助けてもらうことの必要性を訴えているので，④「お互い」が正解。

36. ②as soon as～「～するとすぐに」，③as long as～「～する限り」は接続詞として扱うが，空所の後ろには文が続いておらず，文脈的にも不適。④as good as～「～も同然」は，This car is as good as new.「この車は新品同然だ」のように，何かと何かを比較する場合には使わない。本文では on the emotional, psychological level と on the physical level が比較されているため不適。正解は，①*A* as well as *B*「*B* 同様に *A* も，*B* だけでなく *A* も」である。

37. 空所を含む文は Here are で始まっており，これは There is〔are〕の文と同様に，新しい話題を取り上げる際に用いられる表現であり，「ここで，支援が必要な人を訪問したり，世話をしたりする場合の［37］をいくつか紹介します」という意味。この文が第５段の最終文に書かれていることから，空所の具体的内容は次の段落に書かれているとわかる。実際に，第６段第１文（First, don't offer …）は First で始まっており，「あなたが本当にしたくないことならば，それをすると申し出てはいけない」とある。また，続く第２文（If you are …）には，「自分にとって不便なことや不快なことを頼まれたら，断る理由を正直に伝えよう」と続いている。これらが空所の具体例なので，④「提案」が正解。

38. will find が動詞，harder が形容詞でその後に不定詞が続いていることから，仮目的語の②it が正解。

39. 最終段第１文（Be respectful and …）には「可能な限り敬意を払い，通常の礼儀正しさの境界線を越えないようにしなさい」とあり，空所の後には接し方の具体例が書かれていることから，②「たとえば」が正解。

40. 本文には，人は自立心があるから，助けてもらうことに抵抗があり，自尊心が傷つくこともあるが，私たちは思っている以上に，身体的，心理的にお互いを必要としている，とある。また，助けるにしても大げさにせず，相手に敬意を払って接するように勧められている。この内容に合致するのは，④「必要な時はできる限り助けてもらいなさい」である。

4 解答　41―①　42―②　43―③　44―①　45―③　46―②
47―②　48―②　49―①　50―④　51―④

解説

《兄の真似をした弟がもたらした災難》

41. 1つ目の空所の前に，筆者の夫は科学者で「完璧な秩序の世界」にいると書かれており，すべてのものはきちんとしまわれるべきであると考えていることが推測できるので，there would always be a [41] for everythingに入るのは①「場所」が正解。

42. hit upon〔on〕～で「～を思いつく」という意味になる。

43. 最終段第1文（There is a proverb …）に「人には正しいと思われる道があるが，最終的には死に至る」ということわざが書かれており，空所を含む文はこのことわざの内容をニールになぞらえて書いた文になっている。「ブラシを壁に鎖でつなぐことは，ニールにとって正しいと思われた，そして死には至らなかった [43]，大惨事に至ったのは確かだった」という文脈に合うのは，③「～だけれども」である。

44. 下線部直後に「毎朝ブラシを探さなければならないことが，その中（＝pet peevesの中）でも最上位に位置する」と書かれているので，下線部はマイナスの意味で用いられていることがわかる。マイナスの意味の選択肢になっているのは①である。pet peevesは「特にいやなもの，常に不満の種になるもの」という意味である。

45. 下線部の前には，ニールが毎朝ブラシをどこに置いたかわからなくなるので，ブラシの柄と壁に穴をあけて鎖で固定したので，ひどい見た目になったと書かれており，その直後にニールの座右の銘として下線部が続いている。ニールは，壁に穴を開けて見た目が悪くなることを気にするよりも，ブラシがなくならないようにする実用性をとったということである。以上の内容に合致するのは③である。

46. 下線部は「（歯を見せて）にこっと笑うこと」という意味。②「微笑み」が正解。その他の選択肢の意味は次の通り。①「気楽さ，安心」③「しかめ面」④「除去，軽減」

47. 下線部は「疑い，不安」という意味。②「doubt」が正解。その他の選択肢の意味は次の通り。①「賞賛」③「満足」④「怒り」

48. to my chagrinはto my surprise「驚いたことに」と同様に感情を表

す表現である（これは与えられた選択肢からも判断できる）。下線部の直後に「私の新しい壁紙に穴を開けた」「見た目が酷い」とあることから，どういう気持ちになるかを考える。正解は②「いらだち」である。その他の選択肢の意味は次の通り。①「驚き」 ③「喜び」 ④「空想，想像」

49. 下線部の直後，and 以下に「吹き出した」とあるので，①が正解。「これ以上，おかしさを抑えることができなかった」という意味になる。その他の選択肢は次の通り。②「機嫌，癇癪」 ③「好奇心」 ④「無関心」

50. 下線部を含む第 15 段（He took my …）に書かれている内容から，兄の真似をしてワセリンを髪に塗りたくったことがわかるので，④が正解。

51. ①「筆者の夫は大変几帳面であり，その他の家族もそうであった」

第 1 段第 2 文（But, in our …）より不適。

②「ニールはブラシを同じ場所に置いているので，毎朝すぐに自分のブラシを見つけることができた」

第 2 段（Neal had many …）に書かれている内容より不適。

③「ニールは毎朝いつもブラシを見つけるのに苦労していたが，その問題を未解決のままにしていた」

第 7 段に He had chained his brush to the wall! とあることから不適。

④「ニールはブラシを壁に鎖でつないだ後，ウィリアムはワセリンをジェルと間違えて，彼の髪の毛はおかしな見た目になった」

第 11 段第 2・3 文（A few days … It looked strange.），および第 15 段（He took my …）の内容に一致する。

⑤「筆者はニールが彼のブラシを使い，髪の毛がおかしな見た目になったことに対して申し訳なく感じた」

第 23 段（I couldn't hold …）より不適である。

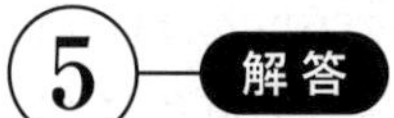

52—④　**53**—②　**54**—①　**55**—④　**56**—③　**57**—③
58—②　**59**—①　**60**—③　**61**—⑤　**62**—④　**63**—⑥
64—⑤

解説

《一人前だと考えている子供との対話》

52. 空所を含む各文の内容は次の通り。1つ目：「もし多くの人に（　ア

2024年度　大学（推薦）　英語

）があれば，より良い選択をすることができる」 2つ目：「もし何かが人に影響を与えるなら，それについて（ ア ）があるはずだ」 3つ目：「（公益事業会社が僕たちの庭に送電線を通そうとしたら）父さんは（ ア ）がほしくない？」 以上の文脈から，④say「言いたいこと，発言権」が正解。その他の選択肢の名詞としての意味は，①「義務，守るべきこと」，②「進行，活力」，③「走行，運航」であり，いずれも文意に合わない。

53・54. (What if people are confused)? What if～?「～したらどうなるだろうか？」は問いかけや不安を表す。後ろに続く文が肯定文の語順になることに注意。

55. 下線部を含む文は，「実際に民主主義は，一人の人間，一人一票であるという感覚を創り出すことで，人々を平等であるとしている」という内容。in which の先行詞は a sense「感覚」で，a sense in which … は「人々が一人の人間で，一人一票（をもつ）という感覚」という意味となり，④が正解。

56. 下線部を含む文は，it won't be の後ろに省略が起こっている。省略は前述の内容と同じ場合に起こるので，be 動詞を含む文を探せばよい。and の前に our family is not a democracy とあるので，③が正解。it〔our family〕 won't be (a democracy) no matter how many times Rex asks「レックスが何度頼んでも，私たちの家族が民主制になることはないだろう」という内容である。

57. I try to remember it's hard to be a kid は「子供であることは大変だということを思い出そうとしている」。constantly 以下は分詞構文で，a kid を修飾している。「いろいろな大人からどうしたらいいかを常に言われる（子供）」という内容になる。この内容に最も近いのは，③「筆者は子供であるのは難しいということを覚えておこうとしている」である。

58～60. 第14段（"I declare independence, …）で息子のハンクは自立を宣言しており，それに続く会話である。空所58の発言の直後に"At home."「家だよ」と答えていることから，空所58には②と③が候補にあがる。続く対話で "Whose home?"「誰の家だ？」と父親が聞くと，"Our home."「僕たちの家だよ」とハンクは答えている。それに対して父親は「［ 59 ］」と発言し，その発言に「彼（息子のハンク）は混乱して私を見た」とあることから，ハンクは父親の言っていることが理解できていないとわかる。以上の文脈から，空所 59 には①「お前には家はない」が入ると判断できる。この発言にハンクは「僕は家を持っているよ，［60］」と発言し，父親は「私には家がある。レックスと母さんにもだ。でもお前はたった今自立を宣言したな。だからお前にはもう家はないんだ」と発言している。以上のことから，空所 60 に③「僕たちが住んでいるところ？」が入り，空所 58 には②「お前はどこに住むつもりだ？」が入ると判断できる。

61～63. 空所 61 の直前で父親が「家賃を払えるな」と発言していることから，空所 61 はハンクの発言，空所 62 は父親の発言，続く“A dollar.”「1ドルだよ」はハンクの発言，空所 63 は父親の発言と判断できる。選択肢の主語と以上の文脈に注目すると，空所 61 に⑤「(家賃は) いくらなの？」，空所 62 に④「お前はいくら払えるんだ？」，空所 63 に⑥「わかった，お前を（私の）家においてやろう」が入ると判断できる。

64. ①「レックスは民主制が必要だと言い，父親は全面的に彼の意見に賛成した」

前半部分は第 1 段の内容と一致するが，後半部分は第 12 段第 1・2 文（But our family … the reasons already.）の内容と合わないので不適。

②「レックスが民主制を要求した時，民主制に対して 2 点，独裁制について 2 点指摘した」

第 4 段（“If lots of …）と第 10 段（“Also, democracy's just …）で民主制については言及しているが，独裁制については言及していないため不適である。

③「レックスが一票を投じる権利を望んだ理由は，公益事業会社から自宅の庭を守らなければならなかったからである」

第 8 段第 2 文（He illustrated his …）の内容と合わないため不適。

④「筆者は，子供たちに与える良くない影響のため，子供たちに民主制は必要ないと考えている」

第 12 段第 3 ～最終文（We are responsible … us and them.）の内容と一致しない。

⑤「筆者は子供たちが権限を要求しようとしている時，子供たちの言うことに辛抱強く耳を傾けた」

第13段第3文（So I try …）の内容と一致する。

⑥「ハンクは民主制の要求が通らなかったので父親と散歩するのを拒否した」

第15段第2～最終文（We were taking … get some exercise.）の内容と一致しない。

数　学

◀情報・理工・教育（数学教育）学部▶

1　解答　《小問5問》

ア． 7　**イウ．** 18　**エオカ．** 123　**キ．** 2　**ク．** 4　**ケ**―②　**コ．** 6
サ． 7　**シスセ．** −11　**ソタ．** 24　**チ．** 4　**ツ．** 2　**テ．** 1　**ト．** 0

2　解答　《円周上の点からできる三角形》

アイウ． 220　**エ．** 4　**オカ．** 52　**キク．** 60　**ケコ．** 12　**サ．** 3　**シ．** 3
ス． 4　**セ．** 2　**ソ．** 3　**タ．** 4

3　解答　《小問3問》

アイ． −2　**ウ．** 4　**エ．** 4　**オ．** 5　**カキ．** −8　**クケ．** 17　**コサ．** 18
シ． 4　**ス．** 3　**セ．** 5　**ソ．** 3　**タ．** 0　**チツ．** −1　**テ．** 2　**ト．** 0
ナ． 2　**ニ．** 1　**ヌ．** 1　**ネ．** 7　**ノ．** 5　**ハ．** 7　**ヒフ．** −1　**ヘ．** 7
ホ． 1

4　解答　《和が与えられた数列》

ア． 7　**イウ．** 63　**エ．** 8　**オ．** 7　**カ．** 8　**キ．** 1　**ク．** 7　**ケ．** 7

5　解答　《小問3問》

ア． 2　**イ．** 2　**ウエ．** −1　**オ．** 6　**カ．** 1　**キ．** 5　**クケ．** −2
コサ． −1　**シ**―②　**スセ．** −1　**ソタ．** −2　**チツ．** −4　**テ．** 2

◀社会・政治経済・教育（初等幼児教育・英語教育）・保健医療学部▶

1

◀情報・理工・教育（数学教育）学部▶〔1〕に同じ。

2 解答 《三角形の面積》

ア. 4 **イ.** 2 **ウエ.** 10 **オ.** 4 **カ.** 5 **キク.** 15 **ケ.** 4 **コ.** 4
サシ. 10 **ス.** 5 **セ.** 2 **ソ.** 6 **タ.** 2 **チツ.** 15 **テ.** 1

3 解答 《円周上の点からできる三角形》

アイ. 84 **ウ.** 3 **エオ.** 30 **カ.** 7 **キ**—② **ク.** 3 **ケ.** 3 **コ.** 4

4 解答 《剰余類》

ア. 1 **イ.** 5 **ウ.** 5 **エ.** 2 **オカキク.** 2010 **ケコサシ.** 2094
ス. 3 **セソタ.** 698 **チ.** 7

物 理

1 解答 《ばねにつるされたおもりの単振動》

1—③ 2—④ 3—④ 4—① 5—⑤

2 解答 《磁場内を通過するコイルの電磁誘導》

6—③ 7—④ 8—⑦ 9・10—②・⑤（順不同） 11—⑤

3 解答 《ドップラー効果》

12—① 13—③ 14—⑤ 15—⑥ 16—④

4 解答 《ピストンで仕切られた気体，比電荷の導出》

17—① 18—⑥ 19—① 20—③ 21—② 22—④

化　学

1 解答 《分離法，分子結晶，原子の構造，溶解度，電気分解の量的関係》

1―②　2―④　3―⑥　4―①　5―⑤　6―④　7―⑥　8―⑤
9―②　10―③

2 解答 《物質の三態，混合気体の分圧，凝固点降下》

11―①　12―②　13―①　14―①　15―①　16―③　17―②　18―①
19―④　20―③

3 解答 《リンの性質，ケイ素の性質，ナトリウムの性質，スズと鉛の性質》

21―①　22―②　23―②　24―②　25―①　26―①　27―②　28―①
29―①　30―①　31―①　32―②　33―①　34―②　35―①　36―②
37―①　38―①　39―①　40―①

4 解答 《脂肪族炭化水素の構造，アルコールの性質，油脂の性質，フェノールの性質，多糖類の性質，ゴムの性質》

41―②　42―①　43―②　44―②　45―①　46―①　47―②　48―①
49―①　50―①　51―①　52―②　53―②　54―②　55―①　56―①
57―②　58―②　59―①　60―②　61―②　62―①　63―②　64―①
65―①　66―①　67―②　68―①　69―②　70―①

生　物

1 解答 《光合成》

1―④　2―③　3―②　4―③　5―①　6―④　7―③　8―④

2 解答 《自律神経系》

9―②　10―④　11―③　12―②　13―②　14―③　15―③

3 解答 《バイオーム》

16―④　17―④　18―⑥　19―④　20―③　21―③　22―③　23―④

4 解答 《遺伝子の発現調節》

24―④　25―②　26―③　27―②　28―①　29―⑤　30―③

問7　③
問8　③

解説

問2　空欄の直前に「（歩兵が）ぞんざいに続けた」とあるので、歩兵→小山→歩兵→小山→歩兵の順で会話をしている。空欄の直後は「馬はいくらするんだ」と歩兵が質問しているのでⅳにイ、ⅴにアが入る。

問3　「馬の性分は（　　）である。ただし例外なく賢い」という文脈なので、「例外なく」と反対の意味の語が入る。〝さまざまに異なって同じではない〟という意味の⑤が正解。

問4　鞍の性能は優れていたのだが、課された労働が厳しすぎたのである。正解は②。

問5　「自責」の内容は直後に「ハナを自分の馬だと思い込んでいた能天気による自責」と書かれており、徴発の可能性を想像していなかった自らの「能天気」さを責め、ハナに申し訳なく思っているのである。ハナへの申し訳ない思いにも触れている②が正解。

問6　軍馬が運んだ食糧で命をつないだ歩兵が軍馬を殺そうとしていることに対して、「腹立たしさ」を感じているのである。正解は④。

問7　①は「それ（＝規則）を曲げて頭を下げず」という点が誤り。②は理由の説明になっていない。④は「ハナの生まれ変わり」が言い過ぎている。金月号の出産には立ち会っていないので⑤も誤り。正解は③。

四

解答

A―②　B―①　C―⑤　D―④　E―③　F―③　G―⑤　H―②　I―①　J―④

解説

問3　傍線部A直後の一文とその次の段落の〈文化が近すぎる→お互いの違いが顕在化しないままつもりつもって衝突する→蓄積して一般化する→文化摩擦が起こる〉という内容が理由である。正解は③。

問4　傍線部前後を整理すると、〈文化の違いが大きいともう少し注意深くなる→傍線部B→俳優なら意味に想像をめぐらす〉となり、自分の主張を具体例で補強している。正解は①。

問5　二段落前にあるように、子どもが伝えたいのは「田中先生は優しい」「大好き」という内容であり、宿題のことや「怒られなくって儲かっちゃった」という内容を伝えたいのではない。

問6　傍線部C直後の「これが一番患者さんを安心させる」「あなたに集中していますよ」という内容がポイント。正解は④。

問7　「コミュニケーション」で生じる「ずれ」について、「文化の違い……自覚し……解きほぐしていかなければならない」（第十段落）と書かれている。正解は③。

出典　古処誠二「たてがみ」（日本文藝家協会編『短篇ベストコレクション—現代の小説 2009』徳間文庫）

解答

問1　a—①　b—①　c—②
問2　③
問3　⑤
問4　②
問5　②
問6　④

意味の尊敬語。

問5　月明かりが明るくて夜明けだと間違えたことがきっかけで、女のところから早い時間帯に帰宅したことが前提となっている場面。「思ふらむ」は残してきた女の心情を中将が推測している。正解は③。

問6　「ありつるもの」は咳をしている白い装束の老女のことであり、中将は以前「物言ひし人（＝付き合いのあった女性）」の家に興味を持って、垣間見（＝のぞき見）しようとしている状況である。正解は②。

問7　供人を遠ざけるのは、垣間見をする際の定法である。

問8　「おどろく」は〝気づく〟、「まほし」は希望の意を表す助動詞。中将は「月と花とを」と口ずさんでいる女の子に対して、気づくようにさせたいのである。正解は①。

問9　急いで別れた女に中将が手紙を書く場面はない。正解は⑤。

出典　平田オリザ『わかりあえないことから―コミュニケーション能力とは何か』（講談社現代新書）

解答

問1　X―②　Y―⑤

問2　a―③　b―④　c―②

問3　③

問4　①

問5　②

問6　④

問7　③

▲教育（国語教育）学部▼

出典 『堤中納言物語』〈花桜折る少将〉

解答

問1 **a**—② **b**—⑤

問2 **Ⅰ**—⑤ **Ⅱ**—④

問3 ①

問4 **ア**—② **イ**—④ **ウ**—①

問5 ③

問6 ②

問7 ④

問8 ①

問9 ⑤

問10 ①

解説

問1 aは、サ変動詞の終止形につく助動詞「なり」であり、音が聞こえている状況なので、推定。bは、完了の助動詞「つ」の連体形。

問2 Ⅰは接続助詞「ど」につながっているので已然形。Ⅱは係助詞「や」の結びの語なので連体形。

問3 xは〝いらっしゃる〟という意味の尊敬語。yは〝申し上げる〟という意味の謙譲語。zは〝おっしゃる〟という

問6　前の三つの段落にあるとおり、「観察」→「記録」→「討議」の流れになる。正解は①。

問7　①は「折衷理論」として活用されたわけではない。②は「実践方法を学ぶこと」ではなく「観察」が学校現場に役立つのである。③は「自由連想法」ではなく「観察」の説明である。⑤は「非言語的表現をことさら重要に扱う」が誤り。傍線部Cを含む段落にあるように、非言語的表現は「必要になってくる」程度であり、重要なのは、言葉と非言語的表現の両方の「観察」である。

三　解答

A―①　B―③　C―②　D―④　E―⑤　F―⑤　G―④　H―②　I―①　J―③

問5　傍線部Cの次の一文が正解の根拠である。正解は③。

問6　前後の「すべての事柄や現象は…一瞬だけかたちとして現れている」「一時的に存在している」「永遠不変のものではない」と合致する内容が入る。正解は③。

問7　①は「苦しみはなくなり、悲しみも感じなくなる」が、②は「常日頃から…自分を受け入れる」が、③は「難行苦行を行うことでしか」がそれぞれ本文と異なる。④は「道教」ではなく「仏教」の説明である。正解は⑤。

出典　平井正三「学校現場で役に立つ精神分析」（平井正三・上田順一編『学校臨床に役立つ精神分析』誠信書房）

解答

問1　X―④　Y―①

問2　a―③　b―④

問3　⑤

問4　④

問5　①

問6　①

問7　④

解説

問3　傍線部Aの二行前からの具体例の中に解答の根拠がある。正解は⑤。

問4　傍線部B直後の五行の例をまとめた選択肢を選べばよい。

問5　次の段落に書かれている「第一に関係性の観察」「分析家との関係性に具現化する」「分析家の無意識」の三つの要素が必要である。正解は①。

国語

▲情報・社会・政治経済・教育（初等幼児教育・英語教育）・保健医療学部▼

一

出典　佐々木閑『宗教の本性―誰が「私」を救うのか』（NHK出版新書）

解答

問1　X―③　Y―④

問2　a―⑤　b―②

問3　⑤

問4　④

問5　③

問6　③

問7　⑤

解説

問3　傍線部Aは「自然法則を信奉する宗教」（第一段落）のことであり、具体的には古代インドのジャイナ教と仏教、中国の道教と儒教、古代ギリシアのストア主義とキニク主義とエピクロス主義のことである。正解は⑤。

問4　「真理」の内容を整理すると、〈縁起の法則を理解する→煩悩が消滅する〉（波線部ａの段落）、〈物事をあるがままに理解する→煩悩の中の一つである渇愛から抜け出すことができる〉（最後から四つ目の段落）となる。正解は④。

大和大学白鳳短期大学部：
学校推薦型選抜（公募制推薦入試）前期日程

問 題 編

▶試験科目・配点

専　攻	教　科	科　　　目	配　点
こども教育	基礎教養試験	「コミュニケーション英語Ⅰ，英語表現Ⅰ」，「数学Ⅰ・A」，「国語総合（古文・漢文を除く）」から１科目選択	100 点
	面　接	約 10 分	50 点
リハビリテーション学・看護学	基礎教養試験	「コミュニケーション英語Ⅰ，英語表現Ⅰ」，「数学Ⅰ・A」，「国語総合（古文・漢文を除く）」から２科目選択	200 点（各 100 点）
	面　接	約 10 分	50 点

▶備　考

- 選択式を中心とし，一部記述式を出題する場合がある。
- 英語は聞き取り試験は含まない。
- 数学は中学校までの学習内容も含む。
- 面接の形式は出願状況により試験当日（学科試験等がある場合はその後）に，個人面接，集団面接（ディスカッション型ではない）のいずれを実施するか発表する。
- ほかに調査書（50 点：全体の学習成績の状況〈評定平均値〉× 10）が加味される。
- 短大が指定する英語外部試験において，そのスコア・資格等を「英語」の得点に換算する英語外部試験利用制度がある。

英　語

（こども教育専攻　1科目　50分
リハビリテーション学・看護学専攻　2科目 100分）

1　次の英文は、東京における拾得物について書かれたものである。東京では昨年(2022 年)、過去最高の約 2960 万ドルの現金が拾得物として届けられたが、現金以外にも様々なものが拾得され落し主の元に戻っていることが述べられている。よく読んで後の問いに答えなさい。

Nobody likes to lose money. But if you happen to drop some cash (①) accident, Tokyo, Japan may be one of the best places to do it. Tokyo police report that last year, people *turned in a record-breaking amount of lost money – roughly $29.6 million in cash. That's about $1.1 million more than the previous record, which was set in 2019. On average, people in Tokyo found and turned in about $81,000 every day last year.

In Japan, people are expected to turn in any lost money that they find. It's actually a law. But the country also has a *reward system for people who turn in money they find.

If someone ②claims money that has been turned in, the finder can get a reward worth up to 20% of the money. And, after three months, if no one has claimed the money, the finder gets to keep it all.

Tokyo is the capital of Japan. It's home to nearly 14 million people, and it's a hugely busy place. So ③[ア no / イ that / ウ is / エ it / オ wonder] lots of things get lost there.

The Tokyo police report that people turned in roughly 3.4 million items in 2022. The most commonly lost items were driving licenses or other ID cards. The police collected about 730,000 of these. They also got about 390,000 cards used for *public transportation.

But of course ④it wasn't always just a single card that was lost. People in Tokyo found and returned about 300,000 lost wallets. Another item that was often lost and turned in was clothing. The police say they handled about 320,000 pieces of clothing, including gloves.

So why was last year a record for cash? The Tokyo police don't think it was because people were more careless. They think it's because the *coronavirus pandemic is ending. As Japan got the virus (⑤) better control, the country changed its rules to allow more visitors. (⑥) more people began going out and doing more things.

The explanation makes some sense, but it doesn't (⑦) everything. The amount of money that was lost last year set a record. But the total number of lost items 3.4 million is actually lower than it was before the *coronavirus pandemic (about 4 million).

In any case, the Tokyo police are warning people to be careful. Japan's Sakura, or cherry blooming, season is coming up soon. During this time, people often go out with friends to see the cherry blossoms and have picnics. It's also a very common time to lose things.

*) turn in: を届け出る　reward system: 報酬制度　public transportation: 公共交通機関
coronavirus pandemic: コロナウイルスの世界的流行

問１　空欄①に入る最も適当な語を選び、記号で答えなさい。

ア in　イ on　ウ at　エ by

問２　下線部の②の語の意味として最も適当なものを選び、記号で答えなさい。

ア　を自分のものだと主張する　イ　の金額が少ないと主張する
ウ　(拾った人の報酬)を求める　エ　(拾ったお金)を届け出ることを求める

問３　下線部③の語を意味が通るように並べ替え、前から２番目と４番目に来る語の記号を答えなさい。

問４　下線部④の内容として最も適当なものを選び、記号で答えなさい。

ア　それは失われた唯一のカードだとは限らなかった。
イ　それはいつも見つからないカードではなかった。
ウ　紛失物のうちいつもカードだけが見つからなかった。
エ　人が紛失したのはカード１枚だけとは限らなかった。

問５　空欄⑤に入る最も適当な語を選び、記号で答えなさい。

ア over　イ beyond　ウ under　エ within

問６　空欄⑥に入る最も適当な語を選び、記号で答えなさい。

ア Many　イ More　ウ Most　エ Best

問７　空欄⑦に入る最も適当な語を選び、記号で答えなさい。

ア begin　イ explain　ウ change　エ allow

問８　本文の内容に一致しないものを１つ選び、記号で答えなさい。

ア　落し主が３カ月現れなければ、拾得物はそれを届け出た人がもらうことができる。
イ　日本では、拾ったお金を届け出なければならないと法律で定められている。
ウ　2022 年、730,000 着以上の服が拾得物として届けられ、持ち主の元に戻っている。
エ　落とし物の増加は人々の気持ちの緩みが原因ではないと、東京の警察は考えている。

出典追記：Tokyo: a Good Place to Lose Things, NewsForKids.net on March 23, 2023

2　次の英文は、ヘッドフォンが聴力に与える影響について書かれた英文である。
よく読んで後の問に答えなさい。

The wrong headphones can cause permanent *hearing loss.　Headphone companies say their headphones are safe.　Some headphones are and some headphones are not.

These days, even 3-year-olds wear headphones.　They are a great gift for the holidays.　They are not too expensive, and they are well liked by children.　Most companies say their products are "safe for young ears."　Many say their products are "100 percent safe listening."　Parents rely（　①　）these promises.　By doing so, they put their children's hearing *at risk.

A study reviewed headphones for kids.　It reported that half of the headphones did not limit volume to the level they reported.　The worst phones had volume so（　②　）it could damage ears in minutes.

An expert said, "The makers are not interested（　③　）the health of your child's ears.　Their interest is selling products.　Some of them are not good for you."

Studies show that half of the kids eight to twelve years old listen to music daily.　Most teenagers ④do the same.

Safe listening is about volume and how long you listen.　Sound is measured in *decibels.　Eighty decibels is twice as loud as 70 decibels.　Ninety decibels ⑤[ア four / イ than / ウ times / エ is / オ louder] 70.　The louder a sound, the（　⑥　）time you should listen to it.

The volume of a *power lawn mower is about one hundred decibels.　That volume is safe for just 15 minutes.　Noise at 108 decibels is safe for（　⑥　）than three minutes.

There is no law limiting the sound coming from headphones.

Bluetooth headphones without cords are the safest.　An expert said, "If you are using it in Bluetooth mode, it is impossible to make it too loud."

Children reported that they liked a Bluetooth model.　It is called the Puro BT2200 ($99.99) the most.　It is best to use the BT2200 without a cord.

Here is advice from experts.　Keep the volume of children's headphones at 60 percent.　Have your children（　⑦　）a break every hour.　Have the child wear headphones.　Ask your child a question from an arms-length distance.　The child should be able to hear you.

*) hearing loss: 難聴　　at risk: 危険な状態に　　decibel: デシベル(音の強さを表す単位)
power lawn mower: 電動芝刈り機

問1　空欄①に入る最も適当な語を選び、記号で答えなさい。

ア in　イ on　ウ at　エ to

問2　空欄②に入る最も適当な語を選び、記号で答えなさい。

ア expensive　イ safe　ウ long　エ loud

問３　空欄③に入る最も適当な語を選び、記号で答えなさい。

ア at　イ over　ウ in　エ with

問４　下線部④の内容として最も適当なものを選び、記号で答えなさい。

ア　子どもと一緒に音楽を聴くこと。

イ　子どもの２倍の時間音楽を聴くこと。

ウ　音楽を聴くのを半分にすること。

エ　毎日音楽を聴くこと。

問５　下線部⑤の語を意味が通るように並べ替え、前から２番目と４番目に来る語の記号を答えなさい。

問６　２つの空欄⑥には同じ語が入る。最も適当な語を選び、記号で答えなさい。

ア much　イ more　ウ little　エ less

問７　空欄⑦に入る最も適当な語を選び、記号で答えなさい。

ア take　イ to take　ウ taking　エ taken

問８　本文の内容と一致するものを１つ選び、記号で答えなさい。

ア　ヘッドフォンは高価なものであるが、子ども向け誕生日ギフトとして人気がある。

イ　子ども向けのヘッドフォンは100%安全であり、聴力低下につながることはない。

ウ　電動芝刈り機と同じボリュームの音であれば、15分以内であれば安全である。

エ　ヘッドフォンをつけた子どもに腕の長さを尋ねて、正しく答えられたら問題はない。

3 (　　)に入る最も適当な語句を選び、記号で答えなさい。

① Chris and I have known (　　) for quite a long time.

ア us　イ each other　ウ ourselves　エ the others

② I'll try to be on time, but don't worry (　　) I'm late.

ア after　イ before　ウ if　エ because

③ Why did you stay at a hotel when you were in Nara? You (　　) with me.

ア can stay　イ can have stayed　ウ could stay　エ could have stayed

④ "Where (　　)?" "In Los Angeles."

ア were you born　イ are you born　ウ did you born　エ have you been born

⑤ Sandra has money problems. She works six days (　　) week.

ア in　イ for　ウ a　エ the

⑥ (　　) true that the Japanese national basketball team defeated the Finnish national team.

ア There is　イ It is　ウ You are　エ We are

4 (　　)に入る最も適当な語句を選び、記号で答えなさい。

① You should register your bike (　　) case it is stolen.

ア for　イ on　ウ in　エ at

② David has left town. He'll be back (　　) a week.

ア for　イ in　ウ after　エ over

③ They stopped at a small town (　　) the way to Las Vegas.

ア on　イ for　ウ with　エ in

④ Dotonbori is crowded (　　) tourists from foreign countries.

ア with　イ of　ウ over　エ into

⑤ The party has been put (　　) until next Saturday because of the typhoon.

ア out　イ forward　ウ off　エ down

⑥ "Did you know Catherine was married?" "No, I wasn't aware (　　) that."

ア to　イ in　ウ of　エ for

数　学

(こども教育専攻　　　　　　　　　1 科目　50 分
リハビリテーション学・看護学専攻　2 科目 100 分)

(注) すべて答えのみの記入で構いません。

問題 I

次の各問いに答えよ。

問 1　$2024\times2024-2023\times2023$ を計算せよ。

問 2　仕入れ値が 200円 の商品 A と仕入れ値が 300円 の商品 B がある。商品 B を商品 A より 5 個多く仕入れた。商品 A には仕入れ値の 40% の利益を見込んで定価をつけ，商品 B には仕入れ値の 20% の利益を見込んで定価をつけて販売した。商品 A，B ともに定価で完売し，全体の利益が 3100円 になった。仕入れた商品 A と B の個数をそれぞれ求めよ。

問 3　自然数 n がある。$\sqrt{60+n^2}$ が整数となるような自然数 n の個数を求めよ。

問 4　$2x^2-9x+a<0$ を満たす整数 x がちょうど 4 個であるとき，定数 a の値の範囲を求めよ。

問題 II

次の各問いに答えよ。

問 1　△ABC において，AB$=4$，BC$=2$，CA$=3$，△ABC の面積が $\dfrac{3\sqrt{15}}{4}$ のとき，△ABC の内接円の半径を求めよ。

問 2　200 以下の正の整数で，3 の倍数の集合を A，4 の倍数の集合を B，5 の倍数の集合を C とするとき，$A\cap B\cap C$ および $A\cup B\cup C$ の要素の個数をそれぞれ求めよ。

問題Ⅲ

0，1，2，3，4，5の中から異なる4個の数字を並べてできる4桁の偶数の個数を求めよ。

問題Ⅳ

次の各問いに答えよ。

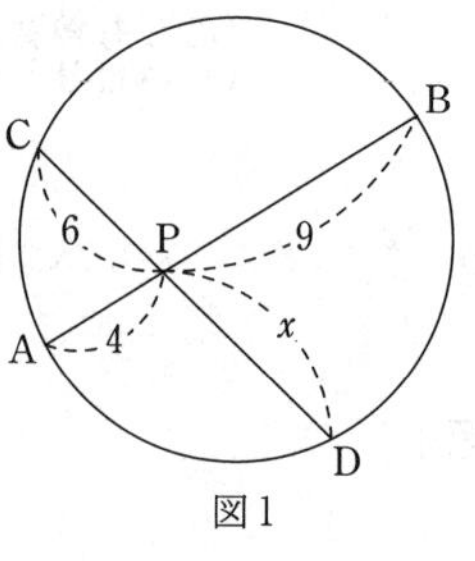

図1

問1　図1において x の値を求めよ。

問2　図2のように，AB＝4，BC＝9，AC＝$\sqrt{61}$ である△ABCを底面とする三角錐PABCがある。△ABCの外接円の中心をOとするとき，POは底面ABCに垂直であった。このとき，次の問いに答えよ。

① ∠ABCの大きさを求めよ。

② △ABCの面積を求めよ。

③ △ABCの外接円の半径を求めよ。

④ PA：AO＝2：1であるとき，PCの長さを求めよ。

⑤ ④のときの三角錐PABCの体積を求めよ。

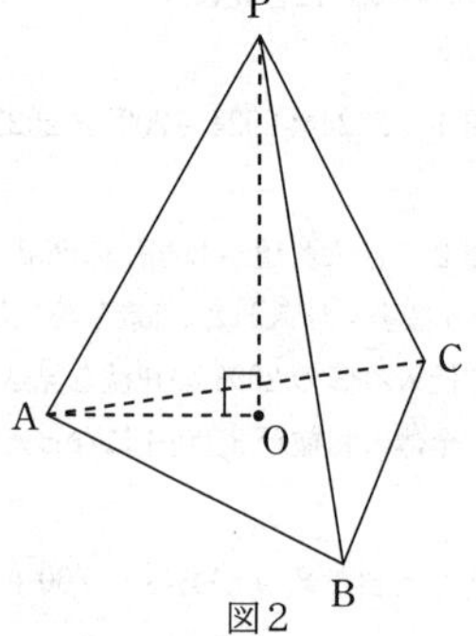

図2

問題Ⅴ

n を自然数とする。$n^2-8n+15$ が素数となるような自然数 n の値をすべて求めよ。

国語

（こども教育専攻 一科目 五〇分
リハビリテーション学・看護学専攻 二科目 一〇〇分）

一　次の漢字、語句に関するあとの設問に答えなさい。

問1　次のそれぞれの文のカタカナ部分をふさわしい漢字に直し、傍線部分の読み方をひらがなで書きなさい。

①イッカンして信念を曲げない。
②カンキョウの変化に順応する。
③二つの案をヒカクして検討する。
④所得の格差がイチジルしい。
⑤装置の点検をオコタっていた。
⑥大気中で水分が凝結して霧となる。
⑦胃液の分泌が不足している。
⑧債権者が支払いを求めてきた。
⑨会則の改正を委員会に諮る。
⑩優しい言葉をかけられて目が潤む。

問2　次のそれぞれの表現を読んで、〈　　〉内より正しい方を選び、記号で答えなさい。

①どうもありがとう。恩に〈ア きます　イ きります〉。
②取り付く〈ア ひま　イ しま〉もない応対だ。
③彼らは〈ア 口裏　イ 口車〉を合わせてごまかしている。
④長年かけて親のうらみを〈ア 果た　イ 晴ら〉した。
⑤やけになると人生を棒に〈ア ふる　イ つまづく〉。

二 次の文章を読んで、あとの設問に答えなさい。（出題の都合で出典より表現を変えた部分がある）

本を読むとどんないいことがあるのか。

それは、読んだ本の数だけ、高いところから世界が見える、ということに尽きます。読んだ本の数だけ、足の下に本が積み重なっていくイメージです。一冊一冊積み重なっていくからこそ、より広い世界、より深い世界が見えるようになる。十冊読んだ人は、十冊分の高さから、百冊読んだ人は、百冊分の高さから、世界が見えるのです（もちろん本は大切なものですから、本当に本の上に立ってはいけませんよ！ これはあくまでも「たとえ」です）。

その足場は、読むジャンルが多ければ多いほど、より安定します。

推理小説だけを千冊読んでいる人と、自然科学書から哲学書、小説、マンガまで、さまざまなジャンルをまんべんなく読んでいる人とでは、足場の広さが違ってきます。

次の図をご覧ください。足場の「幅（横軸）」は、その人がどれくらい多くのジャンルに手を出すか、ということでつくられていく。

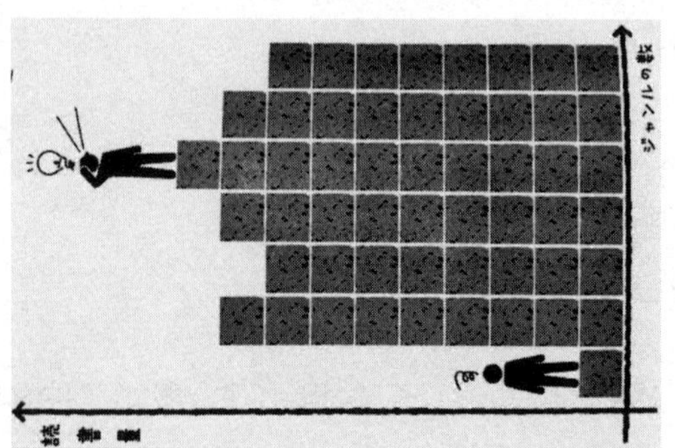

ジャンルにこだわらず、どんな種類の本でも読んでいる人は、①ブロックがいくつも並んでいて、それだけ動き回れる余裕があるということです。

足場の「高さ（縦軸）」は、そのジャンルにおける積み重ねで、どのくらいの量を読んだかで決まります。当然、高さがあればあるほど、遠くまで見渡すことができます。

足場が広ければ、世界をより広く自由に動き回って見ることができ、足場が高ければ、より遠くまでものを見ることができる——そうやって積み重ねるのが本だということです。

「本を読むと足場ができる」。

この現象を脳科学の言葉で表現するなら、脳の側頭連合野にデータが蓄積されていく、ということになります。側頭連合野とは、記憶や聴覚、視覚をつかさどっている部分で、その人の「経験」をストックする機能を持ちます。

つまり、②「本を読む」ということは、「自分の経験を増やす」ことなのです。

（　a　）小説だったら、主人公の人生を追体験することができる。小説を読んでいると、自分の人生には起こらないような事件に遭遇（そうぐう）したり、風景を見たりして、自分の感情が実際に動くのを感じることでしょう。

小説でなくても、文章を「読む」ということは、自分とは違った人間の考え方や人生を追体験することです。書き手の思考の道筋を一緒になってたどり、自分とは違う人間の感じ方や考え方を、自分のペースで発見していくわけです。

本は、ただ情報を得る、知識を増やすという意味においても有効ですが、一冊の本の中には、一人の人間と何回も食事をともにして、仲よくなって初めてわかるような深い思考が披露（ひろう）されています。

読書をたくさんするということは、気軽なあいさつだけの人間関係とは違う、濃い人間関係をたくさんの人と持てるということでもあるのです。

すごくないですか？　本を読むということは、③太宰治やドストエフスキーと何度も夕食をともにするようなものなのです！

（　b　）、今までの自分とは違う目線ができていく。これが読書なのです。

現代では「読む」ということを軽視し、「答えを確認する」ことに留めるきらいがあります。それに④今はインターネットの時代で、膨大な情報がネット上に存在します。キーワードを入れて検索すればすぐに答えが出てくるから、わざわざ本を読み込んで頭の中に蓄えておく必要がないような気がしてしまう。

ネット上の膨大な知識は、まるでいつでも手軽にアクセスできる「外部に設置した自分の脳みそ」であるかのようです。

（　c　）アクセス可能で便利ではあるけれど、インターネットのような自分の外にある「外部の知識」と、自分の中に実際に蓄えられた「内部の知識」

は違います。

本を読むことは、情報をそのまま脳にコピーすることではないのです。自分の感情を動かすことですし、体験することです。そして、自分以外の誰かの気持ちを獲得することでもある。

それに、頭の中に蓄積された知識というのは、実は発酵して育つものだ、ということを知っておくことは重要なことです。一度内部に蓄えられた知識は、その人の行動を決める「センス」に変わるもの。

読書は、情報を取り入れて「ハイ、終わり」にはなりません。取り入れた知識は、自分の過去と未来の経験と結びついて新しい意味が見出され、知らぬうちに発展していきます。こういう［　　A　　］のプロセスを経て初めて、「知性・見識」として定着するのです。

万有引力の法則を発見したアイザック・ニュートンがこんなことを言っています。

「自分が遠くまで眺めることができたのだとしたら、それは巨人の肩に乗っていたからだ」

それは「進撃の巨人」が小さく見えるような、地球より大きいくらいの「巨人」です。

どんな偉大な発見でも「自分ひとりの力」だけでは成し得ません。先人の積み重ねた発見が消化された上で、ニュートンの独創的な発見はあったのです。

ニュートンが、その先人の知識をどう知ったかというと、当時の本を読んで知った。ニュートンは、巨人の肩――つまり、それまで読んだ本の上に乗って、まったく新しい「万有引力の法則」を見出したのです。

アメリカの有名な作家のジョナサン・レセムという人もこんなことを言っています。

「何かを〝オリジナル〟と呼ぶ人は、十中八九、⑤元ネタを知らないだけ」

（　d　）、「オリジナル」と呼ばれるものを生み出す人でも、元ネタに支えられており、自分の中でちゃんと蓄え、消化したからこそ今の成果がある。

本を書いた人の経験を「読む」ことを通して、自分のものにする。そして自分の中で育てていけば、いつか必要なときに、驚くべき形となって表れてくるのです。

（「頭は『本の読み方』で磨かれる」茂木健一郎による）

問1　傍線部①「ブロック」とは何を表しているか。最も適当なものを、次の選択肢より一つ選び、記号で答えなさい。

ア　多くの本を高く積み重ねた位置から見た世界
イ　たくさんの量の読書から得たより奥深い知識
ウ　本を広く敷き詰めて動き回れる広いスペース
エ　いろんな種類の本から得た多岐にわたる知識

問2　傍線部②「『本を読む』ということは、『自分の経験を増やす』ことなのです」と筆者がいうのはなぜか。その理由として「〜できるから。」に続くように、本文中から二十字ちょうどで抜き出して書きなさい。

問3　空欄（ａ）〜（ｄ）に入れるのに、それぞれ最も適当なものを、次の選択肢より一つずつ選んで、記号で答えなさい。

ア　つまり　　イ　しかし
ウ　だからこそ　　エ　たとえば
オ　確かに

問4　筆者は、傍線部④で「今はインターネットの時代で、膨大な情報がネット上に存在します」と言いながらも、本を読むことが重要だと言っている。その理由として、適当でないものを、次の選択肢より一つ選び、記号で答えなさい。

ア　読書は自分の中に実際の「内部の知識」を蓄えるから。
イ　読書は自分の感情を動かしたり、体験することだから。
ウ　読書による知識は行動を決める「センス」になるから。
エ　読書はネット上の膨大な知識の元ネタとなっているから。

問5　空欄［　Ａ　］に本文中の他の箇所で使われている二字熟語を入れなさい。

問6 傍線部⑤「元ネタを知らないだけ」の「元ネタ」とはなにか。最も適当なものを、次の選択肢より一つ選び、記号で答えなさい。

ア 自分の感情を動かす脳にコピーされた情報のこと。

イ 先人の知識から導かれるまったく新しい発見のこと。

ウ 過去と未来の経験から発展する知性や見識のこと。

エ アイデアや独創的な発見の元となる情報のこと。

問7 傍線部③「太宰治やドストエフスキー」とあるが、二人の作品の組み合わせとして、適当なものを、次の選択肢より一つ選び、記号で答えなさい。

ア 蜘蛛の糸 ― 戦争と平和

イ 春と修羅 ― ハムレット

ウ 人間失格 ― 罪と罰

エ 伊豆の踊子 ― 老人と海

三 次の文章を読んで、あとの設問に答えなさい。(出題の都合で出典より表現を変えた部分がある)

【A】大学のれんが塀に沿うて歩きれんが塀を外れて高等学校の前にさしかかると、白く立ち並んだ棒で囲われた校庭の黒い葉桜の下のうす暗いくさむらから虫の声が聞えて来る。虫の声に少し足を緩め耳を傾け、更に虫の声を惜しんで高等学校の庭から離れないため道を右に折れ、そして左に折れると、立棒の代りにからたちの植わった土手が始まる。左に折れた角で、はて! と輝いた眼を前へ投げて私は小走りに急いだ。

【B】前方の土手のすそに、可愛らしい五色の提燈(ちょうちん)の灯の一団が寂しい田舎の稲荷祭(いなりまつり)のように揺れていたからである。近づかなくとも、子供達が土手のくさむらの虫を捕っているのだと分る。提燈の灯は二十ばかり。そして提燈の一つ一つが紅(べに)桃色藍(あい)緑紫黄などの灯をともしているばかりでなく、一つの灯が五色の光をともしているのである。店で買ったらしい小さい紅提燈もある。けれども多くは子供等が思案を凝らして自分の手で作った可愛らしい四角な提燈である。この寂しい土手に二十人の子供が集まり美しい灯が揺れるまでには①一つの童話がなければならない。

【Ｃ】街の子供の一人がある夜この土手で鳴く虫を聞いた。次の夜は紅提燈を買って鳴く虫の居所を捜した。その次の夜は子供が二人になった。新しい子供は提燈が買えなかった。小さい紙箱の表と裏を切り抜いて紙を貼り底にろうそくを立て頭に紐をつけた。子供が五人になり七人になった。紙箱を切り抜いて明り取りに貼る紙を色どり絵を描くことを覚えた。そして知恵のある小さい美術家達は紙箱のところどころを円く三角にひし形に木の葉形に切り抜き、小さい明り窓を一つずつ違った色に彩り、更に円やひし形や紅や緑をつかって一つのまとまった装飾模様とした。紅提燈を買った子供も店で買える趣きのない提燈を棄て、自作の提燈を持つ子供も単純なイショウの提燈を棄て、昨夜携えた光の模様は翌日もう不満足で、昼は紙箱と紙と絵筆とはさみと小刀と糊を前に日々新しい提燈を一心に創り、我が提燈よ！　最も珍しく美しかれ！　と夜の虫取りに出かけるのであろう。そうして私の目の前の二十人の子供と美しい提燈とになったのではあるまいか。

【Ｄ】私は目を見張ってたたずんだ。四角な提燈は古代模様風に切り抜かれ、花模様に切り抜かれているばかりでなく、たとえば「ヨシヒコ」とか「アヤ子」とか製作者の名が片仮名で刻み抜かれているのである。紅提燈に絵を描いたのと違って、厚紙の箱を切り抜いてそれに紙を貼ったのであるから、その模様だけが窓になって模様通りの色と形でろうそくの光が洩れているのである。そうした二十の灯がくさむらに射し照らされて子供達はことごとく一心に虫の声を頼りに土手にしゃがんでいるのである。

「②誰かバッタ欲しい者いないか。バッタ！」と、一人だけほかの子供から四五間離れたところで草を覗いていた男の子が伸び上ると突然言った。

「おくれ！　おくれ！」

六七人が直ぐ駈け寄って虫を見つけた子供の背に重なるようにしながらくさむらを覗き込んだ。そして駈けつけた子供達が差し出す手を払い退け虫のいるくさむらを守るような姿で両手を拡げて突っ立った男の子は右手の提燈を振ると、再び四五間かなたの子供達に叫んだ。

「③誰かバッタ欲しい者いないか。バッタ！」

「おくれ！　おくれ！」

四五人走って来た。全くバッタでも貴いほどに虫は捕れないらしい。男の子は二度び呼んだ。

「④バッタ欲しい者いないか。」

二三人近寄った。

「ちょうだいな。ちょうだい。」

新しく近寄った女の子が虫を見つけた男の子のうしろで言った。男の子は軽く振り返ると素直に身を屈(かが)めて提燈を左に持ち代え右手を草の間に入れた。

「⑤バッタだよ。」

「いいからちょうだい！」

男の子は直ぐ立ち上ると握った拳(こぶし)を、それ！という風に女の子の前に突き出した。女の子は左の手に提げていた提燈の紐を手首に懸(か)け両手で男の子の拳を包んだ。男の子が静かに拳を開く。虫は女の子の親指と人差指の間に移っている。

「⑥あら！鈴虫だわ。バッタじゃなくってよ。」と、女の子は褐色(かっしょく)の小さい虫を見て眼を輝かせた。

「⑦鈴虫だ！鈴虫だ！」

子供達は羨(うらや)ましそうな声を合わせた。

「⑧鈴虫よ。鈴虫よ。」

女の子は明るい知恵の眼をちらと虫をくれた男の子に注いでから腰につるしている小さい虫籠(かご)を外してその中に虫を放した。

「⑨鈴虫よ。」

「⑩ああ、鈴虫だよ。」と、鈴虫を捕えた男の子は呟き、虫籠を顔の真近に掲げて眺め入っている女の子に自分の五色の美しい提燈を掲(かか)げて明りを与えてやりながらちらちらと女の子の顔を見た。

⑪そうか！と私は男の子がちょっと憎くなると共に、初めてこの時男の子のさっきからの所作(しょさ)が読めた我が愚(おろ)かしさを嘆いたのである。更に、あっ！と私は驚いた。見たまえ！女の子の胸を、これは虫をやった男の子も虫をもらった女の子も二人を眺めている子供達も気がつかないことである。

【E】けれども、女の子の胸の上に映っている緑色の微(かす)かな光は「不二夫」とはっきり読めるではないか。女の子が持ち上げた虫籠の横に掲げた男の子の提燈の明り模様は、提燈が女の子の白い浴衣に真近なため「不二夫」と男の子の名を切り抜いた所へ緑の色を貼った形と色そのままに女の子の胸に映っているのである。女の子の提燈はと見ると、左の手首に懸けたままだらりと垂れているので「不二夫」ほど明らかではないが、男の子の腰のあたりに揺れている紅（あか）い光を読もうなら「キヨ子」と読める。この緑と紅の光の戯（たわむ）れを——戯れであろうか——不二夫もキヨ子も知らない。

そして、不二夫は鈴虫をやったことを、キヨ子は鈴虫をもらったことを、いつまでも覚えていようとも、不二夫は自分の名が緑の光でキヨ子の胸に書かれキヨ子の名が紅い光で自分の腰に書かれ、キヨ子は自分の胸に緑の光で不二夫の名がしるされ不二夫の腰に自分の名が紅い光でしるされたことを、夢にも知らねば思い出しも出来ないであろう。

【F】不二夫少年よ！　君が青年の日を迎えた時にも、女に「バッタだよ。」と言って鈴虫を与え女が「あら！」と喜ぶのを見て（　X　）笑みをもらしたまえ。そして又「鈴虫だよ。」と言ってバッタを与え女が「あら！」と悲しむのを見て（　X　）笑みをもらしたまえ。

更に又、君が一人ほかの子供と離れたくさむらで虫を捜していた知恵をもってしても、そうそう鈴虫はいるもんじゃない。君もまたバッタのような女を捕（つかま）えて鈴虫だと思い込んでいることになるのであろう。

そうして最後に、君の心が曇り傷ついたために⑫真の鈴虫までがバッタに見え、バッタのみが世に充（み）ち満ちているように思われる日が来るならば、その時こそは、今宵（こよい）君の美しい提燈の緑の灯が少女の胸に描いた光の戯れを、君自身思い出すすべを持っていないことを私は残念に思うであろう。

（「バッタと鈴虫」川端康成による）

問1　傍線部①「二つの童話」とあるが、童話の指し示す段落として、【A】〜【F】で区切った範囲のうち、どこが最も適当か、記号で答えなさい。

問2　傍線部②〜⑤で、不二夫は「バッタ」という表現を何度も口にしているが、それぞれの言葉を発した際の不二夫の様子として、適当なものを次の選択肢より一つずつ選んで、記号で答えなさい。

ア　じらそうとしている様子

イ　興奮して挑発している様子

ウ　ある企てをひらめいた様子

エ　あることを期待している様子

オ　うまくいかずにもどかしい様子

問3　傍線部⑥〜⑩で、子どもたちが「鈴虫」という言葉を発している際の気持ちとして、適当なものを次の選択肢より一つずつ選んで、記号で答えなさい。

ア　陶酔

イ　喜び

ウ　羨望

エ　達成感

オ　たしなめ

問4　傍線部⑪「そうか！」で、筆者は何に気づいたのか。最も適当なものを、次の選択肢より一つ選んで、記号で答えなさい。

ア　不二夫は鈴虫のことをバッタと間違えていたが、キヨ子に指摘されて素直に鈴虫と言い直しているのは、彼女にはいつも敵わないと感じているのだということに気づいた。

イ　不二夫は鈴虫を見つけたらキヨ子に渡す約束をあらかじめ交わしており、周囲に知られないようにするためにバッタと叫ぶよう示し合わせていたということに気づいた。

ウ　不二夫が近くの子どもには応じず、三度叫んでやっと近づいてきたキヨ子にバッタと言って鈴虫を渡したのは、不二夫の計算された演技であったことに気づいた。

エ　不二夫はキヨ子をからかうことを楽しんでおり、鈴虫をバッタと言って渡したあとキヨ子が気を落とすのを期待してチラチラと顔を見ていたことに気がついた。

問5　二箇所の空欄（ X ）には同じ表現が入る。最も適当なものを、次の選択肢より一つ選んで、記号で答えなさい。

ア　軽蔑の

イ　陽気な

ウ　哀愁の

エ　会心の

問6　キヨ子についての説明として、最も適当なものを、次の選択肢より一つ選んで、記号で答えなさい。

ア　気が強く男の子には負けないところがある。

イ　きりっとした態度で明るくて理知的である。

ウ　ユーモアを理解して臨機応変に対処できる。

エ　からかわれても怒らない温和な性格である。

問7　傍線部⑫「真の鈴虫までがバッタに見え」とは、どういうことを言っているのか。二十～二十五字で説明しなさい。

解答編

英　語

1　解答　**問1.** エ　**問2.** ア　**問3.** 2番目：ウ　4番目：オ
問4. エ　**問5.** ウ　**問6.** ア　**問7.** イ　**問8.** ウ

解説

《東京の忘れ物事情》

問1. by accident で「たまたま，偶然に」という意味になる。

問2. claim には「～を主張する，求める」という意味がある。各選択肢の動詞部分はすべてこの意味になっているため，文脈から考えなければならない。下線部を含む文は，「誰かが届けられたお金を claim すれば，発見者はその届けられたお金の最大 20% までの報酬を受け取ることができる」という内容。この文脈から，アが正解。

問3. 下線部の前 2 文には，「東京は日本の首都である。1,400 万人近くの人たちにとっての家であり，非常にせわしい場所である」と書かれており，So「だから」と続いている。下線部の後ろには「たくさんのものが，そこ（＝東京）ではなくなる」と書かれている。この因果関係をふまえると，So (it is no wonder that) lots of things get lost there. となる。It is no wonder that ～は「～は少しも不思議ではない，～なのは当たり前だ」という意味。

問4. 下線部は「なくなるのは常にカード 1 枚だけとは限らない」という強調構文。下線部の後にその他の紛失物について書かれていることからも判断できる。正解はエである。

問5. get *A* under control「*A* を制御する」

問6. 比較級を含む more people を修飾できるのは，アである。many more＋名詞の複数形で「はるかに多くの～」という比較級を強調した形になる。

問7． 空所を含む文は，「その説明はある程度筋が通っているが，すべてを（　⑦　）というわけではない」という内容。逆接の接続詞でつながれていることから，前述の内容と反対の内容，筋が通らないという内容が入ると判断できる。イの「～を説明する」が正解。

問8． アは第3段第2文（And, after three …）の内容と一致する。イは第2段第1・2文（In Japan, people … actually a law.）と一致する。ウは第5段第2・3文（The most commonly … 730,000 of these.）と一致しない。約730,000個届けられたのは，服ではなく運転免許証やIDカードである。エは第7段第2文（The Tokyo police …）と一致する。

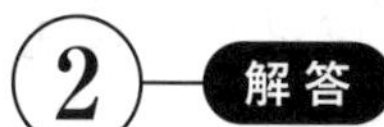

問1． イ　**問2．** エ　**問3．** ウ　**問4．** エ
問5． 2番目：ア　4番目：オ　**問6．** エ　**問7．** ア
問8． ウ

解説

《ヘッドフォンが聴力に与える影響》

問1．「親はこうした約束を信頼している」という意味になる，イが正解。rely on ～「～に頼る，～を信頼する」

問2．「最悪のヘッドフォンは音量を非常に（　②　）にしているので，数分で耳に悪影響を及ぼすことがある」という内容。so ～ that … 構文のthatが省略された形になっており，thatの前後は因果関係を表すため，選択肢の中から，耳に悪影響を及ぼす可能性があるものを選ぶ。正解はエである。

問3．「ヘッドフォンの製造業者は，あなたたちの子供の耳の健康には興味ないのだ」という意味になる，ウが正解。be interested in ～「～に興味がある」

問4． 下線部 do the same「同じことをする」が指すのは，直前の文のthat以下，「8歳から12歳の子供の半数が毎日音楽を聴いている」である。正解はエである。

問5． Ninety decibels (is four times louder than) 70.「90デシベルは70デシベルよりも4倍音が大きい」という意味。倍数表現には～times as＋原級＋as … のほかにも，～times＋比較級＋than … というように比較級をつなげることもできる。

問6． 2つ目の空所の直後に than が続いていることから，比較級の選択肢でないアとウは不適。1つ目の空所を含む文は，「音が大きければ大きいほど，（ ⑥ ）時間聴いたほうがよい」という内容。さらに第6段第1文（Safe listening is …）に「安全に音楽を聴くことは，音量とどのくらいの間（音楽を）聴くかに関係する」とあることからも，エが正解となる。ちなみに，2つ目の空所を含む文は「108 デシベルの音は，3分以下の間なら安全である」という意味になり，1つ目の空所を含む文の内容とも整合性がとれる。

問7． have *A do*「*A* に～させる」 *A* と原形不定詞には主語・動詞関係がある。your children が主語，have が動詞，a break が目的語の関係になり，「毎時間子供たちに（音楽を聴くのを休む）休憩をさせなさい」という意味になる。

問8． アは第2段第2・3文（They are a … liked by children.）の内容と一致しない。イは第2段第4～最終文（Most companies say … hearing at risk.）の内容と一致しない。ウは第7段第2文（That volume is …）の内容と一致するのでこれが正解。エは最終段第4～最終文（Have the child … to hear you.）の内容と一致しない。

３ 解答 ①―イ ②―ウ ③―エ ④―ア ⑤―ウ ⑥―イ

解説

① アを選ぶと「クリスと私は，私たちのことを知っている」となってしまうので不適（私が私のことを知っているというのはおかしい）。ウは再帰代名詞であり，前に we がなければ使えないため不適。正解はイ。each other は名詞の働きをするので，目的語になることができる。「クリスと私はかなり長い間お互いのことを知っている」が直訳。

② 「時間通りにいるようにするけれど，私が遅刻しても心配しないで」という内容。ウが正解。

③ 「奈良にいたときになぜホテルに泊まったの？ 私のところに（ ）」という内容。過去の実現しなかった内容を表す，エ「滞在することができたのに」が正解。ウの could *do* の形を選ぶと，過去の一貫した能

力，つまり，過去において，いつでも～することができたという意味になるので不適。

④　「どこで生まれたの？」という意味になるアが正解。「どこで生まれたの？」「ロサンゼルスだよ」というやり取りになっている。

⑤　six days a week で「週に６回」という意味。a＋数量・期間を表す名詞は「～につき，～ごとに」という表現。「サンドラはお金の問題がある。彼女は週に６日働いている」という内容になる。

⑥　true は事実や現実に関して使い，人を主語にとることができないので，ウとエは不適。アは後ろに名詞が続くが，true は名詞ではないので不適。正解はイである。「日本のバスケットボール代表チームがフィンランド代表チームに勝ったというのは本当だ」という内容になる。

4　解答　①―ウ　②―イ　③―ア　④―ア　⑤―ウ　⑥―ウ

解説

①　「盗まれるといけないから，自転車を登録しておいたほうがいいよ」

in case ～「～するといけないから」

②　「デイビッドは町を出た。１週間後に戻ってくるだろう」

in a week「１週間後に」という意味。in には現在を視点とする期間の終点を表す，「（今から）～後に」という意味がある。

③　「彼らはラスベガスに行く途中，小さな町に立ち寄った」

on the〔*one's*〕way to ～「～へ行く途中に」 to を from に変えると「～から帰る途中に」という意味になる。

④　「道頓堀は外国からの観光客で混んでいる」

be crowded with ～「～で混んでいる」

⑤　「パーティーは台風のため来週の土曜日に（　　　）された」

put off「延期する」という意味になるウが正解。

⑥　「キャサリンが結婚したの知ってた？」「いや，知らなかったよ」

be aware of ～「～に気がついている，～を知っている」

数 学

I 解答 《小問4問》

問1． 4047 **問2．** Aの個数：20個 Bの個数：25個 **問3．** 2個

問4． $0 \leqq a < 4$

II 解答 《小問2問》

問1． $\dfrac{\sqrt{15}}{6}$ **問2．** $A \cap B \cap C$：3個 $A \cup B \cup C$：120個

III 解答 《4桁の偶数の個数》

156個

IV 解答 《小問2問》

問1． $x=6$

問2． ① $60°$ ② $9\sqrt{3}$ ③ $\dfrac{\sqrt{183}}{3}$ ④ $\dfrac{2\sqrt{183}}{3}$ ⑤ $3\sqrt{183}$

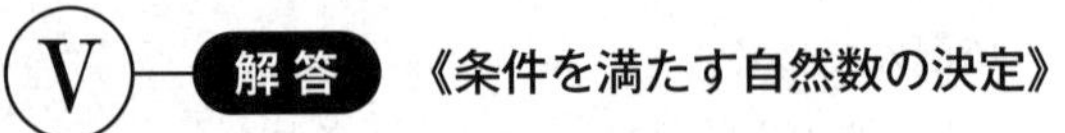

V 解答 《条件を満たす自然数の決定》

$n=2, 6$

国語

一

解答

問1　①一貫　②環境　③比較　④著　⑤怠　⑥ぎょうけつ　⑦ぶんぴつ　⑧さいけん　⑨はか（る）　⑩うる（む）

問2　①―ア　②―イ　③―ア　④―イ　⑤―ア

二

出典　茂木健一郎『頭は「本の読み方」で磨かれる―見えてくるものが変わる70冊』（三笠書房）

解答

問1　エ

問2　自分とは違った人間の考え方や人生を追体験

問3　a―エ　b―ウ　c―オ　d―ア

問4　エ

問5　発酵

問6　エ

問7　ウ

解説

問1　図の縦軸に「読書量」、横軸に「ジャンルの数」とあることから、「ブロック」一つは一冊の本の読書を指す。上下左右に並べられたブロックに相当するのはエである。

問2　「追体験」をキーワードととらえ、字数指定に合う箇所を探す。

問4　ア～ウは、空欄cから始まる四段落に書かれている。エの内容は本文に書かれていない。

問5　空欄前後の文脈から、読書をする→経験と結びつく（発酵）→「知性・見識」になる、という過程を理解しよう。

問6　二つ前と三つ前の段落に書かれている「先人の積み重ねた発見」「先人の知識」のことである。正解はエ。

三

出典 川端康成「バッタと鈴虫」

解答

問1 C
問2 ②―ウ　③―エ　④―オ　⑤―ア
問3 ⑥―イ　⑦―ウ　⑧―ア　⑨―オ　⑩―エ
問4 ウ
問5 エ
問6 イ
問7 美しく善良な女性をつまらない女性だと思うこと。（二十〜二十五字）

解説

問1 「二つの童話」とは、二十人の子供が美しい提灯を手に集まってくるまでの経緯を、空想を交えながら説明したもののことである。正解はC。

問2 ②は、「突然言った」とあるので、「企てをひらめいた」が適切。③は、子供が集まったのに別の方向に向かって呼びかけていることから、キヨ子への「期待」が適切。④は、同じ言葉を何度も繰り返しているので「もどかしい」が適切。⑤は、直後のキヨ子のせかす発言から、「じらそうとしている」が適切。

問3 ⑥バッタではなく、鈴虫であったことを「眼を輝かせ」て喜んでいる。⑦子供達は羨ましそうな声で言っている。⑧「鈴虫よ。鈴虫よ」と繰り返していることから、自分の手の中にある鈴虫に心を奪われている。⑨「明るい知恵の眼」を不二夫に注ぎ、鈴虫だと正して、注意している。⑩男の子が得意げに話している。

問4 傍線部直後の「さっきからの所作が読めた」を「計算された演技であったことに気づいた」と説明するウが正解。

問5 「会心」とは〝期待どおりにいって満足すること〟という意味。

問6 「いいからちょうだい！」と男の子にきっぱりと言い切る態度や、男の子に「明るい知恵の眼」を向けるところから判断する。正解はイ。

問7 傍線部の前の段落で「バッタのような（美しくも良くもない）女を捕まえて鈴虫（美しくて良い女性）だと思い込んでいる」と書かれていることをふまえて解答をまとめる。

大和大学・白鳳短期大学部：一般選抜前期A日程

問題編

▶試験科目・配点

【大和大学：一般選抜前期A日程】スタンダード3科目型

学部		教科	方式	科目	配点
情報	文系方式	英語	マーク	コミュニケーション英語Ⅰ・Ⅱ・Ⅲ，英語表現Ⅰ・Ⅱ	100点
		数学	マーク	数学Ⅰ・Ⅱ・A・B	100点
		国語	マーク	国語総合（古文・漢文を除く），現代文B	100点
	理系方式	英語	マーク	コミュニケーション英語Ⅰ・Ⅱ・Ⅲ，英語表現Ⅰ・Ⅱ	100点
		数学	マーク（一部記述）	「数学Ⅰ・Ⅱ・A・B」または「数学Ⅰ・Ⅱ・Ⅲ・A・B」	100点
		理科	マーク	「物理基礎・物理」，「化学基礎・化学」，「生物基礎・生物」から1科目選択	100点
社会・政治経済		英語	マーク	コミュニケーション英語Ⅰ・Ⅱ・Ⅲ，英語表現Ⅰ・Ⅱ	100点※
		選択	マーク	「地歴・公民（日本史B，世界史B，地理B，政治・経済から1科目選択）」，「数学Ⅰ・A」，「理科（『物理基礎・物理』，『化学基礎・化学』，『生物基礎・生物』から1科目選択）」，「国語総合（古文・漢文を除く），現代文B」から2科目選択	200点（各100点）
理工	数理科学・機械工学・電気電子工学	英語	マーク	コミュニケーション英語Ⅰ・Ⅱ・Ⅲ，英語表現Ⅰ・Ⅱ	100点
		数学	マーク（一部記述）	数学Ⅰ・Ⅱ・Ⅲ・A・B	100点
		理科	マーク	「物理基礎・物理」，「化学基礎・化学」から1科目選択	100点

学部	学科	教科	方式	科目	配点
理工	情報科学・建築学	英語	マーク	コミュニケーション英語Ⅰ・Ⅱ・Ⅲ，英語表現Ⅰ・Ⅱ	100点
		数学	マーク(一部記述)	「数学Ⅰ・Ⅱ・A・B」または「数学Ⅰ・Ⅱ・Ⅲ・A・B」	100点
		理科	マーク	「物理基礎・物理」，「化学基礎・化学」，「生物基礎・生物」から1科目選択	100点
教育	初等幼児教育	英語	マーク	コミュニケーション英語Ⅰ・Ⅱ・Ⅲ，英語表現Ⅰ・Ⅱ	100点
		選択	マーク	日本史B，世界史B，地理B，政治・経済，「数学Ⅰ・A」，「物理基礎・物理」，「化学基礎・化学」，「生物基礎・生物」から1科目選択	100点
		国語	マーク	国語総合（古文・漢文を除く），現代文B	100点
	国語教育	英語	マーク	コミュニケーション英語Ⅰ・Ⅱ・Ⅲ，英語表現Ⅰ・Ⅱ	100点
		選択	マーク	日本史B，世界史B，地理B，政治・経済，「数学Ⅰ・A」から1科目選択	100点
		国語	マーク(一部記述)	国語総合（漢文を除く），現代文B，古典B（漢文を除く）	200点
	数学教育	英語	マーク	コミュニケーション英語Ⅰ・Ⅱ・Ⅲ，英語表現Ⅰ・Ⅱ	100点
		数学	マーク(一部記述)	「数学Ⅰ・Ⅱ・A・B」または「数学Ⅰ・Ⅱ・Ⅲ・A・B」	200点
		選択	マーク	「物理基礎・物理」，「化学基礎・化学」，「生物基礎・生物」，「国語総合（古文・漢文を除く），現代文B」から1科目選択	100点
	英語教育	英語	マーク(一部記述)	コミュニケーション英語Ⅰ・Ⅱ・Ⅲ，英語表現Ⅰ・Ⅱ	200点
		選択	マーク	日本史B，世界史B，地理B，政治・経済，「数学Ⅰ・A」から1科目選択	100点
		国語	マーク	国語総合（古文・漢文を除く），現代文B	100点
保健医療		英語	マーク	コミュニケーション英語Ⅰ・Ⅱ・Ⅲ，英語表現Ⅰ・Ⅱ	100点
		選択	マーク	「数学Ⅰ・A」，「理科（『物理基礎・物理』，『化学基礎・化学』，『生物基礎・生物』から1科目選択）」，「国語総合（古文・漢文を除く），現代文B」から2科目選択	200点（各100点）

【白鳳短期大学部：一般選抜前期Ａ日程】

専　攻	教　科	科　　　目	配　点
こども教育	選　択	「コミュニケーション英語Ⅰ・Ⅱ・Ⅲ，英語表現Ⅰ・Ⅱ」，「数学Ⅰ・Ａ」，「国語総合（古文・漢文を除く），現代文Ｂ」，「小論文（当日与えるテーマに対して800字以内で論じる）〈省略〉」から１科目選択	100点
	面　接	約10分	50点
リハビリテーション学・看護学	選　択	「コミュニケーション英語Ⅰ・Ⅱ・Ⅲ，英語表現Ⅰ・Ⅱ」，「数学Ⅰ・Ａ」，「理科（『物理基礎・物理』，『化学基礎・化学』，『生物基礎・生物』から１科目選択）」，「国語総合（古文・漢文を除く），現代文Ｂ」から２科目選択	計200点（各100点）
	面　接	約10分	50点

▶入試方式

〔大和大学：一般選抜前期Ａ日程〕

- **情報（文系方式）・社会・政治経済・保健医療学部**：スタンダード３科目型と２科目型がある。情報（文系方式）学部の２科目型は，スタンダード３科目型で受験した「数学」＋「英語または国語のうち高得点１科目」の合計２科目，その他の学部の２科目型は，スタンダード３科目型で受験した「必須科目」＋「選択科目のうち高得点の１科目」の合計２科目を合否判定に使用する方式で，同日程のスタンダード３科目型に出願する場合のみ出願可能である。
- **情報（理系方式）学部**：スタンダード３科目型のほか，数学重視型・理科重視型がある。数学重視型は数学の配点が300点，その他の科目が各50点の計400点満点，理科重視型は理科の配点が200点，その他の科目が各100点の計400点満点で合否判定する方式で，同日程のスタンダード３科目型に出願する場合のみ出願可能である。
- **理工学部**：スタンダード３科目型のほか，数学重視型・理科重視型・英語重視型がある。数学重視型は数学の配点が300点，その他の科目が各100点の計500点満点，理科重視型は理科の配点が300点，その他の科目が各100点の計500点満点，英語重視型は英語の配点が300点，その他の科目が各 100 点の計 500 点満点で合否判定する方式で，同日程のスタンダード 3 科目型に出願する場合のみ出願可能である。

▶備　考

- 一般選抜前期 A 日程は試験日自由選択制。1 月 24 日，1 月 25 日，1 月 26 日の 3 日間のうち，1 月 25 日実施分を掲載している。
- 英語は聞き取り試験は含まない。
- ※印：政治経済学部グローバルビジネス学科の英語の配点は 200 点。
- 「数学 B」は「数列・ベクトル」から出題する。
- 英語外部試験のスコア・資格に応じて換算した「英語」の得点で合否判定を受けることができる英語外部試験利用制度がある。
- 白鳳短期大学部の面接の形式は出願状況により試験当日の面接試験の説明時に，個人面接，集団面接（ディスカッション型ではない）のいずれを実施するか発表する。

英　語

◀情報・社会・理工・政治経済・教育（英語教育除く）・保健医療学部・短期大学部▶

(短期大（リハビリテーション学・看護学）学部　2科目 120 分
その他　1科目 60 分)

1 次の問１〜問５の英文の空欄 [1] 〜 [5] に入る最も適切なものを，①〜④から１つずつ選び，解答欄にマークしなさい。

問１ [1] is a covering of very small ice crystals on a cold surface.

① Dip　② Fog　③ Frost　④ Oil

問２ Don't [2] yourself so easily. Let's carry on and try!

① abandon　② begin　③ comfort　④ decide

問３ The manager asked for a [3] explanation of my idea.

① broken　② detailed　③ maintained　④ shut

問４ Our family just doesn't feel [4] without our dog.

① complete　② fair　③ lonely　④ separated

問５ He sat down and wept out of [5] joy.

① bottom　② junior　③ lower　④ sheer

2 次の問1～問6の英文の空欄 [6] ～ [11] に入る最も適切なものを，①～④から1つずつ選び，解答欄にマークしなさい。

問1 A 'blog' is a regularly updated website, typically [6] run by an individual or small group. It is written in an informal or conversational style.

① it ② one ③ that ④ what

問2 Ms. Ibaraki is not only an excellent poet [7] a talented essayist.

① and also ② as much ③ but also ④ such as

問3 I caught the flu, but fortunately, it was a [8].

① light case ② heavy box
③ mild sick ④ serious event

問4 Mr. Yamada, the CEO, [9] the investment. He thinks it's too risky.

① breaks through ② considers after
③ determines upon ④ is against

問5 Ayako has never been [10].

① a means of self-expression ② done her homework
③ had time to review her report ④ overseas by herself

問6 The destruction of the ozone layer is one of the greatest [11] mankind.

① issues facing ② matters faces
③ problems face ④ subjects faced

3 次の問 1 ～問 5 の会話文の空欄 [12] ～ [16] に入る最も適切なものを，①～④から 1 つずつ選び，解答欄にマークしなさい。

問 1 *A:* We're coming to the end of the year.

B: I'm glad our family [12] another year in good health and safety.

A: Let's hope the new year will be a good one.

B: Yes, let's.

① ran across ② sold out

③ made it through ④ put it off

問 2 *A:* Have you decided?

B: Not yet. We can order a full course meal if you like.

A: Well, how about ordering some dishes from the menu and sharing?

B: [13] It sounds more interesting.

① That's okay with me. ② Cut it out!

③ Enough is enough. ④ I'm sick and tired of it.

問 3 *A:* Yesterday was my grandmother's birthday.

B: [14]

A: My family went out to eat at a deluxe restaurant.

B: That's nice.

A: The staff there sang happy birthday to her.

① Whose birthday did she celebrate?

② What made her celebrate your birthday?

③ How did you celebrate her birthday?

④ Why didn't you celebrate your own?

問4 *A*: Do you know Kazuya?

B: I only heard of his name before.

A: You can't [15].

B: What does that mean?

A: Nobody can guess how old he is from his appearance.

B: I see.

① forget his unusual name

② tell his age from the way he looks

③ find out where I live with him

④ imagine when you saw me

問5 *A*: Excuse me?

B: Can I help you?

A: [16], is there any ... ?

B: Do you want a coin locker to store your luggage?

A: Exactly.

B: I'll show you, just follow me.

① I'm going to board my plane

② I'm very hungry

③ It was rainy yesterday

④ These bags are so heavy

4　次の英文を読み，問１～問５に答えなさい。 17 ～ 22

The need for rest has existed since the beginning of time. Ancient humans had several other habits besides sleep that they later (1) grew out of with the dawn of civilization. The eating habits have also changed as civilization has progressed. However, the need for sleep is something that has remained unchanged. The ancient man needed the same amount of rest that the modern man does. What has changed are the sleep habits and patterns.

While the need for sleep has remained unchanged, a lot has changed about the way people get their sleep. The ancient humans got their sleep in ways different than what we are familiar with today. Charles Darwin, the father of evolution, had first suggested the need for sleep by all living creatures. At first glance, (2) sleep can seem like a bad idea. In fact, most people consider sleeping a waste of time. Being unconscious for several hours every day robs people of the time to accomplish various necessary activities. When creatures sleep in the wild, they also have the danger of being hunted down by predators. But sleep is something that everyone engages in, nevertheless.

Sleep is mostly needed because it's a means to conserve energy and replace the energy lost during the day. Energy is what helps us remain (3) throughout the day, and without a period of rest, the body has no way to fill the energy again that's being used up by the cells during the waking hours.

Most of us enjoy *sprawling on a soft, comfortable bed in a quiet, cozy bedroom to go into snooze mode. But (4) it wasn't always this way. The sleep habits of humans have undergone significant changes over the centuries. Did you know that in the 16th and 17th centuries, people went to sleep as early as 6 in the evening? That's because there was no electricity and nothing to do after dark. (5) the lamps and going to sleep was also a way to save on energy because oil to light the lamps could be expensive.

After electricity was invented, people started going to bed later because they could work after dark. The dinner and supper times also changed, (6) because people no longer had to go to bed because there was nothing to do. The invention of electrical and electronic devices such as the transistor and the television further influenced sleep patterns, because people enjoyed entertainment after work.

（注）　*sprawl　　大の字になって寝そべる

問１　下線部(1)の内容として最も適切なものを① ～ ④ から１つ選び，解答欄にマークしなさい。

17

出典追記：The Evolution of Sleep: How Sleep Has Changed Through History, Yawnder on June 12, 2023 by Ben Trapskin

① became too big to follow civilization

② got into practice when civilization started

③ came to realize as soon as civilization ended

④ stopped having when civilization began

問2 下線部(2)の理由としてふさわしくないものを① ～ ④ から1つ選び，解答欄にマークしなさい。

18

① Sleep is a means to conserve energy.

② People are robbed of the time to accomplish various activities.

③ Creatures have the danger of being hunted by predators.

④ Most people consider sleeping a waste of time.

問3 (3)(5)に入る最も適切なものを，それぞれ①～④から1つずつ選び，解答欄にマークしなさい。

(3) 19

① sleepy and slow ② active and alert

③ sad and lonely ④ healthy and exhausted

(5) 20

① Turning out ② Cleaning off

③ Going ahead ④ Pulling over

問4 下線部(4)の内容として最も適切なものを①～④から1つ選び，解答欄にマークしなさい。

21

① Ancient humans sometimes used to work harder than people today.

② People didn't always enjoy sprawling on a comfortable bed to go into snooze mode.

③ Some people liked to sleep on harder beds, and others didn't like quiet rooms.

④ There was never a problem that most people didn't have enough sleep.

問5 下線部(6)の内容を表す日本語として最も適切なものを，①～④から1つ選び，解答欄にマークしなさい。 22

① 人々は，もはや寝なくてもよくなったので，することがなくなったから。

② 人々は，もはや何もすることがないので，寝なければならなくなったから。

③ もはや人々は，何もすることがないから寝なければいけないということはなくなったから。

④ もはや人々は，何もすることがなくなったことと，寝なくてもよくなったことの２つの理由から。

5 次の英文を読み，問１～問３に答えなさい。［23］～［32］

"All right, class, settle down! Your last Spanish essays were the worst I've read in my 22 years of teaching. So today, I'm requiring you to be specific. You must use new vocabulary to write about your best friend. I don't want to hear that your best friend is nice. ［23］. Begin, and no talking!" my Spanish teacher, Señora Morales, shouted at the class.

I sat with my pencil hovering over my paper and then slowly began to write in Spanish: *My best friend is Hayley. She's a soccer champion who colored a red streak in her hair to support her team. She plays cello, like I do, and we drive a sports car to our orchestra every Saturday. She uses funny English words like "shenanigans" and "bamboozle". We've been best friends since fourth grade.*

This is my standard response to the "best friend" question, no (1) who asks. The problem is, Hayley isn't real. I had to come up with a fictional best friend because there have been too many writing prompts asking me to describe this person, too many moments when I've replied, "［24］," and too many times I've heard, "［25］? Are you just not the type of person who wants a best friend?" It's as if people think I'm too *introverted and gloomy to even bother. Truth is, during school, I've watched with envy the best friends who ice skate together and the best friends who call each other nicknames like "Homeskillet" and "Key Chain."

Of course, I have plenty of acquaintances — those who I talk to at lunch about *conspiracy theories: that the school's macaroni and cheese has neither macaroni nor cheese and that our beloved janitor is actually God. But the friend who I can depend on when my bully calls me "Bleach" doesn't (2).

I've often wondered, does not having a best friend make me defective? Should I be embarrassed that the only people I hang out with at the farmer's market are my parents? Should I be worried that my primary cure for loneliness is my cats? Will I have to face heartbreak and failure alone? Not having a best friend means I have no one to (3) <u>text</u> late at night when I can't fall asleep and no shoulder to cry on when I fail my orchestra audition.

Sometimes I tell myself, " 26 ; just toughen up. There's no way you'll ever succeed because you can't deal with the smallest issues in life." Considering these thoughts makes me lock myself in my room, sit against the door, and take psychology tests on my phone to prove why I am defective.

But as I scroll through my phone, I ask myself, what would Hayley say to me right now? As an (4) character, Hayley can say what my mind tells her to. So Hayley sits down and puts her arm around me. Her lips curl slightly upward, and her brown eyes zoom in on my face. She tells me, " 27 , and bringing yourself down uses most of the 'so much' you can really do."

When Señora Morales hands back my paper describing Hayley, she tells me, "She seems like a great friend!" "Yeah," I grin. " 28 ."

(注) *introverted 引っ込み思案の *conspiracy theories 陰謀説

問1 文中の 23 ～ 28 に入る最も適切なものを，①～⑧からそれぞれ1つずつ選び，解答欄にマークしなさい。但し，同じものを２度以上用いないこと。

① How about you ② Why not

③ I don't have one ④ I want to know how nice

⑤ You're such a baby ⑥ You can only do so much

⑦ She always betrays me ⑧ She's the best friend I've ever had

問2 文脈に合うよう (1) (2) (4) に入る最も適切なものを，①～④からそれぞれ1つずつ選び，解答欄にマークしなさい。 29 30 31

(1) 29

① matter ② other ③ people ④ sooner

(2) 30

① behave ② exist ③ hope ④ offer

(4) 31

① amazed ② elected ③ imagined ④ uttered

問3 下線部 (3) が表す意味として最も適切なものを①～④から１つ選び，解答欄ににマークしなさい。 32

① ask a question　② talk a lot　③ make a phone call　④ type a message

6 次の問1～問5の日本語に合うよう，与えられた語（句）を並べ替えて英文を完成させるとき，空欄 33 ～ 42 に入るものを，それぞれ①～⑤から1つずつ選び，解答欄にマークしなさい。

問1　午後7時半には，陽は沈むでしょう。

The sun ______ [33] ______ [34] ______ 7:30 p.m.

① by　② down　③ gone
④ have　⑤ will

問2　そのイベントをどこで開催するのかは，議論の余地がある。

Where the event ______ [35] ______ [36] ______ question.

① an　② is　③ open
④ place　⑤ will take

問3　どうぞくつろいで，クッキーでも召し上がってください。

Please ______ [37] ______ [38] ______ some cookies.

① and　② at home　③ help
④ make yourself　⑤ yourself to

問4　何年も学んできたにもかかわらず，多くの日本人学生は英語で自分の言うことを理解してもらうのが難しいと感じています。

Despite years of learning, many Japanese students find ______ [39] ______ [40] ______ English.

① difficult to　② make　③ it
④ themselves　⑤ understood in

問５　私はジョンの助言に，いくら感謝してもしきれない。

I ______ [41] ______ [42] ______ his advice.

① cannot　② for　③ John

④ thank　⑤ enough

◀教育（英語教育）学部▶

(90 分)

1　次の問 1 ～ 問 15 の空欄 [1] ～ [15] に入る最も適切なものを、①～④から 1 つずつ選び、解答欄にマークしなさい。

問 1　Keep a diary, and in the future it will offer you a [1] into your past.

① grab　② gasp
③ glimpse　④ glare

問 2　Look at the house the roof [2] is covered with snow.

① whose　② of which
③ at which　④ that

問 3　The [3] the singer suddenly appeared on the stage, the audience got extremely excited.

① case　② time
③ instantly　④ moment

問 4　My life has been full of difficulties, and I have always been at the [4] of fate.

① point　② bottom
③ mercy　④ benefit

問 5　They insisted that a suspect [5] innocent until proven guilty.

① considered　② was considering
③ consider　④ be considered

問6　Please get in touch with him as soon as you [6] in Osaka.

① are arriving　② arrived
③ will arrive　④ arrive

問7　I was made [7] how he is different from me in ability.

① realize　② to be realized
③ to realize　④ realized

問8　Though we had quarrels in the past, I managed to get [8] him again as before.

① acquainted with　② annoyed with
③ along with　④ away with

問9　They [9] the job when I reached their office.

① had finished most　② had almost finished
③ did finish most　④ have almost finished

問１０　I have no objections [10] him participating in our group. I'm sure he will help us in many ways.

① for　② of
③ to　④ on

問１１　I have been on good [11] with him since I was an elementary school student.

① relationships　② situations
③ friends　④ terms

問１２ I feel somewhat empty [12] that both of my daughters have left home.

① except　② so
③ such　④ now

問１３ Working only for the [13] of money makes me feel empty.

① benefit　② majority
③ sake　④ basis

問１４ [14] is to say what will happen in the future, especially using religious or magical power.

① Belief　② Prophecy
③ Recognition　④ Knowledge

問１５ [15] the difficulties we are now facing, we all have to work together to achieve our goal.

① In order to　② As of
③ According to　④ Because of

2 次の問1～ 問8について、与えられた語（句）を並べ替えて英文を完成させるとき、空欄 **16** ～ **31** に入る語（句）をそれぞれ①～⑥から1つずつ選び、解答欄にマークしなさい。但し、文頭に来る語であっても小文字にしてあります。

問1 私は野球の試合を見る時には、いつも弱いチームを応援します。

When I watch a baseball game, I always ____ ____ **16** ____ **17** ____ .

① whichever ② is ③ for
④ the underdog ⑤ cheer ⑥ team

問2 この問題は、思われているほど解くのが難しいわけではありません。

This question is not ____ **18** ____ ____ **19** ____ seems.

① as ② answer ③ difficult
④ to ⑤ so ⑥ it

問3 一目見て彼が相当がっかりしているのが分かった。

____ ____ **20** ____ **21** ____ he was quite disappointed.

① realize ② a glance ③ that
④ was ⑤ to ⑥ enough

問4 そのプロジェクトに参加できるかどうかについては、年齢は全く問題にならない。

Your age ____ ____ **22** ____ **23** ____ you can participate in the project.

① to ② whether ③ no
④ as ⑤ makes ⑥ difference

問５ 私には将来やりたいことがたくさんあるが、そのうちの一つが世界中を旅することだ。

I have a great number of things to do in the future, _____ _____ [24] _____ [25] _____ all over the world.

① travel ② is ③ of
④ which ⑤ one ⑥ to

問６ 自分が気づかずに間違えたという考えは起きなかったのですか。

_____ [26] _____ _____ [27] _____ you unknowingly made a mistake?

① struck ② has ③ never
④ it ⑤ you ⑥ that

問７ その問題について彼とさらに議論しても無駄だと思った。

I thought _____ _____ [28] _____ [29] _____with him anymore.

① discussing ② no ③ was
④ point ⑤ there ⑥ the problem

問８ 私は彼女に自分がそのことには全く関係がないということを信じてもらうのに苦労した。

I had much _____ [30] _____ [31] _____ _____ I had nothing to do with the matter.

① believe ② difficulty ③ that
④ getting ⑤ to ⑥ her

3 次の英文[A]・[B]の空欄 32 〜 39 に入る最も適切な語を、それぞれ①〜④から１つずつ選び、解答欄にマークしなさい。

[A]

We assume that happy and unhappy people are born that way. But both kinds of people do things that create and reinforce their moods. Happy people let themselves be happy. Unhappy people continue doing things that [32] them.

What is the first sign of a healthy business? A healthy business plan. That is the argument of the Strategic Management Center, a business consulting firm. They believe every business must define its [33] and then create a strategy to accomplish that [33] .

This same approach can be used by people. Define what you want, then use a strategy to get it.

[34] , children are better at this than adults. Small children know when being *cranky will get them an ice cream cone. And they know when being too noisy will get them a cross reaction from their parents. Children understand that there are rules and [35] patterns to life, and they use a strategy to help them get what they want.

Living a happy life as an adult is like trying to get that ice cream cone as a child. You need to know what you want and use a strategy to get it. Think about what makes you happy and what makes you sad, and use this to help you get what you want.

注 *cranky:気難しい、怒りっぽい

32 :	① relieve	② applause	③ upset	④ deceive
33 :	① purpose	② device	③ procedure	④ means
34 :	① Importantly	② Hopefully	③ Strangely	④ Ironically
35 :	① predictable	② deniable	③ astonishing	④ promising

[B]

That there are many problems in the world is obvious to anyone, but take comfort in the notion that eventually good [36] . Whether your focus is on the criminal justice system or a spiritual system, realize that those who have wronged the world will eventually pay some [37] .

John List was a mild-mannered, unremarkable-looking older man. The kind you saw on the street and didn't give a second [38] to. One day a television show did a story on John List. Decades earlier, this unremarkable man had committed a heinous crime, murdering his family. He assumed another life and hid from his crime for decades.

Did he "get [39] with it" all those years? Well, he certainly wasn't in prison, but he later described the personal hell of waiting every moment for the mask to be broken and for his new world to crumble.

[36] : ① perishes ② diminishes ③ prevails ④ decays

[37] : ① price ② reward ③ attention ④ recovery

[38] : ① attempt ② thought ③ trial ④ transition

[39] : ① along ② away ③ better ④ on

4

次の英文を読んで、後の問いに答えなさい。

マーク式 [40] ～ [46] および記述式

"Is that true, or did you just [40] it on the *bulletin board because it sounds catchy?"

"Is what true?" I asked without looking up from my desk.

"(あ)<u>That sign you made that says, 'If you can conceive it and believe it you can achieve it'</u>."

I looked up into the face of Paul, one of my favorite people, but most definitely not one of my best students. "Well, Paul," I said, "the man who wrote those words, Napoleon Hill, did so after years of research into the lives of great men and women. (い)<u>He discovered that concept, stated in many different ways, was the one thing they all had in common</u>. Jules Verne [40] it another way when he said, 'Anything the mind of one man can imagine, the mind of another man can create'."

"You mean if I get an idea and really believe in it, I can do it?" He asked with an intensity that captured my total attention.

"From what I have seen and read, Paul, that's not a theory, but a law that has been [41] throughout history." Paul dug his hands into the hip pockets of his Levi's and walked in a slow circle around the room. Then he turned and faced me with a new energy. "Mr. Schlatter," he said, "I've been a below-average student my whole life, and I know it's going to [42] me later in life. What if I conceived of myself as a good student and really believed it... that even *I* could achieve it?"

"Yes, Paul, but know this: If you really believe it, you'll act on it. I believe there is a power within you that will do great things to help you, once you make the commitment."

"What do you mean, commitment?" he asked.

"Well, there's a story about a *preacher who drove out to the farm of a member of his *congregation. Admiring the beauty of the place, he said, 'Clem, you and *the Lord have certainly created a thing of beauty here'."

"'Thank you, preacher,' said Clem, 'but you should have seen it when the Lord had it all to himself.' "

"In [43] , Paul, God will give us the firewood, but we have to light the match."

A suspenseful silence followed. "All right," Paul said, "I'll do it. By the end of the semester, I'll be a B student."

It was already the fifth week of the term and in my class, Paul was averaging a D.

"(う)<u>It's a tall mountain</u>, Paul, but I also believe you can achieve what you just conceived." We both laughed and he left my room to go to lunch.

For the next 12 weeks, Paul gave me one of the most inspirational experiences a teacher can have. He developed a keen curiosity as he asked intelligent questions. His new sense of discipline could be seen in a neater appearance and a fresh sense of direction in his walk. Very slowly, his average started to rise, he earned a *commendation for improvement and you could see his self-esteem start to grow. For the first time in his life, other students started to ask him for his help. A charm and charismatic friendliness developed.

Finally came the victory. On a Friday evening, I sat down to grade a major test on the Constitution. I looked at Paul's paper for a long time before I picked up my red pen and started to grade it. I never had to use that pen. It was a perfect paper, his first A+. Immediately, I averaged his score into the rest of his grades and there it was, an A/B average. He had climbed his mountain with four weeks to [44] , I called my colleagues to share the news.

注 *bulletin board：掲示板 *preacher：牧師
*congregation：(礼拝のため)協会に集まった人々
*the Lord：神 *commendation：賞賛

マーク式問題

問 1 [40] ～ [44] に入る最も適切なものを、それぞれ①～④から 1 つずつ選び、解答欄にマークしなさい。

[40]

① get ② put ③ take ④ make

[41]

① proved ② modified ③ abolished ④ revised

出典追記：Chicken Soup for the Teenage Soul Stories of Life, Love and Learning by Jack Canfield, Mark Victor Hansen, and Kimberly Kirberger, Chicken Soup for the Soul Publishing

42

① spend　② cost　③ pay　④ seek

43

① contrast　② detail　③ essence　④ case

44

① sacrifice　② spoil　③ sneeze　④ spare

問２　下線部(い)<u>He discovered that concept, stated in many different ways, was the one thing they all had in common</u>.の内容を最もよく表しているものを①～④から１つ選び、解答欄にマークしなさい。

(い) 45

① ナポレオン・ヒルが気づいたのは、その考えは多くの説明がなされているが、偉人たちの唯一の共通点であるということであった。
② ナポレオン・ヒルは、その考えは様々な表現がされてはいるが、偉人たちが皆共通して持っている考えであることに気づいた。
③ ナポレオン・ヒルがその考えが様々な言い方をされていることを発見したことが、全ての偉人たちと共通する点であった。
④ ナポレオン・ヒルはその考えを様々な言い方で説明することで、偉人たちが皆共通する点を持っていることを発見した。

問３　本文の内容と一致する英文を①～⑤から１つ選び、解答欄にマークしなさい。

46

① Paul paid no attention to what was written on the bulletin board.
② Paul got very interested in the sign the writer had made, but he had no opportunity to ask about it.
③ The writer explained to Paul what was written on the sign, and it caused Paul to try to improve his attitude towards his study at school.
④ Paul tried very hard to raise his grades at school, but in vain.
⑤ The students around Paul were indifferent to every effort he made to do well in school.

記述式問題

問４　下線部(あ)を和訳しなさい。

問５　筆者は下線部(う)<u>It's a tall mountain</u>.となぜ Paul に言ったのか。日本語で簡潔に説明しなさい。

5　次の英文を読んで、後の問いに答えなさい。

マーク式 47 ～ 52 および記述式

"If you can fit in a *nap of anything up to about 30 minutes, which isn't really long, there seems to be fairly good evidence that you could be helping your brain age a little bit more healthily," says Victoria Garfield, an *epidemiologist at University College London.

(あ)Several studies find that a well-timed nap can provide a short-term boost in brainpower. For example, scientists reviewed past research that focused on healthy participants with regular sleep cycles. That review, published in 2009 in the *Journal of Sleep Research,* showed that napping improved factors ranging from reaction time to alertness to memory performance. A brief nap can also light the spark of [47], a 2021 study in *Science Advances* found. In that research, participants were given math problems that could be solved with an easy shortcut that they weren't told about. Some participants were [48] to take a brief, dozy nap before tackling the problems. The researchers found those who napped—and spent even just 30 seconds in the first, lightest phase of sleep—were 2.7 times more likely to [49] the math shortcut than those who stayed awake. But entering a deeper sleep phase had a negative effect on this creative insight. In other words, there may be a "sweet spot" of mental relaxation that clears the way for *eureka moments.

The benefits of napping are strongest for people who have (い)sleep debt, meaning they don't get enough nighttime sleep. Shift workers, new parents and older people with fragmented nighttime sleep all seem to get a boost: a 2014 review of research, for example, showed that taking a nap during one's night-shift work reduced sleepiness and improved overall performance, even if people were slightly groggy as they came out of their nap—a phenomenon called "(う)sleep inertia."

Timing your naps right can reduce sleep inertia, says Natalie Dautovich, a psychologist at Virginia Commonwealth University and an environmental fellow at the National Sleep Foundation, which is primarily funded by pharmaceutical and medical device companies. A 20-minute nap is recharging, Dautovich says, and 60 to 90 minutes of sleep can be even more restorative. The nap to avoid is one lasting more than 20 minutes and less than 60 minutes, which, she says, is most likely to lead to sleep inertia.

The short-term benefits of naps are well established, but long-term effects are a little less clear. In particular, there has been debate about [50] naps are good or bad for *cardiovascular health after mixed epidemiological research was published on the topic. Self-reports of how frequently people nap and for how long are unreliable, Dautovich says, and pinning down the relationship between naps and any specific health outcomes is not always simple.

注　*nap: うたた寝　*epidemiologist：伝染病学者
　　*eureka：分かった　*cardiovascular：心臓血管の

出典追記：Are Naps Good for You?, Scientific American on August 5, 2023 by Stephanie Pappas

問１　47 ～ 50 に入る最も適切な語（句）を①～④からそれぞれ１つずつ選び、解答欄にマークしなさい。

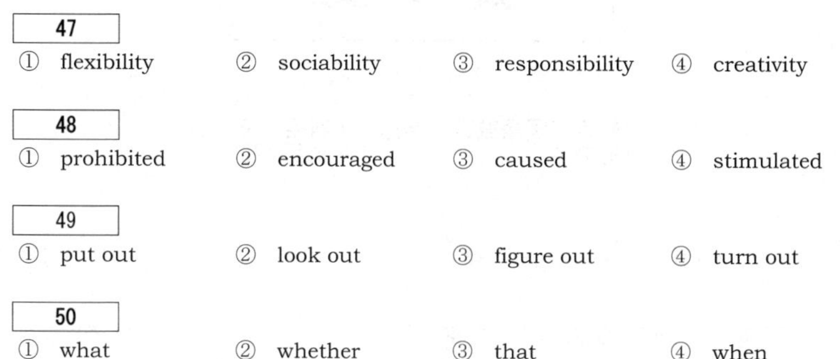

47
① flexibility　② sociability　③ responsibility　④ creativity

48
① prohibited　② encouraged　③ caused　④ stimulated

49
① put out　② look out　③ figure out　④ turn out

50
① what　② whether　③ that　④ when

問２　下線部(う)の内容として最も適切なものを①～④から１つ選び、解答欄にマークしなさい。 51

① 夜間に睡眠が途切れ途切れになる人の体調が改善すること。
② 夜勤の間にうたた寝の時間を設けると、作業効率が上がること。
③ うたた寝から目覚めた後、少し頭がすっきりしないこと。
④ 睡眠不足のために、体調がすぐれないこと。

問３　本文の内容と一致する英文を①～⑤から１つ選び、解答欄にマークしなさい。 52

① The longer you take a nap, the better effect it has on your health.
② According to the *Journal of Sleep Research*, scientists have not yet proven that taking a nap has an effect on the improvement of some factors.
③ It seems that if shift-workers who don't sleep continuously take a nap, they will improve their performance at work.
④ How long you take a nap has nothing to do with "sleep inertia".
⑤ It is true that naps have long-term effects on our health.

記述式問題

問４　下線部(あ)を和訳しなさい。

問５　下線部(い)の内容を具体的に分かるように説明しなさい。

日本史

（教育（国語教育）学部 1科目 60分）
（その他 2科目 120分）

1 次の文章A・Bを読み、あとの問い（問1～9）に答えなさい。

A 吉備真備は、(1)現在の岡山県にあたる地域の豪族の子として生まれた。716年に留学生となり、翌年の(2)遣唐使で唐にわたり、阿倍仲麻呂とともに唐で名声をあげた。735年に帰国した後、東宮学士に任じられ、阿倍皇太子(後の孝謙天皇)に『礼記』や(3)『漢書』などの講義をした。大宰少弐であった［ア］は、聖武天皇のもとで真備と僧［イ］が重用されるのをねたみ、740年に両者を排除するために九州で挙兵したが、敗死した。751年、遣唐副使となり、翌年再び唐にわたった。754年に帰国し、大宰大弐に任ぜられ、在任中に怡土城を建設した。参議、中納言、大納言を歴任し、766年には(4)右大臣に昇った。称徳天皇の崩御後、後継者の擁立に失敗し、光仁天皇の即位後に官職を辞し、775年に亡くなった。

問1 下線部(1)に関連して、現在の岡山県につくられた古墳として正しいものを、次の①～④のうちから一つ選びなさい。［1］

① 稲荷山古墳　② 造山古墳　③ 大仙陵古墳　④ 高松塚古墳

問2 下線部(2)に関連して、次の表は、初めて吉備真備が唐にわたるまでの遣唐使について、出発した年と帰国した年、その際に唐へわたった人物をまとめたものである。この表について述べたあとのX・Yについて、その正誤の組み合わせとして正しいものを、あとの①～④のうちから一つ選びなさい。［2］

出発した年	帰国した年	唐へわたった人物（抜粋）
630	632	犬上御田鍬
653	654	道昭（どうしょう）
654	655	高向玄理
659	661	坂合部石布（さかいべのいわしき）
665	667	守大石（もりのおおいわ）
667	668	伊吉博徳（いきのはかとこ）
669	?	河内鯨（かわちのくじら）
702	704-707	粟田真人、山上憶良
717	718	吉備真備、阿倍仲麻呂

X　遣唐使は継続して派遣され、20 年以上間があくことは一度もなかった。

Y　唐にわたった人物のなかには、貧窮問答歌をよんだとされる人物がいる。

① X 正 Y 正　② X 正 Y 誤
③ X 誤 Y 正　④ X 誤 Y 誤

問3　下線部(3)の書物に記されていることについて述べた文として正しいものを、次の①〜④のうちから一つ選びなさい。 3

① 倭の五王が中国の皇帝に使節を派遣していた。

② 奴国の王が中国の皇帝から金印を授かった。

③ 邪馬台国の女王卑弥呼が中国の皇帝から称号を授かった。

④ 倭国内の王が楽浪郡へ定期的に貢物を献上していた。

問4　文章中の ア ・ イ に入るべき語句の組み合わせとして正しいものを、次の①〜④のうちから一つ選びなさい。 4

① ア ― 藤原広嗣　イ ― 玄昉
② ア ― 藤原広嗣　イ ― 道鏡
③ ア ― 藤原仲麻呂　イ ― 玄昉
④ ア ― 藤原仲麻呂　イ ― 道鏡

問5　下線部(4)に関連して、律令制下において右大臣になったことがある人物について述べた次の文X・Yと、それに該当する語句a〜dとの組み合わせとして正しいものを、あとの①〜④のうちから一つ選びなさい。 5

X　大宝律令を制定し、養老律令の編纂もおこなった。

Y　聖武天皇を支え、国分寺建立や大仏造立に尽力した。

a 長屋王　b 藤原不比等　c 橘諸兄　d 藤原百川

① X ― a　Y ― c　② X ― a　Y ― d
③ X ― b　Y ― c　④ X ― b　Y ― d

B　三善清行は、三善氏吉の子で、847 年に生まれた。887 年に、従五位下大内記となる。この年に始まる(5)阿衡の紛議では藤原佐世（すけよ）らの意見にくみし、橘広相を弁護する ウ に対抗した。893 年に備中介となり、初めて地方社会の実情を知った。この経験は、のち 914 年に(6)醍醐天皇へ献上した意見封事十二箇条に強く反映される。900 年に大学寮で紀伝道を教授する文章博士となった。また、このころ藤原時平と対立を深めて朝廷で孤立していた ウ に引退を勧告した。のちに大学頭となり、 エ 格式の編纂にも参画したが、晩年は特に目立った活動はなく、919 年に亡くなった。著作に『(7)円珍和尚伝』『藤原保則伝』などがある。

問6　下線部(5)について、このできごとを経てより力を強めた人物として正しいものを、次の①〜④のうちから一つ選びなさい。 6

① 藤原冬嗣　② 藤原良房　③ 藤原基経　④ 藤原実頼

問7　文章中の ウ ・ エ に入るべき語句の組み合わせとして正しいものを、次の①〜④のうちから一つ選びなさい。 7

① ウ ― 源高明　エ ― 貞観
② ウ ― 源高明　エ ― 延喜
③ ウ ― 菅原道真　エ ― 貞観
④ ウ ― 菅原道真　エ ― 延喜

問8　下線部(6)の天皇が在位した時期におこなわれたこととして正しいものを、次の①〜④のうちから一つ選びなさい。 8

① 皇朝十二銭の最後にあたる貨幣の鋳造　② 初の勅撰漢詩文集の編纂
③ 六国史の最後にあたる歴史書の完成　④ 京内の治安維持を担う令外官の新設

問9　下線部(7)に関連して、2023年5月に唐から持ち帰った円珍に関する文書群が、ユネスコの「世界の記憶」に認定された。この文書群が伝来した寺院として正しいものを、次の①〜④のうちから一つ選びなさい。 9

① 園城寺　② 教王護国寺　③ 興福寺　④ 室生寺

2　次のA～Cの文章を読み、あとの問い（問1～9）に答えなさい。

A　保元の乱は、1156年に(1)京都で起こった内乱である。天皇家では、皇位継承に関して不満を持つ崇徳上皇と［ア］天皇が、摂関家では、藤原頼長と忠通とが激しく対立した。崇徳上皇・頼長側は源為義・平忠正らの武士団を招き、［ア］天皇・忠通側は源義朝・［イ］らの武士団を招いて戦った。崇徳上皇側が敗れ、上皇は讃岐国に流された。また、頼長は戦いの傷がもとで亡くなり、為義・忠正は殺された。(2)武士の実力が発揮され、武士の中央政界進出の契機になったとされる。

問1　下線部(1)について、中世初期の京都について述べた次の文X・Yについて、その正誤の組み合わせとして正しいものを、あとの①～④のうちから一つ選びなさい。［10］

X　天皇家の権威を象徴する、法勝寺に代表される六勝寺が建立された。

Y　中尊寺金色堂や富貴寺大堂など、新たに阿弥陀堂が建立された。

①　X　正　Y　正　　②　X　正　Y　誤

③　X　誤　Y　正　　④　X　誤　Y　誤

問2　文章中の［ア］・［イ］に入るべき語句の組み合わせとして正しいものを、次の①～④のうちから一つ選びなさい。［11］

①　［ア］－白河　　［イ］－平正盛

②　［ア］－白河　　［イ］－平清盛

③　［ア］－後白河　　［イ］－平正盛

④　［ア］－後白河　　［イ］－平清盛

問3　下線部(2)に関連して、武士の実力が発揮されたできごとについて述べた次の文a～cが、年代の古いものから順に正しく配列したものを、あとの①～④のうちから一つ選びなさい。［12］

a　平将門や藤原純友による反乱は、藤原秀郷や源経基らにより鎮圧された。

b　東北で生じた清原氏の内紛は、源義家の介入により鎮圧された。

c　房総半島で平忠常がおこした反乱は、摂関家に仕えていた源頼信らにより鎮圧された。

①　a → b → c　　②　a → c → b

③　b → a → c　　④　c → a → b

B　モンゴル襲来は、13世紀後半に起きた主に元軍の２度にわたる日本への侵攻のことである。1274年年、壱岐・(3)対馬を占領した元・高麗軍は、博多付近に上陸したが、予想以上の損害の多さや内部対立もあって撤退した。これを文永の役という。役後、(4)鎌倉幕府は九州の御家人に課した異国警固番役を強化し、再度の来襲に備えた。1281年、元軍が再度来襲したものの、日本側は容易に上陸を許さず、暴風雨の影響もあって元軍は退却した。これを弘安の役という。(5)モンゴル襲来は、当時の日本に大きな影響を与えた。

問4 下線部(3)に関連して、主に対馬の宗氏を介して形成された室町時代の日本と朝鮮の関係について述べた文として**誤っているもの**を、次の①～④のうちから一つ選びなさい。［13］

① 朝鮮による倭寇の取り締まり要求に、室町幕府が応じる形で日朝間の国交が開かれた。
② 16世紀初めにおきた三浦の乱により、日朝貿易は衰退していった。
③ 日朝貿易は、対馬の宗氏と室町幕府の将軍が独占する形でおこなわれた。
④ 日本からは銅や硫黄が輸出された一方、朝鮮からは木綿が輸入された。

問5 下線部(4)に関連して、鎌倉幕府の機関について述べた文として**誤っているもの**を、次の①～④のうちから一つ選びなさい。［14］

① 御家人を統率するために、侍所が設けられた。
② 執権を補佐するために、連署が設けられた。
③ 引付衆を補佐するために、評定衆が設けられた。
④ 朝廷を監視するために、六波羅探題が設けられた。

問6 下線部(5)について、モンゴル襲来が当時の日本に与えた影響について述べた次の文X・Yと、それに該当する語句a～dとの組み合わせとして正しいものを、あとの①～④のうちから一つ選びなさい。［15］

X　三度目の来襲に備えるなか、九州地方を管轄すべく鎌倉幕府の新たな機関が設けられた。
Y　日本は神に守られているという思想が高まるなか、新たな神道理論が形成された。

a　九州探題　　b　鎮西探題　　c　垂加神道　　d　伊勢神道

① X－a　Y－c　　② X－a　Y－d
③ X－b　Y－c　　④ X－b　Y－d

C 嘉吉の変は、1441年に赤松満祐が室町幕府の将軍［ウ］を暗殺した事件である。赤松氏は(6)足利尊氏の挙兵に際して功労があり、播磨や備前、美作の守護を兼ね、［エ］を輩出する家の一つとして幕府に重きをなした。僧門より還俗して将軍となった［ウ］は、自らの権力を強めるなかで幕府に功労のあった一色義貫らを討ち、また満祐の弟の所領を没収し寵愛する赤松貞村に与えた。身に危険を感じた満祐は、［ウ］を京都の自邸に招いて殺した。幕府は［ウ］の子の義勝を後継者に立て、(7)山名持豊を中心に赤松追討軍を編成し、本領播磨に逃れた満祐を攻めて自殺させた。

問7 文章中の［ウ］・［エ］に入るべき語句の組み合わせとして正しいものを、次の①～④のうちから一つ選びなさい。［16］

① ［ウ］－足利義教　［エ］－侍所の長官
② ［ウ］－足利義教　［エ］－管領
③ ［ウ］－足利義政　［エ］－侍所の長官
④ ［ウ］－足利義政　［エ］－管領

問8　下線部(6)について、この人物がおこなったこととして正しいものを、次の①～④のうちから一つ選びなさい。 17

①　建武式目の制定　②　五山・十刹の制の整備

③　南北朝の合一　④　花の御所の造営

問9　下線部(7)について、この人物は応仁・文明の乱で西軍の中心となった。一方の東軍の中心となった人物として正しいものを、次の①～④のうちから一つ選びなさい。 18

①　大内義弘　②　細川勝元　③　富樫政親　④　上杉憲実

3　次のA・Bの史料を読み、あとの問い（**問1～9**）に答えなさい。

A　一、(1)長崎表廻銅(注1)凡一年の定数四百万斤より四百五拾万斤迄の間を以て、其限とすべき事。(中略)

一、唐人方商売の法、凡一年の船数、口船(注2)、奥船(注3)合せて三拾艘、すべて銀高六千貫目に限り、其内銅三百万斤を相渡すべき事。(中略)

一、(2)阿蘭陀人商売の法、凡一年の船数弐艘、凡て銀高三千貫目限り、其内銅百五拾万斤を渡すべき事。(中略)

正徳五年正月十一日

（『徳川禁令考』）

(注1)長崎表廻銅：長崎へ廻送する輸出用の銅

(注2)口船：中国船で中国本土から来航する船

(注3)奥船：東南アジア諸地域から廻航してくる船

問1　下線部(1)について、近世における長崎について述べた文として**誤っているもの**を、次の①～④のうちから一つ選びなさい。 19

①　長崎がイエズス会の教会に寄付されていると知った豊臣秀吉は、バテレン追放令を出した。

②　長崎は東廻り海運の中継地点に位置しており、多くの蔵屋敷が設けられた。

③　長崎を含む特定の商人らによる糸割符仲間が、輸入生糸の一括購入をおこなった。

④　長崎の郊外に、ドイツ人医師のシーボルトが診療所と鳴滝塾を開いた。

問2　下線部(2)に関連して、オランダについて述べた次の文a～dについて、正しいものの組み合わせを、あとの①～④のうちから一つ選びなさい。 20

a　中国人倭寇の船に乗って種子島に漂着したオランダ人が、鉄砲を日本にもたらした。

b　豊後に漂着した船に乗っていたオランダ人は、江戸幕府の外交顧問となった。

c　島原の乱では、オランダ船が海上から原城跡を攻撃するなど幕府軍を援助した。

d　長崎の出島に商館を設けたオランダは、日本と正式な国交のある通信国であった。

①　a・c　②　a・d　③　b・c　④　b・d

問3　史料Aの内容について述べた次の文X・Yについて、その正誤の組み合わせとして正しいものを、あとの①〜④のうちから一つ選びなさい。 21

X　長崎へ廻送された輸出用の銅の額は、制限されていた。

Y　貿易額は、オランダの方が中国より多く認められた。

①　X 正　Y 正　　②　X 正　Y 誤

③　X 誤　Y 正　　④　X 誤　Y 誤

問4　史料Aの政策をおこなった人物について述べた文として正しいものを、次の①〜④のうちから一つ選びなさい。 22

①　禁中並公家諸法度を定め、朝廷統制の基準を示した。

②　尊号一件において、尊号宣下を求めた武家伝奏を処分した。

③　紫衣事件において、幕府の法度が朝廷の勅許に優越すると示した。

④　幕府から朝廷へ費用を献上し、新たに閑院宮家を創設した。

B　異国船渡来の節取計ひ方(注1)、前々より数度仰出されこれ有り、(3)をろしや船(注2)の儀に付いては、文化の度改めて相触れ候次第も候処、いきりすの船(注3)、先年長崎において狼藉(注4)に及び、近年は所々へ小船にて乗寄せ、薪水食糧を乞ひ、去年に至り候ては猥りに上陸致し、(中略)追々横行の振舞(注5)、其上邪宗門(注6)に勧め入れ候致し方も相聞え、旁捨置れ難き事に候。一体いきりすに限らず、南蛮・西洋の儀は(4)御制禁邪教の国に候間、以来何れの浦方(注7)におゐても異国船乗寄せ候を見請け候はゞ、其所に有合せ候人夫を以て、有無に及ばず、一図(注8)に打払い、(中略)尤唐・朝鮮・(5)琉球などは船形人物も相分るべく候得共、阿蘭陀船は見分けも相成かね申すべく、右等の船万一見損ひ、打誤り候共、御察度(注9)は之有間敷候間、二念無く(注10)打払いを心掛け、図を失はざる様取計らい候(後略)

(『御触書天保集成』)

(注1) 取計ひ方：取り扱う方法　(注2) をろしや船：ロシア船

(注3) いきりすの船：イギリス船　(注4) 狼藉：乱暴

(注5) 追々横行の振舞：勝手な行動がひどくなり

(注6) 邪宗門：キリスト教　(注7) 浦方：海辺の村

(注8) 一図：ただちに　(注9) 御察度：非難、処罰

(注10) 二念無く：迷うことなく

問5　下線部(3)に関連して、ロシア船の接近を示すできごととして**誤っているもの**を、次の①〜④のうちから一つ選びなさい。 23

①　モリソン号事件　　②　ラクスマンの来航

③　ゴローウニン事件　　④　レザノフの来航

問6　下線部(4)に関連して、江戸幕府の宗教統制についての説明として**誤っているもの**を、次の①〜④のうちから一つ選びなさい。 24

①　江戸幕府は、成立時からキリスト教の信仰を明確に禁じていた。

②　九州北部を中心に、キリシタンをあぶりだすために絵踏がおこなわれていた。

③　宗門改めがおこなわれたうえ、民衆はいずれかの寺院の檀家になることを強制された。

④　キリスト教に加え、日蓮宗の不受不施派も幕府から弾圧された。

問7　下線部(5)について、近世の日本と琉球の関係に関して述べた次の文X・Yについて、その正誤の組み合わせとして正しいものを、あとの①〜④のうちから一つ選びなさい。 25

X　琉球王国を征服した島津氏は、中国と琉球の関係を断絶させた。

Y　江戸幕府の将軍の代替わりを祝し、琉球から謝恩使が江戸へ派遣された。

①　X 正　Y 正　　②　X 正　Y 誤

③　X 誤　Y 正　　④　X 誤　Y 誤

問8　史料Bから読み取ることができる内容として**誤っているもの**を、次の①〜④のうちから一つ選びなさい。 26

①　この法令が出る前にも、幕府は異国船への対応について命じたことがあった。

②　この命令が出された背景には、長崎でイギリス船が起こした事件があった。

③　この命令では、中国・朝鮮・琉球の船は砲撃の対象とされていなかった。

④　この命令では、誤ってオランダ船を砲撃した場合は厳罰に処するとされた。

問9　史料Aから史料Bの間におきたできごとについて述べた次の文a〜cが、年代の古いものから順に正しく配列したものを、あとの①〜④のうちから一つ選びなさい。 27

a　江戸の貧民を対象とする医療施設として、小石川養生所が設立された。

b　江戸周辺の治安の悪化をうけて、関東取締出役が設けられた。

c　江戸で幕政の腐敗を説いた山県大弐が処刑される、明和事件がおきた。

①　a → b → c　　②　a → c → b

③　b → a → c　　④　c → a → b

4　次の年表を見て、あとの問い（**問１～９**）に答えなさい。

年代	できごと
1876	前年の［ア］事件をうけて、日朝修好条規を結ぶ。
1885	前年の［イ］を一因として、(1)大阪事件がおきる。
1894	日本が朝鮮の内政改革を要求したことを機に、(2)日清戦争が始まる。
1895	日清戦争の講和条約として(3)下関条約が結ばれる。
1905	ポーツマス条約や［ウ］協定の締結などをうけて、日本が統監府を設置する。
1910	前年の(4)伊藤博文の暗殺をうけて、韓国併合条約が結ばれる。
1919	朝鮮の首都京城(ソウル)での集会をきっかけに、［エ］運動がおきる。
	↓(5)
1950	(6)朝鮮戦争がおきる。
1965	(7)日韓基本条約が結ばれる。

問１　年表中の［ア］・［イ］に入るべき語句の組み合わせとして正しいものを、次の①～④のうちから一つ選びなさい。［28］

①　［ア］－江華島　［イ］－壬午軍乱
②　［ア］－江華島　［イ］－甲申事変
③　［ア］－防穀令　［イ］－壬午軍乱
④　［ア］－防穀令　［イ］－甲申事変

問２　下線部(1)について、朝鮮に渡って政府を武力で打倒しようと企てて大阪で検挙された人物を、次の①～④のうちから一つ選びなさい。［29］

①　大井憲太郎　②　吉野作造
③　高野房太郎　④　尾崎行雄

問３　下線部(2)について、日清戦争に関連して述べた次の文X・Yについて、その正誤の組み合わせとして正しいものを、あとの①～④のうちから一つ選びなさい。［30］

X　この戦争が始まる直前に、小村寿太郎外相によって関税自主権の全面的な回復が実現した。
Y　この戦争に際して帝国議会は戦争関係の予算案に賛成するなど、藩閥政府に協力した。

①　X　正　Y　正　②　X　正　Y　誤
③　X　誤　Y　正　④　X　誤　Y　誤

問４　下線部(3)の条約の内容について述べた文として**誤っているもの**を、次の①～④のうちから一つ選びなさい。［31］

①　この条約をうけて、台湾総督府が設置された。
②　この条約の賠償金をもとに、金本位制が実現した。

③　この条約で、清は朝鮮の独立を認めた。

④　この条約に対する不満から、日比谷焼打ち事件がおきた。

問5　年表中の ウ ・ エ に入るべき語句の組み合わせとして正しいものを、次の①～④のうちから一つ選びなさい。 32

①　ウ － 石井・ランシング　エ － 五・四

②　ウ － 石井・ランシング　エ － 三・一独立

③　ウ － 桂・タフト　エ － 五・四

④　ウ － 桂・タフト　エ － 三・一独立

問6　下線部(4)に関連して、伊藤博文に関わる事項について述べた次の文X・Yと、それに該当する語句a～dとの組み合わせとして正しいものを、あとの①～④のうちから一つ選びなさい。 33

X　憲法草案の最終審議に際して創設され、天皇の諮問機関として役割を果たした。

Y　伊藤博文を初代総裁として結成し、戦前の政党政治の中心として活躍した。

a　企画院　　b　枢密院　　c　立憲政友会　　d　立憲改進党

①　X － a　Y － c　　②　X － a　Y － d

③　X － b　Y － c　　④　X － b　Y － d

問7　(5)の期間におきたできごとについて述べた次の文a～cが、年代の古いものから順に正しく配列したものを、あとの①～④のうちから一つ選びなさい。 34

a　治安維持法が制定される。

b　国家総動員法が制定される。

c　独占禁止法が制定される。

①　a → b → c　　②　a → c → b

③　b → a → c　　④　c → a → b

問8　下線部(6)について、この戦争が日本に与えた影響を述べた文として**誤っているもの**を、次の①～④のうちから一つ選びなさい。 35

①　この戦争の開戦の後、GHQの指令で警察予備隊が新設された。

②　この戦争の開戦の後、日本は独立国として主権を回復した。

③　この戦争による好景気のなか、工業生産の面で戦前の水準を回復した。

④　この戦争による好景気のなか、大阪で万国博覧会が開催された。

問9　下線部(7)について、この条約を結んだ際の内閣総理大臣を、次の①～④のうちから一つ選びなさい。 36

①　田中角栄　　②　中曽根康弘

③　佐藤栄作　　④　鳩山一郎

世界史

（教育（国語教育）学部　1科目　60分）
（その他　2科目 120分）

第1問　次の文章を読み、下の問い（問1～9）に答えなさい。

メソポタミアや(1)エジプトでは、大河の灌漑農業を利用して、最古の文明であるオリエント文明が成立し、六十進法や暦などが発明された。南アジアでは、稲作・麦作がおこなわれ、インダス川流域にはインダス文明が誕生した。東アジアでは、おもに稲作・畑作がおこなわれ、黄河流域に青銅器をともなう中国文明が形成され、のちに漢字や儒教もうまれた。こうして世界各地に誕生した都市国家は、(2)アケメネス朝ペルシアや(3)ローマ帝国、マウリヤ朝や秦・漢など古代帝国に発展し、政治・経済を統一して広大な領土を支配した。

中央ユーラシアでは、西方にスキタイ、東方に匈奴などが(4)遊牧国家をたて、オアシスの住民と共生して交易をおこなった。遊牧国家は近隣の古代帝国に対抗したため、中央ユーラシア東部と東アジアの動きが結びつき、(5)魏晋南北朝時代には、五胡とよばれた遊牧民と漢人の抗争と融合を通じて胡漢勢力が結合し、北朝から隋、唐にいたる胡漢融合帝国が形成された。

宗教の面では、南アジアでうまれた(6)仏教は東アジアなど各地に伝わり、またヒンドゥー教は東南アジアにも広まった。インド洋・南シナ海を通る海のシルク＝ロードの交易がさかんになり、南インドや東南アジアに港市国家が栄えた。

西ヨーロッパでは、1世紀に誕生したキリスト教がローマ＝カトリック教会に発展して(7)フランク王国などと結びつき、ラテン＝カトリック圏を形成した。東ヨーロッパでは、キリスト教が(8)ビザンツ帝国の保護を受け、スラブ系民族と影響を与えあいながら、独自の文化圏をつくりだした。

西アジアでは、7世紀にうまれたイスラームが東西に拡大した。8世紀なかばに成立した(9)アッバース朝は、平等の原則で多民族を統治する普遍的なイスラーム帝国として発展した。

問1　下線部(1)について、次の地図中の位置a・bと、その都市の名称の組み合わせとして正しいものを、下の①～④のうちから一つ選びなさい。［1］

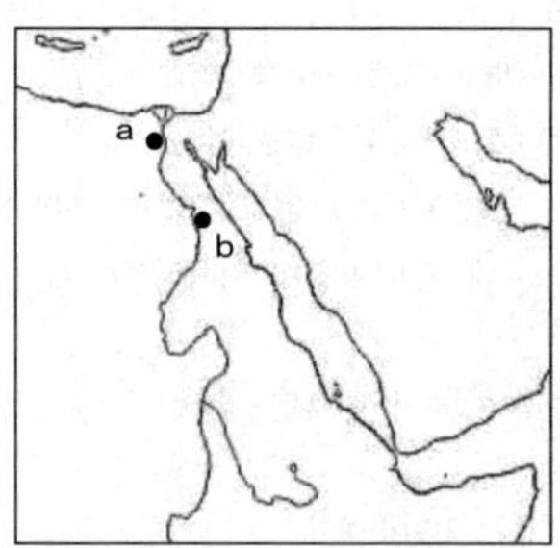

① a—テーベ　b—テル＝エル＝アマルナ
② a—テーベ　b—メンフィス
③ a—メンフィス　b—テーベ
④ a—メンフィス　b—テル＝エル＝アマルナ

問2　下線部(2)のできごとについて述べた文として誤っているものを、次の①～④のうちから一つ選びなさい。［2］

① アケメネス家のキュロス2世が、スサを都に建国した。
② ダレイオス1世は、知事であるサトラップを任命した。
③ ペルシア戦争では、アテネのペリクレスに勝利した。
④ アレクサンドロス大王の東方遠征で滅亡した。

問3　下線部(3)について述べた次の文a～cが、年代の古いものから順に正しく配列されているものを、下の①～⑥のうちから一つ選びなさい。［3］

a　グラックス兄弟が、ローマで改革をすすめた。
b　オクタヴィアヌスが、アクティウムの海戦で勝利した。
c　トラヤヌスの時代に帝国の領域が最大となった。

① a → b → c　② a → c → b　③ b → a → c
④ b → c → a　⑤ c → a → b　⑥ c → b → a

問4　下線部(4)に関連して、次の文中の空欄［ア］と［イ］に入れる語句の組み合わせとして正しいものを、下の①～④のうちから一つ選びなさい。［4］

5～6世紀に、中央アジアからササン朝統治下のイランや西北インドには、［ア］が侵入した。6世紀半ばに台頭したトルコ系の［イ］は、モンゴル高原に大帝国を建てた。［イ］は、北方遊牧民最古の文字をつくった。

① ア—エフタル　イ—柔然　② ア—エフタル　イ—突厥
③ ア—突厥　イ—エフタル　④ ア—突厥　イ—柔然

問5　下線部(5)について、この時代の作品とその作者の組み合わせとして誤っているものを、次の①～④のうちから一つ選びなさい。［5］

① 『文選』－昭明太子　② 『帰去来辞』－陶淵明
③ 『仏国記』－法顕　④ 『史記』－司馬遷

問6　下線部(6)について述べた次の文aとbの正誤の組み合わせとして正しいものを、下の①～④のうちから一つ選びなさい。［6］

a　ナーガールジュナが、万人の救済をめざして菩薩信仰による新たな思想を提唱した。
b　グプタ朝のころバラモン教に民間信仰が融合して成立し、『マヌ法典』に人びとの生活規範が記された。

① a—正　b—正　② a—正　b—誤
③ a—誤　b—正　④ a—誤　b—誤

問7　下線部(7)について述べた次の文a～cが、年代の古いものから順に正しく配列されているものを、下の①～⑥のうちから一つ選びなさい。［7］

a　トゥール＝ポワティエ間の戦いで、イスラーム勢力を退けた。
b　学者のアルクィンが文芸の復興に活躍した。
c　クローヴィスがアタナシウス派に改宗した。

① a → b → c　② a → c → b　③ b → a → c
④ b → c → a　⑤ c → a → b　⑥ c → b → a

問8　下線部(8)について述べた文として誤っているものを、次の①～④のうちから一つ選びなさい。 8

① テオドシウス帝は、ササン朝ペルシアのホスロー1世と争った。
② 第4回十字軍では、都のコンスタンティノープルが占領された。
③ 帝国の統治には、軍管区（テマ）制が導入された。
④ ビザンツ式の大聖堂であるハギア＝ソフィア聖堂が建設された。

問9　下線部(9)に関連して、ギリシア語文献のアラビア語への翻訳が行われた研究機関である知恵の館（バイト＝アル＝ヒクマ）が建設された都市として正しいものを、次の①～④のうちから一つ選びなさい。 9

① トレド　② アレクサンドリア　③ バグダード　④ パレルモ

第2問　次の文章を読み、下の問い（問1～9）に答えなさい。

8～9世紀以後の諸国分立の状況のなかで、中央ユーラシアではトルコ系民族が西進する一方、イスラームは東へ広がった。イスラーム圏の社会に広く浸透した【　ア　】の思想（イスラーム神秘主義）は、アフリカ東岸や南アジア、東南アジアへのイスラームの拡大につながった。(1)中国では門閥貴族が没落して地主層が台頭し、皇帝専制政治を担う科挙官僚を輩出した。高麗・朝鮮王朝では両班が支配階層をなし、日本では武家が政権をにぎった。13世紀には、東アジアから東ヨーロッパにおよぶ(2)モンゴル帝国が建設され、この大帝国が南インド・東南アジアを中心とする海上交易網と結びついて、ユーラシア規模の大交易圏がうまれた。これは16世紀にはじまる世界の一体化の先駆けであった。14世紀なかばにモンゴル帝国が崩壊すると、アジアでは東に(3)明、ついで(4)清、西に(5)ティムール帝国を経てムガル帝国、サファヴィー朝、(6)オスマン帝国が興隆した。

封建社会が動揺するなかで、14世紀に飢饉や黒死病による危機を経験したヨーロッパでは、ルネサンスと(7)宗教改革を経て、神聖ローマ帝国とローマ教皇の権威から自立した主権国家が競いあう、主権国家体制が成立した。また、大航海による世界各地への進出がはじまり、アメリカ大陸とアフリカ西岸は、西ヨーロッパが大西洋をはさんで「中核」として支配する分業体制に、従属的な「周辺」として組みこまれていった。「中核」が封建的束縛から解放された自由な市民社会へ向かう一方で、(8)「周辺」のアメリカ大陸では奴隷制大農園が発展した。

問1　文章中の空欄【　ア　】の思想を盛んにした人物として正しいものを、次の①～④のうちから一つ選びなさい。 10

① アフガーニー　② ウマル＝ハイヤーム
③ ガザーリー　④ イブン＝アブドゥル＝ワッハーブ

問2　下線部(1)について述べた文として正しいものを、次の①～④のうちから一つ選びなさい。
11

① 君主独裁制を確立するため、文人官僚優位の文治主義を導入した。
② 科挙の最終試験として、皇帝による郷挙里選が設けられた。
③ 台頭してきた新興地主層は、佃戸とよばれるようになった。
④ 宰相となった司馬光は、新法とよばれる富国強兵の改革を実施した。

問3　下線部(2)について述べた次の文aとbの正誤の組み合わせとして正しいものを、下の①～④のうちから一つ選びなさい。 12

a　フビライは、長江下流から大都にいたる沿岸航路を整備し、海運を盛んにした。
b　蔡倫は、イスラーム暦の影響を受けて、授時暦を作成した。

① a—正　b—正　② a—正　b—誤
③ a—誤　b—正　④ a—誤　b—誤

問4　下線部(3)について、次の文中の空欄 ア と イ に入れる語句の組み合わせとして正しいものを、下の①～④のうちから一つ選びなさい。 13

1368年に成立した明は、江南から発展して中国の統一に成功した。建国者の ア は、紅巾の乱をきっかけに台頭すると、初期の首都を南京においた。皇帝に即位した ア は、それまで中央で六部を統括していた中書省を廃止したほか、唐の律令を基本とし、刑法典や行政法典を整えた。また明では、戸籍簿・租税台帳である イ や土地台帳を整えた。

① ア—朱元璋　イ—魚鱗図冊　② ア—朱元璋　イ—賦役黄冊
③ ア—趙匡胤　イ—魚鱗図冊　④ ア—趙匡胤　イ—賦役黄冊

問5　下線部(4)の時期の出来事について述べた次の文a～cが、年代の古いものから順に正しく配列されているものを、下の①～⑥のうちから一つ選びなさい。 14

a　乾隆帝が、欧米諸国との貿易を広州1港に限定した。
b　康熙帝が、鄭氏台湾を討ち、台湾を領有した。
c　雍正帝が、軍事・行政上の最高機関である軍機処を設置した。

① a → b → c　② a → c → b　③ b → a → c
④ b → c → a　⑤ c → a → b　⑥ c → b → a

問6　下線部(5)について述べた次の文aとbの正誤の組み合わせとして正しいものを、下の①～④のうちから一つ選びなさい。 15

a　ティムールは、アンカラの戦いでサファヴィー朝のバヤジット1世を捕虜にした。
b　アクバルは、パーニーパットの戦いでロディー朝を破り、ムガル帝国建国のきっかけとした。

① a—正　b—正　② a—正　b—誤
③ a—誤　b—正　④ a—誤　b—誤

問7　下線部(6)について述べた文として正しいものを、次の①～④のうちから一つ選びなさい。
16

① オスマン1世は、コソヴォの戦いでバルカン諸国軍を破った。
② セリム1世は、コンスタンティノープルに遷都し、イスタンブルと改称した。
③ メフメト2世は、エジプトのマムルーク朝を征服し、メッカ、メディナを保護下に置いた。
④ スレイマン1世は、第一次ウィーン包囲でウィーンを包囲した。

問８　下線部(7)について、次の資料の内容を述べた人物として正しいものを、次の①～④のうちから一つ選びなさい。[17]

> 6　教皇は神から赦（ゆる）されることがらを宣言し、確証する場合を除いて、いかなる罪をも赦すことができない。………
>
> 27　彼らは人に対して、貨幣が賽銭（さいせん）箱の中に投げ込まれ響を立てると、そのときから即刻霊魂は煉獄（れんごく）の火から脱出すると称えている。
>
> 95　平安の保障を確信するよりも、むしろ多くの艱難（かんなん）を通じて天国に入ることを確信すべきである。
>
> 松田智雄訳

①　ウィクリフ　②　カルヴァン　③　フス　④　ルター

問９　下線部(8)について、このころのアメリカ大陸の奴隷制大農園で生産されていた作物として誤っているものを、次の①～④のうちから一つ選びなさい。[18]

①　サトウキビ　②　茶　③　綿花　④　タバコ

第３問　次の文章を読み、下の問い（**問１～９**）に答えなさい。

18 世紀末から 19 世紀なかばにかけての欧米諸国は、政治・経済上の変革が同時に進行していく時代をむかえた。(1)アメリカやフランスなどの革命は啓蒙思想の影響を受けて、市民社会を確立したが、それは同時にナショナリズムに刺激された国民国家の形成をともなった。またイギリスで始まった(2)産業革命は、社会全体を資本家と労働者を軸とする資本主義体制に再編して、市場を通じて世界を一体化させていった。こうして 19 世紀前半の欧米諸国では、(3)自由主義とナショナリズムによって近代国家の形成が模索され、やがて国民の多数を占める労働者階級を基盤とした(4)社会主義思想も芽生えた。近代化の過程で欧米諸国とそのほかの諸地域との関係には変化がもたらされ、とりわけ 18 世紀までのアジアとヨーロッパとの相対的地位が変容していった。

19 世紀後半には、欧米諸国は(5)帝国主義の時代に突入する。欧米諸国は植民地の拡大にのりだし、アジアやアフリカなどは植民地に編入されていった。そうした諸地域では、近代化に向けた改革が宗主国によってはじめられ、やがて民族主義が覚醒されて自治や独立への動きが出現した。しかし、多くは列強による植民地の再分割を求める国際政治に翻弄されることになり、こうした動きは第一次世界大戦へとつながっていった。

20 世紀の二つの世界大戦は総力戦となり、国民全体が戦争に動員された。第一次世界大戦では、戦争に協力した労働者や女性は政治的権利を拡大する好機ととらえて、(6)参政権や社会的な権利を獲得した。また戦争に協力させられた植民地の側でも、その対価として自治や独立に向けた動きが活発化していった。第一次世界大戦の惨禍は国際協調への動きを強め、戦間期には(7)国際連盟が設立された。また戦争を背景に勃発した(8)ロシア革命後は、社会主義が国際政治における独自の勢力として成長していった。アメリカ発の大恐慌は世界各地へと波及して、ドイツなどではファシズムが台頭した。満洲事変以降の日本の中国大陸への進出は、ドイツやイタリアなどの動きとともに戦間期の国際秩序を動揺させ、第二次世界大戦へとつながった。

問１　下線部(1)に関連して、アメリカに関する資料について述べた次の文**ａ～ｃ**が、年代の古いものから順に正しく配列されているものを、下の①～⑥のうちから一つ選びなさい。[19]

a

………私ははっきりと、きっぱりと、また良心から、つぎのように確信している。すなわち、分離独立するのがこのアメリカ大陸の真の利益である。それ以外のものは一時のごまかしにすぎず、そんなものからは長続きのする幸福は生まれて来ないのだと。

b

………その人民が合衆国に対する反逆状態にあるいずれかの州もしくは州の指定された地域において、奴隷とされているすべての者は、同日をもって、そして永遠に、自由の身となる。陸海軍当局を含む合衆国の行政府は、かかる人々の自由を認め、これを維持する。

c

………どんな形態の政治でも、この目的に有害なものとなれば、それを変更または廃止して新しい政府を設け、その基盤となる原理その組織する権力の形態が、彼らの安全と幸福をもたらすに最もふさわしいと思われるようにすることは、人民の権利であること。

a：三浦進訳／b：アメリカンセンタージャパン訳／c：鵜飼信成訳

① a → b → c　② a → c → b　③ b → a → c
④ b → c → a　⑤ c → a → b　⑥ c → b → a

問2　同じく下線部(1)に関連して、フランスに関する資料について述べた次の文a～cが、年代の古いものから順に正しく配列されているものを、下の①～⑥のうちから一つ選びなさい。［20］

a

1　人間は、生まれながらにして自由かつ平等な権利をもっている。社会的な差別とは、一般の福祉にもとづく以外にはありえない。
3　あらゆる主権の原理は、本来、国民のうちにある。………
17　財産所有は不可侵にして神聖な権利であるゆえに、合法的と認定される公共的必要が明らかにこれを要求する場合のほかは、なんぴともそれを奪われることがありえない。

b

本書の計画はきわめて簡単である。われわれは三つの問題を提出しなければならない。
1　第三身分とは何か。すべてである。
2　政治制度において今日まで何であったか。無。
3　何を要求するか。そこで相当なものになること。

c

われわれの目的は、道徳を法律に結合し、人がなんといおうと、かくも好ましい家族の精神を国家の精神にまで普及せしめることにあつた。……家族という小さい祖国を通して人は大きな祖国に連なる。良き国民を形作るものは、良き父、良き夫、良き息子である。………
544　所有権は法律または命令によって禁ぜられる使用をなさぬかぎり、物を最も絶対的に使用収益しかつ処分しうる権利である。………

a：柴田三千雄訳／b：井上幸治訳／c：野田良之訳

① a → b → c　② a → c → b　③ b → a → c
④ b → c → a　⑤ c → a → b　⑥ c → b → a

問3　下線部(2)について、次の年表に示したa～dの時期のうち、ワットが蒸気機関の改良に成功した時期として正しいものを、下の①～④のうちから一つ選びなさい。［21］

a
1733年　ジョン＝ケイが飛び杼を発明する
b
1793年　ホイットニーが綿繰り機を発明する
c
1830年　リヴァプール－マンチェスター間に鉄道が開通する
d

①　a　②　b　③　c　④　d

問4　下線部(3)について、ウィーン体制期のヨーロッパについて述べた文として正しいものを、次の①～④のうちから一つ選びなさい。 22

①　ドイツでは、ブルシェンシャフトが結成された。
②　スペインでは、カルボナリが結成された。
③　ロシアでは、立憲革命がおきた。
④　イタリアでは、デカブリストの乱が起きた。

問5　下線部(4)について、次の文aとbの正誤の組み合わせとして正しいものを、下の①～④のうちから一つ選びなさい。 23

a　イギリスのサン＝シモンは、自己の経営する紡績工場で労働者の福祉向上に努めた。
b　ドイツのマルクスは、資本主義社会の分析を通じて社会主義への移行の必然性を説いた。

①　a―正　b―正　②　a―正　b―誤
③　a―誤　b―正　④　a―誤　b―誤

問6　下線部(5)に関連して、帝国主義時代のイギリスに関するできごとについて述べた次の文a～cが、年代の古いものから順に正しく配列されているものを、下の①～⑥のうちから一つ選びなさい。
24

a　英仏協商が結ばれた。
b　スエズ運河会社の株式を買収した。
c　南アフリカ戦争を始めた。

①　a → b → c　②　a → c → b　③　b → a → c
④　b → c → a　⑤　c → a → b　⑥　c → b → a

問7　下線部(6)に関連して、日本において女性参政権が初めて行使されたのは、1946（昭和21）年4月10日の、戦後初めての衆議院議員総選挙の際であったが、国家規模で女性参政権が世界で初めて認められたのは、1893年のことであった。世界で初めて女性参政権が認められた国として正しいものを、次の①～④のうちから一つ選びなさい。 25

①　アメリカ合衆国　②　イギリス　③　スウェーデン　④　ニュージーランド

問8　下線部(7)に関連して、次の文中の空欄 ア と イ に入れる語句の組み合わせとして正しいものを、下の①～④のうちから一つ選びなさい。 26

パリ講和会議では、[ア]のウィルソンが発表した[イ]が会議の原則とされ、1920年には、史上初の集団国際安全保障機構として国際連盟が正式に発足した。国際連盟には、各国の労働問題の調整機関として国際労働機関（ＩＬＯ）が付設されたほか、オランダのハーグには、強制権のない、国際労働機関に付属した仲裁機関として国際司法裁判所が常設された。ただし、[ア]は、国際連盟の提唱国であったが、上院でのヴェルサイユ条約批准拒否により不参加となった。

① **ア**―アメリカ合衆国　　**イ**―十四カ条の平和原則
② **ア**―アメリカ合衆国　　**イ**―平和に関する布告
③ **ア**―イギリス　　**イ**―十四カ条の平和原則
④ **ア**―イギリス　　**イ**―平和に関する布告

問９　下線部(8)について述べた次の文ａ～ｃが、年代の古いものから順に正しく配列されているものを、下の①～⑥のうちから一つ選びなさい。[27]

ａ　十一月革命では、ボリシェヴィキ派の労働者や兵士の武装蜂起で、社会主義政権が樹立された。
ｂ　四つの社会主義共和国によってソヴィエト社会主義共和国連邦が成立した。
ｃ　レーニンが、「すべての権力をソヴィエトへ」をスローガンとして四月テーゼを発表した。

①　ａ → ｂ → ｃ　　②　ａ → ｃ → ｂ　　③　ｂ → ａ → ｃ
④　ｂ → ｃ → ａ　　⑤　ｃ → ａ → ｂ　　⑥　ｃ → ｂ → ａ

第４問　次の文章を読み、下の問い（**問１～９**）に答えなさい。

第二次世界大戦後のアメリカとソ連をそれぞれ中心とする(1)資本主義陣営と社会主義陣営の間の冷戦は、1950年代以降、【　ア　】にみられるような核戦争の脅威をも含みながら展開していった。同時に世界各地では、それまで植民地などの形で主権を奪われていた地域が政治的独立を獲得していく、脱植民地化の動きも進展した。(2)新しく独立したアジア・アフリカ諸国は、冷戦における両陣営の対立を批判し、第三勢力として非同盟の立場をとりながら、平和を追求していった。

(3)1970年代に入るころから、冷戦は緊張緩和の方向をとりはじめたものの、70年代末には、ソ連による【　イ　】侵攻によって新冷戦ともよばれる状況が生じた。新冷戦が米ソ両国に経済的負担を強いるなか、両国の対話は本格化し、ソ連では政治・経済改革の動きがはじまった。その変化は、東欧各国の変動をまねき、東欧社会主義圏の解体、さらにはソ連の解体につながった。

冷戦が終わりをむかえた後、世界では、グローバル化が意識されるようになった。格差の拡大をともなうグローバル化の進展は、アメリカへの反発をうみだし、2001年にはアメリカを標的とした(4)同時多発テロ事件が発生した。これへの対応としてはじまった「対テロ戦争」は、冷戦終結後に各地で頻発した内戦とともに、世界を不安定にした。

世界経済においては、経済的自立に苦慮する途上国と、先進資本主義国の間での格差が、(5)南北問題として問題となった。しかし、途上国のなかにも経済力をつける国々があらわれ、南南問題といわれる途上国間の格差も、1970年代ごろから顕著になってきた。とりわけ【　ウ　】の経済発展はめざましく、21世紀に入ると、アメリカに次ぐ世界第２位の経済大国に成長した。世界が変化をとげるなか、政治的、経済的な諸問題に、地域協力・地域統合をすすめることによって、発展と平和をめざそうとする動きも強まってきた。しかし、ユーロ危機や、内戦などによってうまれた難民への対応に苦しんだ(6)ヨーロッパ連合（ＥＵ）にみられるように、地域統合の道が容易でないこともまた明らかになってきている。

問１　文章中の空欄【　ア　】に入れる語句として正しいものを、次の①～④のうちから一つ選びなさい。28

①　チェコスロヴァキアの共産化　②　インドシナ戦争
③　キューバ危機　④　中印国境紛争

問２　文章中の空欄【　イ　】に入れる語句として正しいものを、次の①～④のうちから一つ選びなさい。29

①　アフガニスタン　②　ウクライナ　③　メキシコ　④　チェチェン

問３　文章中の空欄【　ウ　】に入れる語句として正しいものを、次の①～④のうちから一つ選びなさい。30

①　インド　②　インドネシア　③　サウジアラビア　④　中華人民共和国

問４　下線部(1)に関連して、このころの出来事について述べた次の文ａ～ｃが、年代の古いものから順に正しく配列されているものを、下の①～⑥のうちから一つ選びなさい。31

ａ　北大西洋条約に基づく集団安全保障機構である北大西洋条約機構（ＮＡＴＯ）が結成された。
ｂ　東ヨーロッパ相互援助条約に基づく軍事同盟であるワルシャワ条約機構が結成された。
ｃ　イギリスの元首相チャーチルは、ヨーロッパにおける二つの勢力圏の存在を比喩した「鉄のカーテン演説」をおこなった。

①　ａ → ｂ → ｃ　②　ａ → ｃ → ｂ　③　ｂ → ａ → ｃ
④　ｂ → ｃ → ａ　⑤　ｃ → ａ → ｂ　⑥　ｃ → ｂ → ａ

問５　下線部(2)に関連して、次の年表に示したａ～ｄの時期のうち、17 ものアフリカ諸国が独立を達成した時期として正しいものを、下の①～④のうちから一つ選びなさい。32

ａ
1954 年　ネルーと周恩来が会談した。
ｂ
1955 年　バンドン会議が開かれた。
ｃ
1961 年　第１回非同盟諸国首脳会議が開かれた。
ｄ

①　ａ　②　ｂ　③　ｃ　④　ｄ

問６　下線部(3)に関連して、1970 年代の世界に関する次の文ａとｂの正誤の組み合わせとして正しいものを、下の①～④のうちから一つ選びなさい。33

ａ　アメリカのカーター大統領が発表した金とドルの交換停止によって、ドル価値の急速な下落によるドル＝ショックが発生した。
ｂ　湾岸戦争をきっかけに、世界的な経済混乱である第二次オイル＝ショックが発生した。

①　ａ―正　ｂ―正　②　ａ―正　ｂ―誤
③　ａ―誤　ｂ―正　④　ａ―誤　ｂ―誤

問7　下線部(4)について、この時のアメリカ合衆国大統領として正しいものを、次の①～④のうちから一つ選びなさい。 34

①　クリントン　　②　ジョージ・W・ブッシュ　　③　オバマ　　④　トランプ

問8　下線部(5)に関連して、南北問題を解決するために組織された機関の名称として正しいものを、次の①～④のうちから一つ選びなさい。 35

①　IAEA　　②　UNHCR　　③　UNCTAD　　④　WTO

問9　下線部(6)に関連して、次の文aとbの正誤の組み合わせとして正しいものを、下の①～④のうちから一つ選びなさい。 36

a　EC加盟国は、欧州統合推進のためにマーストリヒト条約を結んだ。

b　EC加盟国は、情報や経験を交換するためにコミンフォルムを設置した。

①　a―正　b―正　　②　a―正　b―誤

③　a―誤　b―正　　④　a―誤　b―誤

地　理

(教育（国語教育）学部　1科目　60分
その他　2科目 120分)

1　地球と世界の地形に関する以下の問（問１～７）に答えよ。(配点　21)

問１　本初子午線の長さは地球半周分の約（　ア　）ｋｍであり、経度180度の経線の一部は（　イ　）線としての役割をもつ。（　ア　）・（　イ　）にあてはまる数字と語句の正しい組み合わせを、次の①～⑥のうちから１つ選べ。［1］

	①	②	③	④	⑤	⑥
ア	5,000	10,000	20,000	5,000	10,000	20,000
イ	日付変更	日付変更	日付変更	世界標準時子午	世界標準時子午	世界標準時子午

問２　海洋の最深地点とされているマリアナ海溝チャレンジャー海淵の位置を、次の図の①～④のうちから１つ選べ。［2］

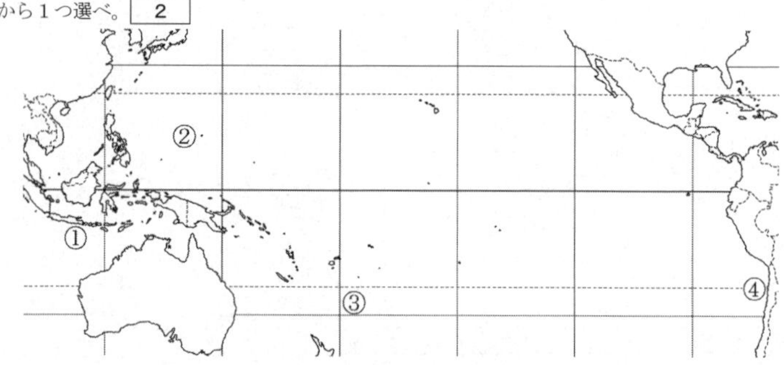

問３　次の図の水域ア～エに関する説明文としてもっとも適当なものを、あとの①～④のうちから１つ選べ。［3］

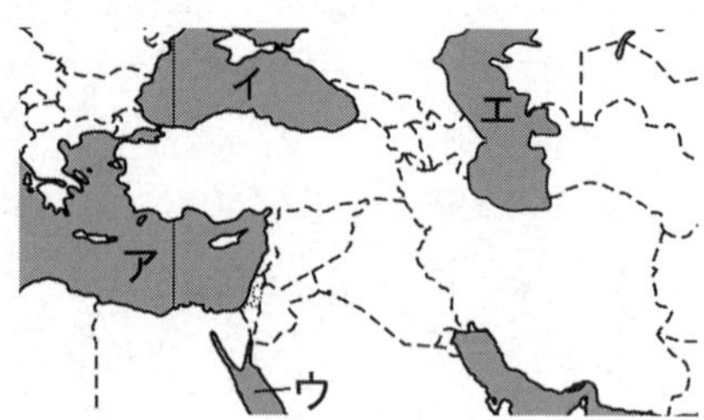

① **ア**の地中海には、サンゴ礁の環礁やバリアリーフが各地に分布している。

② **イ**の黒海は、アジアとヨーロッパの境界の一部となっている。

③ **ウ**の紅海には、世界最長の河川であるナイル川が注いでいる。

④ **エ**のカスピ海は、世界でもっとも広い湖であり、淡水湖としても世界最大である。

問4 世界の大地形に関する説明文として**適当でないもの**を、次の①～④のうちから1つ選べ。 4

① 古生代に形成された陸地のほとんどは、世界有数の高原や大平原となっている。

② 安定大陸（安定地塊）は地球最古の陸地であり、楯状地と卓状地から構成されている。

③ 中生代や新生代に形成された陸地には、高くて険しい山地や低平な堆積平野がみられる。

④ ユーラシア大陸南部を通るアルプス・ヒマラヤ造山帯には、高くて険しい山地がみられる。

問5 プレートテクトニクス説に関する説明文として**適当でないもの**を、次の①～④のうちから1つ選べ。 5

① 硬い岩盤であるプレートは、地殻とマントル最上部をあわせた地球の表層部にある。

② プレートには、おもに大陸を構成する大陸プレートと、おもに海底を構成する海洋プレート、大陸と海底の両方を構成するプレートの3種類がある。

③ プレート同士が横にずれている海底には、トラフとよばれる深い谷地形が形成される。

④ プレートは、海底山脈の海嶺から生まれて、両側に拡大している。

問6 次の図はプレートの境界を示しており、それらにはさまざまな種類とよび名がある。図の①～④は、収束（せばまる）境界のうちの沈み込み境界、収束境界のうちの衝突境界、すれちがう（横ずれ）境界、広がる（発散）境界のいずれかである。収束境界のうちの衝突境界に該当するものを、図の①～④のうちから1つ選べ。 6

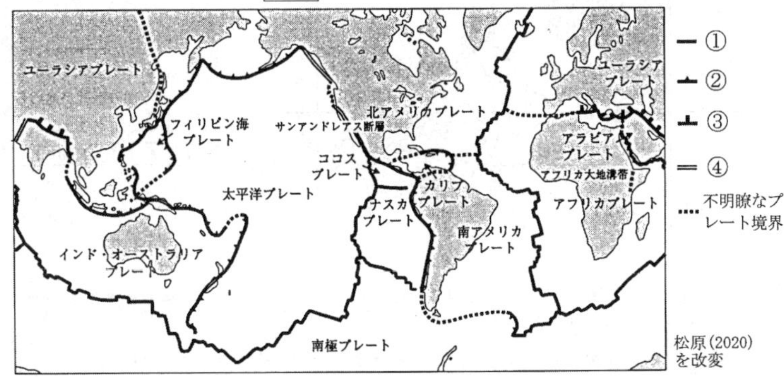

松原(2020)を改変

問7 前の問（**問6**）の図を参考にしつつ、世界の地形や災害などに関する説明文として**適当でないもの**を、次の①～④のうちから1つ選べ。 7

① インド・オーストラリアプレートとユーラシアプレートの境界付近では、巨大津波をともなう地震や火山噴火が繰り返し起きてきた。

② ハワイ諸島は、太平洋プレートとともにユーラシア大陸のある方向に向かって移動している。

③　ナスカプレートと南アメリカプレートの境界付近には、アンデス山脈が形成されている。

④　アフリカプレートにあるアフリカ大陸では、地震・火山活動がほとんどなく、火山もみられない。

2　世界の気候環境と農業に関する以下の問（**問１～７**）に答えよ。（配点　21）

問１　大気の大循環と世界の気圧帯に関する説明文として**適当でないもの**を、次の①～④のうちから１つ選べ。 8

①　大気の上昇がさかんな赤道付近は、赤道低圧帯（熱帯収束帯）となる。

②　大気が下降する南北の回帰線付近は、中緯度高圧帯（亜熱帯高圧帯）となる。

③　偏西風は、赤道低圧帯（熱帯収束帯）から高緯度地方に向かって吹く。

④　貿易風は、中緯度高圧帯（亜熱帯高圧帯）から低緯度地方に向かって吹く。

問２　次の気候統計は、観測地点**ア～ウ**の平均気温（℃）と平均降水量（mm）を示している。**ア～ウ**は、あとの図の**X～Z**のいずれかのものである。**ア～ウ**と**X～Z**の正しい組み合わせを、あとの①～⑥のうちから１つ選べ。 9

	1月	2月	3月	4月	5月	6月	7月	8月	9月	10月	11月	12月	全年
ア	27.3	27.7	28.1	28.1	28.5	28.4	28.0	28.0	27.7	27.5	27.1	27.0	27.8
	231.3	195.6	271.5	303.6	220.1	141.5	166.2	172.6	218.3	280.5	356.5	283.9	2841.6
イ	27.6	28.7	29.8	30.8	30.5	29.8	29.3	29.1	28.7	28.5	28.4	27.4	29.1
	24.2	19.4	53.6	92.7	215.4	209.9	182.9	212.0	343.6	304.0	46.5	13.5	1717.7
ウ	28.3	28.2	28.3	28.3	27.0	25.2	24.8	25.5	27.7	29.0	29.3	28.9	27.5
	468.0	412.1	317.9	106.4	21.5	0.4	0.0	0.7	14.3	70.4	145.1	270.4	1827.2

上段：平均気温（℃）　下段：平均降水量（mm）　　1991～2020年の平均値　（気象庁資料による）

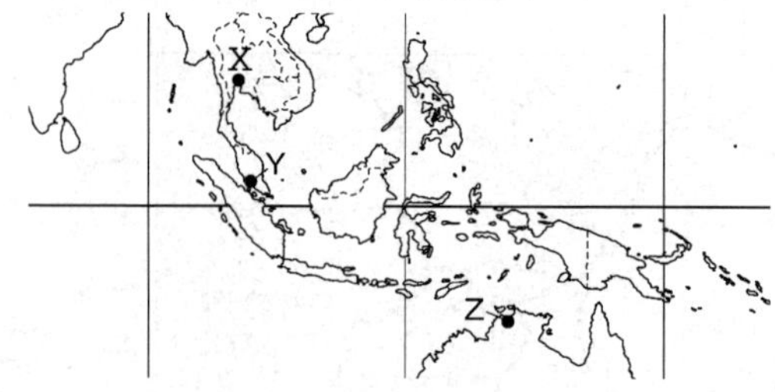

	①	②	③	④	⑤	⑥
ア	X	X	Y	Y	Z	Z
イ	Y	Z	X	Z	X	Y
ウ	Z	Y	Z	X	Y	X

問３　各気候とその地域に広くみられる植生に関する説明文としてもっとも適当なものを、次の①～④のうちから１つ選べ。 10

①　ステップ気候の地域では、雨季と乾季が明瞭で、疎林と熱帯草原が広くみられる。

②　サバナ気候の地域では、わずかな降水により短草草原が広くみられる。

③　亜寒帯冬季少雨（亜寒帯夏雨）気候の地域では、コケ類や小低木が広くみられる。

④　地中海性気候の地域では、夏の少雨期の乾燥に耐える広葉樹林が広くみられる。

問４　ケッペンによる気候区分と農業に関する説明文として**適当でないもの**を、次の①～④のうちから１つ選べ。 11

① Ａｆ気候の地域では、森林を伐採し、火入れした後、数年の間雑穀やイモ類などを栽培し、その後休耕期間を設ける伝統的な自給的農業が行われている。

② ＢＳ気候の地域では、ヤギや羊、馬などを飼育する遊牧が行われ、住民は水や草を求めて住居を移動させる。

③ Ｃｆｂ気候の地域では、モンスーンによる多雨地域を中心に、稲作を主体とした農業が営まれている。

④ Ｄｆ気候の地域では、麦類や豆類、牧草などの飼料作物を輪作し、家畜飼育も行う商業的農業が営まれている。

問５ 農業の生産性に関する説明文として**適当でないもの**を、次の①～④のうちから１つ選べ。 12

① 集約的農業では、単位面積あたりの土地に投下される労働力が小さい。

② 粗放的農業では、単位面積あたりの土地に投下される資本が小さい。

③ 先進国における集約的農業では、一般に土地生産性の高い農業が行われる。

④ 発展途上国における粗放的農業では、一般に労働生産性の低い農業が行われる。

問６ 次の表のＸ～Ｚは、2020 年におけるオレンジ類、なつめやし（デーツ)、ぶどうのいずれかの上位５位までの生産国とその割合を示している。３つの作物と、Ｘ～Ｚの正しい組み合わせを、あとの①～⑥のうちから１つ選べ。 13

	X	%	Y	%	Z	%
1位	中国	26.8	エジプト	17.9	中国	18.9
2位	ブラジル	15.5	サウジアラビア	16.3	イタリア	10.5
3位	インド	8.6	イラン	13.6	スペイン	8.7
4位	アメリカ	4.9	アルジェリア	12.2	フランス	7.5
5位	スペイン	4.8	イラク	7.8	アメリカ	6.9

(『世界国勢図会 2022/23』より作成)

	①	②	③	④	⑤	⑥
オレンジ類	X	X	Y	Y	Z	Z
なつめやし	Y	Z	X	Z	X	Y
ぶどう	Z	Y	Z	X	Y	X

問７ 次の図の①～④は、企業的穀物農業、企業的牧牛業、企業的牧羊業、プランテーション農業のいずれかが広く行われている地点を示している。企業的穀物農業がもっとも広く行われている地点に該当するところを、①～④から１つ選べ。 14

3　人口と都市に関する以下の問（**問１～６**）に答えよ。（配点　22）

問１　次の文章は、20 世紀後半における世界の人口動態について述べたものである。（　**ア**　）～（　**ウ**　）には、あとの**X～Z**のいずれかが該当する。**ア～ウ**と**X～Z**の正しい組み合わせを、あとの①～⑥のうちから１つ選べ。 15

開発途上国や新興国では、（　**ア**　）などのために死亡率は低下したものの、（　**イ**　）などのために出生率が低下しにくかった。一方、工業化を早くから達成した国々では、（　**ウ**　）などによって出生率が低下した。

X　女性の社会進出や育児費用の増大
Y　衛生状態の改善や医療技術の進歩
Z　老後の生活保障や労働力の確保

	①	②	③	④	⑤	⑥
ア	X	X	Y	Y	Z	Z
イ	Y	Z	X	Z	X	Y
ウ	Z	Y	Z	X	Y	X

問２　次の表は、５つの国の人口密度、年齢別人口構成、産業別人口構成を示している。①～⑤は、アルゼンチン、イギリス、カナダ、韓国、タイのいずれかである。

イギリスに該当するものを①～⑤のうちから１つ選べ。 16

タイに該当するものを①～⑤のうちから１つ選べ。 17

	人口密度（人/ｋ㎡）2021 年	年齢別人口構成（%）　2020 年＊			産業別人口構成（%）　2020 年		
		0～14 歳	15～64 歳	65 歳～	第１次	第２次	第３次
①	516	12．8	72．9	14．3	5．4	24．6	70．0
②	277	17．9	63．8	18．2	1．0	18．2	80．8
③	140	16．9	71．2	11．9	31．4	22．6	46．0
④	16	24．3	64．1	11．5	7．7	20．5	71．9
⑤	4	15．9	66．1	18．0	1．6	19．3	79．2

＊一部 2018 年　　（『世界国勢図会 2022/23』、『データブックオブザワールド 2023』より作成）

問３　現代都市における人口急増の要因は、開発途上国・新興国と、先進国とでは異なっている。

開発途上国・新興国の都市における人口急増の要因としてもっとも適当なものを、次の①～⑥のうちから１つ選べ。 18

先進国の都市における人口急増の要因として、もっとも適当なものを、次の①～⑥のうちから１つ選べ。 19

① 工業や第３次産業などが発展した都市部に、農村部の人々が引き込まれた。
② ジェントリフィケーションの進行にともなって、農村部の人々が都市部へ移動した。
③ 農村部における工業の発展によって土地を失った人々が、職を求めて都市部へ移動した。
④ 農村部の人口急増によって、土地をもてない人々が押し出されるように都市部へ移動した。
⑤ 高所得者が多いため、都市部では農村部と比べて死亡率が低い。
⑥ 経済的に豊かな人々の多い都市部では、農村部と比べて出生率が高い。

問４ 都市に関する説明文としてもっとも適当なものを、次の①〜④のうちから１つ選べ。 20

① メトロポリタンエリアとは、都市圏や大都市圏のことであり、中心都市と周辺地域からなる強い機能的な関係を有する結節地域である。
② コンパクトシティとは、複数の大都市圏が交通・通信網で結合したことによる巨大な人口集中地区であり、先進国や新興国を中心として世界各地に出現している。
③ グローバルシティとは、植民地統治下の宗主国の経営のもとに形成された都市であり、現在では多様な人種・民族が共生している。
④ コナーベーションとは、その国の中で突出した人口規模をもつ巨大都市のことであり、マレーシアのクアラルンプールやケニアのナイロビなどがこの典型例にあたる。

問５ 次の図の都市**ア**〜**エ**に関する説明文として**適当でないもの**を、あとの①〜④のうちから１つ選べ。 21

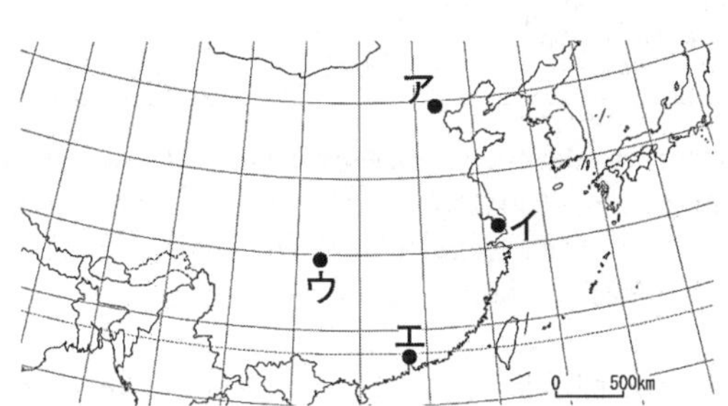

① **ア**は首都のペキン（北京）であり、ホワペイ（華北）平原の北部に位置する。
② **イ**はシャンハイ（上海）であり、三角江を形成する黄河の河口付近に位置する。
③ **ウ**はチョンチン（重慶）であり、スーチョワン（四川）盆地を流れる長江の沿岸に位置する。
④ **エ**はコワンチョウ（広州）であり、三角州を形成するチュー川（珠河）の河口付近に位置する。

問６ メキシコの首都であるメキシコシティでは、右の写真のような電気自動車の導入が比較的早くから進められてきた。その背景に関する説明文として**適当でないもの**を、次の①〜④のうちから１つ選べ。 22

① 自動車の排出ガス規制が進んでいない上に、整備不良の中古車が多かったため。
② ガソリン車から排出される二酸化炭素がヒートアイランド現象を引き起こしていたから。
③ 高地のために酸素濃度が低く、ガソリン車ではエンジンの不完全燃焼が起きやすいから。
④ 盆地状の地形であるため、排出ガスが周辺に拡散しにくいから。

4　次の**図1**とアメリカ合衆国に関する以下の問（**問1〜6**）に答えよ。（配点　18）

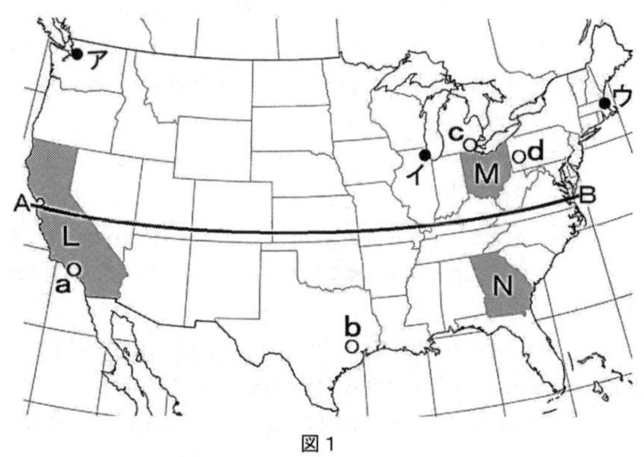

図1

問1　次の地形断面図は、**図1**の**A**—**B**のものである。断面図のⓐ〜ⓓの地点に関する説明文としてもっとも適当なものを、あとの①〜④のうちから1つ選べ。 23

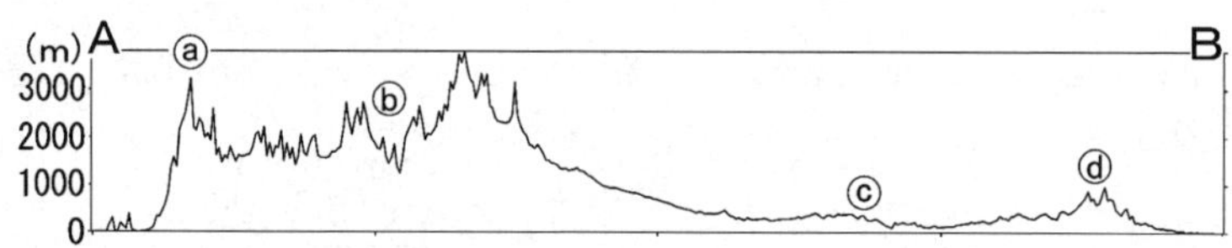

①　ⓐには変動帯のロッキー山脈があり、その東側にはグレートプレーンズが広がっている。

②　ⓑには降水量の多いコロラド高原があり、小麦を主体とした畑作農業がさかんである。

③　ⓒには中央平原があり、その西側にはパンパと呼ばれる草原が広がる。

④　ⓓにはアパラチア山脈があり、山地内を流れる河川では水力発電が行われている。

問2　次の雨温図**X**〜**Z**は、**図1**の**ア**〜**ウ**のいずれかのものである。**ア**〜**ウ**と、**X**〜**Z**の正しい組み合わせを、次の①〜⑥のうちから1つ選べ。 24

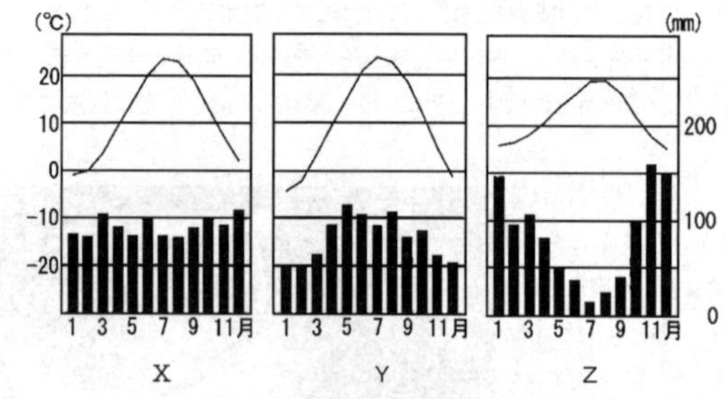

1991〜2020年の平均値（気象庁の資料より作成）

	①	②	③	④	⑤	⑥
ア	X	X	Y	Y	Z	Z
イ	Y	Z	X	Z	X	Y
ウ	Z	Y	Z	X	Y	X

問3　次の表は、**カ～ク**の州の住民に占める白人、黒人、ヒスパニックの割合を示している（2021年）。**カ～ク**の州は、**図1**の**L～N**のいずれかである。**カ～ク**と、**L～N**の正しい組み合わせを、次の①～⑥のうちから1つ選べ。 25

	白人	黒人	ヒスパニック
カ州	８１．２％	１３．２％	４．３％
キ州	７１．１％	６．５％	４０．２％
ク州	５９．４％	３３．０％	１０．２％

統計の性格上、合計値は100%にならない。(『データブックオブザワールド2023』より作成)

	①	②	③	④	⑤	⑥
カ州	L	L	M	M	N	N
キ州	M	N	L	N	L	M
ク州	N	M	N	L	M	L

問4　次の説明文①～④は、**図1**の都市**a～d**のいずれかのものである。都市**c**に該当するものを、次の①～④のうちから1つ選べ。 26

① 国内第2の人口をもつ巨大都市であり、石油化学や機械類、航空・宇宙関連の先端技術産業などが高度に発展し、映画産業も有名である。

② 炭田を背景にかつて鉄鋼業の中心地として繁栄し、現在では先端技術産業が集積している。

③ 原料立地型の石油化学工業のほか、ＮＡＳＡ（アメリカ航空宇宙局）の宇宙センターを背景とした航空宇宙産業も集積している。

④ 世界有数の自動車企業3社が本拠地を置き、付近にはその関連工場が集積している。

問5　アメリカ合衆国の農業と農業地域に関する説明文として**適当でないもの**を、次の①～④のうちから1つ選べ。 27

① カリフォルニア州のセントラルヴァレーは、果樹や野菜類、米、綿花などの有力な生産地である。

② 混合農業が広く行われているコーンベルトでは、大豆や牧草などの栽培もさかんである。

③ メガロポリスにある巨大都市の郊外では、野菜類を栽培する近郊農業がさかんである。

④ 綿花の作付けが減った五大湖の沿岸部では、乳牛を飼育する酪農がさかんになっている。

問6　アメリカ合衆国では、近年、天然ガスの産出量が急増してきた。その要因に関する説明文としてもっとも適当なものを、次の①～④のうちから1つ選べ。 28

① 地下深くの頁岩（けつがん）層に含まれるガスの成分を、従来よりも安価で採掘できる技術が普及したため。

② 太平洋の海底にあるメタンハイドレートから天然ガスを抽出する技術が普及したため。

③ 天然ガスを冷却・液化し、ＬＮＧとして大量に輸送できるようになったため。

④ 天然ガス田のなかったアラスカ州でガス田が確認され、産出がはじまったため。

5　日本の地理に関する以下の問（**問１～５**）に答えよ。（配点　18）

問１　次の地形図から読み取ることのできる内容として**適当でないもの**を、あとの①～④のうちから１つ選べ。 29

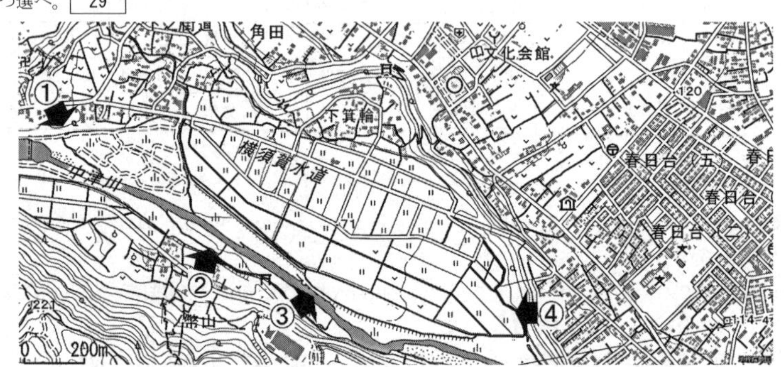

神奈川県愛甲郡愛川町域の地形図（画像取得 2023 年　地理院地図を改変）

編集の都合上，60%に縮小ー編集部

① 町役場の北側には、図書館や消防署がある。
② 中津川沿いの低地には、水田が広くみられ、一部は畑や荒地となっている。
③ 春日台の住民の多くは、付近の畑や果樹園で商業的な農業を営んでいるとみられる。
④ 等高線の間隔は、計曲線が５０ｍ、主曲線が１０ｍとなっている。

問２　次の写真は、前の問（**問１**）の地形図に示した①～④のいずれかの地点から ➡ の方向を向いて撮影したものである。この写真の撮影地点に該当するものを、図中の①～④のうちから１つ選べ。 30

問３　次の図は、札幌と釧路を結ぶ直線の地形断面図である。図中の**ア〜エ**に関する説明文として**適当でないもの**を、あとの①〜④のうちから１つ選べ。［31］

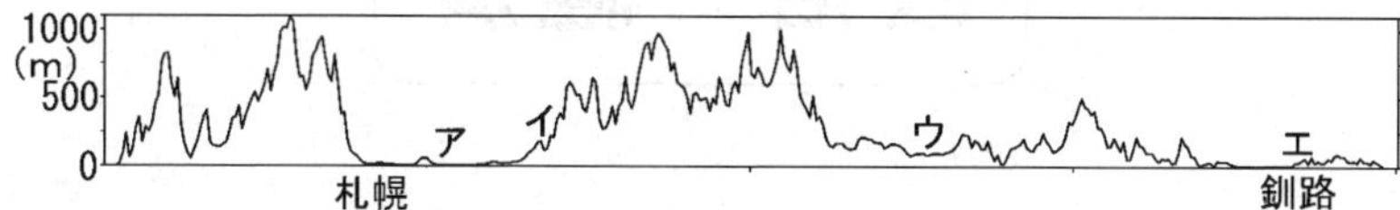

①　**ア**の石狩平野では、泥炭地の土地改良が進められた結果、稲作農業がさかんである。

②　**イ**の夕張市付近では、1960年ごろまで石狩炭田とともに石炭の採掘がさかんであった。

③　**ウ**の上川盆地にある旭川市では、日本の最低気温が観測されている。

④　**エ**の釧路市では、原料指向型の製紙・パルプ工業や水産加工業が発達してきた。

問４　次の図①〜⑤は、５つの農産物収穫量における上位５位までの都道府県を示している（2021年）。５つの農産物は、キャベツ、茶、みかん、もも、りんご、のいずれかである。

キャベツの図を、次の①〜⑤のうちから１つ選べ。［32］

みかんの図を、次の①〜⑤のうちから１つ選べ。［33］

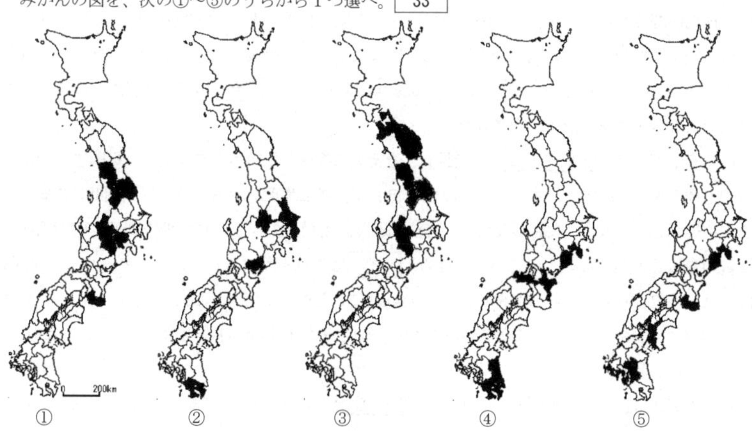

沖縄県はいずれの農産物でも上位５位に入っていない。　　（『日本国勢図会 2023/24』より作成）

問５　日本における商業の立地や動向などに関する説明文として**適当でないもの**を、次の①〜④のうちから１つ選べ。［34］

①　専門店と総合スーパーからなる大型ショッピングセンターは、モータリゼーションの進行にともなって、都市郊外の主要な幹線道路沿いに立地した。

②　地方都市の駅前にある古い商店街では、都心への人口回帰現象により買い物客が増えている。

③　卸売業は、駅周辺に多くあるものの、現在では高速道路のインターチェンジ近くにも立地するようになっている。

④　商圏の規模は、日用品を扱う店でせまく、家具や家電製品を扱う店で広い傾向にある。

政治・経済

（教育（国語教育）学部　1科目　60分
　その他　2科目120分）

第1問　次の文章を読み、下の問い（**問1～9**）に答えよ。（配点　25）

自由民権運動の高まりのなかで、民間ではさまざまな憲法案が作成されたが、政府が ア を参考にして作成したⓐ大日本帝国憲法は、君主によって制定された欽定憲法であった。明治憲法における政治体制は、ⓑ天皇に絶対的な権力があることが前提とされ、帝国議会は天皇の協賛機関、内閣は天皇の輔弼機関であるとされ、司法権は天皇の名で行使された。また人権保障については、自然権にもとづく侵すことのできない基本的人権としてではなく、「法律の範囲内」で認められた「臣民の権利」にすぎないものとされていた。そのため、1925年に制定されたⓒ治安維持法などによって自由や権利は実際にはさまざまな形で制約された。

1945年、日本はⓓポツダム宣言を受諾し、連合国に降伏した。ポツダム宣言は軍国主義の根絶、基本的人権の保障、政治の民主化などをうたっており、憲法改正が課題となった。民間でさまざまな憲法案が提示されるなか、政府が設置した憲法問題調査委員会で作成された憲法改正案（松本案）は大日本帝国憲法と大差のないものであったため、 イ はこれを受け入れず、マッカーサー三原則（天皇は頭位の地位、戦争の放棄、封建的諸制度の廃止）にもとづく草案を示した。これをもとにした政府案が帝国議会で審議、修正をへて可決されたⓔ日本国憲法が1946年11月3日に公布され、1947年5月3日に施行された。

日本国憲法は、大日本帝国憲法に比べてⓕ民主政治や立憲主義の原理により忠実な内容をもち、国民主権、ⓖ基本的人権の尊重、ⓗ平和主義を三大原理としている。

問1　文章中の ア と イ にあてはまる語句の組み合わせとして正しいものを、次の①～④のうちから一つ選べ。 1

①　アープロイセン憲法　　イー連合国軍総司令部
②　アープロイセン憲法　　イー対日理事会
③　アーフランス人権宣言　　イー対日理事会
④　アーフランス人権宣言　　イー連合国軍総司令部

問2　下線部ⓐについて、大日本帝国憲法の第4条・第33条の条文の一部の空欄にあてはまる語句の組み合わせとして正しいものを、下の①～④のうちから一つ選べ。 2

［第4条］　天皇ハ国ノ元首ニシテ（　X　）ヲ総攬シ此ノ憲法ノ条規ニ依リ之ヲ行フ
［第33条］　帝国議会ハ（　Y　）衆議院ノ両院ヲ以テ成立ス

①　X―統帥権　Y―貴族院　　②　X―統帥権　Y―参議院
③　X―統治権　Y―貴族院　　④　X―統治権　Y―参議院

問3　下線部ⓑについて、天皇大権として**適当でないもの**を、次の①～④のうちから一つ選べ。 3

①　宣戦布告・条約締結の外交権　　②　陸海軍の編制権
③　文武官の任免権　　④　違憲立法の審査権

問4　下線部ⓒについて、治安維持法に関連する記述として正しいものを、次の①～④のうちから一つ選べ。 4

①　人の名誉を害したり悪口を言ったりする行為に対して罰金や牢獄に監禁する禁獄を科し、特に自由民権の言論に統制を加えた。
②　暴力主義的破壊活動を行った団体に対する規制措置を定める法律で、血のメーデー事件をきっかけとして成立した。
③　天皇制や資本主義を否定する思想・団体・運動を取り締まる法律で、同じ年に普通選挙法も成立した。
④　日中戦争下の非常事態に備え、人的・物的資源の統制・動員・運用を行うことを目的として成立した。

問5　下線部ⓓについて、ポツダム宣言を出した国として**適当でないもの**を、次の①～④のうちから一つ選べ。 5

①　イギリス　②　中国　③　イタリア　④　アメリカ合衆国

問6　下線部ⓔについて、次の記述a～cを、憲法改正するために必要な手続きの順に並べ替えた組み合わせとして正しいものを、下の①～⑥のうちから一つ選べ。 6

a　天皇が国民の名で公布する。
b　衆参各議院の総議員の3分の2以上の賛成で国会が発議する。
c　国民投票を行い、有効投票総数の過半数の賛成で国民の承認を得る。

① a－b－c　② a－c－b　③ b－a－c
④ b－c－a　⑤ c－a－b　⑥ c－b－a

問7　下線部ⓕについて、民主政治の説明をした次の文aとbの正誤を判定し、その組み合わせとして正しいものを、下の①～④のうちから一つ選べ。[7]

a　憲法前文は国民主権にもとづく直接民主制を採用することを明記している。
b　国会は主権をもつ国民の代表者による政治という原則から「国権の最高機関」とされている。

① a－正　b－正　② a－正　b－誤
③ a－誤　b－正　④ a－誤　b－誤

問8　下線部ⓖに関連して、国民の権利とそれをめぐる事件・裁判の組み合わせとして正しいものを、下の①～⑥のうちから一つ選べ。[8]

a　プライバシーの権利　b　知る権利　c　生存権

1　外務省秘密電文漏洩事件　2　朝日訴訟　3　『宴のあと』事件

① a－1　b－2　c－3　② a－1　b－3　c－2　③ a－2　b－1　c－3
④ a－2　b－3　c－1　⑤ a－3　b－1　c－2　⑥ a－3　b－2　c－1

問9　下線部ⓗについて、憲法第9条に関する次の文aとbの正誤を判定し、その組み合わせとして正しいものを、下の①～④のうちから一つ選べ。[9]

a　国際平和を求めて、国権の発動たる戦争を放棄すると明記されている。
b　陸海空軍の戦力は保持しないが、集団的自衛権を有すると明記されている。

① a－正　b－正　② a－正　b－誤
③ a－誤　b－正　④ a－誤　b－誤

第2問 次のA～Cの文章を読み、下の問い（**問1～9**）に答えよ。（配点　25）

A

> ⓐイギリスの政治のしくみ
>
> 国王を国家元首とする立憲君主制のもと、ⓑ議院内閣制を採用している。かつては内閣による解散権が広く認められていたが、2011 年の法律で内閣の解散権が大幅に制約されることになった。内閣は下院による不信任決議が可決された場合のみ解散権を行使することが可能で、下院は総議員の[　　　]以上の賛成で解散（自主解散）することができるようになった。

問1　下線部ⓐについて、イギリスの政治のしくみについて記述した次の文aとbの正誤を判定し、その組み合わせとして正しいものを、下の①～④のうちから一つ選べ。[10]

a　野党は影の内閣（シャドー・キャビネット）を組織して次の政権に備えている。

b　下院で多数を占める与党を率いる党首が首相となって内閣を組織する。

①　a－正　b－正　　②　a－正　b－誤

③　a－誤　b－正　　④　a－誤　b－誤

問2　下線部ⓑについて、イギリスの議院内閣制について記述した次の文の空欄a・bにあてはまる語句の組み合わせとして正しいものを、下の①～④のうちから一つ選べ。[11]

イギリスでは（　a　）に対抗するなかで議会の権限が強い議院内閣制が生まれた。そもそも議院内閣制とは内閣が議会の信任にもとづいて成立し、議会に対して連帯責任を負う制度であり、行政府と立法府の関係は密接になりやすい。また、議会の意向で内閣が頻繁に交代することが（　b　）につながる。

①　a－司法権　b－政権の強大化　　②　a－王権　b－政権の強大化

③　a－司法権　b－政権の弱体化　　④　a－王権　b－政権の弱体化

問3　[　　　]にあてはまるものとして正しいものを、次の①～④のうちから一つ選べ。[12]

①　2分の1　　②　3分の1　　③　3分の2　　④　4分の3

B

ⓒ中国の政治のしくみ

社会主義政治体制のもとで権力集中制を採用している。全国人民代表大会は、立法、憲法改正、予算の承認などの権限をもつ。全人代で選出されるⓓ国家主席は、憲法上は象徴的な存在だが、中国共産党の最高指導者が兼務するため事実上の最高権力者となる。全人代のもとに行政を担当する国務院（国務院総理が首相に相当）が設けられている。全人代の常設機関である常務委員会は法令の制定、条約の批准など広範な権限をもつ。

問4　下線部ⓒに関連して、中国の政治・経済について記述した次の文ａとｂの正誤を判定し、その組み合わせとして正しいものを、下の①～④のうちから一つ選べ。［13］

ａ　中国における最高の決定機関は毎月１回開催される一院制の全国人民代表大会である。

ｂ　改革開放政策を採用して経済的には大幅な市場経済化が進められており、社会主義市場経済という。

①　ａ－正　ｂ－正　　②　ａ－正　ｂ－誤

③　ａ－誤　ｂ－正　　④　ａ－誤　ｂ－誤

問5　下線部ⓓについて、現在（2024年１月）の中華人民共和国の国家主席として正しいものを、次の①～④のうちから一つ選べ。［14］

①　鄧小平　②　江沢民　③　胡錦濤　④　習近平

C

ⓔアメリカの政治のしくみ

各州が広範な権限をもつⓕ連邦制を採用している。国家元首であるⓖ大統領は行政府の最高責任者である。大統領の任期は４年で、［ア］は禁止されており、［イ］によって法案提出をうながすことができる。提出された法案に対して大統領が拒否権を行使した場合でも、上・下両院の３分の２以上の多数で再可決すれば、法案は成立する。下院は大統領を含む連邦官吏の弾劾訴追権をもち、上院は下院の訴追を受けて弾劾裁判を行う権限をもつ（上院議員の３分の２以上の賛成で解任できる）。

問6　文章中の［ア］と［イ］にあてはまる語句の組み合わせとして正しいものを、次の①～④のうちから一つ選べ。［15］

① ア—4選　イ—教書　② ア—4選　イ—党首討論
③ ア—3選　イ—教書　④ ア—3選　イ—党首討論

問7　下線部ⓔについて、アメリカの政治に関する記述として正しいものを、次の①〜④のうちから一つ選べ。 16

① 裁判所は憲法の最終解釈権をもっているが、違憲法令審査権は行使できない。
② 大統領は軍の最高司令官であるが、条約の締結権はもっていない。
③ 大統領は議会に対して解散する権限をもっている。
④ 議会は立法権、予算議決権、法案再可決権をもっている。

問8　下線部ⓕに関連して、連邦制を採用していない国として正しいものを、次の①〜④のうちから一つ選べ。 17

① カナダ　② ロシア　③ スイス　④ フランス

問9　下線部ⓖに関連して、2020年のアメリカ大統領選挙についての記述として正しいものを、次の①〜④のうちから一つ選べ。 18

① トランプ候補が代表である共和党の支持層は大都市が集中する東・西海岸に多い。
② トランプ候補が代表である民主党の支持層は中西部の農業地帯や南部に多い。
③ バイデン候補が代表である民主党の支持層は大都市が集中する東・西海岸に多い。
④ バイデン候補が代表である共和党の支持層は中西部の農業地帯や南部に多い。

第３問　日本の戦後経済の歴史に関する年表を見て、下の問い（**問１～９**）に答えよ。（配点　25）

年	日本の戦後経済に関連した歴史
1949	1ドル＝360円単一為替レート
1960	ⓐ国民所得倍増計画発表
1963	（　a　）11条国へ移行
1964	（　b　）８条国へ移行
1966	戦後初の赤字国債発行
1973	第一次石油危機、ⓑ変動為替相場制へ移行
1979	第二次石油危機
1985	ⓒプラザ合意
1989	消費税３％導入
1993	ⓓウルグアイ・ラウンド交渉妥結
1999	日銀ゼロ金利政策導入
2005	ⓔペイオフ全面解禁
2007	ⓕ郵政事業民営化
2011	ⓖ人口減少社会へ突入
2018	（　c　）11協定発効
2019	消費税率10%に引き上げ、［　　　］制度実施
2020	新型コロナ措置法にもとづく「緊急事態宣言発令」

問１　年表中の（　a　）（　b　）（　c　）にあてはまる語句の組み合わせとして正しいものを、下の①～⑥から一つ選べ。［19］

① a－GATT　b－IMF　c－TPP
② a－GATT　b－TPP　c－IMF
③ a－TPP　b－IMF　c－GATT
④ a－TPP　b－GATT　c－IMF
⑤ a－IMF　b－GATT　c－TPP
⑥ a－IMF　b－TPP　c－GATT

問２　年表中の［　　　］にあてはまる語句として正しいものを、次の①～④のうちから一つ選べ。［20］

①　累進課税　　②　軽減税率　　③　インボイス　　④　オンブズマン

問３　下線部ⓐについて、この時期における日本の好景気として正しいものを、次の①～④から一つ選べ。 21

①　神武景気　　②　岩戸景気　　③　オリンピック景気　　④　いざなぎ景気

問４　下線部ⓑについて、この時のアメリカ大統領として正しいものを、次の①～④から一つ選べ。 22

①　レーガン　　②　ケネディ　　③　クリントン　　④　ニクソン

問５　下線部ⓒについて、合意した国の組み合わせとして正しいものを、次の①～④のうちから一つ選べ。 23

①　アメリカ・西ドイツ・中華人民共和国・イタリア・オランダ
②　アメリカ・西ドイツ・日本・イギリス・フランス
③　アメリカ・東ドイツ・中華人民共和国・イタリア・フランス
④　アメリカ・東ドイツ・日本・イギリス・オランダ

問６　下線部ⓓについて、交渉内容として正しいものを、次の①～④から一つ選べ。 24

①　関税引き下げ、アンチダンピング措置
②　関税引き下げ、非関税障壁低減
③　農業分野の自由化、ＷＴＯの設立
④　アンチダンピング措置の濫用防止

問７　下線部ⓔについて、金融機関が破綻したときの預金の払い戻し保証額（元本）として正しいものを、次の①～④から一つ選べ。 25

①　1000万円　　②　3000万円　　③　5000万円　　④　8000万円

問８　下線部ⓕについて、郵政民営化法案が可決したときの首相として正しいものを、次の①～④から一つ選べ。 26

①　中曽根康弘　　②　森喜朗　　③　小泉純一郎　　④　安倍晋三

問９　下線部ⓖに関連して、2000年以降の日本の社会状況やそれに対する国の対応策についての記述として**適当でないもの**を、次の①～④から一つ選べ。 27

① 世帯主が65歳以上である高齢者世帯の数が、全世帯数の3分の2を超えている。

② 2022年の合計特殊出生率は1.3を下回り、1947年以来最低の数値となった。

③ 少子化問題に対応するために、内閣府に少子化担当大臣を置いた。

④ 法律の規定で過疎地域とされている地域の人口が、日本の全人口の半分を下回っている。

第4問　次の会話文を読み、下の問い（**問1～9**）に答えよ。（配点　25）

先生：ⓐ冷戦という大きな対立構造は終結したが、現代世界において紛争はなくなっていません。

大和：多発しているのは内戦ですか。

先生：そうですね。［ア］におけるボスニア・ヘルツェゴビナ紛争、スーダン西部でのダルフール紛争、ⓑシリア内戦などが例としてあげられます。

和花：国際紛争も後を絶たないですよね。

先生：冷戦期からのⓒパレスチナ問題は今も解決していないですね。また、アメリカでのⓓ同時多発テロをきっかけに、［イ］への攻撃もありました。

大和：そういえば、2022年2月にはロシアがウクライナへ軍事侵攻をしましたね。

先生：そうですね。しかし、2022年以前からロシアがウクライナの［ウ］半島を一方的に編入するなどの介入を繰り返していました。

大和：そうなんですね。では、なぜこうした紛争が起こるのですか。

先生：要因を単純に特定することはできません。しかし、要因の多くは宗教的要因あるいはⓔ民族的要因に由来しているように思います。

和花：でも、それらとは別の要因に目を向けることもできるのではないですか。

先生：確かにそうですね。たとえば、紛争の背後に、経済的貧困や格差が存在する場合があります。あるいは、適切な警察力や武力をもたない、収賄などによって腐敗しているなど、当該地域の政府が十分な紛争解決能力をもっていない場合もありますね。

大和：それでは紛争を解決するためにはどうしたらいいのですか。

先生：紛争を解決するために、さまざまな機関が活動しています。たとえば、ⓕ国際連合が安全保障理事会の決議にもとづき、紛争拡大の防止、停戦監視などをおこなうⓖ国連平和維持活動を展開しています。また、近年は紛争後の地域において、新たな国家制度や社会のしくみをつくることは平和構築ともよばれています。この平和構築においては、国連などの国際機関だけではなく、国際的な非政府組織が役割を果たすことも多いですね。

和花：戦争や地域紛争によって多くのⓗ難民が生まれますし、近年は内戦などから逃れて他国に移動する人々が増大し、ヨーロッパ諸国などではその受け入れをめぐって、さまざまな問題が起っています。

先生：難民問題の解決も不可欠ですね。

問1　会話文中の ア ・ イ ・ ウ にあてはまる語句の組み合わせとして正しいものを、次の①～⑥のうちから一つ選べ。 28

① **ア**―アラブ首長国連邦　**イ**―イラク　**ウ**―バルカン
② **ア**―アラブ首長国連邦　**イ**―イラン　**ウ**―シナイ
③ **ア**―旧ユーゴスラビア連邦　**イ**―クエート　**ウ**―シナイ
④ **ア**―旧ユーゴスラビア連邦　**イ**―イラク　**ウ**―クリミア
⑤ **ア**―ソマリア　**イ**―クエート　**ウ**―バルカン
⑥ **ア**―ソマリア　**イ**―イラン　**ウ**―クリミア

問2　下線部ⓐについて、冷戦時におこった出来事に関して述べた次の文Ⅰ～Ⅲについて、古いものから年代順に正しく配列したものを、下の①～⑥のうちから一つ選べ。 29

Ⅰ　アメリカが北ベトナムへ爆撃を開始した。
Ⅱ　核戦争一歩手前といわれるキューバ危機が起こった。
Ⅲ　ソ連がアフガニスタンに軍事侵攻した。

①　Ⅰ－Ⅱ－Ⅲ　②　Ⅰ－Ⅲ－Ⅱ　③　Ⅱ－Ⅰ－Ⅲ
④　Ⅱ－Ⅲ－Ⅰ　⑤　Ⅲ－Ⅰ－Ⅱ　⑥　Ⅲ－Ⅱ－Ⅰ

問3　下線部ⓑについて、シリア内戦が長期化している主な原因として、国内ではアサド政権、反政府勢力、クルド人勢力の３勢力が対立し、それに外国が介入することで解決の見通しが立たないことが挙げられる。それに関する文として**適当でないもの**を、次の①～④から一つ選べ。 30

①　シリアの支配者層はシーア派であるため、立場の近いイランはアサド政権を支援している。
②　中国は中東での影響力を増すため、シリアに空軍を派遣するなどアサド政権を支持している。
③　トルコはクルド人の勢力拡大を阻止するため、反政府勢力に強い影響力をもつ。
④　アメリカを含む欧米諸国はイスラム国を壊滅させるため、シリア北東部のクルド人勢力を支援している。

問4　下線部ⓒについて、パレスチナ問題の原因に関する次の文章中の空欄ａ・ｂにあてはまる語句の組み合わせとして正しいものを、下の①～④から一つ選べ。 31

ユダヤ教のユダヤ人とイスラーム教のアラブ人の対立が始まったのは、もっぱら 19 世紀末に始まるユダヤ人のパレスチナへの帰還を進める（　a　）運動と、それを利用して第一次世界大戦において対オスマン帝国戦略を有利に進め、中東に足場をかためて「インドへの道」を確保しようとする帝国主義下の（　b　）の外交政策によるものであった。（　b　）は大戦中にユダヤ人に対しパレスチナでの「ホームランド」の建設を認めるバルフォア宣言とともに、アラブ人には対トルコ反乱を条件に独立を認めるフサイン=マクマホン協定を結ぶという「二枚舌外交」(大戦後の中東をフランスと分割することを約束したサイクス=ピコ協定を加えれば「三枚舌外交」) を行い、パレスチナでのユダヤ人とアラブ人双方の権益に口実を与えたのだった。

① a ーシオニズム　b ーアメリカ　② a ーナショナル・トラスト　b ーアメリカ
③ a ーシオニズム　b ーイギリス　④ a ーナショナル・トラスト　b ーイギリス

問5　下線部ⓓについて、アメリカ同時多発テロに関する次の文章中の空欄 a ・ b にあてはまる語句の組み合わせとして正しいものを、下の①～④のうちから一つ選べ。 32

2001年9月11日、ハイジャックされた旅客機が、ニューヨークの世界貿易センタービルやワシントンの国防総省に次々と激突。計3000人以上が死亡する大惨事となった。テロの首謀者はイスラーム原理主義過激派組織（ a ）だとされており、この組織をかくまったのが（ b ）のターリバーン政権であった。（ a ）の指導者を引き渡せというアメリカの要求に応じなかったため、2001年10月よりアメリカは（ b ）を攻撃し、ターリバーン政権を崩壊させた。

① a —アル=カーイダ　b —アフガニスタン　② a —アル=カーイダ　b —トルコ
③ a —イスラム国　b —アフガニスタン　④ a —イスラム国　b —トルコ

問6　下線部ⓔに関連して、民族自決権や民族自決を求める団体に関する記述として正しいものを、次の①～④のうちから一つ選べ。 33

① 民族自決を求める団体は、国連の信託統治理事会の管理下で独立を準備することができる。
② 民族自決権は、アメリカのケネディ大統領によって初めて主張された。
③ 民族自決を求める団体は、国際会議への資格はなく、国際機構でのオブザーバーの地位をまだ得ていない。
④ 民族自決権は「経済的、社会的及び文化的権利に関する国際規約」では明文で規定されている。

問7　下線部ⓕについて、国際連合に関する記述として**適当でないもの**を、次の①～④のうちから一つ選べ。 34

① 平和的解決が困難な場合、安全保障理事会が中心となって、集団安全保障にもとづく経済制裁などの非軍事的措置をおこなうことができる。
② 安全保障理事会では五つの常任理事国が拒否権をもち、一国でも反対すれば決議は採択されない。
③ 国際連合の加盟国は個別的自衛権を行使して、例外的に武力行使をともなう防衛措置をとることができるが、集団的自衛権を行使することはできない。

④　紛争の鎮静化などのために、国連が編成して派遣する国連平和維持活動（ＰＫＯ）が一定の役割を果たしてきた。

問8　下線部ⓖについて、日本の国際平和維持活動に関する次の文ａとｂの正誤を判定し、その組み合わせとして正しいものを、下の①～④のうちから一つ選べ。 35

ａ　日本は湾岸戦争を機に、国際平和維持活動への自衛隊派遣が議論され、1992年にＰＫＯ協力法が制定された。その結果、自衛隊がカンボジアに派遣された。

ｂ　アメリカでの「同時多発テロ」をきっかけにテロ対策特別措置法が制定され、また、イラク戦争に際してはイラク復興支援特別措置法により、それぞれ自衛隊が海外に派遣された。

①　ａ－正　ｂ－正　　②　ａ－正　ｂ－誤

③　ａ－誤　ｂ－正　　④　ａ－誤　ｂ－誤

問9　下線部ⓗについて、難民に関する記述として**適当でないもの**を、次の①～④のうちから一つ選べ。 36

①　難民条約に規定されている難民とは「人種、宗教、国籍、政治的意見または特定の社会集団に属する理由で、自国にいると迫害を受けるかあるいは迫害を受ける恐れがあるために他国に逃れた」人々のことである。

②　国際赤十字は、難民支援を行うためにスイス人のアンリ・デュナンによって創設された。

③　難民条約では、これを批准した国は、帰国すると迫害される恐れがある人を保護しなければならないというノン・ルフールマンの原則がある。

④　経済的理由で逃れた人々や、国内避難民も、難民条約の保護の対象とされている。

数　学

数学解答上の注意

1　解答は，解答用紙の問題番号に対応した解答欄にマークしなさい。

2　問題の文中の **ア** ，**イウ** などには，符号（−，±）又は数字（0～9）又は文字（a～d）が入ります。**ア**，**イ**，**ウ**，…の一つ一つは，これらのいずれか一つに対応します。それらを解答用紙のア，イ，ウ，…で示された解答欄にマークして答えなさい。

例　**アイウ** に −83 と答えたいとき

ア	● ± 0 1 2 3 4 5 6 7 8 9 a b c d
イ	− ± 0 1 2 3 4 5 6 7 ● 9 a b c d
ウ	− ± 0 1 2 ● 4 5 6 7 8 9 a b c d

なお，同一の問題文中に **ア** ，**イウ** などが2度以上現れる場合，原則として，2度目以降は， ア ， イウ のように細字で表記します。

3　分数形で解答する場合，分数の符号は分子につけ，分母につけてはいけません。

例えば，$\dfrac{\boxed{\text{エオ}}}{\boxed{\text{カ}}}$ に $-\dfrac{4}{5}$ と答えたいときは，$\dfrac{-4}{5}$ として答えなさい。

また，それ以上約分できない形で答えなさい。

例えば，$\dfrac{3}{4}$ と答えるところを，$\dfrac{6}{8}$ のように答えてはいけません。

4　根号を含む形で解答する場合，根号の中に現れる自然数が最小となる形で答えなさい。

例えば，$\boxed{\text{キ}}\sqrt{\boxed{\text{ク}}}$ に $4\sqrt{2}$ と答えるところを，$2\sqrt{8}$ のように答えてはいけません。

5　根号を含む分数形で解答する場合，例えば，$\dfrac{\boxed{\text{ケ}}+\boxed{\text{コ}}\sqrt{\boxed{\text{サ}}}}{\boxed{\text{シ}}}$ に $\dfrac{3+2\sqrt{2}}{2}$ と答えるところを，$\dfrac{6+4\sqrt{2}}{4}$ や $\dfrac{6+2\sqrt{8}}{4}$ のように答えてはいけません。

6　比を答える場合，一番小さい自然数の比で答えなさい。

例えば，**ス** : **セソ** に 2:13 と答えるところを，4:26 や 6:39 のように答えてはいけません。

◀情報・理工・教育（数学教育）学部▶

（情報学部（文系方式）　60 分
　その他　　　　　　　　90 分）

注意事項

- 問題は、1～5の計５題あります。1～3はマーク式解答問題、4、5は記述式解答問題です。
- 60 分試験の受験生は、1～3のマーク式解答問題３題を解答しなさい。4、5の記述式解答問題２題は解答しないこと。
- 90 分試験の受験生は、1～3のマーク式解答問題３題を必須解答、4または5の記述式解答問題のいずれか１題を選択し、合計４題解答すること。ただし、第１～第３志望いずれかに、理工学科 数理科学専攻、電気電子工学専攻、機械工学専攻を含む場合は、必ず5を解答すること。

1　次の各問いに答えよ。

問１　三角形 ABC において AB＝5，BC＝7，CA＝3 とすると，$\cos\angle\mathrm{BAC}=\dfrac{\boxed{アイ}}{\boxed{ウ}}$ である。辺 AC 上に点 D を AD＝2 となるようにとると，$\mathrm{BD}=\sqrt{\boxed{エオ}}$ となり，$\sin\angle\mathrm{ABD}=\dfrac{\sqrt{\boxed{カキ}}}{\boxed{クケ}}$ となる。

問２　以下に適するものを下の⓪～③の中から一つ選び番号で答えよ。

(1)　n を 3 以上の自然数とする。n 角形において「内角の和が $150^\circ\times n$ 以下である」ことは「$n\leqq10$ である」ための $\boxed{コ}$。

(2)　実数 x，y について，「$2x+y>0$ である」ことは「$-x^2+y>1$ である」ための $\boxed{サ}$。

(3)　実数 x，y について，「$x+y$ が有理数である」ことは「xy が有理数である」ための $\boxed{シ}$。

(4) 複素数 x，y について，「x が y の共役な複素数である」ことは「xy が実数である」ための［ス］。ただし，複素数 $a+bi$（a，b は実数）に対して，複素数 $a-bi$ を複素数 $a+bi$ の共役な複素数という。

⓪ 必要十分条件である
① 必要条件であるが十分条件でない
② 十分条件であるが必要条件でない
③ 必要条件でも十分条件でもない

問３ a を実数とする。2次方程式 $x^2+6x+a=0$ …① が $x<0$ で2つの実数解（重解を含む）をもつための必要十分条件は［セ］$<a\leqq$［ソ］である。このとき，さらに①が整数解をもつとすると，$a=$［タ］，［チ］，［ツ］である。ただし，［タ］＜［チ］＜［ツ］とする。

問４ $x+y+z=2$ かつ $x^3+y^3+z^3=17$ とすると，$xyz-2(xy+yz+zx)=$［テ］となる。また，このとき $(x-2)(y-2)(z-2)=xyz-$［ト］$(xy+yz+zx)$ となるので，$(x-2)(y-2)(z-2)=$［ナ］となり，$(x+y)(y+z)(z+x)=$［ニヌ］となる。

２ 次の各問いに答えよ。

問１ 3進法で表された2つの数 21111, 11112 の和を10進法で表すと［アイウ］である。また，ある数が3進法で4桁になり，6進法で2桁になるための条件は，10進法で表すと［エオ］以上かつ［カキ］以下の数になることである。

問２ 1から11までの数字が1つずつ書かれた11枚のカードが袋に入っている。この袋の中から順に3枚のカードを取り出し，その数字を記録する。ただし，取り出したカードは袋に戻さない。このとき，3枚のカードの数字の和が偶数になる確率は $\dfrac{\boxed{クケ}}{\boxed{コサ}}$ であり，1枚目のカードに書かれた数字の3倍と3枚目のカードに書かれた数字の5倍との和が偶数になる確率は $\dfrac{\boxed{シ}}{\boxed{スセ}}$ である。

問 3　三角形 ABC において，AB=6，AC=5 とする。また ∠BAC の外角の 2 等分線と直線 BC との交点を D とし，点 D を通り辺 AC に平行な直線と直線 AB との交点を E とする。このとき AE= ソタ である。また，線分AB の中点を F とし，直線 DF と辺 AC の交点を G とすると，AG=$\dfrac{\boxed{チツ}}{\boxed{テト}}$ である。さらに辺 AC 上に点 H を AH=4 となるようにとり，直線 DH と辺 AB との交点を I とすると，

AI=$\dfrac{\boxed{ナニ}}{\boxed{ヌネ}}$ である。

3　次の各問いに答えよ。

問 1　a を 1 ではない正の実数とする。1 以上の実数 x，y が

$$(\log_a x)^2+(\log_a y)^2-\log_a(ax)^4-\log_a y^2=0$$

を満たすとき，$k=\log_a xy$ のとりうる値の範囲は，

$a>1$ のとき，

$$\boxed{ア}+\sqrt{\boxed{イ}}\leqq k\leqq\boxed{ウ}+\boxed{エ}\sqrt{\boxed{オ}}$$

$0<a<1$ のとき，

$$\boxed{カ}-\boxed{キ}\sqrt{\boxed{ク}}\leqq k\leqq\boxed{ケ}-\boxed{コ}\sqrt{\boxed{サ}}$$

である。

問 2　関数 $f(x)=3\cos^2 x+2\cos x\sin x-\sin^2 x$ は周期性のある関数である。

(1)　次の シ に適するものを，下の⓪～④から一つ選び，番号を答えよ。

関数 $f(x)$ の周期は シ である。

⓪ $\dfrac{\pi}{2}$　　① π　　② 2π　　③ 4π　　④ 5π

(2)　$0\leqq x\leqq\dfrac{\pi}{2}$ において，関数 $f(x)$ の

最大値は $\sqrt{\boxed{ス}}+\boxed{セ}$，　最小値は ソタ

である。

4 2，3，5のいずれの数でも割り切れない自然数を，小さい数から順に並べた数列

1，7，11，13，……

を $\{a_n\}$ とする。

このとき，次の問1～問4は結果のみ記述式解答用紙に答えよ。また，問5は途中経過も記述式解答用紙に記述せよ。

問1 a_8，a_{16} を求めよ。

問2 $T_1=\sum_{k=1}^{8} a_k$，$T_2=\sum_{k=9}^{16} a_k$ とするとき，T_1，T_2 を求めよ。

問3 $a_n=2023$ となる n を求めよ。

問4 a_{81} を求めよ。

問5 $\sum_{k=1}^{81} a_k$ を求めよ。

5 a を0以上8以下の定数とする。方程式 $x^2+y^2-8y=0\ (-4\leqq x\leqq 4,\ 0\leqq y\leqq a)$ で表される曲線を y 軸の周りに1回転させてできる曲面の容器に，毎秒 π の水を入れる。また，この容器は水を入れても全く傾かないものとする。底からの水面の高さを h $(0\leqq h\leqq a)$ とおくとき，次の問1～問5は結果のみ記述式解答用紙に答えよ。また，問6は途中経過も記述式解答用紙に記述せよ。

問1 水面の高さが h のときの水面の面積 S を h を用いて表せ。

問2 $a=6$ のとき，容器の体積 V_6 を求めよ。

問3 水面の高さが h のときに容器に入っている水の体積 V を h を用いて表せ。

問4 水を入れ始めてからの時刻 t に対して，水面の高さが $h\ (0\leqq h\leqq 8)$ であるとき，t を h の関数として表せ。

問5 問4の h と t において，$\dfrac{dh}{dt}$ は何を表しているか。

問6 問4の h と t において，$h=4$ のとき $\dfrac{dh}{dt}$ のとる値を求めよ。

◀社会・政治経済・教育（数学教育除く）・保健医療学部・短期大学部▶

（教育（国語教育）学部・短期大学部（こども教育）　1科目　60分
その他　2科目 120分）

1　次の各問いに答えよ。

問1　2024 の約数は 1 と 2024 自身を含めて アイ 個あり，その全ての和は ウエオカ である。

問2　$(1+\sqrt{2})^{11} = 8119 + 5741\sqrt{2}$ であるから，$(1+\sqrt{2})^{10} =$ キクケコ $+$ サシスセ $\sqrt{2}$ である。

問3　次のデータは，5 人の生徒に行った 10 点満点のテストの得点の結果である。ただし，a の値は 0 以上 10 以下の整数である。また，テストの平均点は 6.0 点であった。

4,　4,　6,　7,　a　　(単位は点)

(1)　$a =$ ソ である。

(2)　テストの得点の分散は タ . チ である。ただし，. は小数点を表す。

(3)　1 人のテストの最初の採点に誤りがあり，正しい値に変更したところ，中央値は 7 点に，平均点は 6.2 点になった。このとき，誤っていた得点の値は ツ で，正しい値は テ である。

(4)　以下の空欄にあてはまるものを，次の ①, ②, ③ から選び，番号をマークせよ。

① 「変更前より増加」，　② 「変更前より減少」，　③ 「変更前と一致」

(i)　テストの最初の採点に誤りがあり，正しい値に変更したところ，最も点数の高い生徒の得点が 2 点下がり，2 番目に点数の低い生徒の得点が 2 点上がった。よって，変更後のテストの平均点は ト し，得点の分散は ナ した。

(ii)　テストの最初の採点に誤りがあり，正しい値に変更したところ，最も点数の高い生徒の得点が 2 点下がり，最も点数の低い生徒の得点が 2 点上がった。よって，変更後のテストの平均点は ニ し，得点の分散は ヌ した。

2　a は定数とする。2 次関数

$$y = 6x^2 - 12ax + 3a^2 + 4a - 1 \quad \cdots\cdots ①$$

について，次の各問いに答えよ。

問 1　① のグラフの頂点の座標は $\left(a,\ \boxed{アイ}a^2 + \boxed{ウ}a - \boxed{エ}\right)$ である。

① のグラフが x 軸と異なる 2 点で交わるのは $a < \dfrac{\boxed{オ}}{\boxed{カ}}$ または $\boxed{キ} < a$ のときである。

問2　① の $0 \leqq x \leqq 2$ における最小値を $m(a)$ とする。

$a<0$ のとき，$m(a)=$ ク a^2+ ケ $a-$ コ である。このとき，$m(a)=0$ となるような a の値は $a=\dfrac{\text{サシ}-\sqrt{\text{ス}}}{\text{セ}}$ である。

$2<a$ のとき，$m(a)=$ ソ a^2- タチ $a+$ ツテ である。このとき，$m(a)$ は $a=\dfrac{\text{トナ}}{\text{ニ}}$ のとき，最小値 $\dfrac{\text{ヌネノ}}{\text{ハ}}$ をとる。

3　半径 1 の円に内接した正十二角形を考える。ここで，正十二角形の各頂点には 1 から 12 までの数字が反時計回りに順に割り振られている。そして，1 から 12 までの番号が 1 つずつ書かれた 12 枚のカードから同時に 3 枚のカードを取り出し，その番号の頂点を結んで三角形を作る。このとき，次の各問いに答えよ。

問1　三角形は アイウ 個作ることができる。このとき，三角形が直角三角形となる確率は $\dfrac{\text{エ}}{\text{オカ}}$ であり，三角形が鈍角三角形となる確率は $\dfrac{\text{キ}}{\text{クケ}}$ であり，三角形が鋭角三角形になる確率は $\dfrac{\text{コ}}{\text{サシ}}$ である。

問2　作られた三角形が直角三角形であるとき，その三角形が直角二等辺三角形である条件つき確率は $\dfrac{\boxed{ス}}{\boxed{セ}}$ である。

問3　作られた三角形が鋭角三角形であるとき，その三角形が二等辺三角形でない条件つき確率は $\dfrac{\boxed{ソ}}{\boxed{タ}}$ であり，その三角形の面積は $\dfrac{\boxed{チ}+\sqrt{\boxed{ツ}}}{\boxed{テ}}$ である。

4　直角二等辺三角形 △ABC と △DEF を底面とする三角柱 ABC-DEF がある。その 2 つの底面の等しい辺の長さは $AB = AC = DE = DF = \sqrt{2}$ であり，その高さは $AD = BE = CF = 6$ である。辺 BE 上に点 P を $BP = 2$ となるようにとるとき，次の各問いに答えよ。

問1　$PC = \boxed{ア}\sqrt{\boxed{イ}}$ である。$PC = PQ$ となる点 Q を辺 AD 上にとるとき，$AQ = \boxed{ウ}+\sqrt{\boxed{エ}}$ である。$CQ^2 = \boxed{オカ}+\boxed{キ}\sqrt{\boxed{ク}}$ であり，

$$\cos\angle CPQ = \frac{\boxed{ケ}-\sqrt{\boxed{コ}}}{\boxed{サ}}$$

である。辺 AD 上に点 R を，辺 CF 上に点 S をとるとき，

① △PRS が正三角形になるものは存在する。

② △PRS が正三角形になるものは存在しない。

の中で正しい文章の番号は $\boxed{シ}$ である。

問2　直線 AE に垂直で点 P を通る平面 α によって三角柱 ABC-DEF を切断するとき，その切断面は三角形である。α と辺 AD との交点を G，α と辺 CF との交点を H とする。このとき，

①　直線 GH と直線 DF は平行である。

②　直線 GH と直線 DF は平行でない。

の中で正しい文章の番号は $\boxed{\text{ス}}$ である。

$\mathrm{AG} = \dfrac{\boxed{\text{セ}}}{\boxed{\text{ソ}}}$ であり，切断面の面積は $\dfrac{\sqrt{\boxed{\text{タチ}}}}{\boxed{\text{ツ}}}$ である。

9 個の点 A，B，C，D，E，F，G，H，P のうちの 2 点以上を通る直線の中で，直線 GH と垂直な直線は $\boxed{\text{テ}}$ 本ある。

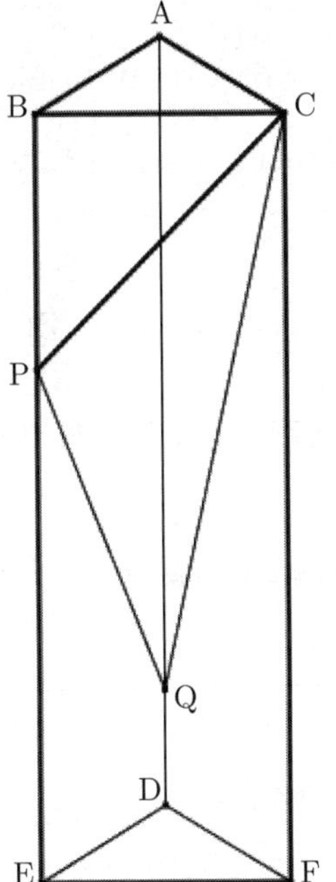

物　理

(情報・理工・教育（数学教育）学部　1科目　60分
その他　2科目 120分)

受験者は **1** から **4** 全てを解答しなさい。

1 図1のように点Oを中心とした半径 r の半円筒部をくりぬかれた質量 M の台Aがあり，はじめ水平面に固定されている。この台Aの円筒面内を運動する質量 m の小球Bの運動を考える。円筒面と小球Bとの摩擦は無視し，重力加速度の大きさを g とする。

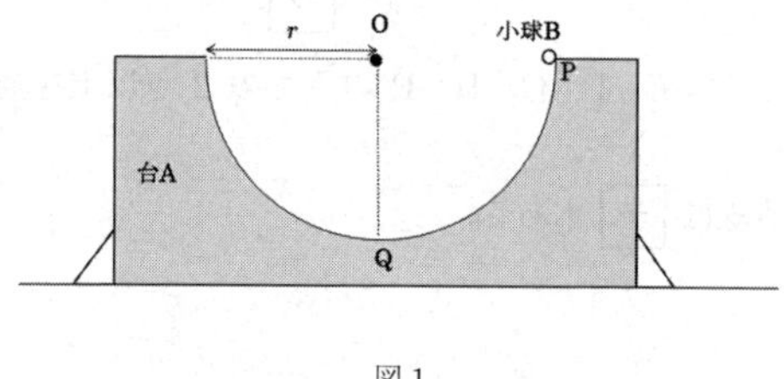

図1

台Aを固定した状態で小球Bを円筒面のふちのP点から静かに手をはなすと小球Bは円筒面に沿って運動し，最下点であるQ点を速さ V で通過した。

問1　V として正しいものを，次の①〜⑥のうちから一つ選びなさい。 1

① $\sqrt{\frac{gr}{2}}$　② $\frac{1}{2}\sqrt{gr}$　③ $\sqrt{gr}$　④ $\sqrt{2gr}$　⑤ $2\sqrt{gr}$　⑥ $4\sqrt{gr}$

問2　Q点を通過した瞬間における円筒面が小球に与える垂直抗力の大きさとして正しいものを，次の①〜⑥のうちから一つ選びなさい。 2

① $m\left(g-\frac{V^2}{r^2}\right)$　② $m\left(g-\frac{V^2}{r}\right)$　③ mg　④ $m\left(g+\frac{V^2}{r}\right)$　⑤ $m\left(g+\frac{V^2}{r^2}\right)$　⑥ $2mg$

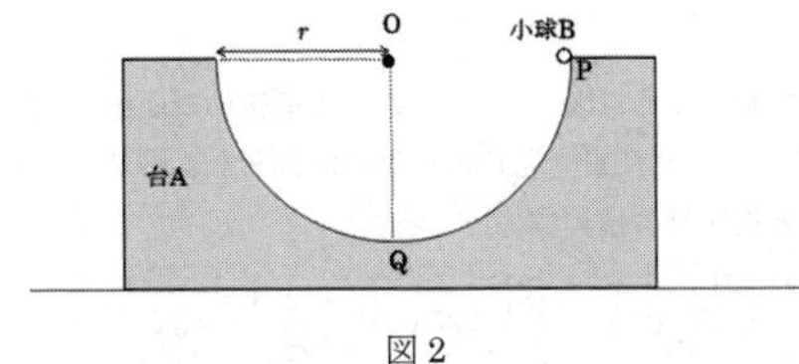

図 2

次に固定を外し，台 A を床面上を自由に動けるようにする(図 2)。床と台 A の間の摩擦が無視できるとき，P 点から小球 B を静かにはなしたときの運動について，以下の問いに答えよ。

問 3　このときの運動を説明した以下の文のうち，**誤っているもの**を次の①～⑤のうちから一つ選びなさい。[3]

① 小球 B からの垂直抗力により台 A は水平方向に動きだし，十分な時間ののち，右向きの等速直線運動をする。
② 小球 B の床からみた速さの最大値は問 1 における V よりも小さい。
③ 小球 B は Q 点を通過後，反対側の円筒面をのぼり，P 点と同じ高さまで到達する。
④ 摩擦がないので台 A と小球 B の力学的エネルギーの総和は保存する。
⑤ 水平方向の外力がないので台 A と小球 B の水平方向の運動量の和は保存する。

問 4　小球 B が Q 点を通過したときの小球 B の床に対する速さとして正しいものを，次の①～⑥のうちから一つ選びなさい。[4]

① $\sqrt{\dfrac{2m}{m+M}gr}$　② $\sqrt{\dfrac{2Mgr}{m+M}}$　③ $\sqrt{\dfrac{2(M+m)gr}{m}}$　④ $\sqrt{\dfrac{2(M+m)gr}{M}}$　⑤ $\sqrt{2gr}$　⑥ $4\sqrt{gr}$

問 5　P 点から小球 B を鉛直下向きに速さ v_0 でうちだしたとき，小球 B が到達する最高点の P 点からの高さとして正しいものを，次の①～⑥のうちから一つ選びなさい。[5]

① 0　② $\dfrac{1}{2}\dfrac{M}{m+M}\dfrac{v_0^2}{g}$　③ $\dfrac{1}{2}\dfrac{M+m}{m}\dfrac{v_0^2}{g}$　④ $\dfrac{1}{2}\dfrac{M+m}{M}\dfrac{v_0^2}{g}$　⑤ $\dfrac{1}{2}\dfrac{v_0^2}{g}$　⑥ $\dfrac{v_0^2}{g}$

2

抵抗値が未知の抵抗 X を測るために図 1 のようにこの抵抗に電圧計と電流計を取りつけ，起電力が 1.5V のマンガン乾電池を用いて，電圧計と電流計の値を記録した。図 2 は電流計の値と電圧計の値，図 3 は使用した乾電池の個数と電圧計の値の関係である。

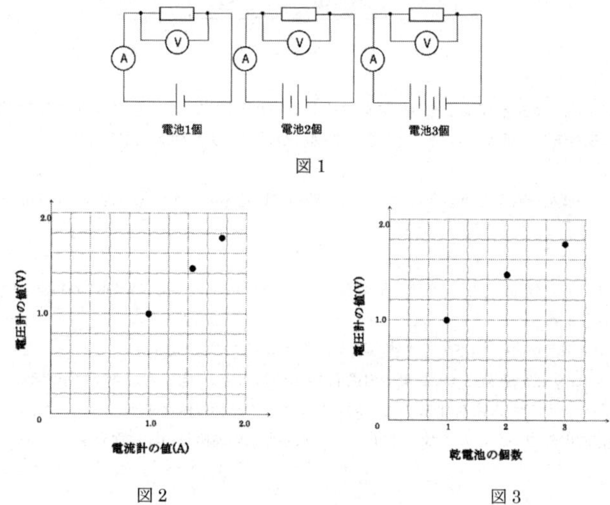

図 1

図 2　　図 3

問 1　図 2 より，この電気抵抗 X の抵抗値として正しいものを，次の①～⑥のうちから一つ選びなさい。 6

① 0.50Ω　② 1.0Ω　③ 5.0Ω　④ 10Ω　⑤ 50Ω　⑥ 1.0×10^{2}Ω

問 2　図 3 から使用した乾電池の起電力の大きさと電圧計で測定した値には大きな差があることがわかる。この理由として正しいものを，次の①～⑥のうちから一つ選びなさい。 7

① 電池の起電力に電池に固有の減衰係数を掛け算したものが電圧であるため。
② 乾電池の正極と負極は頻繁に入れ替わるため，直列に接続すると合計電圧が変化するため。
③ 図 1 で作成した回路では電圧計が抵抗に対して並列に接続されているが，正しくは抵抗に対して直列に接続する必要があるため。
④ 図 1 で作成した回路ではスイッチが用意されておらず，適切な接続ができないため。
⑤ 図 1 で作成した回路ではアース(接地点)が用意されておらず，適切な回路になっていないため。
⑥ 乾電池には内部抵抗が存在しており，電流が流れると内部抵抗の電圧降下が電池の端子間電圧に影響してくるため。

問3　今回使用した乾電池の1個あたりの内部抵抗値として最も近いものを，次の①～⑥のうちから一つ選びなさい。[8]

①　0.50Ω　②　1.0Ω　③　6.6Ω　④　10Ω　⑤　66Ω　⑥　1.0×10^2Ω

図4はすべり抵抗器という可変抵抗器を用いることで，未知の抵抗Yの抵抗値を求める装置である。このすべり抵抗器は太さと材質が一様であり，AB間の長さが40.0cm，この間の抵抗が20Ωである。AB間に，自由に動くことができる接点Cを取りつけ，接点Cの場所を変化させることによりAC間の抵抗値を変化させることができる。

問4　AC間の長さが15.0cmのときのAC間の抵抗値として正しいものを，次の①～⑥のうちから一つ選びなさい。[9]

①　0.50Ω　②　1.0Ω　③　6.6Ω　④　7.5Ω　⑤　13Ω　⑥　25Ω

問5　AC間の長さが10.0cmのとき，検流計に流れる電流が0Aになった。抵抗Yの抵抗値として正しいものを，次の①～⑥のうちから一つ選びなさい。ただし，検流計の抵抗値は0とする。[10]

①　0.50Ω　②　1.0Ω　③　2.5Ω　④　7.5Ω　⑤　13Ω　⑥　25Ω

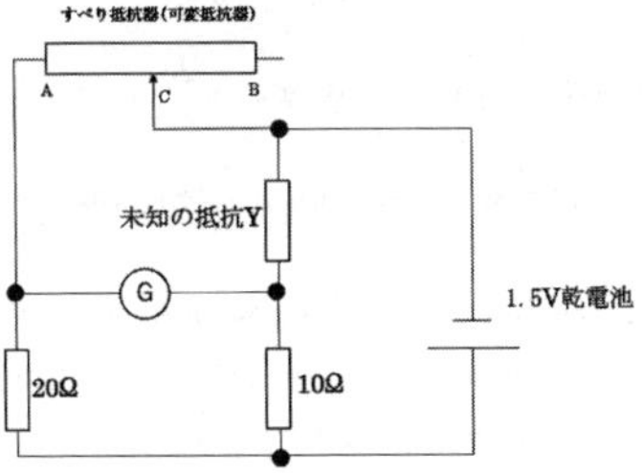

図4

3

図1 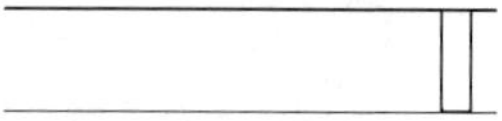　図2

図1のように長さが50.0cmで両端を固定された弦と，図2のようにピストンを動かすことで気柱の長さを変化することができる閉管がある。気温が14℃の日に気柱の前で弦をはじくと弦に基本振動が発生した。このとき，ピストンと管口の距離を20cmから80cmまで，ゆっくりと動かしていくと，管口からの距離が31.7cm，52.9cm，74.1cmのときに気柱内で共鳴が生じた。同時に800Hzの音さを鳴らすと10秒間で20回の割合でうなりが聞こえた。ただし，気温t[℃]と音速V[m/s]の関係は　$V=331.5+0.6\times t$ である。

問1　閉管内で生じている定常波の波長として正しいものを，次の①～⑥のうちから一つ選びなさい。11 cm

①　10.6　②　21.2　③　31.8　④　42.4　⑤　53.0　⑥　63.6

問2　この閉管の開口端補正として正しいものを，次の①～⑥のうちから一つ選びなさい。12 cm

①　0.1　②　0.2　③　0.3　④　0.4　⑤　0.5　⑥　0.6

問3　弦から生じている音の振動数として適切なものを，次の①～⑥のうちから一つ選びなさい。13 Hz

①　199　②　201　③　399　④　401　⑤　798　⑥　802

問4　ピストンの位置を管口から52.9cmの状態で，弦の張力を一定に保ちながら弦の長さを徐々に短くしていったところ，ある長さのときに気柱内での共鳴が再び生じた。このときの弦の長さとして正しいものを，次の①～⑥うちから一つ選びなさい。14 cm

①　11.1　②　14.3　③　25.0　④　30.0　⑤　35.7　⑥　37.8

問5　ピストンを外し，両端が開口端となったときに管内における定常波について正しいものを，次の①～⑥のうちから一つ選びなさい。15

①　気柱の基本振動が生じているときは管内には疎密の変化が大きい節は1箇所だけである。
②　開口端では空気の分子の振動の幅が他の箇所に比べて小さい。
③　両端が開口端の場合は管口がちょうど「腹」となる定常波が生じる。
④　開口端では反射が起こらないため，定常波は生じない。
⑤　両端が開口端になると，音速が速くなるため波長は長くなる。
⑥　開口端では，振動数が高くなるので波長が短くなる。

4 次の文章（I・II）を読み，以下の各問いに答えなさい。

I

気体は等温変化をするとき、外部から受けた仕事と同じ量のエネルギーを熱として外部に排出し、外部にした仕事と同じ量のエネルギーを熱として外部から吸収する。等温変化のときの体積変化あたりの仕事の大きさは温度が高い方が大きくなり、熱の出入りも大きくなる。このため、熱サイクルにおいて温度が低いときに熱を放出すれば、1サイクルで外にする仕事が正となり「熱機関」となり、逆に温度が高いときに熱を放出すれば、熱の移動が低温側から高温側になるため「冷却器」となる。図はある一定量の単原子分子理想気体の圧力と体積を表した曲線であり、AB, CD 間を断熱変化、BC, AD 間を等温変化とする。

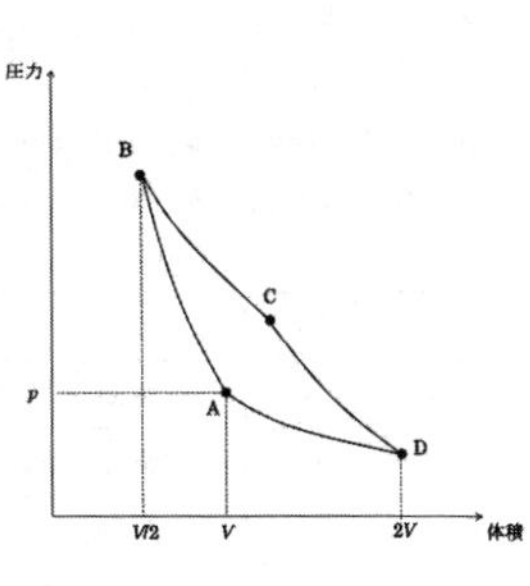

問１　状態 D における圧力として適切なものを，次の①～⑥のうちから一つ選びなさい。16

① $\frac{1}{4}p$　② $\frac{1}{3}p$　③ $\frac{1}{2}p$　④ $\frac{2}{3}p$　⑤ $\frac{3}{4}p$　⑥ $\frac{4}{5}p$

問２　BC 間における内部エネルギーの変化として適切なものを，次の①～⑥のうちから一つ選びなさい。17

① $\frac{1}{2}pV$　② pV　③ $\frac{3}{2}pV$　④ $2pV$　⑤ $\frac{5}{2}pV$　⑥ 0

問３　「熱機関」として使われるのはどのような順番で状態変化をさせたものか。適切なものを次の①～⑥のうちから一つ選びなさい。18

① A→B→C→D→A　② A→D→C→B→A　③ A→B→C→B→A
④ D→C→B→C→D　⑤ C→B→A→B→C　⑥ B→C→D→C→B

II

放射線の人体への影響は単純な量だけではなく，種類の違いやエネルギーによって変化する。そのため，さまざまな尺度での測定が行われている。

問１　放射線の人体への影響を考慮した物理量として「実効線量」という量がある。実効線量の単位と実効線量の説明の組み合わせとして適切なものを，次の①～⑥のうちから一つ選びなさい。[19]

	単位	説明
①	Sv	吸収線量に放射線の種類やエネルギーの違いを考慮した係数をかけた量
②	Sv	等価線量に放射線に曝された組織・器官の影響を考慮した係数をかけ，合計した量
③	Gy	吸収線量に放射線の種類やエネルギーの違いを考慮した係数をかけた量
④	Gy	等価線量に放射線に曝された組織・器官の影響を考慮した係数をかけ，合計した量
⑤	Bq	吸収線量に放射線の種類やエネルギーの違いを考慮した係数をかけた量
⑥	Bq	等価線量に放射線に曝された組織・器官の影響を考慮した係数をかけ，合計した量

問２　α崩壊とβ崩壊の違いを表した文として，最も適切なものを次の①～⑥のうちから一つ選びなさい。[20]

① β崩壊はα崩壊に続いて順番におこるためにβ崩壊という。
② β崩壊の方がα崩壊よりも高いエネルギーが放出される。
③ α崩壊で放出される物質もβ崩壊で放出する物質も同じ質量である。
④ α崩壊の方が頻度が高く，β崩壊はあまり起きない。
⑤ β崩壊で放出される放射線はα崩壊で放出される放射線より透過力が高い。
⑥ α崩壊が2回同時に起こる現象がβ崩壊である。

問３　放射性崩壊などで飛び出してくる放射線のエネルギーはもともとの原子核内に含まれていた質量がエネルギーに変化したものである。原子核内の様々な反応により，陽電子(記号e^+)が生まれることがある。この粒子は質量が電子と同じで正の素電荷をもっており，近くの電子と次のような反応を起こし，511keVのγ線(記号γ)を放出する。

$$e^+ + e^- \to 2\gamma$$

511keVのγ線のエネルギーに相当する質量(電子1個の質量)は何kgか。適切なものを次の①～⑥のうちから一つ選びなさい。ただし，真空中での光の速さをc=3.0×10^{8}m/s，素電荷の大きさ(電気素量)をe=1.6×10^{-19}Cとする。 [21]kg

① 3.6×10^{-36}　② 9.1×10^{-31}　③ 1.7×10^{-27}
④ 1.1×10^{-22}　⑤ 8.0×10^{-19}　⑥ 3.0×10^{-15}

化　学

(情報・理工・教育（数学教育）学部　1科目 60分)
(その他　2科目 120分)

必要があれば、次の値を使うこと。
原子量　H 1.0　C 12　N 14　O 16　Al 27　S 32　Cu 64
気体定数　8.3×10^3 Pa・L/(K・mol)
ファラデー定数　9.65×10^4 C/mol
気体は、実在気体とことわりがない限り、理想気体として扱うものとする。

1　各問いに答えよ。

問1　次の記述の下線部が、単体の意味で用いられている場合は①を、元素の意味で用いられている場合は②を選べ。

a　酸素とオゾンは、互いに同素体である。 1

b　水を電気分解すると水素と酸素が生じる。 2

c　空気中には、窒素が78%、酸素が21%、アルゴンが1%含まれている。 3

d　二酸化炭素は炭素と酸素からなる化合物である。 4

問2　次の操作に用いられる方法として、最も適当なものを解答群から一つずつ選べ。

a　植物の葉からクロロフィル(葉緑素)を取り出す。 5

b　インクに含まれる色素を分離する。 6

c　白濁した石灰水から透明な石灰水をつくる。 7

d　少量の塩化ナトリウムを含む硝酸カリウムから、硝酸カリウムだけを取り出す。
8

①　ろ過　②　再結晶　③　蒸留　④　分留
⑤　抽出　⑥　クロマトグラフィー

問3　塩素には2種類の同位体 ^{35}Cl と ^{37}Cl が存在する。その存在比を 3 : 1 とするとき、ジクロロメタン CH_2Cl_2 の取りうる存在比を質量の小さなものから順に表したとき、最も適当なものを解答群から一つ選べ。ただし、C と H の同位体は考えなくてよい。
9

① 4 : 2 : 1　② 8 : 4 : 1　③ 9 : 3 : 1
④ 9 : 6 : 1　⑤ 3 : 2 : 1　⑥ 6 : 3 : 1

問4　27℃において、2.0L の容器 A と 1.0L の容器 B がコックで接続されている。容器 A に 1.0×10^5Pa の二酸化炭素、容器 B に 2.0×10^5Pa の窒素を充填した。その後、コックを開き、両気体を混合した。混合気体の密度は何 g/L か。ただし、接続部の体積は無視できるものとする。[10] g/L

① 1.0　② 1.9　③ 2.2　④ 2.7　⑤ 3.8

問5　不純物を含むアルミニウム粉末がある。この粉末 4.0g に希塩酸を加えてアルミニウムをすべて溶かしたところ、0.18mol の水素が発生した。この粉末のアルミニウムの純度は、質量パーセントで何％か。ただし、不純物は希塩酸と反応しないものとする。
[11] %

① 63　② 72　③ 77　④ 81　⑤ 86　⑥ 90

問6　次の記述について、正しい場合は①を、誤りを含む場合は②を選べ。
a　ヘリウムは最も軽い単原子分子なので理想気体である。[12]
b　高圧・低温にすると理想気体は凝縮する。[13]
c　理想気体は分子自身の体積と分子間力を無視した架空の気体である。[14]
d　実在の気体は、高温・低圧にすると理想気体として扱うことができる。[15]
e　理想気体では、分子の質量を無視している。[16]

2　各問いに答えよ。

問1　「塩析」について説明している文を一つ選べ。 17

① 限外顕微鏡で観察すると、コロイド粒子は不規則な運動をしている。
② 硫黄のコロイド溶液に、少量の電解質を加えると、沈殿が生じる。
③ 豆乳やゼラチン溶液に、多量の電解質を加えると、沈殿が生じる。
④ デンプン水溶液に強い光をあてると、光の通路が輝いて見える。
⑤ 水酸化鉄(Ⅲ)のコロイド溶液に直流電圧をかけると、コロイド粒子が陰極側に移動する。

問2　二酸化炭素 CO_2、水 H_2O(液)、プロパン C_3H_8 の生成熱はそれぞれ394kJ/mol、286kJ/mol、107kJ/mol である。C_3H_8 の燃焼熱は何 kJ/mol か。最も適当な数値を解答群から一つ選べ。ただし、生成する水は液体とする。 18 kJ/mol

① −573　② −787　③ −2219
④ 573　⑤ 787　⑥ 2219

問3　0.20mol/L の希硫酸 10mL に、標準状態で 56mL のアンモニアを吸収させた。この混合水溶液を中和するのに、0.10mol/L の水酸化ナトリウム水溶液は何 mL 必要か。最も適当な数値を解答群から一つ選べ。 19 mL

① 5　② 10　③ 15　④ 25　⑤ 30

問4　0.15mol/L シュウ酸 $(COOH)_2$ 水溶液 20mL に希硫酸を十分に加えたのち、濃度不明の二クロム酸カリウム $K_2Cr_2O_7$ 水溶液を少しずつ滴下していくと、25mL 加えたところで反応が過不足なく終了した。この二クロム酸カリウム水溶液の濃度は何 mol/L か。最も適当な数値を解答群の中から一つ選べ。 20 mol/L

$$Cr_2O_7^{2-} + 14H^+ + 6e^- \rightarrow 2Cr^{3+} + 7H_2O$$
$$(COOH)_2 \rightarrow 2CO_2 + 2H^+ + 2e^-$$

① 0.012　② 0.040　③ 0.072
④ 0.12　⑤ 0.40　⑥ 0.72

問5　白金電極を用いて、硫酸銅(Ⅱ) $CuSO_4$ 水溶液を 32 分 10 秒間電気分解すると、陽極から標準状態で 336mL の気体が発生した。このとき陰極に析出する物質は何 g か。
21 g

① 0.640　② 0.960　③ 1.28　④ 1.92　⑤ 2.56　⑥ 3.84

問6　四酸化二窒素 N_2O_4 をある温度、圧力に保つと、$N_2O_4 \rightleftarrows 2NO_2$ の反応がおこり、平衡状態に達した。平衡状態に関する次の記述のうち、正しいものの組み合わせを解答群から一つ選べ。 22

a　正反応も逆反応もおこらず、反応が停止している。
b　正反応と逆反応の速さは等しい。
c　N_2O_4 と NO_2 の圧力(分圧)の比は 1：2 である。
d　N_2O_4 の濃度は一定となっている。
e　N_2O_4 と NO_2 の濃度の比は 1：2 である。

① a c　② a d　③ a e　④ b c
⑤ b d　⑥ b e　⑦ c e　⑧ d e

3　各問いに答えよ。

問1　硝酸に関する記述について、正しい場合は①を、誤りを含む場合は②を選べ。
a　硝酸塩は水に溶けやすい。 23
b　二酸化窒素は、銅に濃硝酸を作用させると発生する。 24
c　鉄、アルミニウム、ニッケルは、希硝酸と反応するが濃硝酸とは反応が進まない。 25
d　一酸化窒素は赤褐色であるが、空気に触れるとすぐに酸化されて無色の二酸化窒素と赤褐色の四酸化二窒素になる。 26
e　濃硝酸には酸化作用があるが、希硝酸には酸化作用はない。 27

問2　アルミニウムに関する記述について、正しい場合は①を、誤りを含む場合は②を選べ。
a　アルミニウムの粉末は、空気中で強熱すると、光と熱を放出して燃える。 28
b　アルミニウムは、塩酸に溶けて、3価の陽イオンになる。 29
c　ミョウバン $AlK(SO_4)_2 \cdot 12H_2O$ の水溶液は、塩基性を示す。 30
d　アルミニウムの酸化物は、両性酸化物である。 31
e　水酸化アルミニウムはアンモニア水によく溶ける。 32

問3　遷移元素に関する記述について、正しい場合は①を、誤りを含む場合は②を選べ。
a　遷移元素の単体は、硬くて、密度が大きく、融点の高いものが多い。 33
b　遷移元素のイオンや化合物には、無色のものが多い。 34
c　遷移元素はすべて金属元素である。 35
d　遷移元素の最外殻電子数は、1または2である。 36
e　遷移元素は、同一元素でも酸化数の異なる化合物をつくるものが多い。 37

問4　錯イオンに関する記述について、正しい場合は①を、誤りを含む場合は②を選べ。

a　錯イオンには、配位数が2のものがある。 38

b　錯イオンには、中心の金属イオンが典型元素のイオンのものがある。 39

c　テトラアンミン銅(Ⅱ)イオンでは、アンモニア分子が配位子である。 40

d　硫酸銅(Ⅱ)を水に溶かすと、水分子が配位結合したテトラアクア銅(Ⅱ)イオンが生成する。 41

e　ヘキサシアニド鉄(Ⅱ)酸イオンは、正八面体構造をとる。 42

4　各問いに答えよ。

問1　分子式 C_4H_8O で表される化合物に関する記述について、正しい場合は①を、誤りを含む場合は②を選べ。

a　シス－トランス異性体をもつ化合物が存在する。 43

b　立体異性体を考慮して考えると、アルコールは3種類以上ある。 44

c　立体異性体を考慮して考えると、エーテルは4種類以上ある。 45

d　アルデヒドは2種類ある。 46

e　ケトンは1種類である。 47

問2　洗剤に関する記述について、正しい場合は①を、誤りを含む場合は②を選べ。

a　セッケンや合成洗剤の水溶液は、すべてアルカリ性を示す。 48

b　水溶液中の界面活性剤の分子は、親油性部分を内側にして集まる性質をもつ。 49

c　すべての界面活性剤は、水溶液中でイオンに電離している。 50

d　セッケンを構成する元素は、炭素、水素、酸素だけである。 51

e　セッケン水中で光の進路が見えるのは、セッケン分子が集合してコロイド粒子となり、光を散乱させるためである。 52

問3　芳香族化合物に関する記述について、正しい場合は①を、誤りを含む場合は②を選べ。

a　トルエンに過マンガン酸カリウムのアルカリ性水溶液を作用させると、安息香酸の塩が得られる。 53

b　ベンゼンに無水酢酸を作用させると、酢酸フェニルが得られる。 54

c　ベンゼンに濃硫酸を作用させると、ベンゼンスルホン酸が得られる。 55

d　ベンゼンに鉄粉の存在下で塩素を作用させると、ヘキサクロロシクロヘキサンが主に生じる。 56

e　ベンゼンスルホン酸ナトリウムの結晶に、水酸化ナトリウムの固体を加えて加熱(アルカリ融解)すると、ナトリウムフェノキシドが生じる。 57

問4　糖の構造や性質、アミノ酸、タンパク質に関する記述について、正しい場合は①を、誤りを含む場合は②を選べ。

a　セロビオースは、セルロースを酵素で分解して得られる、5〜6 個のグルコースが結合したオリゴ糖(少糖)である。 58

b　もち米のデンプンは、約 70%のアミロースを含んでいる。 59

c　ヨウ素デンプン反応は、加熱により呈色が消失し、冷却により再び呈色する。 60

d　ジスルフィド結合は、システイン 2 分子の還元によって生じる。 61

e　グリシン、アラニン、フェニルアラニンの混合物から生じるトリペプチドの組合せは 10 種類である。なお、結合の順序、環状構造は考えないものとする。 62

問5　次の記述に該当する高分子化合物として、最も適当なものを解答群から一つずつ選べ。

a　樹脂中の COO^- の反発により網目構造が広がって水が入り込む。 63

b　土壌中の微生物によって分解される高分子で、低級ヒドロキシカルボン酸のポリエステルなどが利用されている。 64

c　光(紫外線)が当たると硬化する樹脂で、プリント配線や歯科治療材に利用される。 65

d　白川博士の発明によるポリアセチレンの誘導体である。 66

e　多孔質の高分子で、樹脂がもつイオンと水溶液中の同符号のイオンとが入れ換わる。 67

①　吸水性高分子(高吸水性樹脂)　②　イオン交換樹脂　③　生分解性高分子
④　感光性高分子　⑤　導電性高分子

生　物

（情報・理工・教育（数学教育）学部　1科目　60分
その他　2科目 120分）

1 真核生物における代謝とエネルギーに関する以下の各問い（**問1〜7**）に答えよ。

A. 解糖系では、グルコースは、(a)いくつかの段階を経て、C_3化合物(グリセルアルデヒドリン酸)になる。(b)グリセルアルデヒドリン酸は、脱水素酵素のはたらきによりNAD⁺と反応し、(c)いくつかの段階を経て、最終的にピルビン酸となる。

問1 解糖系では、グルコース1分子が分解され、グリセルアルデヒドリン酸が何分子生じるか。また、グリセルアルデヒドリン酸1分子からピルビン酸が何分子生じるか、それぞれ答えよ。

グリセルアルデヒドリン酸：[1]分子　　ピルビン酸：[2]分子

① 1　② 2　③ 3　④ 4　⑤ 5　⑥ 6

問2 Aの文中の下線部(a)、(c)の過程でのATPの分解と合成について、最も適当なものを次から一つ選べ。

下線部(a)について：[3]

① グルコース1分子当たり、4分子のATPが合成される。
② グルコース1分子当たり、2分子のATPが合成される。
③ グルコース1分子当たり、1分子のATPが合成される。
④ グルコース1分子当たり、4分子のATPが分解される。
⑤ グルコース1分子当たり、2分子のATPが分解される。
⑥ グルコース1分子当たり、1分子のATPが分解される。

下線部(c)について：[4]

① グリセルアルデヒドリン酸1分子当たり、4分子のATPが合成される。
② グリセルアルデヒドリン酸1分子当たり、2分子のATPが合成される。
③ グリセルアルデヒドリン酸1分子当たり、1分子のATPが合成される。
④ グリセルアルデヒドリン酸1分子当たり、4分子のATPが分解される。
⑤ グリセルアルデヒドリン酸1分子当たり、2分子のATPが分解される。
⑥ グリセルアルデヒドリン酸1分子当たり、1分子のATPが分解される。

問3 下線部(b)の反応において、NAD^+、グリセルアルデヒドリン酸は、それぞれ酸化されるか、還元されるか。正しい組み合わせを次から一つ選べ。[5]

① NAD^+、グリセルアルデヒドリン酸ともに酸化される。
② NAD^+、グリセルアルデヒドリン酸ともに還元される。
③ NAD^+は酸化され、グリセルアルデヒドリン酸は還元される。
④ NAD^+は還元され、グリセルアルデヒドリン酸は酸化される。

⑤　NAD^+は酸化還元反応に関与しないが、グリセルアルデヒドリン酸は酸化される。
⑥　NAD^+は還元されるが、グリセルアルデヒドリン酸は酸化還元反応に関与しない。

問4　真核生物の呼吸の過程は、解糖系・クエン酸回路・電子伝達系の3段階に分けられるが、それぞれの反応は、細胞内のどの部分で行われているか。最も適当なものを次から一つずつ選べ。

解糖系：**6**　　クエン酸回路：**7**　　電子伝達系：**8**

①　細胞質基質　②　核　③　ゴルジ体
④　ミトコンドリアのマトリックス　⑤　ミトコンドリアの外膜　⑥　ミトコンドリアの内膜
⑦　チラコイド　⑧　ストロマ　⑨　細胞膜

B. 代謝には数多くの酵素が関与している。カタラーゼを含むニワトリの肝臓片を使って、次の実験を行った。試験管を9本用意し、AからIとした。それぞれに過酸化水素水を2mlずつ加えた。
A、B、E、F、Iの試験管には水を、CとGの試験管には塩酸を、DとHの試験管には水酸化ナトリウム水溶液を、それぞれ2mlずつ加えた。B、C、Dには少量の酸化マンガン(Ⅳ)を加え、Eには煮沸した酸化マンガン(Ⅳ)を加えた。F、G、Hには肝臓片を入れ、Iには煮沸した肝臓片を加えた。その後、発生した気体を観察した。

問5　発生した気体は何か。最も適当なものを次から一つ選べ。**9**
①　二酸化炭素　②　塩素　③　水素　④　酸素
⑤　窒素　⑥　一酸化炭素　⑦　メタン

問6　気体の発生のしかたについて、最も適当なものを次から一つ選べ。**10**
①　A、B、C、D、Eは、すべて気体が発生した。
②　F、G、H、Iは、すべて気体が発生した。
③　EとIは、気体が発生しなかった。
④　GとHは、Fよりも気体の発生量が少なかった。
⑤　B、C、D、Eの中で、一番多く気体が発生したのは、Bだった。

問7　酵素と無機触媒の一般的な説明について、**誤っているもの**を次から一つ選べ。**11**
①　酵素、無機触媒ともに化学反応の前後でそれら自体は変化しない。
②　酵素が失活するのは、酵素の立体構造が変化するためである。
③　酵素には、基質特異性がある。
④　酵素には最適pHがあり、トリプシンではpH8付近である。
⑤　無機触媒と基質の反応は、一般に反応温度が高いほど反応速度は大きくなる。
⑥　酵素、無機触媒とも、反応に必要な熱エネルギーを低下させるはたらきがある。

2 世界のバイオームに関する以下の各問い（**問1～5**）に答えよ。

問1 バイオームについての記述のうち、**誤っているもの**を、次から一つ選べ。 12

① バイオームとは、植生を構成する植物とそこに生息する動物や微生物を含むすべての生物の集まりのことである。

② バイオームは年平均気温が同じような地域の間でも、年降水量の違いによって異なっている。

③ 陸上のバイオームの基盤は動物の生息である。

④ 陸上のバイオームは、森林、草原および荒原に大別される。

⑤ あるバイオームから隣り合うバイオームへは緩やかに変化しており、その境界は明瞭ではない。

問2 バイオームの特徴に関する記述のうち、適当なものを次から二つ選べ。 13 ・ 14

① ステップは亜熱帯の乾燥地域で、乾燥に強いイネのなかまが優占し、背丈の低い樹木が点在する。

② ツンドラの永久凍土層は微生物による分解が進みにくいため、 栄養塩類が豊富に存在する。

③ 砂漠では、 厳しい乾燥に適応した多肉植物のみが点在している。

④ 硬葉樹林は小形で厚く硬い葉をもち、夏の乾燥に耐える常緑広葉樹が優占する。

⑤ 雨緑樹林は雨期に葉を茂らせ、乾季に葉を落とす落葉広葉樹が優占する。

⑥ 針葉樹林では葉の面積が非常に広い、 常緑針葉樹が優占する。

問3 日本でも各地域の気候に応じてさまざまなバイオームがみられる。日本のバイオームに関するあとの問いに答えなさい。

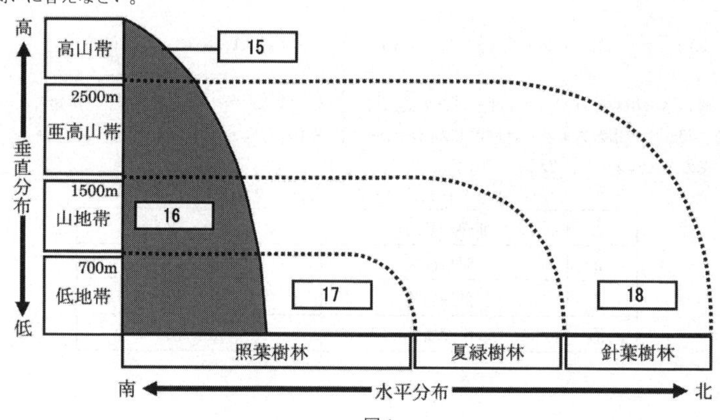

図1

図1は本州中部のバイオームの垂直分布と日本のバイオームの水平分布の関係を示したものである。

(1) 図1の 15 ～ 18 に最も適当と考えられる植物を、 次からそれぞれ一つずつ選べ。

① コメツガ　② コマクサ　③ コクタン　④ スダジイ

⑤ ブナ　⑥ ガジュマル　⑦ サボテン　⑧ オリーブ

(2)　日本には図1の4種を含む、主に5種類のバイオームが存在する。全世界の陸上にある、亜熱帯多雨林、針葉樹林のバイオームの年間平均気温の幅として、最も適当と考えられるものを図2の中から一つずつ選べ。なお、図2の温度計の▇▇▇は年平均気温の幅を示している。

亜熱帯多雨林：［19］　針葉樹林：［20］

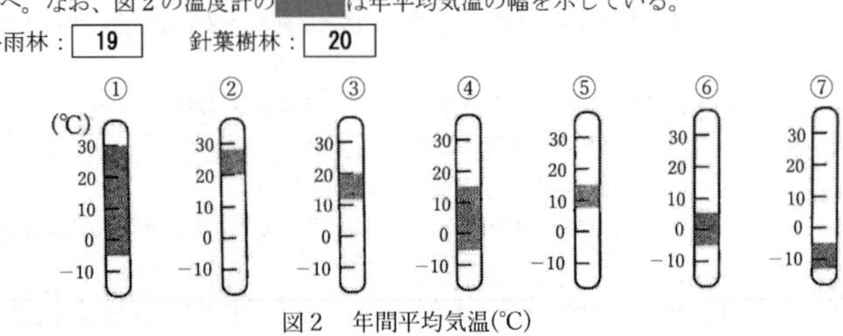

図2　年間平均気温(℃)

問4　一般に植物の生育には、月平均気温で5℃以上が必要とされる。1年間のうち、月平均気温が5℃以上の各月について、月平均気温から5℃を引いた値の合計値を暖かさの指数という。いま、ある地域の月別の平均気温を調べたら表1のようであった。この地域の暖かさの指数を求め、最も適切な数値を次から一つ選べ。［21］

表1　月別の月平均気温(℃)

1月	2月	3月	4月	5月	6月	7月	8月	9月	10月	11月	12月
1.6	3.4	8.1	12.2	16.9	18.4	24.3	26.7	22.6	14.8	9.1	4.8

①　93.1　②　102.9　③　108.1　④　153.1　⑤　162.9

問5　暖かさの指数と日本のバイオームとの間には、表2のような対応関係があることが知られている。**問4**で暖かさの指数を求めた地域がどのバイオームに属すると推定されるか、表2の①〜④から当てはまるものを一つ選べ。［22］

表2　日本のバイオームの暖かさの指数

①	亜熱帯多雨林	240〜180
②	照葉樹林	180〜85
③	夏緑樹林	85〜45
④	針葉樹林	45〜15

3 植物の発生・生殖に関する以下の各問い（**問1～4**）に答えよ。

エンドウは種子植物の一種である。研究ではしばしば、遺伝子の機能を調べる方法の一つに突然変異体をつくることがある。いま変異源としてX線を用い、これをエンドウの花粉に適正な強度で照射すると、遺伝子突然変異を起こした。X線を照射した花粉を人為的に受粉させたところ、種子が得られた。この種子はすべて発芽して、成長した。次に、成長した植物を自家受粉させ、次の世代の植物を得たところ、しわの種子をつくる植物体が得られた。

これら一連の操作を何度も繰り返すことで、しわの種子をつくる植物体を数多く得た。これらのうち、変異している遺伝子が1植物体当たり1個のみとなる純系の変異体(しわ1からしわ6)を選んだ。これらの純系の変異体同士を様々に交配させて得た次世代の種子の形は、表1の結果になった。なお、変異することによって、しわの種子の原因となる遺伝子は複数存在し、冗長的に種子のかたちを制御していることが知られている。

表1　次世代の種子の形

	しわ1	しわ2	しわ3	しわ4	しわ5	しわ6
しわ1		丸	丸	丸	丸	丸
しわ2			丸	しわ	しわ	丸
しわ3				丸	丸	しわ
しわ4					しわ	丸
しわ5						丸
しわ6						

問1 葯の中で成熟花粉ができる過程では、複数種類の細胞を経る必要がある。下記の細胞の染色体数を、次から一つずつ選べ。同じ選択肢を複数選んでもよい。ただし体細胞の染色体数を2nとする。

花粉母細胞：**23**　花粉四分子：**24**　雄原細胞：**25**

① n　② 2n

問2 野生型と変異体を交配させて得たF_1植物、またはF_2植物で、丸い種子としわの種子をつける植物体の数の比がどのような結果になれば、変異株が種子の形に関わる遺伝子一つに変異を持つ純系であることが示されるか。最も適しているものを次から一つ選べ。**26**

① F_1植物で、丸い種子としわの種子をつける植物体の数の比が1：1になる。
② F_1植物で、丸い種子としわの種子をつける植物体の数の比が2：1になる。
③ F_1植物で、丸い種子としわの種子をつける植物体の数の比が3：1になる。
④ F_2植物で、丸い種子としわの種子をつける植物体の数の比が1：1になる。
⑤ F_2植物で、丸い種子としわの種子をつける植物体の数の比が2：1になる。
⑥ F_2植物で、丸い種子としわの種了をつける植物体の数の比が3：1になる。

問3 しわ3と同じ遺伝子に変異を持つものはどれか、次の中から一つ選べ。**27**

① しわ1　② しわ2　③ しわ4　④ しわ5　⑤ しわ6

問4　ナス科やバラ科の植物における自家不和合性にはS遺伝子の関与が知られている。S遺伝子には塩基配列に違いがあることによる多くの遺伝子型(S1、S2、S3...)があり、花粉がもつ遺伝子型とめしべがもつ遺伝子型の組み合わせにより、受粉後花粉管が伸長して受精するか、伸長しないかが決まる。あとの問いに答えよ。

(1)　遺伝子型がS1S2の個体の花のめしべに同じ個体の"花粉"(遺伝子型の種類はS1、S2の2種である)を受粉させると種子形成が認められなかったが、この"花粉"をS2S2の遺伝子型をもつ別の個体の花のめしべに受粉させると種子形成が認められた。これはめしべのもつS遺伝子の少なくとも片方と同じ遺伝子型のS遺伝子を花粉がもつ場合に花粉管の伸長が妨げられるためである。ただし、ここに示した実験結果のみからは他の可能性も考えられる。それはどのような可能性か、次から一つ選べ。 **28**

① 花粉管が伸びるか否かは花粉のS遺伝子の遺伝子型により決まり、めしべの遺伝子型は影響しない。

② めしべがもつS遺伝子の少なくとも片方と異なる型のS遺伝子をもつ花粉においてのみ花粉管の伸長が妨げられる。

③ めしべがもつS遺伝子の少なくとも片方と同じ遺伝子型のS遺伝子をもつ花粉の花粉管のみが伸長する。

④ めしべがもつS遺伝子のいずれとも異なる遺伝子型のS遺伝子をもつ花粉においてのみ花粉管の伸長が妨げられる。

⑤ S遺伝子の遺伝子型にかかわらず花粉管が伸びる確率は常に50%である。

(2)　S遺伝子が存在すると考えられる染色体の領域の構造が明らかになるにつれ、この領域には複数種類の異なる遺伝子が存在し、その中の少なくとも2種類の遺伝子、すなわちめしべで発現する遺伝子(ここでは仮に"A"とよぶ)と花粉で発現する遺伝子(ここでは仮に"B"とよぶ)が自家不和合性に関与することが知られるようになった。A遺伝子とB遺伝子にはそれぞれS遺伝子の遺伝子型に対応する複数の遺伝子型が存在する。すなわちS1にはA1とB1が、S2にはA2とB2が含まれることになる。また、A遺伝子はどの遺伝子型のものでも花粉管の伸長を阻害するために必要な酵素をコードしており、B遺伝子はA遺伝子の働きを制御する酵素をコードしていると考えられている。ここで、「めしべのもつS遺伝子の少なくとも片方と同じ型のS遺伝子をもつ花粉において花粉管の伸長が妨げられる」という先の結論に照らし、特定の遺伝子型をもつA遺伝子とB遺伝子の関係についての記述として最も妥当であるものを次から一つ選べ。ただし、A遺伝子とB遺伝子の間で組み換えは起こらないものとして考えよ。 **29**

① B1はA1の働きのみを抑制する。

② B1はA2の働きのみを抑制する。

③ B1はA1以外のAの働きを抑制する。

④ B1はA2以外のAの働きを抑制する。

⑤ B1はA1とA2の働きを抑制するがそれ以外のAの働きは抑制しない。

⑥ B1はA1とA2以外のAの働きを抑制する。

⑦ B1はすべてのAの働きを抑制する。

⑧ B1はいずれのAの働きも抑制しない。

4 動物の神経に関する問い（**問1～3**）に答えなさい。

動物の神経系は、ニューロンとグリア細胞で構成されている。ニューロンは、 細胞体とそこから伸びる多数の突起からなり、このうち長く伸びた突起を［ア］、枝分かれした短い突起を［イ］という。

(a)刺激を受けたニューロンの細胞膜の一部に膜電位の変化が生じると、興奮部と隣接した静止部との間に活動電流が流れ、それが隣接する静止部へ次々に伝わる。この一連の流れを興奮の［ウ］という。

一方、刺激を受けたニューロンが隣接する別のニューロンや効果器へ興奮を伝える場合は、［エ］と呼ばれるニューロンの［ア］の末端と隣接部位との狭いすきまに、(b)［ア］の末端から化学物質が分泌されることにより興奮が伝えられる。

問1 文中の［ア］～［エ］に入る語句として最も適当な組み合わせを、次から一つ選べ。［30］

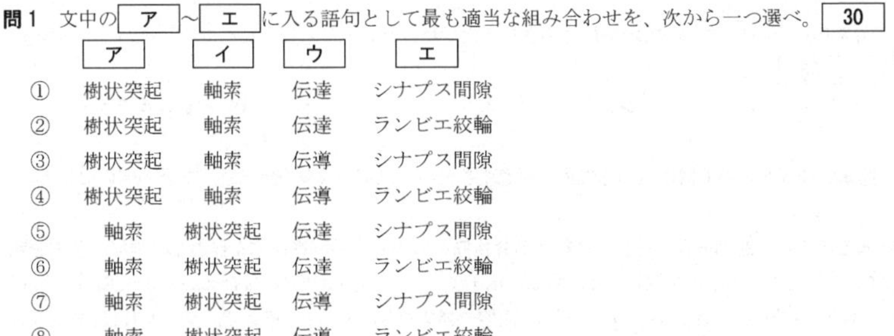

	ア	イ	ウ	エ
①	樹状突起	軸索	伝達	シナプス間隙
②	樹状突起	軸索	伝達	ランビエ絞輪
③	樹状突起	軸索	伝導	シナプス間隙
④	樹状突起	軸索	伝導	ランビエ絞輪
⑤	軸索	樹状突起	伝達	シナプス間隙
⑥	軸索	樹状突起	伝達	ランビエ絞輪
⑦	軸索	樹状突起	伝導	シナプス間隙
⑧	軸索	樹状突起	伝導	ランビエ絞輪

問2 図1は、下線部(a)の細胞外を基準とした細胞内の膜電位の変化を表したものである。あとの問いに答えよ。

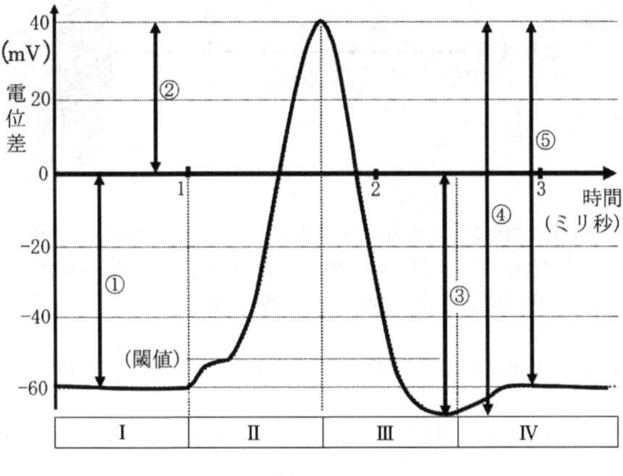

図1

(1) 活動電位の最大値と静止電位を表すものとして最も適当なものを、図1の①～⑤からそれぞれ一つずつ選べ。(解答番号は、活動電位の最大値は **31** 、静止電位は **32**)

(2) 図1のⅠ～Ⅳの期間におこる現象として適当なものを、次から二つ選べ。 **33** ・ **34**

① Ⅰでは、電位に依存しないカリウムチャネルが開き、K^+が細胞内へ流入している。
② Ⅱでは、電位依存性ナトリウムチャネルが開き、Na^+が細胞内へ流入している。
③ Ⅲでは、電位依存性カリウムチャネルが開き、K^+が細胞外へ流出している。
④ Ⅳでは、電位依存性ナトリウムチャネルが開き、Na^+が細胞外へ流出している。
⑤ Ⅱで見られるような負の膜電位が 0 mV に近づく現象を、過分極という。

(3) 下線部(b)で示す **ア** の末端から分泌される化学物質として最も適当なものを、次から二つ選べ。
35 ・ **36**

① アセチルコリン　② インスリン　③ ノルアドレナリン　④ 鉱質コルチコイド

問 3 興奮が神経から効果器に伝わる現象を観察するため、以下の実験を行った。あとの問いに答えよ。

実験 ある両生類の運動神経とそれに連結する骨格筋を摘出して神経筋標本を作製し、神経の各部を刺激して、後に起こる筋収縮を測定した。図2に示すように、A地点(神経筋接合部から 9cm 離れた部位)およびB地点(神経筋接合部から 3cm 離れた部位)で神経を刺激すると、それぞれ9ミリ秒後、6ミリ秒後に筋収縮の開始を認めた。さらに筋肉を直接電気刺激したところ、1 ミリ秒後に収縮が観察された。

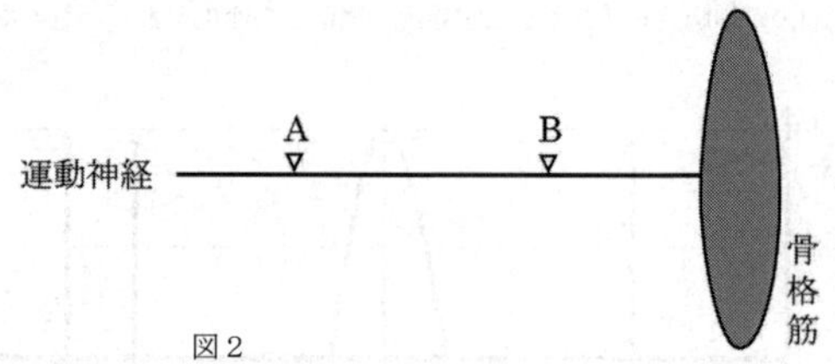

図2

(1) 実験で用いた神経が興奮を伝える速度として最も適当なものを、次から一つ選べ。 **37**

① 0.1m/秒　② 0.2m/秒　③ 0.5m/秒　④ 1m/秒　⑤ 2m/秒
⑥ 5m/秒　⑦ 10m/秒　⑧ 20m/秒　⑨ 50m/秒

(2) 神経筋接合部での興奮が伝わるのに要する時間(単位：ミリ秒)として最も適当なものを、次から一つ選べ。 **38**

① 1　② 1.5　③ 2　④ 2.5　⑤ 3　⑥ 3.5　⑦ 4　⑧ 4.5　⑨ 5

E 茶道の奥義をカントクする。

F 敵のコンタンを見抜く。

G 交通事故をボクメツする。

H 旧習をボクシュする。

I 人の話をサエギル。

J 多数派の意見にフワライドウする。

① 登場人物の会話を通じて物語が淡々と展開し、心情描写を極力排しつつ、第三者的な視点から物語全体が写生的に描かれている。

② 主人公については時系列にあわせてその内面の変化が語られ、他の登場人物については、客観的な心情描写が丁寧になされている。

③ 文語的な表現を用いることで、場面の切り替えを早くして、時間経過とともに変化する登場人物の人間関係をきわだたせている。

④ 自然や村の風景が物語の背景として美しく描かれ、それらが登場人物の心の動きに影響を与えることを情感豊かに描いている。

⑤ 会話文に描写的な表現を重ねることで、登場人物の内面の葛藤や成長、人間関係の微妙な変化などが丹念に描かれている。

四 漢字・語句について、次の問いに答えなさい。

問 **A**～**J**の各傍線部について、**A**～**D**は漢字の読みを**ひらがな**で、**E**～**J**はカタカナに相当する漢字を**楷書**で、それぞれ答えなさい。なお、送り仮名が必要なときは、それも書くこと。解答番号は、**記述式** **6** **A**～**J**。

A 醜聞を種に恐喝する。

B ささいなことに拘泥する。

C 損失を補填する。

D 大仰にため息を吐く。

問5　「C全く洪作の存在には気付いていないといった風を装っていた」とあるが、ここに描かれている「あき子」の様子からどのようなことがうかがえるか。その説明として最も適当なものを、次の中から一つ選びなさい。解答番号は、**マーク式** 27。

① 神社でのやりとり以来、急によそよそしい態度をとるようになった洪作に対して、驚きや戸惑いを感じながらも憤りの気持ちを持っている。

② 自分の綴方が学校代表に選ばれたいという思いを強く持ち、ずるい手を使おうとした洪作に対して不信感や敵対心を抱いている。

③ 洪作とは今まで通りの関係に戻りたいと願いつつも、競い合っている関係にあることから、素直な態度がとれずにいらだっている。

④ 洪作に対しては、この間ずっとそっけない態度をとり続けてきたため、今更その態度を改めることができずに困惑をしている。

⑤ 何度も自分の真意を伝えようとしたにもかかわらず、自分の非を認めて改めようとしない洪作に対して、激しい怒りを感じている。

問6　「Dこんどの綴方のことは、初めからすること為すこと志と違った感じだった」とあるが、ここでの「洪作」の心の動きはどのようなものか。その心境を説明した次の文の［　］に**六〇字以内**で「すること為すこと」の内容を記述して完成させなさい。解答番号は、**記述式** 5。

洪作は［　　　　　　　　］ことに、やるせなさを感じ、無性にひとりになりたかった。

問7　本文の表現上の特徴についての説明として最も適当なものを、次の中から一つ選びなさい。解答番号は、**マーク式** 28。

「c心外な」 25

① 期待を越えている　② 思いもよらない　③ 現実離れをしている
④ 思慮の浅い　⑤ 良心を欠いている

問3 「A一、二度、洪作はあき子と視線を合わせたが、あき子はいかなる変った表情も取らなかった」とあるが、ここでの「洪作」の心の動きの説明として最も適当なものを、次の中から一つ選びなさい。解答番号は、**マーク式** 26。

① あき子は六年生の中でも監督者的な立場にあるため、自分から男の子に声をかけることは決してないということに気づき、そうした気位の高い態度に近寄りがたいものを感じている。

② あき子が、自分と二人だけしか知らされていない事実を隠しておきたい、という思いを持っていることに気付き、不用意に目線を送った自分の行いが思慮の浅いものであったと恥じている。

③ 御料所の所長の娘でもあるあき子は、厳しくしつけられているため、本当は自分と話がしたいのだが、男の子と親しく話をすることができない不自由な立場に同情をしている。

④ あき子も自分と話をする機会を持たなければならないため、視線が合った際、何らかの意を含んだ態度をとるものと期待していたが、そっけない態度をとられて、はぐらかされた気分でいる。

⑤ あき子から先に自分に話しかけてくるはずだと考えていたが、他の生徒にからかわれることを恐れて、何度視線を合わせても素知らぬ顔をしていることに不満を募らせている。

問4 「B洪作はこの場合も、教師に依って幾らか誤解されていることを感じた」とあるが、ここでの「洪作」の思いを**八〇字以内**で説明しなさい。解答番号は、**記述式** 4。

3　御料局——国有林を管理する部局。

4　綴方——作文のこと。

問1　X 、 Y に入る言葉として最も適当なものを、次の中からそれぞれ一つずつ選びなさい。解答番号は、**マーク式** 21 ～ 22 。

X 21

① なつかしいもの　② わかりあえないもの　③ 親しいもの

④ 近寄りがたいもの　⑤ 心浮き立つもの

Y 22

① 無関心なままでいる　② ねたましく感じている　③ 心配してくれている

④ 不愉快な思いをしている　⑤ 悦んでくれている

問2　波線部a～cの意味として最も適当なものを、次の中からそれぞれ一つずつ選びなさい。解答番号は、**マーク式** 23 ～ 25 。

「a人みしり」 23

① よく知らない人とも親しくなろうとすること　② 見知った人に対して遠慮をすること

③ 誰に対しても遠慮なく振る舞うこと　④ 見慣れない人を恥ずかしがったりすること

⑤ 誰からもよく知られていること

「b気おくれ」 24

① 心がひるむこと　② 引け目を感じること　③ 乗り気になること

④ 気分が落ち着かないこと　⑤ あれこれ思い悩むこと

と言った。綴方を教師の手もとに出してから三、四日して、洪作は校長の石守森之進に呼ばれた。洪作が校長室へはいって行くと、

「ここが違っている。直しておきなさい」

と、伯父の校長は言った。椎茸の栽培に関することを、粂さんが洪作と唐平に説明する箇処であった。欄外に鉛筆で二、三の用語が訂正されてあった。

「棚場に行ってよかったろう」

伯父は、例によって、憤ったような表情と憤ったような口調で言った。洪作は伯父の校長が、自分が祖父を棚場に訪ねて行き、このような作文を書いたことを、結局は［Y］のであろうと思った。伯父のにこりともしない気難しい顔からは、その心の内側を覗くことはできなかったが、洪作には何となくそのように感じられた。それから伯父が自分を棚場へ行かせたのは、こんどの学校から郡へ出す綴方にそのことを書くようにという含みがあったのかも知れないと思った。

洪作はあき子がいかなるものを書き、いつそれを教師の手もとに出したか、全く知らなかった。洪作はあき子と道で会っても、学校の運動場で顔を合せても、ひと言も喋らなかった。口などきいてやるものかという気持だった。あき子の方はあき子の方で、やはり同じような敵意を洪作に抱いているらしく、洪作の顔には決して視線を当てなかった。C全く洪作の存在には気付いていないといった風を装っていた。

十二月にはいってから、洪作は教師に呼び出され、教員室へ行くと、

「綴方を出したが、最初に落ちた。町の学校の生徒とはまるで月とすっぽんだ。まだあき子の方を出した方がよかったかも知れん」

教師は言った。叱られたのか厭味を言われたのか判らなかった。洪作は堪らなく不快だった。あき子の綴方と自分の綴方が比較され、自分の方が選ばれて郡の方へ出されたことも、またそれが最初に落ちてしまったことも、洪作はこの時初めて知ったのであった。

洪作は、この日、学校が退けると、教科書を土蔵の入口に投げ込んでおいて、すぐ一人で、若い衆宿(青年詰所)の横手から、墓地のある熊野山へ登って行った。洪作はこれまで一人で熊野山などへ登ったことはなかったが、この時は堪らなく一人で、たれも居ないところへ行ってみたかった。Dこんどの綴方のことは、初めからすること為すこと志と違った感じだった。

(注) 1　棚場――林太郎が椎茸を栽培している山中の集落。

2　田方郡――静岡県田方郡。洪作が住んでいる村が属している郡。

「嘘！」

「嘘なものか。本当にそう言ったんだ」

「そんなこと言いっこないわ。洪ちゃって、嫌いよ、ずるいから」

洪作としては甚だ C心外な言いがかりだと言わざるを得なかった。

「本当に先生から相談しろって言われたんだ」

洪作は相手を睨みつけながら言った。すると、あき子も瞬間烈しい顔をした。洪作はこれまであき子がこのような敵意をもった烈しい顔をするのを見たことはなかった。

「じゃ、洪ちゃは洪ちゃで、書くことを先生に話したらいい。わたしはわたしで先生に話すわ」

それからあき子は、洪作の方へきらりと光った眼を当て、

「そうでしょう。そんならいいでしょう」

と言った。

洪作は人から誤解されるということをあき子に依って初めて経験した。自分の気持や自分が考えていることを、どうしても相手に理解して貰えず、そればかりか自分が相手に対して悪意を抱いているようにすら受け取られることの、何とも言いようのない悲しさを味わった。

洪作は、翌日登校すると、受持の教師に、自分が書こうと思っている綴方の題を報せた。

「あき子さんと二人で先生に題を言いっこすることにしたんです。〝祖父と椎茸〟こういう題で書きます」

「そうか、それでもいいが、何も匿し合うことはない。ばかだな」

教師は言った。B洪作はこの場合も、教師に依って幾らか誤解されていることを感じた。

洪作は二晩ほど作文のために使った。この間唐平と二人で棚場へ祖父を訪ねて行った時のことを、そっくりそのまま書いた。自分がいかに祖父から大きい感銘を受けたか、そして孤独な生活の中で椎茸の研究に没頭している祖父にいかに大きい共感を覚えたか、そういったことを、綴方用紙十枚ほどに綴った。洪作がそれを学校へ出す日の朝、おぬい婆さんは、

「どれ、見せてごらん」

と言って、それを窓際で読んだ。読み終ると、

「石守のじいちゃも、洪ちゃにこんなによく書かれたらいつ死んでもよかろう。倖せなじいちゃだ」

と同じようなことを先生の口から伝えられた筈である。どのような気持でいるであろうか。A一、二度、洪作はあき子と視線を合わせたが、あき子はいかなる変った表情も取らなかった。

学校を退けると、洪作は教科書を土蔵へ投げ込み、すぐ(注3)御料局の所長さんの家へ出かけて行った。家の前でメンコをしていた公一が、

「姉ちゃんはお宮さんの掃除に行ってる」

と言った。洪作は公一を連れて神社へ行こうと思ったが、公一は仲間を待っているので、神社へ行くのは厭だと言った。洪作は一人で村にただ一つある小さい神社へ出かけて行った。神社の境内には女生徒が十人ほど散らばっていた。

洪作はいつもなら女生徒ばかり居る場所など近寄って行くのは厭であったが、今日は教師から命じられた用事を持っていたので、たいしてb気おくれしないで鳥居をくぐって行った。六年生のあき子は下級生たちを監督しているといった恰好で、社殿の横手に立っていた。洪作はあき子が自分の姿を見つけた筈だと思ったが、いっこうにそ知らぬ顔をして、他の女生徒と話をしているのが不満に思われた。洪作はあき子のところへ行くと、

「先生から聞いた？」

と言った。

「何を？」

あき子は初めて洪作の方へ顔を向けて言った。

「(注4)綴方のこと」

洪作が言うと、

「ああ、あれ、聞いた。——何を書いてもいいんでしょう」

と言った。洪作はあき子の口から出る村の言葉とはまるで違った言葉づかいが眩しく感じられた。

「何を書く？」

洪作はまた訊いた。

「秘密よ。ずるいわ、洪ちゃって。——わたし、書いてしまうまで言わない」

そんなことをあき子は言った。

「先生が相談しろって」

三　次の文章は、井上靖の小説『しろばんば』の一節である。これを読んで、後の問いに答えなさい。

食事を終(おえ)ると、洪作と唐平はすぐ帰路に就いた。秋の日は暮れるのが早いので、湯ケ島に帰り着くまでに日が暮れたらいけないという林太郎の配慮から、早々に追い立てられるようにして帰されたのであった。帰路は洪作と唐平は仲よく一緒に歩いた。洪作は同じ椎茸(しいたけ)作りの家の血が流れているということで、唐平にも［　X　］を感じた。

夕方湯ヶ島に帰り着くと、その晩唐平は土蔵に泊(とま)った。親戚の者が土蔵に泊ったのは殆(ほとん)ど初めてと言ってよく、洪作は嬉(うれ)しかった。洪作は唐平に対する意地の悪い厭(いや)な少年だという印象をその晩改めた。a人みしりする口下手な少年であったが、よく話してみると、洪作と気の合うところがあった。

「おらあ、祖父(じい)ちゃんみたいに椎茸を作るか、父ちゃんみたいに先生になるか、まだ決めてないんだ。その二つのうちのどっちかをやることだけは決まっている」

唐平はおぬい婆さんの鼾(いびき)の聞(きこ)えている闇の中で言った。洪作はそんなことを聞くと、自分が何になるかまだ決っていないことが、何となく落ち着かない気持(きもち)だった。早く決めないと遅くなるような気がした。

唐平の寝息が聞えてからも、洪作はまだ眼覚めていた。そして(注1)棚場の山の中で、祖父林太郎も今頃眠っているのであろうかと思った。深夜の棚場の死のような静けさが、洪作には今はっきりと自分の五体に感じられるような気持だった。洪作は自分が心から尊敬できる人物を自分の身近いところに発見したことで、やはりその晩は昂奮(こうふん)していた。

棚場へ行ってから四、五日して、洪作は学校で受持(うけもち)教師に呼び出された。そして(注2)田方(たがた)郡の各学校から作文のうまいのを一つ選んで郡の方へ出すことになったので、何か自分で自由に題を選んでそれを書いて提出するように言われた。

「女生徒の方では六年のあき子さんが書く。書く題材が一緒になるといけないから、二人で一応相談してから書きなさい。でき上がった上でいい方を出すことにする」

若い教師は言った。洪作は選抜を受けたことも嬉しかったが、所長さんの家のあき子と一緒に書くということは、それだけで心の躍る悦(よろこ)びがあった。その日一日、洪作は学校で落ち着かなかった。教師に命じられたので、あき子とそのことを相談しなければならなかったが、しかし、学校であき子と話でもしようものなら、多勢(おおぜい)の生徒たちにはやし立てられることは決っていた。

従って放課後にそうした機会を持たねばならなかった。学校に居る時、洪作は休み時間に遠くからあき子を見守っていた。あき子も自分

② 自分の命が掛かってもなお他者へ向ける太宰治の「やさしさ」を修正するため、「やさしい」の原義を調べようとした。
③ 非常に厳しい現代の「やさしさ社会」が、他人を注意する厳しさへと向かってきたメカニズムを解明しようとした。
④ 語源や古語までさかのぼることによって、「やさしい」という語が含む伝統的な価値観や考え方を把握しようとした。
⑤ 長い時間をかけて広まった、自他を傷つけない「やさしさ」という考え方がいかにうわべだけのものかを示そうとした。

問7　本文の内容と合致するものを次の中から一つ選びなさい。解答番号は、**マーク式** 20 。

① 学校や職場の機能を回復させるには、相手を傷つけてはいけないという新種のやさしさの捉え方を排除しなければならない。
② 現代のやさしさは非常に面倒でつらいものであり、かつては太宰治も、そのやさしさに精神的に追い詰められていた。
③ やさしさの中に、相手を傷つけるのが怖いという動機が含まれているのは、昔も今も誰にでもよくあることである。
④ 「やさしい」には情が深いという意味があるため、相手を思うなら、真心をこめて語りかける行為を大事にしたいものである。
⑤ 相手を傷つけない配慮としてやさしさを捉える傾向が現代では広がるが、その配慮自体は古来日本に宿る考え方である。

② 人の内心に立ち入らず自他を傷つけないのがやさしさだという認識が広がる中では、マナー違反など相手の不適切な行動に注意を与えても、相手が行動を改めるどころか、相手を傷つけたと解されて、相手から不当な反発を受けるにすぎないから。

③ 注意したら殴られることが広まった世の中では、自他を傷つけないのがやさしさであるからには、人を殴らせないよう相手を怒らせないことが重要であり、暴力の主である相手より暴力を振るわせる言葉を発した自分のほうが罪が重くなるから。

④ 今や携帯電話もペットも社会生活に欠かせないものであり、それに注意を与える人間のほうこそ、多様性を認めずやさしさを発揮できない人であるという考えが広まっていて、他者の指導を受ける雰囲気がなくなっているから。

⑤ 若者は、目上の者が自分のルールを押し付けてくることを不快に感じているため、学校や職場での教育が注意によって成り立っている以上、学校や職場に根本的な不快を抱えつつ通い続け、学習への興味や関心が感じられないままとなるから。

問5 文脈上、［　　　　］に入る言葉として最も適当なものを、次の中から一つ選びなさい。解答番号は、**マーク式** 18 。

① 自分の命が掛かる危険性を強調しているのである
② 尊さのなかにあるやさしさを重視するのである
③ やさしさのもつ過酷さを指摘しているのである
④ 無傷であることの「善さ」を説いているのである
⑤ 「新しさ」に宿る斬新さを主張しているのである

問6 「Cここで、「やさしい」とはどういう意味なのか、辞書的な意味を確認しておきたい」とあるが、ここにおける筆者の意図は何か。その説明として最も適当なものを、次の中から一つ選びなさい。解答番号は、**マーク式** 19 。

① 「やさしい」という行為を太宰治がどう受け止めていたかについて、津島美知子の仮説が語義的に正しいかを検証しようとした。

問2　波線部a〜cの本文中における意味として最も適当なものを、次の中からそれぞれ一つずつ選びなさい。解答番号は、**マーク式** 14 〜 16 。

「a気高い」 14
① 容易に近寄りがたい　② 品位を誇ろうとする　③ 気分が高ぶっている
④ 負けん気が強い　⑤ 尊く気品がある

「b知らん顔」 15
① マナーを知らないようなふり　② 言葉を理解していないようなふり
③ 放送を聞いていないようなふり　④ 世間に関心がないようなふり
⑤ 顔を見知っていないようなふり

「c閉塞的な」 16
① 他との交流をもたない　② 人間関係が行き詰まった　③ 他の世代から浮き上がっている
④ 周囲の環境を切り離した　⑤ 発展を望まない

問3　「A愛のもつエゴイズム」とあるが、それはどういうことか。**「相手」・「自分」**の二語を用いて**四〇字以内**で説明しなさい。解答番号は、**記述式** **3** 。

問4　「B学校や職場で教育機能が発揮できないのも、予防としてのやさしさの感受性が広まったためと言える」とあるが、筆者がそのように主張するのはなぜか。その説明として最も適当なものを、次の中から一つ選びなさい。解答番号は、**マーク式** 17 。

① うっかり注意をすると反発を受けてしまうような社会では、相手からの反発を恐れて誰も何も言えなくなるため、自分勝手な行動をする大人や子どもがたくさん増えて、人をにらみつける行動がはびこるようになってしまったから。

外面性（ケ）の二要素が抽出されると指摘していることを紹介している。

［Y］、たとえば『源氏物語』では、光源氏について、それほど気持ちのないことでも「情け」のために口にするような人だと描写していることを例としてあげ、つぎのように言う。

「その『情け』は、かならずしも『真情』などと言われるものではなく、その場その時においての『他人への心づかい』である。あるいは、嘘と言ってしまえば嘘であるようなことも、そこには当然ふくまれている。場をふまえ相手を慮（おもんぱか）って、そうしたことを『よく言ひつづけ』うることが、彼の『情け』であり、『文化』だったのである」（竹内整一『「やさしさ」と日本人――日本精神史入門』ちくま学芸文庫）。

そして竹内は、「情け」は、それがあまりに薄っぺらい場合はうわべだけのものになるが、好悪の感情をありのままに剥（む）き出しにせず、心底深く思っている相手でなくても、感動させるような言葉や態度を作り出していける力は、やさしさでなくて何だろうという藤原の議論を紹介している。

こうしてみると、新しいやさしさのとらえ方のような、傷つけないという気の遣い方も、「偽物のやさしさ」だと切り捨てるわけにもいかない。

（榎本博明『「やさしさ」過剰社会　人を傷つけてはいけないのか』による）

（注）拉し去った――連れ去った。

問1　［X］、［Y］に入る言葉として最も適当なものを、次の中からそれぞれ一つずつ選びなさい。解答番号は、**マーク式** 12 ～ 13 。

［X］ 12　① さて　② もちろん　③ むしろ　④ やはり　⑤ あるいは

［Y］ 13　① もしくは　② すると　③ しかし　④ そして　⑤ だから

①人の見る目に対して身も細る思いである。自分の行為や状態などにひけ目を感じる。みっともなくて恥ずかしい。
②姿や言語、振る舞いなどに、こまやかな心づかいや、たしなみの深さなどが感じられるさま。

これらの辞書的な意味をみると、こまやかな心づかいがある、情が深いというような広く共有されている意味の他に、引け目を感じる、恥ずかしくなるといった意味も含まれることがわかる。

この前者の「こまやかな心づかいや情の深さ」が従来のやさしさに通じるものとすれば、後者の「引け目や恥ずかしさ」は傷つきやすさという意味での新たなやさしさに通じるものといえる。

「やさしい」には情が深いという意味があるわけだが、竹内は、この「情け深さ」という意味に着目し、「情け」の意味をたどっている。『岩波古語辞典』（補訂版　大野晋（すすむ）他編　岩波書店）によれば、「なさけ（情け）」には、つぎのような意味がある。

「他人に見えるように心づかいをするかたち、また、他人から見える、思いやりある様子の意が原義。従って、表面的で嘘（うそ）を含む場合もあり、血縁の人の間には使わない。ナサはナシ（作為する）と同根、ケは見た目・様子の意の接尾語ケに同じであろう」

具体的な語義としては、以下のようなものがあげられている。

①（うわべの）心づかいの様子。
②見た目の風情。
③好意。
④思いやり。いたわり。
⑤情趣。
⑥物や人の微妙な風情を感じる心。
⑦（漢語「情」の訓として）真情。感情。情愛。
⑧男女の情愛。
⑨義理。

竹内は、このような『岩波古語辞典』の語源説を踏まえて、国文学者の藤原克己が、「なさけ」の原義・本質として、作為性（為す）と

「この国では『他人を傷つけず自分も傷つかない』ことこそ、あらゆる行為を支配する『公理』である。したがって、われわれ日本人は他人から注意されると、その注意の内容がたとえ正しいとしても、注意されたことそのことをはげしく嫌う。その他人は私を傷つけたからであり、『思いやり』を欠いたからであり、日本的行為論の『公理』に反する暴挙に出たからである。こうした行為観のもとでは、注意することは大勇気を要し、注意されることは大屈辱である」(中島義道『〈対話〉のない社会』PHP新書)

このような意味での「やさしさ社会」は、非常に生きづらい閉塞的な社会と言わざるを得ない。従来のやさしさが普及していた社会の方が、ずっと生きやすい社会だったのではないだろうか。

B学校や職場で教育機能が発揮できないのも、予防としてのやさしさの感受性が広まったためと言える。予防としてのやさしさから治療としてのやさしさに、やさしさの感受性を戻していくことが必要なのではないだろうか。

Cここで、「やさしい」とはどういう意味なのか、辞書的な意味を確認しておきたい。

『広辞苑』(第六版　新村出編　岩波書店)によれば、「やさしい」には、つぎのような意味がある(「優しい」と書くもののみに絞り、「易しい」と書くものは除外する)。

①身も痩せるように感じる。恥ずかしい。
②周囲や相手に気をつかって控え目である。つつましい。
③さし向かうと恥ずかしくなるほど優美である。優美で風情がある。
④おだやかである。すなおである。おとなしい。温順である。
⑤悪い影響を及ぼさない。
⑥情深い。情がこまやかである。
⑦けなげである。殊勝である。神妙である。

また、『日本語源大辞典』(前田富祺監修　小学館)によれば、「やさしい」には、つぎのような意味がある(「優しい」と書くもののみに絞り、「易しい」と書くものは除外する)。

「現代社会では、『やさしさ』や『やさしいこと』は、ほとんど無条件に『善いこと』とされています。しかし、じっさいに自分の生活をふりかえってみると、かならずしもそう言えないことがわかります。やさしさ社会がもたらしている『しんどさ』や『こわさ』に、あらためて気づくだろうと思います」（森真一　前掲書）

人を傷つけてはいけない。そのような意味でのやさしさにとらわれることで、うっかり注意することもできないなど、非常に厳しい社会になっている。そこに「やさしさ社会」の怖さがあるというのである。

やさしさが現代の日本社会では厳しいルールとなっているという森は、このような社会ではうっかり注意することもできないといって、つぎのような新聞の読者の投書をあげている。

「人にはうっかり注意も出来ない。反発を食らうからである。反発を恐れるため何も言えない。だから自分勝手な行動をするようになる」（七十九歳男性）（毎日新聞二〇〇七年四月二十九日付朝刊）

「最近、他人を注意することをためらっている。誰もが常識的と思っているマナー違反を注意した時、反対ににらまれてしまったためである」（毎日新聞二〇〇二年四月十四日付朝刊）

具体的には、犬を放し飼いにしていたため、自転車に衝突しそうになって危なかったので、飼い主に放し飼いを注意した。また、バスに乗っても携帯電話で話し続け、車内放送で注意されても b知らん顔な乗客に、降りるときに注意した。

「だが、いずれもにらまれてしまい、情けない気持ちになった。（中略）そのうち注意したら殴られるなんてことになりかねないので、やはりためらってしまう」（森真一　前掲書、以下同書）

なぜそうなったのかと言えば、過度にやさしい人が増えたから、「やさしさ社会」になったからだと森は言う。投書者は「やさしくない」人であり、やさしい人は「目の前にいるひとに注意して恥をかかせるようなことを避ける」のだという。

「注意されると、予防的やさしさという非公式ルールに従ってきたひとは、ムカついて、注意してきた相手をにらみつけたりします。なぜなら、彼らはマナー違反と思われることがあっても、対等性の原則を守るために、注意することを控えるからです」

「注意したひとにたいして暴力をふるうこともありえます。予防的やさしさのひとからすれば、注意するひとのほうがルール違反であり、マナー違反であり、『悪いこと』です。悪いことをしたひとを処罰することは、『善いこと』です。だから、注意するという『悪』をおこなったひとに、極端な場合は、暴力をふるうのです」

哲学者中島義道も、つぎのように言う。

だれもが抱いている思いである。非常に繊細で、傷つくことをとても怖れる太宰治は、人の気持ちを傷つけることをも異常に怖れるようなところがあった。

太宰の妻、津島美知子は、犬が相手のエピソードを材料に、やさしさでなく仕返しを怖れる気持ちから親切にする、A愛のもつエゴイズムについて指摘している。

「それほど犬嫌いの彼がある日、後についてきた仔犬に『卵をやれ』という。愛情からではない。怖ろしくて、手なずけるための軟弱外交なのである。人が他の人や動物に好意を示すのに、このような場合もあるのかと、私はけげんに思った。怖ろしいから与えるので、欲しがっているのがわかっているのに、与えないと仕返しが怖ろしい。これは他への愛情ではない。エゴイズムである。彼のその後の人間関係をみると、やはり『仔犬に卵』式のように思われる。がさて『愛』とはと、つきつめて考えると、太宰が極端なだけで、本質的にはみなそんなもののようにも思われてくる」（津島美知子『回想の太宰治』講談社文芸文庫）

仕返しを怖れるということでなくても、「傷つけるのが怖いから」という動機がやさしさの背後に隠されているのは、そう珍しいことではないのかもしれない。

太宰自身、つぎのようなエピソードでやさしさの描写をしている。

「難破して、わが身は怒濤に巻き込まれ、海岸にたたきつけられ、必死にしがみついた所は、灯台の窓縁である。やれ、嬉しや、たすけを求めて叫ばうとして、窓の内を見ると、今しも灯台守の夫婦とその幼き女児とが、つつましくも仕合せな夕食の最中である。ああ、いけねえ、と思つた。おれの凄惨な一声で、この団欒が滅茶滅茶になるのだ、と思つたら喉まで出かかつた『助けてー』の声がほんの一瞬戸惑つた。ほんの一瞬である。たちまち、ざぶりと大波が押し寄せ、その内気な遭難者のからだを一呑みにして、沖遠く(注)拉し去つた」（太宰治「一つの約束」『太宰治全集10』ちくま文庫所収）

太宰は、このような遭難者は、世の中で一番やさしくa気高い人なのだという。一家団欒のようなほんの些細な幸せであっても、それを自分のために台無しにしたくないと思う。自分の命が掛かっているときでさえ、そうした配慮ができる。

こうしたやさしさを尊いと感じるのは、なにも今に始まったことではない。だが、傷つけてはいけないといった配慮が過剰になってきているところが、現代の特徴と言える。

森は、この新しいやさしさ、いわゆる「予防的やさしさ」に、けっして傷つけてはいけない、傷つけたら終わりという感じがあることに着目し、このような［　　　　　　］。

⑤　かぐや姫は、皇子の持参した玉の枝が作り物と分かり、皇子と結婚しなくてはならないという不安から解放された。

問9　『竹取物語』と成立の年代・時期が最も近いものを、次の中から一つ選びなさい。解答番号は、**マーク式** 11 。

①　大鏡　②　源氏物語　③　伊勢物語　④　新古今和歌集　⑤　平家物語

二　次の文章を読んで、後の問いに答えなさい。なお、冒頭の「大平」とは精神科医・大平健、「森」とは社会学者・森真一のことである。

大平が特徴づけた「治療としての『やさしさ』から予防としての〝やさしさ〟へという変化」について、森は、つぎのようにコメントしている。

「治療的やさしさは、不本意にも相手を傷つけてしまったとき、その傷を癒やそうとすることが、やさしさでした。修復こそがやさしさ、なのです。

一方の予防的やさしさは、傷つけることを回避することがやさしさです。ということは、修復は最初から考慮にいれられていないのです。傷つけたら終わり、という感じです。そう考えると予防的やさしさは、やはりとてもきびしいルールなのです」（森真一『ほんとはこわい「やさしさ社会」』ちくまプリマー新書）

 X 、人の気持ちを傷つけたくないというのは、人によって強弱の違いはあっても、「間柄(あいだがら)の文化」（私は、アメリカのように自分が思うことを思う存分主張すればよい、ある事柄を持ち出すか持ち出さないかは自分の意見を基準に判断すればよいとする文化を「自己中心の文化」と呼んでいる。それに対して、日本のように、一方的な自己主張で人に嫌な思いをさせてはいけない、ある事柄を持ち出すか持ち出さないかは相手の気持ちや立場を配慮して判断すべきであるとする文化を「間柄の文化」と呼んでいる。）を生きる日本人なら、

① 序詞　② 枕詞　③ 縁語　④ 体言止め　⑤ 本歌取り

問6 「C皇子は、我にもあらぬ気色（けしき）にて、肝（きも）消えゐたまへり」とあるが、ここにおける皇子の様子の説明として最も適当なものを、次の中から一つ選びなさい。解答番号は、**マーク式** 9 。

① 皇子は玉の枝を作った職人の登場が気に入らず、金を支払うはめになったことに困惑している。
② 翁が職人の申し出を不審に思っていることに皇子は立腹し、職人の努力が無駄になると不安がっている。
③ 皇子は、玉の枝を作った職人が突然登場したことで、自らの嘘が露見することを恐れて、戸惑っている。
④ 皇子は蓬莱の玉の枝を苦労して手に入れたことで有頂天になり、職人の申し出を不愉快に感じている。
⑤ 翁が首をかしげていることに皇子はいたたまれなくなり、かぐや姫の心が離れることを恐れている。

問7 「Dまこと蓬莱の木かとこそ思ひつれ。かくあさましきそらごとにてありければ、はや返したまへ」を現代語に訳しなさい。解答番号は、**記述式** 2 。

問8 本文の内容に合致するものを、次の中から一つ選びなさい。解答番号は、**マーク式** 10 。

① 皇子は、玉の枝を手に入れた後も、蓬莱の山はこの世にない美しさで去りがたく、帰りが遅くなってしまった。
② たけとりの翁は、皇子の玉の枝を手に入れるまでの苦労話にとても感じ入り、自分と同じ苦労をしたことをねぎらった。
③ 内匠寮の工匠のあやべの内麻呂は、玉の枝完成のお祝いの言葉を述べにたけとりの翁の屋敷に参上した。
④ 高齢のたけとりの翁は、玉の枝を手に入れる苦労話や工匠たちの話を聞き、疲れて居眠りをしてしまった。

問2 □で囲んだ敬語Ⅰ・Ⅱについて、敬語の種類と敬意の対象の組み合わせとして正しいものをそれぞれ次の中から一つずつ選びなさい。解答番号は、**マーク式** 3 ～ 4 。

Ⅰ はべり 3
① 丁寧・かぐや姫 ② 尊敬・たけとりの翁 ③ 謙譲・皇子 ④ 丁寧・たけとりの翁 ⑤ 尊敬・皇子

Ⅱ 仕うまつり 4
① 謙譲・皇子 ② 謙譲・かぐや姫 ③ 丁寧・たけとりの翁 ④ 尊敬・皇子 ⑤ 丁寧・かぐや姫

問3 「ア心もとなくて」、「イここらの」、「ウさすがに」の本文中における意味として最も適当なものを、次の中からそれぞれ一つずつ選びなさい。解答番号は、**マーク式** 5 ～ 7 。

「ア心もとなくて」 5
① はっきりせずに
② じれったくて
③ 不安で
④ たよりなくて
⑤ ぼんやりと

「イここらの」 6
① 最近の
② たくさんの
③ 近辺の
④ いつもの
⑤ かつての

「ウさすがに」 7
① 見かけによらず
② 見かけどおり
③ 案に違わず
④ そうは言ってもやはり
⑤ さっぱりとして

問4 「Aのたまひしに違はましかばと、この花を折りてまうで来たるなり」を現代語に訳しなさい。解答番号は、**記述式** 1 。

問5 「Bくれたけのよよのたけとり野山にもさやはわびしきふしをのみ見し」「Eまことかと聞きて見つれば言の葉をかざれる玉の枝にぞありける」の和歌に共通して使われている修辞技法を、次の中から一つ選びなさい。解答番号は、**マーク式** 8 。

これを、かぐや姫聞きて、「この奉る文を取れ」といひて、見れば、文に申しけるやう、

皇子の君、千日、いやしき工匠らと、もろともに、同じ所に隠れゐたまひて、かしこき玉の枝を作らせたまひて、官も賜はむと仰せたまひき。これをこのごろ案ずるに、御使とおはしますべきかぐや姫の要じたまふべきなりけりとうけたまはりて、この宮より賜はらむ。

と申して、「賜はるべきなり」といふを、聞きて、かぐや姫、暮るるままに思ひわびつる心地、笑ひさかえて、翁を呼びとりていふやう、「Dまこと蓬莱の木かとこそ思ひつれ。かくあさましきそらごとにてありければ、はや返したまへ」といへば、翁答ふ、「さだかに作らbせたる物と聞きつれば、返さむこと、いとやすし」と、うなづきをり。かぐや姫の心ゆき果てて、ありつる歌の返し、

Eまことかと聞きて見つれば言の葉をかざれる玉の枝にぞありける

といひて、玉の枝も返しつ。

たけとりの翁、さばかり語らひつるが、ウさすがにおぼえて眠りをり。皇子は、立つもはした、ゐるもはしたにて、ゐたまへり。日の暮れぬれば、すべりいでたまひぬ。

（注）1　その山——蓬莱山。中国の伝説で渤海の東にあるという五山の一つ。
2　内匠寮——宮中の造営・修理、器物・調度の制作・補修などを役目とする役所。
3　家子——その家に属する人。妻子・従者・使用人・弟子など。

問1　「aな」「bせ」の助動詞の本文中における意味として最も適当なものを、次の中からそれぞれ一つずつ選びなさい。解答番号は、**マーク式** 1 ～ 2 。

「aな」　1　①　打消　②　完了　③　断定　④　詠嘆　⑤　比況

「bせ」　2　①　尊敬　②　推量　③　使役　④　過去　⑤　断定

▲教育（国語教育）学部▼

（九〇分）

一　次の文章は『竹取物語』の一節で、かぐや姫から持参すれば求婚に応じるとされた「蓬莱の玉の枝」を、車持の皇子が持参した場面である。これを読んで、後の問いに答えなさい。

(注1)その山、見るに、さらに登るべきやうなし。その山のそばひらをめぐれば、世の中になき花の木どもたてり。金、銀、瑠璃色の水、山より流れいでたり。それには、色々の玉の橋渡せり。そのあたりに照り輝く木ども立てり。その中に、この取りて持ちてまうで来たりしはいとわろかりしかども、Aのたまひしに違はましかばと、この花を折りてまうで来たるなり。

山はかぎりなくおもしろし。世にたとふべきにあらざりしかど、この枝を折りてしかば、さらにア心もとなくて、船に乗りて、追風吹きて、四百余日になむ、まうで来にし。大願力にや。難波より、昨日なむ都にまうで来つる。さらに、潮に濡れたる衣だに脱ぎかへaなでなむ、こちまうで来つる」とのたまへば、翁、聞きて、うち嘆きてよめる、

Bくれたけのよよのたけとり野山にもさやはわびしきふしをのみ見し

これを、皇子聞きて、「イここらの日ごろ思ひわびⅠはべりつる心は、今日なむ落ちゐぬる」とのたまひて、返し、

我が袂今日かわければわびしさの千種の数も忘られぬべし

とのたまふ。

かかるほどに、男ども六人、つらねて、庭にいで来たり。一人の男、文挟みに文をはさみて、申す、「(注2)内匠寮の工匠、あやべの内麻呂申さく、玉の木を作りⅡ仕うまつりしこと、五穀を断ちて、千余日に力を尽くしたること、すくなからず。しかるに、禄いまだ賜はらず。これを賜ひて、わろき(注3)家子に賜はせむ」といひて、ささげたり。たけとりの翁、この工匠らが申すことは何事ぞとかたぶきをり。C皇子は、我にもあらぬ気色にて、肝消えゐたまへり。

F　必勝をキガンする。 24

①　平和をキネンする。　②　試合前に選手がキケンした。　③　開会式でキシュを務める。
④　周回キドウから大気圏に突入する。　⑤　キバセンで運動会が白熱する。

G　長い物語をツムぐ。 25

①　ビボウロクに記入する。　②　仕事にボウサツされる。　③　流行性のカンボウ。
④　生物のカイボウ実験。　⑤　綿とウールのコンボウ。

H　水深をハカる。 26

①　ニソク三文の価値もない。　②　成長をソクシンさせる。　③　ヘンソク的な動詞の活用。
④　オクソクに基づく報道。　⑤　一触ソクハツの状態。

I　三寒□は元来、大陸の冬を言い表す。 27

①　三雪　②　四温　③　五暖　④　七涼　⑤　霧中

J　舌の□の乾かぬうちに約束をたがえては困る。 28

①　先　②　中　③　根　④　裏　⑤　奥

三　漢字・語句について、次の問いに答えなさい。

問　A～Hの各傍線部に相当する漢字を含むものはどれか。また、I～Jの空欄に入れるのに最も適当な語句はどれか。それぞれ一つずつ選びなさい。解答番号は 19 ～ 28 。

A　利益を社会にカンゲンする。 19

① 彼の発表はアッカンだった。
② カンセイな住宅街を歩く。
③ 証言がイッカン性に欠ける。
④ 母のカンレキを祝う。
⑤ 血液がジュンカンする。

B　学術論文は研究活動のショサンである。 20

① ショウボウショが防火点検を行う。
② 宇宙探査のタンショにつく。
③ 医師がショケンを記入する。
④ ショジ万端整いました。
⑤ ショミンの暮らしはつつましい。

C　悪貨は良貨をクチクする。 21

① 協約をチクイチ審議する。
② 学舎をゾウチクする。
③ 北海道はチクサンが盛んである。
④ ハチクの勢いで快勝する。
⑤ 建設資金をチョチクする。

D　少子化にハクシャがかかる。 22

① 子役のハクシンの演技に見入る。
② 立ち上がってハクシュする。
③ ハクジョウな仕打ちを受けた。
④ 自分のしわざだとハクジョウする。
⑤ 彼女はハクガクな人だ。

E　フクショウは伝達確認の基本である。 23

① シフクの許す限り詳述する。
② コウフク追求権は誰にでもある。
③ 敵にホウフクする。
④ フクスイ盆に返らず。
⑤ 今はフクガン的思考が大切だ。

問6 「C歴史上の座標軸になる線は、幅もあり、重さもあり、何よりも学者の個性が滲(にじ)んでいるものでなければならぬ」とあるが、「歴史上の座標軸になる線」に「学者の個性」が滲むのはなぜか。その理由として最も適当なものを、次の中から一つ選びなさい。解答番号は［17］。

① 歴史的な事実は同じであっても、その事実が持つ意義についてはそれを研究の対象として扱う人によって評価が異なるから。
② 歴史に対する認識は、歴史を圧縮した年表さえ覚えれば習得できると思う者から、様々な側面から深める者まで様々だから。
③ 歴史を研究する者によって歴史に対する考え方は様々なので、それによって歴史的事実の有無さえも変わってしまうから。
④ 歴史を地図と同様の原則ではなく、歴史に沿った原則を設定しない限り、個性的な見方を接ぎ合わせることはできないから。
⑤ 歴史を捉える際に用いる座標軸は、単なる数学的な二点間の最短距離ではなく、そこには幅が存在し、長さも様々だから。

問7 本文の内容に合致するものを次の中から一つ選びなさい。解答番号は［18］。

① 筆者は、歴史を扱う上で重要な三つの主張をしているが、最も重視しているのが歴史が捉え方によって様々な結果になるという点であり、まずはそれを前提とすべきことを説いている。
② 筆者は、歴史を考える上で時間的な概念はないがしろにできないと述べているが、事実の抽象化にも注意が必要なように、時間に関しても同様に慎重に扱うべきであると注意を促している。
③ 筆者は、歴史は具体的な事実を抽象化して構築するものであると主張しているが、実際には抽象から具体という過程であると一般的に考えられているので、それについて不満を感じている。
④ 筆者は、歴史は実際に起こった事実を重視するけれども、それらの事実を、誰もが等しく可能であるような、無機的な羅列によって紡がれるものでは決してないということを述べている。
⑤ 筆者は、歴史を地理的な横糸と時間的な縦糸による織物にたとえているが、その糸の太さや長さこそが研究者の個性であり、それによって歴史そのものの定義も変わってくると展望している。

② 運搬する量が倍増するにつれて、必要とする時間が半減するように、歴史の空間と時間を考える際には、時間と技術の概念の不可分な結びつきを無視して考えることはできないということ。

③ 空間的に隔たった場所の出来事を結びつけて説明する際に、空間的な側面だけを見ていては困難かもしれないが、そこに歴史的な時間の積み重ねを加味することで、それが可能になるということ。

④ 広大な空間で起こっている歴史的な出来事を一つの時間的尺度の中で集約する際に、その時間的尺度は、学者毎に設定された個性的な捉え方に基づくものであるべきだということ。

⑤ 古代へ行くほど社会の変転が緩やかだが、現代では目まぐるしく変転していることからも分かるように、文明の発展は時代によってその速度が異なるということを忘れてはならないということ。

問5 「B人間の頭の働きには大体二通りの方向がある」とあるが、これについて筆者はどのように考えているか。その説明として最も適当なものを、次の中から一つ選びなさい。解答番号は 16 。

① 人間の頭の働きには、海外から伝わったものをそのまま受け入れる姿勢と、伝わったものをあたかも日本由来のものとして論じる姿勢があるが、後者については歴史研究の上では危険であるとその見直しを主張している。

② 人間の頭の働きには、具体的な事実に対してそれを軽んじる歴史学者としての見方と、具体的な事実を理解しやすいものとして重んじる一般的な見方があるが、後者の見方がなかなかなくならないことに対して危惧している。

③ 人間の頭の働きは、具体的な事実を安易に捉えがちで、抽象化することを避けがちだが、双方とも歴史の理解については不可欠なので、具体的に捉えた後に慎重に抽象化することをすすめている。

④ 人間の頭の働きには、事実を抽象化する方向と、具体的な事実を理解しやすいものとして捉える方向があるが、前者は学問的に重視され、後者が軽視されることに対しては、歴史研究者の立場から批判的である。

⑤ 人間の頭の働きは、抽象的な観念論と、具体的な唯物論という二つの論に向かうが、戦後の日本のようにそれらが混同することに対してそこにはらむ危険を訴えながら国家の危機的なあり方を説いている。

「b 裏付け」 11

① 確認のきっかけ　② 確定の意志　③ 承認の手続き
④ 認識のきっかけ　⑤ 認定のよりどころ

「c でっち上げた」 12

① 事実だと分からないように作った　② 他人の考えを借りてきて作った
③ ないものをあるように作った　④ 内容が虚しいまま作った
⑤ 間に合わせに形だけを作った

問2 X に入る言葉として最も適当なものを、次の中から選びなさい。解答番号は 13 。

① 厳正中立　② 公明正大　③ 針小棒大　④ 大所高所　⑤ 大同小異

問3 Y に入る言葉として最も適当なものを、次の中から選びなさい。解答番号は 14 。

① 化学　② 合理化　③ 個性　④ 細分化　⑤ 綜合

問4 「A 歴史学とは時に関する研究だ」とはどういうことか。その説明として最も適当なものを、次の中から一つ選びなさい。解答番号は 15 。

① 一見無関係な、遠く離れた二地点の間で起こった出来事も、安易に諦めることをせずに、運搬技術、文明の発展する速度、国々の関係などを踏まえ時間をかけて考えれば、その関係の糸口が見いだせるということ。

著作権の都合上、省略。

問1 波線部a〜cの本文中の意味として最も適当なものを、次の中からそれぞれ一つずつ選びなさい。解答番号は[10]〜[12]。

「a一概に」[10]　①ひっくるめて　②一番はじめに　③細かい点で　④最後まで　⑤瞬時に

著作権の都合上、省略。

著作権の都合上、省略。

② 自分たちに都合よく作られた偽物にばかり取り囲まれていると、人間にとってそれが世界そのものと感じられ、厳しく困難な現実を遠ざけようとする傾向が現れる。
③ 人間が本来イメージを掻き立てて生きているものである以上、人間は現実そのものの中では生きることができず、空想の世界に逃避するのも当然のことといえる。
④ アメリカ文明がいかに「現実原則」を逸脱したものになっているとはいえ、それをことさら現代の文明の一般的なあり方との関係において考察を試みる必要はない。
⑤ アメリカ資本主義は、絶えず未来に向かうベクトルにそって自らが豊富に持っていた様々な資源を思うままに使うことができたので、コピーの大量生産が可能になった。

二　次の文章は宮崎市定『中国史』の冒頭部分である。これを読んで、後の問いに答えなさい。

著作権の都合上、省略。

問5　「Bその単純な原理」とはどのようなことか。その説明として最も適当なものを、次の中から一つ選びなさい。解答番号は7。

① あるものが多民族に広く用いられるには、それが個性を持ったオリジナルではなく、偽物である方がよいこと。
② 多民族国家においてコピーをできるだけオリジナルに似せることで、人々は個性豊かな生活を送るようになること。
③ ある事柄が個性を持ったオリジナルである場合、そのことに関心を持つ人間はごくわずかしかいないこと。
④ 独自の文化を持つ複数の民族で構成される国家において、ある民族が他の民族の文化を受け入れるには限界があること。
⑤ 本物に似せた偽物を大量に作り続けることで、人手と時間の不足を解消し、商品の大きなシェアを獲得できること。

問6　「Cそれがアメリカ人好みの〝ファンタジー〟の正体である」とあるが、「〝ファンタジー〟」とはここではどのような世界のことをいうのか。その説明として最も適当なものを、次の中から一つ選びなさい。解答番号は8。

① 現実世界の中にある街を巨大な映画のオープン・セットに改造することで、非現実的な空間が浮かび上がる世界。
② ハリウッド映画を見て空想を広げ、現実に近づくための困難な努力を惜しみなく続けることに価値を見いだす世界。
③ オリジナルを模したイミテーションを用いて身の回りを埋めつくすことで、手っ取り早く急場をしのごうとする世界。
④ アメリカという国そのものを映画の装置に見立て、そこにおける体験はすべて空想であると思い込んでしまう世界。
⑤ 重い現実に支配されず、擬似現実を媒体とすることによって空想を自由にふくらますことができる快適な世界。

問7　本文の内容に合致するものを次の中から一つ選びなさい。解答番号は9。

① イミテーションが人間にとっての聖性となるのは、オリジナルとしての現実世界で繰り返される日常性から脱却しようとする人間の空想志向によるものともいえる。

「a 忽然（こつぜん）と」 3
① 知らぬ間に　② 人目を避けて　③ たちまちのうちに
④ はっきりわかるように　⑤ 当たり前のように

「b あまねく」 4
① あるがままに　② 間違いなく　③ 従来通りに　④ 隅々まで
⑤ 抵抗なく

問3 文脈上、［　　　］に入る言葉として最も適当なものを、次の中から一つ選びなさい。解答番号は 5 。

① 目に映る擬似現実世界が、倒錯した感覚をもたらしたこと
② 偽物であると知りつつも、偽物が本物らしく見受けられたこと
③ 眼前の世界は現実ではなく、可変的な擬似現実であること
④ 目の前から一瞬にして重厚な現実が消え、非現実に包まれたこと
⑤ 非現実を原則とする現実は、多民族の共生を可能にすること

問4 「A 非現実を原則とする文明」とあるが、その「文明」とはどのようなものか。その内容の説明として最も適当なものを、次の中から一つ選びなさい。解答番号は 6 。

① 同じものを大量に生産して大量に消費することで、資本主義の原理に適合するようにして築き上げられたもの。
② 文明の時間軸を過去にではなく未来に向けることを不可欠の条件とすることで、新たな文明の存立を図ったもの。
③ 多民族で構成される国家を管理運営するため、それぞれ異なる文化を模擬的現実の規範とすることが規定されたもの。
④ 本物で満たされた環境を整える手間を省き、大量生産されたコピーで間に合わせようとする動きが一般化されたもの。
⑤ コピーが大量に生産されることでコピーそのものが環境となり、それがオリジナルとなるような倒錯したもの。

支配するのではなく、それが無いことによってイメージや空想を掻き立てる媒体として人間をずっと自由にさせるからだ。メキシコ村の見学者の何人かが、それを「ファンタスティック」と叫んだのは、それがイミテーションであったことによってイメージの飛翔が可能になったからである。ハリウッド映画の書き割り画面が本物のロケーション場面よりもファンタスティックな気分を与えるのと同じように。

しかし、ここで留意しておかねばならないことが一つある。擬似現実を目の前にしたときにもたらされる人々のイメージが現実（オリジナル）に近づくために何らかの困難な努力を惜しまないかというと、そうとは限らないということだ。むしろ人々のイメージは現実という棘（いばら）の世界を避け、より柔らかい快適な世界を選ぶだろう。もしくはそれに自分にとって都合のよいイメージを付加することだろう。彼らがネズミに地上の天使のイメージを付加したように。

おそらく、C それがアメリカ人好みの〝ファンタジー〟の正体である。

（藤原新也『アメリカ』による）

（注）1　ポップアート――大衆消費社会のイメージを主要な主題や素材とした芸術作品のこと。

2　エートス――ある社会集団・民族を支配する倫理的な心的態度。

問1　X ～ Y に入る言葉として最も適当なものを、次の中からそれぞれ一つずつ選びなさい。解答番号は 1 ～ 2 。

X 1　①　しかし　②　たとえば　③　あるいは　④　ところで　⑤　したがって

Y 2　①　つまり　②　しかも　③　たとえば　④　だが　⑤　なぜなら

問2　波線部 a ～ b の本文中の意味として最も適当なものを、それぞれ次の中から一つ選びなさい。解答番号は 3 ～ 4 。

それではなぜ、このアメリカという国において模擬的現実を規範とする文明が生じ、拡大したのだろうか。

まずこの国がそもそもある別の国々のコピーとしての出発点を持っていたことは、生活文化の性格を最初に決定づけた大きな要素だったに違いない。さらに言えば、初期から中期のアメリカにおいてはコピーをオリジナルに近づける努力がなされなかったという形跡が見られる。時間、人手、金、物量、すべてに事欠いていたからである。Y パンを焼く人手と時間に事欠いて、手っ取り早くできる急場しのぎのパン、〝ホット・ケーキ〟というパンのイミテーションをこの国の人々が発案したように、衣食住全般に彼らは本物（オリジナル）に似せたインスタントな偽物（コピー）を、まるで映画の小道具のように大量に作りつづけ急場をしのいできたのである。このような歴史的過程の中でやがてコピーそのものが環境となり、それがオリジナルとなる倒錯文化が成立することになる。たとえば（注1）ポップアートはその倒錯感覚の美学上での結実である。また、この模擬的環境は、アメリカという変わった特性を持つ国が管理運営されるうえにおいて、マイナスではなく、むしろプラスに働いた形跡がある。つまり多民族で構成されるこの国において、ある機構や事物が異なった民族に b あまねく汎用されるためには、それが偽物であるほうがよかったのである。ある事柄が個性を持ったオリジナルであればあるだけ、それに感応する人間の種類はおのずと限定され、流通の範囲も限定されるからだ。合成飲料のコカ・コーラがアメリカの多民族間は言うに及ばず、世界の多民族間に多大なシェアを獲得したことは B その単純な原理をよく表している。

先のユニバーサル・スタジオの一件を例にあげるなら、個性豊かな石造りのメキシコ村はそれが本物であるうちは、雑多な人種で構成された車上の人々にとって、好奇心を満たすだけのよそよそしい異郷にすぎない。しかしそれが偽物であると判明した直後から、〝みんなが一緒に住むことのできる村〟となるのだ。ちょうどアメリカという〝村〟が擬似現実的であることによって雑多な民族の共生を許しているように。

またこの擬似現実的環境は簡単に抹消でき、新しい異なった環境へと作り替えることが容易であることも〝アメリカの条件〟に適（かな）っていたと言える。過去にではなく未来に向かって時間軸（ベクトル）を持つアメリカ文明にとって、変革は不可欠な条件であるからだ。この国においては事物の奥深くにひそむ（注2）エートスではなく、外部にまとったものの変質が人を喜ばせ金を落とさせてきたのだ。そして何よりもこれらの可変的な擬似現実は、同じものを大量に作り、大量に流通させるというアメリカ資本主義の原理にも適っていた。

かくして擬似現実（イミテーション）は新たなる「聖性」である。

それはすでにアメリカ人にとって快適で美しく、感動的でさえある。なぜなら擬似現実は、現実のように直接それがそこにあり、人間を

さな謎である。そして私はアメリカ全土の旅行に出かけることになる。さまざまなアメリカ的なる経験を経て、再びロスアンゼルスに戻ってきたのは七ヵ月後のことである。

七ヵ月という期間がこの大きな国を捕捉するために費やされた時間として長いか短いかはわからない。しかし、その間に私はアメリカという国の本来的に持ついくつかの特性を摑(つか)んだという気がしている。その中の一つがあの謎のことだ。ユニバーサル・スタジオで経験した奇妙なアメリカ人の感性。それは旅行ののちあっけなく氷解していた。というのは、私は二万マイルに及ぶ旅の中でアメリカ人というものがことのほか現実を離れた擬似現実(シミュレーション)や空想(ファンタジー)を好む変わった国民性の持ち主であることを知ったからである。

このことは、かりにアメリカ本国を訪れた者ではなくとも、アメリカという国によってもたらされた二〇世紀のさまざまな商品や文化を通しても理解のいくところのものだろう。たとえば今日では世界全土を席捲(せっけん)している清涼飲料水コカ・コーラやペプシ・コーラは合成飲料であり、また元来禁酒国のアメリカにおいて発明されたワインの類いのイミテーションである。

アメリカ産、世界の子供のヒーロー、ミッキー・マウスやドナルド・ダックはネズミやアヒルのイミテーションであり、そのミッキーやドナルドの住むディズニーランドもさまざまな世界を模擬した空想(イミテーション)の国である。視覚メディアに目を移せば、たとえばアメリカ映画ほど空想とフェイクに満ちたものはない。

《中略》

なんだ、この国においては文化のみならずアメリカという国そのものがイミテーションだったのじゃないか。この国はひょっとするとあのユニバーサル・スタジオのように世界の街々がある巨大なる映画のオープン・セットなのではないか?

これはひとつの示唆と言ってよいだろう。

人類の歴史にはさまざまな国家が興亡を繰り返してきた。そしてそれらの国家やそこに生じた文化というものは、およそこれまで現実や自然を規範としたものであり、それは人間が生を営むうえでの不可欠な原則であった。つまり「現実原則」の中での生活こそが人間にとっての聖性であり宗教であるという生活を人類はこれまで繰り返してきたのである。

ところが二〇世紀において西洋の、その極西に、A非現実を原則とする文明がa忽然(こつぜん)と現われたのだ。思うに、これは明らかに革命である。そして我々の今日はすべてここからはじまった。

国語

▲情報・社会・政治経済・教育（国語教育除く）・保健医療学部・短期大学部▼

（情報（文系方式）・教育（数学教育）学部・短期大学部（こども教育）　一科目　六〇分
その他　二科目　一二〇分）

一　次の文章を読んで、後の問いに答えなさい。なお、筆者は本文の直前で、ロスアンゼルスのハリウッドにユニバーサル・スタジオという映画のオープン・セットがあることについて触れている。

さまざまな映画セットを通過して、車がメキシコ村のオープン・セットに差しかかったときのことだ。古びた石造りの家々の立ち並ぶ敷石の山道の上方から突如、何十トンもの水がしぶきをあげて流れ落ち車を直撃した。洪水のシミュレーションである。人々はここでも歓喜し、私も子供心を掻き立てられる。［X］メキシコ村を立ち去る間際、マイクを握ったガイドが「このメキシコの家や道を造っている岩や石は本物ではなく、全部イミテーションです」と解説を加えたときのことである。アメリカの人々の中からいっせいに感嘆の声があがったのだ。

人々の反応には、本物に見えたものが偽物であったことに対する驚きというより、［　　　　］に対する陶酔感が濃厚だった。歓声の方々から聞こえた「ファンタスティック」という言葉はそのことをよく表していた。

アメリカに着いて五日目の出来事である。

私は、ある事物が偽物であるということに、そのようなかたちの情動を示したアメリカ人の感覚を面白いと思った。日本人の私はそのとき〝なんだ、本物の石じゃなかったのか〟と一瞬気持ちのどこかで興ざめしていたからである。それがアメリカにおいて出会った最初の小

解答編

英語

◀情報・社会・理工・政治経済・
教育（英語教育除く）・保健医療学部・短期大学部▶

1 解答 1－③　2－①　3－②　4－①　5－④

解説

1.「[1]は，冷たいものの表面にある非常に小さい氷の結晶の覆いである」

③「霜」が正解。その他の選択肢の意味は次の通り。①「ちょっと浸すこと」 ②「霧」 ④「油」

2.「そんなに簡単に自分を[2]しないで。頑張ってやり続けましょうよ！」

後半の文から励ましていることがわかる。この文脈に合うのは①「～を見限る」である。その他の選択肢の意味は次の通り。②「～を始める」③「～を慰める，元気づける」 ④「～を決める」

3. 形容詞としての各選択肢の意味は，①「壊れた，不完全な」，②「詳細な」，③「維持された，公立の」，④「休業中の」である。「部長は私の考えに関して[3]な説明を求めた」という文脈に合うのは②である。

4.「私たちの家族は犬がいなければ，[4]だとは全く感じない」

この文脈に合うのは，①「完全な」である。その他の選択肢の意味は次の通り。②「公平な」 ③「孤独な」 ④「離れ離れの」

5.「彼は座って，[5]喜びから涙を流した」

名詞 joy を修飾でき，文意に合うのは④「真の」である。その他の選択肢は，①は名詞で「底」，②は形容詞で「年下の」，③は形容詞だと「(より）低い」という意味。

2　解答　6—②　7—③　8—①　9—④　10—④　11—①

解説

6. 空所は，a regularly updated website の同格（言い換え）になっている。website を重複して使うのを避けるために代名詞が用いられているが，前述の名詞と同じ種類で異なるものを指すときには，one を用いる。「『ブログ』は定期的に更新されるウェブサイトで，一般的には個人，あるいは小さい団体で運営されている。それは口語体か会話形式で書かれている」という意味になる。

7. not only *A* but also *B*「*A* だけでなく *B* も」という呼応の表現。「イバラキさんは素晴らしい詩人であるだけでなく，才能ある評論家でもある」という意味になる。

8.「インフルエンザに罹ったが，幸運にも［　8　］だった」

この文脈に合うのは，①「軽い症状」である。

9. 英文の最後に「それ（＝その投資）はリスクが高すぎる」とあることから，空所には反対する内容が入ると判断できる。正解は④「～に反対している」である。「最高経営責任者のヤマダ氏は，その投資に反対している。彼はリスクが高すぎると考えている」という意味になる。

10. ②と③は，空所の前に been があるので受動態になるにもかかわらず，その後に目的語があるので文法的に成立しない。①は「自己表現の手段」という意味で文脈に合わない。正解は④で，「アヤコは一人で外国に一度も行ったことがない」という意味になる。

11. すべての選択肢に「問題」という意味の名詞が入っている。その名詞を正しく修飾する形になる選択肢を選ぶ。②の faces と③の face は動詞であり，接続詞，もしくは関係代名詞が必要なので不適。①と④はともに分詞で，修飾される名詞とは主語と動詞の関係になる。④の faced は，be faced with〔by〕～「～に直面している」という表現があるが，前述のように subjects と faced は主語と動詞の関係になる。つまり，「問題が直面している」という意味になるので不適。face は他動詞で「(困難などが人の身に）迫っている」という意味がある。「オゾン層の破壊は人類に迫っている最大の問題の1つである」となる①が正解。

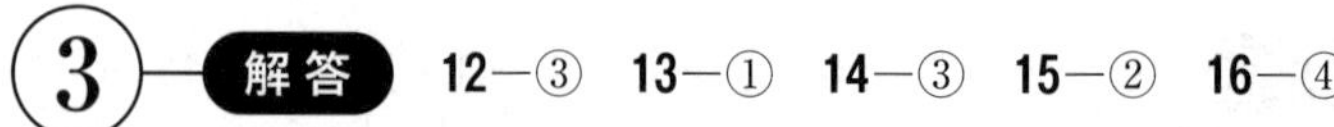

3 解答 12―③　13―①　14―③　15―②　16―④

解説

12. 空所を含む文は，「私たちの家族が健康で安全にまた一年 [12] ことがうれしい」という内容。この文脈に合うのは，③「～をうまく乗り切った」である。その他の選択肢の意味は次の通り。①「～に偶然出会った」 ②「売り切れた」 ④「それを延期した」

13.「メニューの中からいくつか料理を注文して，シェアするのはどう？」という提案に対する返答。空所の直後に「そっちのほうがいいね」と発言していることから，①「それでいいよ」が正解。その他の選択肢の意味は次の通り。②「いい加減にしてくれ！」 ③「もうたくさんだ」 ④「うんざりだよ」

14. 空所の質問に対して，「家族で高級レストランに行ったよ」と答えていることから，③「どうやって彼女の誕生日をお祝いしたの？」が正解。

15. 空所の発言に対して，「どういう意味？」と返しており，さらに「誰も彼の外見からは，彼が何歳か当てられないよ」と続いている。以上の文脈から，②「彼の外見から年齢を当てる」が正解。

16. 空所を含む発言の直後に，「荷物をしまっておくコインロッカーがお望みですか？」とあり，「その通りです」と続いている。この文脈に合うのは，④「これらのカバンはあまりに重い」である。

4 解答 17―④　18―①　19―②　20―①　21―②　22―③

解説

《睡眠はどう変わってきたか？》

17. grew out of ～ は「（成長に伴い）～から脱却する，卒業する」という意味。関係代名詞節なので out of の後ろに名詞が抜けた形になっている。with the dawn of civilization は「文明の誕生とともに」という意味。④「文明が始まったときに捨て去った」が下線部の表す内容として適切である。

18. 下線部は「睡眠は悪いもののように思われている可能性がある」という意味。直後の In fact 以下にその具体例が書かれている。②「人はさまざまな活動をやり遂げる時間が奪われる」は，第２段第６文（Being unconscious for …）と一致する。③「生物は捕食者によって狩られる危険がある」は，第２段第７文（When creatures sleep …）と一致する。④「ほとんどの人たちは睡眠を時間の無駄だと考えている」は，第２段第５文（In fact, most …）と一致する。①「睡眠は活力を保つ手段である」は，睡眠が悪いものとしてとらえられていないので一致しない。これが正解。

19. 第３段（Sleep is mostly …）は睡眠のプラスの側面について書かれており，空所を含む文は，「活力は一日中，私たちが（　3　）のままでいるのを助けてくれるものである」という内容。プラスの内容のみ書かれている②が正解。

20. 空所を含む文は，「ランプを（　5　）して眠ることは，資源を節約することでもあった」という内容。この文脈に合うのは①「～を消すこと」である。

21. 下線部の直前には逆接の But があり，下線部を含む文の前文，第４段第１文（Most of us …）には下線部の内容と逆のことが書かれているはずである。その内容は「私たちのほとんどは，居眠りモードに入るために，静かで居心地の良い寝室の柔らかくて，快適なベッドの上で大の字になって寝そべるのを楽しむ」である。下線部は「いつもこんなふうにいくわけではなかった」という文になる。この内容に一致するのは，②「人は居眠り状態に入るために，常に快適なベッドの上で大の字になるのを楽しんでいたわけではなかった」である。

22. no longer は「もはや～ない」という意味。これが had to go to bed と組み合わさって「もはや寝る必要はなかった」となる。because there was nothing to do は「何もすることがなかったから」という意味。以上の内容に最も近いのは③である。

5 **解答** 23―④　24―③　25―②　26―⑤　27―⑥　28―⑧
29―①　30―②　31―③　32―④

解説

《心の中の親友》

23. 第1段はスペイン語の教師が生徒たちの書いたエッセイにダメ出しをしている様子が書かれている。同段第3～5文（So today, I'm … friend is nice.）の教師の発言には，「具体的に，そして新しい語彙を使って親友について書きなさい。あなたの親友が親切だなんて聞きたくない」とある。「親友が親切だと聞きたくない」のであれば，何を聞きたいのか？　ということになる。この文脈に合うのは，④I want to know how nice（your best friend is）「私はあなたたちの親友がどういうふうに親切なのか知りたいの」である。

24. 第3段第2文（The problem is, …）に「（エッセイに親友として書く）ヘイリーは実在しない」とあり，続く第3文（I had to come …）の because 以下には，「親友について書くエッセイのお題」，「 24 と返答してきた瞬間」，「 25 と聞いてきた回数」の3つが多すぎたと書かれている。第5段最終文（Not having a …）からもわかるように，筆者には親友がいなかったので，③「私には（親友が）いません」が正解。

25. 筆者に「親友がいない」と言われた相手の発言を答える問題。空所の直後に疑問符（?）があることから，答えは①か②に絞られる。空所の直後に「あなたは親友が欲しいと思うタイプじゃないの？」とあり，「それはまるで周りの人たちが，私があまりに引っ込み思案で陰気なので思い悩むことさえないと考えているようだ」と続いている。以上の文脈から，②Why（do）not（you have the best friend)?「なぜなの（＝どうしてあなたには親友がいないの）？」が正解。

26. 直後のセミコロン（；）に続く，just toughen up「とにかくたくましくなれ」が空所の補足説明になっているので，⑤「お前はただの臆病者だ」が正解。

27. 空所直後の and 以下には，「自分を沈んだ気持ちにすることで，あなたが本当にできることの『多く』のほとんどを使うことになっちゃうよ」という激励の言葉が続いている。この発言の前に入るものとしては，⑥「できることには限りがある」が正解。この発言は「これ以上どうしろっていうんだ？」という意味が含まれており，空所直後の発言内の so much に引用符がついていることとも辻褄が合う。

28. 空所直前にある教師の「彼女は素晴らしい友達のようね」という発言に対し，「はい」と返答している。それに続く発言としては，⑧「彼女は今までで最高の友達です」が適切である。

29. 空所を含む部分は，文構造から副詞節になる。②は no other who asks となり，名詞として扱われるため不適。③は no people who asks となる。people は三人称単数ではないので，who asks という形が続くことはないので不適。④sooner は，そもそも名詞ではないので関係代名詞節で修飾できないため不適。no matter who ～「誰が～しても」という意味になる①が正解。

30. 空所を含む文は But で始まっていることから，前の文と逆接の関係になる。前文は「知り合いはたくさんいてランチタイムに陰謀説について話す人はいる」という内容。これと反対の内容になるのは，「友達は存在しない」である。

31. 第3段第2文（The problem is, …）に書かれているように，ヘイリーは実在しない架空の人物なので，③が正解。

32. text は「(携帯電話で）メールする」という意味。④が正解。

6 解答　**33**—④　**34**—②　**35**—④　**36**—①　**37**—②　**38**—③　**39**—①　**40**—④　**41**—④　**42**—⑤

解説

33・34. The sun (will have gone down by) 7: 30 p.m. 「午後7時半には」を「午後7時半までに」と読みかえて，by 7: 30 p.m. を作る。これが未来の一時点までの動作の完了を表すので，動詞は will havc gone down という未来完了の形になる。

35・36. Where the event (will take place is an open) question. 主語＋take place「～が開催される」という表現を用いて，Where the event will take place「そのイベントがどこで開催されるか」という主語を作る。対応する動詞は is。open は形容詞で「議論の余地がある」という意味があり，open question で「未決問題」という表現になる。

37・38. Please (make yourself at home and help yourself to) some cookies. make *oneself* at home「くつろぐ」の後ろに and を用い，help *oneself* to～「～（飲食物）を自分で取って食べる〔飲む〕」をつなげる。

39・40. Despite years of learning, many Japanese students find（it difficult to make themselves understood in）English. find it difficult to *do*「～するのが難しいとわかる」の真目的語部分に make themselves understood in～「～（言語）で自分の意思を伝える」を入れる。

41・42. I（cannot thank John enough for）his advice. thank *A* for *B*「*B* のことで *A* に感謝する」 cannot *do* enough「いくら～してもしすぎることはない」の動詞部分に前述の thank *A* が入る。

◀教育（英語教育）学部▶

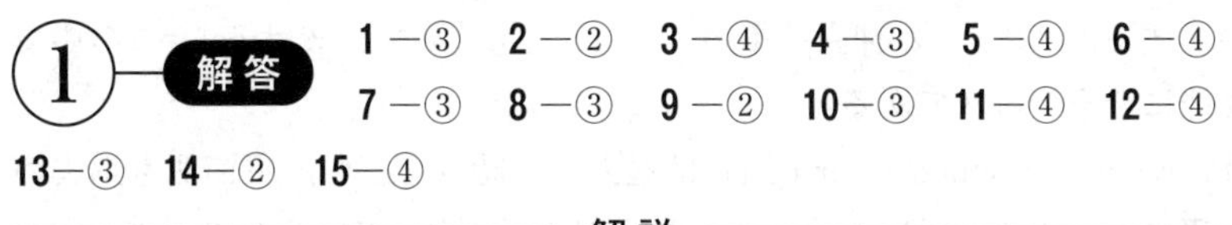

1 解答　1―③　2―②　3―④　4―③　5―④　6―④　7―③　8―③　9―②　10―③　11―④　12―④　13―③　14―②　15―④

解説

1． 各選択肢の意味は次の通り。①「ひっつかむこと」　②「息切れ」　③「ちらりと見ること」　④「にらみつけること」「日記をつけなさい，そうすれば，将来過去を垣間見ることができるよ」となる③が正解。

2． the roof 以下が the house を修飾する関係代名詞節。また，関係代名詞を先行詞と入れ替えて文が成立することも判別する際のポイントになる。入れ替えて成立するのは②である。「雪で覆われている屋根の家を見て」という意味になる。

3． 文と文をつなぐ接続詞の意味になる選択肢を選ぶ。「その歌手が突然ステージに姿を見せるやいなや，観客は大興奮状態となった」という内容。The moment〔minute / instant〕SV, S′ V′「S が V するとすぐに，S′ が V′ する」

4．「私の人生はずっと困難に満ちている。そして常に運命に［ 4 ］されている」

③mercy を選択し，at the mercy of fate「運命に翻弄されている」とする。at the mercy of ～で「～に翻弄されている」という意味。

5． insist のように，決定，主張，提案，要求，命令の意味をもつ動詞が that 節をとる場合，節内の動詞は（should）*do* という形になるので，①と②は不適。③と④は文脈から判断する。「彼らは有罪であると証明されるまで被疑者は無罪と考えられると主張した」という内容になる④が正解。

6． 主節が命令文になっていることから，未来を表す文と判断できる。時・条件を表す副詞節中の動詞は未来のことでも現在形で表現するので，④が正解。「大阪に着いたらすぐに連絡してね」という内容になる。

7． 使役動詞の make *A do*「*A* に～させる」が受動態になった場合，原形不定詞は to *do* の形になる。②を選ぶと「私が気づかれる」という意味になり，後ろに目的語をとれないので不適。③が正解。「私は能力において，いかに彼と違うか気づかされた」という内容になる。

8.「私たちは過去には口論もしたが，以前のようにまたなんとか［ 8 ］」

各選択肢の意味は次の通り。①「〜と知り合いになる」 ②「〜にいらいらする」 ③「〜と仲良くやっていく」 ④「〜で済ませる」 この中で文脈に合うのは③である。

9. when I reached their office は過去の一時点を表し，主節側も過去の表現になるため，④は不適。③も疑問文の形になっているので不適。①の most も②の almost もともに「ほとんど」という意味だが，most の原級は形容詞の many と much なので動詞を修飾できない。正解は②である。「私が彼らの会社に到着したとき，彼らはその仕事をほとんど終えていた」という内容になる。

10.「彼が私たちのグループに加わることに何の異論もないよ。きっと多くの点で私たちの助けになると思うよ」

have objections to〔against〕〜で「〜に反対する」という意味になる。

11.「私は小学生のときからずっと彼と仲が良い」

be on good terms with 〜で「〜と仲が良い」という意味。

12.「今や娘が2人とも，家を出て行ったので，やや気が抜けた感じである」

④「今や〜なので」が正解。

13.「お金のためだけに働くと，むなしい気持ちになる」

for the sake of 〜で「〜のために」という意味になる。

14.「［ 14 ］とは，特に宗教的または魔術的な力を用いて，将来何が起こるかを言うことだ」

②「(神意を伝える）預言」が正解。

15.「今直面している困難［ 15 ］，目標を達成するために私たち皆が一緒に活動しなければならない」

④「〜のために」が正解。その他の選択肢は次の通り。①「〜するために」 ②「〜の時点で」 ③「〜によると」

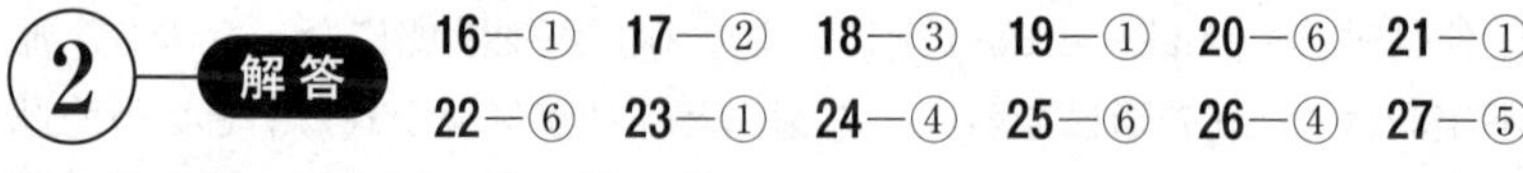

2 解答 **16**—① **17**—② **18**—③ **19**—① **20**—⑥ **21**—① **22**—⑥ **23**—① **24**—④ **25**—⑥ **26**—④ **27**—⑤ **28**—② **29**—① **30**—④ **31**—⑤

解説

16・17. When I watch a baseball game, I always (cheer for whichever team is the underdog). cheer for ～「～を応援する」 whichever *A* ～「～する〔である〕*A* はどちらでも」 underdog は名詞で「勝ち目の薄い人〔選手・チーム〕」 Which team is the underdog?「どちらのチームが弱いですか？」の Which が複合関係代名詞 whichever になり，cheer for の目的語になることから，whichever team is the underdog となる。

18・19. This question is not (so difficult to answer as it) seems. difficult to answer「答えるのが難しい」という表現に not so が入り込んで，not so difficult to answer の形になる。as it seems は「思われているように」が直訳。as you know「ご存知のように」と同じ as の用法である。

20・21. (A glance was enough to realize that) he was quite disappointed. 与えられた日本語は過去形なのに，①realize が過去形になっていないので，④was がメインの動詞になると判断できる。that は主語にもなれるが，後半に he was quite disappointed という文があることから接続詞として用い，realize that he was quite disappointed となる。残りの語句から，主語が②a glance だと見抜き，A glance was enough to *do*「一目見ることは～するのに十分だ」のパーツを作り，この後ろに先に作ったパーツをつなげればよい。

22・23. Your age (makes no difference as to whether) you can participate in the project. make no difference (to ～)「(～にとって) 全く重要ではない」 as to ～「～については」の後ろに名詞節 whether ～が入る。

24・25. I have a great number of things to do in the future, (one of which is to travel) all over the world. one of ～「～の中の１つ」に関係代名詞 which が入り込んで後半部分の主語になっている。

26・27. (Has it never struck you that) you unknowingly made a mistake? it strikes *A* that ～「～が *A*（の心）に浮かぶ」が現在完了の否定疑問文になっている。

28・29. I thought (there was no point discussing the problem) with him anymore. there is no point (in) *doing*「～しても無駄だ」

30・31. I had much (difficulty <u>getting</u> her <u>to</u> believe that) I had nothing to do with the matter. have difficulty〔trouble〕(in) *doing*「～するのに苦労する」の動名詞部分に，get *A* to *do*「*A* に～してもらう」が入る。

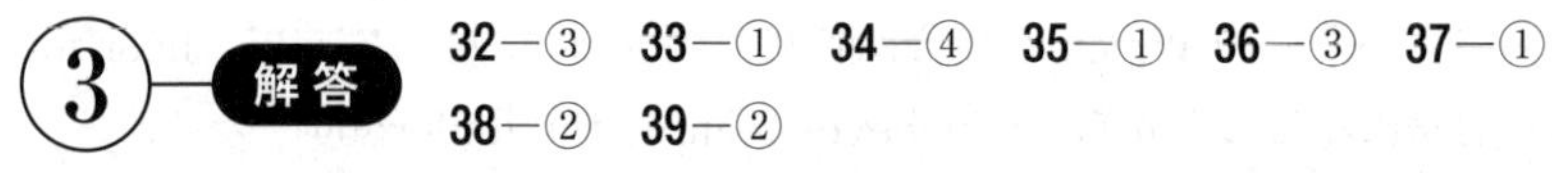

3 解答 **32**—③ **33**—① **34**—④ **35**—① **36**—③ **37**—① **38**—② **39**—②

解説

［A］**《幸せに生きる方法》**

32. 空所を含む文は「不幸な人たちは自らを［32］することをやり続ける」という内容。各選択肢の意味は，①「～を取り除く」，②「(名詞) 拍手喝采」，③「動揺させる，怒らせる」，④「(他人を) 騙す」である。この中で文脈に合うのは③である。

33. 空所を含む文は「彼らは，すべてのビジネスはその［33］を明確にし，その［33］を達成するために戦略を立てなければならない」という内容。各選択肢の意味は次の通り。①「目的」 ②「装置」 ③「手順」 ④「手段」 この中で文脈に合うのは①である。

34. 空所を含む文は「［34］，子供たちは大人よりもこれに長けている」という内容。「これ」とは第2段で書かれていた内容である (33の〔解説〕参照)。大人のほうがより戦略を立てるのが上手と考えるのが普通であるのに，子供たちのほうがそれに長けているというので，ここは④ Ironically「皮肉にも」がより当てはまる。

35. 空所を含む文は「子供たちは，人生には法則と［35］なパターンがあるということを理解している」という内容。第4段第2・3文 (Small children know … from their parents.) の内容から，この法則とパターンを上手く利用していることがわかる。以上の文脈に合うのは①「予測可能な」である。その他の選択肢の意味は次の通り。②「拒絶できる」 ③「驚くべき」 ④「将来有望な」

［B］**《悪事身に返る》**

36. 空所を含む文 (but 以下) は「しかし最終的には善が［36］という考えにほっとする」という内容。選択肢の意味は，①「消え去る」，②「小さくなる」，③「勝る」，④「朽ちる，衰える」である。この中で「ほっとする」という文脈に合うのは③である。

37. 空所を含む文（those 以下）は「世界に対して悪い事をしてきた人たちは，最終的に［37］を支払う」という内容。第1段に書かれている，最終的には善が勝るという内容も考慮すると，①が正解。pay a〔the〕price for ～「～の代償を払う，報いを受ける」という表現がベースになっている。

38. 第2段第1・2文（John List was … second ［38］ to.）は「ジョン＝リストは温厚で，平凡な外見の年配の男性であった。路上で見ても［38］な類の人であった」という内容。「平凡な外見」とあるので，②が正解。give *A* a second thought「*A* を考え直す」という表現があるが，本問は「*A* を気にもとめない」という意味で用いられている。

39. 第2段第4・5文（Decades earlier, this … crime for decades.）に「家族を殺害し，何十年も罪を逃れていた」とある。続く最終段第2文（Well, he certainly …）に「確かに彼は刑務所にいなかった」とある。以上の文脈から，②が正解。get away with ～で「～を（罰せられずに）逃れる」という意味。

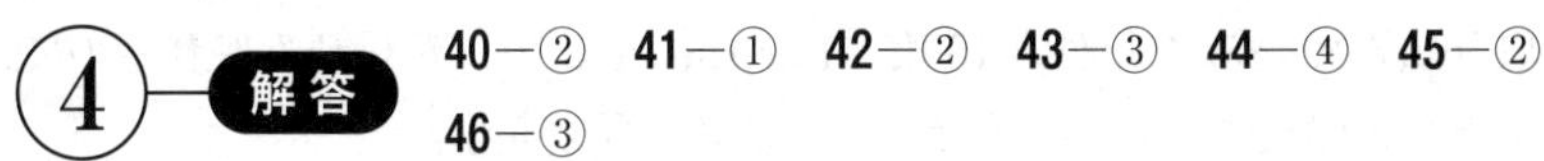

④—解答　**40**—②　**41**—①　**42**—②　**43**—③　**44**—④　**45**—②　**46**—③

問4． 先生が作った，「（あなたが）心に抱いて信じることができれば，（それを）達成することができる」と書いてある看板です。

問5． 学期が始まってすでに5週間経過しており，成績の平均がD評価だったポールが，B評価をとるのはとても困難な目標だったから。

解説

《思考は現実になる》

40. 空所を含む2つ目の文（Jules Verne ［40］ …）の後半（he said 直後）に，「人が想像できることはなんでも，別の人が必ず実現できる」とあり，これは下線部(あ)の言い換えとなっているので，②が正解。put *A* another way「*A* を言い換える」という意味。

41. 空所を含む文は「ポール，私がこれまで見聞きしてきたことから言うと，それは理論ではなく，歴史を通じて［41］されてきた法則なんだよ」という内容。「見聞きしてきたこと」「歴史を通じて」という部分から，

①「証明されてきた」が正解。

42. 空所を含む文は「僕はこれまでの人生はずっと平均以下の学生で，後々（の人生で）［42］だとわかっています」という内容。平均以下というマイナスの状況が後の人生にどう影響するかといえば，マイナスに作用すると考えられるので，②が正解。cost は「～を犠牲にさせる，失わせる」という意味。

43. 各選択肢の意味は，①「(前文を受けて，それと) 対照的に」，②「詳細に」，③「基本的には」，④「もし～ならば」である。接続詞的に扱う④は文構造的に不適。①も前文を受けて，その内容と対照的なことを述べるときに使うので不適。空所を含む部分の直後には，「ポール，神は私たちに薪を与えてくださるだろう。しかし，私たちはマッチに火を点けなければならないんだよ」とある。この内容につなげて文意が通るのは③である。

44. 空所部分は，直前の four weeks を修飾する不定詞の形容詞的用法であり，ここでは動詞と目的語の関係，つまり，「4 週間を［44］する」という関係になる。この時点で自動詞である③「くしゃみをする」は不適と判断できる。①は「4 週間を犠牲にする」，②は「4 週間を台無しにする」，④は「4 週間を費やす」という意味になる。ポールは能動的に勉強に取り組んでいることが第 15 段（For the next …）から読み取れるので，マイナスの印象になる①と②は不適である。④が正解。

45. He が主語，discovered が動詞，that concept 以下が目的語で，discovered の後には接続詞の that が省略されている。従属節内の文構造は，that concept が主語，stated in many different ways「たくさんのさまざまな方法で述べられている」が分詞構文で that concept を修飾しており，was が動詞，the one thing が補語になっている。以上をふまえると，「彼は，たくさんのさまざまな方法で述べられているその考えは，彼ら（＝偉人たち）が皆共通してもっているとわかった」が直訳。以上の内容に一番近いのは②である。

46. ①・②第 1 段でポールが掲示板に書かれていた内容について質問をしていることから不適。

③前半部分の「筆者はポールに掲示板に書かれていたことを説明した」は第 4 段（I looked up …）に書かれている内容と一致し，後半部分の「それによってポールが学校での勉強に対する態度を改善しようとするように

なった」は第15段（For the next…）に書かれている内容と一致するので正解。

④最終段第5文（It was a…）より不適。

⑤第15段第5文（For the first…）より不適。

問4． you made と that says 以下が That sign にかかる関係代名詞の二重限定になっている。That sign you made that says～は「あなた〔先生〕が作った～と書いてある掲示」，conceive は「～を思いつく，心に抱く」という意味。If you can conceive it and believe it は「もしあなたが心に抱いて信じることができれば」が直訳。it は心に抱いたことを指すので訳出しなくてもよい。achieve は「～を成し遂げる，達成する」という意味。以上をふまえて，「あなた〔先生〕が作った，『(あなたが) 心に抱いて信じることができれば，(それを) 達成することができる』と書いてある看板です」となる。担当教師に対する返答なので，下線部に動詞はないが，「～です」という言葉を補ったほうがよい。

問5． 第12段第3文（By the end…）のポールのセリフに「今学期の終わりまでに，B評価の学生になります」とあり，第13段（It was already…）には「すでに学期の第5週であり，ポール（の成績）は平均するとD評価であった」と書かれている。この直後の下線部(う)で「それは高い山だ」と筆者は述べており，これは達成するのが困難な目標の比喩となっている。以上のことから，ポールが目指すB評価がその時点のポールの状況からすると達成困難である理由を書けばよい。「学期が始まってすでに5週間経過している」「成績の平均がD評価であったポールがB評価をとるのは難しい」という内容を入れること。

5 解答　47―④　48―②　49―③　50―②　51―③　52―③

問4． いくつかの研究から，良いタイミングで昼寝をすると知力が短期間上昇することがわかっている。

問5． 夜間に十分に睡眠をとっていないこと。

解説

《昼寝の効能》

47． 空所を含む文の前文に，昼寝がもたらすプラスの効果について書かれている。空所を含む文に also とあることから，ここにも昼寝のプラスの効果が書かれていると判断できる。さらに続く第2段第5～7文（In that research, … who stayed awake.）に，昼寝をした被験者のほうが，数学の問題を解く際に簡単な方法を見つける可能性が2.7倍高かったということが書かれている。以上のことから，④「創造性」が正解である。

48. 47の〔解説〕にもあるように，被験者たちは昼寝の効果があるかどうかを検証するために昼寝を促されたのである。正解は②である。

49. 47の〔解説〕を参照。正解は③「～を見つけ出す」である。その他の選択肢の意味は次の通り。①「～を消す，外に出す」 ②「外を見る」 ④「～を消す，裏返しにする」

50. 空所を含む文の中に good or bad と書かれていることから，②が正解。whether ～（or not）は「～かどうか」という意味。

51. ダッシュ（—）でつながれている部分は，抽象と具体の関係になる。sleep inertia とは，ダッシュの前に書かれている people were slightly groggy as they came out of their nap「昼寝から目覚めたときに，やや意識がもうろうとしていた」を指す。この内容に一番近いのは③である。

52. ①第4段最終文（The nap to …）に「避けるべき昼寝は20分以上60分未満の昼寝であり，睡眠慣性につながる可能性が最も高い」とあることから不適。

②第2段第3文（That review, published …）より不適。

③第3段第2文（Shift workers, new …）の中に，get a boost「能力の向上」，reduced sleepiness「眠気を軽減した」，improved overall performance「全体的なパフォーマンスを向上させた」とあることから一致する。これが正解。

④①の〔解説〕にあるように不適。

⑤最終段第1文（The short-term benefits …）の but 以下に「（昼寝の）長期間の効果は（短期間の昼寝の効果ほど）あまり明らかになっていない」とあることから不適。

問4. Several studies find that ～は無生物主語であるので「いくつかの研究から～ということがわかっている」などと訳す。well-timed は「時宜を得た，好機の」という意味。a well-timed nap はそのまま訳すのではなく，「良いタイミングで昼寝をすること」などとするとよい。a short-term boost in brainpower は「知力における短期間の上昇」が直訳。brainpower を主語，boost を動詞，short-term を副詞扱いすると，「知力が短期間上昇する」という訳になる。動詞の名詞形は動詞扱いすると自然な訳になることが多いので覚えておきたい。

問5． 直後の meaning 以下が具体的内容になっているので，ここを訳せばよい。nighttime sleep は「夜間の睡眠」で，they don't get enough nighttime sleep で「夜間に十分な睡眠がとれないこと」となる。

日本史

1 解答 《吉備真備・三善清行の生涯》

1—② 2—③ 3—④ 4—① 5—③ 6—③ 7—④ 8—③
9—①

2 解答 《保元の乱，モンゴル襲来，嘉吉の変》

10—② 11—④ 12—② 13—③ 14—③ 15—④ 16—① 17—①
18—②

3 解答 《「海舶互市新例」「異国船打払令」―江戸時代の対外関係》

19—② 20—③ 21—② 22—④ 23—① 24—① 25—④ 26—④
27—②

4 解答 《近現代の日朝・日韓関係》

28—② 29—① 30—③ 31—④ 32—④ 33—③ 34—① 35—④
36—③

世界史

1 解答 《北アフリカとユーラシアの諸文明の成立》

1－③　**2**－③　**3**－①　**4**－②　**5**－④　**6**－②　**7**－⑤　**8**－①
9－③

2 解答 《10 世紀から 18 世紀の世界》

10－③　**11**－①　**12**－②　**13**－②　**14**－④　**15**－④　**16**－④　**17**－④
18－②

〔注〕 17. 資料はルターの「九十五カ条の論題」。よって，正解は④。

3 解答 《近現代のヨーロッパとアメリカ》

19－②　**20**－③　**21**－②　**22**－①　**23**－③　**24**－④　**25**－④　**26**－①
27－⑤

〔注〕 19. aはトマス＝ペインの『コモン＝センス』，bはリンカンの「奴隷解放宣言」，cは「アメリカ独立宣言」。よって，②a→c→bが正解。
20. aは「人権宣言（人間および市民の権利の宣言）」，bはシェイエスの『第三身分とは何か』，cは「ナポレオン法典（フランス民法典）」。よって，③b→a→cが正解。

4 解答 《第二次世界大戦後の世界》

28－③　**29**－①　**30**－④　**31**－⑤　**32**－③　**33**－④　**34**－②　**35**－③
36－②

地　理

1 解答 《地球と世界の地形》

1 —③　2 —②　3 —②　4 —①　5 —③　6 —③　7 —④

2 解答 《世界の気候環境と農業》

8 —③　9 —③　10—④　11—③　12—①　13—①　14—③

3 解答 《人口と都市》

15—④　16—②　17—③　18—④　19—①　20—①　21—②
22—②

4 解答 《アメリカ合衆国の地誌》

23—④　24—⑥　25—③　26—④　27—④　28—①

5 解答 《日本の地理》

29—③　30—③　31—③　32—②　33—⑤　34—②

政治・経済

1 解答 《大日本帝国憲法と日本国憲法》

1－① 2－③ 3－④ 4－③ 5－③ 6－④ 7－③ 8－⑤
9－②

2 解答 《世界の政治体制》

10－① 11－④ 12－③ 13－③ 14－④ 15－③ 16－④ 17－④
18－③

3 解答 《日本の戦後経済》

19－① 20－② 21－② 22－④ 23－② 24－③ 25－① 26－③
27－①

4 解答 《国際紛争》

28－④ 29－③ 30－② 31－③ 32－① 33－④ 34－③ 35－①
36－④

数学

◀情報・理工・教育(数学教育)学部▶

1 解答 《小問4問》

アイ. −1 **ウ.** 2 **エオ.** 39 **カキ.** 13 **クケ.** 13 **コ**−① **サ**−①
シ−③ **ス**−② **セ.** 0 **ソ.** 9 **タ.** 5 **チ.** 8 **ツ.** 9 **テ.** 3
ト. 2 **ナ.** 3 **ニヌ.** −3

2 解答 《小問3問》

アイウ. 324 **エオ.** 27 **カキ.** 35 **クケ.** 17 **コサ.** 33 **シ.** 5
スセ. 11 **ソタ.** 30 **チツ.** 30 **テト.** 11 **ナニ.** 60 **ヌネ.** 13

3 解答 《小問2問》

ア. 1 **イ.** 5 **ウ.** 3 **エ.** 3 **オ.** 2 **カ.** 3 **キ.** 3 **ク.** 2
ケ. 2 **コ.** 2 **サ.** 2 **シ**−① **ス.** 5 **セ.** 1 **ソタ.** −1

4 解答 《整数の性質と数列》

問1. $a_8=29$, $a_{16}=59$

問2. $T_1=120$, $T_2=360$

問3. $n=540$

問4. $a_{81}=301$

問5. 数列を8項ずつ区切って考える。

$$T_l=\sum_{k=8(l-1)+1}^{8l} a_k$$

とおくと,数列 $\{T_l\}$ は初項120,公差240の等差数列になっている。よ

って

$$\sum_{k=1}^{81} a_k = \sum_{l=1}^{10} T_l + a_{81}$$

$$= \frac{10(120+120+240\times 9)}{2} + 301$$

$$= 12000 + 301$$

$$= 12301 \quad \cdots\cdots(\text{答})$$

5 解答 《回転体の容器と水，等速円運動》

問1. $S=\pi(8h-h^2)$

問2. $V_6=72\pi$

問3. $V=\left(4h^2-\frac{h^3}{3}\right)\pi$

問4. $t=4h^2-\frac{h^3}{3}$

問5. 水面が上昇する速度

問6. 問4の両辺を t で微分すると

$$1=(8h-h^2)\frac{dh}{dt}$$

$$\frac{dh}{dt}=\frac{1}{8h-h^2}$$

$h=4$ のとき

$$\frac{dh}{dt}=\frac{1}{8\cdot 4-4^2}=\frac{1}{16} \quad \cdots\cdots(\text{答})$$

◀社会・政治経済・教育（数学教育除く）・保健医療学部・短期大学部▶

1 解答 《小問3問》

アイ. 16　**ウエオカ.** 4320　**キクケコ.** 3363　**サシスセ.** 2378　**ソ.** 9
タ. 3　**チ.** 6　**ツ.** 6　**テ.** 7　**ト**—③　**ナ**—②　**ニ**—①　**ヌ**—②

2 解答 《2次関数の最小値》

アイ. −3　**ウ.** 4　**エ.** 1　**オ.** 1　**カ.** 3　**キ.** 1　**ク.** 3　**ケ.** 4
コ. 1　**サシ.** −2　**ス.** 7　**セ.** 3　**ソ.** 3　**タチ.** 20　**ツテ.** 23
トナ. 10　**ニ.** 3　**ヌネノ.** −31　**ハ.** 3

3 解答 《円周上の点からできる三角形の確率》

アイウ. 220　**エ.** 3　**オカ.** 11　**キ.** 6　**クケ.** 11　**コ.** 2　**サシ.** 11
ス. 1　**セ.** 5　**ソ.** 3　**タ.** 5　**チ.** 3　**ツ.** 3　**テ.** 4

4 解答 《三角柱の切断》

ア. 2　**イ.** 2　**ウ.** 2　**エ.** 6　**オカ.** 12　**キ.** 4　**ク.** 6　**ケ.** 1
コ. 6　**サ.** 4　**シ**—①　**ス**—①　**セ.** 7　**ソ.** 3　**タチ.** 38　**ツ.** 6
テ. 6

物　理

1 解答 《円筒面内を運動する小球》

1—④　2—④　3—①　4—②　5—⑤

2 解答 《電池の内部抵抗》

6—②　7—⑥　8—①　9—④　10—③

3 解答 《弦の共振と気柱の共鳴》

11—④　12—①　13—⑥　14—⑤　15—①

4 解答 《熱サイクル，放射線》

16—③　17—⑥　18—①　19—②　20—⑤　21—②

化　学

1 解答 《元素と単体，分離法，同位体，混合気体の密度，不純物を含む物質の純度，理想気体》

1—①　2—①　3—①　4—②　5—⑤　6—⑥　7—①　8—②
9—④　10—②　11—④　12—②　13—②　14—①　15—①　16—②

2 解答 《コロイド，熱化学，逆滴定，酸化還元滴定，電気分解の量的関係，化学平衡》

17—③　18—⑥　19—③　20—②　21—④　22—⑤

3 解答 《硝酸の性質，アルミニウムの性質，遷移元素の性質，錯イオン》

23—①　24—①　25—①　26—②　27—②　28—①　29—①　30—②
31—①　32—②　33—①　34—②　35—①　36—①　37—①　38—①
39—①　40—①　41—①　42—①

4 解答 《C_4H_8O の構造，洗剤の性質，芳香族化合物の性質，糖・アミノ酸・タンパク質の性質，機能性高分子化合物》

43—①　44—①　45—①　46—①　47—①　48—②　49—①　50—②
51—②　52—①　53—①　54—②　55—①　56—②　57—①　58—②
59—②　60—①　61—②　62—①　63—①　64—③　65—④　66—⑤
67—②

生　物

1　解答　《代謝とエネルギー》

1 —②　2 —①　3 —⑤　4 —②　5 —④　6 —①　7 —④　8 —⑥
9 —④　10—④　11—⑥

2　解答　《世界のバイオーム》

12—③　13・14—④・⑤（順不同）　15—②　16—⑤　17—④　18—①
19—②　20—⑥　21—③　22—②

3　解答　《植物の発生・生殖》

23—②　24—①　25—①　26—⑥　27—⑤　28—②　29—③

4　解答　《興奮の伝導と伝達》

30—⑦　31—⑤　32—①　33・34—②・③（順不同）
35・36—①・③（順不同）　37—⑧　38—⑥

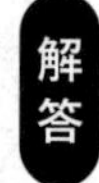

解答

A、きょうかつ　B、こうでい　C、ほてん　D、おおぎょう　E、感得　F、魂胆　G、撲滅
H、墨守　I、遮る　J、付〔附〕和雷同

問3 ④

問4 作文の題材をめぐってあき子から誤解されて敵意を向けられただけでなく、二人で相談しなかったと伝えたことで教師からも互いに敵意を持っていると誤解され、残念に思った。（八〇字以内）

問5 ②

問6 好ましく思っていたあき子との関係が険悪になり、学校代表になった自分の綴方が落選したうえ、教師にも出来が悪いと言われた（六〇字以内）

問7 ⑤

解説

問3 傍線部直前で「あき子も自分と同じようなこと（＝作文の題材を事前に二人で相談すること）を先生の口から伝えられた筈である」と書かれている。しかしながら、あき子が無反応であったため、どうしたことかと思ったのである。洪作が肩すかしを食った状況なので、④が正解。

問4 「この場合も」の「も」に着目すると、「あき子から誤解され」て悲しい気持ちになったことに付け加えて、教師からも誤解されたことでもっと悲しく残念な気持ちになったことが読み取れる。

問5 傍線部直前で「あき子の方はあき子の方で、やはり同じような敵意を洪作に抱いているらしく」と書かれている。洪作に対するあき子の敵意は不変である。正解は②。

問6 洪作が「やるせなさ（＝なすすべがなく、落胆した気持ち）」を感じたのは、〈好意を持っていたあき子との関係が険悪になったこと〉と、〈祖父との貴重な経験談を作文に書き上げたものの、落選した途端にあき子の作文のほうがよかったかもしれないと教師に言われたこと〉の二つが原因である。

問7 本文では、尊敬できる祖父に感銘を受けたり、初めて誤解されてしかもその誤解が解消しないことに葛藤したりといった経験を重ねることで、主人公の洪作少年が内面的に成長していく様子が描かれている。正解は⑤。

問6　④
問7　⑤

解説

問3　傍線部の後に、「これ（＝仕返しが怖ろしいから与えること）は他への愛情ではない。エゴイズムである」とあり、また、「仕返しを怖れるということでなくても、『傷つけるのが怖いから』という動機がやさしさの背後に隠されている」とある。つまり、相手を傷つけるのが怖いからやさしくしているだけの行動はエゴイズムであり、自分のための行動であるということ。

問4　「目の前にいるひとに注意して恥をかかせるようなことを避ける」のが「やさしい人」であり、「予防的やさしさのひとからすれば、注意するひとのほうがルール違反」であるという状況が、「予防としてのやさしさの感受性が広まった」状況である。この状況下では教育的にルール違反を指摘しても反発を招くだけである。正解は②。

問5　空欄の後の箇所で、〈「予防的やさしさ」にとらわれてうっかり注意することもできない、非常に厳しい状況が生まれている〉という内容が書かれている。それに続くように空欄に入る言葉を考えると、③が正解になる。

問6・問7　本文最後の一文に「こうして（＝辞書的な語源をたどって）みると、新しいやさしさのとらえ方のような、傷つけないという気の遣い方も、『偽物のやさしさ』だと切り捨てるわけにもいかない」とある。語源を調べることで判明したことであるが、日本には古くから「予防的やさしさ」に似たやさしさが存在していたということである。

三

出典　井上靖『しろばんば』（新潮文庫）

解答

問1　X―③　Y―⑤
問2　a―④　b―①　c―②

問3　「心もとなし」は〝待ち遠しい、じれったい〟の意味。「ここら」は〝たくさん、多く〟の意味。「さすがに」は〝そうは言ってもやはり〟の意味の頻出語。ここでは、皇子が持参した玉の枝が作り物だとわかって思案している様子をいう。

問4　反実仮想の助動詞「ましか」をうけて省略されている〝（もし〜ならば）いけない、たいへんだ〟という内容を補おう。また、「ましかばと」の後に〝思って〟という言葉も補うとよい。

問5　Bの歌では「よよ」「たけとり」「ふし」が縁語であり、Eの歌では「言の葉」「玉の枝」が縁語になっている。

問6　「肝消ゆ」は意外な事に直面して不安や恐怖を感じたときに非常に驚いた様子を表す言葉である。皇子は自分の嘘がばれると思って取り乱しているのである。正解は③。

問7　前半は係り結びに注意する。「あさまし」は〝驚きあきれるような〟の意味で、ここでは〝あきれるほどひどい〟の意。

問8　「かぐや姫、暮るるままに思ひわびつる心地、笑ひさかえて（＝かぐや姫は、日が暮れるにしたがって気落ちしていた気持ちが（はれて）、笑顔になり）」の内容が⑤と合致している。

出典　榎本博明『「やさしさ」過剰社会―人を傷つけてはいけないのか』（PHP新書）

解答

問1　X―②　Y―④

問2　a―⑤　b―③　c―②

問3　相手に好意を示すのは、傷つけないためではなく、自分が傷つかないためだということ。（四〇字以内）

問4　②

問5　③

▲教育（国語教育）学部▼

出典　『竹取物語』

解答

問1　a―②　b―③
問2　Ⅰ―④　Ⅱ―①
問3　ア―②　イ―②　ウ―④
問4　（もしもあなたが）おっしゃっていたものと違っていてはいけないと思って、この花を折って持参したのだ。
問5　③
問6　③
問7　本当に蓬莱の木かと思っていた。このように驚きあきれる（ほどひどい）嘘であったのだから、はやくお返しください。
問8　⑤
問9　③

解説

問1　aは打消の接続助詞「で」に接続しているので、完了の助動詞「ぬ」の未然形。bは使役の助動詞「す」の連用形。

問2　Ⅰは丁寧語の補助動詞で、皇子がたけとりの翁に話している会話文中で使用されているので、皇子からたけとりの翁への敬意を表している。Ⅱは謙譲語の補助動詞で、あやべの内麻呂が皇子に話している会話文中で使用されており、皇子のために玉の木を「作る」自分の動作を下げているので、あやべの内麻呂から皇子への敬意を表している。

問3 空欄には「専門化」を言い換えた言葉が入る。また、空欄の後の箇所で「それ（＝Y）にはそれだけの長所がある…が、ただ歴史学の場合…範囲があまりに狭くては…用をなさない」と書かれていることから判断して正解は④。

問4 《中略》の後の二文目に「(文明が伝播していく過程を説明する）解決の鍵は時間に外ならない」と書かれている。正解は③。

問5 「頭の働き」には「抽象化」と〈具体的な事実を理解すること〉の二通りのものがあるが、筆者は後者による歴史学が正当に評価されていない現状に対して「(具体的事実を理解することこそ）歴史家の本筋であり、歴史家でなければ出来ない仕事だ」と述べている。正解は④。

問6 「歴史上の座標軸になる線」とは、傍線部Cの直後に書かれている「学者自らが創作した線」のことであり、第二段落で「事実は誰が見ても動かせない事実であるにしても、それが持つ意義の評価については各人各様であり得る」と説明されている内容を比喩的に表したものである。正解は①。

問7 「ただ私が問題としたいのは」から始まる段落以降が本文の結論部分であり、まとめると〈歴史学は事実の論理関係を問う学問であり、その事実の評価に多様性があることが重要だ〉と書かれている。正解は④。

三 解答

A—④　B—③　C—①　D—②　E—③　F—①　G—⑤　H—④　I—②　J—③

となり、それがオリジナルとなる倒錯文化が成立する」と説明されている。正解は⑤。

問5 傍線部Bまでの文脈を整理すると、〈多民族国家では偽物(コピー)のほうがひろく利用される→「コカ・コーラ」の具体例→「単純な原理」〉となるので、正解は①。

問6 傍線部Cの二つ前の段落で、「擬似現実は…人間を支配するのではなく、それが無いことによってイメージや空想を掻き立てる媒体として人間をずっと自由にさせる」と書かれている内容から判断する。正解は⑤。

問7 現実のように直接それがそこにある「疑似現実」について、最後から二つ目の段落に「疑似現実を目の前にしたときにもたらされる」人々のイメージは「現実という棘の世界を避け」、現実に近づくための何らかの困難な努力を惜しむことがあると述べられている。これに合致する②が正解。

二

出典 宮崎市定『中国史』(岩波文庫)

解答

問1 a―① b―⑤ c―③

問2 ⑤

問3 ④

問4 ③

問5 ④

問6 ①

問7 ④

解説

問2 直前の文の「誰が書いても同じ」を具体的に説明していることから考える。正解は⑤。

国語

▲情報・社会・政治経済・教育（国語教育除く）・保健医療学部・短期大学部▼

一

出典　藤原新也『アメリカ』（集英社文庫）

解答

問1　X―①　Y―③
問2　a―③　b―④
問3　④
問4　⑤
問5　①
問6　⑤
問7　②

解説

問3　後ろから三つ目の段落にある「（ファンタスティックと叫んだ理由は）それがイミテーションであったことによってイメージの飛翔が可能になったからである」を根拠に考えよう。ただし、「可変的」という要素は読み取れないので、正解は④。

問4　傍線部Aは二行後に「模擬的現実を規範とする文明」と言い換えられており、その内実は「コピーそのものが環境

////////////////////// · memo · //////////////////////

/////////////////// · memo · ///////////////////

////////////////////// · memo · //////////////////////

////////////////// · memo · //////////////////

/////////////////// · **memo** · ///////////////////

2023年度

問題と解答

■大和大学：学校推薦型選抜（公募制）

問題編

▶試験科目・配点

学部		教科	科目	配点 総合評価型	配点 基礎評価型
情報	文系方式	数学	数学Ⅰ・Ⅱ・A・B	100 点	250 点※（150 点＋100 点）
		選択	「コミュニケーション英語Ⅰ・Ⅱ・Ⅲ，英語表現Ⅰ・Ⅱ」，「国語総合（古文・漢文を除く），現代文B」から１科目選択	100 点	
	理系方式	数学	「数学Ⅰ・Ⅱ・A・B」または「数学Ⅰ・Ⅱ・Ⅲ・A・B」	100 点	250 点※（150 点＋100 点）
		選択	「コミュニケーション英語Ⅰ・Ⅱ・Ⅲ，英語表現Ⅰ・Ⅱ」，「物理基礎・物理」，「化学基礎・化学」，「生物基礎・生物」から１科目選択	100 点	
社会・政治経済		英語	コミュニケーション英語Ⅰ・Ⅱ・Ⅲ，英語表現Ⅰ・Ⅱ	100 点	250 点※（150 点＋100 点）
		選択	「数学Ⅰ・A」，「国語総合（古文・漢文を除く），現代文B」から１科目選択	100 点	
理工	数理科学・機械工学・電気電子工学	数学	「数学Ⅰ・Ⅱ・A・B」または「数学Ⅰ・Ⅱ・Ⅲ・A・B」	100 点	250 点※（150 点＋100 点）
		選択	「コミュニケーション英語Ⅰ・Ⅱ・Ⅲ，英語表現Ⅰ・Ⅱ」，「物理基礎・物理」，「化学基礎・化学」から１科目選択	100 点	
	情報科学・建築学	数学	「数学Ⅰ・Ⅱ・A・B」または「数学Ⅰ・Ⅱ・Ⅲ・A・B」	100 点	250 点※（150 点＋100 点）
		選択	「コミュニケーション英語Ⅰ・Ⅱ・Ⅲ，英語表現Ⅰ・Ⅱ」，「物理基礎・物理」，「化学基礎・化学」，「生物基礎・生物」から１科目選択	100 点	

<table>
<tr><td rowspan="8">教育</td><td rowspan="2">初等幼児教育</td><td>英　語</td><td>コミュニケーション英語Ⅰ・Ⅱ・Ⅲ，英語表現Ⅰ・Ⅱ</td><td>100 点</td><td rowspan="2">250 点※
(150 点＋100 点)</td></tr>
<tr><td>選　択</td><td>「数学Ⅰ・A」，「物理基礎・物理」，「化学基礎・化学」，「生物基礎・生物」，「国語総合（古文・漢文を除く），現代文B」から１科目選択</td><td>100 点</td></tr>
<tr><td rowspan="2">国語教育</td><td>英　語</td><td>コミュニケーション英語Ⅰ・Ⅱ・Ⅲ，英語表現Ⅰ・Ⅱ</td><td>100 点</td><td>100 点</td></tr>
<tr><td>国　語</td><td>国語総合（漢文を除く），現代文B，古典B（漢文を除く）</td><td>200 点</td><td>200 点</td></tr>
<tr><td rowspan="2">数学教育</td><td>数　学</td><td>「数学Ⅰ・Ⅱ・A・B」または「数学Ⅰ・Ⅱ・Ⅲ・A・B」</td><td>200 点</td><td>200 点</td></tr>
<tr><td>選　択</td><td>「コミュニケーション英語Ⅰ・Ⅱ・Ⅲ，英語表現Ⅰ・Ⅱ」，「物理基礎・物理」，「化学基礎・化学」，「生物基礎・生物」から１科目選択</td><td>100 点</td><td>100 点</td></tr>
<tr><td rowspan="2">英語教育</td><td>英　語</td><td>コミュニケーション英語Ⅰ・Ⅱ・Ⅲ，英語表現Ⅰ・Ⅱ</td><td>200 点</td><td>200 点</td></tr>
<tr><td>選　択</td><td>「数学Ⅰ・A」，「国語総合（古文・漢文を除く），現代文B」から１科目選択</td><td>100 点</td><td>100 点</td></tr>
<tr><td colspan="2">保健医療</td><td>選　択</td><td>「コミュニケーション英語Ⅰ・Ⅱ・Ⅲ，英語表現Ⅰ・Ⅱ」，「数学Ⅰ・A」，「理科（『物理基礎・物理』，『化学基礎・化学』，『生物基礎・生物』から１科目選択）」，「国語総合（古文・漢文を除く），現代文B」から２科目選択</td><td>200 点
（各 100 点）</td><td>250 点※
(150 点＋100 点)</td></tr>
</table>

▶入試方式

- 情報学部：総合評価型，基礎評価型のほか，数学重視型がある。数学の配点が 200 点，その他の科目が 50 点の計 250 点満点で合否判定する。
- 理工学部：総合評価型，基礎評価型のほか，数学重視型・理科重視型がある。数学重視型は数学の配点が 200 点，その他の科目が 100 点の計 300 点満点，理科重視型は理科の配点が 200 点，数学が 100 点の計 300 点満点で合否判定する。

▶備　考

- 英語は聞き取り試験は含まない。
- 「数学B」の出題範囲は「数列・ベクトル」。「数学Ⅲ」の出題範囲は「積分法」を除く。
- 総合評価型ではほかに調査書（50 点：全体の学習成績の状況× 10）が加味される。
- 基礎評価型，数学重視型，理科重視型は総合評価型に出願する場合のみ出願可能。
- ※印の基礎評価型の配点は，総合評価型で受験した科目のうち高得点科目の得点を 1.5 倍する。
- 英語外部試験のスコア・資格に応じて換算した「英語」の得点で合否判定を受けることができる英語外部試験利用制度がある。ただし，理工学部の理科重視型を受験する場合，英語外部試験利用制度は適用できない。

英語

◀情報・社会・理工・政治経済・教育（英語教育除く）・保健医療学部▶

（情報・理工・教育（国語教育・数学教育）学部　1科目　60分）
（その他　2科目 120分）

1 次の問1～問5の英文の空欄 [1] ～ [5] に入る最も適切なものを，①～④から1つずつ選び，解答欄にマークしなさい。

問1 "Will he join us?" "I'm afraid [1]. He is an individualist."

① of　② not　③ what　④ that

問2 He put so much salt in the soup that he spoiled the [2].

① flavor　② odor　③ scent　④ smell

問3 I felt quite [3] when I made a speech before an audience for the first time in my life.

① neat　② necessary　③ nervous　④ next

問4 Teleworking [4] people with more choice about when and where they work.

① provides　② rewards　③ makes　④ divides

問5 Young people today are unlike our generation in [5] they express their likes and dislikes clearly.

① what　② why　③ this　④ that

2 次の問 1 ～ 問 6 の英文の空欄 [6] ～ [11] に入る最も適切なものを，①～④から 1 つずつ選び，解答欄にマークしなさい。

問 1　This morning a tourist asked me how to [6] Suita Station.

① get to　② arrive　③ call on　④ make up

問 2　Thanks to his car GPS, he didn't [7] while driving.

① have missed　② get lost　③ go mistaken　④ come caught

問 3　The curry was [8] that my tongue was burning.

① so spicy　② such hot　③ too bitter　④ very sweet

問 4　The material for the blanket [9].

① touched deep　② had flexible　③ handed rough　④ felt soft

問 5　It was so cold that morning.　He told himself, "Just 5 more minutes," and [10] to sleep.

① sank on　② fell against　③ went back　④ dropped at

問 6　The seminar made us even [11] that we wanted to work at the company.

① how distant　② if sad　③ more sure　④ so afraid

3 次の問1～問5の会話文の空欄 [12] ～ [16] に入る最も適切なものを，①～④から1つずつ選び，解答欄にマークしなさい。

問1 *A*: You didn't show up at the party last night.

B: Sorry about that, David. I called you, but [12].

① you cannot be so busy ② you didn't visit me

③ I couldn't reach you ④ I didn't have a telephone

問2 *A*: Well, Yoko, thank you for everything. It's time for me to go.

B: [13], John. Let's keep in touch.

① I'll miss you ② It has been a long time

③ I couldn't stay here longer ④ You can make yourself comfortable

問3 *A*: We still seem to have [14].

B: I think so, too. How about getting together at 3:00 p.m. this Friday?

① no questions about this ② nothing to talk about

③ a lot of help from friends ④ a few more things to discuss

問4 *A*: Thank you for answering all the questions about this issue.

B: [15]. It's a tough but interesting issue, indeed.

① Don't tell me ② My pleasure

③ It's far from satisfactory ④ No more and no less

問5 *A*: How about a cup of coffee?

B: No, thank you.

A: [16].

B: I'm fine. Thanks for asking.

① I'm glad you like coffee

② You didn't ask me about my work

③ I just wanted to see if you needed a break

④ You are going to buy me coffee

4 次の英文を読み，問 1 ～ 問 3 に答えなさい。 [17] ～ [21]

If you are afraid of insects, this might be (1) reading. A fossil found on a beach in England shows that the biggest bug that ever lived was the size of a small car. The fossil is of a giant millipede. This monster creature could have had hundreds of legs. [①] Although the name "millipede" means "one thousand legs" in Latin, few species actually have 1,000 legs. There is one species that has 1,300 legs. The fossil hunters in England said what they found is "definitely the biggest bug that ever lived". [②] This would have been a scary sight. It would need a huge amount of insect spray to keep it away.

The scientists found the fossil (3). A lecturer at the University of Cambridge's department of earth sciences said they found a rock on the beach. It had recently fallen from a cliff. He said, "It was a complete *fluke of a discovery. It was an incredibly exciting find."

He explained that the fossil dates back over 326 million years. [③] This was 100 million years before the Age of the Dinosaurs. The researchers believe that the millipede had a high-nutrient diet because it was so huge. They said, "While we can't know for sure what they ate, there were plenty of nutritious nuts and seeds available at the time." [④] They may also have eaten frogs and lizards, but not humans or any of our ancient ancestors.

（注） *fluke　思いがけない幸運

問 1　文脈に合うよう（ 1 ）（ 3 ）に入る，最も適切なものを①～④からそれぞれ 1 つずつ選び，解答欄にマークしなさい。 [17] [18]

出典追記：Lesson: Giant Millipedes, Breaking News English

(1) 17

① unequal ② easy ③ difficult ④ comfortable

(3) 18

① in return ② by chance ③ on purpose ④ for sure

問2 次の文が入る最も適切な場所を ① ～ ④ から1つ選び，解答欄にマークしなさい。 19

They said the millipede was around 2.7 meters long and weighed over 50kg.

問3 本文の内容と一致するものを，①～⑧から**2つ**選び，解答欄にマークしなさい。ただし，解答の順は問わないものとします。 20 21

① The biggest bug that ever lived was caught alive on a beach in England.

② The giant millipede had more than 1,300 legs.

③ The fossil of a giant millipede was in a rock which had fallen from a cliff.

④ Many people were scared to see the biggest bug walking on the beach.

⑤ A huge amount of insect spray made it possible to keep a giant millipede away.

⑥ The fossil was from the Age of the Dinosaurs and 100 million years old.

⑦ It is because the millipede was quite huge that the researchers believe its diet was highly nutritious.

⑧ The millipede must have eaten not only nuts and seeds but also our ancient ancestors.

5　次の英文を読み，問1～問5に答えなさい。 22 ～ 28

On January 14, 2012, Wesley Hamilton got caught up in a quarrel with a stranger outside his apartment. The man shot Hamilton twice in his belly. "I laid on that ground taking my (1) breaths, having regrets about life," he said, "because it wasn't until that moment that I realized I had never lived."

[①]

Hamilton survived, suffering a spinal cord injury that left him *paralyzed from the waist down. At 24, he became "a single father in a wheelchair," he said — adjusting to a new life faced with new challenges.

"I felt hopeless and useless," Hamilton said. "It defeated me." Hamilton underwent six surgeries and spent the following three years confined to bed rest. In the years after his injury, Hamilton became dangerously overweight and depressed.

[②]

Hamilton enrolled in community college and took a nutrition course. He started healthy dieting and took up weightlifting. He lost 100 pounds within a year.

[③]

For Hamilton, it was only the beginning. He became an award-winning adaptive athlete and (3) <u>eventually</u> worked as a certified *CrossFit instructor. Through his journey, Hamilton realized he wanted to help other people with disabilities regain their livelihood. Since 2017, his non-profit, *Disabled But Not Really*, has empowered 45 people through adaptive physical training and nutrition coaching according to an eight-week fitness program Hamilton developed.

[④]

When group classes were suspended because of Covid-19, Hamilton was committed to continuing to serve and support his program participants through private training sessions. "People deserve to know they are more than their circumstances," he said. "My purpose is to inspire. And it's to show people what happiness really looks like (4) the bad luck that you have to face."

(注) *paralyzed　麻痺した，身動きできなくなった

*CrossFit　「歩く」「走る」「跳ぶ」などの日常生活で繰り返し行う動作を基に，毎回異なるトレーニングを高強度・短時間で行う運動プログラム

出典追記：Paralyzed by a shooting, he now helps others with disabilities take control of their lives, CNN on March 11, 2021 by Laura Klairmont

問１　文脈に合うよう（　1　）（　4　）に入る，最も適切なものを①～④からそれぞれ１つずつ選び，解答欄にマークしなさい。 22 23

（　1　） 22

① first　② next　③ lowest　④ last

（　4　） 23

① against　② before　③ despite　④ except

問２　次の段落が入る最も適切な場所を ① ～ ④ から１つ選び，解答欄にマークしなさい。 24

It was his daughter, Nevaeh Hamilton, who ultimately became his lifeline. "I was determined to be a better person and a better father," Hamilton said. "My love for her inspired me to take control of my life."

問３　下線部 (3) の言い換えとして最も適切なものを，①～④から１つ選び，解答欄にマークしなさい。 25

① in the end　② in addition　③ nevertheless　④ sometimes

問４　本文の内容と一致するものを，①～⑤から１つ選び，解答欄にマークしなさい。 26

① Hamilton decided to survive in order to search for the criminal who shot him on January 14, 2012.

② At 24, Hamilton had to live in a wheelchair and gave up getting married.

③ Hamilton employed 45 people to help other people with disabilities, running his non-profit, *Disabled But Not Really*.

④ In the years after his injury, Hamilton was so dangerously depressed that he lost 100 pounds.

⑤ During the pandemic of Covid-19, Hamilton never stopped his physical training and nutrition coaching through private sessions.

問5　次の会話文は，アメリカ CNN テレビが Hamilton さんにインタビューをした際のやり取りの一部である。本文の内容に合うよう，会話文中の（　5a　）（　5b　）にそれぞれ入る最も適切なものを①～④から1つずつ選び，解答欄にマークしなさい。

[27] [28]

CNN：What are some of the everyday obstacles that people with disabilities face?

Hamilton：One thing that's not talked about a lot is why people with disabilities aren't really seen in society. The disabled community is very isolated because of（　5a　）.

CNN：You're not only helping those you work with get physically fit. How do you support them on a deeper level?

Hamilton：I'm bringing people of all sorts together to be empowered by one another. It's a community of people that are different, but together we are（　5b　）.

（　5a　）[27]

① the sufficiency of accessibility　② the sufficiency of accountability

③ the lack of accessibility　④ the lack of accountability

（　5b　）[28]

① quite the same　② one and only

③ dependent upon each other　④ indifferent to others

6 次の問１～問５の日本語に合うよう，与えられた語（句）を並べ替えて英文を完成させるとき，空欄 29 ～ 38 に入るものを，それぞれ①～⑤から１つずつ選び，解答欄にマークしなさい。

問１ 少し歩くと博物館に着いた。

A ＿＿ 29 ＿＿ 30 ＿＿ the museum.

① me　② brought　③ short
④ to　⑤ walk

問２ もう少しゆっくり話していただけると，ありがたいのですが。

I would ＿＿ 31 ＿＿ 32 ＿＿ down a little.

① could　② if　③ slow
④ you　⑤ appreciate it

問３ 私が真実だと思った報道は，実は虚偽のものだった。

The press report ＿＿ 33 ＿＿ 34 ＿＿ to be a fake one.

① I　② proved　③ was true
④ thought　⑤ which

問４ 一生懸命働いた後に，休息を取ることほど楽しいことはない。

Nothing is more ＿＿ 35 ＿＿ 36 ＿＿ hard work.

① a rest　② after　③ pleasant
④ taking　⑤ than

問５ 子どもたちがこれから育つ世界は大人が創っている。

It is ＿＿ 37 ＿＿ 38 ＿＿ their children will grow up.

① where　② who　③ the world
④ create　⑤ adults

◀教育（英語教育）学部▶

（90分）

1　次の問1～問15の空欄 [1] ～ [15] に入る最も適切なものを、それぞれ①～④から1つずつ選び、解答欄にマークしなさい。

問1　Tom really wanted to win the big eating contest; but now he regrets [1] part in it.

① take　② took
③ taking　④ taken

問2　Oh, what a mess!　This whole building [2] cleaning.

① is needed　② to be need
③ needs　④ needed to

問3　When Joan [3] into the store, the hat flew off her head.

① was running　② is running
③ has been running　④ is going to run

問4　Can you [4] to it that everyone gets a copy of this document?

① see　② mind
③ consider　④ care

問5　"Must I leave now?"
"No, you [5] . You can stay here if you want to."

① need to　② ought to
③ must　④ don't have to

問6 "Hurry up! The bus is coming."
"Wait! I have to have my hair [6]."

① doing　② do
③ to do　④ done

問7 "You shouldn't make [7] that you are an executive."
"No kidding. Yesterday you said I should behave like a company president."

① consider　② suppose
③ think　④ believe

問8 I have to [8] through with this assignment by tomorrow morning.

① keep　② use
③ give　④ get

問9 "What a great picture! I can't believe this was painted just for pleasure."
"Some amateurs are actually [9] to professional artists in some skills."

① superior　② better
③ more　④ stronger

問10 Tom asked two salesclerks where to get a Japanese-French dictionary, but [10] of them knew.

① neither　② both
③ no　④ either

問11 How much is the bus [11] to Suita city?

① cost　② fare
③ bill　④ tuition

問12 This software enables students living in different countries to communicate [12].

① with each other ② to one other
③ by itself ④ for itself

問13 I would like to go to Himeji Castle first; I have never been there [13].

① prior ② before
③ ago ④ previous

問14 They couldn't catch any goldfish [14] in the artificial pond.

① lived ② live
③ lively ④ alive

問15 "I cannot imagine [15] TV programs will be like in twenty years."
"I am wondering if there would be a TV program at all then."

① how ② where
③ what ④ that

2

次の問1～ 問8について、与えられた語（句）を並べ替えて英文を完成させるとき、空欄 [16] ～ [31] に入る語（句）をそれぞれ①～⑥から1つずつ選び、解答欄にマークしなさい。但し、文頭に来る語であっても小文字にしてある。

問1　私は授業中彼にその物語を朗読させた。

I ____ [16] [17] ____ ____ ____ class.

① the story　② during　③ him
④ read　⑤ had　⑥ aloud

問2　どうしてそんな素晴らしい考えを思いついたのですか。

____ [18] ____ [19] ____ ____ a brilliant idea like this?

① made　② up　③ come
④ you　⑤ what　⑥ with

問3　私の友人はもはや以前の友人ではない。

My friend ____ ____ [20] ____ [21] ____ .

① he　② what　③ is
④ no longer　⑤ be　⑥ used to

問4　父は私が弁護士になるという夢をあきらめたと聞いてがっかりした。

My father ____ [22] ____ [23] ____ ____ had given up my dream of becoming a lawyer.

① hear　② disappointed　③ I
④ to　⑤ that　⑥ was

問5　私は息子が医者であることを誇りに思っている。

I ＿＿ ＿＿ ＿＿ [24] ＿＿ [25] a doctor.

① of　② son　③ proud

④ am　⑤ my　⑥ being

問6　スイカはアフリカ原産とされています。

Watermelons ＿＿ ＿＿ [26] ＿＿ [27] ＿＿ Africa.

① originated　② thought　③ in

④ to　⑤ have　⑥ are

問7　これは大変すばらしい本なので、あなたに読んでもらいたい。

This is ＿＿ [28] ＿＿ ＿＿ [29] ＿＿ want you to read it.

① I　② great　③ such

④ a　⑤ that　⑥ book

問8　口に食べ物をいっぱいに入れたままでしゃべってはいけません。

Don't ＿＿ [30] ＿＿ [31] ＿＿ ＿＿ .

① your　② full of　③ with

④ mouth　⑤ speak　⑥ food

3

次の英文の空欄 32 ～ 38 に入る最も適切な会話文を、それぞれ①～⑦から 1 つずつ選び、解答欄にマークしなさい。同じ選択肢を繰り返し用いることはできません。

Every day at three o'clock Mrs. Markham waited for her son, Willie, to come out of school. They walked home together. If asked why she did it, Mrs. Markham would say, " 32 "

As they left the schoolyard, Mrs. Markham inevitably asked, " 33 "

Willie would begin to talk, then stop. He was never sure his mother was listening. She seemed preoccupied with her own thoughts. She had been like that ever since his dad had abandoned them six months ago. No one knew where he'd gone. Willie had the feeling that his mother was lost too. It made him feel lonely.

One Monday afternoon, as they approached the apartment building where they lived, she suddenly *tugged at him. "Don't look that way," she said.

"Where?"

" 34 "

Willie stole a look over his shoulder. A man, whom Willie had never seen before, was sitting on a red plastic milk *crate near the curb. His gray hair hung like a ragged curtain over his dirty face. His shoes were torn. Rough hands lay upon his knees. One hand was *palm up. No one seemed to pay him any mind. Willie was certain he had never seen a man so utterly alone. It was as if he were some spat-out piece of chewing gum on the pavement.

" 35 " Willie asked his mother in a hushed voice.

Keeping her eyes straight ahead, Mrs. Markham said, "He's sick." She pulled Willie around. "Don't stare. It's rude."

" 36 "

As Mrs. Markham searched for an answer, she began to walk faster. "He's unhappy," she said.

" 37 "

"Come on, Willie, you know perfectly well. He's begging."

"Do you think anyone gave him anything?"

"I don't know. Now, come on, don't look."

"Why don't you give him anything?"

" 38 "

注　*tug at：～を引っ張る　　*crate：箱　　*palm up：手のひらを上にして

① At that man over there.
② How was school?
③ Parents need to watch their children.
④ We have nothing to spare.
⑤ What kind of sick?
⑥ What's he doing?
⑦ What's the matter with him?

4　次の英文を読んで、後の問いに答えなさい。 39 ～ 48

Last year around Halloween, I was invited to participate in a carnival for Tuesday's Child, an organization that helps children with the AIDS virus. I was asked to attend because I'm on a television show; I went because I care. I don't think that most of the kids recognized me as a celebrity. They just thought of me as a big brother who came to play with them for the day. あ<u>I think I liked it better that way</u>.

At the carnival they had all kinds of booths. I was drawn to one in particular because of all the children that had gathered there. At this booth, anyone who wanted to could paint a square. Later that square was going to be sewn together with the others, to make a *quilt. The quilt would be presented to a man who had dedicated much of his life to this organization and would soon be retiring.

They gave everyone *fabric paints in bright, beautiful colors and asked the kids to い[① something / ② would make / ③ beautiful / ④ paint / ⑤ the quilt / ⑥ that]. As I looked around at all the squares, I saw pink hearts and bright blue clouds, beautiful orange sunrises and green and purple flowers. The pictures were all bright, positive and uplifting. All except for one.

The boy sitting next to me was painting a heart, but it was dark, empty, lifeless. It lacked the bright, vibrant colors that his fellow artists had used.

At first I thought maybe he took the only paint that was left and it just [43] to be dark. But when I asked him about it, he said his heart was that color because his own heart felt dark. I asked him why and he told me that he was very sick. Not only was he very sick, but his mom was very sick also. He said that his sickness was not ever going to get better and neither was his mom's. He looked straight into my eyes and said, う"<u>There is nothing anyone can do that will help</u>."

I told him I was sorry that he was sick and I could certainly understand why he was so [44] . I could even understand why he had made his heart a dark color. But ... I told him that it isn't true that there is nothing anyone can do to help. Other people may not be able to make him or his mom better ... but we can do things like give bear hugs, which in my experience can really help when you are feeling sad. I told him that if he would like, I would be happy to give him え<u>one</u> so he could see what I meant. He instantly crawled into my lap and I thought my own heart would burst with the love I felt for this sweet little boy.

He sat there for a long time and when he had had enough, he jumped down to finish his coloring, I asked him if he felt any better and he said that he did, but he was still sick and nothing would change that. I told him I understood. I walked away feeling sad, but recommitted to this cause. I would do whatever I could to help.

[45] the day was coming to an end and I was getting ready to head home, I felt a tug on my jacket. I turned around and standing there with a smile on his face was the little boy. He said, "My heart is changing colors. It is getting brighter ... I think those bear hugs really do work."

On my way home I felt my own heart and realized it, too, had changed to a brighter color.

出典追記：Chicken Soup for the Teenage Soul by Jack Canfield, Mark Victor Hansen, and Kimberly Kirberger, Chicken Soup for the Soul Publishing

注　*quilt：キルト（中に綿・羊毛・羽毛などを挟んだ生地を、装飾を兼ねて四角く刺し子に縫った上掛け布団、または布団掛け）　*fabric paint：布地用の絵の具

問1　下線部**あ** I think I liked it better that way.と、下線部**う**"There is nothing anyone can do that will help."の内容を最もよく表しているものを、それぞれ①～④から1つずつ選び、解答欄にマークしなさい。

あ [39]

① 筆者は自分がテレビのショーに出演しているから、Tuesday's Child のカーニバルに参加するよう招かれたと思っている。
② 筆者は Tuesday's Child の活動が非常に有意義であるので、自ら進んでその活動に参加したと考えている。
③ 筆者は Tuesday's Child の子どもたちが、筆者が有名人ではなく自分たちと遊んでくれるお兄さんのようなものだと思っていたのであれば、その方が良かったと考えている。
④ 筆者は自分が Tuesday's Child のカーニバルに参加する方がよいと思ったのは、あまりにも独りよがりであるのではないかと考えている。

う [40]

① 誰にも役に立つようなことなんかできやしないんだ。
② 誰にも何もできないから、助けが必要なんだ。
③ 誰も何もしないことが助けになるんだ。
④ 誰も役に立たないから、何もしないんだ。

問2　下線部**い**の語（句）を並べ替えて、文脈に合うように英文を完成させるとき、2番目と5番目に来る語（句）をそれぞれ①～⑥から1つずつ選び、解答欄にマークしなさい。

2番目：[41]　5番目：[42]

問3　[43] ～ [45] に入る最も適切なものを、それぞれ①～④から1つずつ選び、解答欄にマークしなさい。

[43]
① failed　② continued　③ came　④ happened

[44]
① happy　② sad　③ satisfied　④ cruel

[45]
① Despite　② As　③ If　④ Owing to

問4　下線部えの one が指すものを①～④から1つ選び、解答欄にマークしなさい。
46

① a bear hug　② a dark color　③ a thing　④ an experience

問5　本文の内容と一致する英文を①～⑤から2つ選び、解答欄にマークしなさい。但し、解答の順は問わないものとします。　47　48

① The writer was invited to take part in a carnival for Tuesday's Child against his will.
② At the carnival the writer became interested in a booth where children painted squares that would be made into a quilt.
③ At the carnival the writer was ignored by all the children and he could not have a deep relationship with them.
④ At the booth where children painted a square, only one boy did not use bright colors.
⑤ At the booth where children painted a square, the writer talked to a boy, but he did not say anything.

5

次の英文を読んで、後の問いに答えなさい。　49　～　57

Al didn't talk　49　he was four years old. Even when he started talking, it was clear he was using language differently to most kids. His mind was different right from the start — he was less interested in people and more focused on spotting patterns, and he wanted explanations for everything he saw. He asked people incessant 'why' questions, to understand how things worked. It was exhausting for his listeners. His unstoppable curiosity was at one level refreshing, yet his need for complete explanations was also often just too　50　for others. He was clearly a　51　kind of child.

He showed some other unusual characteristics too. ［ あ ］, he would chant Thomas Gray's 'Elegy Written in a Country Churchyard' over and over (a habit that lasted his whole life). At school, his teachers became *exasperated with his persistent questioning. One teacher, ［ い ］, described Al's brain as 'addled', meaning confused. But Al's mind was anything but confused. Rather, his relentless questions were requests for greater clarity because he found other people's explanations of how things work vague. He wanted to build up an orderly, evidence-based picture of the world. ［ う ］, everyone else's way of thinking was sloppy and imprecise.

But his mother was worried. 【 ア 】 She could see that her son was frequently being *reprimanded in class and put down by his teachers, and she worried this would damage his self-confidence. 【 イ 】 She needed to act decisively. So, when he was eleven, she decided to pull him out of school completely and homeschool him. 【 ウ 】 But given his *insatiable appetite for knowledge and the school viewing him so negatively, this seemed the right thing to do. Her child had a right to learn in the way that suited his different kind of mind. 【 エ 】

［え 1］ the *constraints of a conventional school, Al's mother watched with amazement as her son *devoured books at home and at the local library. When Al read an account of how something worked, whether it was in chemistry or physics, he would rush down to the basement of the house to conduct his 'experiments', to prove that the explanation was true. ［え 2］school, he could finally pursue his passion for seeking patterns in the world without a teacher telling him to sit still, stop asking questions and do what he was told. Homeschooling was a liberating gift from mother to son. No longer imprisoned by group learning, Al could finally choose what, when and how to learn, through individual learning. This suited his mind perfectly, because he was never content to be told by a teacher how something worked, but instead always wanted to *verify it. He needed to question all evidence and test things out for himself. His was a mind that didn't follow the crowd. Instead, he wanted to understand things from first principles, to check that his knowledge was true.

Al's mother could clearly see that her son's learning style was different. Some described it as rigid, precise and exhaustive. For example, when it came to reading in the library, Al would start by reading the last book on the bottom shelf, then systematically read every book in the order it was on the shelves, not randomly jumping around the bookshelves. He would follow an unbending rule: one book at a time, in a strict, linear sequence, so he could be sure he hadn't missed any information. Even though he was most interested in scientific and technical books, he would never *deviate from his rule. And he loved rules, because rules were themselves patterns.

注 *exasperated：憤慨して
*insatiable：とどまるところを知らない
*devour：むさぼり読む
*deviate：逸脱する
*reprimand：叱責する
*constraint：制約
*verify：立証する

問1 [49] ～ [51] に入る最も適切なものを、①～④から1つ選び、解答欄にマークしなさい。

[49]
① after
② because
③ that
④ until

[50]
① few
② little
③ many
④ much

出典追記：The Pattern Seekers: A New Theory of Human Invention by Simon Baron-Cohen, Penguin Books Ltd.

51

① common
② different
③ gentle
④ rude

問２ ［あ］～［う］に語句を入れ英文を完成させるとき、どの組み合わせが最も適切か。①～⑥から１つ選び、解答欄にマークしなさい。 52

	［あ］	［い］	［う］
①	［あ］For example	［い］from his perspective	［う］In frustration
②	［あ］For example	［い］in frustration	［う］From his perspective
③	［あ］From his perspective	［い］for example	［う］In frustration
④	［あ］From his perspective	［い］in frustration	［う］For example
⑤	［あ］In frustration	［い］for example	［う］From his perspective
⑥	［あ］In frustration	［い］from his perspective	［う］For example

問３ 次の文を入れるのに、最も適切な位置はどこか。①～④から１つ選び、解答欄にマークしなさい。This was not a decision she took lightly.
53

① 【 ア 】
② 【 イ 】
③ 【 ウ 】
④ 【 エ 】

問４ ［え１］［え２］に共通して入る表現を①～④から１つ選び、解答欄にマークしなさい。
54

① Thanks to
② In spite of
③ Speaking of
④ Free of

問５ 本文の内容と一致する英文を①～⑧から３つ選び、解答欄にマークしなさい。但し、解答の順は問わないものとします。 55 ～ 57

① Al apparently used a different language spoken abroad when he began to speak.
② People didn't seem that interesting to Al and he was eager to understand how things worked.
③ Al always got confused and sometimes even angry when he didn't get proper explanations.
④ Al wasn't satisfied with others' explanations because he didn't think they were clear and precise.

⑤ Al's mother decided to teach him by herself at home because it was his desire.

⑥ Al's appetite for knowledge got bigger and bigger, because his mother taught him every subject very well.

⑦ When Al wanted to conduct an experiment, he went down to the basement because he tried to keep it secret.

⑧ What was important to Al was not to be taught how things worked but to prove it by himself.

数学

数学解答上の注意

1　解答は，解答用紙の問題番号に対応した解答欄にマークしなさい。

2　問題の文中の［ア］，［イウ］などには，符号(－，±)又は数字(0～9)又は文字(a～d)が入ります。ア，イ，ウ，…の一つ一つは，これらのいずれか一つに対応します。それらを解答用紙のア，イ，ウ，…で示された解答欄にマークして答えなさい。

例　［アイウ］に－83と答えたいとき

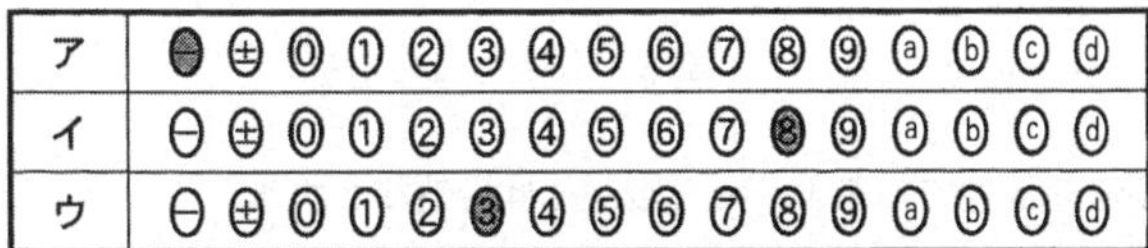

なお，同一の問題文中に［ア］，［イウ］などが2度以上現れる場合，原則として，2度目以降は，［ア］，［イウ］のように細字で表記します。

3　分数形で解答する場合，分数の符号は分子につけ，分母につけてはいけません。

例えば，$\dfrac{\boxed{エオ}}{\boxed{カ}}$ に $-\dfrac{4}{5}$ と答えたいときは，$\dfrac{-4}{5}$ として答えなさい。

また，それ以上約分できない形で答えなさい。

例えば，$\dfrac{3}{4}$ と答えるところを，$\dfrac{6}{8}$ のように答えてはいけません。

4　根号を含む形で解答する場合，根号の中に現れる自然数が最小となる形で答えなさい。

例えば，$\boxed{キ}\sqrt{\boxed{ク}}$ に $4\sqrt{2}$ と答えるところを，$2\sqrt{8}$ のように答えてはいけません。

5　根号を含む分数形で解答する場合，例えば，$\dfrac{\boxed{ケ}+\boxed{コ}\sqrt{\boxed{サ}}}{\boxed{シ}}$ に $\dfrac{3+2\sqrt{2}}{2}$ と答えるところを，$\dfrac{6+4\sqrt{2}}{4}$ や $\dfrac{6+2\sqrt{8}}{4}$ のように答えてはいけません。

6　比を答える場合，一番小さい自然数の比で答えなさい。

例えば，［ス］：［セソ］に2：13と答えるところを，4：26や6：39のように答えてはいけません。

◀社会・政治経済・教育（初等幼児教育・英語教育）・保健医療学部▶

(教育（英語教育）学部　1科目　60分
その他　2科目 120分)

1 問1　次の □ の中に適するものを，

① 必要条件であるが十分条件でない。

② 十分条件であるが必要条件でない。

③ 必要十分条件である。

④ 必要条件でも十分条件でもない。

の中から選びその番号で答えよ。ただし，n は自然数とする。

(1) n を 6 で割った余りが 1 であることは，

n を 3 で割った余りが 1 であるための [ア]

(2) n を 3 で割った余りが 1 であり，かつ，2 で割った余りが 1 であることは，

n を 6 で割った余りが 1 であるための [イ]

(3) n^2 を 6 で割った余りが 1 であることは，

n を 3 で割った余りが 1 であるための [ウ]

問2　次の各問いに答えよ。

(1) 2 進法，3 進法，4 進法の数の和 $111_{(2)}+112_{(3)}+123_{(4)}$ を 10 進法で表すと

[エオ] である。

(2) つぎの 5 進法の数の和，積を計算せよ。

$12_{(5)}+24_{(5)}=\boxed{\text{カキ}}_{(5)}$,　　$12_{(5)}\times 24_{(5)}=\boxed{\text{クケコ}}_{(5)}$

(3) 3 進法の数を係数とする 2 次方程式

$$x^2 - 120_{(3)}x + 1212_{(3)} = 0_{(3)}$$

の解は，$x =$ $\boxed{\text{サシ}}_{(3)}$, $\boxed{\text{スセソ}}_{(3)}$ である。

2　t を実数の定数とし，x の 2 次方程式　$x^2 + 2tx + 4 = 0$ …… ①

について次の各問いに答えよ。

問１　① が異なる 2 つの実数解をもつことを t の条件で表すと，

「 $t <$ $\boxed{\text{アイ}}$　または　$\boxed{\text{ウ}}$ $< t$ 」

となる。

問２　2 つの実数 α, β に対し，「 $\alpha > 1$　かつ　$\beta > 1$ 」となるための必要十分条件は

「 $\alpha + \beta >$ $\boxed{\text{エ}}$　かつ　$\alpha\beta - (\alpha + \beta) >$ $\boxed{\text{オカ}}$ 」

である。

問３　① がともに 1 より大きい異なる 2 つの実数解をもつための必要十分条件を t の条件として求めると，

$$-\frac{\boxed{\text{キ}}}{\boxed{\text{ク}}} < t < \boxed{\text{ケコ}}$$

となる。

問４　t が問３で求めた条件を満たすとき，2 次関数 $y = x^2 + 2tx + 4$ のグラフの頂点の y 座標を u とおくと，u のとりえる値の範囲は

$$-\frac{\boxed{\text{サ}}}{\boxed{\text{シ}}} < u < \boxed{\text{ス}}$$

である。

3 次の各問いに答えよ。

問1　1, 2, 3, 4, 5 の 5 個の数字のうち，異なる 3 個を用いて 3 桁（けた）の整数をつくる方法は $\boxed{アイ}$ 通りである。

このとき，つくった数が偶数である確率は $\dfrac{\boxed{ウ}}{\boxed{エ}}$ で，5 の倍数である確率は $\dfrac{\boxed{オ}}{\boxed{カ}}$ で，3 の倍数である確率は $\dfrac{\boxed{キ}}{\boxed{ク}}$ である。

問2　5 本の当たりくじを含む 16 本のくじがある。

ただし，引いたくじはもとに戻さないものとする。

A，B の 2 人がこの順にくじを引くとき，A が当たる確率は $\dfrac{\boxed{ケ}}{\boxed{コサ}}$ である。

A が当たり，B も当たる確率は $\dfrac{\boxed{シ}}{\boxed{スセ}}$ であり，A がはずれ，B が当たる確率は $\dfrac{\boxed{ソタ}}{\boxed{チツ}}$ である。

したがって，B が当たる確率は $\dfrac{\boxed{テ}}{\boxed{トナ}}$ である。

4 次の各問いに答えよ。

問 1　正多面体は $\boxed{ア}$ 種類あり，その頂点の数を v，辺の数を e，面の数を f とするとき，$v-e+f$ の値はいつも $\boxed{イ}$ である。

例えば，正八面体では $v=\boxed{ウ}$，$e=\boxed{エオ}$，$f=\boxed{カ}$，$v-e+f=\boxed{イ}$ である。

問 2　1 辺の長さが 2 の正八面体を正方形を底面とする 2 つの四角錐（すい）に分けたとき，その底面の正方形の対角線の長さは $\boxed{キ}\sqrt{\boxed{ク}}$ なので，四角錐の高さは $\sqrt{\boxed{ケ}}$ である。

したがって，1 辺の長さが 2 の正八面体の体積は $\dfrac{\boxed{コ}\sqrt{\boxed{サ}}}{\boxed{シ}}$ である。

◀情報・理工・教育（数学教育）学部▶

（情報学部（文系方式） 60分
その他 90分）

注意事項

- 問題は、1～5の計５題あります。
- 60分試験の受験生は、1～3の３題を解答し、4、5は解答しないこと。
- 90分試験の受験生は、1～3の３題を必須解答、4または5のいずれか１題を選択解答し、合計４題解答すること。

1 **問１** 実数全体を全体集合とし，その部分集合 A，B，C を $A=\{x \mid -3 \leqq x \leqq 5\}$，$B=\{x \mid |x|<4\}$，$C=\{x \mid k-7 \leqq x < k+3\}$（$k$ は定数）とする。このとき，

(1) $\overline{B}$ の範囲は，≪解答群１≫の ア で，$a=$ イウ，$b=$ エ である。

(2) $A \cup \overline{B}$ の範囲は，≪解答群１≫の オ で，$a=$ カキ，$b=$ クケ である。

(3) $\overline{A} \cup \overline{B}$ の範囲は，≪解答群１≫の コ で，$a=$ サシ，$b=$ ス である。

(4) $A \subset C$ となる k の値の範囲は，≪解答群２≫の セ で，$a=$ ソ，$b=$ タ である。

≪解答群１≫

⓪ $a<x<b$	① $a \leqq x \leqq b$	② $a<x \leqq b$	③ $a \leqq x<b$
④ $x<a,\ b<x$	⑤ $x \leqq a,\ b \leqq x$	⑥ $x<a,\ b \leqq x$	⑦ $x \leqq a,\ b<x$

≪解答群２≫

⓪ $a<k<b$	① $a \leqq k \leqq b$	② $a<k \leqq b$	③ $a \leqq k<b$
④ $k<a,\ b<k$	⑤ $k \leqq a,\ b \leqq k$	⑥ $k<a,\ b \leqq k$	⑦ $k \leqq a,\ b<k$

問２ 次の □ に最も適する語句を ⓪～③ から選べ。

(1) 対角線が直交することは，四角形ABCDがひし形であるための チ 。

(2) となりあう２つの角の和が180°であることは，四角形ABCDがひし形であるための ツ 。

(3) 4 つの辺の長さが等しいことは，四角形 ABCD がひし形であるための $\boxed{\text{テ}}$。

⓪ 必要十分条件である

① 必要条件であるが十分条件ではない

② 十分条件であるが必要条件ではない

③ 必要条件でも十分条件でもない

問 3 互いに勝つ確率が $\frac{1}{2}$，負ける確率が $\frac{1}{2}$ である A，B，C，D の 4 チームがトーナメント式で優勝を争う。

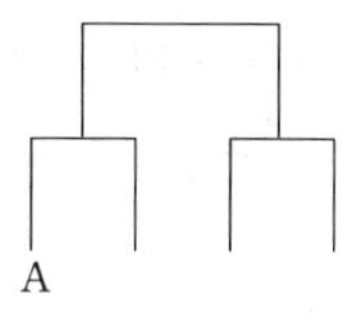

(1) A と B が決勝戦で対戦する確率は $\dfrac{\boxed{\text{ト}}}{\boxed{\text{ナ}}}$ である。

(2) A と B が対戦しない確率は $\dfrac{\boxed{\text{ニ}}}{\boxed{\text{ヌ}}}$ である。

$\boxed{2}$ **問 1** 2 次方程式 $2x^2+ax+a=0$ について，

(1) ともに 1 より小さい異なる 2 つの解をもつための定数 a の値の範囲は，

$\boxed{\text{アイ}}<a<\boxed{\text{ウ}}$，$\boxed{\text{エ}}<a$ である。

(2) 3 より大きい解と 3 より小さい解をもつための定数 a の値の範囲は，$a<\dfrac{\boxed{\text{オカ}}}{\boxed{\text{キ}}}$

である。

問 2 2 次不等式 $ax^2+bx+c\geqq 0$ が，すべての実数 x に対して成り立つための条件は，$\boxed{\text{ク}}$ である。$\boxed{\text{ク}}$ に当てはまるものを次の⓪～⑨の中から選べ。ただし，D は 2 次方程式 $ax^2+bx+c=0$ の判別式とする。

⓪ $a>0$，$D>0$　① $a>0$，$D\geqq 0$　② $a>0$，$D\leqq 0$　③ $a>0$，$D<0$

④ $a<0$，$D>0$　⑤ $a<0$，$D\geqq 0$　⑥ $a<0$，$D\leqq 0$　⑦ $a<0$，$D<0$

⑧ $a>0$，$D=0$　⑨ $a<0$，$D=0$

問 3 右の図において，線分 DE，AE の長さは

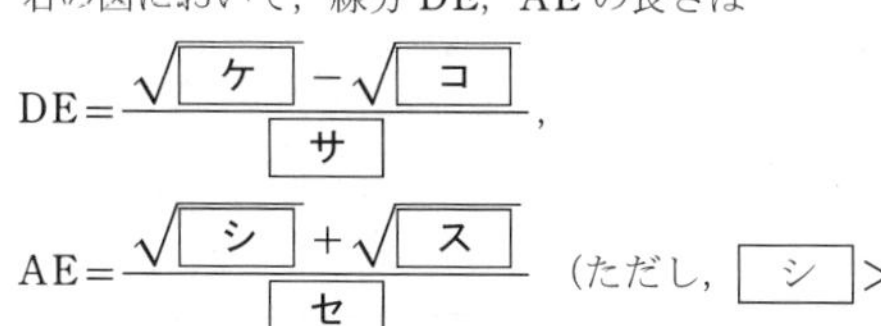

$$\mathrm{DE}=\frac{\sqrt{\boxed{\text{ケ}}}-\sqrt{\boxed{\text{コ}}}}{\boxed{\text{サ}}},$$

$$\mathrm{AE}=\frac{\sqrt{\boxed{\text{シ}}}+\sqrt{\boxed{\text{ス}}}}{\boxed{\text{セ}}}$$ （ただし，$\boxed{\text{シ}}>\boxed{\text{ス}}$ とする。）

であり，

$$\sin 15^\circ=\frac{\sqrt{\boxed{\text{ソ}}}-\sqrt{\boxed{\text{タ}}}}{\boxed{\text{チ}}}$$

である。

3 次の各問いに答えよ。

問1 $a>0$ とする。関数 $y=x^2+2$ のグラフ上の点 $\mathrm{A}(a,\ a^2+2)$ における接線 l と x 軸との交点を B とし，また点 A から x 軸に下ろした垂線を AH とする。

(1) 接線 l の方程式は $y=\boxed{\text{ア}}ax-a^{\boxed{\text{イ}}}+\boxed{\text{ウ}}$ である。

(2) 点 B の座標は $\mathrm{B}\left(\dfrac{a}{\boxed{\text{エ}}}-\dfrac{\boxed{\text{オ}}}{a},\ 0\right)$ である。

(3) 距離 BH が最小となるのは $a=\sqrt{\boxed{\text{カ}}}$ のときであり，BH の最小値は $\sqrt{\boxed{\text{キ}}}$ である。

問2 点 $(x,\ y)$ が円 $x^2+y^2=1$ 上を動くとき，$\dfrac{y}{x-2}$ は

$(x,\ y)=\left(\dfrac{\boxed{\text{ク}}}{\boxed{\text{ケ}}},\ \dfrac{\sqrt{\boxed{\text{コ}}}}{\boxed{\text{サ}}}\right)$ で最小値 $-\dfrac{\sqrt{\boxed{\text{シ}}}}{\boxed{\text{ス}}}$ をとり，

$(x,\ y)=\left(\dfrac{\boxed{\text{セ}}}{\boxed{\text{ソ}}},\ -\dfrac{\sqrt{\boxed{\text{タ}}}}{\boxed{\text{チ}}}\right)$ で最大値 $\dfrac{\sqrt{\boxed{\text{ツ}}}}{\boxed{\text{テ}}}$ をとる。

問3 $\omega=\dfrac{-1+\sqrt{3}i}{2}$ とする。ただし i は虚数単位である。次の $\boxed{\text{ト}}$, $\boxed{\text{ナ}}$ に当てはまるものを｛⓪ 1, ① ω, ② ω^2｝の中からそれぞれ1つ選べ。

(1) $\omega^{2^{100}}=\boxed{\text{ト}}$ である。

(2) $\omega^{2^{199}}=\boxed{\text{ナ}}$ である。

4　平面上に3点O(0, 0), A(3, 1), B(1, 3)を頂点とする△OABがあり，△OABの外側に点Cがある。実数s, tに対し，点Pを$\overrightarrow{OP}=s\overrightarrow{OA}+t\overrightarrow{OB}$と定め，条件$0\leqq s\leqq 2$, $0\leqq t\leqq 3$, $0\leqq s+t\leqq 4$を満たしながら動く。このとき，点P(x, y)が存在する範囲をDとする。

問1　Dの面積は△OABの面積の［アイ］倍である。

問2　Dの面積は［ウエ］である。

問3　点Cの座標をC$(-1, -1)$とすると，内積$\overrightarrow{OC}\cdot\overrightarrow{OP}$の最小値は［オカキ］である。内積$\overrightarrow{OC}\cdot\overrightarrow{OP}$が最小値をとる点Pの中で，$|\overrightarrow{OP}|$の値が最も大きくなる点Pの$x$座標は［ク］である。

問4　点CがDに含まれる格子点（x座標，y座標がともに整数である点）であるとき，△ABCの面積が△OABの面積の2倍となる点Cは全部で［ケ］個ある。ただし，点Cは範囲Dの境界線上にはないものとする。

5　次の各問いに答えよ。

問1　α, βは0でない複素数で，$|\alpha|=|\beta|=1$, $\alpha^2+\alpha\beta+\beta^2=0$を満たしている。このとき，複素数平面上の3点O(0), A(7α), B(4β)を頂点とする△OABの面積は［ア］$\sqrt{［イ］}$である。

問2　方程式$x^2-y^2+3x+y+2=0$が表す図形は［ウ］である。［ウ］に当てはまるものを，次の⓪～⑤の中から一つ選べ。

⓪　放物線　　①　円　　②　楕円
③　双曲線　　④　2直線　　⑤　その他の図形

問3　関数$y=\dfrac{x+1}{x^2+x+1}$は，$\lim_{x\to\pm\infty}y=$［エ］であるから，

$x=$［オ］のとき最大値［カ］をとり，$x=$［キク］のとき最小値$\dfrac{［ケコ］}{［サ］}$をとる。

問4　媒介変数tによって，$x=t-\sin t$, $y=1-\cos t$と表された曲線について，$t=\dfrac{\pi}{4}$に対応する点における接線の傾きは$\sqrt{［シ］}+［ス］$である。

物理

（情報・理工・教育（数学教育）学部　1科目 60分）
（教育（初等幼児教育）・保健医療学部　2科目 120分）

受験者は 1 から 4 全てを解答しなさい。

1

図のように，質量 m の均質な直方体の物体を，角度 θ のあらい斜面に置く。物体の底辺の長さは a，高さは b であり，斜面の角度は自由に変えることができる。斜面と物体の間の静止摩擦係数を μ_0，動摩擦係数を μ，重力加速度の大きさを g とする。図は，直方体の側面に平行で重心を通る断面を表す。

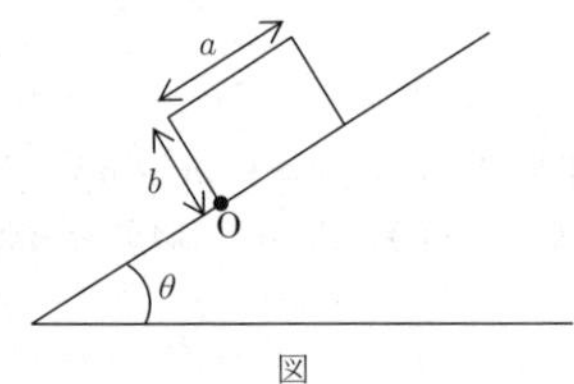

図

問1　斜面の角度が θ のとき，物体は斜面上で静止していた。このとき物体が受ける摩擦力の大きさとして正しいものを，次の①～⑥のうちから一つ選びなさい。 1

① $mg\sin\theta$　② $mg\cos\theta$　③ $\mu_0 mg\sin\theta$
④ $\mu_0 mg\cos\theta$　⑤ $\mu mg\sin\theta$　⑥ $\mu mg\cos\theta$

問2　斜面の角度が θ のとき，物体が受ける摩擦力の，物体の重心の回りのモーメントとして正しいものを，次の①～⑧のうちから一つ選びなさい。ただし，図の反時計回りを正とする。 2

① $\frac{1}{2}mgb\sin\theta$　② $-\frac{1}{2}mgb\sin\theta$　③ $\frac{1}{2}mgb\cos\theta$　④ $-\frac{1}{2}mgb\cos\theta$

⑤ $\frac{1}{2}\mu_0 mgb\sin\theta$　⑥ $-\frac{1}{2}\mu_0 mgb\sin\theta$　⑦ $\frac{1}{2}\mu_0 mgb\cos\theta$　⑧ $-\frac{1}{2}\mu_0 mgb\cos\theta$

問3　斜面の角度が θ のとき，物体が受ける垂直抗力の，物体の重心の回りのモーメントとして正しいものを，次の①～⑧のうちから一つ選びなさい。ただし，図の反時計回りを正とする。 3

① $\frac{1}{2}mga\sin\theta$　② $-\frac{1}{2}mga\sin\theta$　③ $\frac{1}{2}mgb\sin\theta$　④ $-\frac{1}{2}mgb\sin\theta$

⑤ $mga\sin\theta$　⑥ $-mga\sin\theta$　⑦ $mgb\sin\theta$　⑧ $-mgb\sin\theta$

問４　斜面の角度を大きくしていったところ，斜面の角度が θ_0 のときに物体が図の点Ｏを中心として回転した。このとき θ_0 が満たす値として正しいものを，次の①～⑥のうちから一つ選びなさい。ただし，物体が回転するより前に滑ることはないとする。[4]

① $\sin\theta_0=\dfrac{b}{a}$　② $\sin\theta_0=\dfrac{a}{b}$　③ $\cos\theta_0=\dfrac{b}{a}$

④ $\cos\theta_0=\dfrac{a}{b}$　⑤ $\tan\theta_0=\dfrac{b}{a}$　⑥ $\tan\theta_0=\dfrac{a}{b}$

問５　問４で，斜面の角度を０から θ_0 まで変化させる間，物体が受ける垂直抗力の作用点と点Ｏとの距離 l はどのように変化するか。横軸に θ，縦軸に l をとったグラフとして最も適当なものを，次の①～⑥のうちから一つ選びなさい。[5]

①
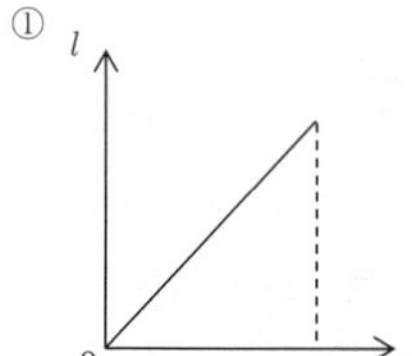

②
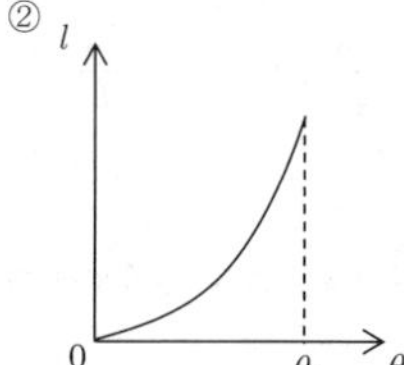

③
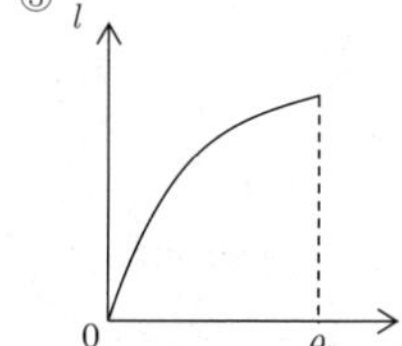

④
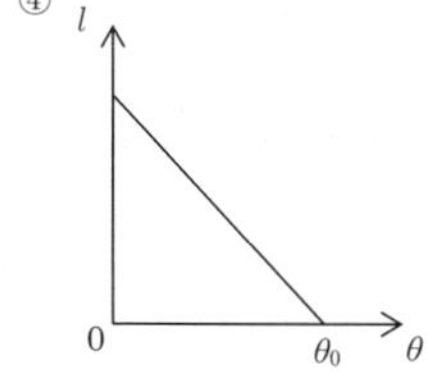

⑤
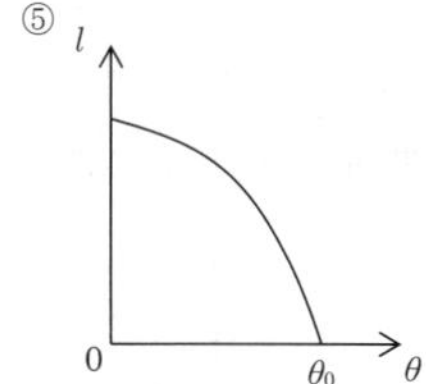

⑥
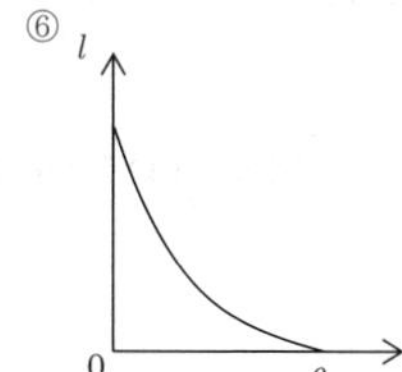

2

図 1 のように，z 軸正の向きに磁束密度 B の一様な磁場を加える。点 P(0，r，0)から質量 m，電気量 q（$q>0$）の正電荷を x 軸正の向きに速さ v で打ち出したところ，原点 O を中心とした半径 r の等速円運動をおこなった。ただし，重力の影響は無視できるとする。

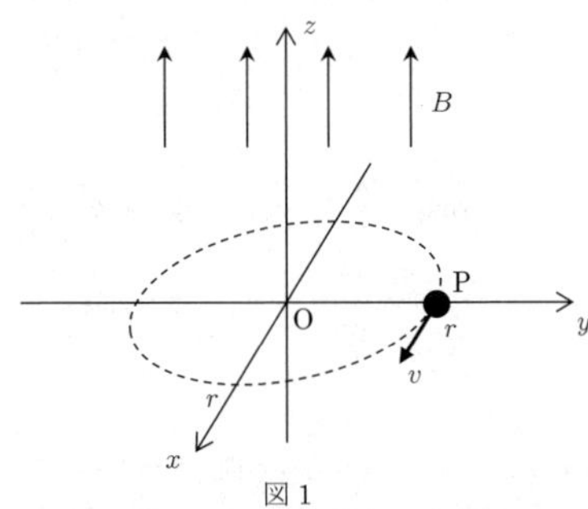

図 1

問 1　r の値として正しいものを，次の①～⑥のうちから一つ選びなさい。［6］

①　$\dfrac{mv}{4qB}$　　②　$\dfrac{mv}{2qB}$　　③　$\dfrac{mv}{qB}$　　④　$\dfrac{2mv}{qB}$　　⑤　$\dfrac{3mv}{qB}$　　⑥　$\dfrac{4mv}{qB}$

問 2　この円運動の周期として正しいものを，次の①～⑥のうちから一つ選びなさい。［7］

①　$\dfrac{\pi r}{4v}$　　②　$\dfrac{\pi r}{2v}$　　③　$\dfrac{\pi r}{v}$　　④　$\dfrac{2\pi r}{v}$　　⑤　$\dfrac{3\pi r}{v}$　　⑥　$\dfrac{4\pi r}{v}$

正電荷が円運動している途中に，磁場の向きを y 軸正の向きに瞬間的に変え，図 2 のようにした。

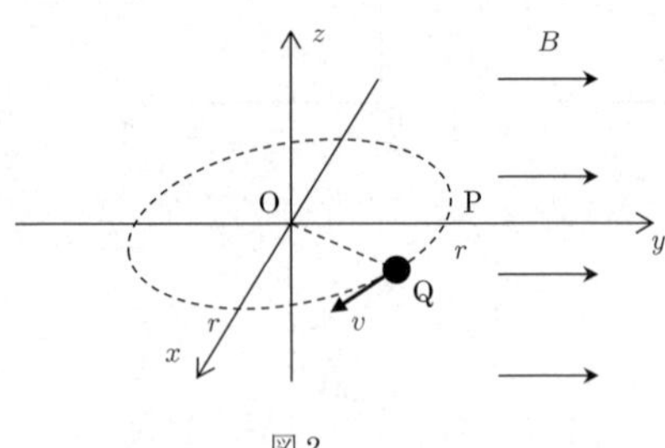

図 2

問 3　磁場の向きを変えた後の正電荷の運動は，磁場の向きを変えた瞬間の正電荷の位置により異なる。磁場の向きを変えた瞬間の正電荷の座標が，**ア**（r，0，0）のとき，**イ**（0，r，0）のときについて，その後の正電荷の運動の組み合わせとして正しいものを，次の①～⑥のうちから一つ選びなさい。
［8］

	①	②	③	④	⑤	⑥
ア	等速直線運動	等加速度直線運動	等速直線運動	等加速度直線運動	等速円運動	単振動
イ	等速円運動	等速円運動	単振動	単振動	単振動	等速円運動

問4　磁場の向きを変えた瞬間，正電荷が図2の点Q（∠QOP＝30°）にあったとする。磁場の向きを変えた後の正電荷の運動は，らせん運動となった。このらせん運動を xz 平面に投影した円運動の半径として正しいものを，次の①～⑥のうちから一つ選びなさい。9

①　$\dfrac{mv}{qB}$　　②　$\dfrac{mv}{2qB}$　　③　$\dfrac{\sqrt{3}mv}{2qB}$　　④　$\dfrac{2mv}{qB}$　　⑤　$\dfrac{2mv}{\sqrt{3}qB}$　　⑥　$\dfrac{\sqrt{3}mv}{qB}$

問5　問4で，xz 平面に投影した円運動が1回転する間に，正電荷は y 方向にいくら変位するか。正しいものを，次の①～⑥のうちから一つ選びなさい。10

①　$-\dfrac{\pi mv}{qB}$　　②　$-\dfrac{2\pi mv}{qB}$　　③　$-\dfrac{\sqrt{3}\pi mv}{qB}$

④　$-\dfrac{\sqrt{3}\pi mv}{2qB}$　　⑤　$-\dfrac{\pi mv}{2qB}$　　⑥　$-\dfrac{\pi mv}{\sqrt{3}qB}$

3

シャボン玉に光を当てて見ると，虹色に色づいて見える。これは，図1のようにシャボン玉が薄い膜でできており，その上面と下面で反射した光が干渉するためである。シャボン液の絶対屈折率を n，空気の絶対屈折率を1とし，シャボン液の厚さはシャボン玉のどの部分でも一様に d であるとする。

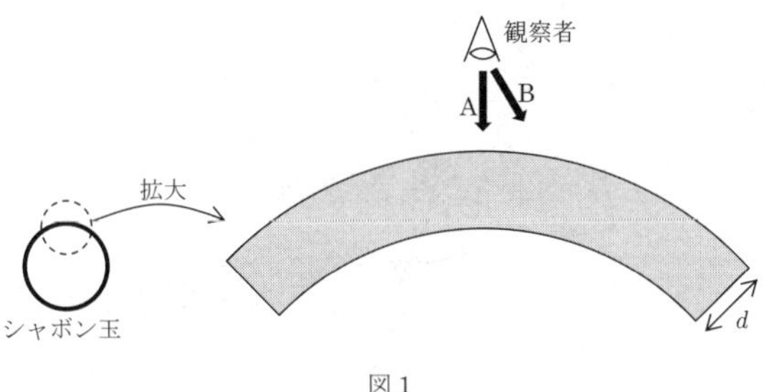

図1

問1　空気中で波長 λ の光がシャボン液中に入ったとき，波長はいくらになるか。正しいものを，次の①～⑥のうちから一つ選びなさい。11

①　λ　　②　$\dfrac{\lambda}{2}$　　③　2λ　　④　$\dfrac{\lambda}{n}$　　⑤　$n\lambda$　　⑥　$2n\lambda$

問2　観察者がシャボン玉の上方に位置し，鉛直下向き（図1のAの方向）に観察する場合を考える。このとき，図2のように薄膜の上面と下面において垂直に反射した光が観察者の目に入る。空気中で波長λの光が強め合う条件として正しいものを，次の①～⑥のうちから一つ選びなさい。ただし$m=0$，1，2，…である。12

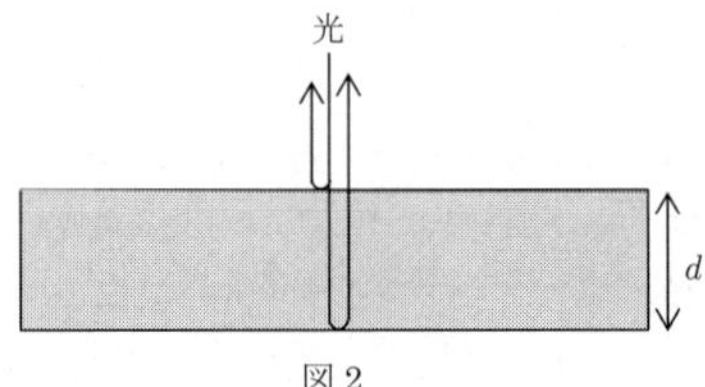

図2

① $d = m\lambda$　② $d = (m+\frac{1}{2})\lambda$　③ $2d = m\lambda$

④ $2d = (m+\frac{1}{2})\lambda$　⑤ $2nd = m\lambda$　⑥ $2nd = (m+\frac{1}{2})\lambda$

問3　問2のとき，強め合いが起こるためにdが満たすべき条件として最も適当なものを，次の①～⑥のうちから一つ選びなさい。13

① $d \geqq \frac{\lambda}{4}$　② $d \geqq \frac{\lambda}{2}$　③ $d \geqq \lambda$　④ $d \geqq \frac{\lambda}{4n}$　⑤ $d \geqq \frac{\lambda}{2n}$　⑥ $d \geqq \frac{\lambda}{n}$

問4　観察者がシャボン玉の上方に位置し，鉛直下向きから斜めの方向（図1のBの方向）に観察する場合を考える。このとき，図3のように薄膜の上面において反射角θで反射した光1と，上面において屈折角φで屈折したあと下面で反射し再び上面で屈折した光2が，観察者の目に入る。波長λの光が強め合う条件として正しいものを，次の①～⑥のうちから一つ選びなさい。ただし，$m=0$，1，2，…である。14

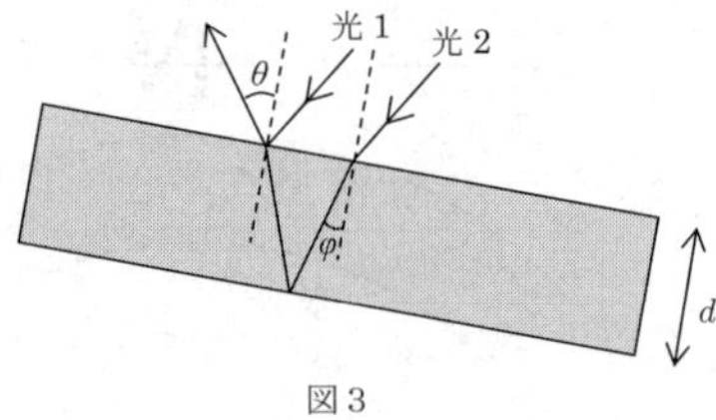

図3

① $2nd = m\lambda$　② $2nd = (m+\frac{1}{2})\lambda$　③ $2nd\cos\theta = m\lambda$

④ $2nd\cos\theta = (m+\frac{1}{2})\lambda$　⑤ $2nd\cos\varphi = m\lambda$　⑥ $2nd\cos\varphi = (m+\frac{1}{2})\lambda$

問 5　観察者がシャボン玉全体を上方から見ると，同心円状の光の輪が見える。その輪はどのように色づいて見えるか。見え方として適当なものを，次の①〜③のうちから一つ選びなさい。15

① 内側から紫，青，緑，黄，橙，赤色の順に色づいて見える。
② 内側から赤，橙，黄，緑，青，紫色の順に色づいて見える。
③ 全て白色に見える。

4　次の文章（Ⅰ・Ⅱ）を読み，以下の問いに答えなさい。

Ⅰ

なめらかに動くピストンをもつ容器に，単原子分子理想気体を封入し，圧力 P_0，体積 V_0 の状態 A にしたものを 4 つ用意し，状態 B，C，D，E にそれぞれ変化させた。図は縦軸に気体の圧力 P を，横軸に気体の体積 V をとったグラフである。

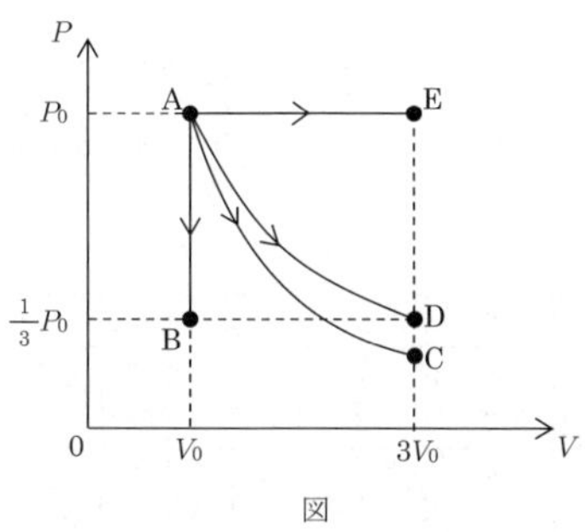

図

問 1　A→B，A→C，A→D，A→E は，定積変化，定圧変化，等温変化，断熱変化のいずれかに当たる。A→C，A→D の変化として適当な組み合わせを，次の①〜⑥のうちから一つ選びなさい。16

	①	②	③	④	⑤	⑥
A→C	定積変化	定積変化	定圧変化	定圧変化	等温変化	断熱変化
A→D	等温変化	断熱変化	等温変化	断熱変化	断熱変化	等温変化

問 2　状態 A から E に変化する間に気体がした仕事として正しいものを，次の①〜⑥のうちから一つ選びなさい。17

① 0　② P_0V_0　③ $2P_0V_0$　④ $3P_0V_0$　⑤ $4P_0V_0$　⑥ $5P_0V_0$

問 3　状態 A から B に変化する間に気体が放出する熱量を Q_1，状態 A から E に変化する間に気体が吸収する熱量を Q_2 とする。$\frac{Q_1}{Q_2}$ の値として正しいものを，次の①〜⑥のうちから一つ選びなさい。18

① 1　② $\frac{1}{2}$　③ $\frac{1}{3}$　④ $\frac{1}{5}$　⑤ $\frac{1}{6}$　⑥ $\frac{1}{9}$

II

運動エネルギーがともに0.68MeVの2個の重水素原子核${}^2_1$Hが正面衝突し，三重水素原子核${}^3_1$Hと陽子${}^1_1$Hが生成された。この反応による質量の減少は7.2×10^{-30}kgであった。ただし，真空中の光の速さを3.0×10^8m/s，電気素量を1.6×10^{-19}Cとする。

問1　この反応で質量が減少することにより放出されるエネルギーは何MeVか。最も適当なものを次の①～⑥のうちから一つ選びなさい。[19] MeV

① 1.4　② 2.2　③ 4.1　④ 6.5　⑤ 7.2　⑥ 10.4

問2　三重水素原子核${}^3_1$Hと陽子${}^1_1$Hの速さをそれぞれv_1，v_2，運動エネルギーをそれぞれE_1，E_2とする。v_1とv_2の比$\frac{v_1}{v_2}$，およびE_1，E_2の比$\frac{E_1}{E_2}$はいくらになるか。最も適当な組み合わせを，次の①～⑥のうちから一つ選びなさい。[20]

	①	②	③	④	⑤	⑥
$\frac{v_1}{v_2}$	$\frac{1}{3}$	$\frac{1}{3}$	$\frac{1}{3}$	3	3	3
$\frac{E_1}{E_2}$	$\frac{1}{9}$	$\frac{1}{3}$	1	1	3	9

問3　陽子${}^1_1$Hの運動エネルギーは何MeVになるか。最も適当なものを次の①～⑥のうちから一つ選びなさい。[21] MeV

① 1.0　② 1.4　③ 3.1　④ 3.7　⑤ 4.1　⑥ 4.9

化学

(情報・理工・教育（数学教育）学部　1 科目　60 分)
(教育（初等幼児教育）・保健医療学部　2 科目 120 分)

必要があれば、次の値を使うこと。
原子量　H 1.0　C 12　N 14　O 16　S 32　Pb 207
気体定数　8.3×10^3 Pa・L/(K・mol)
水のイオン積　1.0×10^{-14} $(mol/L)^2$
ファラデー定数　9.65×10^4 C/mol
気体は、実在気体とことわりがない限り、理想気体として扱うものとする。

1　各問いに答えよ。

問 1　物質が単体の場合には①を、化合物の場合には②を、混合物の場合には③を選べ。

a　海水 1

b　オゾン 2

c　硫酸銅(Ⅱ) 3

d　塩酸 4

e　白金 5

問 2　次の中で互いに同素体の関係にある組合せはどれか。最も適するものを解答群から一つ選べ。6

①　一酸化窒素と二酸化窒素　②　亜鉛と鉛　③　水と氷
④　黒鉛とダイヤモンド　⑤　酸素と窒素

問 3　ある原子 X が 2 価の陰イオンになったときの電子配置と、原子番号 m の原子 Y が 3 価の陽イオンになったときの電子配置が同じである。原子 X の原子番号として最も適当なものを解答群から一つ選べ。7

①　m－2　②　m＋2　③　m－3　④　m＋3　⑤　m－5　⑥　m＋5

問 4　メタンとエタンのみを含む混合気体に十分量の酸素を加えて、完全燃焼させたところ、66.0g の二酸化炭素と 45.0g の水が生成した。この混合気体の完全燃焼に使われた酸素の体積は標準状態で何 L か。最も適当な数値を解答群から一つ選べ。8 L

①　50.4　②　56.0　③　61.6　④　72.8　⑤　78.4　⑥　101

問5 四酸化二窒素をある温度、圧力に保つと、$N_2O_4 \rightleftarrows 2NO_2$ の反応がおこり、平衡状態に達する。

5.0Lの容器に2.0molのN_2O_4を入れ、75℃に保つと平衡状態に達した。このとき、NO_2は1.0mol存在していた。この反応の75℃における平衡定数は何mol/Lか。最も適当な数値を解答群から一つ選べ。 9 mol/L

① 0.13 ② 0.50 ③ 0.67 ④ 1.3 ⑤ 1.5 ⑥ 75

問6 窒素と水素からアンモニアを合成する反応の熱化学方程式を次に表す。

N_2(気) ＋ $3H_2$(気) ＝ $2NH_3$(気) ＋ 92kJ

窒素分子中のN≡N結合の結合エネルギーは942kJ/mol、水素分子中のH－H結合の結合エネルギーは436kJ/molである。アンモニア分子中のN－H結合の結合エネルギーは何kJ/molか。最も適当な数値を解答群から一つ選べ。 10 kJ/mol

① 360 ② 390 ③ 1079 ④ 1171 ⑤ 2158 ⑥ 2342

2 各問いに答えよ。

問1 コロイドに関する各記述について、正しい場合は①を、誤りを含む場合は②を選べ。

a コロイド溶液に横から強い光線を照射すると、光の通路が一様に輝いて見える。これは、コロイド粒子が光をよく散乱するためである。 11

b コロイド粒子どうしが互いに衝突することでおこる不規則な運動を、ブラウン運動という。 12

c 疎水コロイドである硫黄のコロイドを凝析させるためには、硝酸カリウムよりも硫酸アルミニウムの方が有効である。 13

d セロハンなどの半透膜を用いて、コロイド溶液から小さな分子やイオンを除く操作を塩析という。 14

問2 電極に鉛と酸化鉛(Ⅳ)を、電解液に希硫酸を用いた電池を鉛蓄電池という。この電池を放電させたところ、放電後、正極の質量が3.20g増加していた。各問いに答えよ。

a この放電による負極の質量増加は何gか。最も適当な数値を解答群から一つ選べ。 15 g

① 1.20 ② 2.10 ③ 2.40 ④ 4.80 ⑤ 15.1

b 放電前の電解液は30%、1000gであった。この放電後の希硫酸の質量%濃度は何%か。最も適当な数値を解答群から一つ選べ。 16 %

① 26.1 ② 26.4 ③ 27.6 ④ 28.1 ⑤ 29.3

c この放電後の鉛蓄電池を充電し、放電前と同じ状態にした。充電に要した時間が32分10秒であった場合、充電時に流れた電流は何Aか。最も適当な数値を解答群から一つ選べ。 17 A

① 0.25 ② 0.50 ③ 1.0 ④ 2.5 ⑤ 5.0

問３　酢酸水溶液について、各問いに答えよ。ただし、酢酸の電離定数を 2.0×10^{-5}mol/L、$\sqrt{2}=1.4$、$\log_{10}2=0.30$ とする。

a　0.10mol/L 酢酸水溶液中の酢酸の電離度はいくらか。最も適当な数値を解答群から一つ選べ。[18]

①　1.0×10^{-2}　②　1.2×10^{-2}　③　1.4×10^{-2}　④　1.6×10^{-2}　⑤　2.0×10^{-2}

b　0.10mol/L 酢酸水溶液の pH はいくらか。最も適当な数値を解答群から一つ選べ。[19]

①　2.70　②　2.85　③　3.00　④　3.15　⑤　3.30

c　0.10mol/L 酢酸水溶液 10mL に 0.10mol/L の水酸化ナトリウム水溶液を 10mL 加えた。このときの pH はいくらか。最も適当な数値を解答群から一つ選べ。[20]

①　7.70　②　8.00　③　8.70　④　9.00　⑤　9.30

[3]　各問いに答えよ。

問１　ハロゲンとその化合物に関する各記述について、正しい場合は①を、誤りを含む場合は②を選べ。

a　ハロゲンの単体の酸化力は、原子番号が大きくなるほど強くなる。[21]

b　フッ素の単体は水と激しく反応して水素を発生する。[22]

c　フッ化銀は水に溶けやすい。[23]

d　次亜塩素酸ナトリウムは強い還元作用があるので、漂白・殺菌剤に利用される。[24]

e　ヨウ素の単体は水に溶けにくいが、無極性の有機溶媒にはよく溶ける。[25]

問２　硝酸に関する各記述について、正しい場合は①を、誤りを含む場合は②を選べ。

a　硝酸の水溶液は強い酸性を示す。[26]

b　硝酸は工業的にはアンモニアを原料として、接触法によってつくられている。[27]

c　濃硝酸には酸化力があるが、希硝酸には酸化力がない。[28]

d　硝酸は褐色びんに入れて冷暗所で保存する。[29]

e　アルミニウムや鉄、ニッケルは濃硝酸には不動態となるため溶けない。[30]

問３　アルミニウムに関する各記述について、正しい場合は①を、誤りを含む場合は②を選べ。

a　アルミニウムの単体は希塩酸とも水酸化ナトリウム水溶液とも反応して水素を発生する。[31]

b　アルミニウムの電気伝導性は、金属単体で最も大きい。[32]

c　アルミニウムと少量の銅、マグネシウムとの合金は、軽くて強いため、航空機の機体や建築材に使われる。この合金をアルマイトという。[33]

d　アルミニウムは原料鉱石のボーキサイトから得られる酸化アルミニウム（アルミナ）の溶融塩電解（融解塩電解）によってつくられている。 34

e　アルミニウムイオンを含む水溶液にアンモニアを加えると白色の沈殿を生じるが、さらにアンモニア水を加えても沈殿は溶解しない。 35

問4　鉄に関する各記述について、正しい場合は①を、誤りを含む場合は②を選べ。

a　鉄とクロム、ニッケルの合金であるステンレス鋼はさびにくい。 36

b　鉄(Ⅱ)イオンを含む水溶液に硫化水素を通じると、鉄(Ⅱ)イオンは酸化されて鉄(Ⅲ)イオンとなる。 37

c　鉄(Ⅱ)イオンを含む水溶液に少量の水酸化ナトリウム水溶液を加えると緑白色の沈殿を生じるが、過剰の水酸化ナトリウム水溶液を加えると淡緑色の溶液となる。 38

d　鉄(Ⅱ)イオンを含む水溶液にチオシアン酸カリウム水溶液を加えると、血赤色の溶液となる。 39

e　鉄(Ⅱ)イオンを含む水溶液にヘキサシアニド鉄(Ⅲ)酸カリウム水溶液を加えると濃青色の沈殿が生成する。 40

4　各問いに答えよ。

問1　炭化水素に関する各記述について、正しい場合は①を、誤りを含む場合は②を選べ。

a　エチレンはエタノールと濃硫酸の混合物を 160～170℃に加熱することで得られる。 41

b　炭素数4のアルカンには鏡像異性体が存在する化合物がある。 42

c　炭素数4のアルケンには1−ブテンと2−ブテンが存在するが、どちらにも幾何異性体（シス−トランス異性体）が存在する。 43

d　アセチレンにシアン化水素を付加させると、アクリロニトリルが生成する。 44

e　アセチレンをアンモニア性硝酸銀水溶液に通じると銀アセチリドの赤色沈殿を生じる。 45

問2　酢酸に関する各記述について、正しい場合は①を、誤りを含む場合は②を選べ。

a　酢酸は還元性を示す。 46

b　酢酸は無色、刺激臭の液体である。 47

c　純粋な酢酸は冬季に凝固するので氷酢酸ともよばれる。 48

d　酢酸はアセトアルデヒドの酸化によって得られる。 49

e　酢酸をエチレンに付加させると、酢酸ビニルが生成する。 50

問3　セッケンおよび合成洗剤に関する各記述について、正しい場合は①を、誤りを含む場合は②を選べ。

a　セッケンや合成洗剤は長鎖の炭化水素基からなる疎水性の部分と、イオンからなる親水性の部分をもつ。 51

b　セッケンや合成洗剤は水の表面張力を低下させる界面活性剤である。 52

c　セッケンが油汚れに触れると、油分はセッケンのミセルの内部に取り囲まれて分散する。この作用を乳化作用という。 53

d　セッケンを硬水中で使用すると、脂肪酸が遊離するため洗浄力が低下する。 54

e　硫酸ドデシルナトリウムやアルキルベンゼンスルホン酸ナトリウムなどの合成洗剤はその水溶液が酸性である。 55

問４　サリチル酸と関連する化合物に関する各記述について、正しい場合は①を、誤りを含む場合は②を選べ。

a　サリチル酸はカルボキシ基とヒドロキシ基の 2 つの官能基をもつ。 56

b　ナトリウムフェノキシドを常温・常圧で二酸化炭素と反応させ、希硫酸を作用させるとサリチル酸が生成する。 57

c　アセチルサリチル酸に塩化鉄(Ⅲ)水溶液を加えると赤紫色を呈する。 58

d　アセチルサリチル酸は解熱鎮痛剤として用いられる。 59

e　サリチル酸メチルに炭酸水素ナトリウム水溶液を加えると二酸化炭素が発生する。 60

問５　繊維に関する各記述について、正しい場合は①を、誤りを含む場合は②を選べ。

a　天然繊維には植物繊維と動物繊維があり、植物繊維には綿や絹がある。 61

b　セルロースのヒドロキシ基をアセチル化することでつくられた繊維をアセテート繊維という。 62

c　シュワイツァー試薬にセルロースを溶かすと粘性の大きい溶液になる。これを細孔から希硫酸中に押し出すとセルロース繊維が再生され、ビスコースレーヨンが得られる。 63

d　ナイロン 66 やナイロン 6 は分子内にアミド結合をもつため水素結合が形成され、強度や耐久性に優れている。 64

e　テレフタル酸とエチレングリコールを付加重合させると、ポリエチレンテレフタラート（PET）が生成する。 65

問６　アミノ酸に関する各記述について、正しい場合は①を、誤りを含む場合は②を選べ。

a　生体内で合成できない、または合成しにくいアミノ酸は外部から摂取する必要があり、必須アミノ酸という。 66

b　すべての α－アミノ酸は不斉炭素原子が存在する。 67

c　アミノ酸は水に溶けにくく、有機溶媒に溶けやすい。 68

d　アミノ酸にフェーリング液を加えて温めると紫色を呈する。この反応をフェーリング反応という。 69

e　酸性アミノ酸の等電点は中性アミノ酸の等電点よりも大きい。 70

生物

（情報・理工・教育（数学教育）学部 1科目 60分）
（教育（初等幼児教育）・保健医療学部 2科目 120分）

1 代謝に関する次の文章を読み、下の問い（**問1～5**）に答えよ。

光合成の反応は、葉緑体のチラコイドで起こる反応と［ア］で起こる反応からなる。チラコイドでは、光エネルギーが吸収され、水の分解によって電子が放出され、放出された電子はタンパク質複合体(電子伝達系)に渡される。そして、タンパク質複合体を電子が移動していく過程で、H^+が［ア］からチラコイド内腔へ輸送される。H^+は濃度勾配にしたがってATP合成酵素を通って［ア］に流出し、この際にATPが合成される。葉緑体におけるATP合成の反応は［イ］と呼ばれる。電子伝達されたe^-により、還元型補酵素であるNADPHが生成され、還元型補酵素とATPは、［ア］にあるカルビン・ベンソン回路に水素源やエネルギー源として用いられる。この回路でCO_2が固定され、有機物が合成される。

いま、密閉できるガラス容器にクロレラを入れ、最初の3分間(前半)と次の3分間(後半)に、それぞれ表の条件のもとで実験Ⅰ～Ⅳを行った。

表

	前半	後半
実験Ⅰ	照射あり・CO_2なし	照射なし・CO_2あり
実験Ⅱ	照射なし・CO_2なし	照射なし・CO_2あり
実験Ⅲ	照射なし・CO_2なし	照射あり・CO_2あり
実験Ⅳ	照射あり・CO_2あり	照射なし・CO_2あり

照射あり：十分な強度の光を照射する。　CO_2あり：通常の空気を入れる。
照射なし：光を遮断し、暗黒に保つ。　CO_2なし：あらかじめCO_2を除いた空気を入れる。

【 実験結果 】

実験Ⅳの前半ではO_2が発生し続けたが、実験Ⅰの前半ではO_2の発生が途中で止まった。また、実験Ⅰ、Ⅲ、Ⅳの光合成速度はCO_2の濃度によって制限されていた。ただし、実験Ⅳの前半ではCO_2が吸収され続けたが、実験Ⅰの後半ではCO_2の吸収が途中で止まった。

問1 文中の空欄［ア］・［イ］に入る語句の組み合わせとして最も適当なものを、次の①～④の中から一つ選べ。［1］

	ア	イ		ア	イ
①	マトリックス	酸化的リン酸化	②	マトリックス	光リン酸化
③	ストロマ	光リン酸化	④	ストロマ	酸化的リン酸化

問2 下線部に関して、このような光合成と異なり、水を分解しない光合成を行う生物の組み合わせを

次の①～④の中から一つ選べ。 2

① ユレモ、ネンジュモ　　② 紅色硫黄細菌、緑色硫黄細菌
③ 硝酸菌、亜硝酸菌　　④ クロレラ、クラミドモナス

問3 さまざまな生物の光合成に関する記述として適当なものを、次の①～⑦の中から二つ選べ。ただし、解答の順序は問わない。 3 ・ 4

① 光合成を行う原核生物には、電子伝達系をもつものはいない。
② シアノバクテリアは、葉緑体を持っていないが、光合成を行うことができる。
③ 光合成細菌は、無機物を酸化する際に発生するエネルギーで反応を進めている。
④ 光合成を行うすべての生物は必ず光化学系Ⅰ、光化学系Ⅱの両方を持っている。
⑤ 根粒菌は空気中の CO_2 を取り入れて光合成を行い、これにより合成した無機窒素化合物を、共生しているマメ科植物に渡し、有機窒素化合物を植物から得ている。
⑥ C_4 植物では、CO_2 を C_4 化合物として取り込み、維管束鞘細胞へ高濃度の CO_2 を供給することができるため、強光、高温の条件下でも効率的に光合成を行うことができる。
⑦ CAM 植物では、昼間に気孔を小さく開いて CO_2 を取り込み、C_4 化合物に固定して液胞に蓄える。液胞中の C_4 化合物を分解して CO_2 を取り出し、葉緑体でカルビン・ベンソン回路を進行させる。

問4 実験Ⅰの前半および後半では、$NADP^+$、NADPH、ATP、ADP にどのような変化が起こると考えられるか。最も適当なものを次の①～⑦のうちからそれぞれ一つずつ選べ。
前半 5 　後半 6

① NADPH は $NADP^+$ になり、ADP は ATP に変化する。
② NADPH は $NADP^+$ になり、ATP は ADP に変化する。
③ $NADP^+$ と NADPH は減少し、ADP と ATP は増加する。
④ $NADP^+$ は NADPH になり、ADP は ATP に変化する。
⑤ $NADP^+$ は NADPH になり、ATP は ADP に変化する。
⑥ $NADP^+$ と NADPH は増加し、ADP と ATP は減少する。
⑦ $NADP^+$ と NADPH、ADP と ATP はともに変化しない。

問5 実験Ⅰ～実験Ⅳのそれぞれの後半における CO_2 吸収量の大小関係はどのようになるか。最も適当なものを、次の①～⑦のうちから一つ選べ。 7

① 実験Ⅰ ＞ 実験Ⅲ ＞ 実験Ⅳ
② 実験Ⅱ ＞ 実験Ⅲ ＞ 実験Ⅰ
③ 実験Ⅱ ＞ 実験Ⅰ ＞ 実験Ⅲ
④ 実験Ⅲ ＞ 実験Ⅰ ＞ 実験Ⅱ
⑤ 実験Ⅲ ＞ 実験Ⅱ ＞ 実験Ⅳ
⑥ 実験Ⅳ ＞ 実験Ⅱ ＞ 実験Ⅰ
⑦ 実験Ⅳ ＞ 実験Ⅲ ＞ 実験Ⅱ

2　ホルモンと血糖量調節に関する次の文章を読み、下の問い（**問1〜6**）に答えよ。

多くの動物では、体外環境が変化しても体内環境としての体液の状態を常に一定に保とうとするしくみがあり、このしくみを恒常性という。ヒトの体温や(A)血糖濃度などが一定の範囲内の維持の調節の際には、(B)自律神経系と内分泌系が重要な役割を果たし、内分泌系では主としてホルモンがさまざまな特有の生理作用を示す。食後に血糖量が増加すると、血糖量の調節中枢である［ア］やすい臓の内分泌腺であるランゲルハンス島がこれを感知し、［イ］を介して［ウ］のランゲルハンス島に指令が伝わり、B細胞からインスリンが分泌される。インスリンは主として肝臓や筋肉、および脂肪組織の細胞に存在するインスリン受容体にシグナル分子として結合し、(C)細胞内に情報伝達を行い、血糖濃度が正常範囲まで低下する。一方、血糖濃度が正常範囲を下回ると、いくつかの経路を介した指令によって、肝臓からグルコースが放出され、血糖濃度が正常範囲まで上昇する。つまり、(D)高血糖の情報が調節中枢にフィードバックすると血糖濃度が下がり、(E)低血糖の情報が調節中枢にフィードバックすると血糖濃度が上がることで血糖濃度を一定範囲に保っている。このような血糖濃度を調節する機構が何らかの原因でうまくはたらかなくなり、高血糖の状態が継続する疾患が(F)糖尿病である。

問1　文中の空欄［ア］〜［ウ］に入る語句の組み合わせとして最も適当なものを、次の①〜⑥の中から一つ選べ。［8］

	ア	イ	ウ		ア	イ	ウ
①	脳下垂体前葉	交感神経	すい臓	②	脳下垂体前葉	副交感神経	肝臓
③	脳下垂体前葉	交感神経	肝臓	④	間脳視床下部	副交感神経	すい臓
⑤	間脳視床下部	交感神経	すい臓	⑥	間脳視床下部	副交感神経	肝臓

問2　下線部(A)に関して、ヒトの場合、血液量100mLあたり約100mgのグルコースが含まれているが、これは何%に相当するか。最も適当なものを、次の①〜⑤のうちから一つ選べ。［9］

①　0.001%　　②　0.01%　　③　0.1%　　④　1%　　⑤　10%

問3　下線部(B)に関して、自律神経系および内分泌系に関する記述として**誤っているもの**を、次の①〜⑧のうちから二つ選べ。ただし、解答の順序は問わない。［10］・［11］

①　ホルモンは特定の標的細胞にのみ作用する。
②　ホルモンは排出管（導管）を介さず、外分泌腺から分泌される。
③　内分泌系は、自律神経系に比べて効果は持続的である。
④　自律神経系および内分泌系は、意思とは無関係にはたらく。
⑤　自律神経を介した指令を受けて、副腎髄質からのアドレナリンの分泌が促進される。
⑥　自律神経を介した指令を受けて、副腎皮質からの糖質コルチコイドの分泌が促進される。
⑦　グルカゴンは、肝臓でのグリコーゲンの分解を促進する。
⑧　糖質コルチコイドは、タンパク質からグルコースへの糖化を促進する。

問4　文中の下線部(C)に関して、ペプチドホルモンとステロイドホルモンの情報伝達に関する記述として最も適当なものを、次の①〜④のうちから一つ選べ。［12］

①　ペプチドホルモンは親水性であり、細胞膜に存在する受容体タンパク質と結合し、ホルモンと受

容体タンパク質の複合体が調節タンパク質としてはたらき、遺伝子発現の調節に関与する。

② ペプチドホルモンは疎水性であり、細胞膜に存在する受容体タンパク質と結合し、細胞内の情報伝達に関わる分子(情報伝達物質)の量を調節したり、リン酸化酵素などの活性を変化させたりする。

③ ステロイドホルモンは疎水性であり、細胞膜を通過して細胞質に存在する受容体タンパク質と結合し、ホルモンと受容体タンパク質の複合体が調節タンパク質としてはたらき、遺伝子発現の調節に関与する。

④ ステロイドホルモンは親水性であり、細胞膜を通過して細胞質に存在する受容体タンパク質と結合し、細胞内の情報伝達に関わる分子(情報伝達物質)の量を調節したり、リン酸化酵素などの活性を変化させたりする。

問 5 フィードバックには、正のフィードバックおよび負のフィードバックがある。文中の下線部(D)と(E)に関する記述として最も適当なものを、次の①～④の中から一つ選べ。 13

① 下線部(D)は正、下線部(E)は負のフィードバック調節である。

② 下線部(D)は負、下線部(E)は正のフィードバック調節である。

③ 下線部(D)も下線部(E)も、正のフィードバック調節である。

④ 下線部(D)も下線部(E)も、負のフィードバック調節である。

問 6 下線部(F)について、以下の表は、ある患者（a、b、c）において、食事による血糖濃度と血液中のインスリンの濃度の変化を調べたものである。これより、(1)糖尿病の可能性が高いと診断された患者、および、(2)インスリンの静脈注射によって糖尿病の症状を軽減できる可能性がある患者を、それぞれ次の①～⑦の中から一つずつ選べ。 (1) 14 (2) 15

表　健康な人と患者 a～c の血糖濃度とインスリン濃度

	血糖濃度(mg/100mL)			インスリン濃度(相対値)		
	食前	食後 1 時間	食後 2 時間	食前	食後 1 時間	食後 2 時間
健康な人	80	136	112	10	72	48
患者 a	110	145	121	8	68	42
患者 b	146	262	254	7	9	8
患者 c	248	239	246	32	91	73

① 患者 a　② 患者 b　③ 患者 c

④ 患者 a、患者 b　⑤ 患者 a、患者 c　⑥ 患者 b、c　⑦ 患者 a、患者 b、患者 c

3 遺伝情報の発現に関する次の文章（Ⅰ・Ⅱ）を読み、下の問い（**問1～6**）に答えよ。

Ⅰ 1953年、ワトソンとクリックは、DNAの分子モデルとして二重らせん構造を提唱した。このモデルでは、DNAは2本のヌクレオチド鎖の塩基どうしが対をつくり、らせん状にねじれた構造をしている。DNAの遺伝情報は、(A)mRNAの塩基配列に写し取られ、この遺伝情報にもとづいてアミノ酸が決定されてタンパク質が合成されたりする一方、同一のDNAが新たに複製されることもある。

DNAの複製は、塩基対の水素結合が切れて2本のヌクレオチド鎖となり、塩基の相補性により、それぞれのヌクレオチド鎖を鋳型として新しいDNAが2本つくられる。このような複製のしくみは半保存的複製といい、1958年にメセルソンとスタールが(B)窒素の同位体 ^{15}N を利用した実験によって証明した。

タンパク質合成の際には、DNAの遺伝情報がmRNAの塩基配列に写し取られ、この遺伝情報にもとづいてアミノ酸配列が決定される。mRNAを構成するヌクレオチドの塩基は、A、U、G、Cの4種類であるが、タンパク質を構成するアミノ酸は20種類である。このことから、mRNAの塩基3つの配列(コドン)で1つのアミノ酸を指定していると考えられた。現在では、理論上は［ア］種類のコドンがあるが、実際のアミノ酸を指定するコドンは［イ］種類で、これらのコドンで20種類のアミノ酸を指定することがわかっている。

問1 下線部(A)について、真核細胞において、遺伝情報にもとづいてタンパク質が合成される過程に関する記述として最も適当なものを、次の①～④のうちから一つ選べ。［16］

① 転写は核内で行われ、スプライシングは細胞質で行われる。
② スプライシングは核内で行われ、翻訳は細胞質で行われる。
③ 転写では、リーディング鎖とラギング鎖の2本のRNAが合成される。
④ スプライシングには、mRNA前駆体に存在するオペレーターが必要である。

問2 下線部(B)について、大腸菌を ^{15}N を含む培地で増殖させ、大腸菌内の窒素成分を ^{15}N に置き換えた。その後、^{14}N を含む培地に移し、分裂1回目、2回目、3回目の後のそれぞれの大腸菌からDNAを抽出し、比重の違いを調べたところ、重いDNA、中間の重さのDNA、軽いDNAに分けられ、それぞれの割合は分裂ごとに異なっていた。分裂2回目および3回目の大腸菌のDNAの比重とその割合として最も適当なものを次の①～⑥のうちから一つ選べ。 2回目：［17］ 3回目：［18］

	重いDNA	中間の重さのDNA	軽いDNA
①	1	0	1
②	1	0	2
③	1	1	0
④	0	1	1
⑤	0	1	2
⑥	0	1	3

問3 文中の空欄［ア］・［イ］に当てはまる語句として最も適当なものを、次の①～⑥のうちから一つ選べ。［19］

	ア	イ		ア	イ		ア	イ
①	27	64	②	27	60	③	64	60
④	64	61	⑤	81	60	⑥	81	64

II　アメリカのニーレンバーグらは、ウラシルだけを含む人工的に合成したRNA(UUUUUUU…)を用い、大腸菌をすりつぶした抽出液(タンパク質合成に必要なものを含む)を加え、フェニルアラニンだけが連結したポリペプチド鎖が合成されることを発見した。これと同様な実験を行い、特定の塩基配列のRNAを人工的に合成し、ポリペプチド鎖を合成させる**実験1～4**を行った。なお、一つのアミノ酸は三つの連続した塩基によって指定されること、翻訳はRNAの任意の場所から始まることがわかっている。

実験1　アデニンとシトシンからなるACACAC…を繰り返す塩基配列のRNAを用いてポリペプチド鎖を合成したところ、トレオニンとヒスチジンが交互に配列したポリペプチド鎖が得られた。

実験2　ACCACC…を繰り返す塩基配列のRNAを用いてポリペプチド鎖を合成したところ、トレオニン、プロリン、ヒスチジンのいずれかだけからなる3種類のポリペプチド鎖が得られた。

実験3　AACAAC…を繰り返す塩基配列のRNAを用いてポリペプチド鎖を合成したところ、アスパラギン、トレオニン、グルタミンのいずれかだけからなる3種類のポリペプチド鎖が得られた。

実験4　C：A＝1：2で、塩基配列に偏りのないRNAを用いてポリペプチド鎖を合成させたところ、リシン：トレオニン：アスパラギン：グルタミン：プロリン：ヒスチジン＝8：6：4：4：3：2に含むポリペプチド鎖が合成された。

問4　ポリペプチド鎖を合成するために、抽出液に含まれていなければならないものとして適当なものを次の①～④のうちから一つ選べ。［20］

①　基本転写因子、RNAポリメラーゼ　　②　DNAポリメラーゼ、プライマー
③　プラスミド、制限酵素、DNAリガーゼ　　④　tRNA、リボソーム、ATP

問5　**実験1～3**の結果から、遺伝暗号の対応関係が明らかになるアミノ酸は何種類あるか。次の①～⑤の中から最も適当なものを一つ選べ。［21］

①　1種類　　②　2種類　　③　3種類　　④　4種類　　⑤　5種類

問6　**実験4**では8種類の遺伝暗号が存在するが、アミノ酸は6種類しか出現していない。このことから、8種類のうち2種類は、別の遺伝暗号で同一のアミノ酸を指定すると考えられる。**実験1～4**の結果から、少なくとも2つ以上の遺伝暗号によって指定されると推測されるアミノ酸が2種類存在する。一つはトレオニンであるが、もう一つのアミノ酸として最も適当なものを次の①～⑤の中から一つ選べ。［22］

①　リシン　　②　アスパラギン　　③　グルタミン　　④　プロリン　　⑤　ヒスチジン

4　細胞分裂に関する次の文章を読み、下の問い（**問 1～6**）に答えよ。

細胞が体細胞分裂を行って増殖しているとき、細胞は分裂期と間期を繰り返す。また、間期は、DNA 合成の準備を行う G_1 期、DNA 合成を行う S 期、分裂の準備を行う G_2 期に分けられる。細胞周期に要する時間、および各期に要する時間を調べるために、次の**実験 1**・**実験 2** を行った。

実験 1　マウスの胚から取り出された細胞を、適当な培地で培養した。培養開始時、および培養開始から 48 時間後の全細胞数と分裂期の細胞数を測定した。その結果を表に示した。

表

培養開始からの時間(時間)	全細胞数(個)	分裂期の細胞数(個)
0	2.4×10^5	1.2×10^4
48	9.6×10^5	4.8×10^4

実験 2　**実験 1** の培養細胞の集団から 5000 個の細胞を取り出し、細胞当たりの DNA 量(相対値)と細胞数を測定した。その結果から、各細胞を DNA 量が 2 である a 群、DNA 量が 2 より多く 4 より少ない b 群、DNA 量が 4 である c 群の 3 群に分け、各群の細胞数を図に示した。

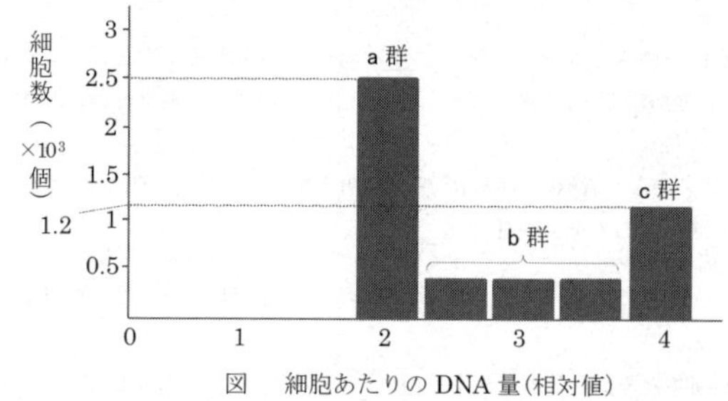

図　細胞あたりの DNA 量(相対値)

問 1　細胞分裂に関する記述として**誤っているもの**を、次の①～⑥のうちから二つ選べ。ただし、解答の順序は問わない。 23 ・ 24

① 前期には、光学顕微鏡では染色体はまだ観察できない。
② 中期には、最も凝縮した染色体が赤道面に並ぶ。
③ 後期には、染色体が縦裂面から二つに分かれ、それぞれ両極へ移動する。
④ 終期には、染色体が細長くなり、核膜・核小体が再び現れる。
⑤ 動物細胞では、核分裂の際に星状体が形成される。
⑥ 植物細胞の細胞質分裂では、外側からくびれて細胞が二分される。

問2　図のa群〜c群には細胞周期のどの時期にある細胞が含まれるか。最も適当な組み合わせを、次の①〜⑥のうちから一つずつ選べ。 **25**

	a群	b群	c群
①	S期	M期(分裂期)	G_1期とG_2期
②	M期(分裂期)	S期	G_1期とG_2期
③	G_2期	M期(分裂期)	G_1期とS期
④	M期(分裂期)	G_2期	G_1期とS期
⑤	G_1期	S期	G_2期とM期(分裂期)
⑥	S期	G_1期	G_2期とM期(分裂期)

問3　**実験1**の結果から、培養細胞の細胞周期の長さは何時間であると考えられるか。最も適当なものを、次の①〜⑥のうちから一つ選べ。 **26** 時間

①　10　　②　12　　③　20　　④　24　　⑤　36　　⑥　48

問4　**実験1**・**実験2**の結果から求められるS期およびM期のおよその長さ(時間)として最も適当なものを、次の①〜⑧のうちから一つ選べ。　S期 **27**　　M期 **28**

①　0.5時間　　②　1.0時間　　③　1.2時間　　④　1.5時間
⑤　5.2時間　　⑥　5.8時間　　⑦　6.2時間　　⑧　7.2時間

問5　**実験1**・**実験2**の結果から、G_1期、S期、G_2期の各期に要する時間の長さを比較した結果として最も適当なものを、次の①〜⑥のうちから一つ選べ。ただし、細胞周期に要する時間に占める各期に要する時間の割合は、観察した全細胞数に占める割合と一致するものとする。 **29**

①　G_1期＞S期＞G_2期　　②　S期＞G_1期＞G_2期　　③　G_1期＞G_2期＞S期
④　G_2期＞S期＞G_1期　　⑤　S期＞G_2期＞G_1期　　⑥　G_2期＞G_1期＞S期

問6　**実験1**の細胞培養の培地中に、DNAポリメラーゼのはたらきを阻害するアフィディコリンという試薬を加えて6時間以上おいた。その後、**実験2**と同様な方法で細胞あたりのDNA量と細胞数を測定した。**実験2**の結果と比べた場合、どのような結果が得られると考えられるか。最も適当なものを、次の①〜⑥のうちから一つ選べ。ただし、この薬剤はただちに効果があるものとし、DNAポリメラーゼのはたらきを阻害する以外には細胞の活動に影響を及ぼさない物質であるものとする。 **30**

①　a群の細胞数は増加し、b群は減少する。　　②　a群の細胞数は増加し、c群は減少する。
③　b群の細胞数は増加し、c群は減少する。　　④　a群の細胞数は減少し、b群は増加する。
⑤　b群の細胞数は減少し、c群は増加する。　　⑥　a群、b群、c群の細胞数は等しくなる。

I □回生の策を講じる。 47

① 雪辱 ② 希念 ③ 周遊 ④ 巡行 ⑤ 起死

J 捜査上の不正が□。 48

① 明らかに浮かぶ ② 明るくなる ③ 明るみに出る ④ 明るみになる ⑤ 明るさを分ける

C 事件はメイキュウ入りとなった。 **41**

① キュウヨの一策。
② キュウチの間柄。
③ ダキュウが空に吸い込まれる。
④ ケンキュウに心血を注ぐ。
⑤ オウキュウの庭が一般公開される。

D 千里キュウリョウで万博が開かれた。 **42**

① キュウエン物資を届ける。
② 河岸ダンキュウを散策する。
③ コンキュウ家庭を支援する。
④ 働いてキュウヨを得る。
⑤ キュウソク充電は電気自動車普及の鍵だ。

E エイカンを優勝選手に授ける。 **43**

① ラストシーンはアッカンだった。
② ゴカン性のある部品。
③ 編集シュカンを務める。
④ 彼はゴカンが鋭い。
⑤ ジャッカン二十歳にして起業する。

F 琴をダンソウする。 **44**

① 軍が市民をダンアツする。
② 市民のソウダンに乗る。
③ ゲキダン出身の俳優。
④ 国交をダンゼツする。
⑤ 仕事が一ダンラクついた。

G 友人を自宅にトめる。 **45**

① 音楽の再生をテイシする。
② 物価の高騰をヨクシする。
③ 強盗容疑でリュウチされる。
④ ホシャク金を積んで釈放される。
⑤ 西行はヒョウハクの歌人である。

H からまった糸をトく。 **46**

① ゲシの夜に月を眺める。
② ゲネツ剤を飲む。
③ ゲボクに荷物を運ばせた。
④ ゾウゲは貴重だ。
⑤ 神経ゲカの医師に診てもらう。

④　「私」は父母を幼い時に亡くし、父母にまつわる思い出を全く持つことなく育った。その上「私」にとってただ一人の姉とも別々のところで育てられたため、姉にまつわる思い出もほとんど持っていない。祖父母が「私」の最も身近な存在であったのだが、祖母は「私」が小学校に入学する直前に死に、祖父が死んだのは十六歳の時であった。

⑤　「私」の父母は「私」が幼い時に死去し、ただ一人の姉とも別のところで育てられた。その姉とも十一、二歳の時に死別している。それゆえ、父母の思い出も姉との思い出もほとんど「私」の中には残っていない。祖父母の元で育てられ、祖母は「私」が小学校に入学した年に、祖父が死んだのは十六歳の時であった。

四　漢字・語句について、次の問いに答えなさい。

問　**A**～**H**の各傍線部に相当する漢字を含むものはどれか。また、**I**～**J**の空欄に入れるのに最も適当な語句はどれか。それぞれ一つずつ選びなさい。解答番号は 39 ～ 48 。

A　拙速はコウチにしかず。 39

①　コウジ魔多し。　②　怪我のコウミョウ。　③　コウトウ無稽の言動。
④　コウゲン令色の人。　⑤　一寸のコウイン軽んずべからず。

B　路地ではジョコウせよ。 40

①　チツジョを維持する。　②　ジョサイのない受け答え。　③　まな板をジョキンする。
④　年次を追ってジョジュツする。　⑤　ジョジョに水位が上がる。

問6　「D祖父の葬式以後も……遂に私を葬式の名人たらしめた」について、次の**（1）**と**（2）**の問いに対する**答えの組み合わせ**として最も適当なものを、あとの①～⑤の中から一つ選びなさい。解答番号は 37 。

（1）　最後に「葬式の名人たらしめた」とあるが、この述部に対応する主部は何か。

（2）　ここに用いられている二つの技法・表現は何か。

① **（1）** 親しい人々の葬式は　**（2）** 倒置法　と　擬人法
② **（1）** 親しい人々の葬式は　**（2）** 使役表現　と　反復法
③ **（1）** 父の遺した礼装は　**（2）** 倒置法　と　使役表現
④ **（1）** 父の遺した礼装は　**（2）** 擬人法　と　使役表現
⑤ **（1）** 祖父の葬式　**（2）** 反復法　と　擬人法

問7　「私」の家庭や生育の環境を述べたものとして最も適当なものを、次の中から一つ選びなさい。解答番号は 38 。

①　「私」は父母を幼い時に亡くし、その後は親戚の家で育てられた。「私」に優しくしてくれたただ一人の姉とも別々のところで育てられたのだが、その姉は「私」が十一、二歳の時に死んでしまった。その後、「私」は祖父母の元で育てられたが、祖母は「私」が小学校に入学した年に死に、祖父が死んだのは十六歳の時であった。

②　「私」は父母を幼い時に亡くしたため、父母に関わる思い出を持っていない。「私」にとってただ一人の姉とも別々のところで育てられたのだが、その姉は「私」が八歳の時に死んでしまった。「私」は、祖父母の元で育てられたが、祖母は「私」が小学校に入学した年に死に、その後は唯一の肉親といえる祖父との二人暮らしである。

③　「私」は父を幼い時に亡くし、母も幼い時にいなくなったため、父母にまつわる思い出を全く持つことなく育った。その上「私」にとってただ一人の姉とも別々のところで育てられた。その姉も早くに死んでしまったため、祖父母が「私」の最も身近な存在であったが、祖母は「私」が小学校に入学した年に死に、祖父が死んだのは十六歳の時であった。

とから、自分よりもはるかに葬式に慣れていると思ったから。

問5　「C老婆のあの言葉が私を手痛く傷(きず)つけていた」とあるが、その説明として最も適当なものを、次の中から一つ選びなさい。解答番号は 36 。

① 「仏様のような方だのに往生際にどうしてこうお苦しみになるのか」という老婆の言葉は、祖父のこれまでの生き方や行状を非難することに繋がり、痰がつまって苦しんでいる原因が祖父の人間性にあることを結果的に老婆が指摘していることとなり、それ故「私」は老婆の言葉を許すことができなかった。

② 「仏様のような方だのに往生際にどうしてこうお苦しみになるのか」という老婆の言葉は、老婆自身に祖父を責めるような意図がないことを「私」自身は分かってはいるものの、現に痰を詰らせて苦しんでいる祖父を目の前にすると、「私」には祖父のこれまでの生き方や行状を疑いたくなる感情が起こり耐えがたかった。

③ 「仏様のような方だのに往生際にどうしてこうお苦しみになるのか」という老婆の言葉は、老婆自身に祖父を責めたり貶めたりする意図がないことは分かってはいるものの、「私」には痰がつまって苦しんでいる原因が祖父の生き方や人間性にあることが否定できなくなり、苦しんでいる祖父を正視することができなかった。

④ 「仏様のような方だのに往生際にどうしてこうお苦しみになるのか」という老婆の言葉は、老婆自身に祖父を非難したり貶めたりする意図がないことは分かってはいるものの、痰がつまって苦しんでいる原因が祖父の人間性や生き方にあるように「私」には聞こえ、苦しんでいる祖父を正視することができなかった。

⑤ 「仏様のような方だのに往生際にどうしてこうお苦しみになるのか」という老婆の言葉は、目の前で痰がつまって苦しんでいる祖父のこれまでの生き方やあり方を否定するものとなり、老婆に対する許しがたい怒りとともに、痰がつまって苦しんでいる祖父の姿をまともに見ていることができなかった。

③　「私」が帰省するのは、摂津と河内の家のどちらかであるが、一回目は河内の家の分家の葬式であった。当主の実母の葬式で、親しくはないものの見知らぬ人ではなかった。二回目は、摂津の従兄から、以前に「私」の家の葬式に来てくれたことがあるという理由で、従兄の姉の嫁ぎ先の分家の葬式に出かけ、三回目は従兄の姉の嫁ぎ先の遠縁に当たる家の葬式であった。

④　一回目は、「私」が寄食する河内の家の分家の当主の実母が亡くなっての葬式である。二回目は、摂津の従兄の姉の嫁ぎ先の分家の葬式で、「私」の家の葬式に来てくれたことがあるからという理由で参列を求められ従兄と一緒に出向いた。三回目は、摂津の従兄の姉の嫁ぎ先の遠縁に当たる家の葬式で従兄の代参として出かけた。

⑤　一回目は、「私」が寄食する河内の家の分家の当主の実母の葬式で、摂津の従兄と連れ立って弔問に出かけた。二回目は、摂津の従兄の姉の嫁ぎ先の分家の葬式で、以前に「私」の家の葬式に来てくれたことから、行くことを求められた。三回目は、摂津の従兄の姉の嫁ぎ先の葬式であり、摂津の従兄に代参を頼まれたのである。

問4　「Bあんた、葬式の名人やさかい」と、なぜ従兄は「私」のことを冗談とはいいながらそのように評したのか、その説明として最も適当なものを、次の中から一つ選びなさい。解答番号は 35 。

①　「私」が葬式に慣れており、弔問における一挙一動が落ち着いてみえたことから、従兄は「私」が幼い時に父母を無くしこれまでにたくさんの葬式を経験してきたことに気づき、沈んだ「私」の気持ちを慰めようと思ったから。

②　弔問における「私」の一挙一動が落ち着いてみえたことから、従兄は「私」が葬式に慣れていることに気づき、自分の代参で葬式に行ってもらうために、冗談で「私」のあり様を誉めておこうと思ったから。

③　これまでに従兄は「私」と二回葬式に行ったことがあるので、弔問における「私」の一挙一動が自分よりもはるかに落ち着いていることをよく知っており、葬式の代参を何とか了承してもらおうと思ったから。

④　従兄は「私」と二回葬式に行ったことがあるので、弔問における「私」の一挙一動が自分よりもはるかに落ち着いていることを知っており、自分が行くよりもふさわしいと考えたから。

⑤　従兄は「私」と二回葬式に行き、弔問における「私」の一挙一動が落ち着いていていて、楽々とその役を務めていることを見たこ

「b 敬虔（けん）」 30
① 宗教に深く帰依するさま　② 態度が非常に控えめであるさま　③ 動作がもの静かで上品であるさま
④ うやまいつつしむ気持ちの深いさま　⑤ 相手に対し低姿勢であるさま

「c 傲（ごう）然」 31
① 人を見下し思いのままに振る舞うさま　② 威張って尊大に振る舞うさま
③ おごり高ぶって勝手に振る舞うさま　④ 偉そうにして他者を顧みないさま
⑤ 人を馬鹿にして偉そうに振る舞うさま

問2 空欄X～Yに入る言葉として最も適当なものを、次の中からそれぞれ一つずつ選び、記号で答えなさい。解答番号は 32 ～ 33 。

X 32
① また　② かりに　③ けれども　④ どうしても　⑤ ただ

Y 33
① そのうえ　② やがて　③ しだいに　④ まして　⑤ そして

問3 「A 二十二歳の夏休み、三十日足らずの間に私は三度葬式に参列した」の説明として最も適当なものを、次の中から一つ選びなさい。解答番号は 34 。

① 一回目は、「私」が学校の休暇で帰省する河内の家の分家の当主の実母の葬式である。二回目は、摂津の従兄から「私」の家の葬式に来てくれたことがあるからという理由で、従兄の姉の嫁ぎ先の葬式に行くことを求められた。三回目は、摂津の従兄の代参として、姉の嫁ぎ先の遠縁に当たる家の葬式に出かけた。

② 「私」が学校の休暇で帰省する河内の家の分家の葬式が一回目である。当主の実母の葬式であり、高齢であり極楽往生といえるものであった。二回目の葬式は、以前に「私」の家の葬式に来てくれたことがあることから、摂津の従兄の姉の嫁ぎ先の分家の葬式に出かけた。三回目は、摂津の従兄に同道して、従兄の姉の嫁ぎ先の遠縁に当たる家の葬式に出かけた。

いる帯を気にしながら焼場に戻った。人々の眼は斉(ひと)しく私を咎(とが)めていた。御骨が見つかったから私に拾えと言うのだ。私はしらじらと寂しい心で小さい骨を拾った。湿りが乾いて硬くなった帯をその後ずっと身に巻いていた。二度の鼻血は誰にも知られずにすんだ。その後も決して人に言わない。肉親たちのことを私から口を切って人に語ったことも、人にたずねたことも今日までに一度もない。

私の育ったのは都会に遠い田舎だから、祖父の葬式には少し誇張すると全村五十軒が私を哀れんで泣いてくれた。葬列が村の中を行く時辻々に村人が立っていて棺の直ぐ前に進んだ私が前を通ると女たちが声をあげて泣き、可哀(かわい)そうに可哀そうにと言うのがよく聞えた。私はただ恥しくて硬くなった。一つの辻を私が過ぎるとその辻の女たちが抜道を先廻りして次の辻でまた同じ泣声を繰返した。

幼少の頃から周囲の人々の同情が無理にも私を哀れなものに仕立てようとした。私の心の半ばは人々の心の恵みを素直に受け、半ばは c 傲(ごう)然と反撥(ばつ)した。

D 祖父の葬式以後も祖父の妹の葬式伯父の葬式恩師の葬式その他親しい人々の葬式は私を悲しませた。そして父の遺した礼装は従兄の婚礼に一度慶(よろこ)びの日に私を飾っただけで数え切れないほどの葬式の日に私を墓場に運んだ。遂に私を葬式の名人たらしめた。

（川端康成「葬式の名人」による）

（注）1　河内の国・摂津の国――大阪府の東部と北部。
2　尋常一年――現在の小学校一年。
3　易学――中国を発祥とするものごとの吉凶を判断する占い。
4　算木――易学を行うときに用いる道具。
5　昭憲皇太后――明治天皇の皇后。一九一四年（大正三年）崩御。

問1　波線部a～cの本文中における意味として最も適当なものを、次の中からそれぞれ一つずつ選び、記号で答えなさい。解答番号は 29 ～ 31 。

「a 悄(しょう)然」 29

① 悲しみに沈んでいるさま　② しょげて投げやりなさま　③ うちしおれて元気のないさま
④ 暗くやる気を失っているさま　⑤ めげて自信のないさま

ていた。それから二、三日後姉の死の報せを祖父に告げるに忍びないで手紙を二、三時間隠していてから決心して読んで聞かせた。普通の漢字はその頃私に読めた。草書で分らない字は祖父の手をとってその掌に私の指で幾度も書いてみて読む習わしだった。その手紙を読む時に握った祖父の手から受けた感触を思うと、今でも私の左の掌は冷え冷えとする。

(注5)昭憲皇太后の御大葬の夜に祖父が死んだ。私の十六歳の夏である。祖父は息を引き取る前に痰が気管につまって胸を掻きむしるようにして苦しんだ。仏様のような方だのに往生際にどうしてこうお苦しみになるのかと、枕辺にいた一人の老婆が言った。その苦しみを正視していられないので私は一時間足らず別室に逃げていた。ただ一人の肉親の私がそうしたのは薄情だと、ある従姉が一年ほど後に私を責めた。私は黙っていた。そう見られるのは尤もだと思った。何事によらず我身の弁解をすることを少年時代の私は甚だ好まなかった。またC老婆のあの言葉が私を手痛く傷けていたので死の近づいた枕辺を外した理由を一言でも説明するのは祖父の恥を洗いざらすことだと思えた。そして従姉の言葉を受けて沈黙していた私に寄辺ない寂しさが急に自分の内へ内へと落ち込んで来た。ただ一人だという感じである。

葬式の日多くの会葬者から弔問を受けている最中に私は突然鼻血が鼻孔を流れ下って来るのを感じた。はっと帯の端で鼻を抑えて庭に裸足のまま飛び出し敷石の上を走った。人目の届かない木蔭の高さ三尺位の大きい庭石の上に仰臥して出血の止まるのを待った。樫の老樹の葉の隙間から眩しい日光がこぼれ青空の細かいかけらが仰げた。鼻血が出たのは生れて初めてと言ってよかった。この鼻血が祖父の死から受けた私の心の痛みを私に教えた。家の混雑と唯一の家人である私がせねばならぬ人々への応対と葬式万端の用事に紛れて物思いの寸暇がなかったので、それまでは祖父の死そのものや我身の今後を落着いて考えなかった。自分は弱っていると思っていなかった。鼻血が私の気を挫いた。殆ど無意識で飛び出したのは自分の弱い姿を見せたくなかったからだ。喪主の私が出棺近くにこの態では皆にすまないし一騒ぎになると思ったからだ。庭石の上は祖父の死後三日目に初めて持った自身の静かな時間であった。その時ただ一人になったという寄辺なさがぼんやり心に湧いた。

翌朝親戚や村の人六、七人と御骨拾いに行った。山の焼場には覆いがない。灰を掘り返すと下は一面火が残っていた。火気を受けて暫く骨を拾っていると、再び鼻血が出て来た。竹火箸を投げ出して何か一言二言言うと帯を解いた尖で鼻を抑えいきなり山へ一散に駆け登った。頂上まで走った。前日と違ってどうしても血が止まらなかった。帯の長さの半ば以上と手とが血だらけになり草の葉にぽとぽと落ちた。静かに仰臥すると麓に池が見下せた。水面に躍っている朝日が遥かな私に照り返って眩暈を催させるのであるような気がした。眼に衰えを感じた。三十分ほどして遠くに声を合せて幾度も私を呼ぶのを聞いた。黒だからいいもののひどく血で濡れて

私は父母の葬式については何の記憶も持っていない。存命中のことも少しも覚えていない。父母を忘れるな、思い出せと人々が私に言う。思い出すにも思い出しようがない。写真を見ると、絵姿でもなし生きた人間でもなしその中間のもの、肉親でもなし他人でもなしその中間のもの、という気がして変な圧迫を感じ、写真と私とが顔を見合っているのがお互(たがい)恥(はずか)しい。人から父母の話をされてもどういう心持で聞いていればいいのかに迷って早く切り上げて欲しいとばかり思う。命日や行年を教えられても電車の番号と同じく直(す)ぐ忘れる。父の葬式の日に仏前で鉦(かね)を叩くな、灯明(とうみょう)を消せ、かわらけの油を庭に流してしまえと私が泣きむずかったと伯母から聞いた。この話だけは不思議に私の心を打った。

（中略）

祖母の葬式は私が小学校に入学した年であった。祖父と二人で虚弱な私を育てていた祖母は孫を学校に入れたという軽い気の弛(ゆる)みで死んだのだ。葬式の日は豪雨で私は家の出入りの男に負われて墓へ行った。白衣を着た十一、二の姉がやはり男に負われて私の前に赤土の山道を登って行った。

祖母の死によって初めて私は自分の家の仏壇に対して生きた感情を持つようになった。閉め切った仏間の襖(ふすま)を祖父の見ていない時を選んでは外から極細目に開けては閉めまた開けては倦(う)むことを知らずに灯明の明るい仏壇を偸視(ぬすみみ)して時を過(すご)した。しかし襖を開き切って仏壇に近づくことは嫌がったのを覚えている。平地からは日光が退いて山や峠の頂だけを染めている静かな明るい西日の色を仰ぐと、なぜか私はいつも八歳の時の仏壇の灯明の色を聯想(れんそう)する。仏間の白い襖に(注2)尋常一年らしい片仮名で祖母の長ったらしい戒名を落書したのが、家を売る頃までそのまま残っていた。

男の背の姉の姿はただ白い喪服だけしか後年思い浮べられなかった。その白衣に頭と手足をつけようと瞑目(めいもく)して努めると赤土道と雨が次第にはっきりして来るだけで、思い通りにならないので焦立(いらだ)たしくなる。負うていた男の後姿も浮(うか)んで来ない。［Y］この宙に浮んだふわりと白いもの、これが姉に関する私の記憶の総(すべ)てである。

姉は私が四、五歳の頃から親戚の家に育てられそこで私が十一、二の年に死んだ。私は父母の味と同じく姉の味を知らない。祖父は姉の死を悲しめ、悲しめと私に強要した。私は自分の心の中を捜(さが)してみたが、どの感情を何物に託して悲しみを感じたらいいかに迷った。ただ老弱な祖父の哀傷極まった姿が私の心を刺し貫いた。私の感情は祖父に走り寄りそこに止まったままで祖父を越えて更に姉の方へ行こうとはしなかった。祖父は(注3)易学に通じ占断の術に長じていた。目を患って晩年は盲目に近かった。姉危篤と聞き静かに筮竹(ぜいちく)を数えて孫の命を占った。視力の衰えた老人を手伝って(注4)算木を並べてやりながら、だんだん暗くなる老顔を私はじっと見

人集っていて沈んだ顔を見せている必要はなかった。

一週間ほどして、摂津の従兄から河内の家の私へ電話があった。姉が嫁入っている家の分家に葬式があるが、あなたも行かなければならないというのだった。以前私の家の葬式にその家から来てくれたのだそうである。私は摂津の従兄と一緒に伴を連れて汽車で行った。その家へ弔問に行っても喪主の外はどれが家族だか見当もつかなかった。誰が死んだのかも私は知らなかった。従姉の家は会葬者の休憩所になっていたが、従姉の家の親戚は座敷が別だった。その座敷では亡くなった人の話をする者がなかった。皆が皆暑気と出棺の時間を気にしているばかりだった。時々、誰が死んだのだとか、行年何歳だとかの問いが出た。私は碁を打ち続けて出棺を待っていた。

その後、再び河内の家へ摂津の従兄が勤め先から電話をかけて来た。姉の嫁入先の極遠縁の葬式に代参をしてくれというのである。葬式のある家も村名も墓の在場も従兄さえ知らなかった。話の間に従兄は冗談を言った。

「Bあんた、葬式の名人やさかい。」

私はふと黙った。私がどんな顔をしたか、電話だから従兄には分らない。私は家人に三度目の葬式に行って来ると言った。葬式屋のようだと、この家の従兄の若い細君は苦笑していた。縫物をしていた従妹は私の顔を眺めていた。その晩は摂津の家へ泊り翌朝そこから出かけることにして私は淀川を渡った。

（中　略）

その夏の三人の死人は皆生前その顔も知らなかった。直接な悲しみは感じようがなかったが、墓場で焼香する時だけは雑念を払って死者の冥福を静かに念じた。若い人の中には両手を垂れたまま頭を下げて焼香するのが少くないのを見ていても、私は合掌する。そして多くの場合、死人と縁故の薄い会葬者たちよりも私の心はb敬虔であるように思われる。そうあり得るのは葬式の情景に刺戟されて私に親しい亡き人々の存命中や臨終や葬式の日を思い出すからである。また反対に思い出すことによって私の心は自然に静かになる。そして生前私に縁遠い人の葬式であればあるだけ、私は自分の記憶と連れ立って墓場に行き、記憶に対って合掌しながら焼香するような気持になる。だから少年の私が見も知らぬ人の葬式にその場にふさわしい表情をしていたにしても偽りでなく、身に負うている寂しさの機を得ての表れである。

問7 [　　　] に入る言葉として文脈上最も適当なものを、次の中から一つ選びなさい。解答番号は [28]。

① 前世代の日本社会が生んだ原子力発電こそが、再建を急ぐべき課題である
② 旧世代の大人の負債を子どもにつけ回さないことこそが、大人の目標である
③ 被災地の人々の教育環境を整えることこそが、復旧のかなめである
④ 次世代の子どもの未来を開くことこそが、復興の中心である
⑤ 活気ある産業と豊かな文化を起こすことこそが、日本社会創造の姿である

三 次の文章を読んで、後の問いに答えなさい。

私には少年の頃から自分の家も家庭もない。学校の休暇に郷国へ帰省した時は親戚に寄食する。多くの縁者の家から家へ渡り歩く。しかし休暇の大部分は私に最も近しい二軒の家で過す(すご)のが習わしである。その二軒は淀川の南と北で、(注1)河内(かわち)の国の町と摂津(せっつ)の国の田舎村とである。私は渡船で往来する。そのどちらへ行っても「お越しやす」でなくて「お帰りやす」と迎えられる。

A<u>二十二歳の夏休み、三十日足らずの間に私は三度葬式に参列した。</u>そのたびごとに亡父の絽(ろ)の羽織(はおり)袴(はかま)なぞを着けて白足袋(しろたび)を履き数珠(じゅず)を持った。

最初に河内の家の分家から葬式が出た。当主の実母が亡くなったのだった。孫が三十にもなろうという高齢だったし、長い患いで手を尽した看護を受けたし、要するに心残りのない極楽往生と言ってもよかった。a悄然(しょう)とした当主の様子や孫娘たちの薄赤らんだ瞼(まぶた)なぞを目のあたり眺めると、その人たちの悲しみは私にも伝わって来た。[X]直接に亡くなった人を偲(しの)びその死を悼む心はなかった。仏前に焼香しても棺の中の人の顔を私は知らないのである。そんな人がいることも常々忘れていた。

出棺前に礼装の私は数珠と扇とを持って、摂津から来た従兄(いとこ)と連れ立って弔問に行った。若い私の一挙一動の方が従兄に較べて格段と落着き礼式に適(かな)っていた。楽々と役をつとめていた。従兄は少し驚いて私を眺め私の真似(まね)をした。本家にはいとこたちが五、六

①　東日本大震災の被災地は、経済力が弱く人口の減少と高齢化が進んでいた地域ではあるが、グローバル教育の中で、例えばインバウンド（外国客や外国需要の誘致・呼び込み）に注力して経済的、社会的、文化的活力の復興と再建を図ることにより、経済発展と人口増は展望できうるはずであり、そういった長期の戦略がないままに多額の資金を投じて短期的な産業、経済、行政の復旧にこだわっていると、経済が冷え込み投資を回収できなくなると見通されるから。

②　東日本大震災の被災地は、経済力が弱く人口の減少と高齢化が進んでいた地域ではあるが、ＳＤＧｓの一環として、まずはエコツーリズムと震災遺構ガイドに集中して経済的、社会的、文化的活力の復興と再建を図ることにより、集客と産業構造の転換は実現できうるはずであり、そういった長期の方針がないままに多額の資金を投じて短期的な産業、経済、行政の復旧にこだわっていると、やがて少子化によって地域の経済の担い手が不足すると見通されるから。

③　東日本大震災の被災地は、経済力が弱く人口の減少と高齢化が進んでいた地域である一方で、豊かな自然や風土が多く残されてきた地域でもあるため、例えば一次産業に二次・三次産業を組み合わせ付加価値を高めるなど、地域の魅力を経済に変換する仕組み作りに投資を重点特化して経済的、社会的、文化的活力の復興を図ることにより、民間活力だけでも東北の再建は十分可能であり、そういった長期の見立てがないままに多額の公金を投じて短期的な産業、経済、行政の復旧にこだわっていると、やがて公債の利払いが膨らみ、政府による財政支援が必要になることが見通されるから。

④　東日本大震災の被災地は、経済力が弱く人口の減少と高齢化が進んでいた地域なので、地産地消やフード・マイレージ、あるいはコンパクト・シティなど、これまで大きくなりすぎてきた暮らしを見直すことによって経済的、社会的、文化的活力の復興を図れば、国債や公債の発行残高はもっと圧縮できるはずであり、それを実行しないまま、多額の公金に頼って短期的に産業、経済、行政の復旧を進めると、やがて税収不足で行政を運営できなくなっていくと見通されるから。

⑤　東日本大震災の被災地は、経済力が弱く人口の減少と高齢化が進んでいた地域なので、「持続可能性」のある社会と教育を念頭に置きながら経済的、社会的、文化的活力の復興と再建を長期に展望していかない限り、政策的に多額の資金を投じることで短期的に産業、経済、行政の復旧はできても、その維持が難しく、やがて減っていく次世代の子どもに資金返済の負担が一層重くのしかかってくることが見通されるから。

問5　「C放射能被害に対する防災教育は、地震の防災教育と同様、十全に行われるべきであった」とあるが、筆者がこのように言うのはなぜか。その説明として最も適当なものを、次の中から一つ選びなさい。解答番号は 26 。

①　東日本大震災による原子力災害は、国民が原発事故と放射能被害に対する基礎知識に乏しく、外部被曝と内部被曝から身を守る方法などについて、冷静かつ迅速に対応できずパニックに陥っていたため、火山国日本でこれまで地震の防災教育が実績を上げてきた手法にならい、もっと早期から学校で教育しておくべきであった、と筆者は考えるから。

②　原子力発電が安全でクリーンなエネルギーだとは学校で教えられていたが、原発事故と放射能被害に対する基礎知識の教育、外部被曝と内部被曝から身を守る方法など、科学的知識と防御の行動については、まだ学校教育で扱っておらず、その原因は、文科省が原発事故と放射能被害に関する研修を全国の教師全員に実施してこなかった長年の怠慢にある、と筆者は考えるから。

③　原子力発電は安全でクリーンなエネルギーとして教えられてきたが、安全を守るには安全管理の意識が重要であり、日本の原子力教育は原子力発電の安全管理の方法論に偏ってきた傾向があるため、東日本大震災を機に教育のあり方を見直し、できれば以前から、放射能被害の防災教育も行うべきであったが、せめてこれから振興していくべきだ、と筆者は考えるから。

④　放射能被害は目に見えず、何世代にもわたって生命の危機を引き起こす恐れがあるのだから、原子力発電が仮に安全でも事故がひとたび起これば被害が深刻化しやすいため、火山国日本に地震の防災教育が必要不可欠であるのと同様、日本で原子力発電が常時多数行われている以上、放射能被害の防災教育も必要不可欠で十分に振興されるべきであった、と筆者は考えるから。

⑤　原子力発電は二酸化炭素を出さず地球温暖化にメリットがあるため、安全でクリーンなエネルギーとして将来にわたって日本に必須のものであるから、火山国日本に地震の防災教育が必要不可欠であるのと同様、放射能被害の防災教育も日本に欠かせないものであるという認識をもって、防災教育が十分に振興されるべきであった、と筆者は考えるから。

問6　「Dそれらは対症療法的な支出となり、次世代の子どもに大変な負債を背負わせることになる」とあるが、それはなぜか。その説明として最も適当なものを、次の中から一つ選びなさい。解答番号は 27 。

④　二〇一一年三月二七日と四月一五日の両時点の情報を踏まえ、四月一五日からそう遠くないうちに筆者が原稿を書き終えた。
⑤　二〇一一年三月二七日と四月一五日の両時点の情報を踏まえて筆者が原稿を書き終え、四月中には書籍の印刷が始まった。

問4　「B死者の鎮魂を怠った社会に未来はない」とはどういうことか。その説明として最も適当なものを、次の中から一つ選びなさい。解答番号は 25 。

①　自分は運よく死を免れたものの、これから日本で生き抜くのに原発事故の悪影響は計り知れないがゆえに、生存者たちが不安な中で原発事故にどうしても目を奪われ、死者の魂をしずめなぐさめ冥福を祈ることがおろそかなままであっては、未来の社会建設へ向かっていつまでも歩み出せない、ということ。
②　命を落としたのは自分だったかもしれないことに誰もが気づき、死者の冥福を祈って、不慮の天災や事故で理不尽にも亡くなった人々の無念に思いをめぐらすことをせずして、天災や事故から教訓を導き出し、予想しづらいことをも想定する努力によって未来の被害を最小限に減らそうとする人命尊重の社会はとうてい築けない、ということ。
③　福島第一原子力発電所の事故は原子力史上最大規模の惨事であり、誰もがその事故に関心を向けざるをえないのは仕方のないことであるが、だからといって、死者の存在を忘れ、死者の魂をしずめなぐさめ冥福を祈ることが忘れられているようであっては、不慮の天災や事故で命を落とした人々の無念は果たせない、ということ。
④　死者の冥福を祈り死者の魂をしずめなぐさめる祭事をいいかげんに執り行うようなことであっては、自分たちがたまたま生き延びられた幸運や縁すらもそのうちすぐ忘れるであろうから、貴重な人生の運をそのうち使い果たして、未来社会に生きることができなくなるであろう、ということ。
⑤　事故後の報道が福島原発の放射能汚染に集中するあまり、亡くなった人々の状況やその原因の解明ならびに分析が十分に行われなかったり報じられなかったりしているため、こういった状態が改善されないまま長引けば、今回の震災から教訓が得られず、未来社会の建設にもおのずと支障が出てくるだろう、ということ。

問2　波線部a～cの本文中での意味として最も適当なものを、次の中からそれぞれ一つずつ選びなさい。解答番号は21～23。

「a荒涼」　21

① 建物や自然が損なわれてものさびしいこと
② 注意を欠き、うっかりすること
③ 口にまかせて大言を吐くこと
④ 自然の無慈悲な振る舞いが伝わってくるさま
⑤ 寒風が吹きすさび冷気が草木を枯らすさま

「bヴィジョン」　22

① 感覚的に得る幻影　② リアルな視覚　③ 共有すべき未来像
④ 先々を占う洞察力　⑤ 綿密な計画性

「c収斂(れん)」　23

① 穀物などを取り収めること　② 租税などを取り立てること
③ 異なるものの性質が似てくるさま　④ 引き締まり、縮んでいくさま
⑤ 多くのものが一つに集約されていくこと

問3　「A三月二七日時点で一七五一校が休校措置をとり、四一五校が地域住民の避難先となった。他の都道府県の公立学校において受け入れられた被災地の子どもの数は八九四三人にのぼった（四月一五日時点）」とあるが、ここに記された日付から読み取れる事柄は何か。その説明として最も適当なものを、次の中から一つ選びなさい。解答番号は24。

① 二〇一一年三月二七日に筆者が原稿を書き終え、四月一五日に出版された。
② 二〇一一年三月二七日時点の情報に基づいて、四月一五日までに筆者が既に原稿を書き終えていた。
③ 二〇一一年三月二七日時点の情報に基づいて、四月一五日のうちに筆者が原稿を書き終えた。

被災地の人々をもっとも励ましているのは子どもたちの笑顔であり、哀しみを乗り越えて生きている子どもたちの姿である。その笑顔を明日の希望へとつなげる教育を探求することは、復興を担う私たち大人の最大の責務である。［　　］ことを銘記したい。

（佐藤学「教育にできること、教育ですべきこと」、内橋克人編『大震災のなかで　私たちは何をすべきか』による）

（注）1　三月一一日午後二時四六分——二〇一一年（平成二三年）、東日本大震災が発生した。後の警察庁まとめでは、一二都道府県で一万八四二五名の死者・行方不明者が生じたが（震災関連死を除く）、被害の正確な把握には時間を要した。

2　加配教員——定数以上に配置された教員。公立学校教員の定数は、児童生徒の数に応じ国が決めている。

3　年間二〇ミリシーベルトという基準——放射線を体に受けると、少量なら遺伝子（ＤＮＡ）のもつ修復機能で回復するが、一度に多量だと多様な症状が現れる。そこで日本では線量限度を国が定めている（平時の公衆は年間一ミリシーベルト以下、原子力や放射線の作業者は年間五〇ミリシーベルト以下かつ五年間で一〇〇ミリシーベルト以下、原子力事故継続など緊急時の状況では年間二〇～一〇〇ミリシーベルト以下、事故収束後の汚染下では年間一～二〇ミリシーベルト以下、回復すべき長期的な目標は年間一ミリシーベルト以下、等）。国際放射線防護委員会（ＩＣＲＰ）は、緊急時の放射線防護の基準値を、年間二〇～一〇〇ミリシーベルトとしている。

問1　［X］～［Y］に入る言葉として最も適当なものを、次の中からそれぞれ一つずつ選びなさい。解答番号は［19］～［20］。

［X］［19］　①　しかし　②　そして　③　だから　④　ちなみに　⑤　ところで

［Y］［20］　①　あるいは　②　しかるに　③　さらに　④　ただし　⑤　それゆえ

被害に関する研修を全国の教師全員に実施しなければならない。

今回の震災からの復興は、敗戦直後の復興を想起させる。戦後復興において教育が主導的役割を演じたように、この震災の復興においても教育の使命と責務は大きい。戦後復興において教育が主導的役割を担えたのは、何よりも「平和で民主的で文化的な国家の建設」という復興の理念が明確であったからである。しかし、これまでの復旧と復興の経緯をみる限り、政府も世論も復興の理念をいっこうに明確にしてはいない。

私がもっとも危惧しているのは、現状では復旧にとどまり、復興と再建のbヴィジョンが形成されていないことにある。被災地となった地域は、いずれも経済力は弱く人口の減少と高齢化が進んでいた地域である。復旧の施策だけでは、被災地域はますます衰退し廃墟(きょ)になる可能性がある。この地域にどのようにして経済的、社会的、文化的活力をよみがえらせることができるのか。その理念とヴィジョンが問われている。

復興は長期的展望によって遂行される必要がある。短期的復興においては産業や経済や行政の復興が急務だろう。しかし、長期的復興を射程に入れれば、教育による復興がそれ以上に重要である。教育による復興において何より重要なのは、復興と再建のヴィジョンであり、その理念と哲学である。

教育による復興のヴィジョンと理念は、被災地にとどまらず日本社会全体の将来に連なるものとして検討されなければならない。歴史的な大惨事を経験した私たちが推進すべき教育の基本理念は「持続可能性（sustainability）」に求められるべきだろう。

「持続可能性の教育」については、これまでも多くの人々が語ってきたし、グローバル教育において明確化されてきた。しかし、大震災と原発事故を経験するまで、日本においては「持続可能性の教育」は数多くの教育課題の一つと見なされ、教育の中核的な理念としては認識されてこなかった。そのことが、史上最悪規模の放射能汚染を引き起こし、ヴィジョンなき復興という混迷を生み出している。この現状を打開するために、「持続可能性」を社会と教育の構成原理とする議論を本格的に始めなければならない。

復興は再建に結びつけるべきであって、復旧に終わらせてはならない。大震災と原発事故の被害総額はおよそ二五兆円と言われている。今後、その相当額の規模の政策と事業が展開されることになるが、その政策と事業が持続可能な社会と教育の建設へとc収斂(れん)されない限り、Dそれらは対症療法的な支出となり、次世代の子どもに大変な負債を背負わせることになる。逆に、それらの政策と事業が一人ひとりの幸福を実現し持続可能な社会と教育の建設に向けられるならば、これまでの弱さやゆがみを克服した美しい自然と活気ある産業と豊かな文化に恵まれた日本社会の創造を準備するものとなるだろう。

被災した子ども、災害によって家族を失った子どもの心のケアがまず必要である。さらに子どもたちにとってもっとも大切なケアは、安心し学び合える学校生活であり、苦難をこえ共に生きる友達や大人との連帯である。被災地の学校は多くが避難所となり、人的にも物的にも厳しい状況が続いている。災害対策基本法、原子力災害対策特別措置法、その他の特別立法による財政的人的支援の政策化を行い、破損した校舎や施設の補修、給食費や教材費の補助、保育所や幼稚園などの経費補助が迅速に行われる必要がある。

四月末現在、文部科学省は被災地四県の学校への三八三人の(注2)加配教員を決定した。しかし、この加配教員の数は決定的に不足しており、現実には全国からのボランティア教員で対応しているのが実態であり、ボランティア教員を出した学校への対応はなされていない。現状に即した加配教員の予算化は急務である。

Y 被災地の学生、高校生の就学に対する援助として、特別の奨学金を準備することも検討されるべきである。被災によって就学や進学を断念し教育の機会を失う事態は避けなければならない。

防災教育のさらなる遂行も重要である。今回の震災では、どの学校においても、防災教育が有効に機能し、被害を最小限にくいとめることができた。学校によっては震災一週間前に大津波を想定した防災訓練を行い、児童全員がいち早く高台に避難したところもあった。しかし、今回の世界最大規模の地震では一年近く震度七程度の余震が起こる可能性がある。津波の恐怖は誰にも自覚されたが、津波のメカニズムや避難の方法など、さらに徹底した防災教育を被災地以外でも施す必要がある。

子どもに対する放射能被害については、十分すぎるほどの対策が必要である。原子力安全委員会が提示した校舎・校庭等の利用判断の(注3)年間二〇ミリシーベルトという基準は、国際的にみても異様に高い数値であり、放射能関連に従事する者でもこれだけの放射線量を被曝する人は希有と言われる。早急に、基準の見直しが必要である。そのうえで放射能汚染の測定を厳密にすると同時に、福島近辺の子どもに対しては少なくとも向こう一〇年間の放射能被害に対応する健康診断を定期的に施す必要がある。

放射能に対する防災教育も喫緊の課題である。放射能災害は目に見えない被害であり、何世代にもわたって生命の危機を引き起こす危険がある。これまで、放射能に対する防災教育は学校において一度も行われたことがなかった。それどころか、教科書を含めて原子力発電は安全でクリーンなエネルギーとして教えられてきた。今回の事故は、五四基もの原子力発電プラントを有する日本列島の危険な状況を再認識させた。C 放射能被害に対する防災教育は、地震の防災教育と同様、十全に行われるべきであった。原発事故と放射能被害に対する基礎知識の教育、外部被曝と内部被曝から身を守る方法など、どのような事態が起こっても冷静かつ迅速に対応できるよう、科学的知識と防御の行動について、すべての子どもを対象に教育することが必要である。文部科学省は、早急に原発事故と放射能

問9 『とりかへばや物語』と同じ時代に書かれ、同じジャンル（区分）に属する作品を、次の中から一つ選びなさい。解答番号は 18 。

① 宇治拾遺物語　② 平家物語　③ 栄花物語　④ 堤中納言物語　⑤ 大和物語

二 次の文章を読んで、後の問いに答えなさい。

a荒涼たる被災地の風景は、(注1)三月一一日午後二時四六分直後の出来事に対する想像力を超越してしまう。東日本大震災は子どもたちや教師たちにも甚大な被害をもたらした。四月二一日時点で文部科学省が掌握した被害の実態は、死者五二二人（岩手七〇、宮城三八〇、福島七〇、東京二、行方不明は岩手七〇、宮城一三四、福島三二）、負傷者二三四人であり、幼稚園から大学までの校舎など一万二九四の文教施設に流失、全焼、倒壊、半倒壊、外壁の亀裂などの被害が発生した。A三月二七日時点で一七五一校が休校措置をとり、四一五校が地域住民の避難先となった。他の都道府県の公立学校において受け入れられた被災地の子どもの数は八九四三人にのぼった（四月一五日時点）。唯一の幸いは、地震の発生が午後三時前という時間帯であったため、ほとんどの子どもが学校にいたことだろう。もし修学時間帯以外の時間であったなら、学齢児童や学生の死者は数千人に達していただろう。それでも、津波に襲われた宮城県石巻市では、園児一五人、児童六三人、生徒一八人、学生四人、教師一人が一瞬のうちに命を失った。

二万五〇〇〇人もの死者と行方不明者を出した震災と同時に起こったのが、福島第一原子力発電所の事故である。震災は観測史上世界四番目の規模であったが、福島原発の放射能汚染もチェルノブイリに匹敵する原子力史上最大規模の惨事を引き起こし、その収束のめどは未だについていない。そのため、人々の関心が原発事故に向けられ、亡くなられた人々の鎮魂がおろそかになっているのではないかが懸念される。B死者の鎮魂を怠った社会に未来はない。

この鎮魂から再建の過程において、教育にできることは何なのだろうか。 X 教育がすべきことは何なのだろうか。緊急にすべきことと長期的にすべきことの二つに分けて述べておきたい。

③　とやかく言っても始まらないが、男装の姫君が学問の道で並ぶ物なく格式ばっているのを、そうなるはずである、と思っている。

④　言うだけの値打ちもないことだが、世間の人が男装の姫君を一目見て比類なくすばらしいと褒めるのをどうしたらよいのか、と思っている。

⑤　嘆いても仕方のないことだが、男装の姫君がこれほど万事に優れているからには男として生きる運命を受け入れるしかない、と思っている。

問7　「x参らす」、「y思す」の敬語は、誰に対する敬意を表しているか。それぞれの敬意の対象として最も適当なものを次の中からそれぞれ一つずつ選びなさい。解答番号は15～16。

「x参らす」15　①　内（帝）　②　大将殿　③　大殿　④　若君　⑤　姫君

「y思す」16　①　春宮　②　右大臣殿　③　内（帝）　④　大将殿　⑤　若君

問8　本文の内容に**合致しないもの**を、次の中から一つ選びなさい。解答番号は17。

①　若君の学識や器量が優れていることが宮中をはじめ世間の評判になっていた。

②　大将殿の縁者ではない人は、若君と姫君を思い違えて聞き間違っていたと思った。

③　童が五位の位を示す冠を若君に渡したことから、若君を「大夫の君」と呼ぶようになった。

④　帝が若君を寵(ちょう)愛なさる様子も高貴な家柄の子で当然とはいうものの、他に例を見ないことであった。

⑤　若君は世情や政務を熟知し聡明で、何事につけても常人離れしていた。

①　殿上の間に昇ることもさせないで仲間に入れなかったとはと、いつまでも変わることなく落ち着きなさって
②　殿上の間での作法見習いなどもさせず他人と交際させないでいたとはと、このうえもなく知りたがりなさって
③　宮中にも出仕させないまま人前に出て交際もしないでいたとはと、しみじみと感慨深く思われて
④　宮中での奉仕のみならず男女間の交際もさせないでいたとはと、ぜひとも会いたいとお思いになって
⑤　宮中での行儀見習いなどもさせず帝と目を合わすこともないため、気に入らないことだと立腹なさって

問5　「Bさらに世になききよらを尽くしたまへり」の現代語訳として最も適当なものを、次の中から一つ選びなさい。解答番号は13。

①　この世にまたとないほどの豪華を極めなさった。
②　この世に例えようのないほどのきらびやかさを極めなさった。
③　まったくこの世に比類がないほどの調度品を整えなさった。
④　重ねてこの世にないほどの贅沢品を出し切りなさった。
⑤　その上この世に存在しないほど極限の状態に到達しなさった。

問6　「Cさはいかがせむ、さるべきにこそと、言ふかひなければ」とあるが、ここにおける「父大殿」（姫君の父）の説明として最も適当なものを、次の中から一つ選びなさい。解答番号は14。

①　嘆いてもどうしようもないが、世間の人を欺き若君と姫君を入れ替えて出仕させ続けるにはどうしたらよいのか、と思っている。
②　言っても仕方のないことだが、男装の姫君が秋の司召しで侍従になれたもののどうしたらよいか、そうなる宿縁であった、と思っている。

「dし」　4

①　過去　②　完了　③　希望　④　願望　⑤　詠嘆

問2　□で囲んだ活用語Ⅰ〜Ⅳの本文における活用形として最も適当なものを、あとの①〜⑥の中からそれぞれ一つずつ選びなさい。なお、同じものを重ねて用いても構わない。解答番号は 5 〜 8 。

Ⅰ あれ　5　Ⅱ せ　6　Ⅲ しか　7　Ⅳ ぬ　8

①　未然形　②　連用形　③　終止形　④　連体形　⑤　已然形　⑥命令形

問3　「アいはけなきさま」、「イひたぶるに」、「ウかたはらいたく」の本文中における意味として最も適当なものを、次の中からそれぞれ一つずつ選びなさい。解答番号は 9 〜 11 。

「アいはけなきさま」　9

①　悪びれた様子
②　意気地がない様子
③　あどけない様子
④　おとなしい様子
⑤　おとなびている様子

「イひたぶるに」　10

①　真っ直ぐに
②　性急に
③　強引に
④　一途に
⑤　むやみに

「ウかたはらいたく」　11

①　きまりが悪く
②　欠陥を生じ
③　笑止千万で
④　傍若無人に
⑤　馬鹿らしく

問4　「A殿上（てんじやう）などもせさせず交（ま）じろはせぬことと、つきせずゆかしがらせたまひて」の現代語訳として最も適当なものを、次の中から一つ選びなさい。解答番号は 12 。

やがて、その秋の司召しに侍従になりたまひぬ。帝、春宮をはじめたてまつりて、天の下の男女、この君を一目見きこえては飽く世なくいみじきものに思ふべかめり。思し時めかさせたまふさま、やむごとなき人の御子といひながら、いと類なきもことわりと見えて、琴笛の音にも、作り出づる文の方にも歌の道にも、はかなく引きわたす筆のあやつりまで、世に類なく、うち振る舞ひ交じらひたまへるさまのうつくしさ、容貌はさるものにて、今よりあるべきさまにむべむべしく、世の有様、公事を悟り知りたることのさかしく、すべて事ごとに、この世のものにもあらⅣ［ぬ］を、父大殿(おとど)も、Cさはいかがせむ、さるべきにこそと、言ふかひなければ、今はやうやうかかる方につけてもうれしくうつくしきことをのみ思し慰みゆく。

（注）
1 内――ここでは、帝のこと。
2 かかる筋(すぢ)――ここでは、娘を男として出仕させること。
3 東の上(うへ)――東の対に住む姫君（男）の母。
4 大殿――姫君（男）の祖父。
5 疎々(うとうと)しからぬはねぢけたれど――裳着（女子成人の儀式）における腰結は、通常、身内以外の地位ある人に依頼するが、ここでは姫君（男）の祖父がこれを行ったことを踏まえた表現。
6 御引き入れ――元服する男児に冠をつける役。
7 御上(あ)げまさり――元服して髪を結い上げた容姿が、童姿のときよりもすぐれていること。

問1 「aなる」、「bじ」、「cめ」、「dし」の助動詞の本文中における意味として最も適当なものを、次の中からそれぞれ一つずつ選びなさい。解答番号は［1］～［4］。

「aなる」［1］ ① 意志 ② 存続 ③ 断定 ④ 伝聞 ⑤ 詠嘆

「bじ」［2］ ① 打消 ② 打消意志 ③ 打消推量 ④ 強意 ⑤ 不可能

「cめ」［3］ ① 意志 ② 推量 ③ 仮定 ④ 可能 ⑤ 婉曲

▲教育（国語教育）学部▼

（九〇分）

一　次の文章は『とりかへばや物語』の一節で、女児が若君として、男児が姫君として、それぞれ成人する前後を描いた場面である。これを読んで、後の問いに答えなさい。

かかる御才、容貌(かたち)すぐれたまへること、やうやう世にきこえて、(注1)内、春宮にも、さばかり何事にもすぐれた a なるを今まで A 殿上(てんじやう)などもせさせず交(ま)じろはせぬことと、つきせずゆかしがらせたまひて、大将殿にもたびたび御気色(けしき) Ⅰ［あれ］ど、いとど胸つぶれ、あさましくかたはらいたければ、いまだ ア いはけなきさまを奏して取り出でたまはぬを、童姿(わらは)目馴(な)らさ b じとするならむとて、冠(かうぶり)をさへ押して賜はらせて、とくとく大人びさせて x 参らすべきさまにのみたびたび御気色あるにさへ、いかに聞こえて参ら Ⅱ［せ］ぬやうあるべきならねば、さりとては、たださらばあるにまかせてあるばかり、これも前(さき)の世のことなら c めば、(注2)かかる筋(すぢ)にてもおのおのさてものしたまふべき契りこそは、と イ ひたぶるに思(おぼ)しなりて、今年は、御裳着(もぎ)、御元服、我も我もといそぎたまふ。

その日になりて、この殿の御しつらひ世の常ならずみがきたてて、姫君渡したてまつりたまふ。(注3)東の上(うへ)も渡りたまへり。(注4)大殿ぞ御腰は結ひたまふ。(注5)疎々(うとうと)しからぬはねぢけたれど、さすがに ウ かたはらいたく思すなるべし。かかる御ことどもを聞くよそ人は、思ひ寄るべきことならねば、ただ、若君姫君を思ひ違へ聞きひがめたりけるとのみぞ心得ける。まれまれ詳しく知りたる人は、またいかでかうち出づべきことのさまならねば、なべて世に知る人なきぞいとよかりける。

若君の(注6)御引き入れは、殿の御兄の右大臣殿ぞしたまふ。(注7)御上(あ)げまさりのうつくしさ、かねて見きこえ d しことなれど、いともて離れ、世になき容貌のしたまへるを、引き入れの大臣のめでたてまつりたまふさま、ことわりなり。この大臣は姫君のかぎりぞ四人持ちたまへる。大君は内の女御、中の君は春宮の女御、三、四の君はただにておはするを、並べて見まほしう y 思すべし。禄(ろく)ども、贈物など、B さらに世になききよらを尽くしたまへり。冠は童より得たまへり Ⅲ［しか］ば、大夫の君ときこゆ。

E　役割をブンタンする。 23

① 事件のホッタン。　② 犯行にカタンする。　③ ダイタン不敵な犯行。
④ ガンタンに日の出を拝む。　⑤ フランス語にタンノウな人。

F　毛筆でカイシに和歌を書きとめる。 24

① 反対勢力をカイジュウする。　② ツウカイな冒険小説。　③ 覆面をしたカイジン。
④ 五億円相当のキンカイ。　⑤ カイコンの念に駆られる。

G　かつてのアヤマちを繰り返す。 25

① 軽口がゼッカを招く。　② 時代サクゴも甚だしい。　③ 失敗はないかとキグする。
④ 自らの行いをシャザイする。　⑤ 結果よりもカテイが大事だ。

H　暴力をフるう。 26

① 偉人の伝記にハップンする。　② 賞金を出し学術をシンコウする。　③ ジシンでビルが倒壊する。
④ 線状コウスイ帯を予報する。　⑤ 虫がショッカクを動かす。

I　信賞□を貫いた戦国武将。 27

① 疑獄　② 必罰　③ 絶賛　④ 滅私　⑤ 奉公

J　貧すれば□とはまさにこのこと、生活が苦しいと賢人も愚かになってしまう。 28

① 長ず　② 乏する　③ 窮する　④ 鈍する　⑤ 通ず

三　漢字・語句について、次の問いに答えなさい。

問　A～Hの各傍線部に相当する漢字を含むものはどれか。また、I～Jの空欄に入れるのに最も適当な語句はどれか。それぞれ一つずつ選びなさい。解答番号は19～28。

A　タンペイキュウに事を進めてはならない。19

①　ゴウタンな決断だ。
②　タンザクに願いを書く。
③　踏切の手前でイッタン停止する。
④　うまくタンショが開けた。
⑤　タンサイボウの生物。

B　タイギそうに腰を上げる。20

①　ベンギを図る。
②　ギフンに駆られる。
③　チキュウギを回す。
④　ジギに等しい拙い考え。
⑤　サンギとして明治の政治に携わった。

C　ギョカク量を各国間で調整する。21

①　敵をイカクする。
②　カクセイの感がある。
③　果物をシュウカクする。
④　票を大量にカクトクする。
⑤　昏(こん)睡状態からカクセイする。

D　梅の木をボンサイに仕立てる。22

①　日本銀行のソウサイ。
②　森林をバッサイする。
③　新聞にケイサイする。
④　促成サイバイのレタス。
⑤　障壁画にサイシキを施す。

問7　本文の内容と合致するものを次の中から一つ選びなさい。解答番号は 18 。

①　幼いころからの体験の積み重ねだけで話せることから、母語を操るということには、文法的な知識とは無関係の、もともと人間に備わった後天的な言語能力が、大きく関係していると言える。

②　脳の機能、特に言語に関わる高次機能を糸口として、音楽や芸術に関わる主観的な心の動きを構造的に考えることで、その仕組みを解き明かすための試みは、非常に意味のあることだ。

③　言語の能力さえ磨けばその他の芸術的能力が上がるわけではないが、言語と芸術の能力が強く関わっていることから考えると、言語の能力もやはり芸術の能力同様に特別なものである。

④　科学では客観性が重視されるが、言語と芸術においては主観性が重視され、後者について科学的考察をしても、それは恣意的な考察として批判されるので、結論に至ることはできない。

⑤　上級生に言葉を教える子どもの姿から、教育の画一的ではない多様な形が垣間(かいま)見え、次の世代の教育が現在の教育を超える新しいものを生みだしていくということが大いに期待できる。

とは相いれず、そもそも人間とＡＩを比較すること自体が的を外れているということ。

問6　「C教育に新しい光を当てれば、次の世代が自分たちを超える新しいものを生み出していってくれることでしょう」とあるが、筆者はなぜそう考えるのか。その理由として最も適当なものを、次の中から一つ選びなさい。解答番号は 17 。

① 現代の教育において、相手の心を対象として真意をくみとるような心を育む教育は行われていないので、そのような心を重視した教育を進めていけば、ＡＩにはない、他者理解を根拠とした思考力や想像力とともに人間は進歩することで、ＡＩとは一線を画する形でその本質的な力を発揮することができるから。

② 現代の教育において、ＡＩによるシンギュラリティという根拠のない問題が背景となって、ＡＩと同様に膨大な情報が子どもたちに与え続けられているので、まずはＡＩと人間の、創造性の発揮の仕方がそもそも違うという視点を起点として考えることで、人間の進歩にとって最もふさわしい教育が見いだせるから。

③ 現代の教育において、子どもたちが考えるよりも先に大量の情報が与えられることで、何かを生みだす力の芽を摘んでしまっているので、そのような教育のあり方をあらためて、限られた情報から思考する力を育むようにすれば、シンギュラリティへの危惧がなくなるほど、人間は限りなく進歩することができるから。

④ 現代の教育において、10歳に満たない子どもが最も創造性の力を発揮するのにも関わらず、どの年齢に対しても膨大な情報を与えるような画一的な教育を施しているので、それぞれの年齢で最も効果的な教育のあり方を確実に設定することで、ＡＩに追いつかれることのないような、人間の進歩を促すことができるから。

⑤ 現代の教育において、ひたすら子どもたちに過去の膨大な情報を与えることで、考える力を奪ってしまっているので、過去や古いものを振り返るのではなく新しいものを創造する力を育むような教育に方向性を変えていけば、膨大な量による思考で人間を凌駕(りょうが)するＡＩにも負けない、人間の本質的な力を伸ばすことができるから。

② 英語という言語も音楽も、長い間努力したとしてもなかなかうまく習得できないという点では、非常に似通った本質を持っているということ。

③ 音楽が心を伝えるというのは非常に分かりやすい話だが、それに照らして同様に言語も心を伝えているということが理解できるということ。

④ 言語に比べて音楽は特別な能力に考えられがちであるが、言語に抑揚をつければ歌になることから、それは決して特別ではないということ。

⑤ 身近な言語の本質を目に見えない構造から解き明かす方法を手掛かりにして、音楽の本質をその構造から捉えることができるということ。

問5 「Bビッグデータによる力ずくのやり方がいかに本質を見失っているか、明らかでしょう」とあるが、「ビッグデータによる力ずくのやり方」が「本質を見失っている」とはどういうことか。その説明として最も適当なものを、次の中から一つ選びなさい。解答番号は 16 。

① ＡＩが、膨大な情報からその量に任せて言語の文法的な正誤を判断するということは、誰も見たことがない文に対してはデータが存在しないので、いずれ限界に達し、その方法は破綻をきたすということ。

② 言語に関連したＡＩについて、膨大なデータに基づくことを根拠に、大企業はその能力を自分の都合のいいようにねじ曲げた後で肯定的に捉えているが、それは後にしっぺ返しとして危機を招くということ。

③ これまで誰も見たことがない文であるにも関わらず、ＡＩが膨大なデータを基にその正誤を判断できると大企業が高く評価することは矛盾をはらむので、言語とは何かという核心についての理解を欠いているということ。

④ 大企業が、根拠となるデータの膨大さに任せて、言語に関連したＡＩを人間より高く評価することの過程において、乏しい情報からでも十分な理解を導きだすような、人間の創造性は見逃されてしまっているということ。

⑤ 人間の脳は、ごく少数のデータから、それをはるかに超える創造性を発揮するので、膨大なデータを利用するＡＩの分析方法

「b 一人歩きして」 11

① 独特の考えとしてもてはやされて　② 根拠もなくむやみに広がって
③ ただ漠然と世の中に信じられて　④ 当事者の意図とは無関係に進んで
⑤ 未来像として唯一成立して

「c 天賦の」 12

① 生まれつきの　② 欠けるところのない　③ この上なく優れた
④ 他にはない独自の　⑤ 無邪気で純粋な

問2 X に入る言葉として最も適当なものを、次の中から一つ選びなさい。解答番号は 13 。

① 単語・文・文節　② 文章・文・単語　③ 文章・文節・文　④ 文節・単語・文　⑤ 文節・文章・文

問3 Y に入る言葉として最も適当なものを、次の中から一つ選びなさい。解答番号は 14 。

① 亜流　② 源流　③ 主流　④ 底流　⑤ 奔流

問4 「A 音楽は言語の延長線上にある」とはどういうことか。その説明として最も適当なものを、次の中から一つ選びなさい。解答番号は 15 。

① 一見関わりの薄い言語と音楽だが、両者が基づく構造は同等であるため、音楽は言語を基礎としてその本質を捉えることができるということ。

したわけではないのに判断できるのです。Bビッグデータによる力ずくのやり方がいかに本質を見失っているか、明らかでしょう。最近のAIは翻訳がうまくなったというのは、表面的な評価です。

一方で語用論の問題もあります。たとえば「すみません、時計をお持ちですか？」という質問に対して、「もうすぐ2時ですよ」という答えは自然な会話です。そうした会話が成立するためには、話し手の心を対象として真意をくみとる能力が必要です。人の心を理解するようなことは、果たして未来のAIにできるでしょうか。

創造性の力を最も発揮できるのは、10歳に満たない子どもたちだという事実があります。ニカラグアで1980年代に発見された新たな手話について調査したところ、小学校低学年の子どもたちが上級生に言葉を教えていることが明らかになりました。また、不完全な言語（ピジン）を話す親の元に生まれた子どもたちが、クレオール化といって、十全な言語を作り出すということも知られています。一緒に育つ双子の兄弟は、親も知らない短い言葉を次々と作ってしまうそうです。子どもたちには、そうしたc天賦の才が備わっているのですね。

しかし大人は、子どもたちに大量の情報を与えて教育するうちに、その事実を忘れがちです。しかも、インターネットによる検索は、考える前に調べろと言っているようなもので、思考力や想像力を奪う恐れがあります。限られた1冊の紙の本からどれだけのことが汲み取れるかのほうが大事です。最初は「わからない」と言っていた子どもたちが、読書を繰り返すうちに驚くほどの吸収力を示すことでしょう。芸術では、個人レッスンを基本としながら、師を越える弟子が輩出してきました。学問も全く同じだと思います。

C教育に新しい光を当てれば、次の世代が自分たちを超える新しいものを生み出していってくれることでしょう。そうやって進歩が続く限り、シンギュラリティのような限界はあり得ません。人間の脳はそれだけの創造的なポテンシャルを秘めているのです。

（「考える脳は創造する　酒井邦嘉」、季刊『考える人』による）

問1　波線部a～cの本文中の意味として最も適当なものを、次の中からそれぞれ一つずつ選びなさい。解答番号は 10 ～ 12 。

「a裏付けよう」 10

①　核心に迫る探究をしよう　②　根本的に明らかにしよう　③　様々な視点で説明しよう

④　主観を排して論じよう　⑤　証拠をあげて証明しよう

を感じられるのか。そういう疑問に対する答を一つ一つ積みあげていけば、人間の心という主観的でとらえがたい問題にも、今一歩サイエンスで近づけるのではないか、と期待しています。

　科学の研究では、客観性・普遍性・再現性が特に重視されます。ところが芸術では、主観性・個別性・歴史性の方が重きを置かれるものです。たとえば、私はベートーヴェンが好きだけれどブラームスは嫌いだという主観性、同じ演奏を聴いても意見が分かれるという個別性、そして一期一会の体験といった歴史性が常に現れます。科学の対象になりやすい部分に限定して音楽の研究をしたとしても、「それは音楽ではない」という誹りを免れないでしょう。

　それでは、言語の研究はどうなのでしょうか。言葉にも主観が入るでしょうし、個別の言語には歴史の影響が色濃く反映されています。しかし、言語の核心にある文法判断に的を絞ると、見事な客観性・普遍性・再現性が現れるのです。このことに気づいたのが、言語学者のノーム・チョムスキーで、「普遍文法」という概念を唱えて、人間は言語を司るための文法知識が生得的に備わっているということを初めて明らかにしました。私たちの脳研究も、そのことを客観的に a 裏付けようとしているところです。

　そこで、表面的なものをできるだけとりはらって、目に見えない「音楽の核心」、いわば音楽の「普遍文法」に的を絞ることができれば、実験のまな板に載せて、芸術の本質という人間の根本を脳から明らかにできることでしょう。そのことを目指したいと考えています。

　最近、２０４５年頃に人工知能（ＡＩ）が人間の知能を越えるだろうというシンギュラリティ（技術的特異点）の問題が b 一人歩きしていますが、その未来予想に科学的な根拠はありません。要は、人間が進歩をあきらめて、創造することをやめてしまったときがシンギュラリティになるだけの話です。囲碁や将棋の棋士が人工知能に負けると話題になりますが、肝心な問題は、人間があきらめずに指し手を創造し続けるかどうかなのです。将棋棋士の升田幸三が「新手一生」をモットーとして勝負に挑んだように、ＡＩに追いつかれたら、また新しい手を探せばいい。ＡＩソフトが作曲しても、モーツァルトにはほど遠いと人間が評価できればよいでしょう。

　言語に関連したＡＩについては、大企業がビッグデータをもとに解決できると楽観視しているところに限界があります。人間の脳は、ごく少数のデータから、それをはるかに超える創造性が発揮できるのです。チョムスキーが『統辞構造論』という著書で60年前に明らかにしたように、言語の文法判断は確率や統計、そして学習とも無縁です。この本で、“Colorless green ideas sleep furiously”（無色の緑の観念が猛烈に眠る）という文を“Furiously sleep ideas green colorless”と対比させて、前者の語順は文法的だが後者は文法的でないという判断を人は瞬時にできると問いました。どちらの文も統計的にはゼロの、誰も見たことのない文であり、学習

かります。私は中1の頃から英語が大好きだったのですが、その一方で思うようにならないもどかしさを味わいました。たとえば、テレビドラマの英語がよく聞き取れない。『刑事コロンボ』の台詞（せりふ）を録音して何度も聴いてみましたが、“Son of a gun!”というのが「サラバガン」としか聞こえず、辞書の引きようもないのです。日本語の吹き替えは「たまげたね」と訳されていましたけれど。小さい頃から英語圏で暮らしていればそんなことはないのに、どうして中1から学習してもだめなんだろう、という思いがずっと自分の中でくすぶっていました。

音楽も英語と同じように感じます。私は小2からバイオリンを習いましたが、なかなか身についたという実感がありませんでした。音楽が大好きで、素晴らしい演奏を繰り返し聴いているのに、弾くとつまらない演奏しかできないのはなぜだろう、と悩んできた。今頃になって、A音楽は言語の延長線上にあるということが納得できるようになりました。言葉に抑揚をつけていけば歌になりますし、分節化したり強調したりするときの音韻の変化もよく似ています。音楽は特別な能力ではなかったのです。

今年から、音楽についての脳科学的な研究を、スズキ・メソードで有名な才能教育研究会と共同で始めることになりました。これまで私は言語の研究をしてきましたが、それによって人間を理解したいと思ったときに、行き当たるのは心の問題です。言葉を音声にして聞いたり話したり、そして文字にして書いたり読んだりできるわけですが、音声や文字の情報は表層に過ぎません。言葉を通じて本当に伝えたいこと、いま心にある考えや思いは、ごく一部しか言語化できないのです。

音楽も、伝えているものはやはり心ですね。喜びやかなしみを音楽で伝えたときに、それを通して多くの人が感動し、共有してくれる。美術ならば、絵画や彫刻といった作品を通じて、やはり心を伝えています。

その一方で、音楽などのあらゆる芸術を深いところで支えているのは、人間の言語能力だと考えています。それは、目に見えない構造に注目することで明らかになります。音楽なら楽章・楽節・モチーフ、絵画なら全景・主題・ディテールという入れ子状の構造は、［X］という言語の階層性と同等です。芸術とは、言語を基礎にしつつ、美を感じる心にも関わる、脳の高次機能なのです。

私は芸術に深く接するようになってから、芸術が新たなサイエンスと結びつくとき、人間の最も根本的なことを明らかにしてくれるのではないか、と確信するようになりました。きっかけは、『芸術を創る脳』（2013年、東京大学出版会）という本を作るに際して、4人の方々（曽我大介さん、羽生善治さん、前田知洋さん、千住博さん）と芸術をめぐる対話をしたことです。これまでの脳研究で、芸術の一面を取り上げたものはありましたが、すべての芸術の［Y］となるような本質的で深い問題設定がなされたことはありません。たとえば、音楽は言語にどこまで近いものなのか、どのように音楽は人に伝わるのか、よりよい演奏とはなにか、なぜ人間は美

① 世界を支配してきた西欧の文化にかげりが見え始めてきた今日、これまでのような西欧追随の姿勢を改め、新たな世界秩序の構築を目指して努力することが、日本に課せられた使命である。
② 英米人たちは自分たちの文化は他の文化よりも優れているという自己中心的な世界観を持つ人間であるが、日本人も彼らと同じように自国の文化こそが最も優れていることを世界に向けて発信しなければならない。
③ 西欧の文化を優れたものと思い込む姿勢、また反対や抵抗にあえばすぐに自己変革する姿勢を改め、自己の立場と世界の多様性を強く主張し守ることこそ、国際社会における日本の責務である。
④ 自己とは違った文化、宗教、動物観を持つ他の国の人々が犬を殺して食べようと、それに文句をつける筋合いはないはずであり、他国の食習慣に口出しすることは慎むべきである。
⑤ 捕鯨問題が、純粋に資源枯渇、鯨の絶滅といった生物学的、生態学的な問題ならば、熱心に研究して議論すべきであるが、それがイデオロギーの問題であるなら、捕鯨禁止活動には断固反対すべきである。

二 二〇一七年に書かれた次の文章を読んで、後の問いに答えなさい。

私は大学院生のときに物理学専攻にいて、ショウジョウバエの神経発生から始まり、サルの記憶中枢の研究をしました。それから人間の脳を対象とするようになり、特に言語能力、つまり言語を使って考える能力という、人間だけが持つ脳機能について研究しています。

人は誰でも、ほとんど苦もなく言葉が話せるというのは驚くべきことだと思いませんか。例えば、学校の授業のように文法を教わらなくとも、母語の文法で外国語のような間違いをすることはまずないでしょう。つまり、母語とは後天的にスキルとして身につけたものではないのです。脳にとって言語は特別なもので、生まれつき触れた母語は自分の思考のすべてを司(つかさど)るような存在になります。ほとんど考えることと等しいもの、自分の記憶からも切り離せないものになるのです。

それに比べると、脳は後から覚えるものに対してかなり不得手です。母語の獲得と第二言語の学習に大きな開きがあることからも分

① 日本人は古くから犬を大切な家族として生活を共にしてきたので、食用にするには忍びないと考えるから。
② 日本人は犬を食べるのは野蛮だという観念から脱却できず、犬を食べる国の文化を内心では否定しているから。
③ 日本人は国際感覚に優れ、国際情勢に対応するために容易に自己変革できる柔軟性を備えているから。
④ 日本人は主義信条を古来持たないために、異文化の非難に遭遇するとたちまちそれに迎合してしまうから。
⑤ 日本人は自国の文化に対する自覚が乏しく、知らずしらずのうちに西欧文化の価値観に傾いているから。

問6 「C世界の価値観、文化をすべて西欧的なものに単純化することの計り知れぬ危険」とあるが、ここに言う「危険」とはどのようなことか。その説明として最も適当なものを、次の中から一つ選びなさい。解答番号は 8 。

① 世界が狭くなり、異民族との共存が避けられない今日において、異文化に対する寛容の精神がなければ世界は争いや大混乱の連続になってしまうということ。
② 西欧諸国が一貫して他の国々へ要求し続けた価値観には、独善的なものが数多く見られ、それが異民族との紛争を引き起こす原因ともなっているということ。
③ 異民族同士の交流、異文化との共存が避けられない今日、自分の文化へのこだわりを捨てることは、西欧的なものに侵食されることになってしまうということ。
④ 世界の価値観が、西欧的な文化に一元化されてしまうことによって、地球上に存在する様々な民族の個性ある独自の文化が失われてしまうということ。
⑤ 西欧的な文化に単一化されてしまうことによって、世界の経済が沈滞化し、経済大国としての日本の存立基盤が揺らぐことになってしまうということ。

問7 本文の主旨として最も適当なものを次の中から一つ選びなさい。解答番号は 9 。

① 世界には宗教上の理由から牛や豚を絶対に食べない人がいる一方で、牛や豚を家畜として飼育し、それを食用としている人もいること。
② 犬は人間にとって大変貴重な家畜であり、それを殺して食べるなど言語道断の所業であるというのは、世界標準の考え方になっていること。
③ 交通通信網が全世界規模で発達した今日、異民族同士が交流する中で自分とは異なる文化を容認する精神なくしては、異文化の共存が成立し得ないこと。
④ 世界には多様な民族とそれぞれが持つ独自の文化が存在し、宗教や動物に対する考え方も一様でないという認識は、世界共通のものになっていること。
⑤ 欧米人の中には、西欧文化こそが世界で最も優れた文化であり、その恩恵を受けることが人間として唯一の正当な生き方だと信じて疑わない者がいること。

問4　［　　］に入る言葉として文脈上最も適当なものを、次の中から一つ選びなさい。解答番号は［6］。

① 牛や豚は家畜であって、家畜とは人間が消費するために作られたものだからかまわない
② 今後は牛や豚ではなく他の家畜を食用とすることで、他の文化に意見することができるはずだ
③ 犬は家族同様の存在であり、それを食用にすることはキリスト教の教義に反する蛮行である
④ 西洋文化こそが絶対的正義であり、犬を食用にする下等な文化は排除すべきである
⑤ 牛や豚を食用とすることは何の問題もなく、それを宗教上の理由で禁ずることこそ問題である

問5　「B しかし私のこの議論に対して、恐らく多くの読者から、私の主張は一応理屈としては理解できるが、でもやはり犬を食べるのは感心できないのではという反論が出るような気がする」とあるが、このように筆者が言うのはどうしてか。その説明として最も適当なものを、次の中から一つ選びなさい。解答番号は［7］。

問1　X ～ Y に入る言葉として最も適当なものを、次の中からそれぞれ一つずつ選びなさい。ただし、同じものを重ねて用いてはならない。解答番号は 1 ～ 2 。

X　1

Y　2

①　とにかく　②　ほとんど　③　まして　④　よもや　⑤　もっとも
⑥　きわめて　⑦　すぐに　⑧　いくぶん

問2　波線部a～bの本文中の意味として最も適当なものを、それぞれ次の中から一つ選びなさい。解答番号は 3 ～ 4 。

「a唯我独尊」　3

①　自分が世間知らずであることを思い知ること
②　人は誰しも個人としての尊厳が保障されること
③　自分に都合のいいように理屈をこじつけること
④　自分だけが特別優れていると過信すること
⑤　他者を無視して勝手気ままに振る舞うこと

「b公算」　4

①　妥当性　②　可能性　③　必然性　④　蓋然性　⑤　一般性

問3　「Aこの考え方がいかに馬鹿げた、はた迷惑なものであるかは論証する必要もないほど自明だと思う」とあるが、筆者が「この考え方」を「馬鹿げた、はた迷惑なものである」とする根拠は何か。その説明として最も適当なものを、次の中から一つ選びなさい。解答番号は 5 。

もの、近代化に適合しないものと簡単に考えてしまうのである。

このように自分の文化や立場の自覚が弱く、国際的な場面で異文化から非難を受けると、気軽にすぐ自己変革をすることに余り抵抗を感じない日本人だからこそ、最近のように捕鯨問題で各国の批難の矢面に立たされると、別に鯨など食べなくても、他にいくらも食物があるではないかと、一部の業界関係者以外は、熱心に日本の立場、日本人の考えを主張し弁護することに気乗りではないのだ。

捕鯨の問題は、もしそれが純粋に資源枯渇、鯨の絶滅といった生物学、生態学的な問題ならば、これを熱心に議論し研究することは絶対に必要である。私も野生の生物保護運動に長く関係してきた者として、鯨という地球上最大の哺乳類が人間の手で永久に姿を消すような事態は、何としても阻止したいと思う。

しかし捕鯨禁止の声の中に、文化的な問題、世界観の違いが含まれている限り、この面の議論は、さきの資源枯渇の問題とは全く別個に、日本人は日本人の立場を広く世界に主張しなければいけないと思う。(注)日本が負け、韓国が譲り、フィリピンが罵られるという形で、C世界の価値観、文化をすべて西欧的なものに単純化することの計り知れぬ危険を、日本人はもっと自覚すべきである。そして世界に対する日本の実力から言って、この世界の多様性を強く主張し、それを守ることこそ日本の役目であり責任なのだ。

日本の社会科学や文化科学が不毛な理由は、究極的に言えば「世界をどう見るか」、「人間の生き方をいかに解釈するか」という、目に見えない領域についての自己の立場からの関心とこだわりが、これまでの日本人に極めて稀薄だったことにある。

このような自己主張の弱さは、日本が後発途上国である間は、むしろ日本の物質的向上に役立って来たことは否定できない。しかしひとたび世界の経済超大国になってしまった日本は、今度はこの物質的な力と繁栄を、どこまで精神的な裏うちで強固なものにできるかを問われているのだ。

これまでのように与えられた世界の精神文化的な既存の環境を、自分の手では変えられぬ所与の宿命と考え、反対や抵抗に会えば素速く相手に迎合する方向で自己を変えるという精神構造が続く限り、日本は本当の世界国家になれる見込みはない。それどころか折角手に入れた経済的成功ですら、一過性のはかない夢で終わるb公算が大きいと私は考えている。

（鈴木孝夫『武器としてのことば―茶の間の国際情報学』による）

（注）日本が負け、韓国が譲り、フィリピンが罵られる――鯨食文化を持つ日本が世界各国から非難されて捕鯨禁止に追い込まれた事態や、犬を食用にする文化を持つ韓国やフィリピンも、その食文化を非難された事態を踏まえた表現。

豚を追い出せと要求したとしよう。果たして英米人はこの要求を認めて牛肉や豚肉の食用禁止に踏み切るだろうか。

犬を食べるのは残虐野蛮な行為だから止めろと威丈高に主張するような英米人は、恐らく［　　　　　　　］などと言うだろう。

しかしそれならば、犬の方が家畜としての歴史は遙(はる)かに長い。そして古代の住居の発掘跡には、明らかに犬を食用としていた証拠が到る所に見つかっている。要するに英米人が犬を食べないのは、彼等の現在の文化や動物観の中では、犬は食べてはいけないことになっていると言うだけに過ぎない。事実の面での正邪ではなく、ものの見方、つまりイデオロギーの問題なのである。

日本人である私も、実は犬を食べることだけは、どうあっても御免こうむりたい。（［X］犬を食べる習慣は、つい先頃までは日本各地にも普通に見られたことである。）殊に私は大の犬好きだから、地上のどこかで犬が殺され食べられているという事実は、考えるだけでも余り愉快なことではない。

しかし、だからと言って私は他所の国まで行って、その行為が野蛮だ非人間的だと言って止めさせるつもりは毛頭ない。［Y］商品不買運動などで脅迫するなど、それこそもっての外の蛮行だと思う。自分の文化が大切だと思えばこそ、他人の文化もその人にとっては、かけがえのないものだと考えるからである。そうでなければ一方的な唯我独尊(a)に陥る他はないではないか。

世界が文字通りに狭くなり、異民族同士の交流が日々に増大し、異文化との共存が避けられない今日、私たちは自分とは違う、自分はどうあっても容認できない生き方、考え方を我慢する寛容の精神がなければ、世界は絶えることのない争い、大混乱の連続となることは明白である。だからよその国の食習慣に文句を言ってはいけないのである。

B しかし私のこの議論に対して、恐らく多くの読者から、私の主張は一応理屈としては理解できるが、でもやはり犬を食べるのは感心できないのではという反論が出るような気がする。それは日本人が一般に自分の立場に固執する強固な自己中心主義を持つ人間ではないからだ。良く言えば主義信条といった目に見えない思想的な面では、世界にも珍しいほど日本人は柔軟なのである。

だからこそ、日本で何百年と続いた四つ足の獣に関する肉食禁忌(タブー)が、明治の文明開化、西欧化と共に、それこそ一夜にして消え、今では若い人にとって牛肉や豚肉は御馳(ち)走どころか、日常の食生活の不可欠な基本的要素とまでなっているわけだ。

自分の文化に長く定着していた肉食のタブーを、進歩の名の下にあっさりと返上できるような民族的気質は、人類社会に広く普遍的に見られるどころか、極めて特殊例外なものなのである。このことを全く自覚していない日本人は、自分たちが無意識のうちに西欧文化至上主義に犯されていることも気付かず、何となく犬を食べることは野蛮で、反対に牛や豚を食べては駄目だという文化を、遅れた

国語

▲情報・社会・政治経済・教育（初等幼児教育・英語教育）・保健医療学部▼

（情報・教育（英語教育）学部　一科目　六〇分
その他　二科目一二〇分）

一　次の文章を読んで、後の問いに答えなさい。

深く考えて見るまでもなく、自分とは違った文化、宗教、動物観をもつ他の国の人々が、犬を殺そうと食べようと、それに対して一々文句をつける筋合いは全くないはずである。これがやれるのは、自分の文化が他の文化よりも優れていて、唯一の正しい人間の生き方の反映であるとする自己中心的世界観を持つ人間に限る。Aこの考え方がいかに馬鹿げた、はた迷惑なものであるかは論証する必要もないほど自明だと思うが、念のため二、三の点から考えて見よう。

インド人の多くは、宗教上の理由で牛肉を絶対に食べない。牛は神聖な神の使いと看做（みな）されているためである。

またよく知られているように、イスラム教徒は豚肉を不浄のものとして忌み嫌う。豚肉を食べないどころか、豚肉を料理した道具で彼等の食物を調理することも許さないほど徹底している人もいる。この点ではユダヤ教徒も全く同様である。

さてこのような信念を持ったヒンズー教徒のインド人やイスラム教徒のアラビア人が、イギリス人やアメリカ人に向かって、牛肉を食べることは神を冒瀆（とく）する許せぬ行為である、豚肉を食物とするなど人間にあるまじき蛮行であると言って、今後一切の食事から牛と

解答編

英語

◀情報・社会・理工・政治経済・
教育（英語教育除く）・保健医療学部▶

1

解答　1－②　2－①　3－③　4－①　5－④

解説　1．I'm afraid～「残念ながら～」 この表現の後には not をおくことができる。この not は節の代用として用いられ，この場合は前の文を受けて He will not join us. を意味する。

2．スープに塩を入れすぎて損なわれるのは，①flavor「風味」である。spoil「～を台なしにする」 他の選択肢はいずれも「におい」の意。

3．空所直後に「私が聴衆の前で人生初めてのスピーチをしたとき」とあるので，③nervous「緊張した」が正解となる。

4．provide *A* with *B*「*A*（人など）に *B* を提供する」「テレワークは，人々にいつどこで働くかよりもっと多くの選択を提供する」

5．in that～「～という点において」 that の後には節（主語＋動詞）を続ける。unlike「～と異なる」「今日，若者は彼らの好みや嫌なことをはっきりと表明するという点で我々の世代とは違っている」

2

解答　6－①　7－②　8－①　9－④　10－③　11－③

解説　6．how to get to～「～への行き方」「今朝，旅行客が吹田駅への行き方を私に尋ねました」

7．get lost「道に迷う」「車の GPS のおかげで，運転中，彼は道に迷わなかった」

8．空所の直後の that に注目する。so＋形容詞または副詞＋that～で

「とても…なので～」という構文を形成する。よって①が正解となる。

9．選択肢すべてが一般動詞と形容詞の組み合わせである。直後に形容詞を置いて第 2 文型の形をとれるのは④ felt soft のみである。

10. go back to sleep「二度寝する」「『あと 5 分だけ』とわが身に言って彼は二度寝した」

11. 空所の直前に「そのセミナーによって私たちは～になった」とあり，空所の直後に「私たちはその会社で働きたかった」とある。空所の直後の that は so ～ that 構文の that ではなく，sure that ～「～を確信している」の that であると判断し，英文全体として「そのセミナーによって私たちはその会社で働きたいとさらに確信するようになった」という意味になると考える。よって正解は③ more sure となる。

3　解答　12―③　13―①　14―④　15―②　16―③

解説　12. 空所直前に「電話したんだけど，でも」とあるので，それに続くものとして③「つながらなかったんだよ」が最も適切である。reach は「(電話などで) ～につながる」という意味がある。

13. 空所直前の *A* の発言に「もう行く時間だよ」とあるため，別れの場面であることがわかる。よって，この状況にふさわしいものは①「あなたに会えなくなるとさびしくなるよ」である。miss は「～がいないのをさびしく思う」という意味を持つ。

14. *B* の発言に「私もそう思います。今週金曜日の午後 3 時に集まるのはどうですか」とあるので，*A* と *B* の間にはまだ話す内容があることがわかる。よって④「いくつかのまだ議論すべきこと」が正解となる。

15. *A* が「ありがとう」と発言しているので，② My pleasure.「どういたしまして」が正解となる。

16. 最初に *A* が「コーヒーはいかがですか」と尋ね，*B* は「結構です」と答えている。その後，*B* が「私は大丈夫です。尋ねてくれてありがとう」と自身の様子について述べていることから *A* は *B* の様子をうかがうためにコーヒーの提案をしたことが読み取れる。よって③「私はただあなたに休憩が必要かどうか確認したかっただけです」が適切である。

4 解答 17―③　18―②　19―②　20・21―③・⑦（順不同）

解説 ≪昔存在した巨大ヤスデについて≫

17. 第1段第2文（A fossil found …）に「イギリスのとあるビーチで発見された化石が，今まで存在した中で最も大きな昆虫が小型車の大きさであったことを示した」とあり，それ以降でその昆虫について具体的に述べられている。空所のある第1段第1文（If you are …）の前半に「もしあなたが昆虫を恐れているのであれば」とあることから空所には③ difficult が入り，「これは読むのが難しいかもしれない」と続くのが自然である。

18. 第2段第4文（He said, "It …）に「それは完全に思いがけない幸運な発見であった」とあることから，科学者たちはその化石を偶然発見したことがわかる。よって② by chance「偶然に」が正解となる。

19. まず本文に挿入する英文は「そのヤスデは全長約 2.7 メートル，体重が 50 キログラム以上であったらしい」という意味である。「そのヤスデ」とあるので，これが示す具体的なヤスデが述べられている箇所を探すと第1段第7文（The fossil hunters …）に「確実に今まで存在した中で最大の昆虫」のことが述べられている。この文の直後に空所②があるので，ここに挿入すべきであると判断する。

20・21. 第2段第1文（The scientists found …）に「科学者たちはその化石を発見した」とあり，続く第2文（A lecturer at …）の後半で「科学者たちはビーチで岩を発見した」，さらに続く第3文（It had recently …）で「それは最近崖から落ちてきた」と述べられている。これらのことから③の内容と一致する。また，第3段第3文（The researchers believe …）に「そのヤスデはとても大きかったので栄養価の高い食べ物を摂取していたと調査者たちは信じていた」と述べられていることから，⑦と一致する。②が正解か悩んだ人もいるかもしれないが，more than は「～より多い」という意味で，第1段で 1,300 本より多くの足を持つヤスデについては述べられていないためこれは不一致である。

5 解答 22―④　23―③　24―②　25―①　26―⑤　27―③　28―①

解 説　≪ハミルトン＝ウェスリーについて≫

22. 第1段第2文（The man shot…）に「その男は銃でハミルトンの腹部を2発撃った」とあり，続く第3文（"I laid on…）の後半にある because 以下に「なぜなら私はその瞬間になって初めて生きた心地がしないと実感したからだ」とあることから，ハミルトンは銃で撃たれて死ぬと自身で感じていることがわかる。よって，空所には④ last が入り，taking my last breaths で「死ぬまでの後わずかの呼吸をしながら」と表現されていると考える。belly「腹部」

23. 最終段第2文（"People deserve to…）に「人々は自身が置かれている状況以上の存在であることを知るに値する」と述べられている。これはハミルトン自身がそうであったように，体に障害があっても諦めることなく希望を持って生きようと一人でも多くの障害を持った人へ向けたメッセージである。このことを読み取れば，空所の直後に「直面しなければならない不運」とあるので，③ despite「～にもかかわらず」を入れるべきであると判断できる。

24. 挿入すべき段落の概要は，娘のおかげで前向きになれたというものである。よってこの段落は，自身が苦しんでいる場面と前向きな行動をとった場面の間に挿入されるべきである。空所②の直前にある段落の第1文（"I felt hopeless…）に「私は絶望しており，人の役にも立たないと感じた」とあるが，空所②の直後にある段落の第1文（Hamilton enrolled in…）には「ハミルトンはコミュニティカレッジに入学し，栄養学の講座を取った」とあるので，この間に挿入すべきと考える。よって②が正解となる。

25. eventually「結局，ついに」 同じ意味を持つのは① in the end である。

26. 最終段第1文（When group classes…）に「新型コロナウイルスのために集団レッスンが延期されたとき，ハミルトンは個人のトレーニングを通じて彼のプログラムに参加している人々に献身的に尽くし，支え続けた」とあることから⑤が正解である。

27. 空所の直前に「障害者のコミュニティはとても孤立している」とあるので，その理由として考えられるものは③「近づきやすさの欠落」である。ハミルトンが下半身不随になった後，コミュニティカレッジに通って栄養学を学び，そこから社会で様々な人の支援を始めることができたが，娘の存在がなければ社会との関わりはなかったかもしれない。このように障害者の人々が社会に溶け込むのはまだまだ困難であるということを読み取ることができれば正解に近づける。sufficiency「十分」 accountability「責任」

28. 空所を含む英文の前半に「それは異なった人々のコミュニティである」と述べられ，その後に but together「しかし一緒になれば」が続くので，空所には①「全く同じ」が入ると考えられる。

6 **解答**　29―⑤　30―①　31―②　32―①　33―①　34―③
35―⑤　36―①　37―②　38―③

解説　29・30. A (short walk brought me to) the museum.

a short walk を主語にする無生物主語構文。bring *A* to～「*A*（人）を～へ連れてくる」

31・32. I would (appreciate it if you could slow) down a little.

I would appreciate it if～「～していただけると幸いです」という丁寧に依頼する表現。

33・34. The press report (which I thought was true proved) to be a fake one.

the press report を先行詞として主格の関係代名詞 which がその直後に続く。本来であれば which was true の語順としたいところであるが，which の直後に I think や they believe といった表現を挟むことができ，これは連鎖関係詞節と呼ばれる。prove to be～「～であるとわかる」

35・36. Nothing is more (pleasant than taking a rest after) hard work.

pleasant は比較級をつくる際に -er をつけずに more を直前におく。take a rest「休息をとる」

37・38. It is (adults who create the world where) their children will grow up.

It is～that…「…するのは～だ」という強調構文を用いる。It is の後に人物を表す名詞がくれば that の代わりに who を用いることができる。また，where は関係副詞で，the world を where 以下で修飾する。

◀教育（英語教育）学部▶

1 **解答** 1 —③　2 —③　3 —①　4 —①　5 —④　6 —④
7 —④　8 —④　9 —①　10—①　11—②　12—①
13—②　14—④　15—③

解 説　1．regret *doing*「〜したことを後悔する」「彼は参加したことを今，後悔している」 regret の目的語として動名詞の形にする。

2．need *doing*「〜される必要がある」「このビルは全部を掃除する必要がある」 cleaning を目的語としてとれる動詞の形を選ぶ。

3．主節の動詞 flew は fly の過去形である。時制の一致を考慮し，過去形で表現されている①が正解となる。

4．see to it that 〜「〜するよう取り計らう，〜するよう気をつける」「すべての人の手元にこの文書のコピーがいくように取り計らってくださいますか」

5．Must I 〜？は「私は〜しなければなりませんか」の意味であり，それに対しての返事は Yes, you must.「はい，あなたは〜しなければなりません」または No, you don't have to.「いいえ，その必要はありません」になる。

6．have *A done* の形で「*A* を〜してしまう」の意味となる。do *one's* hair「髪の毛を整える」

7．make believe 〜「〜のふりをする」「あなたは重役のふりをするべきではありません」

8．get through with 〜「〜を仕上げる」 assignment「宿題，課題」

9．空所の後に to があることに注目する。be superior to 〜「〜よりすぐれている」「幾人かのアマチュアは，いくらかの技術においてプロよりも実際にはすぐれています」

10．英文の前半に「トムは２人の販売員に和仏辞典がどこで手に入るか尋ねた」とあり，その後に but の接続詞があることから後半は「２人とも知らなかった」という文脈になるのが自然である。neither of 〜「〜のうちどちらも…ない」

11．選択肢がすべてお金に関係するものであるが，空所の直前に bus とあるので，②fare「運賃」が正解とわかる。

12. communicate with ～「～と連絡を取る」 each other「お互い」「このソフトは異なる国々に住んでいる学生たちがお互いに連絡を取ることを可能にします」

13. 選択肢がすべて時間的に「前」という意味を含むものであるが，空所直前にI have never been there「私はそこに一度も行ったことがない」という英文があることから，「行ったことがない」という動詞を修飾する副詞が入るべきであると考える。よって，②beforeを入れる。

14. aliveは形容詞であるが，「生きたまま」という意味で副詞のように使うことができる。catch *A* alive「*A*を生け捕りにする」「彼らは人工池ではどんな金魚も生け捕りにはできなかった」

15. 空所の後に前置詞likeがあることに注目する。what *A* like「*A*がどのようなもの（人）か」という表現。howではないので気をつけたい。「これからの20年でテレビ番組がどのようなものになるのか想像できません」

2 **解答** 16―③ 17―④ 18―① 19―③ 20―② 21―⑥ 22―② 23―① 24―⑤ 25―⑥ 26―④ 27―① 28―④ 29―⑤ 30―③ 31―④

解説 16・17. I (had <u>him</u> <u>read</u> aloud the story during) class.
haveには使役動詞の働きがあり，have *A* *do* の形で「*A*に～させる」という意味になる。read aloud「音読する（声に出して読む）」

18・19. (What <u>made</u> you <u>come</u> up with) a brilliant idea like this?
「どうして…を思いついたのですか」という日本語を，「何があなたに…を思いつかせたのですか」と言い換えてwhatが主語であると考える。また，16・17のhave同様にmakeにも使役動詞の働きがあり，make *A* *do* の形で「*A*に～させる」という意味になる。come up with ～「～を思いつく」

20・21. My friend (is no longer <u>what</u> he <u>used to</u> be).
no longerは「もはや～ではない」という意味で，be動詞の後におく。what *A* used to beという表現は関係代名詞whatを用いた慣用表現で，「以前の*A*」という意味。

22・23. My father (was disappointed to hear that I) had given up my dream of becoming a lawyer.
be disappointed「がっかりする」 happy や disappointed などの感情を表す形容詞の後に to *do* をつなぐと不定詞の副詞的用法となることを知っておこう。
24・25. I (am proud of my son being) a doctor.
be proud of ～「～を誇りに思う」 of の直後に動名詞 being を入れそうになるが,「私の息子が医者である」という日本語に注目し, being の直前にその意味上の主語となる my son をおく。
26・27. Watermelons (are thought to have originated in) Africa.
be thought to *do*「～すると思われる」 to *do* に have を入れて to have *done* の形にすると完了不定詞となり, 不定詞の時制が述語動詞よりももっと古い過去であることを表す。originate in ～「～を起源とする」
28・29. This is (such a great book that I) want you to read it.
such a＋形容詞＋*A* that ～の形で「とても…な *A* なので～」という意味になる。
30・31. Don't (speak with your mouth full of food).
この with は付帯状況の with と呼ばれ, with *A B* の形で「*A* が *B* の状態で」という意味になる。よって「口に食べ物をいっぱいに入れたままで」という部分は「口が食べ物でいっぱいの状態で」と言い換えて, with your mouth full of food と表す。

3 解答

32－③ 33－② 34－① 35－⑦ 36－⑤ 37－⑥ 38－④

解 説 ≪下校途中に見かけた男についての母と子の会話≫
32. 第1段第1文 (Every day at…) にマーカムさんは息子であるウィリーが学校から出てくるところを待っていたとあるので, この2人が親子であることがわかる。そして空所を含む第3文 (If asked why…) の前半に「もしなぜ彼女がそれをしたのかと尋ねられれば」とあるので, これに続く母親であるマーカムさんの発言として適切なものは③「親は子どもを見守る必要がある」である。
33. 第2段 (As they left…) の前半に「校庭を出たとき」とある。子どもを迎えに行った親が学校を出た直後にかける言葉としては②「学校はどうだった？」が適切である。

34. 第 4 段第 2 文（“Don't look that …）に「あちらを見ないで」という母親の発言がある。それに対して息子ウィリーはそれがどこのことを指しているのか母親に尋ねている。それに対する母親の発言として適切なものは①「向こうにいるあの男の人よ」である。

35. 第 9 段第 1 文（Keeping her eyes …）に「彼は病気なの」と母親が答えていることから，空所には⑦「彼にはどこか問題があるの？」が入ると考えられる。

36. 第 11 段第 1 文（As Mrs. Markham searched …）に「マーカムさんが答えを探している間，彼女は早足で歩き始めた」とあることから，母親は答えに困っている様子が読み取れる。この文脈から，第 9 段第 1 文で「彼は病気なの」という母親の答えに対して息子がさらに母親に尋ねたものとしては⑤「どんな種類の病気なの？」が適切である。

37. 空所の直後に「ウィリー，あなたは完璧にわかっているでしょ。彼は物乞いをしているの」とあることから，空所には⑥「彼は何をしているの？」が入ると考えられる。

38. 空所の直前に「なぜ彼に何もあげないの？」とあるので，これに対する返事として適切なものは④「私たちには何も分け与えるものがないの」である。

4　解答

39—③　40—①　41—①　42—⑤　43—④　44—②
45—②　46—①　47・48—②・④（順不同）

解　説　≪人を抱きしめることで心の色が変わる≫

39. 第 1 段第 3 文（I don't think …）に「その子どもたちの大半が私を有名人として認識したとは思わない」と述べられており，続く第 4 文（They just thought …）に「彼らは私をその日一緒に遊ぶためにやってきたお兄ちゃんとして思っただけだ」とある。下線部あの that way はこの部分を指しているので，正解は③である。

40. 下線部うは，nothing を anyone can do が修飾していると同時に that will help も修飾していると考えると「誰も何もすることはできない」という意味と「助けになることは何もない」という意味の両方を含んでいることがわかる。第5段第4文（Not only was …）と続く第5文（He said that …）でその少年と母親は病気がひどく，回復する見込みがない状況が読み取れるので，①が正解であると判断できる。

41・42. 正しい語順は paint <u>something</u> that would make <u>the quilt</u> beautiful である。下線部いの直前に asked the kids to とあるので，ask *A* to *do* の形であると判断し④paint が最初にくると考える。⑥that は②would make の前に入る主格の関係代名詞であると考える。また，②に含まれる make は make *A* *B*「*A* を *B* にする」という意味の第5文型の英文を後ろに導くと考えれば，②の後には名詞と形容詞が続き，make the quilt beautiful「そのキルトを美しくする」となる。

43. 第3段最終文（All except for …）と第4段第1文（The boy sitting …）から子どもたちの中で1人だけ明るい色を使わずに黒色でハートを描いている少年がいることがわかる。第5段第1文（At first I …）の前半に「最初，私はおそらく彼は残っていた唯一の絵の具を手にとったと思った」とあるので，これに続く表現にするためには空所に④happened を入れるべきである。happen to *do*「偶然〜する」

44. 第5段全体を通して，筆者が少年と彼の母親の病気やそれを治す手立てがないことについて知り，また，少年はそのことを嘆いて黒色のハートの絵を描いていたという状況を理解したことが読み取れる。第6段第1文（I told him …）では筆者が少年の不遇について気の毒に思い，理解していることを伝えている。よって，この文脈に合った選択肢は②sad「悲しい」である。

45. 第8段第1文の空所 45 以下（the day was …）に「その日が終わりに近づき，私は家に帰る準備をしていた」とあり，それに続く主節に「私はジャケットを引っ張られているのを感じた」とある。この2文をつなぐ適切な接続詞は as である。as には複数の意味があるが，ここでは「〜するとき」の意味。

46. 第6段第3文（But … I told …）に「しかし，誰も助けるためにできることが何もないというのは正しくないよ，と私は少年に言った」とあり，続く第4文（Other people may …）の後半で「しかし私たちはギュッと抱きしめるといったことはできる」と筆者は言い，さらに同段第5文（I told him …）で「もし彼がよければ，私は自分が意味することを彼が理解できるように彼に喜んでそのことをやってあげるよ，と私は言った」とある。この流れから，第5文にある one「そのこと」は第4文にある give bear hugs を受けていることがわかる。

47・48. 第2段第2文（I was drawn …）に筆者が一つの小部屋に引き寄せられたことがわかり，同段第3文（At this booth, …）と第4文（Later that square …）ではその小部屋で子どもたちが四角形を描き，それらが1枚のキルトに縫いつけられると述べられている。よって②と一致する。また，第3段第3文（The pictures were …）では「その絵はすべて明るく，前向きで気持ちが高揚するようなものだった」とあるが，続く第4文（All except for …）に「1人を除いては全員が」とある。このことから④と一致する。

5 **解答**　49―④　50―④　51―②　52―②　53―③　54―④
55・56・57―②・④・⑧（順不同）

解説　≪普通の子どもとは異なる少年アルの学び方について≫

49. 第1段第1文（Al didn't talk …）の後半に「彼が4歳だった」とあるので，その直前の空所には時間を表す接続詞が入ると予測できる。また，続く第2文（Even when he …）の前半に「彼が話し始めたときでさえも」とある。「アルが4歳になるまで話さなかった。そして，話し始めても…」という流れが自然であるので，空所には④until が入る。

50. 第1段第4文（He asked people …）に「彼はどのように物事が作用しているのか理解するために人々に絶え間なく『なぜ？』という質問をした」と述べられており，続く第5文（It was exhausting …）に「それは彼の話の聞き手にとっては疲れ果てさせるものであった」とある。これらのことから，少年アルの質問は他の人にとっては苦痛なものであったことが読み取れる。空所の直後に for others とあるので，これが聞き手のことを指していると考えると，空所に入るのは④much であるとわかる。空所を含む英文の主語は his need であるので，不可算名詞であると判断して many ではなく much を用いる。「彼の完璧な説明を必要とするところもまたしばしば他の人たちにとっては度を超えたものになった」

51. 第1段第3文（His mind was …）の前半に「彼の精神はまさに最初から異なっていた」とあり，また，第5段第1文（Al's mother could …）

にも「アルの母親は彼女の息子の学習様式が異なっていることを明確に見てとることができた」とある。よって空所には② different が入る。

52. ［あ］第2段第1文（He showed some …）に「彼はいくつか他にも珍しい特徴を示した」とあり，空所直後には「彼はトーマス＝グレイの『田舎の教会の庭で書かれたエレジー』を何度も何度も繰り返し言った」とある。トーマス＝グレイの詩を何度も繰り返すというものが第1文に書かれている「珍しい特徴」の具体例であるとわかるので，［あ］には For example が入る。

［い］第2段第3文（At school, his …）に「学校では，彼の教師たちはアルの執拗な質問に憤慨した」とあり，それに続く第4文（One teacher, …）の空所を除いた部分は「そのうちの1人の教師は，アルの脳を『混乱している』と表現した」と書かれている。この1人の教師は憤慨している教師たちの1人であると考えられるので［い］に入るものは in frustration「いらいらして」が適切である。

［う］第2段第6文（Rather, his relentless …）の後半に「なぜなら彼は物事がどのように作用しているのかについての他の人々の説明が曖昧であることに気づいたからだ」とある。つまりアルは周囲の人々が物事について正確には理解していないと考えていることが読み取れる。これを踏まえると，空所［う］には From his perspective「彼の観点からすると」が入り，［う］を含む文全体は「彼の観点からすると，他のみんなの考え方にはまとまりがなく，不正確であった」となる。vague「曖昧な，はっきりしない」 sloppy「まとまりのない」

53. 入れる文は「これは彼女が軽々しく決めたものではなかった」という意味である。「これ」が指す内容つまりアルの母親が決断したものは第3段第4文（So, when he …）に述べられている「彼が11歳のときに，彼女は彼を学校から完全に引き離し，彼に在宅教育を受けさせることを決心した」ことである。代名詞 This は直前の内容を指すため，この第3段第4文の直後に英文を入れることが1番自然な流れとなる。

54. 第4段第1文の空所［え1］の直後（the constraints of …）に「従来の学校の制約」とあり，その後には「アルの母親は息子が家や図書館で本をむさぼり読む姿を驚きをもって見ていた」と続く。第2段第3文（At school, his …）以降で述べられているとおり，アルは学校では教師たちを質問攻めにして，教師の中にはそれに憤慨する者もいるため，従来の学校ではアルの好奇心は満たされていない様子が述べられていた。よって，空所には④Free of「～に悩まされず」が入ると考えられる。また，第4段第3文の［え2］の直後の英文（school, he could …）にも「彼はじっと座れ，質問を止めろ，そして言われたことをしろと教師に言われることなく世界の構造を探るという自分の情熱をようやく追求できるようになった」とあることから学校がなければアルは一層学べることが読み取れる。

55～57. ①第1段第2文（Even when he …）にアルが話し始めたとき，他の子どもたちとは異なった言葉の使い方をしていたと述べられているが，異なった言語を話していたわけではないので不一致。

②第1段第4文（He asked people …）と続く第5文（It was exhausting …）にアルの絶え間ない質問が周囲の人々を疲れさせていると述べられているので，一致する。

③「アルがときには怒っていた」という部分が本文には述べられていないので不一致。

④第2段第6文（Rather, his relentless …）に「彼の絶え間ない質問はより明確さを求めてのものであった。というのも，彼は他の人々による物事の仕組みについての説明が曖昧であると気づいたからだ」と述べられていることから，アルは他者の説明に満足していないことがわかる。また，第2段第8文（［う］, everyone else's way …）には「他のみんなの考え方はまとまりがなく，正確性に欠ける」とも述べられている。よって本文と一致する。

⑤「なぜならそれは彼の希望だったからだ」とあるが，それは本文に述べられていないので不一致。

⑥because 以下の「なぜなら彼の母親が全教科をすべて上手に教えたからだ」という部分が本文に述べられていないので不一致。

⑦第4段第2文（When Al read …）の後半に「彼はよく家の地下室へ彼の『実験』をするために走って行ったものだ。その説明が正しいかどうかを証明するために」とあることから，アルが地下室へ行く理由は本で読んだ物事の仕組みについての説明を実証するためであったと読み取れる。秘密にするためではない。よって不一致。

⑧「アルにとって大事なことは物事の仕組みを教わることではなくそれを

自分自身で証明することだった」という意味である。第 4 段第 6 文（This suited his …）の because 以下に「なぜなら彼は教師から何かの仕組みについて教わることによって決して満足しなかった」とあり，続く第 7 文（He needed to …）に「彼はあらゆる証拠に対して尋ねてみることが必要で，物事を自分自身で試す必要があった」と述べられていることから，一致する。

数学

◀社会・政治経済・教育（初等幼児教育・英語教育）・保健医療学部▶

1 解答 ≪小問 2 問≫

ア―②　イ―③　ウ―④　エオ．48　カキ．41　クケコ．343　サシ．12
スセソ．101

2 解答 ≪2 次方程式の解の配置≫

アイ．−2　ウ．2　エ．2　オカ．−1　キ．5　ク．2　ケコ．−2
サ．9　シ．4　ス．0

3 解答 ≪数字の確率，くじ引きの確率≫

アイ．60　ウ．2　エ．5　オ．1　カ．5　キ．2　ク．5　ケ．5
コサ．16　シ．1　スセ．12　ソタ．11　チツ．48　テ．5　トナ．16

4 解答 ≪正多面体，正八面体≫

ア．5　イ．2　ウ．6　エオ．12　カ．8　キ．2　ク．2　ケ．2
コ．8　サ．2　シ．3

◀情報・理工・教育（数学教育）学部▶

1　解答　≪小問3問≫

ア－⑤　イウ．－4　エ．4　オ－⑤　カキ．－4　クケ．－3　コ－⑥
サシ．－3　ス．4　セ－②　ソ．2　タ．4　チ－①　ツ－①　テ－⓪
ト．1　ナ．6　ニ．1　ヌ．2

2　解答　≪小問3問≫

アイ．－1　ウ．0　エ．8　オカ．－9　キ．2　ク－②　ケ．6
コ．2　サ．2　シ．6　ス．2　セ．2　ソ．6　タ．2　チ．4

3　解答　≪小問3問≫

ア．2　イ．2　ウ．2　エ．2　オ．1　カ．2　キ．2　ク．1
ケ．2　コ．3　サ．2　シ．3　ス．3　セ．1　ソ．2　タ．3
チ．2　ツ．3　テ．3　ト－①　ナ－②

4　解答　≪平面ベクトル≫

アイ．11　ウエ．44　オカキ．－16　ク．6　ケ．3

5　解答　≪小問4問≫

ア．7　イ．3　ウ－④　エ．0　オ．0　カ．1　キク．－2
ケコ．－1　サ．3　シ．2　ス．1

物理

1 解答 ≪モーメントのつりあい≫

[1]—① [2]—① [3]—④ [4]—⑥ [5]—⑤

2 解答 ≪磁場内での荷電粒子の運動≫

[6]—③ [7]—④ [8]—① [9]—③ [10]—①

3 解答 ≪薄膜での光の干渉≫

[11]—④ [12]—⑥ [13]—④ [14]—⑥ [15]—②

4 解答 ≪気体の状態変化，核反応≫

[16]—⑥ [17]—③ [18]—④ [19]—③ [20]—② [21]—⑤

化学

1 解答

≪単体と化合物，同素体，原子の構造，混合気体の燃焼，化学平衡，結合エネルギー≫

1 —③　2 —①　3 —②　4 —③　5 —①　6 —④　7 —⑤　8 —③
9 —①　10—②

2 解答

≪コロイド，鉛蓄電池，酢酸の電離平衡，塩の水溶液のpH≫

11—①　12—②　13—①　14—②　15—④　16—⑤　17—⑤　18—③
19—②　20—③

3 解答

≪ハロゲンの性質，硝酸の性質，アルミニウムの性質，鉄の性質≫

21—②　22—②　23—①　24—②　25—①　26—①　27—②　28—②
29—①　30—①　31—①　32—②　33—②　34—①　35—①　36—①
37—②　38—②　39—②　40—①

4 解答

≪脂肪族炭化水素の性質，酢酸の性質，セッケンと合成洗剤，サリチル酸の性質，繊維，アミノ酸≫

41—①　42—②　43—②　44—①　45—②　46—②　47—①　48—①
49—①　50—②　51—①　52—①　53—①　54—②　55—②　56—①
57—②　58—②　59—①　60—②　61—②　62—①　63—②　64—①
65—②　66—①　67—②　68—②　69—②　70—②

生物

1 解答 ≪光合成≫

1 —③　2 —②　3 ・ 4 —②・⑥（順不同）　5 —④
6 —②　7 —④

2 解答 ≪内分泌系≫

8 —④　9 —③　10・11—②・⑥（順不同）　12—③
13—④　14—⑥　15—②

3 解答 ≪DNA の複製，翻訳≫

16—②　17—④　18—⑥　19—④　20—④　21—②　22—④

4 解答 ≪細胞周期≫

23・24—①・⑥（順不同）　25—⑤　26—④　27—⑦
28—③　29—①　30—②

する河内の家」が誤り。河内と摂津の二軒で過ごすとある。

問4　空欄Xの二行後に「若い私の一挙一動…楽々と役を…私の真似をした」とある。従兄は「私」が葬式に慣れているように見えたのである。正解は⑤。

問5　「仏様のような方」ならば〈往生際に苦しむ〉ことなどあり得ないはずだという老婆の発言からすると、祖父が〈往生際に苦しむ〉姿を見せているのは、生前の祖父のあり様が「仏様のような方」ではなかったのではないかと言われているように私が感じたのである。正解は④。

問6　「父の遺した礼装」が主語で、擬人法を使って、服がまるで人のように「私を墓場に運んだ」と書かれている。

問7　①は姉が「私」に優しくしてくれたとある点が誤り。②は姉が死んだのが「私」の八歳の時という点が誤り。③は母が「いなくなった」という点が誤り。「父母の葬式」とあるように、母も亡くしている。④は祖母は「私」が小学校に入学する直前に死んだという点が誤り。

四

解答

A―④　B―⑤　C―⑤　D―②　E―⑤　F―①　G―⑤　H―②　I―⑤　J―③

問7　④

解説　問3　出版、印刷についての記述はないので、①と⑤は不可。「四月一五日時点」の情報がわかっているということは、すでに四月一五日が過去であることを意味している。

問4　傍線部前後を整理すると、〈鎮魂→現状認識→次への一歩〉となる。正解は②。

問5　傍線部の三行前に書かれている「放射能災害は目に見えない被害であり、何世代にもわたって生命の危機を引き起こす危険がある」ことが理由である。

問6　傍線部直前の「持続可能な社会と教育の建設」がポイント。正解は⑤。

問7　空欄を含む段落の記述から、「子どもたちの笑顔」こそが重要である。正解は④。

三

出典　川端康成「葬式の名人」

解答

問1　a―③　b―④　c―②

問2　X―③　Y―⑤

問3　④

問4　⑤

問5　④

問6　④

問7　⑤

解説　問3　①は三回目の、「姉の嫁ぎ先の遠縁に当たる家」が誤り。〈摂津の従兄の姉の嫁ぎ先の遠縁に当たる家〉である。②は「三回目は、摂津の従兄に同道」が誤り。③は「見知らぬ人ではなかった」が誤り。⑤は「『私』が寄食

問3　「いはけなし」は〝あどけない・幼い〟の意味。「ひたぶるに」は〝一途に〟の意味。「かたはらいたし」は〝きまりが悪い〟の意味。

問4　「殿上などもせさせず」の「殿上す」とは宮中の作法見習いのために貴族の子弟が殿上に奉仕することをいう。正解は②。

問5　「禄」（＝祝儀の品）や贈物について「きよら（＝豪華さ）を尽くしたまへり」と言っている。正解は①。

問6　「さるべきにこそ（あらめ）」は〝女性であるが男として生きていく運命であろう〟という意味。

問7　「参らす」は〝（帝のおられる）宮中に参上させる〟という意味なので、帝への敬意を表す謙譲語。「思す」は右大臣殿が〝お思いになる〟という意味なので、右大臣殿への敬意を表す尊敬語。

問8　三行目の「冠」は五位の位を授けるという意味だが、傍線部Bの後の「冠」は元服したことを表している。正解は③。

問9　『とりかへばや物語』と『堤中納言物語』は、ともに平安時代末に成立した作り物語である。

二

出典　佐藤学「教育にできること、教育ですべきこと」（内橋克人編『大震災のなかで──私たちは何をすべきか』岩波新書）

解答

問1　X─②　Y─③

問2　a─①　b─③　c─⑤

問3　④

問4　②

問5　④

問6　⑤

▲教育（国語教育）学部▼

出典　『とりかへばや物語』

解答

問1　a―④　b―②　c―②　d―①
問2　Ⅰ―⑤　Ⅱ―①　Ⅲ―⑤　Ⅳ―④
問3　ア―③　イ―④　ウ―①
問4　②
問5　①
問6　⑤
問7　x―①　y―②
問8　③
問9　④

解説　問1　aは、撥音便無表記（「すぐれたるなる」→「すぐれたんなる」→「すぐれたなる」）の後につく助動詞「なり」なので、伝聞・推定。bは大将殿の意志表明の場面なので、打消意志。cは三人称主語「これ」に対応しているので、推量。dは過去の助動詞「き」の連体形。

問2　Ⅰは接続助詞「ど」につながっているので、已然形。Ⅱは打消の助動詞「ず」の連体形「ぬ」につながっているので、未然形。Ⅲは接続助詞「ば」につながっており、過去の助動詞「き」の已然形。Ⅳは直前の「あら」が未然形であるので、打消の助動詞「ず」の連体形。

問5　「ビッグデータによる力ずくのやり方」とは、同段落冒頭にあるように「言語に関連したＡＩについて」「大企業がビッグデータをもとに解決できる」と考えるやり方で、そのやり方が「本質を見失っている」とは、「人間の脳は、ごく少数のデータから、それをはるかに超える創造性が発揮できる」ことを見失っている、ということである。したがって正解は④。

問6　傍線部までの文脈を整理すると、「人間の脳は、ごく少数のデータから、それをはるかに超える創造性が発揮できる」（最後から五つ目の段落）にもかかわらず、「大人は、子どもたちに大量の情報を与えて教育」（最後から二つ目の段落）してしまっており、この点を改善することが課題であると書かれている。正解は③。

問7　タイトルにもあるとおり、人間の脳について考察された文章である。正解は②。

三

解答　Ａ―②　Ｂ―③　Ｃ―④　Ｄ―④　Ｅ―②　Ｆ―①　Ｇ―⑤　Ｈ―②　Ｉ―②　Ｊ―④

問5　①は「大切な家族として」が誤り。②は「内心では否定しているから」とは書かれていない。③は「日本人は国際感覚に優れ」ているという内容が不適切。④は「日本人は主義信条を古来持たない」とまで断定的に書かれていないから誤り。正解は⑤。

問6　傍線部の「危険」とは、多様性が失われる危険性のこと。正解は④。

問7　④と⑤は具体例を述べているのであり、問われている「主旨」は一般的な説明が求められる。正解は③。

二

出典　酒井邦嘉「考える脳は創造する」（『考える人』二〇一七年春号、新潮社）

解答

問1　a—⑤　b—④　c—①

問2　②

問3　④

問4　①

問5　④

問6　③

問7　②

解説

問2　空欄直前の「楽章・楽節・モチーフ」という音楽の例も、「全景・主題・ディテール」という絵画の例も、大きなものから小さなものの順に並べられている。正解は②。

問3　空欄Y直後の「本質的で深い問題設定」から、④の「底流」と考える。

問4　三段落後に「音楽などのあらゆる芸術を深いところで支えているのは、人間の言語能力だと考えています。それは、目に見えない構造に注目することで明らかになります」とある。これに合致するのは①。

国語

▲情報・社会・政治経済・教育（初等幼児教育・英語教育）・保健医療学部▲

一

出典　鈴木孝夫『武器としてのことば―茶の間の国際情報学』（新潮選書）

解答

問1　X―⑤　Y―③

問2　a―④　b―②

問3　③

問4　①

問5　⑤

問6　④

問7　③

解説　問3　傍線部Bの直前の三行に書かれている内容が、傍線部Aの根拠・理由である。正解は③。

問4　「英米人」が「一切の食事から牛と豚を追い出せと要求」されるという文脈である。空欄の次の文が逆接で「犬の方が家畜としての歴史は遙かに長い」と書かれているので、空欄には〈牛や豚は家畜だから食べてかまわない〉という内容が入る。正解は①。

■白鳳短期大学：学校推薦型選抜（公募制推薦入試）前期日程

問題編

▶試験科目・配点

専　攻	教　科	科　　　　目	配　点
こども教育	基礎教養試験	「コミュニケーション英語Ⅰ，英語表現Ⅰ」，「数学Ⅰ・A」，「国語総合（古文・漢文を除く）」から1科目選択	100 点
	面　接	約 10 分	50 点
リハビリテーション学・看護学	基礎教養試験	「コミュニケーション英語Ⅰ，英語表現Ⅰ」，「数学Ⅰ・A」，「国語総合（古文・漢文を除く）」から2科目選択	200 点（各 100 点）
	面　接	約 10 分	50 点

▶備　考

- 選択式を中心とし，一部記述式を出題する場合がある。
- 英語は聞き取り試験は含まない。
- 数学は中学校までの学習内容も含む。
- 面接の形式は出願状況により試験当日（学科試験等がある場合はその後）に，個人面接，集団面接（ディスカッション型ではない）のいずれを実施するか発表する。
- ほかに調査書（30 点：全体の学習成績の状況〈評定平均値〉× 6）が加味される。
- リハビリテーション学専攻・看護学専攻は，上表の「2科目型（必須受験）」のほかに「1科目型（希望者選択受験）」があり，2科目型の受験科目の中で高得点科目を 200 点満点として評価する。
- 大学が指定する英語外部試験において，そのスコア・資格等を「英語」の得点（1科目型には適用外）に換算する英語外部試験利用制度がある。

英語

(こども教育専攻　1科目 50分
リハビリテーション学・看護学専攻　2科目 100分)

1 次の英文は、アメリカ人の食事(diet)に含まれる塩分(salt)と高血圧(high blood pressure)等病気の関係について書かれたものである。よく読んで後の問いに答えなさい。

The U.S. government put out guidelines for restaurants and food companies on how much sodium(salt) they should put in their foods. Following the guidelines is voluntary.

Salt is behind many diet-related illnesses. ①<u>America has a love affair with salty foods</u>. It is the reason so many people have high blood pressure. That leads to heart attacks, strokes, and *kidney failure. More than 4 in ten American adults have high blood pressure. Six in ten Black adults have high blood pressure.

A great deal of salt comes from *processed and packaged foods. Restaurants are also guilty of serving too much salt.

Guidelines say a healthy diet should have (②) 2,300 milligrams of salt a day.
The link between high blood pressure and serious illness is strong. One study said lowering salt intake by one-sixth of a teaspoon would mean a million fewer strokes and heart attacks a year.

Most Americans consume more than (③) the amount of their daily recommended level of soldium. The recommended amount for people with high blood pressure is 1,500 milligrams a day.

How much salt does your body need? Experts say a mere 220 milligrams a day. The human diet is naturally low in salt. Our bodies keep salt and get rid (④) *potassium. The body holds *excess salt in it. High salt diets are an obvious problem.

Getting the food industry and *consumers to use less salt is not easy. But at least, consumers can look at food labels ⑤[<u>ア salt / イ how / ウ much / エ see / オ to</u>] there is in the foods they buy.

Some food companies are trying. Campbells canned tomato soup lowered sodium from 760 to 480 milligrams per cup. Nabisco cut the sodium in Wheat Thins from 370 to 180 milligrams an ounce. General Mills reduced the sodium in Wheaties from 370 to 185 milligrams an ounce.

Experts do not try to cut out all your salt at once. Consume less of it. Do not put salt in food while you are cooking. You will use less salt after cooking. Citrus juices, hot pepper flakes, and other herbs and spices can make up (⑥) less salt.

The biggest salt problem is in restaurant food. Some think voluntary guidelines will not be enough.

*) kidney failure: 腎不全、腎機能障害　processed and packaged foods: 加工食品
potassium: カリウム　excess: 余分な　consumer: 消費者

問 1　下線部①とほぼ同じ内容の英語として最も適当なものを選び、記号で答えなさい。

ア People in the U.S. love their family and their friends.

イ Most Americans do not eat salty foods when they are ill.

ウ American people like to eat salty foods with their lovers.

エ People in America are awfully fond of salty foods.

問 2　空欄②に入る最も適当な語句を選び、記号で答えなさい。

ア no more than　イ not more than　ウ no less than　エ not less than

問 3　空欄③に入る最も適当な語句を選び、記号で答えなさい。

ア double　イ half　ウ one-third　エ a quarter

問 4　空欄④に入る最も適当な語句を選び、記号で答えなさい。

ア on　イ of　ウ with　エ in

問 5　下線部⑤の語を意味が通るように並べ替え、前から 2 番目と 4 番目に来る語の記号を答えなさい。

問 6　空欄⑥に入る最も適当な語句を選び、記号で答えなさい。

ア for　イ at　ウ over　エ to

問 7　本文の内容と一致しないものを 2 つ選び、記号で答えなさい。

ア　アメリカ政府はレストランが料理に使用する塩の量についてガイドラインを作ったが、強制力はない。

イ　アメリカの白人(成人)のうち 40%以上、そして黒人(成人)の 60%は高血圧の症状を有している。

ウ　高血圧と深刻な病気の関係は深く、塩分摂取をわずかに減らすだけでも脳卒中や心臓発作の減少につながる。

エ　キャンベルやナビスコなど食品会社の中には、自社の製品に含まれる塩分量を減らしたところもある。

オ　専門家は、料理の途中で塩を使わないなど塩の消費量を完全にゼロにすることを推奨している。

カ　レストランで出される料理の塩の量が最も大きい問題であり、強制力のあるガイドラインが必要である。

2 次の英文は幸せに長生きする方法について書かれたものである。よく読んで後の問いに答えなさい。

Face-to-face social interaction leads to a longer life

Forget about smoking, drinking, exercise or even your heart. They *matter, but something else matters more. Close relations with people are the most important. Having friends and family, you spend time with *counts. Good support systems will add years (①) your life.

Women spend more time with friends and family. That is why they live longer. Texting, emails or even telephoning do not do ②<u>the job</u>. Person-to-person contact is what matters.

An expert said face-to-face contact releases *neurotransmitters in the body. They act like a vaccine to protect you. The contact can be short. Making eye contact, or shaking hands or *high-fives can be very useful. It releases *dopamine. Dopamine makes you feel less stressed and gives you a little high.

A quarter of the population says they ③[<u>ア no / イ talk / ウ one / エ have / オ to</u>] to. The expert said, "It is essential for us to know we belong to some group."

Knowing when to turn (④) your smartphone enriches your life

Turning (④) your smartphone is like taking a vacation. That is a vacation without *interruption. An expert said that people who spend great amounts of time on social networks are less happy. That goes for following the online news as well. Scrolling on your phone is nonstop. You should do things for pleasure that have (⑤). Read a book or watch a movie.

Ten years ago smartphones took just a little time each day. In 2017, a smartphone can take up almost all our personal time. People who put the phone on airplane mode on weekends can enjoy life more.

The expert said, "Life becomes more colorful and richer. You have better conversations. You connect with the person who is with you."

***Chasing meaning in your life, not happiness, is what really matters**

Do not look for happiness. An expert said what is making us feel sad is not a lack of happiness, (⑥) a lack of meaning in our lives. She said there are four forms of meaning.

1) *Belonging.* Spend time with the people in your life who love and care about you.
2) *Purpose.* It is not just at work. The absence of a job, or *unemployment, can lead to a feeling of (⑦) self-worth. Find something to drive you forward.
3) **Transcendence.* Do something to be part of a bigger effort. Do something outside of yourself. It could be solitary like a walk, or it could be part of a bigger activity like a civic club.
4) *Storytelling.* It is your personal *narrative. The expert says, "We are the (⑧) of our stories. We can change how we are telling them. Your life is not just a list of events."

*) matter: 重要である　count: 重要である　neurotransmitter: 神経伝達物質
high-five: (スポーツで)互いに上げた右手をパチンと合わせる祝福のあいさつ
dopamine: ドーパミン(神経伝達物質の一つ)　interruption: 邪魔、妨害
chase: を追求する　unemployment: 失業　transcendence: (活動の)幅を広げること
narrative: 物語

問1　空欄①に入る最も適当な語句を選び、記号で答えなさい。

ア in　　イ to　　ウ on　　エ for

問2　下線部②の内容として最も適当なものを選び、記号で答えなさい。

ア 友人や家族と過ごすこと　　イ 友人や家族に直接会うこと

ウ 禁煙や禁酒をすること　　エ 人を長生きさせること

問3　下線部③の語を意味が通るように並べ替え、前から2番目と4番目に来る語の記号を答えなさい。

問4　空欄④に入る最も適当な語句を選び、記号で答えなさい。

ア on　　イ off　　ウ in　　エ out

問5　空欄⑤に入る最も適当な語句を選び、記号で答えなさい。

ア a beginning and an end　　イ a top and a bottom

ウ heaven and earth　　エ joy and sorrow

問6　空欄⑥に入る最も適当な語句を選び、記号で答えなさい。

ア and　　イ but　　ウ or　　エ so

問7　空欄⑦に入る最も適当な語句を選び、記号で答えなさい。

ア more　　イ most　　ウ less　　エ least

問8　空欄⑧に入る最も適当な語句を選び、記号で答えなさい。

ア listener　　イ audience　　ウ fan　　エ author

3　(　　)に入る最も適当な語句を選び、記号で答えなさい。

①You cannot go into your office.　It is (　　) cleaned right now.

ア doing　イ having　ウ being　エ going

②"Karen got married last week."　"She (　　)?　Really?"

ア do　イ does　ウ did　エ doing

③"How (　　) does it take to get from Los Angeles to Seattle by plane?"
"It takes two hours and forty minutes."

ア far　イ long　ウ much　エ time

④Diane and I didn't eat anything.　(　　) of us was hungry.

ア Neither　イ Either　ウ Both　エ All

⑤We stayed at the New Grand Hotel, (　　) Chris recommended.

ア which　イ that　ウ where　エ what

⑥If I were rich, I (　　) have a yacht.

ア want　イ wanted　ウ will　エ would

4　(　　)に入る最も適当な語句を選び、記号で答えなさい。

①Lisa wasn't used to (　　) on the left.

ア drive　イ driving　ウ be driving　エ drives

②It was nice (　　) you to take me to the airport.　Thank you very much.

ア for　イ of　ウ with　エ to

③We don't have a car, so we use the garage (　　) a workshop.

ア in　イ for　ウ at　エ as

④The bus was late, but nobody knew the reason (　　) the delay.

ア for　イ of　ウ with　エ about

⑤Linda is economically independent (　　) her parents.

ア on　イ for　ウ of　エ with

⑥Nobody believed Samantha at first, but she turned (　　) to be right.

ア out　イ up　ウ over　エ forward

数学

（こども教育専攻　1 科目　50 分
リハビリテーション学・看護学専攻　2 科目 100 分）

（注）すべて答えのみの記入で構いません。

問題 I

問 1　$\sqrt{91-5x}$ が整数となるような自然数 x の個数を求めよ。

問 2　定価が 3000 円の商品を 1 割引きして，さらに 60 円を値引きして売ったところ，仕入れ値の 1 割の利益があった。この商品の仕入れ値を求めよ。

問 3　x についての不等式

$$5(x-1)<4x+3a$$

を満たす x のうちで最大の整数が 6 であるとき，定数 a の値の範囲を求めよ。

問 4　放物線 $y=2x^2-5x+1$ のグラフを x 軸に対して対称移動させた放物線の方程式を求めよ。

問題Ⅱ

問1 次の問題の[ ]に適する値を求めよ。

△ABCにおいて、BC=6，∠A=60°，∠B=75°とする。このとき，ABの長さは[ア]であり，△ABCの外接円の半径は[イ]である。

問2 a，b，c，xはすべて実数で，nは自然数とする。次の[ ]の中に適するものを下記の①～④の中からひとつずつ選び番号で答えよ。

(1) 「nが2の倍数」であることは，「n^2が4の倍数」であるための[ ]。

(2) 「$x<-2$または$x>0$」は，「$x>2$」であるための[ ]。

(3) 「$a=b$」は，「$ac=bc$」であるための[ ]。

(4) 「$a+b$，abがともに有理数」であることは，「a，bが有理数」であるための[ ]。

(5) 「$a^2+b^2=0$」は、「$a=b=0$」であるための[ ]。

① 必要十分条件である
② 必要条件であるが十分条件ではない
③ 十分条件であるが必要条件ではない
④ 必要条件でも十分条件でもない

問題Ⅲ

6人の国語のテストの点数はそれぞれ52，52，70，72，80，100点であった。
このときの，テストの得点の平均点，中央値，最頻値を求めよ。

問題Ⅳ

6本の同種類のペンをA，B，Cの3つの袋に入れる。このとき，1本も入らない袋があってもよいとすると，分け方は何通りあるか求めよ。

問題V

次の問題の［　　］に適する値を求めよ。

問1　図1において，BCは円Oの直径で，$\angle AOB=76°$，$\angle DOC=34°$ とする。
このとき $\angle ADB$ の大きさは［ア］であり，$\angle BAD$ の大きさは［イ］である。

問2　図2において，直線ATは点Aにおける円の接線であるとする。
このとき $\angle BAT$ の大きさは［ウ］であり，$\angle ABC$ の大きさは［エ］である。

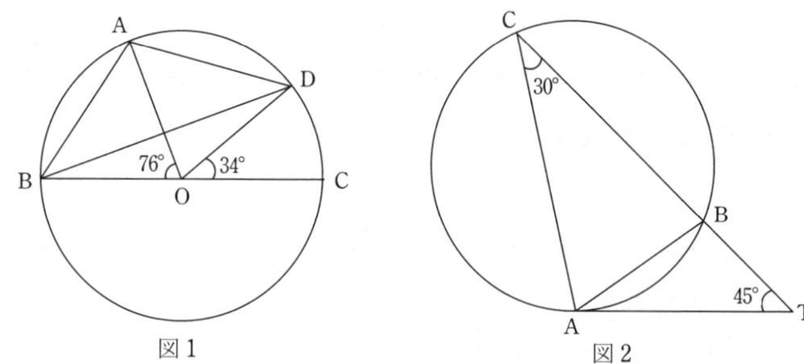

図1　　図2

問題VI

5で割ると4余り，7で割ると2余る自然数のうち，2桁で最大のものを求めよ。

国語

（こども教育専攻 一科目 五〇分
リハビリテーション学・看護学専攻 二科目 一〇〇分）

一 次の漢字、語句に関するあとの設問に答えなさい。

問1 次のそれぞれの文のカタカナ部分をふさわしい漢字に直し、傍線部分の読みかたをひらがなで書きなさい。

① 何事もアンイに考えてはいけない。
② 就職をケイキに一人暮らしを始める。
③ 組織のシンチン代謝を活発にする。
④ えりを正して儀式にノゾむ。
⑤ 成人の日の式典をモヨオす。
⑥ 緩急を付けた指導をする。
⑦ 卓越した技術を身につけている。
⑧ 人跡未踏の領域に足を入れる。
⑨ 旅行のお土産を頂いた。
⑩ 彼は最後まで信念を貫いた。

問2 次のそれぞれの表現を読んで、敬語の使われ方が正しければ「○」を、間違っていれば「×」を書きなさい。

① どうぞ、お食事をいただいてください。
② 校長先生は同窓会に参加なさいますか。
③ お客様が応接室に参られました。
④ お友達はもうお帰りになりましたか。
⑤ 詳しいことは当方の受付でお聞きしてください。

二　「記憶」について書かれた以下の文章を読んで、あとの問いに答えなさい。
（なお、出題の都合上本文の一部を省略・変更した箇所がある。）

一　覚えやすいことと覚えにくいこと

記憶力について理解する際には、食事との比較を用いるとわかりやすいことがある。

［　　Ⅰ　　］

［　　Ⅱ　　］

［　　Ⅲ　　］

そこで、料理で食材を食べ頃の大きさにカットするように、記憶する際にも、①対象を覚えやすい大きさで扱う工夫が役立つことがわかる。

②記憶のしやすさの第二の側面は、質的な側面である。これは同じ量の情報を覚える際にも、覚えやすさが異なることである。たとえば、同じ桁数（けたすう）の数字でも、覚えにくいものと覚えやすいものがある。実際、次の三つの数字を覚えようとしてみよう。

A　492573518296

B　111222333444

C　199619971998

明らかにAよりも、B、Cの方が覚えやすい。Bでは、配列に法則があり、1、2、3、4という四つの数字を各三回ずつ繰り返してあるので、実質的に覚える量が少ないからである。Cでは、西暦年代が三つ並んでいる、というような意味づけができれば、これも実質的に覚える量が少なくて済む。

数字でなく、言葉でも同様である。たとえば、以下の二つの言葉を覚えることにしよう。

A　らかたしるかよしあろうえく

B　あしたかえるからよろしく

この二つは、同じひらがなが同じ回数だけ使われているが、Aはそのままでは意味がないので、いったんは（　a　）のように丸暗記できても、すぐにそのつながり方を忘れて思い出せなくなってしまいがちである。Bの方は普通の（　b　）になっているので、「明日帰るからよろしく」という（　c　）も思い描いておけば、内容はすぐに頭に入るし、このような（　d　）が交わされる情景を連想しておけば、思い出すのも難しくない。

外国語を覚えることの難しさもこれと似ている。聞き慣れない人名は、頭に入りにくいし、思い出す際にも混乱をしやすい。聞き慣れた日本人の名前であれば、すんなりと頭に入って、しかもその印象がきちんととらえられれば、想起もしやすいのである。

記憶の第二の側面をまとめると、覚える内容に、「意味」や「法則」が見い出せたり、自然な「連想」ができたりすると、覚えやすいということである。この第二の法則は「無意味記憶は難しく、意味記憶は覚えやすい」、「連想しやすいものは覚えやすい」という言葉にまとめることもできる。

以上から、記憶の際には、連想が生じやすい意味記憶を活用すべきであることがわかる。「何でもまるごと覚える」という素朴な姿勢を、「情報の巧みな調理法によって、洗練した記憶を行う」という姿勢に発展させたいものだ。

二　覚えても、すぐ忘れるのは頭が悪いのか

「③試験の前に一夜漬けをして、一生懸命に歴史の知識を覚えたけれども、一か月もたったら、すっかり忘れてしまった」などという体験は誰でもあるであろう。

これは、記憶に短期記憶と長期記憶という二つのメカニズムが関わっていることから起きる現象である。

わかりやすく言えば、記憶には、二つの倉庫が関わっており、覚えた情報はいったんは「短期記憶の倉庫」に蓄えられ、時間が経過すると「長期記憶の倉庫」に蓄えられるのである。

一夜漬けをした記憶は、まず短期記憶の倉庫に入るので、覚えた直後の試験の際には、そこから情報を引き出して用いることができる。つまり、いったんは確かに覚えたのである。

ところが、しばらくすると、記憶された情報は、短期記憶の倉庫からは消滅して「長期記憶の倉庫」に移動する。そのときに、「思い出せない」という現象が起きる可能性がある。

すなわち「覚えてもすぐ忘れる」という現象の中に「長期記憶の倉庫には蓄えられているけれども、うまくその情報を引き出すことができない」という事情があり得るのである。

もちろん、短期記憶の倉庫には入るけれども、長期記憶の倉庫には移行しない

情報もあり得るので、その意味では「覚えても本当にすぐ忘れてしまう」ということもないわけではない。脳の記憶機構が損なわれる痴呆状態では、実際にそのようなこともあり得る。

ただし、健常人の場合には「完全に消滅してしまう」のではなく「思い出しにくい状態になってしまう」ことの方が多いと考えられる。その根拠は、実際に記憶力の一部をなす「想起する力」を磨くと、「忘れた」と思っていたことがありありと蘇ってくるという体験が少なからず生ずるからである。

そこで、記憶に関しては「覚える力」と「思い出す力」を別個に考え、それぞれを伸ばすという発想がまず大事になる。

もっときちんと解説すると、記憶には「記銘」、「維持」、「想起」という三つの働きがあり、それに対応して、次の三つの力がある

記銘力……情報を覚え込む力

維持力……覚え込んだ情報を維持する力

想起力……覚えた情報を思い出す力

先に述べた、短期記憶の倉庫、長期記憶の倉庫というとらえ方は、記憶の維持の働きの仕組みを説明したものであり、三つの力のうちの維持力のあり方に関わっている。

したがって、記憶力を高めるには、記銘力、維持力、想起力の三つの力にそれぞれ注目し、それぞれを高めることが期待される。「覚えてもすぐに忘れるのは、頭が悪いのか」と短絡的、自虐的に考えないで、それぞれの力を確実に伸ばすことを考え、その対策のコツをつかみとってほしい。

三　体で覚えたことは、なぜ忘れないのか

ここでは、記憶にはさまざまな仕方があることに注目していただきたい。

たとえば、Ⓐ水泳ができなかった人がいったん体で泳ぐことを覚えれば、一、二年間泳ぐ機会がなくとも、再びプールや海に入れば、自然に泳げることを発見できるであろう。

自転車に乗る動作も同様である。最初は誰でも難しさを感じるであろうが、いったん乗れるようになれば、期間がいくら離れていても、いつでも乗れるものである。竹馬乗りや一輪車乗りのような特殊な動作でも同様である。

このように「体で覚えた」ことは、そのまま放置しても、一、二年後にそのま

ま使える。

さまざまな職人が、新入りに「頭で覚えさせる」ことをしないで、見よう見まねの中で、「体に刻む」ように技を習得させるのはそのためである。

体で覚える際には、実は運動系の学習能力を用いており、その記憶には、脳幹や小脳や、さらには大脳基底核といった運動制御の領域が関わっている。これは、いわゆる大脳皮質を用いて「頭で覚える」場合とは少し異なった領域を用いていることになる。このような例から、皆さんは、「ものを覚える場所は一か所ではない」ことをまず知ることが大事である。

逆に、このことは、複数の場所で覚えておけば、仮に一か所で、忘れたり、記憶が薄らいでも、他の場所の記憶を用いて補えることを意味する。

これを一般化すれば、「記憶情報の脳内分散化によって、忘却というリスク(危険性)を減らす」戦略に通ずる。これを「記憶の分散原理」と呼ぶことにしよう。分散原理は、さまざまな方式で記憶法に活かせるものである。

たとえば、漢字を覚えるときのことを考えてみよう。漢字自体は思考やコミュニケーションの道具であるから、いわば最終的には「（　　　X　　　）」べき性質のものである。

しかし、実際に私たちが漢字を覚えるときには、手で書いて覚えるし、音は声に出して口を動かして発する動作をする。すなわち、漢字を覚えるときには、口や手を用いて「（　　　Y　　　）」ことを自然に実践しているのである。したがって、漢字を思い出すときにも、その書き順の記憶がそのまま蘇り、記憶があいまいになったような複雑な漢字も書き順をたどって、その正しさを確認するようなことが生ずるのである。

逆に、ワープロなどに慣れて、日常で漢字を手書きする動作が減ると、漢字の細かい部分の記憶があいまいになったりすることがあるのもそこに理由がある。

漢字の例でもわかるが、体で覚えた記憶がまったく減衰しないわけではない。このことはあたり前だが、重要である。水泳でも、車の運転でも、技術のレベルは、練習しないままで歳月を重ねれば自然に低下していく。

しかし、いったん学んだことは、再学習が容易であり、何もないところに新たに作ることと、過去に学んだことを再度磨き上げるのとでは時間効率に何倍もの違いがある。その意味で、何でもひとまず覚えておくようにすると、思わぬ場面でその知識や体験が活きてくる。

たとえば、ある言語をきちんと学べば、他の言語を学ぶときに、その「まね」をすることでより容易に学ぶことができる。

逆に言うと、若いうちに、いろいろな分野の知識を覚える体験を十分にしておかないと、あとあとさまざまなものを学ぶ際に、苦痛がより大きなものになるとも言えよう。

（栗田昌裕『栗田式記憶法ハンドブック』による）

（注）脳幹　……　生命維持に重要な機能の中枢部があり、感覚神経・運動神経の通路になっている。

小脳　……　大脳の後下部にある中枢神経系の一部で、主に体の平衡、運動機能の調節をつかさどっている。

大脳基底核　……　大脳皮質と視床・脳幹を結びつけている神経核の集まりで、主に運動をコントロールする役割を果たしている。

大脳皮質　……　大脳半球の表層を覆う部分。神経細胞が数層に並び、五感や、運動、言葉・記憶・思考などの高度な機能を果たしている。

問１　本文中の［　Ｉ　］～［　Ⅲ　］に入れる文として適当なものを、次の選択の中からそれぞれ一つずつ選び、記号で答えなさい。

ア　記憶のしやすさの第一の側面は、量的なものである。数字を覚える際には、二桁や三桁の数字を覚えるより、十一桁、十二桁の数字の方が覚えにくい。二、三桁の数字ならば一気に覚えることができるが、十一桁ともなると、通常は一度見ただけで一気に覚えることは難しい。これは「情報の量が多いほど覚えにくい」ことを意味している。料理に例えれば、あまり大きな食物は食べにくいことに対応する。

イ　料理には、食べやすいものと食べにくいもの、口当たりがよいものと悪いもの、おいしいものとまずいもの、などさまざまな違いがある。肉が固すぎれば食べにくいし、野菜の刻み方ひとつで食べ心地が異なる。同じ食材であっても、調理や味つけの仕方次第で口当たりがよくなったり、味わいが異なったりするのである。

ウ　何かを記憶するときにも同様で、覚えやすい情報と、覚えにくい情報がある。そこで、どのような情報が覚えやすく、どのような情報が覚えにくいかを知っておくと、記憶する際の工夫もしやすいというものだ。

問2　傍線部①「対象を覚えやすい大きさで扱う工夫」とあるが、例えば十一桁の数字を覚えやすくする場合どのような工夫ができるか。二十字以上、二十五字以内で具体的に書きなさい。

問3　傍線部②「記憶のしやすさの第二の側面」の例として数字やひらがなの情報を例として挙げているが、筆者のいう覚えやすい情報とはどのようなものか。「〜もの」につながるように、本文中より三十五字以上、四十字以内で抜き出し、初めと終わりの五字を書きなさい。

問4　空欄a〜dに入れる言葉として適当なものを、次の選択肢の中からそれぞれ一つずつ選び、記号で答えなさい。

ア　会話　イ　漢字　ウ　呪文（じゅもん）　エ　日本語

問5　傍線部③「試験の前に一夜漬けをして〜すっかり忘れてしまった」とあるが、一か月後に忘れてしまう理由について正しいものを一つ選びなさい。

ア　一夜漬けをした記憶情報は、短期記憶と長期記憶の倉庫に振り分けられるため、誤って長期記憶に入ってしまうと引き出せない可能性があるから。

イ　痴呆状態により脳の記憶機構が損なわれていると、記憶情報が短期記憶から長期記憶に移行できずに完全に消滅してしまうから。

ウ　記憶情報は短期記憶にあるうちは思い出せるが、時間が経過して情報が長期記憶に移行してしまうと引き出せない可能性があるから。

エ　健常人の場合、記憶情報が長期記憶に入っているにも関わらず「忘れた」と思いこんでしまうと完全に消滅してしまうから。

問6　傍線部④「水泳ができなかった人が〜自然に泳げることを発見できる」とあるが、このことから筆者が言いたいこととして、ふさわしくないものを、次の選択肢より一つ選んで答えなさい。

ア　体で覚えたことは放置していてもすぐに忘れることはない。

イ　体で覚える時には大脳皮質を用いるのが最も効果的である。

ウ　脳の中でものを覚える場所は一か所だけだとはかぎらない。

エ　脳の複数の場所で覚えておくと一カ所で忘れたとしても補える。

問7　空欄x・yに入れるのに適切な語を、次の選択肢の中からそれぞれ一つずつ選び、記号で答えなさい。

ア　感覚で覚える　　イ　体で覚える　　ウ　頭でおぼえている

問8　次の各選択肢の文を読んで、本文の内容に合っていれば「○」を、合っていなければ「×」をつけなさい。

ア　食べ物の好き嫌いと同じように、情報も内容によって好き嫌いをしていると、重要な知識が身につかない。

イ　配列に法則のない数字を覚えるのは、意味なく並んだひらがなの言葉の丸暗記と同じで、想起がしにくい。

ウ　記憶には「記名力・維持力・想起力」が必要だが、想起力さえ磨けば忘れたことも必ず思い出すことができる。

エ　頭で覚える際には大脳皮質、体で覚える際には脳幹や小脳等を用いるため、記憶の分散原理は記憶法に活かすことができる。

オ　何でもひとまず覚えておくのがよいのは、既習内容の再学習が効率的なため、思わぬ場面で知識や体験が活きるからである。

三　十歳の研吾（けんご）は小児脳腫瘍（しゅよう）にかかり手術をすることになる。母の志津子は必死に息子の看病をするが、そんな折に今度は年老いた志津子の父、繁治が倒れる。父の病室に志津子が駆けつけたところから始まる以下の文章を読んで、あとの問いに答えなさい。（なお、出題の都合上本文の一部を省略・変更した箇所がある。）

「だいじょうぶ、おとうさん」

父の繁治は口元のプラスチックマスクをはずしていた。木彫りの面のような顔には、いつものように感情が見えなかった。かすれた声が返ってくる。

「すまん。①こんなときに」

志津子はシーツのうえにでた乾いた手をにぎった。父はａなにかを手のなかにいれているようだった。

「いいよ。病気なんだから、しょうがないじゃない。それより、おとうさんも身体を大事にしてね。研吾がきいたらがっかりすると思う。元気になったら、また夏休みみたいにジジとババといっしょに旅行にいきたいっていってるから」

父は炭のかけらのような目でじっと救急治療室の天井を見ているだけだった。

「ねえ、おとうさん。手のなかになにもってるの」

繁治は②かすかに笑ってこたえなかった。ちらりと志津子を見てからいう。

「研吾の手術まであと三日だな」

「うん、そうだけど」

「わかった」

③なぜか父は深くうなずいた。それからまた感情のない目で天井を見あげている。ぼそりといった。

「こっちはだいじょうぶだ。早く帰ってやりなさい。手術のまえにおまえが徹夜などしたら、身体がもたないぞ。だいじょうぶだ、研吾はきっとうまくいく。手術のまえより、あとのリハビリのほうがたいへんなんだぞ」

父は天井にむかってそれだけいうと、白いカーテンのほうをむいてしまった。

「早くもどって、きちんと寝ておきなさい。わたしももう眠るから」

志津子は父の気迫に押されて、救急治療室を離れた。薄寒い廊下にでて、母と立ち話をした。

「おかあさんは明日から、こっちに詰めるの」

「そうするつもり。研吾くんの看病を交代してあげられなくて、ごめんね」

母の目が涙で光ったのを見て、志津子はこらえられなくなった。涙を落としながら、母の肩を抱いた。

「ここにくるタクシーのなかでずっと不安でたまらなかった。研吾の手術があるのに、おとうさんが心臓病で倒れて。うちの家族がばらばらになると思ったら、おかしくなりそうだったよ。おかあさんは絶対に無理しないでね。わたしと研吾はだいじょうぶだから、おとうさんをよろしくね」

そのまま廊下で抱きあったまま、志津子は母と十五分泣いた。涙をつくるのは心なのだとわかった。涙はどこかのタンクにためられているものではないのだ。あとからあとからにじみだして、頬（ほお）をつたっていく。これほどたくさんの涙が人の器官にためておけるはずがない。最後に強く抱きしめあってから、母と娘は身体を離した。④志津子は泣き笑いの顔でいった。

「なんだか、おかあさんとわたし、同じ状況になっちゃったね。こんなことで似た者同士になるのは、すごく嫌だけど」

⑤母の須美も涙が落ちるのもかまわずに笑っていた。

「ほんとうねえ。これが全部終わったら、研吾くんといっしょに温泉にでもいこうね。今が一番悪いときだから。ここさえがまんできたら、なんとかなるから」

志津子はうなずいて、母の手をにぎった。急に思いだして、きいてみる。

「さっきおとうさん、手になにかもっていたんだけど、あれはなあに」

母はおかしな顔をした。

「あの人ね、研吾くんが入院してから、肌身離さずあれをもっているのよ。夏休みに静岡にキャンプにいったでしょう。そのとき富士川の川原で拾った小石らしいけど」

研吾との思い出の詰まった石なのだろう。父は感情をあらわにしないくせに、妙にロマンチックなところがある。志津子は最後に母の手をしっかりにぎると、非常灯だけが点々とともる病院の廊下を歩いていった。

緊急入院してちょうど一週間目、午前十時から研吾の脳腫瘍の手術は始まった。久明も会社を休んで、志津子といっしょにつきそっている。その日は抜けるように澄んだ秋の空だった。刷毛（はけ）でひいた雲が、b白い砂のように空高く乾いている。

時間はじりじりと流れていった。正午までの二時間が一日のように長い。ふたりとも食欲はなく、待合室で窓の外を眺めながら、コンビニのサンドウイッチをつまんだだけだった。湿った新聞紙の束をかんだような感触で、志津子はすぐに袋にもどしてしまった。久明はいった。

「たべておいたほうがいいぞ。何時間かかるか、わからないからな」

夫は中身も確かめずにポリ袋に手をいれ、一定のペースであごを動かしているようだった。なにも味がしないのは、この人も同じなのだろう。志津子はペットボトルの日本茶ばかりのんでいた。

朝の日ざしが、昼の高さになり、ゆっくりと金色に熟れながら、ななめに落ちていく。病院の中庭にさす光りの移り変わりを、見つめているだけの日だった。やせたクスノキの影が角度を変えていく。

どれほどあせっても、研吾に自分たち夫婦がしてやれることは、なにもないのだ。ひとりで生まれ、ひとりで育ち、いつか想像もできない場所と時間にひとりで死んでいくのが、人間なのだ。志津子は明るい秋の日ざしを見つめながら、ほとんど肉体的な痛みとともにそう心に刻みこんだ。それでも研吾は⑥今日に限っては絶対むこうに連れてはいかせない。志津子は心のなかでずっと同じ言葉を繰り返していた。絶対、絶対。

若い看護師が待合室の曇りガラスの自動扉を抜けてきたのは、手術が始まって八時間後の午後六時すぎだった。

「こちらに有坂志津子さん、いらっしゃいますか」

志津子は顔をあげた。それだけでわかったようである。看護師はいった。

「こちらにどうぞ。お電話がはいっています」

友人には手術の話はしてあった。誰もこんな時間に無神経な電話をかけてくるものはいないはずだ。病院内では携帯電話が使用禁止なのが、志津子にはありがたかったくらいである。志津子は看護師のあとをついて、手術室の前室に移動した。

「こちらです。どうぞ」

受話器を取る。なにもいわないうちから、母だとわかった。泣いているのもわかった。

「志津子、おとうさんがなくなった。もう三時間もまえに二度目の発作がきて、ずっとお医者さんが心臓マッサージをしてくれたんだけど、駄目だった。さっき死亡確認が済んだの。こんなときにごめんね。研吾くんのほうはどうなの」

全身から力が抜けていくようだった。その場にしゃがみこんでしまいそうだ。だが、志津子は立ち続けた。ここで座りこんだら、二度と立ちあがれそうもなかったのである。

「まだ、わからない。手術が終わったら、そっちにいくから、もうちょっと待ってて。おかあさん、わたしのほうこそ、ごめんね。おとうさんには、あとで会いにいくからって謝っておいてね」

目のまえが涙で歪（ゆが）んで、⑦自分がどこにいるのかわからなくなった。立っているのがやっとなのに、心のなかには父の姿がいくつも浮かんでくる。自分はほんとうにいい娘だったのだろうか。父はいつだってなにもいわずに、わたしの選択を受けとめてくれたけれど、心から満足していたのだろうか。母が泣きながら話していた。

「わかったから、志津子も無理はしちゃ駄目よ。おとうさんは、もう苦しんでいないし、ゆっくり待っていてくれるからね。研吾くんに、よろしくね」

志津子はそっと受話器をおいて、待合室にもどった。足元が妙にふわふわと軽い。夫には最小限の言葉で父の死を伝えた。久明はなにもいわずに肩を抱いてくれる。

うちの家族にこれからいくつ悪いことが起こるのだろうか。志津子が震えていたのは、父の死のためでも、息子の腫瘍のためでもなかった。運命が将来見せる悪意の数々をかぞえるのが恐ろしくてたまらなかったのである。

夜の八時をすぎて、曇りガラスの扉のむこうで人の動く気配がした。志津子はもう夕食もあきらめていた。久明は黙って一階の食堂にいき、もどってきている。和風の出汁（だし）のにおいがしたから、急いでそばでもすすりこんできたのだろう。ドアがなめらかに割れて、母の須美が待合室にはいってきた。

「おかあさん」

志津子は思わず叫び声をあげた。母はふらふらとふたりの座る長いすにむかってくる。久明は倒れそうな須美のところに駆け寄って、肩を支えてやった。志津子がいった。

「どうしたの、こんな時間に。むこうの病院もたいへんなことになっているんでしょう。お葬式の手配なんかはどうなっているの」

母はぼんやりとした表情でいった。

「そっちのほうはおとうさんの親戚の人にまかせているから。そんなに怒らないで。これだけわたしたら、すぐに帰るから。志津子、これ、研吾くんが目を覚ましたら、あげてちょうだい」

志津子が手をだすとてのひらにあたたかなものが落ちてきた。目の高さにあげて、確かめてみる。それはハート形に角を丸めた白い小石だった。花崗岩（かこうがん）というのだろうか、白にゴマのような黒点が散ったちいさな石である。

「今日ね、お昼ごはんをたべながら、おとうさんにきいてみたのよ。志津子があの石はなんなのか、不思議がっていたって。そうしたら、おとうさんがいうの。研吾が倒れたときからずっとこの石をにぎって、気もちをこめていたって」

それだけで志津子はもうたまらなかった。涙がとまらなくなる。

「最初の発作のときもいっていたの。よかった、これでちゃんとおれの人生最後の仕事ができる。この石をにぎって、おとうさんはお祈りしていたみたいなの。自分が身代わりになりますから、研吾は助けてください。あの子はまだ十歳なんだから、連れていくなら七十すぎの老いぼれにしてくださいって」

吠（ほ）えるような声を漏らして、夫が泣いていた。母は泣き笑いの顔でいう。

「その石ね、心臓マッサージの途中で、わたしがおとうさんの手から取っちゃったの。まだあったかだったんだよ。それからずっとわたしがもっていた。これは志津子にわたすから、あなたが久明さんとあっためて、研吾が目を覚ましたらわたしてやって」

志津子は指のあいだからちらりと小石を見ると、しっかりとにぎり締めた。このあたたかさは、父から母へ、それからわたしへと順番につながれてきたものなのだ。きっと研吾にも受けわたされるはずだ。母は真っ赤な目をして笑っていた。

「うちのおとうさんは、なにもいわない人だったけれど、いったことは必ず守る人だった。だいじょうぶだよ、志津子。研吾くんは、必ず助かる。むこうにいったおとうさんが、きちんと話をしてくれるから」

久明が小石をにぎった志津子の手を両手でくるむように取った。泣きながらうなずきかけてくる。志津子もなにもいえずに同じようにするだけだった。母は涙をふくと、静かにいった。⑧悲しみも恐怖も怒りも感じさせない、秋の日ざしのような声である。

「わたしには見えるよ。研吾くんの手術はうまくいく。そのあとの放射線だってうまくいく。あの青いユニフォームを着て、また元気にサッカーをする研吾くんが見えるんだ。別に予言とか、夢とかじゃなくて、実際にそうなるんだよ。安心して、ゆっくり待つといい。cあの子はまた元気に走りまわるようになる。それでね、あの子は優しいから、ジジの形見だといって、いつもその石をもって歩くようになるんだ」

　母は自動ドアのてまえでふたりを振り返り、笑ってうなずくと待合室をでていった。それからの夜を、志津子と久明はふたりで小石をにぎりしめてすごした。

（石田衣良『ハートストーン』による）

問1　傍線部①「こんなとき」とは、どういうときか。最も適当なものを、次の選択肢より一つ選び、記号で答えなさい。

ア　研吾が手術を受けなければならないというとき。

イ　研吾から夏休みに旅行にさそわれているようなとき。

ウ　研吾のためにハート型のお守りの石を作っているとき。

エ　研吾の病院とここが離れている上にもう夜も遅いとき。

問2　傍線部a～cの中に含まれる「ような・ようだ」について、次のどの働きと言えるか。それぞれ、最も適当なものを、次の選択肢より一つずつ選び、記号で答えなさい。

ア　同類中の一つの具体例として示す。

イ　性質・状態が他の事物に似ている意を表す。

ウ　一定の根拠をもった不確かな断定・推定を表す。

エ　以前の状態から変化した結果としての状態を表す。

問3　傍線部②「かすかに笑ってこたえなかった」、③「なぜか父は深くうなずいた」とあるが、これらの表現から分かる父の思いについて、最も適当なものを、次の選択肢より一つ選び、記号で答えなさい。

ア　研吾の手術が済んだら、自分と研吾の思い出の富士川の石を届けに行こうと楽しみにしている。

イ　自分の命は三日持たないことを自覚して、研吾とはもう会えないことを寂しく思い詰めている。

ウ 研吾の手術の日を確認することで、自分が研吾の身代わりになって死ぬことを決意している。

エ あと三日経てば研吾は元気な姿に戻ることができるので、自分も一緒に頑張ろうと励みにしている。

問4 傍線部④「志津子は泣き笑いの顔でいった」、⑤「母の須美も涙が落ちるのもかまわずに笑っていた」とあるが、このようなときに二人が笑ったのはなぜか。最も適当なものを、次の選択肢より一つ選び、記号で答えなさい。

ア 家族がばらばらになると思って不安だったけれど、今回の病気があってこそ寄り添うことができたから。

イ とめどもなく涙がこぼれて止まらない状態の顔を、親子で互いに確認し合って場違いのおかしさを感じたから。

ウ たくさんの涙があとからあとからにじみ出るのは生まれて初めてのことで、とても不思議な体験をしたから。

エ 家族が病気というとても悲しい状況ではあるが、親子で同じ辛さを抱えた者同士として心が通じ合っているから。

問5 傍線部⑥「今日に限っては絶対むこうに連れてはいかせない」とあるが、こう思った志津子の心情として、最も適当なものを、次の選択肢より一つ選び、記号で答えなさい。

ア 研吾の手術が成功したとしても、いつか一人で死んでいくような境遇にはさせたくないという思い。

イ 人はいつかは死ぬ運命であるが、今日の手術によって研吾が死ぬようなことはさせないという思い。

ウ 人が死ぬ時には一人だが、今の研吾には家族である自分たちがいるので一人にはさせないという思い。

エ 研吾が手術中に一人で命を落としてほしくないので、できれば手術室にはいかせたくないという思い。

問6 傍線部⑦「自分がどこにいるのかわからなくなった」とあるが、この表現とよく似た、志津子の心情を表した一文を十字以上、十五字以内で抜き出して書きなさい。

問７　傍線部⑧「悲しみも恐怖も怒りも感じさせない、秋の日ざしのような声である」とあるが、このときの母の心情を二十字以上、二十五字以内で説明しなさい。

解答編

英語

1 **解答** 問1．エ　問2．イ　問3．ア　問4．イ
問5．2番目：エ　4番目：ウ　問6．ア
問7．イ・オ（順不同）

解説 ≪アメリカ人の食事に含まれる塩分が多い≫

問1．「アメリカは塩分の高い食べ物と恋愛関係にある」と訳せるが，これはつまりアメリカ人が塩分の高い食べ物をひどく好むという意味である。love affair「情事（恋愛に関する事柄）」 be fond of～「～を好む」

問2．第4段第1文（Guidelines say a…）は「（政府が出した）ガイドラインによると，健康的な食事は…」と始まっており，空所の直後には「1日2,300ミリグラムの塩」とあるので，「ガイドラインによると1日当たりの塩分の摂取量は2,300ミリグラムを超えるべきではない」とするのが適切である。よって，イのnot more thanが正しい。

問3．第2段第5文（More than 4…）や続く第6文（Six in ten…）ではアメリカ人の中でかなりの割合の人が塩分の摂取が多すぎて高血圧になっていることが読み取れる。第4段第1文（Guidelines say a…）によると1日の塩分の摂取量の目安は決められているが，この高血圧の人の割合を見ると多くの人がその基準を超えて塩分を摂取していると考えられる。選択肢の中でアの「2倍」のみが基準を超えていることを表すのでこれが正解となる。one-third「3分の1」 a quarter「4分の1」

問4．「我々の体は塩分を保有してカリウムを排出する」とすると文脈に合うのでイのofを選ぶ。get rid of～「～を取り除く」

問5．正しい語順はto <u>see</u> how <u>much</u> saltである。下線部直後の部分も含めてhow much salt there is in the foods「食べ物の中にどれくらい多くの塩が入っているか」という間接疑問文の形に気づきたい。また，この間接疑問文がseeの目的語であると考えるとto seeがこの前に入ること

がわかる。how much の後に名詞を続けることにも注意したい。

問6．「柑橘類の果汁や，唐辛子，そしてほかのハーブやスパイスが塩味の不足を補うことができる」という内容なので make up for ～「～を補う，～の埋め合わせをする」という熟語をつくる。アの for が正しい。

問7．第2段第5文（More than 4 …）に「アメリカ人の成人の10人に4人より多い割合の人々が高血圧の症状を有する」と述べられている。イの「アメリカの白人（成人）」という部分が本文と一致しないのでイが正解である。また，第9段第1文（Experts do not …）に「専門家はすべての塩分を一度になくそうとはしていない」とあるのでオの「完全にゼロ」はこの内容と一致しない。

2 **解答** 問1．イ　問2．エ　問3．2番目：ア　4番目：オ
問4．イ　問5．ア　問6．イ　問7．ウ　問8．エ

解説 ≪幸せに長生きする方法≫

問1．「よいサポート体制があなたの人生にさらなる年月を加える」という内容なので，イの to を入れる。add *A* to *B*「*A* を *B* に加える」

問2．第2段第1文（Women spend more …）に「女性は友人や家族とより多くの時間を過ごす」とあり，続く第2文（That is why …）に「そういうわけで女性はより長生きする」とある。つまり，友人や家族と時間を過ごすことが人を長生きさせるということが述べられている。同段第3文（Texting, emails or …）に文章やメール，電話では「その仕事」ができないと書かれていることから，「その仕事」というのはエの「人を長生きさせること」である。

問3．正しい語順は have no one to talk である。下線部③の直前に主格の代名詞 they があることからまず動詞となる have をおく。have は他動詞であるので，その目的語として no one を続け，それを不定詞 to talk to が修飾すると考える。they have no one to talk to で「彼らには話しかける人が誰もいない」の意。

問4．英文の冒頭に太字で書かれているように対面での交流が長生きへ導く（＝健康によい影響を及ぼす）と述べられていることから，空所④にはイの off を入れ，「いつスマートフォンをオフにしておくべきかわかっていることで人生を豊かにすることができる」という意味にすべきだと考える。

turn off ～「～を切る」

問5．第5段第5文（Scrolling on your …）に「電話の画面をスクロールすることには終わりがない」とあり，同段第7文（Read a book …）には「本を読んだり映画を観たりしよう」とあることから，延々と続くものを見るのではなく，始まりと終わりがきちんとあるものを見たほうがよいという文脈であると読み取れる。よって，アが正解となる。

問6．not *A* but *B* で「*A* ではなく *B*」という意味の表現。*A* と *B* は形がそろっていることが多い。空所⑥の直前に not a lack of happiness とあるが，not の後の a lack of が空所⑥の後にもあることに気づくと not *A* but *B* の形により一層気づけたかもしれない。「専門家によると，我々を悲しくさせるものは，幸せの欠如ではなく人生の意味の欠如である」

問7．空所⑦を含む段落の冒頭に Purpose「目的」とある。これは第8段第3文（She said there …）にあるように，1人の専門家が言った我々の人生における意義の形の4つのうちの1つである。空所⑦を含む英文は「仕事を休むことや失業は（ ⑦ ）な自尊心につながることがある」という意味になる。こういった目的のない状況では自分に大きな自信が持てないと考えられるので空所にはウの less が入る。

問8．空所⑧を含む英文の直前に「それはあなた個人の物語だ」とあることから，自分自身が自分の物語つまり人生を創ると述べられていることがわかる。よって，空所には同じ内容を言い換えて「我々が我々の物語の筆者である」と物語を書く人物を表すエの author が入ると考えられる。

3 解答 ①―ウ ②―ウ ③―イ ④―ア ⑤―ア ⑥―エ

解説 ①be being *done* の形で「～されている最中だ」の意。空所を含む英文は「ちょうど今事務所は掃除してもらっているところだ」という意味になる。

②1文目に got married「結婚した」と過去形で述べられているので，空所には過去形の一般動詞の代動詞となる did が入る。

③How long does it take to *do*?「～するのにどれくらい時間がかかりますか」

④1文目に「ダイアナも私も何も食べなかった」とあることから判断する。

「いずれもおなかが減っていなかった」となる。neither of～「～のうちの両方とも…ない」

⑤空所の直前にカンマがあることから，関係詞の非制限用法であることがわかる。recommended は他動詞であるので，recommended の後にあった代名詞 it が関係代名詞 which に変わって先行詞 the New Grand Hotel の直後に移動したと考える。非制限用法では that を用いることはできない。

⑥if 節内に were があることから仮定法過去であると判断する。この場合，主節には助動詞の過去形をおく必要がある。

4 解答　①―イ　②―イ　③―エ　④―ア　⑤―ウ　⑥―ア

解説　①be used to *doing*「～することに慣れている」「リサは左ハンドルの運転に慣れていなかった」

②It is～for *A* to *do* の形と判断してアを選びたいところではあるが，it is の後に本問にあるような nice など「人の性質」を表す形容詞がある場合は for ではなく of を用いる。「空港まで私を連れて行ってくれるとはあなたは親切でした」

③use *A* as *B*「*A* を *B* として使う」 workshop「作業場」「我々は駐車場を作業場として使っています」

④reason for～「～の理由」「誰もバスの遅れの理由を知らなかった」

⑤be independent of～「～から独立している」「リンダは経済的に両親からは独立している」

⑥turn out to be～「～だとわかる」「最初は誰もサマンサを信じなかったが，彼女が正しいことがわかった」

数学

I　解答　≪小問4問≫

問1．4個　問2．2400円　問3．$\frac{1}{3}<a\leqq\frac{2}{3}$

問4．$y=-2x^2+5x-1$

II　解答　≪小問2問≫

問1．ア．$2\sqrt{6}$　イ．$2\sqrt{3}$

問2．(1)―①　(2)―②　(3)―③　(4)―②　(5)―①

III　解答　≪データの代表値≫

平均点：71点　中央値：71点　最頻値：52点

IV　解答　≪場合の数≫

28通り

V　解答　≪円周角の定理，接線と弦のつくる角≫

問1．ア．38°　イ．107°　問2．ウ．30°　エ．75°

VI　解答　≪条件を満たす整数の決定≫

79

国語

一

解答

問1　①安易　②契機　③新陳　④臨　⑤催
⑥かんきゅう　⑦たくえつ　⑧みとう　⑨いただ（いた）　⑩つらぬ（いた）

問2　①―×　②―○　③―×　④―○　⑤―×

二

出典　栗田昌裕『栗田式記憶法ハンドブック―全公開・頭脳活性化ノウハウ』（PHP研究所）

解答

問1　Ⅰ―イ　Ⅱ―ウ　Ⅲ―ア

問2　電話番号のように三桁四桁四桁に区切って表示する。（二十字以上、二十五字以内）

問3　覚える内容～きたりする（もの）

問4　a―ウ　b―エ　c―イ　d―ア

問5　ウ

問6　イ

問7　x―ウ　y―イ

問8　ア―×　イ―○　ウ―×　エ―○　オ―○

解説　問1　ウの冒頭の「何かを記憶するときにも同様で」はイの内容をうけているので、イ→ウの順になる。アがその前にくるか後にくるかだが、Ⅲの直後の「そこで、料理で食材を食べ頃の大きさにカットする」はアの「あまり大きな食物は食べにくい」をうけているので、Ⅲにはアが入る。したがって、イ→ウ→アの順に入れるのがよい。

問2　携帯電話番号の例がまさしく傍線部の内容をよく表している。

問3　五つ後の段落に「記憶の第二の側面をまとめると」とあることに着目する。「覚える内容に、『意味』や『法則』が見い出せたり、自然な『連想』ができたりする」と記憶しやすくなる、とまとめられている。

問4　a、「そのままでは意味がない」「丸暗記」から「呪文」が適切。b、Aと比べると、Bは普通に理解できる言葉なので、「普通の日本語」とする。c、直前に漢字仮名交じりの表現が書かれている。d、「交わされる」

に合うのは「会話」である。

問5 傍線部の後に、〈一夜漬けの記憶はまず短期記憶の倉庫に入るが、その後に長期記憶の倉庫に移動するため思い出せなくなる〉と書かれている。

問6 傍線部の四つ後の段落に、「大脳皮質を用いて『頭で覚える』場合とは少し異なった領域を用いている」と書かれている。

問7 yの直前に「口や手を用いて」とあり、yは「体で覚える」が適切。xはこれと対比的な内容が入る。

問8 アは本文に書かれておらず、ウは「想起力」だけでなく三つの力すべてが大事だと本文に書かれており、いずれも不適当。

三

出典 石田衣良「ハートストーン」（『約束』角川文庫）

解答

問1 ア

問2 a―ウ b―イ c―エ

問3 ウ

問4 エ

問5 イ

問6 足元が妙にふわふわと軽い。

問7 夫の言動から孫の生還、回復を確信して安心している。（二十字以上、二十五字以内）

解説 問1 父繁治は孫研吾の手術直前に自分が倒れて迷惑をかけてしまっていることに対して、「すまん」と述べている。

問2 aは父の様子から、〈何かを手にもっている〉と推定している。bは直喩で、雲を白い砂にたとえている。cは、変化した結果、未来にこうなるという状態を表している。

問3 二つの傍線部は、後の場面で母須美が研吾の入院している病院にやってきて話をすることの伏線となっている。

問4 二人ともが「同じ状況」になってしまったことに対しての反応である。

問5 傍線部の直前から整理すると、〈人はひとりで死んでいくものであるが、今研吾を死なせるわけにはいかない〉という志津子の心情が読み取れる。

問6　父の死を知らされてショックを受けている表現を探す。

問7　これまでも繁治の言動を信じてきた母は、孫の手術も成功するにちがいないと確信し、安心した心情になったのである。

■大和大学・白鳳短期大学：一般選抜前期A日程

問題編

▶試験科目・配点

【大和大学：一般選抜前期A日程】

学部		教科	方式	科目	配点
情報（スタンダード3科目型）	文系方式	英語	マーク	コミュニケーション英語Ⅰ・Ⅱ・Ⅲ，英語表現Ⅰ・Ⅱ	100点
		数学	マーク	数学Ⅰ・Ⅱ・A・B	100点
		国語	マーク	国語総合（古文・漢文を除く），現代文B	100点
	理系方式	英語	マーク	コミュニケーション英語Ⅰ・Ⅱ・Ⅲ，英語表現Ⅰ・Ⅱ	100点
		数学	マーク（一部記述）	「数学Ⅰ・Ⅱ・A・B」または「数学Ⅰ・Ⅱ・Ⅲ・A・B」	100点
		理科	マーク	「物理基礎・物理」，「化学基礎・化学」，「生物基礎・生物」から1科目選択	100点
社会・政治経済		英語	マーク	コミュニケーション英語Ⅰ・Ⅱ・Ⅲ，英語表現Ⅰ・Ⅱ	100点
		選択	マーク	「地歴・公民（日本史B，世界史B，政治・経済から1科目選択）」，「数学Ⅰ・A」，「国語総合（古文・漢文を除く），現代文B」から2科目選択	200点（各100点）
理工（スタンダード3科目型）	数理科学・電気電子工学・機械工学	英語	マーク	コミュニケーション英語Ⅰ・Ⅱ・Ⅲ，英語表現Ⅰ・Ⅱ	100点
		数学	マーク（一部記述）	数学Ⅰ・Ⅱ・Ⅲ・A・B	100点
		理科	マーク	「物理基礎・物理」，「化学基礎・化学」から1科目選択	100点

理工(スタンダード3科目型)	情報科学・建築学	英　語	マーク	コミュニケーション英語Ⅰ・Ⅱ・Ⅲ，英語表現Ⅰ・Ⅱ	100点
		数　学	マーク(一部記述)	「数学Ⅰ・Ⅱ・A・B」または「数学Ⅰ・Ⅱ・Ⅲ・A・B」	100点
		理　科	マーク	「物理基礎・物理」，「化学基礎・化学」，「生物基礎・生物」から1科目選択	100点
教育	初等幼児教育	英　語	マーク	コミュニケーション英語Ⅰ・Ⅱ・Ⅲ，英語表現Ⅰ・Ⅱ	100点
		選　択	マーク	日本史B，世界史B，政治・経済，「数学Ⅰ・A」，「物理基礎・物理」，「化学基礎・化学」，「生物基礎・生物」から1科目選択	100点
		国　語	マーク	国語総合（古文・漢文を除く），現代文B	100点
	国語教育	英　語	マーク	コミュニケーション英語Ⅰ・Ⅱ・Ⅲ，英語表現Ⅰ・Ⅱ	100点
		選　択	マーク	日本史B，世界史B，政治・経済，「数学Ⅰ・A」から1科目選択	100点
		国　語	マーク(一部記述)	国語総合（漢文を除く），現代文B，古典B（漢文を除く）	200点
	数学教育	英　語	マーク	コミュニケーション英語Ⅰ・Ⅱ・Ⅲ，英語表現Ⅰ・Ⅱ	100点
		数　学	マーク(一部記述)	「数学Ⅰ・Ⅱ・A・B」または「数学Ⅰ・Ⅱ・Ⅲ・A・B」	200点
		選　択	マーク	「物理基礎・物理」，「化学基礎・化学」，「生物基礎・生物」，「国語総合（古文・漢文を除く），現代文B」から1科目選択	100点
	英語教育	英　語	マーク(一部記述)	コミュニケーション英語Ⅰ・Ⅱ・Ⅲ，英語表現Ⅰ・Ⅱ	200点
		選　択	マーク	日本史B，世界史B，政治・経済，「数学Ⅰ・A」から1科目選択	100点
		国　語	マーク	国語総合（古文・漢文を除く），現代文B	100点

保健医療	英　語	マーク	コミュニケーション英語Ⅰ・Ⅱ・Ⅲ，英語表現Ⅰ・Ⅱ	100点
	選　択	マーク	「数学Ⅰ・A」，「理科（『物理基礎・物理』，『化学基礎・化学』，『生物基礎・生物』から1科目選択）」，「国語総合（古文・漢文を除く），現代文B」から2科目選択	200点 （各100点）

【白鳳短期大学：一般選抜前期】

専　攻	教　科	科　　目	配　点
こども教育	選　択	「コミュニケーション英語Ⅰ・Ⅱ・Ⅲ，英語表現Ⅰ・Ⅱ」，「数学Ⅰ・A」，「国語総合（古文・漢文を除く），現代文B」，「小論文（当日与えるテーマに対して800字以内で論じる）〈省略〉」から1科目選択	100点
	面　接	約10分	50点
リハビリテーション学・看護学	選　択	「コミュニケーション英語Ⅰ・Ⅱ・Ⅲ，英語表現Ⅰ・Ⅱ」，「数学Ⅰ・A」，「理科（『物理基礎・物理』，『化学基礎・化学』，『生物基礎・生物』から1科目選択）」，「国語総合（古文・漢文を除く），現代文B」から2科目選択	計200点 （各100点）
	面　接	約10分	50点

▶入試方式

〔大和大学：一般選抜前期A日程〕

- 情報（文系方式）・社会・政治経済・保健医療学部：スタンダード3科目型と2科目型がある。情報（文系方式）学部の2科目型は，スタンダード3科目型で受験した「数学」＋「英語または国語のうち高得点1科目」の合計2科目，その他の学部の2科目型は，スタンダード3科目型で受験した「必須科目」＋「選択科目のうち高得点の1科目」の合計2科目を合否判定に使用する方式で，同日程のスタンダード3科目型に出願する場合のみ出願可能である。
- 情報（理系方式）・理工学部：スタンダード3科目型のほか，数学重視型・理科重視型がある。数学重視型は数学の配点が200点，その他の科目が各100点の計400点満点，理科重視型は理科の配点が200点，その他の科目が各100点の計400点満点で合否判定する方式で，同日程のスタンダード3科目型に出願する場合のみ出願可能である。

〔白鳳短期大学：一般選抜前期〕

- リハビリテーション学・看護学専攻：上表の「2科目型（必須受験）」のほかに「1科目型（希望者選択受験）」があり，2科目型の受験科目の中で高得点科目を200点満点として評価する。

▶備　考

- 一般選抜前期A日程は試験日自由選択制。1月25日，1月26日，1月27日の3日間のうち，1月25日実施分を掲載している。白鳳短期大学は1月26日の実施だが，出題傾向は1月25日のマーク方式の問題と同一である。
- 英語は聞き取り試験は含まない。
- 「数学B」は「数列・ベクトル」から出題する。
- 英語外部試験のスコア・資格に応じて換算した「英語」の得点で合否判定を受けることができる英語外部試験利用制度がある。
- 白鳳短期大学の面接の形式は出願状況により試験当日の面接試験の説明時に，個人面接，集団面接（ディスカッション型ではない）のいずれを実施するか発表する。

英語

◀情報・社会・理工・政治経済・教育（英語教育除く）・保健医療学部・短期大学▶

（短期大学（リハビリテーション学・看護学）　2科目120分
その他　1科目　60分）

1 次の問1～問5の英文の空欄 [1] ～ [5] に入る最も適切なものを，①～④から1つずつ選び，解答欄にマークしなさい。

問1 [1] for art, our life would be boring.

① And　② But　③ Or　④ Nor

問2 Some people say country life is [2] to city life.

① better　② best　③ senior　④ superior

問3 I regret what I've done to you. I owe you an [3].

① apology　② appeal　③ appointment　④ appreciation

問4 Learning English can be [4] to climbing a mountain with a high summit.

① combined　② commanded　③ compared　④ communicated

問5 My grandfather has not been feeling well [5].

① late ② lately ③ later ④ lastly

2 次の問1～問6の英文の空欄 [6] ～ [11] に入る最も適切なものを，①～④から1つずつ選び，解答欄にマークしなさい。

問1 This book is the second oldest [6] in this library.

① it ② one ③ something ④ that

問2 The town [7] the singer was born in 1997 is Sapporo.

① where ② which ③ who ④ whose

問3 Write down a list of the things you need for the trip. [8], you might forget to buy some things.

① As a result ② In addition ③ Otherwise ④ Therefore

問4 My teacher suggested [9] English grammar.

① me study ② me to study ③ my study ④ my studying

問5 It's a pity the brochure [10] printing mistakes. You should have checked the original draft more properly.

① abounds with ② argues against ③ deals with ④ stands for

問6 An official at a major cereal producer says many buyers are women [11].

① by the 20s and 40s ② over the 20s and 40s

③ per their 20s to 40s　　④ in their 20s to 40s

3 次の問１～問５の会話文の空欄 [12] ～ [16] に入る最も適切なものを，①～④から１つずつ選び，解答欄にマークしなさい。

問１ *A*: Is it all right if I get up, doctor?

B: No. [12] In another couple of days, you can start to walk around and get some exercise.

A: Thanks.

① It's never too late.　　② Not once again.

③ Never again.　　④ Not right now.

問２ *A*: I'd like to rent a car for five days.

B: Okay. [13]

A: A subcompact would be fine.

① What kind of model would you like?

② Do you have a credit card?

③ Would you like an automatic car?

④ Do you have a valid driver's license?

問３ *A*: Ron, you're late again, though you promised me not to. We've got to wait 30 minutes for the next train.

B: Sorry, my alarm clock didn't work...

A: I won't accept that silly excuse!

B: Oh, [14]

① please give me a break this time!

② please give me my ticket for the train!

③ I'll buy an elaborate clock!

④ I'll show you around by taxi!

問 4 *A*: That meal was superb, Karen!

B: Glad you liked it. I've been taking Japanese cooking classes.

A: It tasted better than the food at most restaurants I've been to.

B: Thanks. It's hard to get the right ingredients around here, though. I have to [15]

① ask a chef for much advice on how to cook.

② get everything in advance by ordering online.

③ read through all the recipes again and again.

④ show my methods and processes on YouTube.

問 5 *A*: Sharon, my computer isn't working properly. I think it has caught a virus.

B: [16] You know, the maintenance tasks to keep your computer running well.

A: I don't know how to do them.

B: It's easy. I will show you later.

① Didn't you buy a new computer?

② May I contact a computer expert for you?

③ Have you been doing your updates?

④ Would you like to get a vaccine injection?

4　次の英文を読み，問1～問6に答えなさい。 17 ～ 22

Have you ever walked into a room only to forget what you needed? Or opened the pantry only to forget what food you were looking for? I have these forgetful moments daily. [①]

I am (2a) to start my mid-semester break which sounds exciting. But first, I have mid-semester exams. Yuck! With the amount of time I have spent studying, I have found myself forgetting (2b) everything else I have to do. So it got me thinking, what is the science behind forgetfulness? Is there a reason I am forgetting every little thing at the moment? [②]

Maybe my brain can not handle so much information at one time, or maybe I am just a forgetful person. Psychologist Hermann Ebbinghaus found in his research that within approximately 20 minutes of reading a paper, people often don't remember (2c) 42% of what they learned or read. Within one hour people can forget up to 56%.

Although there is no one reason for forgetfulness, there are 3 common explanations. The first is retrieval failure which is the inability to recall a memory without some kind of reminder. The second reason for forgetfulness is (3) <u>inference</u>. This happens when similar thoughts or memories get confused. The last is ineffective coding which is where you simply fail to move the information from your short term to your long term memory. [③]

However, scientists say that forgetting may actually be the brain's (4) for processing incoming information. Our brain is not a filing cabinet to remember everything but a computer for making smart decisions. [④]

Hopefully, my brain will kick itself into gear and remember some things during my exams though...

問1　次の文が入る最も適切な場所を [①] ～ [④] から1つ選び，解答欄にマークしなさい。 17

When you happen to forget something, you may well try and guess which reason the memory mistakes fall into.

問2　文脈に応じて，(2a) ～ (2c) に共通して入る最も適切なものを，①～④から1つ選び，解答欄にマークしなさい。 18

① about　　② more　　③ only　　④ rather

問3　下線部(3)の具体例を示す文として最も適切なものを，①～④から1つ選び，解答欄にマークしなさい。 19

① You can't remember what job your mum asked you to do before she went out and only remember when you hear her come home.

② You meet someone new and you are so busy trying to make a good first impression that you forget their name.

③ You order an ice cream but the server mixes up your flavor with the flavor of the person before you.

④ You fail to remember the name of a certain singer but when one of their songs comes on, you suddenly remember it.

問4 （ 4 ）に入る最も適切なものを①～④から1つ選び，解答欄にマークしなさい。 20

① disease　② idea　③ object　④ strategy

問5 本文の内容と一致するものを，①～④から1つ選び，解答欄にマークしなさい。 21

① The writer is a student who spends a large amount of time studying the human brain for exams.

② According to research, people can forget more than half of what they learned or read within one hour.

③ Scientists say that our brain is like a computer which can file everything.

④ The writer is so confident of his memory that he doesn't study at all for exams.

問6 本文のタイトルとして最も適切なものを，①～④から1つ選び，解答欄にマークしなさい。 22

① I Am a Forgetful Person　② Science behind Forgetfulness

③ Three Mysteries of Forgetfulness　④ Being Forgetful during Exams

5　次の英文を読み，問1～問3に答えなさい。 23 ～ 28

Quaker, a 3-year-old German shepherd, is now a listening post for younger readers at Westport's public library in New Zealand. Owner Mr Gregg Quinn, a 66-year-old former journalist, said Quaker is well (1) to the role. "She is very laid back. She loves kids and she loves people. I think it's quite soothing for her to lie there and listen to the kids read. Also, I'm right there with them."

①

Quaker has been a regular at the library since she was a pup. "She would come to the library with me and got used to it. I'd sit down and read the newspapers and she'd just lie there and sit by me for the next two hours."

②

He said the dogs had been allowed in the library because there was no formal policy around whether they could or could not be there. "You'd get people there with their little dogs in their hand basket and older people with their wheelchair carts with their little dog, and it was good.

Just at that time, the library management wanted to introduce the *Reading to Dogs* service, a national literacy development program that involves children reading to dogs. The district librarian Clenda Wockner said several libraries in New Zealand and overseas run a 'reading to dogs' program. "The rationale behind this is that a child who is having difficulty mastering reading is likely to see an increase in confidence when able to practice reading aloud." She said a University of California study found that children who read aloud to a dog once a week for 10 weeks, showed a 12 percent increase in reading fluency.

③

In a while, Mr Quinn was invited to take part in the *Reading to Dogs* service with Quaker. "It apparently now means Quaker is hired as a member of staff, which means she's allowed in Westport's public library," he said.

Before being allowed the job, Quaker had to pass a set of quite stringent tests, including being assessed by the dog control officer who watched her interact with the children and adults.

④

Ms Wockner said dogs were great teachers because they listen carefully and let children go at their own pace which increases relaxation in the reader. "It is an opportunity to associate reading with something which is a（　3　）rather than a feared task. Dogs do not judge, criticize or laugh at mistakes."

問1　（　1　）と（　3　）に入る，最も適切なものを①～④からそれぞれ1つずつ選び，解答欄にマークしなさい。 23 24

（　1　） 23

① subject　② suited　③ superior　④ sustained

（　3　） 24

① pain　② paradox　③ pleasure　④ preservation

問2　次の段落が入る最も適切な場所を ① ～ ④ から1つ選び，解答欄にマークしなさい。 25

One day, though, a woman said to him, "What's your dog doing in here?" Such a complaint was made to the dog control officer, who was then forced to act. "Coming to the library was banned, and I was quite upset, as were the others," said Mr Quinn.

問3　次の(4)～(6)の各文の内容が本文と一致するよう空所に入る最も適切なものを，それぞれ①～③から1つずつ選び，解答欄にマークしなさい。

26 27 28

(4) Quaker, a 3-year-old German shepherd, 26

① is a listening post for customers who ask some questions about books at Westport's public library in New Zealand.

② after passing a set of strict tests for checking how she will interact with the children and adults in the library, plays a role of listener for the kids reading.

③ listens to the young readers carefully and can judge whether their readings are well done or not.

出典追記：Banned dog now library 'staff member', Radio New Zealand on November 25, 2017 by Tracy Neal

(5) Mr Gregg Quinn, a 66-year-old man, [27]

① reported on the 'reading to dogs' program at Westport's public library in New Zealand as a retired journalist.

② regularly sits down at the library and reads the newspaper for two hours with his pet waiting for him outside.

③ was asked to participate in the 'reading to dogs' program at Westport's public library as the owner of Quaker.

(6) Ms Clenda Wockner, the district librarian, [28]

① thinks dogs are suitable for a 'reading to dogs' program in which they listen carefully to children reading at their own pace.

② found through her own experience that children who read aloud to a dog regularly increase in reading fluency rapidly.

③ doesn't want to introduce a 'reading to dogs' program because there are many people who object to allowing pets in the library.

6 次の問1～問5の日本語に合うよう，与えられた語（句）を並べ替えて英文を完成させるとき，空欄 29 ～ 38 に入るものを，それぞれ①～⑤から1つずつ選び，解答欄にマークしなさい。

問1 私にとってアイデンティティとは，自分を他の誰とも同じにさせないものだと思う。

I think my identity is ＿＿ [29] ＿＿ [30] ＿＿ to anybody else.

① being　② identical　③ me from
④ prevents　⑤ what

問2 子供の頃の出来事が，その後の人生にいかに影響するかには驚くべきものがある。

It is amazing ＿＿ [31] ＿＿ [32] ＿＿ the rest of one's life.

① how things　② will affect　③ one's childhood
④ that happen　⑤ in

問3 映画館ではちょっとの間，暗闇に目を慣れさせなければならない。

In the cinema, you have to ＿＿ [33] ＿＿ [34] ＿＿ the darkness for a moment.

① accustomed　② your eyes　③ let
④ to　⑤ get

問4　あとは実行あるのみだ。

All ______ [35] ______ [36] ______ practice.

① left　② into　③ is to

④ put it　⑤ that's

問5　ロシアのウクライナへの軍事侵攻を止めるには，何ができるのか。

What can we ______ [37] ______ [38] ______ into Ukraine?

① stop　② Russia's　③ to

④ military invasion　⑤ do

◀教育（英語教育）学部▶

（90分）

1　次の問1～問15の空欄 [1] ～ [15] に入る最も適切なものを、それぞれ①～④から1つずつ選び、解答欄にマークしなさい。

問1　Jessica finally made the big time [1] her persistence.

① due to　　② in case of
③ instead of　　④ to the contrary

問2　The amusement park is [2] two kilometers of Suita Station.

① forward　　② within
③ until　　④ behind

問3　It is [3] to give any advice to Jimmy.

① usually　　② rarely
③ terminal　　④ useless

問4　This is [4] I first met you about twenty years ago.

① whose　　② up
③ where　　④ whenever

問5　Our teacher [5] that it would take only an hour to finish this task, but it was a wrong guess.

① continued　　② estimated
③ praised　　④ resumed

問6 When we dropped in at Candy's house, she was [6] in her room nor in the backyard.

① between ② when

③ not only ④ neither

問7 Natalie is planning to go [7] Hokkaido during her winter vacation.

① skiing in ② skiing to

③ to skiing in ④ to do skiing to

問8 The neighbors blamed the way the police officers [8] the case.

① performed ② handled

③ accompanied ④ accounted

問9 This month's wage was lower than most workers of the factory had [9] .

① worked ② looked

③ employed ④ expected

問１０ If Takeo hadn't ridden the bicycle when he was drunk, he [10] into an electric pole.

① would run ② wouldn't run

③ would have run ④ wouldn't have run

問１１ "I think our teacher is very [11] ."
"That's right. She wants us to study many more hours than we are willing to do."

① demanding ② kind

③ bright ④ generous

問１２ I decided to make a phone call to someone [12] passport I picked up on the street by chance.

① what ② which

③ of whom ④ whose

問１３ "Which dog of yours do you like better, *Koko* or *Maron*?"
"I like *Maron* better [13] that she is friendlier."

① to ② from

③ in ④ for

問１４ Hey, why did you ask such silly things to my friends? Stop [14] around the bush and tell me what you want me to do.

① beating ② doing

③ dancing ④ swinging

問１５ Many [15] from Japan arrived in the Hawaiian islands to begin new lives in the 19th century.

① substitutes ② immigrants

③ opponents ④ candidates

2 次の問１～ 問８について、与えられた語（句）を並べ替えて英文を完成させるとき、空欄 [16] ～ [31] に入る語（句）をそれぞれ１つずつ選び、解答欄にマークしなさい。

問１ 確認するために少し時間をもらえますか。

Please ____ [16] ____ ____ [17] ____ it out.

① time ② some ③ to
④ give ⑤ check ⑥ me

問２ あなたの頑張りは報われなかったけれど、それでも満足か。

Are you ____ [18] ____ ____ [19] ____ rewarded?

① your ② wasn’t ③ though
④ hard work ⑤ even ⑥ satisfied

問３ ほしいものがすべて手に入るなんて幸運に違いないね。

You must ____ [20] ____ ____ [21] ____ want.

① so lucky ② you ③ get
④ be ⑤ everything ⑥ to

問４ この新しい薬は厚生労働省にこの夏までに認可されているだろう。

This ____ [22] ____ ____ [23] ____ the Ministry of Health, Labour and Welfare by this summer.

① will ② approved ③ have
④ been ⑤ new drug ⑥ by

問５ ケンは最愛の家族であるネコのモフを失い立ち直れなかった。

Ken couldn’t ____ [24] ____ ____ [25] ____ family member, his cat *Mofu*.

① beloved ② over ③ of
④ the loss ⑤ get ⑥ his

問6　学者達はまだどれぐらいの作業が残っているのかを指摘した。

Scholars ＿＿ [26] ＿＿ ＿＿ [27] ＿＿ to be done.

① how　② remained　③ pointed
④ much　⑤ out　⑥ work

問7　研究者達はその商品が人気であることには多くの理由があると確信していた。

The researchers were ＿＿ [28] ＿＿ ＿＿ [29] ＿＿ for the product's popularity.

① there　② that　③ reasons
④ were　⑤ many　⑥ convinced

問8　この博物館への来場者の数は30%増加している。

The number of ＿＿ [30] ＿＿ ＿＿ [31] ＿＿ 30 percent.

① this museum　② by　③ increased
④ to　⑤ visitors　⑥ has

3

次の英文の空欄 [32] ～ [38] に入る最も適切な会話文を、それぞれ①～⑦から1つずつ選び、解答欄にマークしなさい。ただし、"I" や固有名詞を除き、文頭に来るべきものも小文字で始めてあります。同じ選択肢を繰り返し用いることはできません。

As always, Gramps was waiting for Marco to come out of school. "How you doing?" he called as Marco, heavy book bag on his back, walked out of the school doors into the cold January air. A boy was with him.

"Hi, Gramps," Marco said. " [32] ."

"Pleased to meet you," said Gramps. He held out his hand. Surprised, Nicky shook it.

Marco said, " [33] ." Marco was in sixth grade.

Without asking, only saying, "Hey, let me have that," Gramps eased the heavy book bag off Marco's back and slung it over his own shoulders.

"Somebody meeting you?" Gramps asked Nicky.

" [34] ," said Nicky.

Marco eyed Gramps to see how he would receive that information.

All Gramps said was, "Well, Marco's mom or dad drives him to school every morning, and I pick him up from school and walk him home. [35] , just the two of us. We're sort of like Batman and Robin."

"Oh," said Nicky.

"What do your parents do? " asked Gramps.

"My dad is a programmer. My mother is a musician."

"No kidding? What does she play? "

"She gives recorder lessons and plays the saxophone in a brass band."

"Saxophone," said Gramps. "It was invented by a Belgian, Adolphe Sax. The 1840s, I think. Isn't that great? Someone inventing a musical instrument, and [36]."

Marco turned to Nicky. "[37]."

"Pretty much," Gramps said good-naturedly.

Nicky eyed Gramps.

"He was in the Korean War," Marco explained. "Then a sailor, and went around the world a few times. Then a cowboy and a teacher. When my grandmother died, he moved in with us. My parents made our garage into an apartment. It's full of books, and he reads all the time."

"And I share everything I learn with Marco," added Gramps. "My only grandchild. You have grandparents?"

"[38]."

"Too bad," said Gramps. "Well, learn anything interesting today?" he asked Marco. To Nicky, he said, "Marco and I play this game walking home from school. He quizzes me about something he learned in class to see if I know it." To Marco, he said, "Come on, let's show him. Ask me something." Even as he asked his question, he took Marco's hand in his.

① Gramps knows everything
② he just got shifted into my class
③ I walk home by myself
④ since Marco's parents work late a lot, Marco and I often have dinner
⑤ this is Nicky, my new friend
⑥ they live far away
⑦ they named it after him

4 次の英文を読んで、後の問いに答えなさい。

マーク式 39 ～ 45 および記述式

著作権の都合上，省略。

Chicken Soup for the Soul at Work: Stories of Courage, Compassion and Creativity in the Workplace by Jack Canfield and Mark Victor Hansen, Chicken Soup for the Soul Publishing

マーク式解答問題

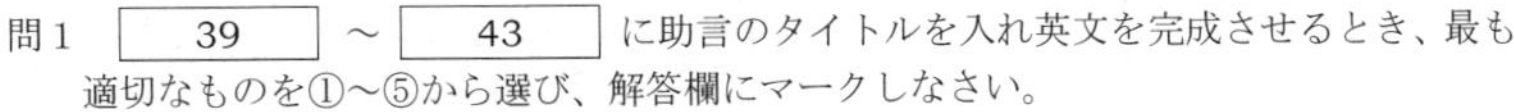

問1　[39] ～ [43] に助言のタイトルを入れ英文を完成させるとき、最も適切なものを①～⑤から選び、解答欄にマークしなさい。

① **Be honest.**
② **Break out of your routine.**
③ **Don't give up.**
④ **Do what makes you happy.**
⑤ **Never stop learning.**

問2　（　あ　）、（　い　）に語を入れ英文を完成させるとき、最も適切なものをそれぞれ①～④から選び、解答欄にマークしなさい。

（　あ　）[44]
① history
② future
③ death
④ fate

（　い　）[45]
① organ
② obligation
③ ornament
④ opportunity

記述式解答問題

問3　波線部ア **your true colors** が表すところを日本語で分かり易く説明しなさい。

5 次の英文を読んで、後の問いに答えなさい。
マーク式 46 ～ 53 および記述式

How many of us have at some point in our life ア declared 'OMG, I'm soooo depressed', when in fact we're just a bit *miffed about something? I'll admit it, when I was younger I used to *pipe up with this when I'd had a bad day, if someone had annoyed me or my parents had made what I considered a rubbish decision. But then, a few years later when I actually did have depression, I really tried hard to understand what イ it was all about.

So, how does ウ it start? What does it feel like? What's the difference between low mood and depression?

One of the trickiest mental health illnesses to describe and to spot is depression. You may have heard of it before on TV, in the news or from others talking about it. エ It's fair to say, though, that most people are still confused about what depression actually is and why it happens. When we don't understand something, it can make it harder to deal with and if we don't do something about it, it can get worse.

The easiest way to describe the difference between low mood and depression is to think of low mood as the warm-up act. Low mood can feel similar to feelings of depression, such as sadness, worrying thoughts, anxiety, tiredness, low self-esteem, frustration and anger. But unlike the slightly more serious 'depression', low mood tends to lift after a few days or weeks.

It's important to remember that depression isn't simply someone being 'a bit sad or miserable'. One of the most unhelpful things you can say to someone who is feeling depressed is 'cheer up' or 'pull yourself together'. Believe me, they would if they could—no one chooses to have low mood or to be depressed. It's just not as simple as plastering a smile on your face and pretending to be happy. But, there are a few quick fixes for 'catching' low mood before オ it sneaks into depression. These are some things that can usually resolve feelings of low mood: getting more [あ]; eating healthy, regular [い]; taking some time out; confronting any worrying or upsetting [う]; talking about any problems with someone you trust. These tactics can take your low feelings and '*nip them in the bud' and it's pretty spot-on advice. If, after a few weeks, the low feelings don't improve, or perhaps are even worse, it's possible that depression has decided to pay a visit. So, it's important not to ignore any negative feelings. Going to the doctor can be pretty scary, but doctors are there to help.

It can seem really unfair that some people experience mental health illnesses and others don't. Remember that mental health is something we all have, just like physical health. And, really, it makes sense that sometimes things happen that might make us feel unwell. When we feel *poorly physically, we rest and take medicine. When worrying or upsetting things happen, our mental health needs extra love and attention, too.

Some studies by medical professionals say that depression affects almost one in four young people under the age of nineteen. It doesn't matter if you're white, black, or green—anyone can feel unwell, mentally and physically, and there shouldn't be any embarrassment or weirdness around either.

Adults experience depression, too, but the scary reality is that first-time depression is happening in more young people than ever before. Now, I want to reassure you—**カ** this doesn't mean you're going to get depressed! But it can be really helpful to know why it happens, and recognize any signs in yourself or in others—just in case you can nip it in the bud.

Worrying about things and having off days is perfectly normal. **キ** It's important that you don't diagnose yourself with something that you think is happening. Instead, go with the flow, check in with yourself and ask yourself questions to work out if what you're feeling is just a *blip, or if it's something worth getting more support for.

Have a go at rating the following statements—Answer each statement for how you feel today. Rate yourself on how happy you're feeling about each particular thing:

1 = No way!　10 = Yes, definitely!

I am looking forward to today.	□
I want to hang out with my mates.	□
School is going well for me.	□
My home life makes me feel secure and happy.	□
I am feeling satisfied with life.	□
I sleep well.	□
I'm eating a healthy, regular diet.	□
I feel confident.	□
I like myself.	□
I can concentrate easily.	□

注　*miffed：不機嫌な　　*pipe up with：～を言い出す
*nip ～ in the bud：～の芽を摘む　　*poorly：具合が悪い
*blip：ささいなこと

マーク式解答問題

問 1　下線部**ア** 動詞 declare が意味するものとして、最も適切なものを、①～④から 1 つ選び、解答欄にマークしなさい。　46

① to admire something
② to say something quietly in an unclear way
③ to say that something is not true
④ to say something in a strong way

出典追記：How Not to Lose It by Anna Williamson, Scholastic Inc

問２　下線部イ～オの it がそれぞれ何を指しているのか、最も適切なものを①～⑤より選び、解答欄にマークしなさい。同じものを複数回選んで構いません。ただし、該当するものがない場合は⑥をマークすること。

イ：[47]　ウ：[48]　エ：[49]　オ：[50]

① depression
② decision
③ to understand
④ low mood
⑤ to deal with

問３　［あ］～［う］に語を入れ英文を完成させるとき、どの組み合わせが最も適切か。①～⑥から１つ選び、解答欄にマークしなさい。[51]

①	［あ］meals	［い］situations	［う］sleep
②	［あ］meals	［い］sleep	［う］situations
③	［あ］situations	［い］meals	［う］sleep
④	［あ］situations	［い］sleep	［う］meals
⑤	［あ］sleep	［い］meals	［う］situations
⑥	［あ］sleep	［い］situations	［う］meals

問４　本文の内容と一致する英文を①～⑥から２つ選び、解答欄にマークしなさい。但し、解答の順は問わないものとします。[52]、[53]

① When a friend of yours is really depressed, you should say to him or her something nice like, 'you can make it' or 'cheer up'.
② You may be able to improve your low mood by leading a healthy life.
③ If you have been feeling low for a few weeks, it could be the beginning of depression.
④ Scientists have discovered some people get depressed easily and others don't because human beings are equally created.
⑤ Depression doesn't affect you any more if you are over nineteen or physically matured.
⑥ It is no use rating yourself on your happiness; trust your instinct in judging whether or not you should consult a counselor.

記述式解答問題

問５　波線部カ this が指す内容を日本語で説明しなさい。

問６　波線部キを和訳しなさい。

日本史

（教育（国語教育）学部　1科目　60分）
（その他　　　　　　　　2科目 120分）

[1] 次の文章A～Cを読み、あとの問い（問1～9）に答えなさい。

A　磐井の乱は、[ア]前半に朝鮮半島南部へ出兵しようとした(1)ヤマト政権の軍の進軍を筑紫君であった磐井がはばみ、翌年、物部麁鹿火によって磐井が鎮圧された戦いである。この乱について詳細を記述した文献史料として(2)『日本書紀』があげられるが、その記述は潤色されたもので、反乱は実際にはなかったのではないかと考える研究者もいる。

問1　文章中の[ア]に入る時期として正しいものを、次の①～④のうちから一つ選びなさい。[1]

①　4世紀　　②　5世紀
③　6世紀　　④　7世紀

問2　下線部(1)に関連して述べた次の文a～dについて、正しいものの組み合わせを、あとの①～④のうちから一つ選びなさい。[2]

a　ヤマト政権は、各地に田荘とよばれる直轄地を設けた。
b　ヤマト政権は、渡来人を部とよばれる集団に編成した。
c　「好太王碑」によると、4世紀末にヤマト政権は百済と交戦していた。
d　『宋書』倭国伝によると、倭の五王は中国の南朝に朝貢していた。

①　a・c　　②　a・d
③　b・c　　④　b・d

問3　下線部(2)に関連して述べた次の文章中の[X]～[Z]に入るべき語句の組み合わせとして正しいものを、あとの①～④のうちから一つ選びなさい。[3]

『日本書紀』には、潤色されている箇所が散見されており、関連する議論として郡評論争がかつてあった。『日本書紀』では、646年の改新の詔により地方の行政単位として[X]が用いられたとあるが、一次史料（当事者がその時々に記した文献など）として[Y]から出土した木簡などの記述から、大宝令の施行以前は行政単位として[Z]の名称が使用されており、[X]や行政機構としての[X]司の名称は大宝令により成立したことがわかる。ゆえに『日本書紀』が記した改新の詔にある[X]司という行政機構の名称について、今日では信頼性がないものと考えられている。

①　X　－　評　　Y　－　藤原宮　　Z　－　郡
②　X　－　評　　Y　－　平城宮　　Z　－　郡
③　X　－　郡　　Y　－　藤原宮　　Z　－　評
④　X　－　郡　　Y　－　平城宮　　Z　－　評

B　藤原広嗣の乱は、8世紀半ばに北九州でおこった。(3)大宰府への左遷に不満のあった広嗣は、管轄下の兵を動員し、玄昉や イ を朝廷から除く名目で挙兵し、朝廷が派遣した軍と激突した。その結果、敗れた広嗣は逮捕され、のちに処刑された。この乱は、聖武天皇が ウ などへ居所をうつす原因となり、(4)鎮護国家思想の影響とも重なり国分寺の建立や東大寺の大仏造立のきっかけとなった。

問4　下線部(3)に関連して述べた次の文X・Yについて、その正誤の組み合わせとして正しいものを、あとの①～④のうちから一つ選びなさい。 4

X　律令制下において、大宰府には外交の窓口や南海道の諸国統轄という役割があった。

Y　政府の財政が困難になるなか、9世紀に大宰府の管内に直営田として公営田が設けられた。

①　X　正　Y　正　　②　X　正　Y　誤
③　X　誤　Y　正　　④　X　誤　Y　誤

問5　文章中の イ ・ ウ に入るべき語句の組み合わせとして正しいものを、次の①～④のうちから一つ選びなさい。 5

①　イ　－　高向玄理　　ウ　－　長岡京
②　イ　－　高向玄理　　ウ　－　恭仁京
③　イ　－　吉備真備　　ウ　－　長岡京
④　イ　－　吉備真備　　ウ　－　恭仁京

問6　下線部(4)に関連して奈良時代の仏教に関して述べた文として**誤っているもの**を、次の①～④のうちから一つ選びなさい。 6

①　遣唐使を通じ、現世利益を追求する密教が伝わり貴族社会に広まった。
②　神前読経や神宮寺の建立など、神仏習合の風潮が見られた。
③　大寺院を中心に教理研究が進み、南都六宗という学派が形成された。
④　鑑真により正式な戒律のありかたが伝わり、東大寺に戒壇が設けられた。

C　天慶の乱は、(5)10世紀におきた平将門の乱と藤原純友の乱の総称である。前者は、一族間の争いを機に将門がおこしたもので、関東を制圧して新皇と自称し、独自の勢力を築こうとしたが、 エ や藤原秀郷らに鎮圧された。後者は、伊予(6)掾をつとめたのちに瀬戸内海の海賊を率いた純友が、讃岐の国府や大宰府など西国各地を攻撃したもので、 オ や小野好古らにより平定された。

問7　下線部(5)の時期のできごととして正しいものを、次の①～④のうちから一つ選びなさい。 7

①　平城太上天皇の変　　②　安和の変
③　刀伊の来襲（入寇）　　④　阿衡の紛議

問8　文章中の[エ]・[オ]に入るべき語句の組み合わせとして正しいものを、次の①〜④のうちから一つ選びなさい。[8]

①　[エ] − 平貞盛　　[オ] − 源経基
②　[エ] − 平貞盛　　[オ] − 源頼義
③　[エ] − 平忠常　　[オ] − 源経基
④　[エ] − 平忠常　　[オ] − 源頼義

問9　下線部(6)の読み方として正しいものを、次の①〜④のうちから一つ選びなさい。[9]

①　かみ　　②　すけ
③　じょう　　④　さかん

[2]　次のA・Bの史料を読み、あとの問い（問1〜9）に答えなさい。

A　諸国の百姓、田稲を苅(か)り取るの後、其の跡に麦を蒔く。田麦と号して、領主等、件(くだん)の麦の所当を徴取すと云々。租税の法、豈然るべけんや。自今以後、田麦の所当を取るべからず。宜しく農民の依怙(えこ)たるべし。此の旨を存じ、(1)備後・備前両国の[ア]等に下知せしむべきの状、仰せに依て執達件の如し。

(2)文永元年四月廿六日　　武蔵守判
相模守判
因幡前司殿

（『新編追加』、原漢文）

問1　下線部(1)について、この旧国名は現在のある県の東部に概ねあてはまる。その県名として正しいものを、次の①〜④のうちから一つ選びなさい。[10]

①　兵庫県　　②　岡山県
③　広島県　　④　山口県

問2　史料A中の[ア]に入るべき語句として正しいものを、次の①〜④のうちから一つ選びなさい。[11]

①　国司　　②　御家人
③　守護　　④　名主

問3　下線部(2)について、この年号の時期に一度目の蒙古襲来がおきた。蒙古襲来とその影響について述べた次の文X・Yについて、その正誤の組み合わせとして正しいものを、あとの①〜④のうちから一つ選びなさい。[12]

X　文永の役の前に、鎮西探題が設けられて九州の御家人を統轄した。
Y　幕府は朝廷から非御家人の動員権を獲得し、全国政権としての性格を強めた。

①　X 正　Y 正　　②　X 正　Y 誤

③　X 誤　Y 正　　　④　X 誤　Y 誤

問4　史料Aの時期にみられる農業について述べた文として**誤っているもの**を、次の①～④のうちから一つ選びなさい。 13

①　草木灰などの自給肥料が用いられた。

②　輸入された大唐米が栽培された。

③　鉄製の農具や牛馬が耕作に用いられた。

④　日本の主な輸出品である綿が栽培された。

B　(3)正長元年九月　日条

一、天下の土民蜂起す。(4)徳政と号し、酒屋、 イ 、(5)寺院等を破却せしめ、雑物等恣(ほしいまま)にこれを取り、借銭等悉(ことごと)くこれを破る。(6)管領これを成敗す。凡(およ)そ亡国の基、これに過ぐべからず。日本開白(かいびゃく)以来、土民蜂起是れ初めなり。

(『大乗院日記目録』、原漢文)

問5　下線部(3)について、この元号が用いられた時期の幕府の将軍職は空位であった。この元号の改元とあわせて将軍になった人物として正しいものを、次の①～④のうちから一つ選びなさい。 14

①　足利持氏　　　②　足利義持

③　足利基氏　　　④　足利義教

問6　下線部(4)に関連して、中世の幕府が出した徳政令について説明したa～dの組み合わせとして正しいものを、あとの①～④のうちから一つ選びなさい。 15

a　鎌倉幕府が出した永仁の徳政令は、分割相続による所領の細分化によって困窮した御家人の救済を目的としたものであった。

b　鎌倉幕府が出した永仁の徳政令は、質流れした御家人の所領であれば例外なく取り戻すことができると規定したものであった。

c　室町幕府が出した徳政令には、幕府が手数料を徴収することによる収入の増加を目的としたものがあった。

d　室町幕府が出した徳政令には、史料Bに示されている土一揆の蜂起をきっかけとしたものがあった。

①　a・c　　　②　a・d

③　b・c　　　④　b・d

問7　史料B中の イ に入るべき語句として正しいものを、次の①～④のうちから一つ選びなさい。 16

①　問屋　　　②　土倉

③　馬借　　　④　見世棚

問8　下線部(5)に関連して、史料Bの一揆の蜂起がおきたのは、15 世紀である。15 世紀に創建された寺院として正しいものを、次の①～④のうちから一つ選びなさい。 17

① 相国寺　　② 天龍寺
③ 南禅寺　　④ 龍安寺

問９　下線部(6)に関連して、管領になる家として**誤っているもの**を、次の①〜④のうちから一つ選びなさい。 18

① 山名氏　　② 斯波氏
③ 細川氏　　④ 畠山氏

3　次の年表を見て、あとの問い（**問１〜９**）に答えなさい。

年代	できごと
1609	島津氏が琉球王国を攻め、(1)薩摩藩による琉球支配が始まる。
1616	中国船以外の外国船の来航を、長崎と ア へ限定する。
1633	(2)奉書船以外の海外渡航が禁止される。
1669	アイヌが首長のシャクシャインのもとで蜂起する。
1689	中国人居住地として唐人屋敷が完成する。
1711	イ が朝鮮通信使の接遇を簡素化する。
	↓(3)
1792	(4)ラクスマンが来航し、漂流民 ウ の送還と通商を要求する。
1825	(5)異国船打払令が出され、外国船の撃退が命じられる。
1837	打払令に基づき、 エ 商船のモリソン号が撃退される。
1858	大老井伊直弼のもとで、(6)安政の五カ国条約を調印する。

問１　下線部(1)について述べた次の文章中の X ・ Y に入るべき語句の組み合わせとして正しいものを、あとの①〜④のうちから一つ選びなさい。 19

> 薩摩藩は、琉球にも検地をおこなって X による農村支配を確立し、通商交易権についても掌握した。さらに、尚氏を琉球王国の王位につかせたうえで、独立した王国として中国との朝貢貿易を Y させた。

① X ― 貫高制　　Y ― 停止
② X ― 貫高制　　Y ― 継続
③ X ― 石高制　　Y ― 停止
④ X ― 石高制　　Y ― 継続

問２　年表中の ア ・ イ に入るべき語句の組み合わせとして正しいものを、次の①〜④のうちから一つ選びなさい。 20

① ア － 平戸　　イ － 柳沢吉保
② ア － 平戸　　イ － 新井白石
③ ア － 博多　　イ － 柳沢吉保
④ ア － 博多　　イ － 新井白石

問3　下線部(2)について、この奉書を出す江戸幕府の役職として正しいものを、次の①～④のうちから一つ選びなさい。 21

① 老中　　② 長崎奉行
③ 将軍　　④ 大老

問4　(3)の時期のできごとについて述べた次の文a～cが、年代の古いものから順に正しく配列したものを、あとの①～④のうちから一つ選びなさい。 22

a　南鐐二朱銀が鋳造された。
b　天明の打ちこわしがおきた。
c　足高の制が定められた。

① a → b → c　　② a → c → b
③ b → a → c　　④ c → a → b

問5　下線部(4)について、ラクスマンに与えた入港許可証を持って、1804年に長崎に来航した人物として正しいものを、次の①～④のうちから一つ選びなさい。 23

① シドッチ　　② ビッドル
③ レザノフ　　④ ゴローウニン

問6　年表中の ウ に入るべき語句として正しいものを、次の①～④のうちから一つ選びなさい。
24

① 高田屋嘉兵衛　　② 工藤平助
③ 大黒屋光太夫　　④ 最上徳内

問7　下線部(5)に関連して、この時期に将軍であった人物の政策について述べた次の文X・Yについて、その正誤の組み合わせとして正しいものを、あとの①～④のうちから一つ選びなさい。 25

X　江戸近郊の農村の治安悪化をうけて、関東取締出役を設けた。
Y　物価の上昇を抑制するために、株仲間の解散を命じた。

① X 正　Y 正　　② X 正　Y 誤
③ X 誤　Y 正　　④ X 誤　Y 誤

問8　年表中の エ に入るべき語句として正しいものを、次の①～④のうちから一つ選びなさい。
26

① イギリス　　② ロシア

③　アメリカ　　④　フランス

問9　下線部(6)について、この条約について述べた次の文X～Zについて、その正誤の組み合わせとして正しいものを、あとの①～④のうちから一つ選びなさい。 27

X　自由貿易を原則とする通商の開始を約した。

Y　下田と箱館の２港を開いて、領事の駐在を認めた。

Z　開港場に居留地を設け、外国人の国内旅行を禁じた。

①　X 正　Y 正　Z 誤　　②　X 正　Y 誤　Z 正

③　X 誤　Y 正　Z 誤　　④　X 誤　Y 誤　Z 正

4　次の文章Ａ・Ｂを読み、あとの問い（問１～９）に答えなさい。

A　犬養毅は、1855年に岡山県で生まれた。21歳で上京後、郵便報知新聞に寄稿し、1877年の(1)西南戦争に際し報知社より特派され、従軍記者として活躍した。尾崎行雄らと接点をもつなか、82年立憲改進党の創立に参加し、87年には(2)大同団結運動に参加、90年の最初の総選挙に岡山県より立候補して当選、その後の総選挙には毎回当選を果たした。1912年の第一次護憲運動では先頭にたって活動し、尾崎行雄とともに「憲政の神様」と称せられた。また対中国政策にも深い関心をもち、孫文の革命派の亡命の援助などをした。18年、寺内正毅内閣が設置した臨時外交調査会に参加し、これが政権接近への一つの転機となり、革新倶楽部を結成したのちには第二次 ア 内閣や護憲三派内閣に大臣として入閣し、(3)普通選挙法の実現に努め、同法が実現すると革新倶楽部を立憲政友会と合同させた。29年、政友会総裁に就任し、翌年には イ 内閣のロンドン海軍軍縮条約締結に対し議会で激しい政府攻撃を展開した。のちに、民政党内閣の瓦解を受け、(4)犬養毅内閣を組織したが、32年5月15日に海軍の青年将校らに暗殺された。

問1　下線部(1)のできごとについて、その背景として**適当でないもの**を、次の①～④のうちから一つ選びなさい。 28

①　秩禄処分　　②　廃刀令

③　華族令　　④　徴兵令

問2　下線部(2)を主導した人物として正しいものを、次の①～④のうちから一つ選びなさい。 29

①　井上馨　　②　後藤象二郎

③　大隈重信　　④　小村寿太郎

問3　文章中の ア ・ イ に入るべき語句の組み合わせとして正しいものを、次の①～④のうちから一つ選びなさい。 30

①　ア － 山本権兵衛　　イ － 田中義一

②　ア － 山本権兵衛　　イ － 浜口雄幸

③　ア － 若槻礼次郎　　イ － 田中義一

④　ア － 若槻礼次郎　　イ － 浜口雄幸

問4　下線部(3)について、普通選挙法が制定された年のできごととして**誤っているもの**を、次の①～④のうちから一つ選びなさい。 31

①　虎の門事件　　②　日ソ基本条約
③　ラジオ放送の開始　　④　五・三〇事件

問5　下線部(4)に関連して、この内閣の政策について述べた次の文X・Yについて、その正誤の組み合わせとして正しいものを、あとの①～④のうちから一つ選びなさい。 32

X　日満議定書をとりかわして、満州国を承認した。
Y　国体明徴声明を発して、天皇機関説を否定した。

①　X 正　Y 正　　②　X 正　Y 誤
③　X 誤　Y 正　　④　X 誤　Y 誤

B　吉田茂は、1878年に東京で生まれた。1906年に外務省へ入り、長く中国へ勤務して日本の権益拡張に関わった。28年外務次官となるが、翌年に外相の幣原喜重郎の策により駐伊大使に転出した。36年に外務省の同期であった(5)広田弘毅内閣に入閣の予定だったが、親英米派を理由に軍部が反対、駐英大使となる。日独防共協定に終始反対したことや(6)アジア・太平洋戦争末期に近衛文麿元首相らと和平工作を企てたことで、戦後に和平主義者として復活した。東久邇宮内閣や幣原内閣の外相を務め、(7)ＧＨＱとの交渉役としてマッカーサー総司令官と知り合った。46年に第一次吉田内閣を組閣、外相を兼ねたが、翌年の二・一ゼネスト禁止後の総選挙で ウ が第一党となると下野した。48年、芦田均内閣が汚職で総辞職した後に第二次吉田内閣を組織、経済復興へ力点を移した占領政策に沿って経済安定九原則の実施と大幅な行政整理をおこない、朝鮮戦争が始まると警察予備隊の創設や エ など、逆コースに協力した。51年、全面講和論を退けてサンフランシスコ平和条約を結び、さらに日米安全保障条約の締結により軽軍備による経済発展を目指した。54年党内外の非難を浴び退陣したが、引退後も政治的な影響力を持ち続けた。

問6　下線部(5)について、この内閣の政策について述べた次の文X・Yについて、その正誤の組み合わせとして正しいものを、あとの①～④のうちから一つ選びなさい。 33

X　陸軍の要求に従って、軍部大臣現役武官制を復活させた。
Y　国家総動員法に基づいて、国民徴用令を出した。

①　X 正　Y 正　　②　X 正　Y 誤
③　X 誤　Y 正　　④　X 誤　Y 誤

問7　下線部(6)の戦争中のできごとについて述べた次の文a～cが、年代の古いものから順に正しく配列したものを、あとの①～④のうちから一つ選びなさい。 34

a　翼賛選挙が実施された。
b　サイパン島が陥落した。

c　大東亜会議が開かれた。

①　a → b → c　　②　a → c → b
③　b → a → c　　④　c → a → b

問8　下線部(7)について、GHQによる占領統治期の政策について述べた文として**誤っているもの**を、次の①～④のうちから一つ選びなさい。[35]

①　農業基本法が制定され、寄生地主制の打破が目指された。
②　教育基本法により、教育の機会均等と男女共学の原則が規定された。
③　新選挙法が制定され、女性参政権がはじめて認められた。
④　地方自治法により、都道府県知事や市町村長が公選となった。

問9　文章中の[ウ]・[エ]に入るべき語句の組み合わせとして正しいものを、次の①～④のうちから一つ選びなさい。[36]

①　[ウ] － 日本共産党　　[エ] － レッドパージ
②　[ウ] － 日本共産党　　[エ] － 旧軍人の公職追放
③　[ウ] － 日本社会党　　[エ] － レッドパージ
④　[ウ] － 日本社会党　　[エ] － 旧軍人の公職追放

世界史

（教育（国語教育）学部　1科目　60分）
（その他　　　　　　　　2科目 120分）

第1問　次の文章を読み、下の問い（問1～9）に答えなさい。

インダス川流域や黄河・長江流域では、オリエント文明にややおくれて、農業を基盤とする都市文明が発達した。南アジアでは、前2600年頃から前2000年頃にかけて(1)インダス文明が栄えた。その後、牧畜民アーリヤ人が西北インドに進入し、さらに(2)ガンジス川に移動する過程で、今日にいたるインド世界の骨格をなす宗教・社会構成・世界観が形成された。

(3)東南アジアの諸地域は、はやくから海を通じてインドや中国と交流し、その影響をうけながら独自の文明を形成してきた。しかし大きく統合されることはなく、それぞれの自然条件に応じた小規模な国々が、インドにうまれた(4)ヒンドゥー教や仏教などの宗教をうけいれながら繁栄した。

中国では、黄河流域の都市文明のなかから(5)殷王朝、ついで周王朝が成立して華北を支配した。その後、(6)春秋・戦国時代の動乱のなかで、中央集権的な政治体制や、儒教をはじめとする新しい思想が形成された。前3世紀末の(7)秦による中国統一を経て、つづく(8)漢の時代に20世紀初めまで続く皇帝政治体制の基礎が固まった。

これらユーラシア大陸の文明とは別個に、(9)アメリカ大陸の中部・南部でも、トウモロコシなどの農耕を基礎とする都市文明が形成され、メキシコやアンデスの高原地帯を中心に強力な諸国家が生まれた。

問1　下線部(1)の文明について述べた文として正しいものを、次の①～④のうちから一つ選びなさい。
[1]

① クノッソスに代表される宮殿は、宗教的権威を背景に権力をにぎった王の住居である。
② 大村落は都市へと発展し、ウル・ウルクなどの都市国家が形成された。
③ モエンジョ＝ダーロやハラッパーなどの遺跡は、都市計画に基づいてつくられていた。
④ ファラオによる統一国家がつくられた。

問2　下線部(2)の河川の位置として正しいものを、次の地図中の①～④のうちから一つ選びなさい。
[2]

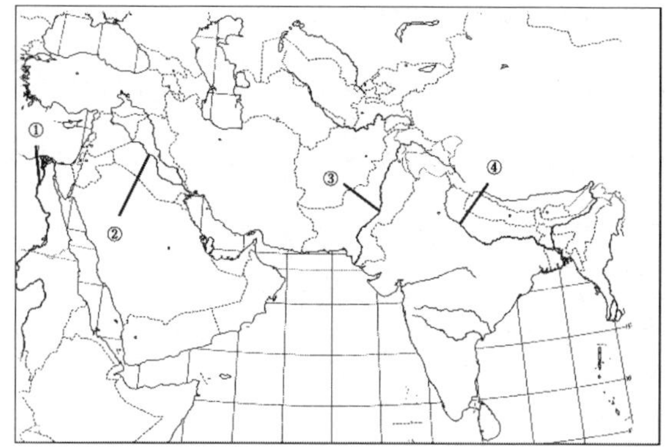

問3　下線部(3)に関連して、次の文中の空欄 ア と イ に入れる語句の組み合わせとして正しいものを、下の①～④のうちから一つ選びなさい。 3

紀元前後から盛んになるインドや中国との交流のなかで、1世紀末に東南アジア最古の国家ともされる扶南が ア 川下流域に建国された。インドから来航したバラモンと土地の女性が結婚してつくったという神話をもつこの国の港 イ では、ローマ貨幣やインドの神像が出土している。

① ア―エーヤワディー　イ―オケオ　　② ア―エーヤワディー　イ―パレンバン
③ ア―メコン　イ―オケオ　　④ ア―メコン　イ―パレンバン

問4　下線部(4)について述べた文として誤っているものを、次の①～④のうちから一つ選びなさい。 4

① ヒンドゥー教は、バラモン教に民間信仰が融合して成立した。
② ヒンドゥー教において、『クルアーン』は人びとの生活の規範に関する法典とされた。
③ 部派仏教に対して、万人の救済をめざしたものを大乗仏教という。
④ 上座部仏教は、スリランカや東南アジアに南伝した部派仏教である。

問5　下線部(5)に関連して、この王朝で用いられていたものとして正しいものを、次の①～④のうちから一つ選びなさい。 5

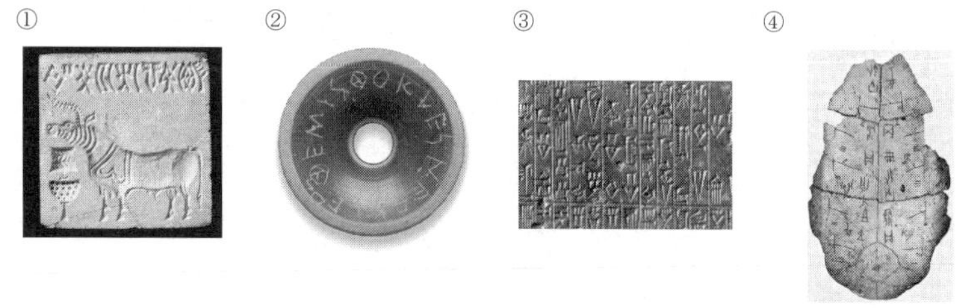

①②④は著作権の都合により，類似の写真に差し替えています。
ユニフォトプレス提供

問6　下線部(6)の時期のできごとについて述べた次の文aとbの正誤の組み合わせとして正しいものを、下の①～④のうちから一つ選びなさい。 6

a 鉄製農具の使用や牛耕が始まって農業生産力が高まり、小家族でも自立した農業経営が可能となった。

b 周代の世襲的な身分制度はくずれ、個人の能力を重んずる実力本位の傾向が特色となった。

① a―正 b―正　② a―正 b―誤
③ a―誤 b―正　④ a―誤 b―誤

問7 下線部(7)の時期のできごとについて述べた次の文aとbの正誤の組み合わせとして正しいものを、下の①～④のうちから一つ選びなさい。 7

a 周の政治を理想とした政策を強行して、社会を混乱させた。

b 各地に封土を与えられた皇帝の一族が互いに争って、政治が乱れた。

① a―正 b―正　② a―正 b―誤
③ a―誤 b―正　④ a―誤 b―誤

問8 下線部(8)について、武帝の時代の経済政策について述べた文として正しいものを、次の①～④のうちから一つ選びなさい。 8

① 貨幣を半両銭に統一した。
② 財政再建を目的として、鉄や塩を専売の対象とした。
③ 中小商人への低利の貸付である市易法を施行した。
④ 土地政策として均田制を施行した。

問9 下線部(9)について、アメリカ大陸の文明の栄えた地域を示した次の地図中のa～cと文明の名の組み合わせとして正しいものを、下の①～⑥のうちから一つ選びなさい。 9

① a－アステカ b－インカ c－マヤ
② a－アステカ b－マヤ c－インカ
③ a－インカ b－アステカ c－マヤ
④ a－インカ b－マヤ c－アステカ
⑤ a－マヤ b－アステカ c－インカ
⑥ a－マヤ b－インカ c－アステカ

第2問 次の文章を読み、下の問い（問1～9）に答えなさい。

西ローマ帝国滅亡と(1)ゲルマン人の大移動・建国ののち、7世紀のイスラーム勢力の西進をきっかけにして地中海世界はまとまりを失い、やがて東ヨーロッパ世界・西ヨーロッパ世界・イスラーム世界の三つの歴史的世界に分裂した。

東ヨーロッパでは(2)ビザンツ帝国（東ローマ帝国）がローマ帝国の伝統を引き継ぎ、皇帝はギリシア正教会を服従させて中央集権的一元支配を維持した。(3)スラヴ系諸民族もビザンツ文化の影響下で自立・建国し、ビザンツ帝国とともにギリシア＝スラヴ的世界を形成した。

一方、西ヨーロッパでは(4)ローマ＝カトリック教会がフランク王国と手を結び、ギリシア正教会とビザンツ帝国に対抗した。カールの戴冠は、ローマ＝ゲルマン的西欧世界の独立を象徴するできごとであった。また民族大移動後の長い混乱期は、封建的主従関係と(5)荘園という独自のしくみをもつ封建社会をうみだした。こうして出現したのが西ヨーロッパ中世世界である。

封建社会は(6)11～13世紀に最盛期を迎えたが、農業生産が増大し人口が急増すると、西ヨーロッパは拡大を開始した。その拡大のエネルギーを爆発的に噴出させたのが、(7)十字軍である。十字軍は結局失敗に終わったが、これをきっかけに(8)東方貿易が拡大して都市と商業は再び繁栄を迎えた。貨幣経済が浸透すると農民の地位は向上し、荘園に基づく経済体制は崩壊へと向かった。また(9)教皇権が衰退するのとは逆に王権は強まり、そのなかから中央集権をおしすすめた各国は、近代的国民国家形成に向けて一歩を踏み出すのである。

問1　下線部(1)について、ゲルマン人に属する部族の名とその部族が建国した地域の名の組み合わせとして正しいものを、次の①～④のうちから一つ選びなさい。［10］

①　ヴァンダル人―北アフリカ　　②　東ゴート人―シチリア
③　フランク人―イベリア半島　　④　ブルグント人―北イタリア

問2　下線部(2)の国で起こった出来事について述べた次の文aとbの正誤の組み合わせとして正しいものを、下の①～④のうちから一つ選びなさい。［11］

a　オクタウィアヌスが、ヴァンダル王国や東ゴート王国を滅ぼした。
b　第4回十字軍にコンスタンティノープルが攻略された。

①　a―正　b―正　　②　a―正　b―誤
③　a―誤　b―正　　④　a―誤　b―誤

問3　下線部(3)について述べた文として誤っているものを、次の①～④のうちから一つ選びなさい。［12］

①　キエフ公国のウラディミル1世は、ギリシア正教に改宗した。
②　セルビア人の間では、ギリシア正教が広く受容された。
③　チェック人の間では、ローマ＝カトリックが広く受容された。
④　ポーランドの王リューリクは、ローマ＝カトリックに改宗した。

問4　下線部(4)の時期の出来事について述べた次の文a～cが、年代の古いものから順に正しく配列されているものを、下の①～⑥のうちから一つ選びなさい。［13］

a　教皇レオ3世はカールにローマ皇帝の帝冠を与え、「西ローマ帝国」の復活を宣言した。
b　クローヴィスが、アタナシウス派（カトリック）に改宗した。
c　ピピンがラヴェンナ地方を教皇に寄進した。

①　a → b → c　　②　a → c → b　　③　b → a → c
④　b → c → a　　⑤　c → a → b　　⑥　c → b → a

問５　下線部(5)について、次の文中の空欄［ア］と［イ］に入れる語句の組み合わせとして正しいものを、下の①～⑥のうちから一つ選びなさい。［14］

農奴は［ア］で労働する賦役の義務と、［イ］から生産物をおさめる貢納の義務を領主に負った。荘園には手工業者も住み、自給自足的な現物経済が支配的であった。

① ア―共同利用地　イ―農民保有地　② ア―共同利用地　イ―領主直営地
③ ア―農民保有地　イ―共同利用地　④ ア―農民保有地　イ―領主直営地
⑤ ア―領主直営地　イ―共同利用地　⑥ ア―領主直営地　イ―農民保有地

問６　下線部(6)に関連して、11世紀以降のヨーロッパの都市や商工業について述べた次の文ａとｂの正誤の組み合わせとして正しいものを、下の①～④のうちから一つ選びなさい。［15］

ａ　中世都市の手工業者は、大商人に対抗して同職ギルド（ツンフト）を組織した。
ｂ　イタリアやフランドル地方の中世都市では、綿織物工業が盛んであった。

① ａ―正　ｂ―正　② ａ―正　ｂ―誤
③ ａ―誤　ｂ―正　④ ａ―誤　ｂ―誤

問７　下線部(7)について、第１回十字軍がイスラーム勢力から奪回した都市の名と、その位置を示す次の地図中のａまたはｂとの組み合わせとして正しいものを、下の①～④のうちから一つ選びなさい。［16］

① イェルサレム―ａ
② イェルサレム―ｂ
③ コンスタンティノープル―ａ
④ コンスタンティノープル―ｂ

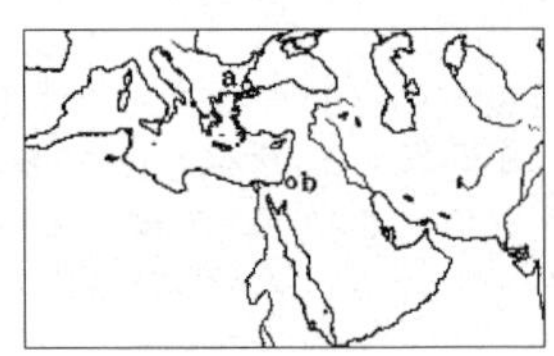

問８　下線部(8)に関連して、次の文中の空欄［　　］に入れる語句として正しいものを、下の①～④のうちから一つ選びなさい。［17］

遠隔地貿易は、まず地中海商業圏で発達した。北イタリアの港市［　　］は、「アドリア海の女王」と呼ばれたヴェネツィアと東地中海の通商権をめぐって激しく抗争した。14世紀には中産市民が貴族政権を倒して統領（ドージェ）を選出するという共和政を樹立した。15世紀に入ってオスマン帝国が地中海東部を支配するようになり、東方貿易が衰退すると、［　　］商人はスペイン王室と連携して、大航海時代に活躍した。

① ジェノヴァ　② ミラノ　③ フィレンツェ　④ ガン（ヘント）

問９　下線部(9)について述べた文として正しいものを、次の①～④のうちから一つ選びなさい。［18］

① インノケンティウス３世の時、教皇権は絶頂に達した。
② ウルバヌス２世は、第４回十字軍の派遣を提唱した。
③ ボニファティウス８世は、フィリップ４世を捕らえた。
④ レオ10世は、贖宥状の販売を禁止した。

第3問 次の文章を読み、下の問い（**問1～9**）に答えなさい。

ヨーロッパでは、15 世紀後半から、政治・経済・社会・宗教・文化などのあらゆる側面で、近現代の世界に直接つながる新しい動きがめだつようになった。この時代は近世、あるいは初期近代と呼ばれ、おおよそ 18 世紀後半まで続いたが、この時期の変化はヨーロッパ内部にとどまらず、ヨーロッパ人が遠くアジアやアメリカ大陸への航海に乗り出し、世界の一体化も始まった。この点に注目して、15 世紀から 17 世紀にかけての時期を大航海時代と呼ぶこともある。

思想・芸術・科学などの面では、この時期は人間性の自由・解放を求め、各人の個性を尊重しようとする(1)ルネサンスに特徴づけられる。また、16 世紀には、(2)カトリック教会を批判する動きがドイツからヨーロッパ各地に広まり、この宗教改革に対して、(3)カトリック教会も内部刷新に取り組んだ。その結果、信仰は人々の心の内面にまではいりこみ、各国の教会はそれぞれ個性を強めて、世俗の政治秩序も大きな影響をうけた。

こうした状況を背景として、15 世紀末から 17 世紀前半、ヨーロッパの国々は従来よりも強固なまとまりをもつようになり、独立した主権国家としてたがいに対立と妥協をくりかえしながら、(4)一つの国際秩序（主権国家体制）を形成していった。16 世紀には(5)スペインが全盛であったが、ヨーロッパ全体が危機の時代を迎えた(6)17 世紀前半には、あらたに(7)オランダ・(8)イギリス・(9)フランスなどの国々が有力となっていった。

問1 下線部①の時代の作品とその著者の組み合わせとして誤っているものを、次の①～④のうちから一つ選びなさい。 19

① 『叙情詩集』―ペトラルカ　② 『神曲』―ダンテ
③ 『デカメロン』―ボッカチオ　④ 『ドン＝キホーテ』―ラブレー

問2 下線部(2)について述べた文として正しいものを、次の①～④のうちから一つ選びなさい。 20

① 市民は、アウクスブルクの宗教和議で個人の信仰の自由を獲得した。
② 神聖ローマ皇帝は、三十年戦争でカトリックの側に立って戦った。
③ ルターは、ドイツ農民戦争以降も農民反乱に同情的な態度を貫いた。
④ ルターはヴォルムスの帝国議会で、初めて「九十五カ条の論題」を公表した。

問3 下線部(3)について、15 世紀の教会をめぐる動きについて述べた文として正しいものを、次の①～④のうちから一つ選びなさい。 21

① ウィクリフが、教会改革を主張した。
② 教皇庁が、アヴィニョンに移された。
③ 教皇と皇帝ハインリヒ 4 世の間で、叙任権闘争が起こった。
④ コンスタンツ公会議で、教会大分裂が収拾された。

問4 下線部(4)に関連して述べた次の文中の空欄 ア と イ に入れる語句の組み合わせとして正しいものを、下の①～④のうちから一つ選びなさい。 22

> 1618 年、オーストリアの属領ベーメン（ボヘミア）の新教徒が、 ア 家によるカトリック信仰の強制に反抗したのをきっかけに、三十年戦争がおこった。この戦争の一つの対立軸は旧教対新教で、 イ は旧教側の ア 家の皇帝を支援し、新教国デンマークはこれと戦った。

① **ア**―ハプスブルク　**イ**―スウェーデン　② **ア**―ハプスブルク　**イ**―スペイン
③ **ア**―ブルボン　**イ**―スウェーデン　④ **ア**―ブルボン　**イ**―スペイン

問5　下線部(5)について、現在の国の位置として正しいものを、次の地図中の①～④のうちから一つ選びなさい。 23

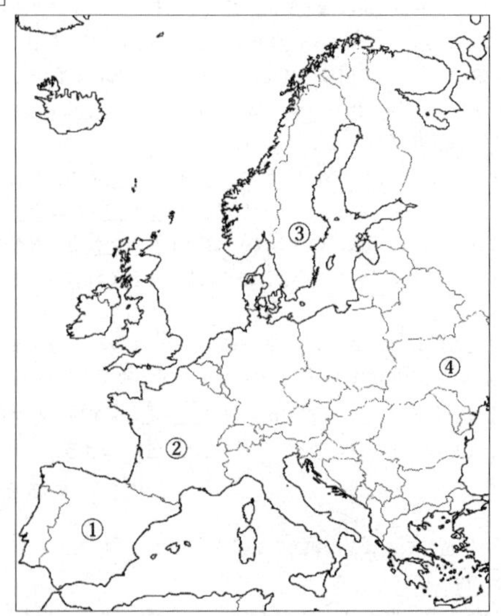

問6　下線部(6)の時代の中国について述べた次の文a～cが、年代の古いものから順に正しく配列されているものを、下の①～⑥のうちから一つ選びなさい。 24

a　康熙帝が台湾を領有した。

b　順治帝が北京に入城した。

c　ホンタイジがチャハル部を征服した。

①　a → b → c　　②　a → c → b　　③　b → a → c

④　b → c → a　　⑤　c → a → b　　⑥　c → b → a

問7　下線部(7)の国の通商・海外進出について述べた文として正しいものを、次の①～④のうちから一つ選びなさい。 25

①　インド南東部のカルカッタに拠点を維持した。

②　台湾に拠点を置いた。

③　北米のニューネーデルラントは、スペインに奪われた。

④　マカオに居住権を得て、対中国貿易の拠点とした。

問8　下線部(8)に関連して、イギリスにおける茶の交易や消費との関係について述べた次の文aとbの正誤の組み合わせとして正しいものを、下の①～④のうちから一つ選びなさい。 26

a　17世紀のイギリスでは、砂糖入り紅茶が労働者の家庭にまで普及していた。

b　18世紀に、イギリス東インド会社の茶をめぐり、ボストン茶会事件が起こった。

①　a―正　b―正　　②　a―正　b―誤

③　a―誤　b―正　　④　a―誤　b―誤

問9　下線部(9)に関連して、次の年表に示したa～dの時期のうち、ナントの王令が廃止された時期と

して正しいものを、下の①～④のうちから一つ選びなさい。 27

a
1598 年　ユグノー戦争が終結した
b
1643 年　ルイ 14 世が即位する
c
1789 年　フランス革命が始まる
d

①　a　　②　b　　③　c　　④　d

第４問　次の文章を読み、下の問い（問１～９）に答えなさい。

1880 年代以降の(1)欧米先進諸国は、アフリカについで、アジア・太平洋・カリブ海地域へと進出をはかり、植民地・従属地域を拡大した。この間、(2)列強諸国では市民文化が成熟に向かい、国民のあいだには帝国主義を受け入れる傾向が広まり、(3)ヨーロッパの社会主義運動も穏健な改革主義へと傾斜していった。

しかし、おくれた帝国主義国(4)ドイツの植民地再分割要求を前に、既得利権をまもろうとする英・仏・ロシアは結束し、列強体制は二極分化して、やがて対立軸はアフリカ・アジアから、(5)オスマン帝国・(6)バルカン地域に移動した。とりわけ多民族帝国として国内外の民族運動の活動に直面するオーストリア＝ハンガリーと(7)ロシアは、オスマン帝国やバルカン地域での対立を深めていった。

この間、欧米の帝国主義の攻勢下におかれたイスラーム世界やインド・中国、ラテンアメリカ地域では、(8)辛亥革命やメキシコ革命が示すように、多面的な近代化によって外圧に対抗しようとし、(9)20 世紀の民族運動の形成を準備した。

問１　下線部(1)に関連して、アジア・アフリカ地域における列強の勢力拡大やその影響について述べた文として波線部が誤っているものを、次の①～④のうちから一つ選びなさい。 28

①　イギリスは、マフディー運動を鎮圧し、スーダン支配を確立した。
②　イランでは、イギリス人にタバコ利権が譲渡されると、タバコ＝ボイコット運動が起こった。
③　インドで、イギリスの支配に対抗して、シパーヒーの反乱が起こった。
④　マダガスカルは、イギリスの支配を受けた。

問２　下線部(2)に関連して、19 世紀後半のアメリカ合衆国やヨーロッパの文化・社会について述べた文として正しいものを、次の①～④のうちから一つ選びなさい。 29

①　アメリカ合衆国では、ラジオ放送やジャズなどの大衆文化が発展した。
②　アメリカ合衆国のフルトンが、蒸気船を実用化した。
③　イギリスのスティーヴンソンが、蒸気機関車を実用化した。
④　イギリスのダーウィンは、進化論を唱え、『種の起源』を著した。

問３　下線部(3)に関連して、ヨーロッパの労働運動や社会主義運動について述べた次の文ａ～ｃが、年代の古いものから順に正しく配列されているものを、下の①～⑥のうちから一つ選びなさい。
30

a　ビスマルクが、社会主義者鎮圧法を制定した。

b　マルクスとエンゲルスが、『共産党宣言』を発表した。

c　ロシアに成立したソヴィエト政権が、第3インターナショナルを設立した。

①　a → b → c　　②　a → c → b　　③　b → a → c

④　b → c → a　　⑤　c → a → b　　⑥　c → b → a

問4　下線部(4)に関連して、ドイツの対アフリカ政策について述べた文として正しいものを、次の①～④のうちから一つ選びなさい。 31

①　エチオピアを侵略し、植民地とした。

②　アルジェリアを領有した。

③　二度にわたるモロッコ事件を起こした。

④　ファショダ事件でイギリスと対立した。

問5　下線部(5)に関連して、オスマン帝国の歴史について述べた文として誤っているものを、次の①～④のうちから一つ選びなさい。 32

①　アンカラの戦いで、ティムールに敗れた。

②　カルロヴィッツ条約で、ハンガリーやトランシルヴァニアなどの領土を失った。

③　マムルーク朝を滅ぼして、エジプトを征服した。

④　ワールシュタット（リーグニッツ）の戦いで、ドイツ・ポーランド連合軍に勝利した。

問6　下線部(6)に関連して、バルカン地域をめぐる動きについて述べた次の文aとbの正誤の組み合わせとして正しいものを、下の①～④のうちから一つ選びなさい。 33

a　ベルリン会議の後、ビスマルクはロシアとの関係改善を図り、再保障条約を締結した。

b　ベルリン会議の結果に不満を持ったロシアは、三国同盟から離脱した。

①　a―正　b―正　　②　a―正　b―誤

③　a―誤　b―正　　④　a―誤　b―誤

問7　下線部(7)について述べた次の文a～cが、年代の古いものから順に正しく配列されているものを、下の①～⑥のうちから一つ選びなさい。 34

a　新しい首都ペテルブルク（サンクト＝ペテルブルク）が建設された。

b　ステンカ＝ラージン率いる農民反乱が鎮圧された。

c　ミハイル＝ロマノフがツァーリに即位し、ロマノフ朝が始まった。

①　a → b → c　　②　a → c → b　　③　b → a → c

④　b → c → a　　⑤　c → a → b　　⑥　c → b → a

問8　下線部(8)に関連して、中華民国について述べた文として正しいものを、次の①～④のうちから一つ選びなさい。 35

①　アメリカ合衆国と望厦条約を結んだ。

②　科挙を廃止した。

③　国内で義兵闘争が激化した。

④　南京で成立した。

問9　下線部(9)に関連して、捕虜について述べた次の文中の空欄 **ア** と **イ** に入れる語句の組み合わせとして正しいものを、下の①～④のうちから一つ選びなさい。 **36**

捕虜の処遇に関する条約は、ロシア皇帝 **ア** の提唱によって、1899年と1907年の二度にわたって、 **イ** で開催された万国平和会議で取り決められた。捕虜の取り扱いについては、その規定において虐待の禁止が明記されている。

① **ア**―アレクサンドル２世　**イ**―ジュネーヴ
② **ア**―アレクサンドル２世　**イ**―ハーグ
③ **ア**―ニコライ２世　**イ**―ジュネーヴ
④ **ア**―ニコライ２世　**イ**―ハーグ

政治・経済

（教育（国語教育）学部　1科目　60分）
（その他　　　　　　　　2科目 120分）

第1問　次の文章を読み、下の問い（**問1～9**）に答えよ。（配点　25）

日本国憲法の前文では、「再び戦争の惨禍が起こることがないやうにすることを決意」すると宣言し、さらに第9条において国際紛争を解決するための武力行使と戦争を放棄するとともに、それを達成するため、戦力と交戦権を持たないことを規定とした。この「平和主義」の規定は、日本の国家権力に対する抑制であるだけでなく、武力行使に関する日本の立場を海外に明示する制定当時の外交宣言の意味合いもあった。

政府は、第9条が武力行使を禁じているといえるが、ⓐ前文や第12条、第13条をふまえて、日本が武力攻撃を受けた場合に自衛のために武力を行使するのは、例外的に許されると解釈している。自衛隊はこの解釈に基づいて組織され、ⓑ歴史的にも自衛権と自衛隊に関する解釈は変化してきた。

さらに、ⓒ国際情勢の多様な変化による法整備を経て、2014年、当時の［ア］内閣によって、他国への武力攻撃は、日本の存立と国民の生命の危機がある場合、［イ］的自衛権が容認されるとされ、2015年の平和安全法制の整備に至っている。

社会や技術の変化、また民主主義の発展に伴い、国民が政治に参加する機会が増えてくると、国内では、憲法の解釈、新しい法整備が必要とされてきた。憲法第13条はⓓ「新しい人権」を保障する根拠の一つとして解釈運用されている。

「新しい人権」に対して、かつては「18世紀的人権」と説明されてきた自由権と平等権についても社会の多様な価値観の変化によって、憲法の解釈、新しい法整備が進められている。

憲法は第22条・第29条第1項で、ⓔ職業選択の自由や財産権などの経済活動の自由を保障している。近年、実体のある「モノ」だけでなく、情報に財産としての価値を認め、ⓕ「知的財産権」として保護する考え方が広がり、「新しい財産権」としての保障がおこなわれている。

また、「生命・身体の自由」を保障する第36条では、拷問や残虐な刑罰が禁止されているが、これをめぐってⓖ死刑制度の存続をめぐる議論も続いている。

平等権をめぐっても、人々の生活様式の変化と新しい価値観によって、それまでⓗ差別や偏見に苦しんできた人々に対する権利の保障も要求されるようになってきた。2010年代に入ってヘイトスピーチ解消法、障害者差別解消法、アイヌ施策推進法など、法整備が進みつつある。

問1　文章中の［ア］と［イ］にあてはまる語句の組み合わせとして正しいものを、次の①～④のうちから一つ選べ。［1］

① ア—安倍晋三　イ—個別　② ア—安倍晋三　イ—集団
③ ア—菅義偉　イ—集団　④ ア—菅義偉　イ—個別

問2　下線部ⓐについて、日本国憲法の前文の一部と第12条・第13条の条文の一部の空欄にあてはまる語句の組み合わせとして正しいものを、下の①～⑥のうちから一つ選べ。 2

［前 文］　…われらは、全世界の国民が、ひとしく欠乏と恐怖から免かれ、（　X　）のうちに生存する権利を有することを確認する。

［第12条］　この憲法が国民に保障する（　Y　）及び権利は、国民の不断の努力によつて、これを保持しなければならない。

［第13条］　…生命、（　Y　）及び（　Z　）追求に対する国民の権利については、公共の福祉に反しない限り、立法その他の国政の上で、最大の尊重を必要とする。

① X—自由　Y—幸福　Z—平和　② X—自由　Y—平和　Z—幸福
③ X—幸福　Y—自由　Z—平和　④ X—幸福　Y—平和　Z—自由
⑤ X—平和　Y—自由　Z—幸福　⑥ X—平和　Y—幸福　Z—自由

問3　下線部ⓑについて、空欄a・bにあてはまる自衛権に関する答弁の変化に影響を与えた出来事の組み合わせとして正しいものを、下の①～④のうちから一つ選べ。 3

1946年　戦争放棄に関する本案の規定は、直接には自衛権を否定して居りませぬが、第9条第2項に於て一切の軍備と国の交戦権を認めない結果、自衛権の発動としての戦争も、又交戦権も放棄したものであります。　（吉田茂首相）

↓ ←（　a　）

1950年　いやしくも国が独立を回復する以上は、自衛権の存在することは明らかであつて、その自衛権が、ただ武力によらざる自衛権を認めない結果、自衛権を日本は持つということは、これは明瞭であります。　（吉田茂首相）

↓ ←（　b　）

1954年　憲法は自衛権を否定していない。憲法は戦争を放棄したが、自衛のための抗争は放棄していない。戦争と武力の威嚇、武力の行使が放棄されるのは、「国際紛争を解決する手段としては」ということである。（大村清一防衛庁長官）

① a－日米安全保障条約の締結　b－朝鮮戦争の勃発と自衛隊の発足
② a－日米安全保障条約の締結　b－第四次中東戦争の勃発と石油危機
③ a－米ソの対立の激化と冷戦の展開　b－朝鮮戦争の勃発と自衛隊の発足
④ a－米ソの対立の激化と冷戦の展開　b－第四次中東戦争の勃発と石油危機

問4　下線部ⓒに関連して、日本の自衛隊の活動に関する次の記述a～cを年代順に並べ替えた組み合わせとして正しいものを、下の①～⑥のうちから一つ選べ。 4

a　イラク復興支援特別措置法が制定され、イラクに自衛隊が派遣された。
b　国連平和維持活動協力法が制定され、カンボジアに自衛隊が派遣された。
c　テロ対策特別措置法が制定され、インド洋に自衛隊が派遣された。

①　a－b－c　②　a－c－b　③　b－a－c
④　b－c－a　⑤　c－a－b　⑥　c－b－a

問5　下線部ⓓについての記述として最も適当なものを、次の①～④のうちから一つ選べ。 5

①　ラジオやテレビ、インターネットなどの情報通信技術の進歩によって、国民の「知る権利」の保障のために、個人情報の利用・公開の促進が進むようになった。
②　プライバシーの保護のために、国家が保有している情報の公開は厳しく制限されるようになり、プライバシーの権利を具体化するために情報公開法が制定された。
③　医療技術の進展により、様々な治療の選択肢が増え、患者自身に治療法を選ぶ権利があるという考え方も一般的になり、自己決定権として保障されるようになった。
④　日本に在留する外国人にも可能な限りの権利が保障されるようになり、国会議員を選挙する権利なども最高裁判所の判決で保障されることになった。

問6　下線部ⓔについて、「職業選択の自由」や「経済活動の自由」に関する裁判を説明した次の文aとbの正誤を判定し、その組み合わせとして正しいものを、下の①～④のうちから一つ選べ。
6

a　最高裁判所によって、薬事法に定められた薬局設立に関する距離規定は憲法第22条に反するという判決が出された。
b　最高裁判所によって、「公共の福祉」の観点から安全性を確保する必要があるとして、大衆薬のネット販売を禁止することは違憲ではないとする判決が出された。

①　a－正　b－正　②　a－正　b－誤
③　a－誤　b－正　④　a－誤　b－誤

問7　下線部ⓕに関連して、多くの人々が所持・使用しているスマートフォンに関する「知的財産権」についての組み合わせとして正しいものを、下の①～⑥のうちから一つ選べ。 7

a　液晶技術　b　タッチペン　c　ブランド

1　実用新案権とは、物品の構造・形状の考案について保護するものである。

2　特許権とは、新しい発明を保護するものである。

3　意匠権とは、物品のデザインなどを保護するものである。

4　著作権とは、思考や感情を創作的に表現することを保護するものである。

5　商標権とは、商品やサービスに使用するマークなどを保護するものである。

① a－1　b－2　c－3　② a－1　b－3　c－4　③ a－4　b－2　c－5
④ a－2　b－1　c－5　⑤ a－2　b－1　c－3　⑥ a－4　b－3　c－5

問8　下線部ⓖについて、死刑制度を採用している国(2021年段階)として正しいものを、次の①～④のうちから一つ選べ。［8］

①　フランス　②　ドイツ　③　中華人民共和国　④　オーストラリア

問9　下線部ⓗに関連した次の文aとbの正誤を判定し、その組み合わせとして正しいものを、下の①～④のうちから一つ選べ。［9］

a　部落差別解消推進法が制定され、差別解消のための積極的な対策が国や地方自治体の義務とされた。

b　同性間の婚姻が認められる最高裁判所の判決が出され、戸籍作成時における男女別姓が認められるようになった。

①　a－正　b－正　②　a－正　b－誤
③　a－誤　b－正　④　a－誤　b－誤

第2問　次のA・Bの文章を読み、下の問い（**問1～9**）に答えよ。（配点　25）

A

大日本帝国憲法では、国の統治権はすべて天皇のものとされたが、法律の制定では帝国議会の同意が必要とされ、行政権は大臣の協力の下に進めるとされた。現在の日本国憲法では、国会は「唯一の<u>ⓐ立法機関</u>」であるだけでなく、「国権の最高機関」として位置づけられている。大日本帝国憲法にはそもそも内閣の規定はなく、天皇の輔弼機関とされていたが、日本国憲法では、<u>ⓑ内閣は国会に対して連帯して責任を負い</u>、内閣総理大臣は各省庁などの国務大臣を任免できた。

国民の人権は、大日本帝国憲法においては<u>ⓒ「臣民の権利」として保障されていた</u>が、「法律ノ範囲内」での保障であったため、体制の変革や私有財産制度の廃止などを主張する社会主義運動などは法律で取り締まることが可能であった。

大日本帝国憲法が、<u>ⓓ選挙で選ぶことができる議会</u>を設置したことは、日本史上画期的なことではあったが、天皇に強い行政権を与える反面、総理大臣の選出や軍の活動に議会が関与できる範囲が狭く、権力の分立は不十分であったといえよう。また、<u>ⓔ裁判所による違憲審査</u>の仕組みが無かったことも、人権侵害に通じる法律の制定に繋がりやすく、人権保障の制度の確立の遅れももたらすことになった。

問1　下線部ⓐについて、日本国憲法下の国会の記述として、最も適当なものを、次の①～④のうちから一つ選べ。 10

① 議員提出の法案の成立が多く、内閣提出の法案は成立が少ない。
② 分野ごとに委員会で審議が行われ、委員会での決定を経て本会議で議決される。
③ 法律案は必ず先に衆議院に提出され、衆議院で可決された後、参議院で審議される。
④ 国会の本会議の定足数は総議員の過半数、委員会では3分の2以上の出席が必要である。

問2　下線部ⓑについて、日本国憲法に定められた議院内閣制に関する次の文aとbの正誤を判定し、その組み合わせとして正しいものを、下の①～④のうちから一つ選べ。 11

a　衆議院や参議院において内閣不信任決議が可決された場合、内閣は総辞職するか、可決から10日以内に衆議院を解散し、総選挙を実施しなくてはならない。
b　内閣が衆議院の解散を決定した場合は、総選挙後、初めて国会が召集されたときに、内閣は総辞職しなくてはならない。

① a－正　b－正　　② a－正　b－誤
③ a－誤　b－正　　④ a－誤　b－誤

問3　下線部ⓒに関連して、大日本帝国憲法における臣民の権利・義務についての記述として**適当でないもの**を、次の①〜④のうちから一つ選べ。 12

① 臣民は、兵役と納税、子女に教育を受けさせる義務を有した。
② 個人の尊厳、男女の本質的平等などの平等権に関する規定はなかった。
③ 居住・移転の自由、言論・集会・結社の自由、信教の自由など自由権規定があった。
④ 臣民の権利・義務は戦時や国家事変の場合は天皇大権によって制限できた。

問4　下線部ⓓに関連して、第1回衆議院議員総選挙について記述した次の文の空欄a・bにあてはまる数字の組み合わせとして正しいものを、下の①〜④のうちから一つ選べ。 13

第1回衆議院議員の総選挙における選挙資格は、満（　a　）歳以上の男性で、直接国税（　b　）円以上の納税者に限られており、当時の人口の約1％であった。

① a−25　b−15　　② a−25　b−10
③ a−30　b−10　　④ a−30　b−15

問5　下線部ⓔに関連して、日本国憲法下の違憲審査に関して記述した次の文aとbの正誤を判定し、その組み合わせとして正しいものを、下の①〜④のうちから一つ選べ。 14

a　憲法第81条には、「最高裁判所は、一切の法律、命令、規則又は処分が憲法に適合するかしないかを決定する権限を有する終審裁判所である」と定められており、これが違憲審査権に関する条文である。
b　条約に関して違憲審査が及ぶか否かについては、法学上、条約優位説と憲法優位説があり、通説では条約は違憲審査の対象に含まれないと考えられており、実際の判例でも、砂川事件判決にあるように条約は違憲審査の対象外とされている。

① a−正　b−正　　② a−正　b−誤
③ a−誤　b−正　　④ a−誤　b−誤

B

主権者であるⓕ国民の代表を選ぶ制度が選挙である。かつては性別や納税額による制限選挙や投票の秘密が守られない公開選挙なども存在した。しかし、現行の選挙制度では、ⓖ原則として18歳以上の国民なら誰でも投票可能な普通選挙、1人1票の平等選挙、無記名で投票する秘密選挙、有権者が直接投票する直接選挙を原則としている。

選挙制度は候補者個人に投票するか、政党に投票するかによって異なる。衆議院はかつて、一つの選挙区から複数の国会議員を選ぶ中選挙区制が採用されていた。しかし、選挙制度改革によって、ⓗ小選挙区制と比例代表制を組み合わせた小選挙区比例代表並立制が導入された。

①参議院議員選挙では、都道府県を単位とする選挙区選挙と、全国を一つの選挙区とする比例代表制を組み合わせている。

問6　下線部ⓕについて、「国民の代表を選ぶ制度」は国によって様々な方法がみられる。アメリカ合衆国の大統領選挙にみられる多数決の問題点について記述した次の文の空欄a・bにあてはまる語句の組み合わせとして正しいものを、下の①～④のうちから一つ選べ。 15

2000年、（　a　）党のゴア候補と（　b　）党のブッシュ候補が大統領選挙を争った。事前の世論調査ではゴア候補がリードしていたにもかかわらず、選挙戦の途中から、第三の候補として緑の党のネーダー候補が登場し、ゴア候補の支持層の一部を奪ったことで、ブッシュ候補や（　b　）党を批判する票が多数であったにもかかわらず、（　b　）党のブッシュ候補が当選することになった。また、2016年、（　a　）党のクリントン候補と（　b　）党のトランプ候補が選挙戦を争ったが、得票数ではクリントン候補が多数を占めたにもかかわらず、アメリカの大統領選挙では、各州で勝利した候補者がその州の票（選挙人）を総取りするため、（　b　）党のトランプ候補が当選した。「票割れ」と「民意の集約方法」によって多数決による選出が民意を必ずしも反映しないという問題点を浮き彫りにした。

①　a－保守党　b－労働党　　②　a－労働党　b－保守党
③　a－民主党　b－共和党　　④　a－共和党　b－民主党

問7　下線部ⓖに関連して、公職選挙法の改正によって満18歳以上に選挙権が定められたが、改正後最初の国政選挙として正しいものを次の①～④のうちから一つ選べ。 16

①　2013年の参議院議員通常選挙　　②　2016年の参議院議員通常選挙
③　2017年の衆議院議員総選挙　　④　2021年の衆議院議員総選挙

問8　下線部ⓗに関連して、小選挙区制と比例代表制についてそれぞれ次のa・bのように説明した。空欄1～4にあてはまる説明として適当な文を**ア**～**エ**から選び、その組み合わせとして正しいものを下の①～⑥から一つ選べ。 17

a　小選挙区制では、選挙区ごとに1名が当選し（　1　）ため、（　2　）場合がある。
b　政党に投票する比例代表制では（　3　）が（　4　）可能性がある。

ア　様々な世論が反映される
イ　死票が多くなる
ウ　多くの政党が乱立する
エ　大きな政党に有利になる

① 1－ア　2－ウ　3－エ　4－イ　② 1－ア　2－イ　3－エ　4－ウ
③ 1－ウ　2－イ　3－ア　4－エ　④ 1－ウ　2－ア　3－イ　4－エ
⑤ 1－エ　2－ウ　3－ア　4－イ　⑥ 1－エ　2－イ　3－ア　4－ウ

問9　下線部①に関連して、2022年7月に参議院議員通常選挙が実施された。この結果によって参議院における第1党と第2党となった政党の組み合わせとして正しいものを次の①～④から一つ選べ。［18］

① 自由民主党・日本維新の会　② 自由民主党・立憲民主党
③ 自由民主党・公明党　④ 立憲民主党・公明党

第3問　次の会話文を読み、下の問い（**問1～9**）に答えよ。（配点　25）

先生：ⓐ銀行には、「三大業務」と呼ばれるものがあり、資金に余裕のある人や企業から、その資金を［ア］として受け入れる［ア］業務、そしてそれを、ⓑ資金が必要な人や、企業に融通する［イ］業務があります。
大和：もう一つは［ウ］業務ですね。
先生：それはどのようなものか簡単に説明できますか？
和花：たとえば、Aさんが、X銀行にお金を預け入れ、X銀行に口座を持っていたとします。どこか遠方で暮らす自分の息子Bさんに仕送りをする場合、Bさんが口座を持っているY銀行にX銀行にあるAさんの口座からお金を引き落として入金すれば、BさんはY銀行からそのお金を受け取ることができます。これが銀行の［ウ］業務です。
先生：よく知っていますね。これらが「銀行の三大業務」と呼ばれるものです。
大和：でも、これらの業務で銀行はどのようにして利益をあげることができるのですか？
和花：お金を借りた側が、貸した側に対して支払う「利子」によって利益をあげているのだと思います。
先生：［ア］業務では、預けた人が銀行にお金を貸すことと同じですから、銀行が預けた人に利子を付けて返すことになり、［イ］業務では、逆に銀行がお金を必要としている人や企業などに貸すわけですから、借りた人は利子を付けて銀行に返すことになります。ⓒ「普通預金」や「定期預金」の利子と、例えば住宅ローンの「変動型」や「固定型」の利子の差額で銀行は利益をあげることが可能になりますね。［ウ］業務の場合は、手数料という形で利益をあげています。
大和：日本銀行も、このような業務をおこなっているのですか？
先生：日本銀行は、一般の銀行とは大きく異なり、その役割もまったく別のものです。日本銀行には三つの顔があり、一つはⓓ「銀行の銀行」、もう一つは「政府の銀行」、そしてⓔ「発券銀行」という役割です。
和花：私たちが日本銀行に口座を持つことはできないわけですね。

先生：口座は持てませんが、私たち個人の生活との関わりがまったく無いわけではなく、例えば、交通違反の反則金などのⓕ歳入金は日本銀行の本店・支店、日本銀行の代理店となっている全国の金融機関でも納めることができます。また、損傷したお金を、法令に定める基準に基づいて新しいお金に引き換えもしてくれますし、損傷がなくてもⓖ流通に不便な旧紙幣についての引き換えも可能です。

大和：日本では、1990年代後半から景気が低迷し、ⓗデフレが続いていますが、その対応に日本銀行が活躍したと聞いていますが、どのような対応をとったのでしょうか。

先生：2013年から、日本銀行は強力な金融緩和策を打ち出し、金融機関から国債を積極的に購入するなどして世の中に出回るお金の量を増やしています。これを受けて家計や企業が将来的に景気が上向きになると考えれば物価が上昇する前に消費が促され、企業は設備投資に向かうのです。

和花：なるほど。日本銀行は家計や企業の心理にも働きかける政策をおこなうのですね。

問１　会話文中の［ア］・［イ］・［ウ］にあてはまる語句の組み合わせとして正しいものを、次の①～⑥のうちから一つ選べ。［19］

①　ア―為替　　イ―預金　　ウ―貸付
②　ア―為替　　イ―貸付　　ウ―預金
③　ア―貸付　　イ―為替　　ウ―預金
④　ア―貸付　　イ―預金　　ウ―為替
⑤　ア―預金　　イ―為替　　ウ―貸付
⑥　ア―預金　　イ―貸付　　ウ―為替

問２　下線部ⓐに関連して、普通銀行のうち、５つの銀行が「都市銀行」と呼ばれている場合がある。これらについて説明した次の文中の空欄ａ・ｂにあてはまる語句の組み合わせとして正しいものを下の①～⑥から一つ選べ。［20］

銀行法にもとづくと、いわゆる「都市銀行」という分類は明確には存在していない。行政的には、銀行免許を持つ銀行のうち、所管が地方財務局ではなく金融庁にある大手行のことで、これによると「メガバンク」３行と２つの銀行のうち（　ａ　）を除く４行を「都市銀行」としている。都市銀行の数は1989年には13行あったが、（　ｂ　）以降、合併や破綻を通じて半分以下に減少した。日本銀行が明らかにしている「貸出・預金動向」統計によると、2019年段階の銀行の総貸出額に占める「都市銀行」の総貸出額の割合は40%台なかばとなっており、60%以上であった1990年代に比して銀行貸出市場における存在感は低下してしまっている。

①　ａ－みずほ銀行　　　ｂ－バブル経済崩壊
②　ａ－みずほ銀行　　　ｂ－第２次石油危機

③　ａ－埼玉りそな銀行　　ｂ－リーマン=ショック
④　ａ－埼玉りそな銀行　　ｂ－バブル経済崩壊
⑤　ａ－三菱ＵＦＪ銀行　　ｂ－リーマン=ショック
⑥　ａ－三菱ＵＦＪ銀行　　ｂ－第２次石油危機

問３　下線部ⓑに関連して、空欄ａ・ｂにあてはまる名称は下の語句の造語として生まれた。空欄ａ・ｂにあてはまる造語の由来となった**ア**～**エ**の単語の組み合わせとして正しいものを下の①～④から一つ選べ。 21

近年、情報通信技術の発展によって金融との融合が進み、(　ａ　) と呼ばれるＩＣＴと金融の融合が著しく発展している。例えば、金融機関の口座と自動的に連携する「家計簿アプリ」のサービスなどスマートフォンを利用して自分の資金の出納を一元的に「見える化」することが可能である。

さらに資金を集める方法として、(　ｂ　) という方法も登場している。これは、インターネット上で多数の人から資金を調達する方法で、ネット上に目標とする資金やモノ・サービスの提案を示し、それに賛同した人々を「支援者」として不特定多数の人々から少額ずつ資金を調達するというものである。

ア　Technology　　**イ**　Funding　　**ウ**　Finance　　**エ**　Crowd

①　ａ－**ア・イ**　　ｂ－**ウ・エ**　　②　ａ－**ア・ウ**　　ｂ－**イ・エ**
③　ａ－**イ・ウ**　　ｂ－**ア・イ**　　④　ａ－**イ・エ**　　ｂ－**ア・ウ**

問４　下線部ⓒに関して、現在の普通銀行における「普通預金」と「住宅ローン変動型」の利率に最も近い数字の組み合わせとして適当なものを、下の①～④のうちから一つ選べ。 22

ａ　普通預金　　ｂ　住宅ローン変動型

ア　0.001%　　**イ**　0.011%　　**ウ**　2.475～3.075%　　**エ**　2.45～3.40%

①　ａ－**ア**　ｂ－**ウ**　　②　ａ－**ア**　ｂ－**エ**
③　ａ－**イ**　ｂ－**ウ**　　④　ａ－**イ**　ｂ－**エ**

問５　下線部ⓓに関連して、銀行の機能に関する次の文章中の空欄ａ・ｂにあてはまる語句の組み合わせとして正しいものを、下の①～④のうちから一つ選べ。 23

一般の銀行は、預金の一定割合を日本銀行に預けている。この割合を (　ａ　) といい、これを上下させることによって市中に出回る資金量を調整することができる。

しかし、近年では、金融政策の手段としてはあまり利用されておらず、1991年10月を最後に（ a ）は変動していない。

かつては日本銀行が金利を統制していたため、（ b ）を上下させることで一般銀行の貸出金利を調節できた。しかし、金利の自由化によって（ b ）と貸出金利が連動しなくなった。このため、1996年以降、金融政策としての（ b ）操作も行われていないのが現状である。

① a—公定歩合　b—預金準備率
② a—公定歩合　b—変動相場
③ a—預金準備率　b—公定歩合
④ a—預金準備率　b—変動相場

問6 下線部ⓔに関連して、発券銀行としての日本銀行に関する記述として**適当でないもの**を、次の①～④のうちから一つ選べ。 24

① 1877年の西南戦争の費用を賄うために政府が大量に紙幣を発行した結果、激しいインフレが起こったため、政府から独立した紙幣を発行できる機関として1882年に設立された。
② 紙幣の正式名称は日本銀行券で、用紙製造から印刷までを財務省造幣局でおこない、日本銀行が製造費を支払って引き取っている。
③ 日本銀行の本店・支店には全国の金融機関の当座預金口座があり、各金融機関はその口座から日本銀行券を引き出し、これをもって日本銀行券が発行されたとしている。
④ 日本銀行券の市中流通高は一定ではなく、企業ボーナス月、年末年始の賃金手当の支払時期には市中流通高は増加する傾向をみせる。

問7 下線部ⓕに関連して、主な「歳入金」としては、税金と社会保険料があげられる。これらに関して記述した次の文aとbの正誤を判定し、その組み合わせとして正しいものを、下の①～④のうちから一つ選べ。 25

a 租税は国税と地方税があり、そのうち国税の総額は63兆5130億円(2020年度)となっており、所得税・消費税・法人税の三つの直接税で約50%をしめており、とくに直接税では消費税の占める割合が最も高い。
b 年金の保険料は、会社員または公務員の配偶者で、収入が130万円未満の場合は納付免税となるが、厚生年金保険の保険料は2022年までに段階的に引き上げられて一律16,590円、国民年金の保険料は18.3%で固定されている。

① a－正 b－正　② a－正 b－誤
③ a－誤 b－正　④ a－誤 b－誤

問8 下線部ⓖに関連して、現在市中に流通している紙幣・貨幣で、その流通量が最も多いもの(枚数)の組み合わせとして正しいものを次の①～④から一つ選べ。 26

① 千円札・十円硬貨　② 千円札・一円硬貨
③ 一万円札・十円硬貨　④ 一万円札・一円硬貨

問９ 下線部ⓗについて、「デフレ」についての記述として**適当でないもの**を次の①～④から一つ選べ。[27]

① 家計は継続的な物価下落を想定し、 消費を将来に先送りするため、貯蓄が積み上がってモノの消費が落ち込む。
② 消費が停滞すると生産も停滞し、企業は新しい設備投資を抑制するなど、経済全体にマイナスの影響を与えることになる。
③ 企業にとっては、物価の持続的な下落は、実質金利の低下を意味し、企業の期待成長率を実質金利が下回ってしまう。
④ デフレからの脱却のため、金融緩和政策が進むと円安も進行し、輸入品の価格、とくに輸入食料品の値上がりが起こる。

第４問 次の核兵器の歴史に関する年表を見て、下の問い（**問１～９**）に答えよ。（配点　25）

年	核兵器に関連した歴史
1945	アメリカ　広島・ⓐ長崎に原爆投下
1949	（　a　）　原爆実験に成功
1960	（　b　）　原爆実験に成功
1963	ⓑ部分的核実験禁止条約調印
1964	（　c　）　原爆実験に成功
1968	核兵器拡散防止条約調印
1987	ⓒ中距離核戦力全廃条約調印
1991	第１次戦略兵器削減条約調印
1992	（　b　）・（　c　）が核兵器拡散防止条約に加盟
1993	第２次戦略兵器削減条約調印
1996	包括的核実験禁止条約が国連で採択
1998	ⓓインドで地下核実験
2002	アメリカ・ロシアがモスクワ条約調印
2010	ⓔ第１回核セキュリティサミットが開催 アメリカ・ロシアが新戦略兵器削減条約調印
2017	ⓕ核兵器禁止条約採択 [　　　　　]がノーベル平和賞受賞
2019	中距離核戦力全廃条約が失効
2022	核戦争の防止と軍拡競争回避に関するⓖ５核兵器国首脳の共同声明

問1　年表中の（　a　）（　b　）（　c　）にあてはまる国の組み合わせとして正しいものを次の①～⑥から一つ選べ。 28

① a－中華人民共和国　b－ソビエト連邦　c－フランス
② a－中華人民共和国　b－フランス　c－ソビエト連邦
③ a－フランス　b－ソビエト連邦　c－中華人民共和国
④ a－フランス　b－中華人民共和国　c－ソビエト連邦
⑤ a－ソビエト連邦　b－中華人民共和国　c－フランス
⑥ a－ソビエト連邦　b－フランス　c－中華人民共和国

問2　年表中の［　　　　］にあてはまる語句を次の①～④のうちから一つ選べ。 29

① パグウォッシュ会議　② 国際原子力機関
③ 核兵器廃絶国際キャンペーン　④ 核戦争防止国際医師の会

問3　下線部ⓐに関連して、長崎に原子爆弾が投下された月日と原爆を投下したアメリカの爆撃機B29の名前の組み合わせとして正しいものを次の①～④から一つ選べ。 30

① 8月6日－エノラ=ゲイ号　② 8月6日－ボックスカー号
③ 8月9日－エノラ=ゲイ号　④ 8月9日－ボックスカー号

問4　下線部ⓑについて、「部分的」と表記されるのは全面禁止にならず、事実上核実験可能な場所があったからである。その場所として正しいものを次の①～④から一つ選べ。 31

① 宇宙空間　② 大気圏内　③ 地下　④ 水中

問5　下線部ⓒについて、この条約を締結したアメリカ・ソビエト連邦の両首脳の組み合わせとして正しいものを次の①～④のうちから一つ選べ。 32

① アメリカ－オバマ　ソビエト連邦－ゴルバチョフ
② アメリカ－オバマ　ソビエト連邦－エリツィン
③ アメリカ－レーガン　ソビエト連邦－ゴルバチョフ
④ アメリカ－レーガン　ソビエト連邦－エリツィン

問6　下線部ⓓに関連して、インドの核実験に対抗して同年に核実験をおこなった国として正しいものを次の①～④から一つ選べ。 33

① 朝鮮民主主義人民共和国　② パキスタン　③ 中華人民共和国　④ イラン

問7　下線部ⓔについて、第1回核セキュリティサミットはワシントンで開催され、ホスト国は日本、議長国はアメリカが務めた。この会議には国際原子力機関の事務局長も出席したが、この事務局長として正しい人物を次の①～④から一つ選べ。 34

①　明石康　②　緒方貞子　③　天野之弥　④　小和田恆

問8　下線部ⓕについて、この条約に署名していない国(2022年)として正しいものを次の①～⑥から一つ選べ。 35

①　日本　②　ブラジル　③　ベトナム
④　バチカン市国　⑤　南アフリカ共和国　⑥　ニュージーランド

問9　下線部ⓖについて、この5ヵ国は国際連合の常任理事国である。これらに含まれない国として正しいものを次の①～⑥から一つ選べ。 36

①　アメリカ合衆国　②　中華人民共和国　③　ロシア
④　ドイツ　⑤　フランス　⑥　イギリス

数学

数学解答上の注意

1　解答は，解答用紙の問題番号に対応した解答欄にマークしなさい。

2　問題の文中の **ア** ， **イウ** などには，符号(−，±)又は数字(0～9)又は文字(a～d)が入ります。**ア，イ，ウ，**…の一つ一つは，これらのいずれか一つに対応します。それらを解答用紙の**ア，イ，ウ，**…で示された解答欄にマークして答えなさい。

例　**アイウ** に −83 と答えたいとき

ア	● ⊕ ⓪ ① ② ③ ④ ⑤ ⑥ ⑦ ⑧ ⑨ ⓐ ⓑ ⓒ ⓓ
イ	⊖ ⊕ ⓪ ① ② ③ ④ ⑤ ⑥ ⑦ ● ⑨ ⓐ ⓑ ⓒ ⓓ
ウ	⊖ ⊕ ⓪ ① ② ● ④ ⑤ ⑥ ⑦ ⑧ ⑨ ⓐ ⓑ ⓒ ⓓ

なお，同一の問題文中に **ア** ， **イウ** などが２度以上現れる場合，原則として，２度目以降は， ア ， イウ のように細字で表記します。

3　分数形で解答する場合，分数の符号は分子につけ，分母につけてはいけません。

例えば，$\dfrac{\boxed{エオ}}{\boxed{カ}}$ に $-\dfrac{4}{5}$ と答えたいときは，$\dfrac{-4}{5}$ として答えなさい。

また，それ以上約分できない形で答えなさい。

例えば，$\dfrac{3}{4}$ と答えるところを，$\dfrac{6}{8}$ のように答えてはいけません。

4　根号を含む形で解答する場合，根号の中に現れる自然数が最小となる形で答えなさい。

例えば，$\boxed{キ}\sqrt{\boxed{ク}}$ に $4\sqrt{2}$ と答えるところを，$2\sqrt{8}$ のように答えてはいけません。

5　根号を含む分数形で解答する場合，例えば，$\dfrac{\boxed{ケ}+\boxed{コ}\sqrt{\boxed{サ}}}{\boxed{シ}}$ に $\dfrac{3+2\sqrt{2}}{2}$ と答えるところを，$\dfrac{6+4\sqrt{2}}{4}$ や $\dfrac{6+2\sqrt{8}}{4}$ のように答えてはいけません。

6　比を答える場合，一番小さい自然数の比で答えなさい。

例えば，**ス** ： **セソ** に 2：13 と答えるところを，4：26 や 6：39 のように答えてはいけません。

◀社会・政治経済・教育（数学教育除く）・保健医療学部・短期大学▶

（教育（国語教育）学部・短期大学（こども教育）　1 科目　60 分
その他　2 科目 120 分）

1 次の各問いに答えよ。

問 1　a を実数とし，集合 A, B を

$$A = \{ x \mid x^2 - (2a+3)x + a^2 + 3a + 2 \leqq 0,\ x \text{ は実数} \}$$

$$B = \{ x \mid x^2 - (4a+2)x + 4a^2 + 4a \leqq 0,\ x \text{ は実数} \}$$

とする。

(1)　$A \subset B$ であるとき，a のとりえる値の範囲は $\boxed{\text{ア}} \leqq a \leqq \boxed{\text{イ}}$ である。

(2)　集合 $A \cap B$ が空集合であるとき，a のとりえる値の範囲は $a > \boxed{\text{ウ}}$ または $a < \boxed{\text{エオ}}$ である。

(3)　$a = -\dfrac{1}{2}$ であるとき

$$A \cap B = \left\{ x \,\middle|\, \frac{\boxed{\text{カ}}}{\boxed{\text{キ}}} \leqq x \leqq \boxed{\text{ク}} \right\}$$

である。

問 2　実数 x にたいして，$[x]$ は $n \leqq x < n+1$ となる整数 n を表すものとする。方程式 $[x]^2 - 5[x] + 6 = 0$ をみたす x のとりえる値の範囲は

$$\boxed{\text{ケ}} \leqq x < \boxed{\text{コ}}$$

である。

2 下の表は 5 人の生徒がバスケットボールの試合で入れた 2 点シュートの本数を x，入れた 3 点シュートの本数を y，それらによってあげた得点の合計を z として x, y, z を調べた結果である。次の各問いに答えよ。

生徒	x	y	z
A	3	2	12
B	a	b	16
C	1	1	5
D	0	0	0
E	6	5	27

問 1　z を x と y で表すと，$z=$ [ア] $x+$ [イ] y である。

問 2　x の中央値が 3，y の中央値が 2 であるとき，$a=$ [ウ], $b=$ [エ] である。

問 3　問 2 で求めた a と b にたいして x の平均値は [オ]，y の平均値は [カ]，

x の分散は $\dfrac{[キク]}{[ケ]}$，y の分散は $\dfrac{[コサ]}{[シ]}$，x と y の共分散は $\dfrac{[スセ]}{[ソ]}$，

x と y の相関係数は $\dfrac{[タチ]}{[ツ]\sqrt{[テト]}}$ である。

3 次の各問いに答えよ。

問 1　正十五角形から 3 個の頂点を選んでつくられる三角形は $\boxed{\text{アイウ}}$ 個ある。そのうち正三角形であるものは $\boxed{\text{エ}}$ 個であるので，三角形が正三角形となる確率は $\dfrac{\boxed{\text{オ}}}{\boxed{\text{カキ}}}$ である。

問 2　正七角形から 3 個の頂点を選んでつくられる三角形は $\boxed{\text{クケ}}$ 個ある。そのうち面積が最大であるものは $\boxed{\text{コ}}$ 個であるので，三角形の面積が最大となる確率は $\dfrac{\boxed{\text{サ}}}{\boxed{\text{シ}}}$ である。

問 3　下の図のような正八面体 ABCDEF がある。

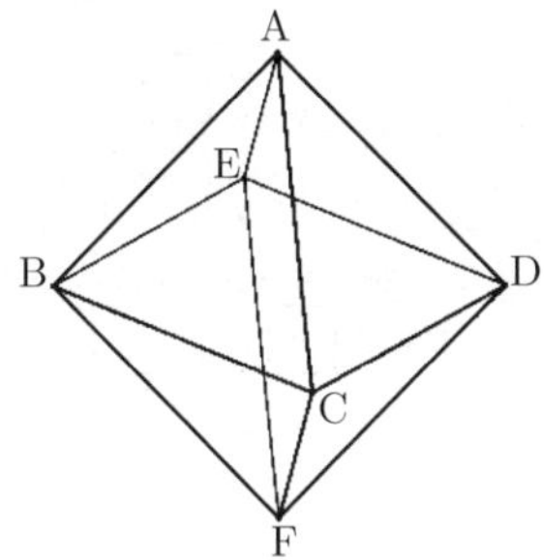

A, B, C, D, E, F の 6 個の頂点から 3 個を選んで三角形をつくる。

(1) つくられた三角形が直角三角形となる確率は $\dfrac{\boxed{\text{ス}}}{\boxed{\text{セ}}}$ である。

(2) つくられた三角形が直角三角形であるとき，その三角形の頂点の 1 つが点 B である条件つき確率は $\dfrac{\boxed{\text{ソ}}}{\boxed{\text{タ}}}$ である。

4 1辺の長さが6である立方体 ABCD-EFGH において，辺 EF の中点を P，辺 FG を 2:1 に内分する点を Q とする。このとき，次の各問いに答えよ。

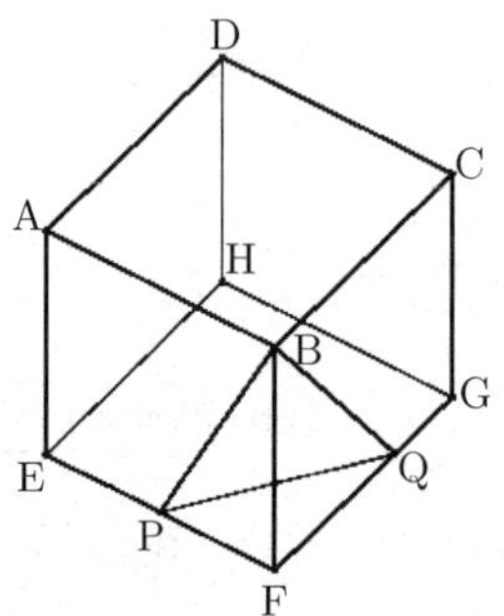

問1　BP の長さは $\boxed{ア}\sqrt{\boxed{イ}}$，BQ の長さは $\boxed{ウ}\sqrt{\boxed{エオ}}$，PQ の長さは $\boxed{カ}$ である。

問2　$\cos\angle\mathrm{PBQ} = \dfrac{\boxed{キ}}{\sqrt{\boxed{クケ}}}$，$\sin\angle\mathrm{PBQ} = \dfrac{\sqrt{\boxed{コサ}}}{\sqrt{\boxed{クケ}}}$ である。

問3　△PFQ の面積は $\boxed{シ}$，△PBQ の面積は $\boxed{ス}\sqrt{\boxed{セソ}}$ である。三角錐（すい） BPFQ の体積は $\boxed{タチ}$ である。

問4　F から △PBQ に下ろした垂線の長さは $\dfrac{\boxed{ツテ}}{\sqrt{\boxed{トナ}}}$ である。

◀情報・理工・教育（数学教育）学部▶

（情報学部（文系方式）　60 分
その他　90 分）

注意事項

- 問題は、[1]〜[5]の計５題あります。[1]〜[3]はマーク式解答問題、[4]、[5]は記述式解答問題です。
- 60 分試験の受験生は、[1]〜[3]のマーク式解答問題３題を解答しなさい。[4]、[5]の記述式解答問題２題は解答しないこと。
- 90 分試験の受験生は、[1]〜[3]のマーク式解答問題３題を必須解答、[4]または[5]の記述式解答問題のいずれか１題を選択し、合計４題解答すること。ただし、第１〜第３志望いずれかに、理工学科 数理科学専攻、電気電子工学専攻、機械工学専攻を含む場合は、必ず[5]を解答すること。

[1]　次の各問いに答えよ。

問１　0 でない実数 a, b が,

$$\frac{a}{2}+\frac{1}{2b}=\sqrt{3}+\sqrt{2},\quad \frac{1}{2a}+\frac{b}{2}=\sqrt{3}-\sqrt{2}$$

を満たしているとき, $\frac{b}{a}+\frac{a}{b}=$ [アイ] である。

問２　k を正の実数とする。$2x+y=k$ のとき, x^2+y^2 は最小値 $\frac{4}{5}$ をとる。

このとき, k の値は [ウ] であり, 最小値をとるときの x の値は $\frac{[エ]}{[オ]}$,

y の値は $\frac{[カ]}{[キ]}$ である。

問３　$\triangle$ABC において, $17\sin A=16\sin B=16\sin C$ とする。

(1)　$\triangle$ABC は [ク] である。

[ク] に当てはまるものを，次の ⓪～③ の中から一つ選びなさい。

⓪　鈍角三角形　①　直角三角形　②　二等辺三角形　③　正三角形

(2)　$\cos B = \dfrac{\boxed{ケ}}{\boxed{コサ}}$，$\cos \dfrac{A}{2} = \dfrac{\boxed{シス}}{\boxed{セソ}}$，$\cos A = \dfrac{\boxed{タチツ}}{\boxed{テトナ}}$ である。

(3)　△ABC の内接円の半径が $\dfrac{3}{5}$ のとき，△ABC の面積は $\dfrac{\boxed{ニヌ}}{\boxed{ネ}}$ である。

問 4　次の ⓪～③ の記述のうち，正しいことが述べられている記述は [ノ] である。

⓪　大きさ 100 のあるデータを分析するため，階級の数が 10 の度数分布表を作ったところ，すべての度数が 10 になった。このとき，このデータの標準偏差は 0 になる。

①　あるデータの変量を x とする。また，このデータの平均値 m と標準偏差 s である。このとき，$y=\dfrac{x-m}{s}$ を変量とするデータの平均値は 0，標準偏差は 1 になる。

②　2 つのデータ A，B がある。平均値は等しいが，標準偏差はデータ A の方がデータ B より小さい。このとき，データの四分位範囲はデータ A の方がデータ B より小さい。

③　無作為に選ばれた高校 3 年生 100 人に数学と英語の 2 科目の試験をしたところ，両科目とも平均点 65 点，標準偏差 5 点であった。このとき，数学の得点 x 点と英語の得点 y 点の相関係数は 1 になる。

2 次の各問いに答えよ。

問1 4 点 O, A, B, C は空間内の同一平面上にない点とする。

(1) 四面体 OABC は 1 辺の長さが 6 の正四面体であるとき,

△ABC の面積は $\boxed{ア}\sqrt{\boxed{イ}}$, 正四面体 OABC の体積は $\boxed{ウエ}\sqrt{\boxed{オ}}$ である。

(2) OA = 1, OB = 2, OC = 3, OA⊥OB, OB⊥OC, OC⊥OA のとき, 点 O から線分 AC に垂線 OH を下ろすと, $OH=\dfrac{\boxed{カ}}{\sqrt{\boxed{キク}}}$, $BH=\dfrac{\boxed{ケ}}{\sqrt{\boxed{コサ}}}$ である。

よって, △ABC の面積は $\dfrac{\boxed{シ}}{\boxed{ス}}$ である。

(3) 線分 OA, BC, OB, CA, OC, AB の中点をそれぞれ L, L′, M, M′, N, N′ とする. このとき,

(ア) 2 直線 LL′ と MM′ は $\boxed{セ}$。

(イ) 2 直線 OA と MM′ は $\boxed{ソ}$。

(ウ) 2 直線 MN と M′N′ は $\boxed{タ}$。

$\boxed{セ}$, $\boxed{ソ}$, $\boxed{タ}$ に当てはまる最も適切なものを, 次の ⓪～③ の中からそれぞれ一つ選びなさい。

⓪ 交わる　① 直交する　② 平行である　③ ねじれの位置にある

問2 77^{77} の下 1 桁の数は $\boxed{チ}$ であり, 7^{2023} の下 2 桁の数は $\boxed{ツテ}$ である。

問3 壺 A には赤玉 3 個と白玉 3 個が入っていて, 壺 B には赤玉 4 個と白玉 2 個が入っている。1 枚のコインを 1 回投げて表が出たら壺 A, 裏が出たら壺 B を選び, 選んだ壺から玉を 1 個取り出す。

(1) 取り出した玉が赤玉である確率は $\dfrac{\boxed{ト}}{\boxed{ナニ}}$ である。

(2) 取り出した玉が赤玉であったとき, その玉を取り出した壺が壺 A である確率は $\dfrac{\boxed{ヌ}}{\boxed{ネ}}$ である。

3　$f(x)=x^4+ax^3+(3a+1)x^2+3ax+9a-6$ （aは実数の定数）について，次の各問いに答えよ。

問1　(1)　$f(x)$を$x+3$で割ったときの余りは $\boxed{\text{アイ}}$ である。

(2)　$a=2$のとき，$f(-1+\sqrt{2})=\boxed{\text{ウエ}}-\boxed{\text{オカ}}\sqrt{\boxed{\text{キ}}}$ である。

問2　(1)　x^3+3x^2+3x+9を因数分解すると，$\left(x+\boxed{\text{ク}}\right)\left(x^2+\boxed{\text{ケ}}\right)$ である。

(2)　$f(x)$をaについて整理し，(1)を用いると，

$$f(x)=\left(x^2+\boxed{\text{コ}}\right)\left(x^2+\boxed{\text{サ}}\,x+\boxed{\text{シス}}-\boxed{\text{セ}}\right)$$

と因数分解できる。

(3)　方程式$f(x)=0$のすべての解が虚数解になるのは

$$\boxed{\text{ソ}}-\boxed{\text{タ}}\sqrt{\boxed{\text{チ}}}<a<\boxed{\text{ツ}}+\boxed{\text{テ}}\sqrt{\boxed{\text{ト}}}\quad\cdots\cdots①$$

のときである。

(4)　aが①を満たすとき，方程式$f(x)=0$の4つの虚数解をα，β，γ，δとする。このとき，

$\alpha^2+\beta^2+\gamma^2+\delta^2$は，$a=\boxed{\text{ナ}}$ のときに最小値 $\boxed{\text{ニヌネ}}$ をとり，

$\dfrac{\alpha^2+\beta^2+\gamma^2+\delta^2+6}{\alpha+\beta+\gamma+\delta}$は，$a=\boxed{\text{ノ}}$ のときに最大値 $\boxed{\text{ハ}}$ をとる。

4　次の問１の(1)〜(3)と問２の(1)は結果のみを記述式解答用紙に答え，問２の(2)は途中経過も記述せよ。

問１　n を自然数とし，a_n を $\frac{2}{7}n$ 以下の自然数の個数とする。

(1)　a_3，a_4，a_6，a_7 を求めよ。

(2)　和 $a_7+a_8+a_9+a_{10}+a_{11}+a_{12}+a_{13}$ を求めよ。

(3)　$\sum_{k=1}^{160} a_k$ を求めよ。

問２　n を自然数とし，b_n を $\log_2 n$ 以下の自然数の個数とする。

次のように，$m=1,\ 2,\ 3,\ \cdots$ に対し，第 m 群が 2^{m-1} 個の項からなるように数列 $\{b_n\}$ を群に分ける。

$$b_1 \mid b_2,\ b_3 \mid b_4,\ b_5,\ b_6,\ b_7 \mid b_8,\ \cdots$$

第１群　第２群　第３群　第４群

(1)　第 m 群に含まれる項の和 を求めよ。

(2)　初項 b_1 から第 m 群の最後の項までの和を求めよ。

5　座標平面上を運動する点Pの時刻 t における座標 $(x,\ y)$ が $\begin{cases} x=\sqrt{2}\cos 3t-1 \\ y=\sqrt{2}\sin 3t+1 \end{cases}$ で表される。時刻 t における点Pの速度ベクトルを $\vec{v}$ とし，加速度ベクトルを $\vec{\alpha}$ とする。ただし，問１〜問５は結果のみを記述式解答用紙に答え，問６は途中経過も記述せよ。

問１　点Pの描く図形の概形を xy 平面上に図示せよ。

問２　$\frac{dx}{dt}$，$\frac{dy}{dt}$ をそれぞれ求めよ。また，$\frac{d^2x}{dt^2}$，$\frac{d^2y}{dt^2}$ を x，y を用いてそれぞれ表せ。

問３　速度ベクトル $\vec{v}$ とその大きさ $|\vec{v}|$ をそれぞれ求めよ。

問４　加速度ベクトル $\vec{\alpha}$ とその大きさ $|\vec{\alpha}|$ をそれぞれ求めよ。

問５　速度ベクトル $\vec{v}$ と加速度ベクトル $\vec{\alpha}$ のなす角 θ を求めよ。ただし，$0\leqq\theta<\pi$ とする。

問６　定積分 $\int_0^{\frac{\pi}{2}} \sqrt{\left(\frac{dx}{dt}\right)^2+\left(\frac{dy}{dt}\right)^2}\,dt$ を求めよ。

物理

（情報・理工・教育（数学教育）学部　1 科目　60 分
その他　2 科目 120 分）

受験者は **1** から **4** 全てを解答しなさい。

1

傾斜角が θ の摩擦のない斜面上に距離 L だけ離れた点 A，B がある。図 1 のように質量 m の物体に点 A より上方で初速度を与え，斜面に沿ってすべらせる。次の問いに答えよ。ただし，重力加速度の大きさを g とする。

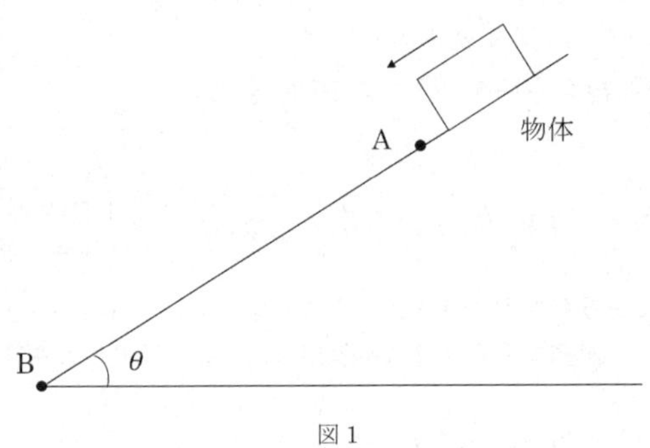

図 1

問 1　斜面上での物体の加速度の大きさとして正しいものを，次の①～⑥のうちから一つ選びなさい。 1

①　g　　②　$g\sin\theta$　　③　$g\cos\theta$　　④　$g\tan\theta$　　⑤　$\dfrac{g}{\sin\theta}$　　⑥　$\dfrac{g}{\cos\theta}$

問 2　点 A での物体の運動エネルギーを K_A，点 B での物体の運動エネルギー K_B，AB 間で重力が物体にする仕事を W とする。K_A，K_B，W の関係を正しく表している式を，次の①～④のうちから一つ選びなさい。 2

①　$K_B - K_A = W$　　②　$K_B + K_A = -W$　　③　$K_A - K_B = W$　　④　$K_A + K_B = W$

つぎに，斜面に摩擦がある場合を考える。ただし，物体と斜面との間の動摩擦係数を μ とする。

問３　斜面上に質量 m の物体を置き，手を離すと，静止したままであった。このときの摩擦力の大きさとして正しいものを，次の①〜⑥のうちから一つ選びなさい。［3］

①　mg　②　$mg\sin\theta$　③　$mg\cos\theta$　④　μmg　⑤　$\mu mg\sin\theta$　⑥　$\mu mg\cos\theta$

さらに，この斜面上の点 A より上方で物体に初速度を与えると，物体は斜面上をすべり出した。

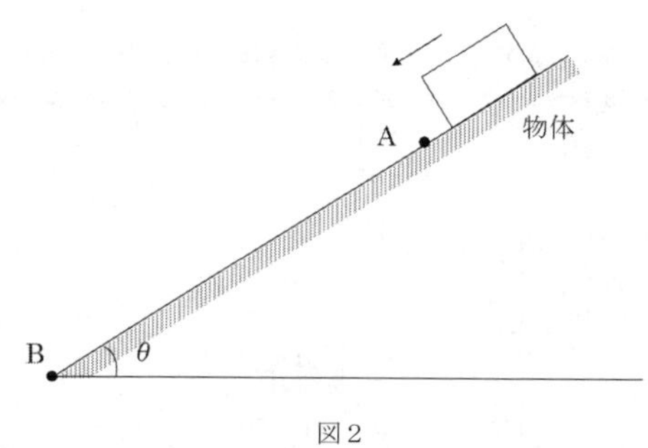

図２

問４　A B 間で動摩擦力が物体にする仕事として正しいものを，次の①〜⑥のうちから一つ選びなさい。［4］

①　$\mu mgL\sin\theta$　②　$-\mu mgL\sin\theta$　③　$\mu mgL\cos\theta$
④　$-\mu mgL\cos\theta$　⑤　$\mu mgL\tan\theta$　⑥　$-\mu mgL\tan\theta$

問５　物体が A B 間をすべり降りる速さは一定であった。問４と位置エネルギーの変化量の関係を考えたとき，μ の条件として正しいものを，次の①〜⑥のうちから一つ選びなさい。［5］

①　$\mu=\sin\theta$　②　$\mu=\cos\theta$　③　$\mu=\tan\theta$　④　$\mu=\dfrac{1}{\sin\theta}$　⑤　$\mu=\dfrac{1}{\cos\theta}$　⑥　$\mu=\dfrac{1}{\tan\theta}$

2

極板間が空気で極板間隔が d，極板面積が S の平行板コンデンサーの電気容量を C とする。このコンデンサーの極板間全てを比誘電率 ε_r の誘電体で満たした。ただし，空気中での誘電率を ε_0 とする。

問1　この誘電体で満たしたコンデンサーの電気容量を表すものとして正しいものを，次の①～⑥のうちから一つ選びなさい。6

①　$\varepsilon_r \dfrac{S}{d}$　　②　$\varepsilon_r \dfrac{d}{S}$　　③　$\varepsilon_0 \dfrac{S}{d}$　　④　$\varepsilon_0 \dfrac{d}{S}$　　⑤　$\varepsilon_r \varepsilon_0 \dfrac{S}{d}$　　⑥　$\varepsilon_r \varepsilon_0 \dfrac{d}{S}$

次に，誘電体を満たしていないコンデンサーに電圧 V の電池をつないだ。その後，図1のように極板間の下半分を比誘電率 ε_r の誘電体で満たし，その誘電体の上面を厚さの無視できる金属板でおおった。

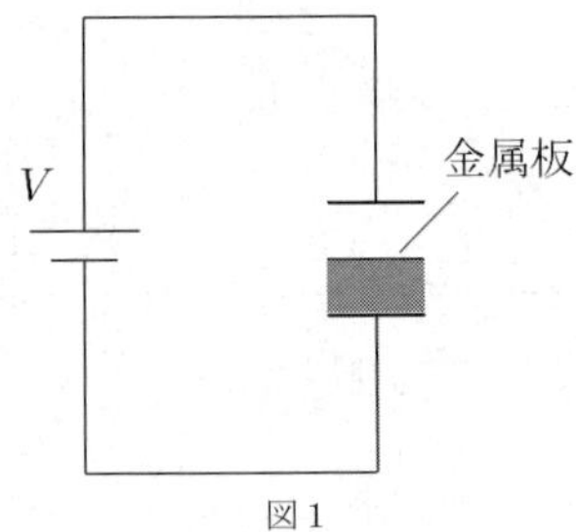

図1

問2　このときコンデンサーにたくわえられる電気量として正しいものを，次の①～④のうちから一つ選びなさい。7

①　$\dfrac{(1-\varepsilon_r)CV}{2\varepsilon_r}$　　②　$\dfrac{(1+\varepsilon_r)CV}{2\varepsilon_r}$　　③　$\dfrac{2\varepsilon_r CV}{(1-\varepsilon_r)}$　　④　$\dfrac{2\varepsilon_r CV}{(1+\varepsilon_r)}$

問3　誘電体を挿入する前後でのコンデンサーの静電エネルギーの変化量を表すものとして正しいものを，次の①～④のうちから一つ選びなさい。8

①　$\dfrac{(\varepsilon_r-1)}{2(\varepsilon_r+1)}CV^2$　　②　$\dfrac{(\varepsilon_r+1)}{2(\varepsilon_r-1)}CV^2$　　③　$\dfrac{2(\varepsilon_r+1)}{(\varepsilon_r-1)}CV^2$　　④　$\dfrac{2(\varepsilon_r-1)}{(\varepsilon_r+1)}CV^2$

次に、電気容量がそれぞれ 4.0μF，6.0μF，4.0μF のコンデンサーC_1，C_2，C_3，電圧 5.0V の電池 E，およびスイッチS_1，S_2を用いて，図 2 のような回路をつくる。最初，S_1，S_2は開いており，各コンデンサーの電気量は 0 であった。

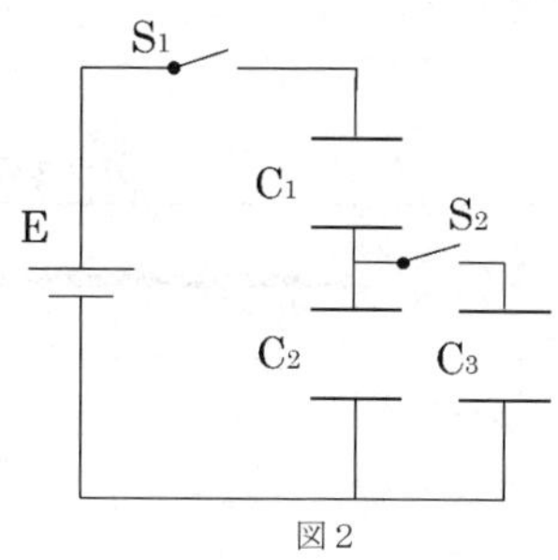

図 2

問 4　まずS_1のみを閉じる。十分な時間が経過したのち，C_2にたくわえられる電気量〔C〕として正しいものを，次の①～④のうちから一つ選びなさい。9〔C〕

①　1.2×10^{-5}　　②　5.0×10^{-5}　　③　1.2×10^{-6}　　④　5.0×10^{-6}

問 5　続いて，S_1を開いてS_2を閉じた。十分な時間が経過したのち，C_2にたくわえられる電気量〔C〕として正しいものを，次の①～④のうちから一つ選びなさい。10〔C〕

①　2.0×10^{-6}　　②　3.0×10^{-6}　　③　4.8×10^{-6}　　④　7.2×10^{-6}

3

図1のように，ピストンを挿入したガラス管と，ガラス管の開口側に設置したスピーカーがある。スピーカーから発生する音の振動数は f で，開口端からピストンまでの距離 L は連続的に変えられる。ただし，音速を V とし，開口端補正は考慮しないものとする。

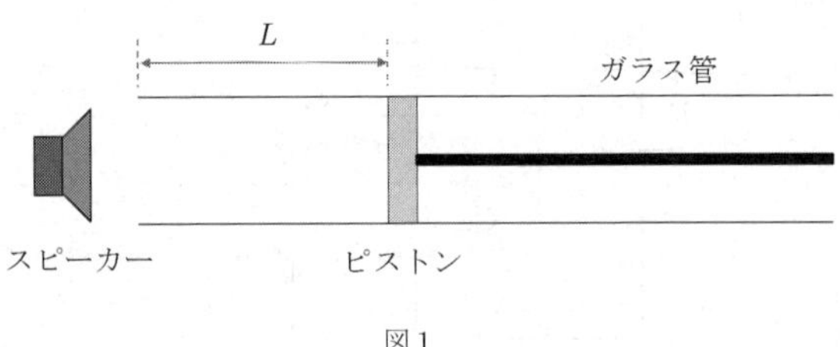

図1

スピーカーから発せられた音波は［　ア　］として空気中を伝わり，ピストンで［　イ　］端反射し，ガラス管内に定常波が生じる。このとき，ガラス管の開口端には定常波の［　ウ　］が現れる。また，時間とともに空気の密度が大きく変化するのは，定常波の［　エ　］の部分である。

問1　文中の空欄［ア］，［イ］に当てはまる語として正しい組み合わせを，次の①～⑥のうちから一つ選びなさい。11

①　ア：縦波，イ：自由　②　ア：横波，イ：自由　③　ア：衝撃波，イ：自由
④　ア：縦波，イ：固定　⑤　ア：横波，イ：固定　⑥　ア：衝撃波，イ：固定

問2　文中の空欄［ウ］，［エ］に当てはまる語として正しい組み合わせを，次の①～④のうちから一つ選びなさい。12

①　ウ：腹，エ：腹　②　ウ：腹，エ：節　③　ウ：節，エ：腹　④　ウ：節，エ：節

問3　$L=0$ からピストンをゆっくりと右向きに引いた。はじめて音が大きく聞こえたときのガラス管の長さ L を，次の①～⑥のうちから一つ選びなさい。13

①　$2fV$　②　$\frac{V}{2f}$　③　$\frac{V}{4f}$　④　$\frac{4V}{f}$　⑤　$\frac{2V}{f}$　⑥　$4fV$

$L=0$ からピストンをゆっくりと右向きに引くと，3 回音が大きくなった後，4 回目の大きな音が聞こえる前にピストンは管から抜けた。

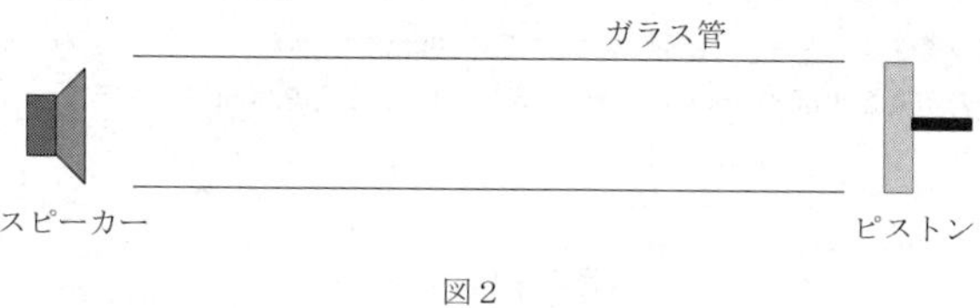

図 2

問 4　ピストンが抜けた後，音は大きく聞こえていたとすると，ガラス管の全長はいくらか、次の①～⑥のうちから一つ選びなさい。[14]

① $\dfrac{V}{f}$　② $\dfrac{3V}{2f}$　③ $\dfrac{5V}{2f}$　④ $\dfrac{7V}{2f}$　⑤ $\dfrac{5V}{4f}$　⑥ $\dfrac{7V}{4f}$

問 5　実際にこの実験をするときには，開口端補正を考える必要がある。問 4 と同様に，$L=0$ からピストンをゆっくりと右向きに引くと，3 回音が大きくなった後，4 回目の大きな音が聞こえる前にピストンは管から抜け，抜けた後，音は大きく聞こえた。このときガラス管の全長が 1.0m，はじめて音が大きく聞こえたときの L は 16 cm であったとすると，開口端補正の値として正しいものを，次の①～⑥のうちから一つ選びなさい。[15] cm

① 1.0　② 2.0　③ 3.0　④ 4.0　⑤ 5.0　⑥ 6.0

4 次の文章（I・II）を読み，以下の問いに答えなさい。

I

図のように，太さが一様で一端を閉じたガラス管を水銀で満たし，水銀を入れた容器に倒立させたところ，管内の水銀柱の高さは，外部の水銀面から測って0.760mであった。ただし，管内の水銀柱の上部は真空であり，水銀の密度を1.36×10^4kg/m^3，重力加速度の大きさを9.80m/s^{2}とする。

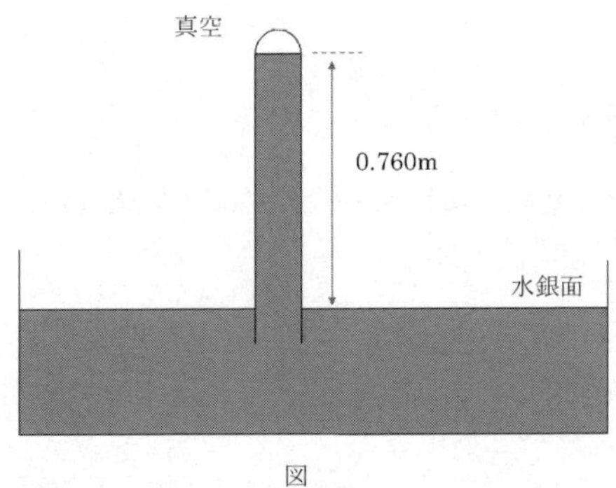

図

問1 大気圧に関する身近な道具や現象としてふさわしくないものを，次の①～⑥のうちから一つ選びなさい。16

① 吸盤を壁につける
② 灯油ポンプで灯油を入れる
③ ふとん圧縮袋で布団を圧縮する
④ ストローでジュースを飲む
⑤ 飛行機で上昇中に耳が痛くなる
⑥ 高圧洗浄機を用いて水で車を洗う

問2 この実験で得られる大気圧の大きさとその単位として正しいものを，次の①～④のうちから一つ選びなさい。17

① 1.01×10^5 Pa　② 1.01×10^5 hPa　③ 1.00×10^5 N　④ 1.00×10^5 N/m^2

問3 ガラス管を取り除き，この水銀に立方体の物体を浮かべると，高さが8分の1だけ沈んで水平を保って静止した。この物体の密度として正しいものを，次の①～⑥のうちから一つ選びなさい。18〔kg/m^3〕

① 1.1×10^5　② 1.1×10^4　③ 1.1×10^3　④ 1.7×10^5　⑤ 1.7×10^4　⑥ 1.7×10^3

II

微小な大きさの油滴が空気中を運動するときに受ける空気の抵抗力は，油滴の速さに比例し，その比例定数を k とする。ここで，質量 m の微小な大きさの油滴を空気中に入れたとき，油滴が一定の速さ v_1 で落下した。さらに，この油滴に電荷 q ($q>0$) を与え，鉛直上向きに大きさ E の電場を加えたとき，油滴が一定の速さ v_2 で上昇した。ただし，重力加速度の大きさを g とする。

問1　電場 E を加えたとき，油滴にはたらく力のつり合いの式として正しいものを，次の①～④のうちから一つ選びなさい。19

① $mg+kv_2-qE=0$　② $mg+kv_2+qE=0$　③ $mg-kv_2-qE=0$　④ $mg-kv_2+qE=0$

問2　この油滴に与えた電荷 q として正しいものを，次の①～⑥のうちから一つ選びなさい。20

① $\frac{k(v_1-v_2)}{E}$　② $\frac{k(v_1+v_2)}{E}$　③ $\frac{k(v_2-v_1)}{E}$

④ $\frac{mg-kv_1}{E}$　⑤ $\frac{mg+kv_1}{E}$　⑥ $\frac{mg-kv_2}{E}$

問3　この実験で，5個の油滴について電荷を求めたところ，以下の数値を得た。この実験から求めることのできる電気素量 e〔C〕としてもっとも適切なものを，次の①～⑥のうちから一つ選びなさい。21〔C〕

（実験で得た数値）4.70,　6.40,　7.90,　11.20,　14.30　($\times10^{-19}$C)

① 1.58×10^{-18}　② 1.59×10^{-18}　③ 1.60×10^{-18}

④ 1.58×10^{-19}　⑤ 1.59×10^{-19}　⑥ 1.60×10^{-19}

化学

(情報・理工・教育(数学教育)学部 1科目 60分
その他 2科目 120分)

必要があれば、次の値を使うこと。
原子量 H 1.0 C 12 N 14 O 16 Al 27 S 32 Cu 64
気体定数 8.3×10^3Pa・L/(K・mol)
ファラデー定数 9.65×10^4C/mol
気体は、実在気体とことわりがない限り、理想気体として扱うものとする。

1 各問いに答えよ。

問1 次のa・bは、下図のどの状態変化を表しているか。最も適当なものを下図の①〜⑥の中から一つずつ選べ。

a 防虫剤のナフタレンを放置すると、白い固体がなくなった。 1

b 寒いところから暖かい部屋に入ると、眼鏡が曇った。 2

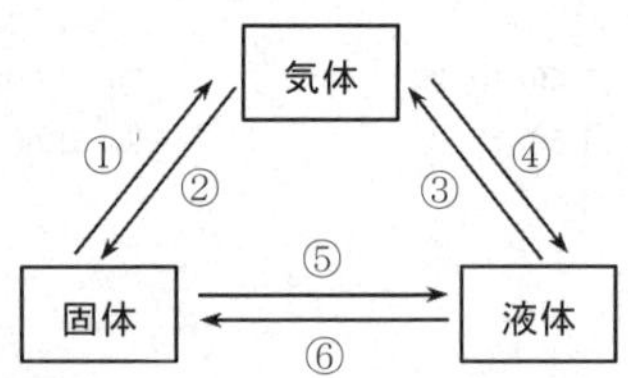

問2 次の各操作の名称として、最も適当なものを解答群から一つずつ選べ。

a 食塩水に硝酸銀水溶液を加えたときに生じる白色沈殿を分離する操作。 3

b 少量の硫酸銅(Ⅱ)五水和物を含む硝酸カリウムを、高温の水に溶解させたのち、室温まで冷却することで、純粋な硝酸カリウムの固体を得る操作。 4

c 大豆をジエチルエーテル中に入れて放置し、油脂成分をジエチルエーテルに溶出させる操作。 5

① 昇華法 ② ろ過 ③ 抽出 ④ 再結晶
⑤ 蒸留 ⑥ クロマトグラフィー ⑦ 吸着 ⑧ 分留

問３　原子の構成を$^{A}_{Z}\mathrm{M}$と表したとき、次のａ・ｂは、AとZを用いてどのように表されるか。最も適当なものを解答群から一つずつ選べ。

ａ　陽子の数　[6]

ｂ　中性子の数　[7]

①　A　②　Z　③　$A+Z$　④　$A-Z$　⑤　$A\times Z$　⑥　$A\div Z$

問４　イオン結晶の性質および例として、最も適当なものをそれぞれの解答群から一つずつ選べ。

（性質）　[8]

①　引き延ばして細い線にできる。　②　非常に硬く、融点が極めて高い。

③　やわらかく、融点の低いものが多い。　④　硬いが、割れやすい。

（例）　[9]

①　硝酸カリウム　②　銀　③　ドライアイス　④　ダイヤモンド

問５　不純物を含むアルミニウムの粉末がある。この粉末2.0gに希硫酸を加えてアルミニウムをすべて溶かしたところ、0.10molの水素が発生した。不純物は希硫酸と反応しないものとして、この粉末のアルミニウムの純度は、質量パーセントで何%か。最も適当な数値を解答群から一つ選べ。[10]%

①　45　②　55　③　70　④　80　⑤　90　⑥　95

問６　次の(a)〜(c)の水溶液をpHの小さい順に並べたものとして、最も適当なものを解答群から一つ選べ。ただし、強酸、強塩基は完全に電離するものとする。[11]

(a)　0.015mol/Lの塩酸　(b)　0.010mol/Lの硫酸　(c)　0.010mol/Lの酢酸

①　a＜b＜c　②　a＜c＜b　③　b＜a＜c

④　b＜c＜a　⑤　c＜a＜b　⑥　c＜b＜a

問７　食酢を正確に10.0mLとり、器具Xに入れて水を加え、全量を100mLとした。このうすめた水溶液20.0mLを器具Yを用いてコニカルビーカーにとり、フェノールフタレインを数滴加えたのち、0.100mol/Lの水酸化ナトリウム水溶液で滴定した。中和点までに必要な水酸化ナトリウム水溶液の体積は11.6mLであった。

ａ　器具XとYはそれぞれ何か。最も適当なものを解答群から一つずつ選べ。

X [12]　Y [13]

①　ホールピペット　②　メスフラスコ　③　ビュレット

④　駒込ピペット　⑤　三角フラスコ　⑥　コニカルビーカー

b　もとの食酢中の酢酸の質量パーセント濃度は何%か。最も適当な数値を解答群から一つ選べ。ただし、食酢の密度は1.0g/cm^{3}とし、食酢中の酸はすべて酢酸とする。
[14]%

① 2.5　② 3.0　③ 3.5　④ 4.0　⑤ 4.5　⑥ 5.0

問8　次の電子e^-を用いた反応式について、二クロム酸イオン0.20molと反応する二酸化硫黄は何molか。最も適当な数値を解答群から一つ選べ。[15]mol

$Cr_2O_7^{2-}$ ＋ $14H^+$ ＋ $6e^-$ → $2Cr^{3+}$ ＋ $7H_2O$

SO_2 ＋ $2H_2O$ → SO_4^{2-} ＋ $4H^+$ ＋ $2e^-$

① 0.10　② 0.20　③ 0.30　④ 0.40　⑤ 0.50　⑥ 0.60

[2]　各問いに答えよ。

問1　次の各気体を同じ質量とり、同温・同体積下でその圧力を測定した。圧力の最も大きい気体はどれか。最も適当なものを解答群から一つ選べ。[16]

① CO　② NH_3　③ NO_2　④ H_2S　⑤ SO_2

問2　水100gに0.100molの塩化ナトリウムNaClを溶解させたところ、その水溶液の沸点は1.013×10^{5}Paのもとで101.03℃となった。スクロース0.100molを水500gに溶解させた水溶液の沸点は何℃になるか。最も適当な数値を解答群から一つ選べ。ただし、1.013×10^{5}Paにおける水の沸点を100.00℃とする。また、電解質は完全に電離するものとする。[17]℃

① 100.05　② 100.10　③ 100.21　④ 100.52　⑤ 101.03

問3　次の熱化学方程式を用いて、メタノールCH_3OH(液)の生成熱を求め、最も適当な数値を解答群から一つ選べ。[18]kJ/mol

$$H_2 + \frac{1}{2}O_2 = H_2O(\text{液}) + 286\text{kJ}$$

$$H_2 + \frac{1}{2}O_2 = H_2O(\text{気}) + 242\text{kJ}$$

$$C(\text{黒鉛}) + O_2 = CO_2 + 394\text{kJ}$$

$$CH_3OH(\text{液}) + \frac{3}{2}O_2 = CO_2 + 2H_2O(\text{液}) + 726\text{kJ}$$

① −904　② −46　③ 240　④ 482　⑤ 1406　⑥ 1692

問4　白金電極を用い、硫酸銅(Ⅱ)水溶液を2.0Aの電流で48分15秒間電気分解した。このとき、陰極に析出する物質は何gか。最も適当な数値を解答群から一つ選べ。

[19] g

① 0.64　② 1.3　③ 1.9　④ 2.5　⑤ 3.2　⑥ 3.8

問5　酢酸1.00molとエタノール1.00molの混合物を反応させ、ある一定温度で平衡状態に達したとき、酢酸が0.25molに減少していた。この温度における反応の平衡定数はいくらか。最も適当な数値を解答群から一つ選べ。[20]

$CH_3COOH + C_2H_5OH \rightleftarrows CH_3COOC_2H_5 + H_2O$

① 2.0　② 4.0　③ 6.0　④ 9.0　⑤ 12

[3]　各問いに答えよ。

問1　硫酸に関する各記述について、正しい場合は①を、誤りを含む場合は②を選べ。

a　硫酸は、工業的には白金を触媒としたオストワルト法で製造される。[21]

b　濃硫酸は吸湿性が強く、乾燥剤に用いられる。[22]

c　濃硫酸は不揮発性であり、塩化ナトリウムに濃硫酸を加えて加熱すると、揮発性の塩化水素が発生する。[23]

d　濃硫酸を銅と反応させると二酸化硫黄が発生し、希硫酸を銅と反応させると水素が発生する。[24]

e　濃硫酸を薄めて希硫酸にする際には、濃硫酸に水を少しずつ加えていく。[25]

問2　炭素とその化合物に関する各記述について、正しい場合は①を、誤りを含む場合は②を選べ。

a　炭素の同素体にはダイヤモンドや黒鉛などがあり、黒鉛は炭素原子が正四面体の頂点方向で共有結合で結合した結晶で電気を通さない。[26]

b　一酸化炭素は、血液中のヘモグロビンと結合するとヘモグロビンの酸素運搬機能が失われるので、有毒である。[27]

c　一酸化炭素には、金属の酸化物を還元する性質がある。[28]

d　二酸化炭素は水にわずかに溶け、その水溶液は弱酸性を示す。[29]

e　二酸化炭素を石灰水に吹き込むと、水に溶けにくい炭酸カルシウムが生成して白濁し、さらに吹き込み続けると水に溶けやすい炭酸水素カルシウムに変わり、白濁が消える。 30

問3　ナトリウムとその化合物に関する各記述について、正しい場合は①を、誤りを含む場合は②を選べ。

a　ナトリウムの単体は、常温で水と激しく反応して酸素を発生する。 31

b　ナトリウム塩は、橙色の炎色反応を示す。 32

c　水酸化ナトリウムは、無色の固体で潮解性があり、また空気中の二酸化炭素も吸収するので、固体の正確な質量は測定しにくい。 33

d　炭酸ナトリウムは、工業的にはアンモニアソーダ法(ソルベー法)によって製造され、水溶液は塩基性を示す。 34

e　炭酸水素ナトリウムの水溶液は弱酸性であり、塩酸と反応させると二酸化炭素が発生する。 35

問4　銅とその化合物に関する各記述について、正しい場合は①を、誤りを含む場合は②を選べ。

a　銅を二酸化炭素を含む空気中に放置すると、表面に黒色のさびが生じる。 36

b　銅の単体は、主に黄銅鉱を原料として得られる粗銅を陰極に、純銅を陽極にして硫酸銅(Ⅱ)水溶液を電解液とした電気分解(電解精錬)によって製造される。 37

c　硫酸銅(Ⅱ)五水和物は青色の結晶で、加熱すると白色の無水物となる。 38

d　酸化銅(Ⅰ)は、還元性のある有機化合物がフェーリング液を還元したときに生成する黒色の化合物である。 39

e　銅(Ⅱ)イオンを含む水溶液に少量のアンモニア水を加えると青白色の水酸化銅(Ⅱ)の沈殿が生成し、さらに過剰のアンモニア水を加えるとテトラアンミン銅(Ⅱ)イオンが生成して溶けて深青色の水溶液となる。 40

4　各問いに答えよ。

問1　有機化合物の特徴に関する各記述について、正しい場合は①を、誤りを含む場合は②を選べ。

a　有機化合物における炭素原子間の結合距離は、長い方から C−C、C=C、C≡C の順である。 41

b　炭素数 3 のアルカンには構造異性体が存在し、炭素数 3 のアルケンには幾何異性体が存在する化合物がある。 42

c　一般式 C_nH_{2n} の分子式をもつ有機化合物は、アルケンまたはシクロアルケンに分類され、互いに位置異性体の関係にある。 43

d　光学異性体(鏡像異性体)の関係にある異性体どうしは、融点や沸点が大きく異なる。 44

e　有機化合物の元素分析をする際には、有機化合物を燃焼させて生じた二酸化炭素と水の両方をソーダ石灰に吸収させる。 45

問2　カルボン酸に関する各記述について、正しい場合は①を、誤りを含む場合は②を選べ。

a　ギ酸にはアルデヒド基もあるため、相手を還元する性質をもつ。 46

b　シュウ酸は相手を酸化すると、自身は二酸化炭素に変化する。 47

c　フマル酸は加熱すると容易に脱水し、酸無水物となる。 48

d　フタル酸は加熱すると容易に脱水し、酸無水物となる。 49

e　フタル酸をエチレンと縮合重合させると、ポリエチレンテレフタラートが生成する。 50

問3　フェノールの製法に関する各記述について、正しい場合は①を、誤りを含む場合は②を選べ。

a　ベンゼンスルホン酸ナトリウムに固体の水酸化ナトリウムを加えて加熱融解し、ナトリウムフェノキシドを得る操作を、アルカリ融解という。 51

b　クメン法では、ベンゼンにプロペン(プロピレン)を置換反応させてクメンを合成する。 52

c　クメン法では、フェノールとともにアセトンも合成される。 53

d　塩化ベンゼンジアゾニウム水溶液の温度を 5℃以上にすると、窒素を生じながらフェノールが生成する。 54

e　フェノールは−OH 基をもち塩基性の有機物であるため、最終的には溶液を塩基性にすることでフェノールが得られる。 55

問4 有機化合物の分離に関する各記述について、正しい場合は①を、誤りを含む場合は②を選べ。

a 分液漏斗を用いて有機化合物を振り混ぜる際には、常に密閉された状態のまま振り続ける必要がある。 56

b 分離する際の溶媒にジエチルエーテルを用いると、水が上層、ジエチルエーテルが下層となる。 57

c エーテル溶液中のトルエンとアニリンは、塩酸を加えると水層とエーテル層に分離することができる。 58

d エーテル溶液中のニトロベンゼンとアニリンは、水酸化ナトリウム水溶液を加えると水層とエーテル層に分離することができる。 59

e 水溶液中の安息香酸ナトリウムとナトリウムフェノキシドは、二酸化炭素とエーテルを加えると水層とエーテル層に分離することができる。 60

問5 油脂に関する各記述について、正しい場合は①を、誤りを含む場合は②を選べ。

a 油脂は、グリセリンと脂肪酸からなるエステルである。 61

b 油脂の中で、常温で固体のものを脂肪という。 62

c 空気中に放置すると容易に固まる油脂を硬化油という。 63

d 炭素間二重結合が多い油脂ほど、空気中に放置すると固まりやすい。 64

e 炭素間二重結合数を調べるためには、油脂を水酸化カリウムでけん化すればよい。 65

問6 多糖類に関する各記述について、正しい場合は①を、誤りを含む場合は②を選べ。

a デンプンを構成するアミロースもアミロペクチンも水には溶けにくく、セルロースは水に溶けやすい。 66

b デンプンがヨウ素デンプン反応をするのは、アミロースもアミロペクチンもグルコースが直線状につながっているからである。 67

c デンプンをアミラーゼで加水分解すると、二糖類のマルトースになる。 68

d セルロースは植物の細胞壁の主成分である。 69

e セルロースを濃硝酸と濃硫酸を用いてエステル化するとトリニトロセルロースが得られ、綿火薬として活用される。 70

生物

（情報・理工・教育（数学教育）学部　1科目　60分）
（その他　2科目 120分）

1 腎臓に関する次の文章を読み、下の問い（**問1～7**）に答えよ。

ヒトは、生命活動の結果生じたさまざまな老廃物を排出するしくみをもっている。例えば、タンパク質の分解によって生じる［ア］は、肝臓で毒性の低い［イ］に変えられ、［イ］は腎臓から尿の成分として体外に排出される。陸上生活を行う脊椎動物では腎臓により、尿を生成する過程で、水分や無機塩類などの再吸収を調節することにより、体液浸透圧が一定の範囲に維持されている。

ヒトの腎臓には、腎単位（ネフロン）とよばれる尿を生成する単位があり、腎動脈から糸球体へ送り込まれた血しょうの一部はろ過されて原尿となり、必要に応じて原尿から水分や無機塩類などが再吸収されて尿がつくられる。

健康なヒトの血しょう、原尿、および尿を採取して、それぞれに含まれるタンパク質、グルコース、尿素の濃度（mg/mL）を測定し、その結果を表に示した。なお、1分間に生成された尿量は1 mLであり、イヌリンは、こし出されるが再吸収や追加排出されないものとする。

表

	血しょう	原尿	尿
タンパク質	70	［ウ］	［エ］
グルコース	1	［オ］	［カ］
尿素	0.3	0.3	20
イヌリン	1	1	120

問1 文中の空欄［ア］・［イ］に当てはまる語句として最も適当なものを、次の①～④のうちから一つ選べ。［1］

	ア	イ		ア	イ
①	尿素	尿酸	②	尿素	アンモニア
③	アンモニア	尿酸	④	アンモニア	尿素

問2 下線部に関して、この調節には腎臓ではたらくホルモンが関与している。腎臓において水分の再吸収を促進するホルモンと、ナトリウムの再吸収を促進するホルモンの組み合わせとして最も適当なものを、次の①～⑤のうちから一つ選べ。［2］

	水分の再吸収	ナトリウムの再吸収
①	パラトルモン	鉱質コルチコイド
②	バソプレシン	鉱質コルチコイド
③	鉱質コルチコイド	バソプレシン
④	アセチルコリン	バソプレシン
⑤	バソプレシン	パラトルモン

問3 ネフロンに関する記述として最も適当なものを、次の①～④のうちから一つ選べ。 3

① 腎小体と細尿管からなる構造体をネフロンという。
② ヒトの1個の腎臓は、約50万個のネフロンから構成されている。
③ 腎小体では血液中のアルブミンなどのタンパク質がほとんどろ過される。
④ ボーマンのうでは浸透圧差を利用して物質の再吸収が行われる。

問4 表の ウ ～ カ に入る値の組み合わせとして最も適当なものを、次の①～⑥のうちから一つ選べ。 4

	ウ	エ	オ	カ
①	70	70	1	1
②	70	70	0	0
③	70	0	1	1
④	70	0	1	0
⑤	0	0	1	0
⑥	0	0	0	0

問5 本文および表の結果から、1分間にこし出された血しょうの量は何mLになるか。最も適当なものを、次の①～⑥のうちから一つ選べ。 5 mL

① 12　② 60　③ 90　④ 120　⑤ 150　⑥ 170

問6 本文および表の結果から、健康なヒトの腎臓における1分間あたりの尿素の再吸収量(mg)として最も適当なものを、次の①～⑥のうちから一つ選べ。 6 mg

① 0　② 1　③ 16　④ 23　⑤ 36　⑥ 52

問7 次の経路Ⅰ～Ⅳのうち、腎動脈から糸球体に入った尿素が通過する経路として可能性があるものをすべて含む組み合わせはどれか。最も適当なものを、次の①～⑥のうちから一つ選べ。 7

経路Ⅰ 腎動脈 → 糸球体 → 毛細血管 → 腎静脈
経路Ⅱ 腎動脈 → 糸球体 → ボーマンのう → 細尿管 → 毛細血管 → 腎静脈
経路Ⅲ 腎動脈 → 糸球体 → ボーマンのう → 細尿管 → 集合管 → 腎う
経路Ⅳ 腎動脈 → 糸球体 → 毛細血管 → 集合管 → 細尿管 → 腎静脈

① 経路Ⅰ、経路Ⅱ　② 経路Ⅰ、経路Ⅲ　③ 経路Ⅱ、経路Ⅲ
④ 経路Ⅰ、経路Ⅱ、経路Ⅲ　⑤ 経路Ⅰ、経路Ⅱ、経路Ⅳ　⑥ 経路Ⅱ、経路Ⅲ、経路Ⅳ

2 発生に関する次の文章（Ⅰ・Ⅱ）を読み、下の問い（**問1〜7**）に答えよ。

Ⅰ　カエルでは、精子が［ア］半球から卵内に進入すると、卵の表層の細胞質が約30°回転し、その結果、ある領域に周囲と色調が異なる［イ］とよばれる領域が生じる。この領域の近くには、受精前に植物極に局在していたディシェベルドとよばれるタンパク質が卵の表層の回転に伴って移動し、背腹軸が決定される。

問1 文中の空欄［ア］・［イ］に当てはまる語句として最も適当なものを、次の①〜④のうちから一つ選べ。［8］

	ア	イ		ア	イ
①	動物	卵黄栓	②	動物	灰色三日月(環)
③	植物	卵黄栓	④	植物	灰色三日月(環)

問2 下線部に関する記述として最も適当なものを、次の①〜④のうちから一つ選べ。［9］

① ［イ］は、精子が進入した位置に形成される。
② 発生が進行すると、［イ］のある側が背側となる。
③ ［イ］は、後にできる原口よりもやや植物極側に形成される。
④ はじめに母性因子の濃度勾配が変化し、その後の表層回転により、［イ］ができる。

問3 両生類の胚を用いた実験に関する記述として最も適当なものを、次の①〜④のうちから一つ選べ。［10］

① 胞胚から動物極を含む領域と、植物極を含む領域を切り出し、両者を接触させて培養すると、動物極を含む切片から中胚葉性の組織が分化する。
② 初期原腸胚から予定神経域の一部を切り出し、別の初期原腸胚の予定表皮域に移植すると、二次胚が形成される。
③ 初期原腸胚から原口背唇部を切り出し、別の初期原腸胚の予定表皮域に移植すると、移植片は表皮に分化する。
④ 初期神経胚から神経板の一部を切り出し、別の初期神経胚の表皮域に移植すると、移植片は表皮に分化する。

問4 次の文は、ウニの初期発生について述べたものである。これらのうち、**誤っているもの**を次の①〜④のうちから一つ選べ。［11］

① 植物極と動物極を結ぶ面で最初の卵割が起こる。
② 原腸胚期にふ化する。
③ 原口は、やがて肛門となる。
④ 16細胞期の胚は、大・中・小割球の3種類の割球からなる。

II　被子植物の花を構成する構造(花器官)は花の外側から［ウ］の順に、同心円状に配列している。シロイヌナズナなどの花の形成は、遺伝子 A、遺伝子 B、遺伝子 C の3種類の調節遺伝子のはたらきによって調節されている。正常な花では遺伝子 A は次の図の**1**と**2**の領域で、遺伝子 B は**2**と**3**の領域で、遺伝子 C は**3**と**4**の領域ではたらき、各領域に特有の花器官が形成される。しかし、これらの遺伝子の機能が欠損した突然変異体では、花器官の形成が正常なものとは異なったものとなる。

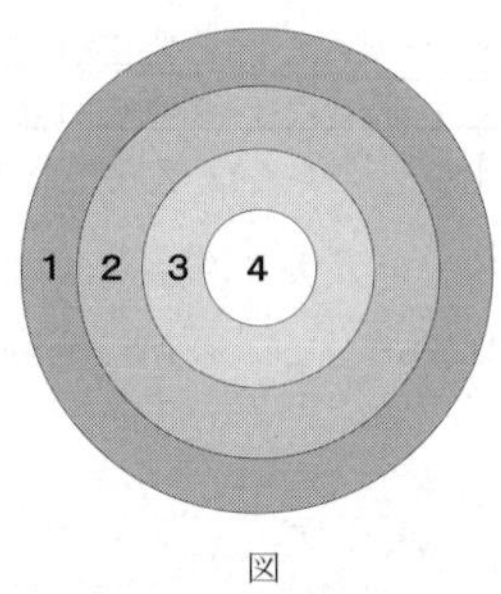

図

問5　文章中の空欄［ウ］に入るものとして最も適当なものを、次の①～④のうちから一つ選べ。［12］

① 花弁・がく・おしべ・めしべ
② 花弁・がく・めしべ・おしべ
③ がく・花弁・おしべ・めしべ
④ がく・花弁・めしべ・おしべ

問6　本来遺伝子 C が機能する領域で、遺伝子 C が機能せずに遺伝子 A が機能するようになった場合、次の領域にはどのような花器官が形成されるようになると推測されるか。最も適当なものを、次の①～④のうちからそれぞれ一つずつ選べ。ただし、同じものを繰り返し選んでもよい。また、遺伝子 B の発現は、遺伝子 A や C の発現の有無による影響を受けないものとする。

(1) 領域1［13］　(2) 領域4［14］

① 正常な花の**1**の領域に形成される花器官
② 正常な花の**2**の領域に形成される花器官
③ 正常な花の**3**の領域に形成される花器官
④ 正常な花の**4**の領域に形成される花器官

問7　下線部のような器官形成に関わる調節遺伝子の総称として最も適当なものを、次の①～④のうちから一つ選べ。［15］

① オペロン　② 母性効果遺伝子　③ 転写調節領域　④ ホメオティック遺伝子

3　生態系と窒素循環に関する次の文章を読み、下の問い（**問1～6**）に答えよ。

多くの生物は、太陽の光エネルギーを生命の維持に利用している。生産者である植物は、太陽の光エネルギーを光合成により［ア］エネルギーに変換して有機物に蓄える。この［ア］エネルギーは消費者である植物食性動物（一次消費者）が摂食し、さらに、動物食性動物（二次消費者）がこれを摂食することで生態系内を移動し、最終的には［イ］エネルギーとなって大気中に放出される。次の図は、窒素の循環のようすを模式的に示したものである。一般的に植物は、大気中の窒素(N_2)を直接利用することはできないが、他の生物が生産したアンモニウムイオンや硝酸イオンなどを利用することができる。また、植物の中には、窒素固定を行う細菌と共生関係を築くことで、窒素を利用しているものがある。共生関係を築かない通常の植物と、共生関係を築く植物においては、ともに十分な窒素を獲得しているとき、これらの植物は光合成による生育に必要な栄養分を十分に得ることができる。

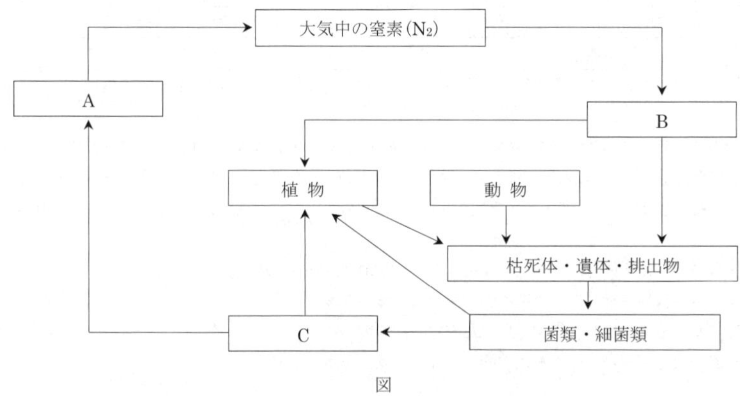

図

問1　文中の空欄［ア］・［イ］に当てはまる語句の組み合わせとして最も適当なものを、次の①～④のうちから一つ選べ。［16］

	ア	イ		ア	イ
①	熱	光	②	熱	化学
③	化学	熱	④	化学	光

問2　生産者から一次消費者、二次消費者へと食物連鎖の段階を一つ経るごとに、上位の生物が利用できるエネルギーは減少する。この理由として**誤っているもの**を、次の①～④のうちから一つ選べ。［17］

①　呼吸によって失われる部分があるため。
②　死滅により失われる部分があるため。
③　光合成によって失われる部分があるため。
④　不消化排出物により失われる部分があるため。

問3　下線部に関して、物質とエネルギーの移動に関する記述として最も適当なものを、次の①～④の中から一つ選べ。［18］

① エネルギーは物質とともに生態系内を循環する。
② エネルギーも物質も、ともに生態系内を循環しない。
③ 物質は生態系内を循環するのに対し、エネルギーは循環せず、一方向的に流れるのみである。
④ エネルギーは生態系内を循環するのに対し、物質は循環せず、一方向的に流れるのみである。

問4 窒素循環に関する図のA～Cに入る生物名の組み合わせとして最も適当なものを、次の①～⑥から一つ選べ。 19

	A	B	C
①	シアノバクテリア・根粒菌	硝化細菌(硝化菌)	脱窒素細菌
②	脱窒素細菌	硝化細菌(硝化菌)	シアノバクテリア・根粒菌
③	硝化細菌(硝化菌)	シアノバクテリア・根粒菌	脱窒素細菌
④	脱窒素細菌	シアノバクテリア・根粒菌	硝化細菌(硝化菌)
⑤	硝化細菌(硝化菌)	脱窒素細菌	シアノバクテリア・根粒菌
⑥	シアノバクテリア・根粒菌	脱窒素細菌	硝化細菌(硝化菌)

問5 窒素固定細菌と共生関係を築く植物は、通常の植物が窒素を十分獲得できず、光合成能力が低下するような場合に生存に有利になり、優占種となりうる。どのような環境下のときに共生的窒素固定を行う植物が優占種となりうると考えられるか。最も適当なものを次の①～④のうちから一つ選べ。 20

① 土壌が十分に形成されていない裸地などの一次遷移の初期の環境。
② 山火事や伐採跡地など二次遷移の土壌形成段階の環境。
③ 遷移が十分に進行し、極相となった安定した環境。
④ 台風による倒木などにより比較的大きなギャップが生じた環境。

問6 本文や図を参考に、窒素循環に関する記述として適当なものを、次の①～⑥のうちから二つ選べ。ただし、解答の順序は問わない。 21 ・ 22

① 土壌中の硝酸イオンからアンモニウムイオンに変えるはたらきを硝化(作用)という。
② 硝酸イオンや亜硝酸イオンを気体の窒素(N_2)にまで還元する作用を脱窒という。
③ 大気中の窒素(N_2)は安定的で、窒素固定以外でN_2が減少することはない。
④ 体外から取り入れた硝酸イオンやアンモニウムイオンをもとに有機窒素化合物を合成するはたらきを窒素同化という。
⑤ 大気中の気体の窒素(N_2)から硝酸イオンを合成する植物体内の酸化反応を窒素固定という。
⑥ 窒素固定の反応は、ニトロゲナーゼという酵素の作用で進行し、ATP のエネルギーを必要としない。

4 遺伝子とその発現に関する次の文章（Ⅰ・Ⅱ）を読み、下の問い（**問 1～6**）に答えよ。

Ⅰ　生体内で重要な役割を担うタンパク質は、DNA の遺伝情報に基づいて合成される。このとき、RNA は両者を橋渡しする役割を担う。DNA と RNA はともに塩基を含むが、(A)それぞれを構成する塩基の種類は一部が異なる。DNA の遺伝情報は mRNA に［ア］される。mRNA の情報にしたがって、［イ］とよばれる過程によって(B)タンパク質が合成される。

問 1　下線部(A)に関して、DNA と RNA とで異なる塩基の組み合せとして最も適当なものを、次の①～⑧のうちから一つ選べ。［23］

	DNA にあって RNA にない塩基	RNA にあって DNA にない塩基
①	アデニン	シトシン
②	アデニン	チミン
③	チミン	ウラシル
④	チミン	シトシン
⑤	ウラシル	シトシン
⑥	ウラシル	チミン
⑦	シトシン	ウラシル
⑧	シトシン	チミン

問 2　上の文章中の［ア］・［イ］に入る語として最も適当なものを、次の①～⑤のうちからそれぞれ一つずつ選べ。ア［24］　イ［25］

①　複製　　②　翻訳　　③　転写　　④　逆転写　　⑤　形質転換

問 3　下線部(B)に関連する記述として適当なものを、次の①～⑥のうちから二つ選べ。ただし、解答の順序は問わない。［26］・［27］

①　mRNA の塩基三つの並び(コドン)が、一つのタンパク質を指定している。
②　同一個体でも、組織や細胞の種類によって合成されるタンパク質の種類や量に違いが生じる。
③　タンパク質はヌクレオチドがペプチド結合により連結された高分子化合物である。
④　RNA の遺伝情報が DNA を経てタンパク質に一方向に変換される過程は、セントラルドグマとよばれる。
⑤　遺伝子突然変異が起こり、DNA の塩基配列が変化しても、タンパク質は全く変化しない場合もある。
⑥　原核生物にはイントロンがなく、スプライシングも行われないため、タンパク質はほとんど合成されないことも多い。

Ⅱ　多細胞生物の真核生物では、同じ個体の体細胞は基本的に同じゲノムをもっている。しかしながら、(C)ゲノムを構成する DNA から mRNA に写し取られる遺伝子の種類は細胞の種類によって異なる。ゲノム DNA の塩基配列には、mRNA に写し取られる配列以外に、プロモーター領域や(D)転写調節領域などの配列がある。遺伝子が mRNA に写し取られる過程では、転写調節領域に調節タンパク質が結合することによって活性化されたり、抑制されたり制御されている。また、原核生物でも遺伝子発現の調節が緻密に行われており、ラクトースオペロンや(E)トリプトファンオペロンなどはその代表例である。

問4　下線部(C)に関して、真核生物の体細胞において、mRNAに写し取られる遺伝子の種類が細胞の種類によって異なる理由の記述として最も適当なものを、次の①～④のうちから一つ選べ。 28

① 染色体の数やゲノムサイズが細胞の種類によって異なっている。
② アミノ酸の1つをコードする遺伝子の数が細胞の種類によって異なっている。
③ 調節タンパク質の種類や量が細胞の種類によって異なっている。
④ 転写調節領域やオペレーターの数が細胞の種類によって異なっている。

問5　下線部(D)に関する記述として最も適当なものを、次の①～④のうちから一つ選べ。 29

① 転写調節領域と結合した調節タンパク質は、RNAポリメラーゼによって転写されたmRNAがリボソームへ結合することを促す。
② 転写調節領域は、調節タンパク質のアミノ酸配列を指定し、複雑な立体構造を決定する。
③ 転写調節領域は、DNAポリメラーゼにより複製されたmRNAの核内から細胞質基質への運搬を促進する。
④ 転写調節領域に結合した調節タンパク質は、プロモーター上の基本転写因子とRNAポリメラーゼとの複合体にはたらく。

問6　下線部(E)に関して、大腸菌のトリプトファン合成に関わるトリプトファン合成酵素遺伝子(遺伝子E)の発現は、トリプトファンと結合する調節タンパク質(タンパク質 R)により制御されている。大腸菌は細胞内でトリプトファンを合成できるが、細胞内のトリプトファン濃度が高くなると、遺伝子Eの発現は抑制される。タンパク質Rによる遺伝子Eの発現制御機構として最も適当なものを、次の①～⑦のうちから一つ選べ。 30

① トリプトファンに結合したタンパク質Rが遺伝子Eの転写を促進する。
② トリプトファンに結合したタンパク質Rが遺伝子Eの転写を抑制する。
③ トリプトファンに結合しないタンパク質Rが遺伝子Eの転写を促進する。
④ トリプトファンに結合しないタンパク質Rが遺伝子Eの転写を抑制する。
⑤ 細胞内のトリプトファン濃度と無関係にタンパク質Rが遺伝子Eの転写を促進する。
⑥ 細胞内のトリプトファン濃度と無関係にタンパク質Rが遺伝子Eの転写を抑制する。
⑦ 大腸菌はトリプトファンに対して遺伝子調節機構をもつが、その効果はあまり大きくない。

H　欲望が心にヒソム。

I　何を言われてもバジトウフウだ。

J　セイダク併せ呑む。

山路作左衛門に対する裁きには、いささかのためらいもなく臨んでいる。一方、裁かれる山路の方は織部正や新三郎の同情をえることで少しでも自らの処分を軽くしてもらいたいという姑息な人物として描かれている。

⑤ 黛家の三男である新三郎の視点に寄り添って、神山藩の評定所で初めて裁きの場に立ち会う彼の戸惑いや、心の揺れ動きを巧みに語っている。三人称の語りである故に、全てが新三郎の目を通したものと言い切ることはできないが、他の人物を動物を用いた比喩を用いて表現するなど的確な人物像を語っている。

四 漢字・語句について、次の問いに答えなさい。

問 A～Jの各傍線部について、A～Dは漢字の読みを**ひらがな**で、E～Jはカタカナに相当する漢字を**楷書**で、それぞれ答えなさい。
なお、**送り仮名が必要なときは、それも書く**こと。解答番号は、**記述式 7** A～J。

A 怨恨による犯罪。

B 凄惨な事態に陥る。

C 一人娘を溺愛する。

D 失敗を嘲る。

E キョウキンを開いて語らう。

F 最高シュクン選手。

G セツジョクを果たす。

⑤　賭け事にはまったがために、長年公金を私してきたことが発覚し、三十代半ばで三十石どりの軽輩ではあるが、家名断絶、切腹の処分を受けることになった。

問6　「Cそうした者もおるが、今日のようなことは多い」について、以下の各問いに答えなさい。ただしいずれも**「武士」**「**従容**」の二語は**用いないで答える**こと。解答番号は、**記述式** **6**。

(1)　「そうした者」とはどのような者かを、**二〇字以内**で説明しなさい。

(2)　「今日のようなこと」とはどのようなことかを、**四〇字以内**で説明しなさい。

問7　この文章の表現や内容・語りの特徴の説明として最も適当なものを、次の中から一つ選びなさい。解答番号は、**マーク式** 31。

①　黛家の三男である新三郎が自らの婿入り先である黒沢織部正に連れられ評定所の見習いを行う場面を中心とし、その間に数日前の黛家の夕食の場面が挟み込まれている。初めて見る裁きの場の厳しさが新三郎の目を通して緊張感をもって描かれているとともに、その厳しさにたじろいでしまう新三郎の優しさや未熟さも描かれている。

②　神山藩の筆頭家老黛家の三男である新三郎が黒沢織部正とともに評定所の裁きの場を見学する様子を、新三郎の視点に寄り添って語っている。裁きを行うのは目付役筆頭の久保田治右衛門であり、久保田は新三郎が立ち会うことに戸惑いを見せながらも、新三郎の今後に少しでも役に立つようにという気配りもみせつつ裁きを展開している。

③　大目付を務める黒沢織部正は、新三郎の父と幼なじみであり、婿となる新三郎を一日も早く一人前にしたいという思いを強く持っている。評定所の裁きの場に新三郎を伴ったのも、そのような思いの表れであるが、当の新三郎からするといささかの戸惑いとともに、何とかこの場を大過なく過ごせるようにと思っている。

④　評定所の目付役筆頭の久保田治右衛門は、黒沢織部正が婿となる新三郎を裁きの場に同道したことに戸惑いをもちながらも、

問3　本文中に描かれている場面の時と場所を述べた組み合わせとして最も適当なものを次の中から一つ選び、記号で答えなさい。解答番号は、**マーク式** 29 。

①　夏の日の夕刻・黛家　　②　夏の日の朝・黛家　　③　夏の日の午前・評定所　　④　秋の日の午前・評定所
⑤　秋の日の午後・評定所

問4　「Aひとの心もちには応えよ」は、清左衛門が新三郎に向かって述べた言葉である。清左衛門はこの発言で、どういうことに対して何を伝えようとしたのか。「**栄之丞**」「**新三郎**」「**織部正**」「**清左衛門**」の四語を全て用いて、互いの**人間関係が分かるように一〇〇字以内**で説明しなさい。解答番号は、**記述式** 5 。

問5　「B三間ほどむこうで背を縮める男」についての説明として最も適当なものを、次の中から一つ選びなさい。解答番号は、**マーク式** 30 。

①　三十石どりの軽輩であり、妻と五人の子どもがあるために生活が苦しく、そのために勘定方という自らの立場を利用して公金の使い込みを行った。
②　賭け事に手を出し借金を背負い込んだことがきっかけで、自らの役職である勘定方の下役の地位を利用して何年にもわたって不正を行ってきた。
③　年齢は三十代の半ばであるが、十以上も老けて見え、妻と幼子を抱えての生活の苦しさ故に、勘定方の地位を利用して不正を行ない公金を使い込んだ。
④　三十代半ばであるが年以上に老けて見え、勘定方の下役を務めており、その立場を利用して何年にもわたって公金を私し続けてきた罪に問われている。

きくなった。

「たいていの者は、そうそう見事に生きられぬということかの……ついでに申しておくが、いまの男には子などおらぬよ」

（砂原浩太朗『黛家の兄弟』講談社）

（注）家宰――家の仕事を、その長に代わってとりしきる人。

問1　「a 精悍」の本文中における意味として最も適当なものと、［b］に入る言葉として最も適当なものとを、次の中からそれぞれ一つずつ選び、記号で答えなさい。解答番号は、**マーク式**［24］～［25］。

「a 精悍」［24］
①　積極的であり、雄々しいさま　②　勇ましく、鋭い気迫にあふれるさま
③　丈夫で、男らしいさま　④　元気で、頼りになりそうなさま　⑤　強そうで、荒々しいさま

［b］［25］
①　肝　②　膝　③　胆　④　腑（ふ）　⑤　胸

問2　［X］～［Z］に入る言葉として最も適当なものを、次の中からそれぞれ一つずつ選び、記号で答えなさい。解答番号は、**マーク式**［26］～［28］。

［X］［26］　①　あかあかと　②　くろぐろと　③　しらじらと　④　あおあおと　⑤　ふかぶかと

［Y］［27］　①　おだやかに　②　しめやかに　③　かろやかに　④　ほがらかに　⑤　ひややかに

［Z］［28］　①　きらきらと　②　じろじろと　③　にやにやと　④　ぎらぎらと　⑤　ひやひやと

「おなじ齢でござる、おなじ齢で……」
呆けた口調で繰りかえしながら、うつろな目で新三郎を見つめている。そのまま座敷から連れ出されていった。
気がつくと袴のあたりに日が差し、まだ新しい濃紺の色をくっきりと浮き上がらせている。ようやく面をあげると、山路を引き立てる際にひらかれたのだろう、庭へつづく障子戸が大きく開け放たれ、一隅にかたまって咲く萩の白さが、まぶしいほどに目を射た。青くひろがる天のどこかから、椋鳥の啼き声が滑りおりてくる。
「とんだものをお見せしましたな」
久保田がきまりわるげにつぶやいた。いやなに、と織部正が応えると、ふかぶかと低頭して退出する。舅とふたりだけになると、息苦しかったはずの室内が寒々しいほどひろく感じられた。
全身から力が抜け、手をつかず座っているのがやっとだった。背のあたりが丸くなっているのは分かっていたが、のばすことができない。
「武士はみな、従容として死へおもむくもの」
ふいに織部正が唇をひらいた。微笑んでいるようにも悲しんでいるようにも見える皺が、鼻のあたりに刻まれている。「そう思うていたか」
「いえ……はい」
じぶんでも、なにを言おうとしているのか分からなかった。胸のうちがひたすら重いもので塗りこめられている。織部正は、畳に降りそそぐ日ざしを見つめながらつづけた。
「Cそうした者もおるが、今日のようなことは多い――身分にかかわらずな」
「………」
舅となるひとがゆっくりと面を向けてくる。ふぞろいな双眸が錆びた光をはなち、老いた鷹のように見えた。
「が、わしはそれを悪いとは思わん」
「え――？」
「むろん、良いとも思わんが」
織部正がいたずらっぽく笑った。いつもの通り、そうするとひどく顔が歪む。首をかしげていると、舅となるひとの笑みがさらに大

声を洩らした。

「これも生活の足しか」［Y］告げながら、紙に目を落とす。「どう見ても賭場の証文だな」

紙片をふたたび懐におさめ、男の全身を見据えた。射抜くような声を放つ。

「山路作左衛門、その罪明白なるをもって切腹、お家断絶申しつける」

男の顔から溶けるようにして表情が失せた。白茶けた唇がふるふると揺れ、全身に痙攣がひろがってゆく。新三郎が息をひそめているうち、駄々をこねるような叫びがあがった。

「そ、それでは、妻子こぞって飢え死にいたすほかなく」

「気の毒と思わぬわけではないが」久保田はいったが、そのことばに一片の同情もふくまれていないことはすぐ分かった。「そのこととお裁きとは別である」

ひゅっ、と風の鳴るごとき音が男の喉から零れる。そのまま、追い立てられるように声を張り上げた。

「子がおり申す――五人でござる」

新三郎がおぼえず唾を呑むと、まるでその音が聞こえたかのように、［Z］滾る瞳がこちらへ向けられた。にじり寄らんばかりにして、骨ばった指をのばしてくる。

「跡取りは、そちら様とおなじ年ごろにて」

男の腕が絡みついてくるような心地におそわれた。身をちぢめ、ひたすら袴のあたりを見つめる。喉はすでに痛いほど干上がっていた。

「なにとぞ、なにとぞ」

声が亡者のように追いすがってくる。耳をふさぎたかったが、手が動かぬ。痺れた頭の片隅で、なにかが瞬くのをおぼえたが、それを見据えることもできなかった。

久保田がやるせなげな吐息をつく。

「――引っ立てよ」

声に応じて襖が開き、次の間から下役たちがあらわれる。左右から咎人の袖をおさえ、立つようにうながした。山路は言われるまま、のろのろと身を起こしたが、

「応えんとしているうちに、多くを得る」

父の言が残らず[b]に落ちたとはいえぬが、いまは織部正の求めるまま動いてみる気になっている。いずれ舅となれば、命にしたがわねばならぬのだから、すこし早まっただけともいえた。

新三郎は、B三間ほどむこうで背を縮める男をあらためて見つめた。いつのまにか、その上体が小刻みに震えだしている。が、久保田は、ためらう気ぶりもなく声を高めた。

「五年で十両――相違ないな」

はっ、と洩(も)らした声が滑稽なほどか細い。男は勘定方の下役で、何年にもわたって公の金を懐へ入れつづけてきたという。が、目のまえで居竦(いすく)まる様子はさながら叱られた幼な子のようで、大それたことを仕出かした者には見えなかった。

口中にひどい渇きをおぼえる。男の強張りが取りついたかのごとく、全身がぎこちなく固まり、節々に痛みさえ感じるほどだった。かすかな耳鳴りを圧(おさ)えつけるかのように、詮議(せんぎ)のやりとりが容赦なく響きわたる。

「そを何に用いたるか」

「た、生活(たつき)の足しでございます。決して、それ以外のことには」

男は頬のあたりを引きつらせて言いつのったが、久保田はおもい声を返しただけだった。

「お扶持(ふち)をいただいておろう」

「おそれながら」頭を揺らしたかと思うと、突然、両手で月代(さかやき)を掻きむしる。怯(おび)えにまみれながらも、どこか太々(ふてぶて)しさをにじませた口調で語を継いだ。「お扶持だけでは、とうてい暮らしが立ちゆきませぬ」

「暮らし……」

つぶやくと、ひと膝まえに進みでる。男は気圧(けお)されたていで上体をくずし、畳に片手をついた。追い打ちをかけるように、久保田がするどく言葉を突きつける。

「内証のくるしさは、そなただけではあるまい」

「さ、されど」

男が声を裏返らせるのと同時に、新三郎はきつく目を閉じた。手のひらが痛くなるほど拳を握りしめている。瞼(まぶた)をひらくと、久保田の指先がその懐に入るところだった。紙切れのようなものを取りだすと、ひらいて胸のまえにかざす。一拍おいて、男が悲鳴じみた

「婿入り前から熱心だの」

受け入れた久保田も戸惑っているふうだったが、それは新三郎もおなじだった。嫌というわけではないが、こうしたことは黒沢の家に入ってからするものではないかと思える。

「茂太（しげた）のやつ、ずいぶんと熱が入っておるな」

裁きに立ち会うと聞き、父がそうつぶやいたのは三日ほどまえである。ひさしぶりに早く帰宅した夕餉（ゆうげ）の折だった。

茂太郎というのが織部正の幼名で、前髪立ちのころから旧知の仲だと聞く。いまでも何かの拍子に、その呼び方が出るのだった。

清左衛門が、どこか遠い目になってつぶやく。

「そなたを早く一人前にしたいのだろう」

「はい――そう思います」

汁椀と箸を置き、父を見つめた。どういう気まぐれか壮十郎も屋敷にいて、兄弟三人で清左衛門を仰ぐかたちとなる。

「気が重いか」

栄之丞が世間話のような口調で問うた。新三郎は困ったようにこうべをかしげる。

「いくらかは」

おれなら面倒くさくてしかたないな、と壮十郎がひとりごとめかしていう。父が睨（にら）むように眉を寄せると、首をすくめて立ち上がった。わざとなのかどうか、踏みだした足が膳にかかり、倒れた椀から汁が畳に飛び散る。

「壮十郎っ」

清左衛門の叱声が場を低くつらぬいた。次兄は舌打ちだけ残し、そのまま部屋を出ていく。じき玄関のあたりで、若さまっ、いずこへ行かれますると慌てた声があがった。家宰の近江五郎兵衛だろう。つづいて、荒々しく戸の開け閉めされる音が耳の奥に刺さった。

そらぞらしいまでの沈黙が居間にひろがる。父は苦々しげに溜め息をこぼすと、新三郎につよい視線を向けてきた。あまりのするどさに、おもわず瞳をそらしてしまう。

「Aひとの心もちには応えよ」

ひとことずつ区切るようにして、清左衛門がいった。息がみだれるのを感じながら、おそるおそる眼差しを向ける。いくぶん茶がかった瞳は、すでにしずかな色を取りもどしていた。

問7　本文の主旨と合致するものを次の中から一つ選びなさい。解答番号は、**マーク式** 23 。

① マクロ経済学の教科書は、玉石とりまぜて教十冊に及ぶので、良い教科書と悪い教科書の選別に大変手間がかかる。
② 政治学や社会学は、良い教科書を、経済学のようには生み出すことができていない。
③ 「一般性」を重んずる経済学においては、一般性をもつ〈モデル〉と、それに基づく〈モデル分析〉の記述が重視される。
④ 船舶のプラモデルは、機能とか素材という側面を無視してできあがった〈モデル〉であり、モデルとして不適切である。
⑤ 非本質的な部分を「オッカムの剃刀（かみそり）」で切り落とした〈モデル〉は、本質の体現には至らず、分析目的ごとに変更を迫られる。

二

次の文章は砂原浩太朗の小説『黛（まゆずみ）家の兄弟』の一節で、神山藩で代々筆頭家老を務める黛家の三男・新三郎が、大目付を務める黒沢家に婿入りすることが決まり、舅（しゅうと）となる織部正に伴われて評定所に行ったあとの場面である。これを読んで、後の問いに答えなさい。

おそるおそる上げた眼差（まな）しに、はっきりした怯（おび）えが刻まれている。男は三十半ばと聞いていたが、面やつれが激しいためか、十以上も老けて見えた。障子は閉めきっているが室内はほの明るく、まだ昼には間のある陽光が、その姿を X 浮きあがらせている。

十二畳ばかりのひと間で男と対座しているのは、目付役筆頭の久保田治右衛門（じえもん）だった。こちらは三十を出たばかりというが、眉の濃い a 精悍（せいかん）な面ざしをしており、全身から雄鹿のような精気が匂い立っている。新三郎は、黒沢織部正と肩をならべ、かたわらで裁きのようすを見守っていた。

神山藩の評定所は、二の丸の南にひっそりとたたずんでいる。一見すると隠居所のようなものさびた造りだが、さまざまな罪科に問われた藩士がここへ召し出され、目付の訊問（じんもん）を受けるのだった。

織部正は大目付であるから、上級家臣の行状を監視するのがつとめである。きょう裁きの座にあるのは三十石どりの軽輩だが、新三郎に見せるため、とくに立ち会っているのだった。

① 学術論文を掲載しない雑誌はレフェリー制を採用しなくてもよい
② 学術論文を掲載しない雑誌はレフェリー制を採用してはならない
③ レフェリー制を採用しない雑誌に掲載される論文は学術論文と認めない
④ レフェリー制を採用しさえすればいかなる雑誌も学術雑誌と認める
⑤ レフェリー制の採用いかんに関わらず質が保証できない学術論文は雑誌に掲載されない

問5 「B大学における経済学の教育は、日常的消費生活を営む人びとにとってはほとんど想像を絶するような『分析装置』を用いての消費経済の分析、すなわち消費者行動の『モデル分析』から始まる」とあるが、筆者の考えでは、それはなぜか。**九〇字以内**で説明しなさい。解答番号は、**記述式 4**。

問6 「Cにもかかわらず、それらを用いて作られた模型は、ある構造・関係において「原型」との同一性を保持するがゆえに、〈モデル〉としての十分な発見法的役割を果たしえたのである」とあるが、この一文が文章の中で果たす働きとして最も適当なものを、次の中から一つ選びなさい。解答番号は、**マーク式 22**。

① 〈モデル〉の価値を裏づけ、直前の文で示す性質を備えるがゆえに直後の特徴が生じる仕組みを読者に評価させる働き。
② 〈モデル〉の役割について、直前の文で示す事例とは逆の結果を含む事例を示し、驚きや意外性を読者に印象づける働き。
③ 〈モデル〉の可能性を挙げ、直前の文で示す主張と直後の文で示す主張の双方を補強して、読者を強く説得する働き。
④ 〈モデル〉の特徴をめぐって、直前の文で示す役割と直後の文で示す役割との差を比べ、両者の相違点を明確にする働き。
⑤ 〈モデル〉の本質を述べ、直前の文で示す特徴があっても直後の文で示す結果を支障なく果たせた理由を解説する働き。

Y　17　① ところが　② 要するに　③ また　④ ゆえに　⑤ さて

問2　波線部a～cの本文中での意味として最も適当なものを、次の中からそれぞれ一つずつ選びなさい。解答番号は、**マーク式** 18 ～ 20 。

「a なお未だし」 18
① まだ準備が整わない　② まだ始まって間がない　③ まさに最中である
④ 今でも進行中である　⑤ 今でも完了しない

「b 不可分の」 19
① 検討点が多くてさばけない　② 要素が入り組み分析できない　③ 努力が足りず水準を保てない
④ 結びつきが強くて切り離せない　⑤ 問題が大きくて処分できない

「c 錯綜的である」 20
① 実際とは違って知覚される　② 事実に反することを事実と思い込む
③ 思考に混乱を及ぼす状態である　④ 複雑に絡み合う　⑤ 規範から外れた行動をとる

問3　「A 学説の創始者の著作が唯一無二の経典とみなされ、その経典を徹底的に解読することが、初学者にとっての課題とされる」とあるが、それはどういうことか。**「経典」「徹底的に解読」「初学者」の指す意味**をそれぞれ明らかにしながら、**九〇字以内**で説明しなさい。解答番号は、**記述式** 3 。

問4　［　　　］に入る言葉として文脈上最も適当なものを、次の中から一つ選びなさい。解答番号は、**マーク式** 21 。

側面を無視してできあがった〈モデル〉である。

アメリカのノーベル賞生物学者ワトソンは、固くて変形しないプラスチックの球と針金を用いて分子構造の模型を組みたてることにより、あらゆる実験結果と矛盾しないＤＮＡ（デオキシリボ核酸）の構造は二重らせん以外にありえないことを予測した。用いられた球や針金は、素材においても物理化学的性質においても、もとの原子や分子とは似ても似つかない。Ｃにもかかわらず、それらを用いて作られた模型は、ある構造・関係において「原型」との同一性を保持するがゆえに、〈モデル〉としての十分な発見法的役割を果たしえたのである。だからこそ、何の変哲もない球と針金の〈モデル〉が、分子生物学史上最大といわれる発見をもたらしたのである。

自然現象であれ社会現象であれ、現実の構造・関係がいちじるしくｃ錯綜（そう）的であるからこそ、当面の分析にとって本質的な構造・関係のみに着目し、非本質的な部分を「オッカムの剃刀（かみそり）」（十四世紀のスコラ学者オッカムの名に由来し、なるべく単純な説明原理を良しとする立場を表す）によって切り落とした〈モデル〉を構成することが必要となる。対象がおなじであっても、分析目的が変われば、分析に供される〈モデル〉もおのずから変更を迫られることになる。　Y　いったん分析目的を忘れてしまえば、いかなる〈モデル〉であれ、多かれ少なかれ非現実的に見える。

（佐和隆光『経済学とは何だろうか』による）

（注）１　標準的教科書――「教科書」とは、大学の授業用テキストを指す。大学には学習指導要領や教科書検定の制度がないため、各大学では最新の研究成果を踏まえて学生に教育する目的で、各研究者が自律的に教育内容を練り、個人やグループで執筆したテキストを使用するのが通例である。そのため、同じ科目でも執筆者ごとに内容に差が生じ、標準的なものが生まれにくい。

２　レフェリー制――学術雑誌に投稿された論文の内容を査読者（referee）が審査し、当該誌に掲載するか否かを判定する制度。査読制度、審査制ともいう。

問１　X　～　Y　に入る言葉として最も適当なものを、次の中からそれぞれ一つずつ選びなさい。解答番号は、**マーク式**　16　～　17　。

X　16　①　したがって　②　しかしながら　③　あるいは　④　ところで　⑤　ちなみに

ちなみに、標準的と言われる経済理論の教科書を一冊とりだしてみよう。簡単な序論に続く第一章には、たいてい「消費者行動の理論」という題が付されている。その中味は何かというと、まず「効用」と「効用関数」に始まり、「無差別曲線」、「限界効用」、「顕示選好」等々、日常の消費生活とは、一見しても二見しても、ほとんど脈絡のつけがたい用語（ジャーゴン）が次々に登場してくる。これらの用語には、もっぱら数学的な定義があたえられる。たとえば、消費する諸財の量の関数として「効用」が測られ、その関数の導関数が「限界効用」であり、同一の効用を与える諸財の消費量の組み合わせの軌跡が「無差別曲線」である。そして、これらの分析装置を用いて、消費者行動の数学的分析が理路整然とすすめられ、おそらくは「有意味」（meaningful）な「定理」が、続々と導出されるのである。

このような「理論」を理解するためには、初等的な微積分の知識をもちあわせておれば十分であって、消費経済にかんする実態的な知識のあるなしは、理解の深浅にほとんど関係しない。いわんや、スーパーマーケットにでむいて消費者の「行動」を観察するなどというフィールド・ワークは、経済理論の理解に資するところ、まったく皆無なのである。

つまり、いくらか誇張気味の述べ方をすれば、B大学における経済学の教育は、日常的消費生活を営む人びとにとってはほとんど想像を絶するような「分析装置」を用いての消費経済の分析、すなわち消費者行動の「モデル分析」から始まるのである。

「一般性」を重んずる経済学においては、時間と場所とb不可分の実態経済にかんする叙述は、「理論」の教科書の題材としてふさわしくない、と考えられている。教科書に書かれているのは、時間と場所を超えて成りたつはずの一般性をもつ〈モデル〉と、それに基づく〈モデル分析〉なのである。

〈モデル〉とは、ラテン語の「モドゥス」（Modus）に由来し、中世においては建築につかわれる測定単位であった。それにもとづいて「製作すべき見本」という意味で使用されるようになったのは、十六世紀のイタリアにおいてであったと言われる。その後、技術や科学の領域でも、〈モデル〉という概念がさかんに用いられるようになった。理論物理学における「素粒子モデル」や化学における「分子モデル」など、科学的認識と発見の歴史において、モデルが数々の重要な役割を果たしてきたことは、周知のとおりであろう。

〈モデル〉の日本語訳は「模型」である。模型というからには、それが模する「原型」が実在してはじめて意味をもつ。玩具のプラモデルの原型は、海に浮かぶ船舶や空を飛ぶ飛行機である。

いくらか形式的な言い方をすれば、〈モデル〉とは原型の写像であり、しかも原型の要素ないし部分間に成りたつ「ある関係」を保持させるような写像である。たとえば、船舶のプラモデルは、原型のかたちを相似形として保持する写像であり、機能とか素材という

標準的教科書が存在しないということは、言いかえれば、教育が「規格化」されていないことを意味し、そうした分野では、「教師は教室で自説を学生に説く」のがあたりまえの姿となる。また多くの場合、A学説の創始者の著作が唯一無二の経典とみなされ、その経典を徹底的に解読することが、初学者にとっての課題とされるのである。

いったん教科書が成立すると、学術論文というものの意味もはっきりしてくる。すなわち、教科書に書かれていることは、学界内部で共有されている知識である。［X］、教科書に書かれていないことを新しくつけ加えることが、独創的（オリジナル）な論文の必要条件とされる。また、論文を著す際、教科書に書かれていることは、自明の前提とみなしてさしつかえない。すなわち、学術論文において、前提となる教科書的知識をいちいちくり返して述べる必要はない。そのため、学術論文は、きわめて簡潔なのが通常である。少なくとも米国の経済学界では、自然科学界と同様に、学術論文を教多く著すことが「業績」の尺度とされており、書物を著すことは、自らの仕事を集大成する上では有意義であっても、「業績」評価の上ではあくまで副次的としかみなされない。

学術論文を掲載する雑誌は、（注2）レフェリー制を採用することが義務づけられている。言いかえれば、［　　　　］というルールが、アメリカの経済学界においては、しかと確立しているのである。学術論文の〈数〉による業績評価が、昇進、昇給、研究費配分などの決め手となることは言うまでもない。

結局のところ、学術論文の〈数〉に基づく業績評価と、それを基礎とする学界の秩序維持というシステムが、アメリカ経済学界においてうまく機能するのは、経済学が唯一の「教科書化」された社会科学であるからにほかならない。「教科書化」が未完成の分野では、専門誌と非専門誌の境目すら判然とはしない。そのため、何が学術論文であり何がそうでないかを示す、明確な基準を定めることもむずかしい。その結果として、政治学や社会学は、経済学のように完璧には〈制度化〉されておらず、良きにつけ悪しきにつけ、依然として、十九世紀ヨーロッパ社会科学の流儀を色濃く残しているのである。

さて、社会諸科学のなかで、ひとり経済学のみが「教科書」を成立させ、自然科学や技術なみに〈制度化〉されたのは、いったい何故（なぜ）であろうか。その理由を一言で述べるとすれば、経済学において数量的方法が「有効」であったからである。つまり、社会の「第一性質」のみを対象とする経済理論が、少なくとも一時期、ある文化圏において、かなりの「現実味」を発揮しえたからにほかならない。

さらにもう一言つけ加えるならば、数式の体系（＝モデル）に現実経済をうつして、その体系に数学的演繹（えき）をほどこしてなんらかの「有意味」な命題を導く、という古典力学の方法を、忠実に踏襲することによって、それなりの現実味ある理論体系を作ることに成功したからこそ経済学は、社会科学としてはすこぶる特異（ユニーク）な展開を遂げえたのである。

① 中納言は吉野にいる姫君に「何日ぐらいにお迎えに人を差し上げましょう」という手紙を書いた。
② 姫君は吉野の暮らしが恐ろしいので、誘ってくれる人がいればどこへでも行こうと思っている。
③ 姫君は上京の用意が着々と進んでいくのを見て、言いあらわしようもなく心細く思っている。
④ 中納言は姫君が吉野より奥深く移り住むなら、更に奥深くまで探し求める意志があると伝えた。
⑤ 中納言は姫君の筆跡が正統で上流の人のようにきれいなのは、姫君の故母君のお陰と思っている。

問9　『浜松中納言物語』と成立年代・時期が最も近い作品を次の中から一つ選びなさい。解答番号は、**マーク式** 15 。

① 十六夜日記　② 竹取物語　③ 更級日記　④ 方丈記　⑤ 平家物語

二　次の文章を読んで、後の問いに答えなさい。

社会諸科学のうちで、(注1)標準的教科書の創出に成功したのは、近代経済学をおいて他に見当らない。政治学、社会学などの分野にも教科書はあるにはあるが、とても「標準的(スタンダード)」と言うには値しない。近代経済学の場合、たとえば、これまでに米国で刊行されたマクロ経済学の教科書は、玉石とりまぜて教十冊に及ぶであろう。これらの教科書は、用語と方法において共通であることは言うに及ばず、内容の大筋においても大同小異である。おなじ内容のことを、いかに効率よく読み手に習得させるかが、良い教科書と悪い教科書の選別基準となる。

政治学や社会学の場合、用語や方法の統一は a なお未(いま)だしの感があるし、たとえ教科書といえども、著者の個性や思想が随所にあらわれ、すぐれて個性的な著作という趣きがつよい。流儀の異なる経済学、たとえばマルクス経済学や制度学派の経済学にしても、ことに教科書にかんするかぎり、むしろ社会学や政治学に近い状況にある。

問5　「Bあとはかもなき身のありさまなれば、いかでかはと聞き給へれど」を、主語を補って現代語に訳しなさい。解答番号は、**記述式** **1**。

問6　「Cさなど聞こゆれば」とあるが、ここにおける状況の説明として最も適当なものを、次の中から一つ選びなさい。解答番号は、**マーク式** 13。

① 母の喪に服している間は色の濃い喪服を着たいのに、どうして淡い色の喪服に着替えるのかしらと姫君が話していたことを、中納言に申し上げた。
② 母の喪に服している間はより奥深い場所所に行きたいのに、どうして里近い所に移っていいのかしらと姫君が話していたことを、中納言に申し上げた。
③ 姫君が母の喪に服している間は将来のことも想像がつかないので、ましな場所に移れたら嬉しいと古女房が話していたことを、中納言に申し上げた。
④ 姫君が母の喪に服している間は吉野山をさまよい出ても行く先もないので、とやかく言えないと古女房が話していたことを、母親にそのまま伝えた。
⑤ 母の喪に服している間は難儀な細道を分け入って奥深い場所まで中納言に迎えに来て欲しいのにと姫君が話していたことを、母親にそのまま伝えた。

問7　「Dいとすずろに、心細さもまさりぬべけれども」を現代語に訳しなさい。解答番号は、**記述式** **2**。

問8　本文の内容と**合致しないもの**を、次の中から一つ選びなさい。解答番号は、**マーク式** 14。

問2　□で囲んだ活用語Ⅰ～Ⅳの本文における活用形として最も適当なものを、あとの①～⑥の中からそれぞれ一つずつ選びなさい。なお、同じものを重ねて用いても構わない。解答番号は、**マーク式** 5 ～ 8 。

Ⅰ くまなく 5　Ⅱ め 6　Ⅲ な 7　Ⅳ けむ 8

① 未然形　② 連用形　③ 終止形　④ 連体形　⑤ 已然形　⑥命令形

問3　「ア おぼつかなさ」、「イ ひたぶるに」、「ウ なつかしう」の本文中における意味として最も適当なものを、次の中からそれぞれ一つずつ選びなさい。解答番号は、**マーク式** 9 ～ 11 。

「ア おぼつかなさ」 9
① もどかしいこと
② はっきりしないこと
③ かすんでいること
④ 気がかりなこと
⑤ 待ち遠しいこと

「イ ひたぶるに」 10
① しきりに
② のどかに
③ 一途(いちず)に
④ 頻繁に
⑤ かろうじて

「ウ なつかしう」 11
① 親身に
② なれ親しんで
③ 離れがたく
④ 昔に戻って
⑤ 目新しく

問4　「A ふるままにかなしさまさる吉野山うき世いとふとたれたづねけむ」の和歌に使われている修辞技法として最も適当なものを、次の中から一つ選びなさい。解答番号は、**マーク式** 12 。

① 序詞　② 枕詞　③ 縁語　④ 掛詞　⑤ 体言止め

にぞ、「かれへ出でさせ給ひなむ時に」など言ふついでに、「かかる色のほどは、これより深くもとこそ思ふを、いかでか浅くはなるべきにか」とばかり涙のこぼれ d ぬるを、(注4)母君にまねびやし Ⅳ［けむ］、中納言のおはしたるに、C さなど聞こゆれば、いみじうつつましげなる几帳（きちやう）押しやりて、「かぎりなくおぼつかなう思ひあまりて、つねよりもわりなき細道を、そぼちつつ御迎へにまゐり来つるを、これより深くもと、もの憂げなる御けしきにはべるとか。これより深くたづね入るこころざしもこそ」と、いみじうにほひやかにほほゑみ給へるはづかしさに、汗になりて、聞こえむかたもおぼされず。心ひとつには、住み馴（な）れしところをさし離れて、行く末も知らずあくがれ出でむ、D いとすずろに、心細さもまさりぬべけれども、われと言ひ出づべきかたなくはづかしきに、おしこめて、思ひやすらふかたもなく、ひたぶるに身をまかせたるも、あはれに心苦しうて、泣き給ふよりほかのことなし。

（注）1　青鈍（にび）――青みがかった薄墨色。喪中の色。
2　上――姫君の故母君のこと。
3　さそふ水あらば――「わびぬれば身をうき草の根を絶えて誘ふ水あらばいなむとぞ思ふ」（『古今和歌集』小野小町）の和歌を踏まえた表現。
4　母君――ここでは、姫君の世話をしている乳母の妹のこと。

問1　「a なむ」、「b らめ」、「c させ」、「d ぬる」の助動詞及び助詞の本文中における意味として最も適当なものを、次の中からそれぞれ一つずつ選びなさい。解答番号は、**マーク式** 1 ～ 4 。

「a なむ」 1　①疑問　②強意　③反語　④願望　⑤区別
「b らめ」 2　①未来推量　②過去推量　③現在推量　④伝聞　⑤婉曲
「c させ」 3　①使役　②尊敬　③謙譲　④願望　⑤婉曲
「d ぬる」 4　①過去　②打消　③強意　④並立　⑤完了

◀教育（国語教育）学部▶

（九〇分）

一　次の文章は『浜松中納言物語』の一節で、母君の死後吉野で喪に服している姫君に、中納言が使者を遣わす場面から始まる。これを読んで、後の問いに答えなさい。

み吉野へ人たてまつり給ふ。添へ給へる人々にも、このほどのアおぼつかなさ、かへすがへす書き給ひて、「御前去らず、よくなぐさめたてまつれ。その日ばかりにaなむ、御迎へにたてまつるべき」とて、さぶらふ人々も、ひきつくろふべき用意などさへ、いたらぬⅠくまなくおぼし寄り、姫君の御もとには、

消えかへり思ひやるとは知るbらめや吉野の山の雪の深さを

とある御返し、（注1）青鈍（にび）の紙に、

Aふるままにかなしさまさる吉野山うき世いとふとたれたづねけむ

墨つき、筆の流れ、まことしう上衆（じやうず）めきてうつくしきを、かたちはさこそ、前の世の功徳の報いならⅡめ、さる、イひたぶるに世を棄（す）て給へりし（注2）上の御かげにて、いとかう手をさへ書きすぐり給ひけむと、あさましきまで、うち置きがたく見給ふ。

かしこにはまらうと、「そのほどには御迎へにおはしぬべかんなり」とて、ふる人たちにさる用意せcさせ、「御装束は、いまもておはしましなむ。御衾（ふすま）をなつかしかりぬべく」など、よろづにいそぎたるを、言はむかたなく心細く、もの恐ろしきかたは、げに、「（注3）さそふ水あらば」と思ひぬべけれど、この山をあくがれ出でむ行く末知らず、Bあとはかもなき身のありさまなれば、いかでかはと聞き給へれど、さかしう、ともかくも言ひ出づべきかたもなし。もとよりの人とても、思ひやりありて、げに、ウなつかしう言ひ合はすべき人もなし。人わろく思ひわびにたる心には、のち、行くさきのこともたどりも知らず、いづちも、いとかくは、けしからぬ世界に行き離れⅢなばと、ひとへに思ひよろこびたるも、あはれに口惜しく、ただ心ひとつに思ひあまり、この若き人のなつかしき

①　太平洋で魚をギョカクする。　②　会長室でシツムする。　③　森で植物をサイシュウする。

④　記念サツエイをする。　⑤　栄養物をセッシュする。

I　有象［　　］の集まり。　27

①　少益　②　小僧　③　無象　④　有形　⑤　大影

J　街角でばったり出会うと、彼は鳩（はと）が［　　］ような顔をした。　28

①　石矢で射られた　②　鷹（たか）に襲われた　③　豆鉄砲を食った　④　粟（あわ）を食らった　⑤　飛び立った

④ 立派なジョウカクを構える。
⑤ 大きく見えるのは目のサッカクだ。

C　カイシンの出来映え。 21

① 内閣をカイゾウする。
② 院長がカイシンする。
③ 厳しいカイリツを守る。
④ カイゴウで社長が発言する。
⑤ カイウンのお守りを握りしめる。

D　体のジュウシンを失い転ぶ。 22

① チョウヨウの序を守る。
② 皆にチョウホウがられる。
③ 大地震のゼンチョウ。
④ 葬儀に行けずチョウデンを打つ。
⑤ チョウカを競って海へ出る。

E　隣国とツウショウ協定を結ぶ。 23

① ショウコウ機で給食を三階へ運ぶ。
② 日本ショウコウ会議所。
③ ショウコウが連隊を率いる。
④ 葬儀に参列してショウコウをする。
⑤ 病状はショウコウを保っている。

F　アンケートにカイトウする。 24

① 病人をカイゴする。
② 窓をカイホウする。
③ 問題をカイケツする。
④ 病気がカイユする。
⑤ 隣家からカイラン板が届く。

G　敵をアナドるのはよくない。 25

① 素人をブベツする。
② 士気をコブする。
③ 別のブショに異動する。
④ ブレイを働く。
⑤ ブゲイに秀でる。

H　免許に必要な単位をトる。 26

② 科学が世界を自然的因果系列の枠内で捉えるようになると、人間の自由な意思から発した行為こそが価値を実現すると考えられるようになった。
③ 人間は行為に応じた結果を受け止めるべきだという考えは、特定の宗教的偏見から離れることによって、公平で客観的な社会思想として全世界に浸透した。
④ 因果応報の考え方が現実逃避の想念であると否定されたことで、社会は脱価値的世界における個々人の思いつく意志の実践の場となった。
⑤ 輪廻転生という円環的観念と結びついた仏教的世界観と、直線的な時間理解をするキリスト教的世界観とはまったく相容れないものである。

三 漢字・語句について、次の問いに答えなさい。

問　A～Hの各傍線部に相当する漢字を含むものはどれか。また、I～Jの空欄に入れるのに最も適当な語句はどれか。それぞれ一つずつ選びなさい。解答番号は 19 ～ 28 。

A　証人がショウカンに応じる。　19

① 書画に押されたラッカン。　② 事件のコンカンに関わる。　③ 父がカンレキを迎える。
④ 阿鼻キョウカンの声が上がる。　⑤ これ以上はカンニンできない。

B　蝸牛カクジョウの争い。　20

① トウカクを現す。　② 隣の人とカンカクをとる。　③ ショッカクを多数抱え養う。

④　人間の自然な感情に発しており、報いの実現に対する矛盾した気持ちを孕んだ願望と考えている。

⑤　時によって報いを期待したり逆に期待しなかったりする人々の揺れ動くような願望と考えている。

問6　「C現代社会では、行為に応じた報いという意味での因果応報原理は、社会的規範として生きている」とあるが、これはどのようなことか。その説明として最も適当なものを、次の中から一つ選びなさい。解答番号は17。

①　人間の意志的意識的行為は必ず価値を生むという考えが、自然科学の因果関係では説明できなくなり、内面道徳に照らして吟味されるべき原理となっていること。

②　社会的責任に背く人間が得をするのは許せないという考えが、個人的感情の枠を超えて、人間の意志的行為を吟味する社会的な原理となっていること。

③　人間は自らの行為を原因としてそれに応じた結果を受けるという考え方が、単なる漠然とした願望ではなく、現実社会において実現すべき原理となっていること。

④　善悪の行為にはその報いがあるべきだという考え方が、脱価値的な世界観に替わって、意志的行為によって実現される社会的な原理となっていること。

⑤　仏教の善因楽果・悪因苦果という教えが、一宗教という枠を超えて、日本の社会全体における社会正義の根拠となり、人々の実現すべき原理となっていること。

問7　本文の内容と合致するものを次の中から一つ選びなさい。解答番号は18。

①　死を避けて通ることができない人間が永生を求めることは、科学的世界観を否定して信仰にすがりつくほど切実で、今なお深刻なものとして残存している。

① 《お伽話》のような想念も含む漠然とした願望というかたちをとるというあり方のこと。
② 自覚的な世界理解と対立しながらも、それと切り離し得ない永生を願うというあり方のこと。
③ 我々の心の中に深く沈潜し、日常生活から隔絶された非日常をもっぱらにするあり方のこと。
④ 人々の心の奥底に根強く存在するものの、普段は明確に自覚されないというあり方のこと。
⑤ 科学的世界観に影響されず、信仰に厚い現代人の心に受け継がれているというあり方のこと。

問4 文脈上、[　　]に入る言葉として最も適当なものを、次の中から一つ選びなさい。解答番号は[15]。

① 科学的世界観は輪廻転生を一つの《お伽話》にした
② 生存の意味はあくまで科学的世界観に基づくものである
③ この世で実現されない因果応報が来世において実現される
④ 生存の意味をその内部に求めず科学的世界観に求めるべきだ
⑤ 不誠実で利己的な者が成功する現実世界は矛盾に満ちている

問5 「B異なる思想伝統の中に共通するものとして応報の考え方を取り出すことができるように思う」とあるが、ここでいう「応報の考え方」を、ここまでの記述から筆者はどのようなものと考えているか。その説明として最も適当なものを、次の中から一つ選びなさい。解答番号は[16]。

① 期待と現実のアンビヴァレントな関係に裏切られ続けた人々が常に意識する願望と考えている。
② 科学的世界観によって排除されたが、遊戯的な思考としてはいまだに存在している想念と考えている。
③ 輪廻転生の思想と切り離しがたい関係をもって、今も人々の心の中に生き続ける想念と考えている。

（注）1 アンビヴァレント――一つの対象に対して、相反する感情を同時に抱くさま。
2 当為――そうあるべきこととして要求されること。

問1 X ～ Y に入る言葉として最も適当なものを、次の中からそれぞれ一つずつ選びなさい。解答番号は 10 ～ 11 。

X 10 ① そして ② たとえば ③ あるいは ④ だが ⑤ したがって

Y 11 ① むしろ ② おそらく ③ もはや ④ ようやく ⑤ やはり

問2 波線部a～bの本文中の意味として最も適当なものを、それぞれ次の中から一つ選びなさい。解答番号は 12 ～ 13 。

「うっそりと」 12 ① 生い茂って ② ぼんやりと ③ 気味悪く ④ 際立って ⑤ ひそかに

「ないまぜになっている」 13
① 代わる代わる打ち消し合って並存している
② いくつかのものが合わさり一つになっている
③ それぞれが独立し互いを牽制している
④ 二つながらに絡み合っている
⑤ 激しくぶつかり対立している

問3 「A同様の仕方」とあるが、これはどういうことか。その説明として最も適当なものを、次の中から一つ選びなさい。解答番号は 14 。

えば、旧約聖書外典『知恵の書』には、「主に依り頼む人は真理を悟り、信じる人は主の愛のうちに主と共に生きる。……神を信じない者はその言行に応じて罰を受ける」という記述がある。また、ヨーロッパ中世のスコラ哲学の大成者、トマス・アクィナスは『神学大全』において「善は為すべく、追求すべきであり、悪は避けるべきである」ということを自然法の第一の規定・命令であると見做し、そこからいわば結論のような仕方で「罪あるものは罰せられるべきである」という原理を導き出す。キリスト教世界におけるこれらの応報思想は、終末論に基づく直線的な時間理解と結びついているため、輪廻という円環的時間と結びついた仏教の善因楽果・悪因苦果とはかなり違う様相をもっている。けれどもそのような違いを考慮してなお、B異なる思想伝統の中に共通するものとして応報の考え方を取り出すことができるように思う。

そして、そのような応報の考え方は現代日本社会の中にも生きている。科学的自然理解が脱価値的であるということは、逆に言うと、価値的領野を人間の自由意志に基づく行為の場面に囲い込むことを導く。つまり、自然的因果系列が示す脱価値的世界において、行為者は行為の発動によって価値を実現すると考えられる。その行為の発動は意志的意識的でなければならない。ここで、現代の倫理道徳は徹底して人間の意志的実践の事柄になる。応報という事柄はもっぱらこの意志的な価値実現の課題に属する。つまり、我々はいったい如何なる価値を意志的行為によって実現すべきであるかということを吟味するとき、因果応報はもはや人間の自然的感情に由来する想念ではなくなり、我々が心の底で期待しその実現を我々自身の手で試みるに至った一つの社会的原理として姿を現わしてくる。この原理は、「善悪の行為にはその報いがあるべきである」という(注2)当為命題で表現できるであろう。C現代社会では、行為に応じた報いという意味での因果応報原理は、社会的規範として生きている。

この当為命題はその実現が現代社会で具体的に志向されるものであるから、徹底的に世俗的に理解される。そうすると、善悪の行為への「報い」の与え手は社会全体としか考えられない。したがって、善悪も社会に対する善悪、社会にとっての善悪に限定されるであろう。たとえば、この当為命題のうち、社会にとっては「犯罪は罰せられるべきである」という当為が直接に重要になるが、犯罪は社会の秩序を乱し、社会の維持発展を阻害する行為であって、いわゆる内面道徳的悪や宗教的悪は除外される。そういう犯罪に対し、強権をもった国家により刑罰という「報い」が与えられる。これらの当為命題はどこまでも、この現実世界における社会正義の実現に向けられている。

（気多雅子「罪と報い」、岩波講座『日本文学と仏教』第2巻による）

根強く、人々の心の中に生き続けている。幼くして亡くなった我が子の生まれ変わりと信じて知人の子供を可愛がる、自分は過去の歴史上の人物の生まれ変わりだと信ずる、来世においてもまた夫婦になろうと誓い合うことで夫婦が互いの愛情を確認する、等々は、我々の日常よく見聞するところである。一般的に言って、輪廻の観念は我々の日常生活の何かの折りに、脈絡のない仕方でぽっと姿を現わす。姿を現わしたことによって、自分がそのような観念をもっていたことに初めて気づく。つまり、輪廻ということは現代人の自覚的な世界理解の中に明確で正当な位置付けをもって組み込まれているわけではなく、そのような自覚的な世界理解がそれ自身の内から切り捨てようとしても決して切り捨てきれないものとしてそのような世界理解の背後に a うっそりと立っているようなそういう観念なのであろう。我々の内に生き続けているのは輪廻転生の思想ではなく、輪廻転生の想念である。この想念は「物語」を紡ぎだす性格のものである。この想念の中にあるのは、死すべき人間の永生への願いであり、あるいはかけがえのない人を喪った哀惜の想いである。

そしてまた因果応報という観念も A 同様の仕方で、我々の生活の中に生きている。人を騙し人を陥れて富を貯えるような人間や自らの利益のために社会的責任に背くような人間が繁栄するのは許せない、誠実で思いやりに溢れた人間がその誠実さや思いやりのために損をすることになるのは間違っている、というような気持ちは我々すべての中に共通してある。しかし同時に、現実にはしばしば不誠実で利己的な人間が成功者となり篤実で優しい人間が蹴落とされるということを我々は知っている。おそらくこの期待と現実との矛盾は、如何なる時代においても如何なる社会においても人々に意識されてきたものであろう。現実の有り様に裏切られ続けながら、因果応報はいわば人間の自然的感情に由来する漠然とした（注1）アンビヴァレントな願望として現代人の心の中に生きていると言える。アンビヴァレントであると言うのは、そこには、因果応報であることを期待する気持ちと因果応報でないことを期待する気持ちとが b ないまぜになっているからである。

仏教の因果応報の思想は輪廻転生の思想と切り離しがたい関係にある。だが、科学的世界観の浸透は、輪廻転生という考え方を一つの《空想》ないし《お伽話》にしてしまった。生存の意味を生存の内部に求める思考態度のもとでは、［　　　　］と考えることは、現実逃避の欺瞞以外の何ものでもない。そして、そのような思考態度の《あそび》のところで、《空想》ないし《お伽話》の延長線上の場面で、因果応報は想念として存続している。だが実は、人は構築された世界観を生きると同時に、むしろいっそう深くそのような想念を生きているのである。

ところで、それぞれの行為に応じた報いがあるという考え方は、仏教に限らず、世界のさまざまな思想伝統の中に見出される。たと

問7　本文の内容と合致するものを次の中から一つ選びなさい。解答番号は **9**。

① 自然科学や社会科学に先駆けて、経済学が学問の対象である市場をロジックとして表現することができた。
② 単一要因説から導かれる社会の分析は全て短絡的であるため、科学的に認められることは難しかった。
③ パーソンズの練り上げた社会学の方法は、原子論やシステム論のみならず、社会学以外の学問も参考にしている。
④ システム論だけでは社会をロジックで表せないので、パーソンズは目的という特定の要因を付け加えて分析した。
⑤ 制御理論の目標関数と経済学の数学的な表現には親和性があるので、ともにシステムを分析するのに適している。

二　次の文章を読んで、後の問いに答えなさい。

我々の生活世界に対して科学の立場はもともと狭く限定されたものであり、前世や来世といった事柄について判断する権能をもってはいない。前世としての世界、来世としての世界が存在するか否かは、そもそも科学の問題とはなり得ない。**X**、世界観というものはそのような限定を踏み超える。科学が学でなく、世界観に変わるところでは、現世たるこの現象世界のみが実在的であり過去世・未来世は非実在であるという確信となる。自然科学を啓蒙するということは、人々の世界観をそのようなものに変容することであった。そのような世界観をもつに至った人々の存在理解の視界は、基本的に現世を超えることはない。人々の生存の営みはもっぱら実証的な経験世界において展開されるのであり、人々は生存の意味と充実を、生存を内にも外にも超えない生存そのものにおいて求める。

それに対して、仏教では、人間存在を考察する視界を現実世界だけでなく過去世・未来世にまで拡大し、生存の本質を無限の相において思惟しようとする。そこで見えてくるのが、永遠に生死の輪廻を繰り返し、輪廻のそれぞれの生存の出来事は業・因果の摂理によって鎖の輪のように結び合っているというすべての生きとし生けるものの相である。このように理解された因果は死によってすら逃れることのできない牢獄となり、だからこそそこからの脱出が熱望されたのである。

ただし、現代において輪廻転生の観念が人々の心から無くなってしまったというのは誤りである。**Y** それは思いもかけないほど

いるという点で、原子論よりも深まった考えになっているということ。

④　原子という均質な要素によって世界は形成されているという原子論から、それら要素の分析の末に全体を再現することで全体が把握できるというシステム論が展開したが、そこでは何よりも要素間の関係性を中心に据えるという点で、関係性について一切考えなかった原子論よりも正しい考えになっているということ。

⑤　原子という均質な要素によって世界は形成されているという原子論から、分析と総合のプロセスによって全体を把握しようとするシステム論が生まれたが、そこでは全体を構成する要素が均質なものではなく、互いに違っていてもよいという点で、原子論よりも寛容で今後の発展を期待できる考えになっているということ。

問6　「C これがパーソンズのアイデアである」とあるが、これを具体的に説明したものとして最も適当なものを、次の中から一つ選びなさい。解答番号は 8 。

①　個々の人間は、社会における様々な集団を構成する要素であるが、さらにその集団も全体社会を構成する要素になることを踏まえて、社会を分析する際に全体だけを見るのではなくそれらの要素も含めて考えようとすること。

②　サイバネティクスになぞらえて、全体社会や集団、個人など様々な社会のシステムを分析する際に、機械的な部品のように社会を構成する要素を捉え、設定温度のような数値的な目標を設定して考えようとすること。

③　システムの分析には目的の設定が鍵となるが、全体社会というシステムを分析するために、最も細かい要素である個々人を中心にすえて、個々人が生き延びること、幸せになることを目的に設定して考えようとすること。

④　社会システムについて分析する際に、全体を構成する要素に分解して、それらの相互連関のあり方を重視するだけでなく、何を目的として異なる要素が互いに関わり合うのかということも含めて考えようとすること。

⑤　全体社会は、個人や社会集団、家族など様々な要素が相互に関わり合うシステムであるが、そのシステムを分析するためにそれらの関わり方だけでなく、社会の維持や存続などの機能を手掛かりとして考えようとすること。

① 経済学は、さまざまな要素が数値に還元でき、さらに数学的に分析しやすい構造になっていて、要素相互の関わりをシステムとして捉えることが、他の分野に比べて容易であったから。

② 経済学は、システムとして社会を捉える際に、あらゆる要素を数値に置き換え、社会における特定の原因を見出していくという目的に対して、プロセスを単純化することができるから。

③ 経済学は、社会システムに対して、最も分析に適している数学的な観点を多く含む分野だったので、他の分野も試みた、数値によってシステムを解明する試みにいち早く成功したから。

④ 経済学は、全ての要因が互いに連関しているというシステムを、価格という説得力のある身近な実数値を用いることで、一番現実にフィットするようなモデルを示すことができたから。

⑤ 経済学は、他の分野に先駆けて、全体と要素の関係から成立する社会の構造を初めて見いだし、さらに、数学的構造の中で社会の仕組みを数値に還元して表すことに成功したから。

問5　「Bこれは、原子論の発想をもとにしているが、それを一歩進めたものである」とはどういうことか。その説明として最も適当なものを、次の中から一つ選びなさい。解答番号は 7 。

① 原子という均質な要素によって世界は形成されているという原子論から、全体は必ず要素によって形成されるとするシステム論が生じたが、そこでは全体を要素に分解し、それぞれを分析して、さらにそれを組み合わせて全体を再現することで、全体の把握をより深めるという点で、原子論よりも先進的な考えになっているということ。

② 原子という均質な要素によって世界は形成されているという原子論から、全体を把握するために分解して要素を取り出して分析し、それを総合するというプロセスが編み出されたが、そこではあらゆる事物がシステムとして捉えられ、それを形成する要素こそが重視される点で、原子論より進んだ考えになっているということ。

③ 原子という均質な要素によって世界は形成されているという原子論から、全体を要素に分解して、再び要素を組み合わせることで全体が再現、把握できるというシステム論が発展したが、そこでは均質ではない互いに異なる要素の関係性にこそ着目して

④ 自由な方向に進む ⑤ むやみに数を増やす

「b体裁をとる」 2

① 関係を表す ② 外見を取り繕う ③ 形式を整える
④ 結論に向かう ⑤ 手順を踏む

「c先達」 3

① 最先端の研究に携わる人 ② 自分と切磋琢磨する人 ③ 優れた研究を行う人
④ すでに業績を上げた人 ⑤ 初めて道を切り開いた人

問2 X に入る言葉として最も適当なものを、次の中から選びなさい。解答番号は 4。

① いずれにしても ② かりにも ③ 少なくとも ④ せめても ⑤ ともかくも

問3 Y に入る言葉として最も適当なものを、次の中から選びなさい。解答番号は 5。

① 同じ要素によって形成されている ② 原子論の発想をもとにしている ③ 特定の原因をもとに説明できる
④ 人間の形成した装置である ⑤ 要素から成る全体とみなせる

問4 「A二〇世紀になってから、いくつかの分野で、社会科学は急速な進歩をとげた。その最たるものは、経済学であろう」とあるが、「社会科学」の中でも「経済学」が「急速な進歩をとげた」のはなぜか。その理由として最も適当なものを、次の中から一つ選びなさい。解答番号は 6。

社会現象は、機能によって分析できる。社会をこしらえているシステムには、必ずなんらかの目的みたいなものがそなわっている。
――こう、パーソンズは主張する。

彼は何でもシステムだと考える。たとえば、個々の人間。個々人の目的は、生き延びること、幸せになることである。つぎに、社会集団。集団にも集団の目的がある。株式会社なら、利潤を上げて成長すること。家族なら、子供を産み育てて安全と幸福を保証すること。つぎに、全体社会。全体社会にも同様に、社会の維持・存続・発展という目的がそなわっている、とする。このように、機能を鍵変数として社会システムを分析できるとする点が、彼のシステム論の最大の特徴だった。

彼は以上のアイデアを、構造‐機能分析（Structural‐Functional Analysis）というひとつの理論にまとめ上げた。この議論は、システム論を社会学に導入する当時もっとも進んだ試みだったので、アメリカはもちろんのこと、日本を含む世界中で大きな影響力を持ち、現代社会学を代表する論潮として、各国の戦後社会学をリードした。

システムと、機能。このふたつの組合せ（くみあわ）によって現象を記述したり、説明したりする考え方は、サイバネティクスとよく似ている。サイバネティクスは、制御理論といい、対象をシステムとして捉えたうえで、そこに目標関数を設定するものである。たとえば冷蔵庫なら冷蔵庫は、さまざまな部品からなるシステムだが、そこに目標関数として、摂氏5度などという設定温度がある。扉を開けて温度が上がったり、逆に冷えすぎたりすると、機械が自動的に庫中の温度を摂氏5度に調節する。この仕組（しくみ）（サイバネティック・プロセス）が、冷蔵庫だ。サイバネティクスは、万事をこのように考えていく。

摂氏5度になるように設計された因果連関が冷蔵庫の「システム」、設定温度の摂氏5度になることが冷蔵庫の「機能」である。構造‐機能分析でもって、冷蔵庫を分析すると、そう言える。

パーソンズは人間社会も、冷蔵庫と同じであると考えた。組織や集団にも、全体社会にも、「機能」という名の目標がそなわっており、それが実現できるようにいろいろな要因が組み合わさっている――ひと口で述べるなら、c これがパーソンズのアイデアである。

（橋爪大三郎「社会学概論」、ちくま新書『社会学講義』による）

問1　波線部a～cの本文中の意味として最も適当なものを、次の中からそれぞれ一つずつ選びなさい。解答番号は 1 ～ 3 。

「a 横行する」 1 　①　いつの間にか目立つ　②　勝手気ままに広がる　③　検証されずまかり通る

マルクス主義の主張は、かなり複雑であるが、最終的には階級闘争からすべてを説明するというロジックは、単一要因説の変種と考えられる。

これに対して、システム論は、特定の要因を説明要因と考えない。すべての要因が互いに連関している、と考える。この複雑な連関をそのままモデル化して、すべての要因の相互連関の結果、われわれの観察するような現象が現れたと考える。もしこれが成功するなら、いちばん現実にフィットした、実証的な議論ができ上がることは間違いない。

だから、どんな学問も、システム論を理想にしている。ただ残念ながら、「すべての要因の相互連関」を分析するうまい工夫がなかなか見つからないので、システム論になれないでいるのが実情なのだ。

では経済学では、なぜひと足先にシステム論が成功したか？

経済学の扱う市場は、非常にうまい構造をそなえている。まず「価格」という実数値の変数（鍵変数）があり、経済主体の行動も市場の状態も、数学的に表現できること。つぎに市場が、「凸構造」という数学的構造をそなえていること。この構造のおかげで、価格メカニズムが自動的に均衡に収束していく。つまり、一人ひとりが自分の経済的利害だけを追求しても、市場全体としてはそれで均衡し、最適の状態が実現するという定理が証明できる。こうした利点のおかげで経済学は、あらゆる要因の相互連関を考慮に入れたシステム論のロジックで、市場の成功を論証することができた。

この経済学の成功から、社会学もそのほかの社会科学も、大きなインパクトを受けた。そして、システムの考え方を中心に社会科学を再構成しようという動きが生まれたのである。

ここでは、その動きを社会学で代表する人物として、タルコット・パーソンズというアメリカの社会学者に注目するべきだろう。パーソンズが影響を受けたのは、同時代の経済学者ではなく、彼よりちょっと前の世代の経済学者V・パレートである。パレートの時代の経済学は、モデルが素朴で数学化が充分ではなかったが、システム論のロジックを学ぶのにはさしつかえなかった。

パーソンズは、経済学以外にも、同時代のさまざまな学問――マリノフスキーの人類学や、心理学の小集団研究、社会学の c先達であるデュルケムやウェーバー――からも、多くのヒントを受けとっている。こうしたいろいろなアイデアを「総合」して、パーソンズは彼独自の社会システム論を練り上げていった。

彼のアイデアの要点は、システムだけでは社会を説明できないと考え、そのほかに「機能」という要因を付け加えたことである。機能（英語ではfunction）と言われても、何だかよくわからないかもしれないが、「目的」みたいなものだと考えるとよいと思う。

げるのは無理だった。それが可能になるのは、一九三〇年代以降になってからである。

A二〇世紀になってから、いくつかの分野で、社会科学は急速な進歩をとげた。その最たるものは、経済学であろう。経済学は、一九三〇〜五〇年代の間に、過去の理論の数学化をほぼ完成してしまう。それまで古典的に積み重ねられていた、経済や市場に関するさまざまな分析を、数学的に表現し研究する方法を我がものとしたのである。

ここでのキーワードは、「システム」だった。システムは、経済学にとどまらない、非常に幅広い考え方で、二〇世紀の学問の指導理念とも言える。システムをキーワードに、理論構築を進めようという動きが、二〇世紀の社会学をリードする潮流となった。

システムを定義すると、「多くの要素からなる全体」ということになる。Bこれは、原子論の発想をもとにしているが、それを一歩進めたものである。

まず、システム論の考え方によれば、全体というものがある。全体は、必ず要素に分解できる。全体を要素に分解していく手続きが可能である。そして、分解が終わると、要素が取り出せる。いっぽう逆に、それらの要素を組み合わせるならば、もとの全体が過不足なく再現できる。こういう、分析と総合のプロセスが可能である。

このように、分析と総合を通して、全体を要素のつながりとして把握すること。これがシステム論の考え方である。

いくつか例をあげれば、太陽系のような力学的なメカニズムも、ひとつのシステムである。人体のような有機体も、ひとつのシステムである。また、市場（マーケット）のような、人間の形成した社会装置も、ひとつのシステムである。こうしたシステムは、原子のようにみな同じ要素でもって形成されているわけではない。要素は互いに違っていてよい。そして、要素と要素がどうつながっているのかが、はっきり特定できる。この二点が、その昔の原子論より、一歩踏み込んだ主張になっている。

世の中のたいていのものは、［　Y　］から、システム論で取り扱うことができる。対象を分析し、総合する手段（メソッド）さえあれば、ものごとをシステムとして捉えるこの方法論は、非常な威力を発揮する。

システム論の特徴は、どこにあるのだろうか。

これをたとえば、単一要因説と比較してみよう。

単一要因説というのは、ある事柄を説明するのに、何か特定の原因をひとつだけ考える立場。太陽黒点説みたいに、どんな現象だろうと、強引にひとつの原因から説明しようとする立場である。原因→結果という因果論のb体裁をとる点はいいのだが、あまりに単純なモデルであるため、結論そのものは科学的な批判に耐えない場合が多い。

国語

▲情報・社会・政治経済・教育（国語教育除く）・保健医療学部・短期大学▼

（情報（文系方式）・教育（数学教育）学部・短期大学（こども教育）　一科目　六〇分）
（その他　二科目一二〇分）

一　次の文章を読んで、後の問いに答えなさい。

社会学の巨人たちは、一九世紀末から二〇世紀はじめにかけて登場した。彼らは偉大だったけれども、いくつかの問題もかかえていた。

いちばんの問題は、彼らがせっかく編み出した社会学のロジックが、誰でも使えるようなかたちに書けていなかったということ。数式で表現できていれば、いちばんいい。数学までいかないまでも、［X］ロジックとして容易に修得できるとよい。しかし実際には、彼らの残したテキストと悪戦苦闘して、どうにか体得するしかないものだったのである。そうすると、弟子たちの出来が師匠よりも悪いことも手伝って、あれこれ奇妙な解釈がa横行するようになり、もともとのロジックがますますはっきりしなくなってきた。

そこで、この社会学のロジックを、もうちょっと一般的なかたちで表現したり、再構成したりできないかということが、ひとつの問題になってきたわけである。

ところが、一九世紀の当時は、自然科学や数学などの分野がまだまだ未発達だったために、社会学だけが他に先駆けてそれを成し遂

解答編

英語

◀情報・社会・理工・政治経済・教育（英語教育除く）・保健医療学部・短期大学▶

1 **解答** 1－②　2－④　3－①　4－③　5－②

解説　1. but for～「もし～がなければ」という仮定法の表現。「芸術がなければ，我々の人生はつまらないだろう」

2. 空所の後の to に注目する。be superior to～「～よりすぐれている」「田舎暮らしのほうが都会生活よりすぐれているという人もいる」

3. 1文目に「私はあなたにしたことを後悔しています」とあるので① apology「謝罪」を入れる。I owe you an apology.「あなたに謝らなければならない」

4. be compared to～「～に例えられる」「英語学習は高い頂上のある登山に例えられる」

5. 動詞の部分が現在完了で表現されている。よって，過去から今までの期間を表す② lately「最近」が正解。

2 **解答** 6－②　7－①　8－③　9－④　10－①　11－④

解説　6.「この本はこの図書館内で2番目に古い本です」という意味の英文である。同種類の名詞を2回目に用いるときは代名詞 one を用いる。

7. 空所には関係代名詞または関係副詞が入るが，この判断は空所の後の節をしっかり見る必要がある。the singer was born in 1997 の文章に先行詞である the town を入れると the singer was born in the town in 1997

という英文になる。この副詞句 in the town の部分が関係詞に変わったと考えると，in which または where が空所に入ることがわかる。よって正解は①である。

8．前後の内容から「旅行に必要なものの一覧を書きなさい」と「何か買い忘れるかもしれない」を自然につなぐには，otherwise「さもなくば」を入れる。

9．suggest *one's doing*「人が～することを提案する」

10．abound with ～「～でいっぱいだ」「パンフレットが印刷ミスでいっぱいで残念です」

11．年齢を表現する場合は in *one's* 20s「20 代」のようにする。in their 20s to 40s は「20 代から 40 代」の意。

3 **解答** 12―④ 13―① 14―① 15―② 16―③

解説 12．空所の直後に「あと数日で散歩や運動を始めることができます」とあるので，空所には④「今すぐはだめです」が入る。

13．空所の直後の *A* の発言に「準小型自動車がいいです」とあることから，*B* は車の種類を尋ねているとわかる。よって①が正解。

14．*A* の 1 回目の発言で Ron に対して遅刻したことを注意しており，Ron はそれに対して目覚まし時計がうまく機能しなかったことを言い訳にしている。それを聞いた *A* はそのような言い訳は通用しないと憤慨している。それに対しての *B* の発言として適切なものは①「今回は大目に見てください」である。give *A* a break「*A* を大目に見る」

15．空所の直前に「この辺りで食材をきちんと手に入れることが難しい」とあるので，②「オンラインで前もって注文することですべてを手に入れる」が入るとわかる。ingredient「食材」 in advance「前もって」

16．空所の直前の *A* の発言に「コンピュータがうまく動かない」とあり，また空所の直後に「コンピュータがうまく作動し続けるためのメンテナンス作業ですよ」とあることから，*B* が提案する内容として最も自然なものは③「アップデートはしていますか」である。

4 **解答** 17―③　18―①　19―③　20―④　21―②　22―②

出典追記：'I FORGOT'-THE SCIENCE BEHIND FORGETTING, Kiwi Kids News on August 17, 2020 by Lilli Scott

解説 ≪忘れるという行為を科学する≫

17. 挿入すべき英文の後半に「その記憶の誤りがどの理由によるものか」と述べられている。第4段第1文（Although there is …）に「忘れっぽさの理由は1つではない」とあり，その後に3つの具体的な理由の分類が第4段全体を通して述べられていることから，この段落の最後に英文を挿入するとつじつまが合う。

18. ①about を入れるとそれぞれ以下のようになる。be about to *do*「まさに～しようとする」 forget about ～「～について忘れる」 remember about ～「～について覚えている」

19. 下線部(3)の直後の第4段第4文（This happens when …）に「これは似通った考えや記憶の見分けがつかなくなったときに起こる」とあることから，これに当てはまるものは③「あなたがアイスクリームを注文したが，それを提供する人があなたの前の人が注文した味とあなたが注文した味とを混同する」である。

20. 第5段第1文（However, scientists say …）に「しかし，忘れるということは，実際は入ってくる情報を整理するための脳の（　4　）であるかもしれないと科学者は言う」とある。続く第2文（Our brain is …）に「私たちの脳はすべてを記憶する書類棚ではなく，賢い判断を下すためのコンピュータである」とあることから，脳は本来すべてを記憶しないことが読み取れる。また，情報量が多いと賢い判断を下せないため，入ってくる情報が多すぎた場合はそれらを意図的に消去（整理）しているとも読める。このことから④strategy「戦略」を空所に入れるべきであると判断する。

21. 第3段最終文（Within one hour …）に「1時間以内に人々は最大56％忘れる可能性がある」と述べられていることから，②が正解となる。

22. 第1段で筆者が物忘れをすることについて述べており，第2段では「なぜ物忘れをするのか？」という疑問を投げかける。そのあと第3・4段では物忘れに対する科学的なアプローチが説明されており，第5段では脳の仕組みについて言及されている。これらを踏まえると，本文は物忘れの仕組みについて述べられていることがわかる。よって，タイトルとして適切なものは②「物忘れの科学」である。

5 解答　23－②　24－③　25－②　26－②　27－③　28－①

解説　≪図書館員の犬クエーカー≫

23. 空所直後の the role「その役割」とは，第1段第1文（Quaker, a 3-year-old …）にある a listening post のことを指す。第1段第5文（I think it's …）に「彼女にとってそこに寝そべって子どもが本を読むのを聴くことはとても落ち着くことだと思います」とあるのでここから a listening post がどういうものかがわかり，また，第1段第4文（She loves kids …）からクエーカーがその役割に適していることも読み取れる。よって，空所に入るものは②suited「適している」である。

24. 空所の直後に rather than a feared task「怖い作業よりもむしろ」とあるのでこれと対照的な③pleasure「喜び」が正解である。

25. 第3段第1文（He said the …）に「それまで犬は図書館に入ることを許されていた。なぜならそこにいることができるかできないかについての正式な決め事がなかったからだ，と彼は言った」とあるが，これは挿入すべき段落にある苦情によって犬の入館が禁止になる前のことを回想していると考えられるので②が正解となる。

26. 空所④直前の段落の第1文（Before being allowed …）に「その仕事を許可される前に，クエーカーは，自身が子どもや大人との交流する様子を見る犬管理官によって評価されることを含む，一連の非常に厳しい試験に合格しなければならなかった」とある。「その仕事」とは，第5段第1文（In a while, …）にある the *Reading to Dogs* service つまり a listening post のことである。よって②と一致する。

27. 空所③直後の段落の第1文（In a while, …）に「しばらくして，クイン氏はクエーカーと一緒に *Reading to Dogs* の会に参加するよう招かれた」とあるので③が正解となる。

28. 最終段第1文（Ms Wockner said …）に「注意深く聴き，子どもたちに自分のペースで読み進めさせることができるので，犬は素晴らしい教師だとウォクナーさんは言った」とあることから①がこの部分と一致する。

6　**解答**　29―④　30―①　31―④　32―③　33―②　34―①
35―①　36―④　37―③　38―②

解説　29・30. I think my identity is (what prevents me from being identical) to anybody else.

prevent *A* from *doing*「*A* が～するのを妨げる」 be identical to～「～と同じ」

31・32. It is amazing (how things that happen in one's childhood will affect) the rest of one's life.

「子どもの頃の出来事」を「子ども時代に起こったこと」と考え，things that happen in one's childhood と表現する。これが how 以下の間接疑問文の主語と考えれば正解に近づける。

33・34. In the cinema, you have to (let your eyes get accustomed to) the darkness for a moment.

let *A do*「*A* に～させてやる」 get accustomed to～「～に慣れる」

35・36. All (that's left is to put it into) practice.

「あとは」を「残されているものすべては」と考える。all が先行詞，that's は主格の関係代名詞とそれに続く be 動詞と判断し，all that's left の主語を形成できれば正解に近づける。put *A* into practice「*A* を実行する，実際に行う」

37・38. What can we (do to stop Russia's military invasion) into Ukraine?

military invasion「軍事侵攻」

◀教育（英語教育）学部▶

1 **解答**　1―①　2―②　3―④　4―③　5―②　6―④　7―①　8―②　9―④　10―④　11―①　12―④　13―③　14―①　15―②

解説　1．make the big time「成功する，一流になる」 persistence「粘り強さ」 これらをつなぐものは①due to～「～のため，～の結果」である。「彼女の粘り強さの結果，ジェシカはついには大きな成功を収めた」

2．within「～以内に」「そのアミューズメントパークは吹田駅から2キロメートル以内です」

3．it は形式主語で，to give 以下が真主語であると考えると，真主語に対する補語となる形容詞として適切なものは④useless「無駄だ」である。「ジミーにいかなるアドバイスをしても無駄だよ」 terminal「終点の，最終の」

4．空所の直後の I first met you から関係副詞 where を空所に入れ，「私が約20年前にあなたに初めて出会った場所」という関係詞節をつくると考える。関係副詞の直前の先行詞（この場合は the place など）は省略できる。

5．英文の最後に guess「推測」とあることから，先生は作業が1時間ほどで終わると予測したことが読み取れる。よって②estimate「～と見積もる」が正解。

6．空所の後に nor があることに注目する。neither *A* nor *B*「*A* でも *B* でもない」「彼女は自室にも裏庭にもいない」

7．「北海道へ行ってスキーをする」と考えて②を選ぶ人がいたかもしれないが，「北海道でスキーをする」と考える。よって①が正解である。go *doing*「～しに行く」

8．handle「（問題など）を解決する，処理する」 case「事件」「近隣住民は警察官の事件の処理の仕方を責めました」

9．比較級＋than S（had）expected「予想していたよりも～」「今月の給料は工場の労働者たちが期待していたよりも低かった」

10. if節内に過去完了があることから，仮定法過去完了形であると考えられる。この場合，主節の動詞は助動詞の過去形＋have *done* の形をとる。「タケオが酔っ払って自転車に乗っていなければ，電柱に突っ込まなかっただろうに」

11. 2つ目の発言に「彼女は私たちが進んでしようとしている時間よりも何時間も多くの勉強を私たちにしてほしい」と望む教師の様子が述べられていることから，①demanding「多くを要求する」が正解。

12. 空所の直後にpassportという所有格の代名詞がつくべき名詞があるので④whoseが正解。by chance「偶然に」「私は，偶然に道で拾ったパスポートの持ち主に電話をしようと決心しました」

13. 空所の直後にthatがあることに注目する。in that～「～という点において」「私はマロンのほうが懐いているという点でマロンのほうが好きです」

14. beat around the bush「遠回しに言う」「遠回しに言うのはやめて，私にして欲しいことを話してください」

15. immigrant「移民」「19世紀には日本からハワイ諸島に多くの移民が新しい生活を始めるためにやってきました」

2　解答

16―⑥　17―③　18―⑤　19―④　20―①　21―⑤
22―①　23―②　24―②　25―⑥　26―⑤　27―⑥
28―②　29―⑤　30―④　31―③

解説　16・17. Please (give me some time to check) it out.

giveは第4文型で用いることができる。to check以下が不定詞の形容詞的用法としてsome timeを修飾していると考える。

18・19. Are you (satisfied even though your hard work wasn't) rewarded?

even though「たとえ～であったとしても」 rewardは名詞「報酬」でもあるが，「報いる」という動詞としても用いられる。

20・21. You must (be so lucky to get everything you) want.

mustがあり，選択肢にtoがあることから，不定詞の副詞的用法（判断の根拠）を考える。「ほしいものすべて」の部分はeverything that you wantのthatが省略されていると考える。

22・23. This (new drug will have been approved by) the Ministry of Health, Labour and Welfare by this summer.
「この夏までに」とあるので未来完了形を考える。「認可されている」は受動態で書く必要があるので，will have been *done* の形であるとわかる。
24・25. Ken couldn't (get over the loss of his beloved) family member, his cat *Mofu*.
get over ～「～を乗り越える，克服する」 beloved「最愛の」
26・27. Scholars (pointed out how much work remained) to be done.
point out ～「～を指摘する」「どれぐらいの作業が残っているのか」を間接疑問で表現する。how を用いる場合は how の直後に形容詞または副詞を続ける必要がある。また，how much は how many と同様に名詞を続ける必要があるので気をつけたい。
28・29. The researchers were (convinced that there were many reasons) for the product's popularity.
convinced that ～「～と信じ切っている」
30・31. The number of (visitors to this museum has increased by) 30 percent.
「増加している」とあるので現在完了で表現すること。by は「差」を表すことができ，数詞の前におく。

3 解答

32―⑤ 33―② 34―③ 35―④ 36―⑦ 37―①
38―⑥

解説 ≪新しい友達ニッキーを交えた下校途中の会話≫

32. 空所の後，おじいさんが「会えてうれしいよ」と発言していることから，⑤「こちらはニッキー。ぼくの新しい友達さ」と友達を紹介する文が入るとわかる。
33. 32 の発言に続き，マルコが新しい友人ニッキーについて話しているので②「彼はぼくのクラスに入ってきたところなんだ」が入ると考えられる。
34. 空所の直前に「誰か迎えに来るのかい」とおじいさんがニッキーに尋ねている。その返答としてふさわしいものは③「ぼくは一人で歩いて帰る」である。

35. 空所の直前に「マルコの母親と父親は彼を毎朝学校へ送り届け，そして私が学校に彼を迎えに行って家まで一緒に歩いて帰る」とあるので，両親が迎えに来る時間の余裕がないことがわかる。よってその後に続くものとしてふさわしいのは④「マルコの両親は遅くまで働くことが多いのでマルコと私はしばしば夕食をとる」である。

36. 空所を含むおじいさんの発言の冒頭に「それ（サキソフォン）はベルギー人のアドルフ＝サックス氏によって発明されたんだ」とある。サキソフォンという楽器がサックス氏の名前と非常に似ていることに気づけば，空所の直前の「誰かが楽器を発明した，そして」に続くものとしては⑦「人々がその楽器を彼の名前にちなんで名づけた」が正解であるとわかる。name after ～「～にちなんで名づける」

37.「サキソフォン」とニッキーが口にしただけでおじいさんがサックスの背景についてたくさん話した後，マルコがニッキーに向かって発言している。この状況で一番ふさわしいものは①「おじいちゃんは何でも知っているんだ」である。

38. 空所の直前に「きみには祖父母はいるのかい」とあるので，それに対するニッキーの発言を考えると⑥「彼らは遠くに住んでいます」が適切である。

4 解答

39―⑤　40―④　41―③　42―①　43―②　44―③　45―④

問３．一人ひとりが本来持っている個性

解説　≪デイブ＝トーマスからの助言≫

39. 空所の直後に「卒業は学習の終わりを意味するのではない。それは始まりに過ぎない」とあることから判断する。「学びを止めてはいけない」という⑤を選ぶ。

40. 空所の直後に「それが職業の選択であれ，どの慈善団体にかかわるのかの決定であれ，その選択はあなたの心からやってくるべきだ」とあり，またその後に「最終的には，毎朝起きて自分のしていることを楽しむのはあなたなので，それがあなたにとって重要であることを確認すべきだ」とある。これらのことから，自分のしたいことをせよというメッセージが込められていることがわかるので，④の「あなたを幸せにすることをやりなさい」があてはまる。
41. 空所の直後に「物事がうまくいかないときに諦めることは簡単だ。ハードワークなしによいものは得られない。目標を達成するために時間とエネルギーをすすんで投資せよ」とあることから，③「諦めるな」が適切である。throw in the towel「諦める」
42. 空所の直後の段落の第 2 文（If you say …）に「もしあなたが何かをする予定だと言ったならば，それをせよ」とあり，続く第 3 文（Living your life …）に「誠実さと正直さをもって生活を送ることが生きるための唯一の方法だ」とあることから判断すると①「正直であれ」が正しい。
43. 空所直後の段落の第 2 文（Don't be afraid …）に「物事を変えることを恐れず，新しいことに挑戦せよ」とあるので②「いつもと同じ作業から抜け出せ」が当てはまる。shake *A* up「*A* を変える」 routine「決まってすること」
44. 空所の直後に you'll be dead a lot「あなたは何度も死ぬことになる」とあるので，空所には③death「死」を入れ，if 節全体で「もしすべての決断が生死を分けるのであれば」とすべきであると考える。
45. 空所を含む英文の直前の英文（Many times we …）に「何度も私たちは目標を達成することに焦点を当て，そして自分たちの達成したことを祝う時間はとらない」と述べられている。続く英文（Don't miss an …）では「家族や友人と過ごすための（　い　）を逃すな」とある。この 2 文から，デイブ＝トーマスは「達成したことだけではなく，周囲の人とその達成の喜びを分かち合おう」と助言していることがわかる。よって，空所には④opportunity「機会」を入れ，「家族や友人と分かち合う機会を逃すな」という英文にすればよい。
問 3．波線部アは「あなたの本当の色」という意味であるが，「色」が何を暗示しているのかを波線部の直後の段落から読み取りたい。この段落の第 2 文（Don't be afraid …）に「独特であることや自分の考えを話すことを恐れてはいけない。なぜならそれこそがあなたを他のみんなと区別するものだからだ」とある。この部分から，「独特であること」や「自分の意見を言うこと」が「色」の指している内容であると考えられる。よって，your true colors は「一人ひとりが本来持っている個性」を表す。

5 **解答**　46―④　47―①　48―①　49―⑥　50―④　51―⑤
52・53―②・③（順不同）

問5．初発のうつ病が以前より多くの若者に起こっていること。

問6．自分自身を，何かしら起こっていると自分で考えるもので診断しないことが重要だ。

解 説　≪気分の落ち込みの真相≫

46. declare は「～と宣言する，断言する」の意。「強い口調でものを言う」という④が一致する。

47. 直前にある単数形の名詞は depression「うつ病」であるので，ここでの it は depression を指す。

48. 下線部ウと下線部イは非常に近く，その間にほかの単数形の名詞がないためこの it も depression を指す。

49. 下線部エの it は形式主語で，これは it の後に続く to *do* や that 節を指す。ここでは to say 以下を指している。よって選択肢にはないので⑥となる。

50. 第5段第8文（If, after a…）に「もし数週間たってもその気分の落ち込みが改善せず，あるいは悪化するようなことがあれば，うつ病がやってくる決意をした可能性がある」と述べられていることから，気分の落ち込みからうつ病に悪化することがあるとわかる。これを踏まえて下線部オのある第5段第5文（But, there are…）を読むと，「しかしそれがうつ病に静かに近づく前に落ち込んだ状態を未然に防ぐための手短な解決法がいくつかある」とあるので，うつ病に近づくものは④ low mood であるとわかる。sneak into～「～にこそこそと入る，静かに近づく」

51. ［あ］直前に getting があることから，get の目的語となる sleep を選ぶとよい。

［い］直前に eating があるので，meals を選ぶ。

［う］直前の upsetting「動揺させるような」に続くものは situations である。

52・53. ①第5段第2文（One of the…）に「うつ病の症状を感じている人に言える最も役に立たないことの一つは『がんばれ』や『しっかりして』である」とあるので，不一致。

②第5段第6文（These are some…）に気分が落ち込んだときの解決法

が紹介されており，それらはよく眠ることや健康的で規則正しい食事をとることなど健康に関することが列挙されている。よってこの部分と一致する。

③第5段第8文（If, after a…）に「もし数週間たってもその気分の落ち込みが改善せず，あるいは悪化するようなことがあれば，うつ病がやってくる決意をした可能性がある」とあることから，この部分と一致する。

④第6段第1文（It can seem…）に「精神健康上の病気を経験する人もいればそうでない人もいるというのは本当に不公平に見えるかもしれない」と述べられているが，このことを科学者が発見したとの記述やそれは人間が平等につくられているからだといった記述はないため不一致。

⑤第8段第1文（Adults experience depression, …）に「大人もうつ病を経験する」と述べられているので不一致。

⑥It is no use *doing*「～しても無駄だ」の意。最終段第2文（Rate yourself on…）に「それぞれの項目について自分がどれだけ幸せを感じているか評価せよ」と述べられていることから不一致。

問5．第8段第1文（Adults experience depression, …）に「大人もうつ病を経験するが，恐ろしいことに，初発のうつ病が以前より多くの若者に起こっている」とあり，続く第2文（Now, I want…）には「ここで私は再確認したいのですが，このことは，あなたがうつ病になるということを意味するわけではありません」とある。第1文で今までよりも多くの若者がうつ病を発症しているが，第2文ではだからといってあなたがうつ病になると決まったわけではないと述べられているので，下線部カの指す「このこと」とは，初発のうつ病が以前より多くの若者に起こっていることを指す。

問6．It は形式主語で that 節が真主語である。diagnose「～を診断する」you think は主格の関係代名詞 that とそれに続く be 動詞 is との間に挿入されていると考える。これらから下線部は「自分自身を，自分で起こっていると考えるもので診断しないことが重要だ」と解釈できる。

日本史

1 解答 ≪古代の総合問題≫

1 —③　2 —④　3 —③　4 —③　5 —④　6 —①　7 —②　8 —①
9 —③

2 解答 ≪中世の二毛作，正長の土一揆≫

10—③　11—②　12—③　13—④　14—④　15—①　16—②　17—④
18—①

3 解答 ≪江戸時代の対外関係≫

19—④　20—②　21—①　22—④　23—③　24—③　25—②　26—③
27—②

4 解答 ≪犬養毅・吉田茂の生涯≫

28—③　29—②　30—②　31—①　32—④　33—②　34—②　35—①
36—③

世界史

1　解答　≪インド・東南アジア・中国・アメリカの古代文明≫

1 ―③　2 ―④　3 ―③　4 ―②　5 ―④　6 ―①　7 ―④　8 ―②
9 ―②

2　解答　≪中世ヨーロッパ≫

10―①　11―③　12―④　13―④　14―⑥　15―②　16―②　17―①
18―①

3　解答　≪近世ヨーロッパ≫

19―④　20―②　21―④　22―②　23―①　24―⑥　25―②　26―③
27―③

4　解答　≪帝国主義の時代≫

28―④　29―④　30―③　31―③　32―④　33―②　34―⑥　35―④
36―④

政治・経済

1　解答　≪日本国憲法≫

1 —②　2 —⑤　3 —③　4 —④　5 —③　6 —②　7 —④　8 —③
9 —②

2　解答　≪大日本帝国憲法と日本国憲法，選挙≫

10—②　11—③　12—①　13—①　14—①　15—③　16—②　17—⑥
18—②

3　解答　≪金　融≫

19—⑥　20—④　21—②　22—①　23—③　24—②　25—④　26—④
27—③

4　解答　≪核兵器の歴史≫

28—⑥　29—③　30—④　31—③　32—③　33—②　34—③　35—①
36—④

数学

◀社会・政治経済・教育（数学教育除く）・保健医療学部・短期大学▶

1 解答 ≪2次方程式≫

ア．0　イ．1　ウ．2　エオ．−1　カ．1　キ．2　ク．1
ケ．2　コ．4

2 解答 ≪データの分析≫

ア．2　イ．3　ウ．5　エ．2　オ．3　カ．2　キク．26　ケ．5
コサ．14　シ．5　スセ．17　ソ．5　タチ．17　ツ．2　テト．91

3 解答 ≪三角形の確率≫

アイウ．455　エ．5　オ．1　カキ．91　クケ．35　コ．7　サ．1
シ．5　ス．3　セ．5　ソ．1　タ．2

4 解答 ≪立方体と三角錐≫

ア．3　イ．5　ウ．2　エオ．13　カ．5　キ．6　クケ．65
コサ．29　シ．6　ス．3　セソ．29　タチ．12　ツテ．12　トナ．29

◀情報・理工・教育（数学教育）学部▶

1 解答 ≪小問4問≫

アイ．10　ウ．2　エ．4　オ．5　カ．2　キ．5　ク―②　ケ．8
コサ．17　シス．15　セソ．17　タチツ．161　テトナ．289　ニヌ．15
ネ．8　ノ―①

2 解答 ≪小問3問≫

ア．9　イ．3　ウエ．18　オ．2　カ．3　キク．10　ケ．7
コサ．10　シ．7　ス．2　セ―⓪　ソ―③　タ―②　チ．7　ツテ．43
ト．7　ナニ．12　ヌ．3　ネ．7

3 解答 ≪4次方程式≫

アイ．84　ウエ．30　オカ．10　キ．2　ク．3　ケ．3　コ．3
サ．a　シス．$3a$　セ．2　ソ．6　タ．2　チ．7　ツ．6　テ．2
ト．7　ナ．3　ニヌネ．-11　ノ．2　ハ．2

4 解答 ≪群数列，対数と数列≫

問1．(1) $a_3=0$，$a_4=1$，$a_6=1$，$a_7=2$

(2) $a_7+a_8+a_9+a_{10}+a_{11}+a_{12}+a_{13}=17$

(3) $\sum_{k=1}^{160} a_k=3611$

問2．(1) $2^{m-1}(m-1)$

(2)求める和を S とおく

$$S=2^1\cdot 1+2^2\cdot 2+2^3\cdot 3+\cdots+2^{m-1}(m-1)$$

$$2S=\qquad 2^2\cdot 1+2^3\cdot 2+\cdots+2^{m-1}(m-2)+2^m(m-1)$$

より，辺々を引いて

$$-S=2\quad +2^2\quad +2^3\quad +\cdots+2^{m-1}\qquad -2^m(m-1)$$

$$=\frac{2-2^m}{1-2}-2^m(m-1)$$
$$=2^m-2-2^m(m-1)$$
$$=2^m(1-m+1)-2$$
$$=2^m(2-m)-2$$

よって　$S=2^m(m-2)+2$　……(答)

5 解答 ≪等速円運動≫

問 1．

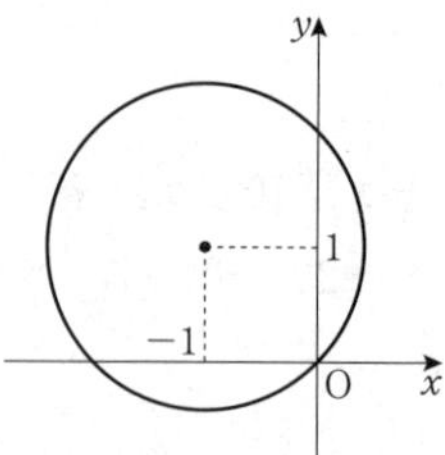

問 2．$\dfrac{dx}{dt}=-3\sqrt{2}\sin 3t$，$\dfrac{dy}{dt}=3\sqrt{2}\cos 3t$

$\dfrac{d^2x}{dt^2}=-9(x+1)$，$\dfrac{d^2y}{dt^2}=-9(y-1)$

問 3．$\vec{v}=(-3\sqrt{2}\sin 3t,\ 3\sqrt{2}\cos 3t)$，$|\vec{v}|=3\sqrt{2}$

問 4．$\vec{\alpha}=(-9\sqrt{2}\cos 3t,\ -9\sqrt{2}\sin 3t)$，$|\vec{\alpha}|=9\sqrt{2}$

問 5．$\theta=\dfrac{\pi}{2}$

問 6．
$$\int_0^{\frac{\pi}{2}}\sqrt{\left(\frac{dx}{dt}\right)^2+\left(\frac{dy}{dt}\right)^2}\,dt=\int_0^{\frac{\pi}{2}}\sqrt{(-3\sqrt{2}\sin 3t)^2+(3\sqrt{2}\cos 3t)^2}\,dt$$
$$=\int_0^{\frac{\pi}{2}}\sqrt{18(\sin^2 3t+\cos^2 3t)}\,dt$$
$$=\int_0^{\frac{\pi}{2}}3\sqrt{2}\,dt$$
$$=\Big[3\sqrt{2}\,t\Big]_0^{\frac{\pi}{2}}$$
$$=\frac{3\sqrt{2}}{2}\pi$$
……(答)

物理

1　解答　≪仕事と力学的エネルギー≫

[1]－②　[2]－①　[3]－②　[4]－④　[5]－③

2　解答　≪コンデンサー≫

[6]－⑤　[7]－④　[8]－①　[9]－①　[10]－④

3　解答　≪気柱の共鳴≫

[11]－④　[12]－②　[13]－③　[14]－②　[15]－①

4　解答　≪圧力と浮力，ミリカンの油滴実験≫

[16]－⑥　[17]－①　[18]－⑥　[19]－①　[20]－②　[21]－⑤

化学

1 解答

≪状態変化，分離と精製，原子の構造，イオン結晶，化学反応の量的関係，pH，中和滴定，酸化還元反応≫

1―①　2―④　3―②　4―④　5―③　6―②　7―④　8―④
9―①　10―⑤　11―③　12―②　13―①　14―③　15―⑥

2 解答

≪気体の圧力，沸点上昇，メタノールの生成熱，電気分解の量的関係，化学平衡≫

16―②　17―②　18―③　19―③　20―④

3 解答

≪硫酸の性質，炭素とその化合物，ナトリウムとその化合物，銅とその化合物≫

21―②　22―①　23―①　24―②　25―②　26―②　27―①　28―①
29―①　30―①　31―②　32―②　33―①　34―①　35―②　36―②
37―②　38―①　39―②　40―①

4 解答

≪有機化合物の特徴，カルボン酸の性質，フェノールの製法，有機化合物の分離，油脂，多糖類の性質≫

41―①　42―②　43―②　44―②　45―②　46―①　47―②　48―②
49―①　50―②　51―①　52―②　53―①　54―①　55―②　56―②
57―②　58―①　59―②　60―①　61―①　62―①　63―②　64―①
65―②　66―②　67―②　68―①　69―①　70―①

生物

1　解答　≪腎臓，内分泌系≫

1 —④　2 —②　3 —①　4 —⑤　5 —④　6 —③　7 —④

2　解答　≪動物の発生，ABC モデル≫

8 —②　9 —②　10—①　11—②　12—③　13—①　14—①　15—④

3　解答　≪窒素の循環≫

16—③　17—③　18—③　19—④　20—①
21・22—②・④（順不同）

4　解答　≪遺伝子発現・調節≫

23—③　24—③　25—②　26・27—②・⑤（順不同）　28—③　29—④
30—②

問7　①は「新三郎の優しさや未熟さ」が誤り。②は「新三郎の今後に少しでも…気配り」の部分が誤り。③は「何とかこの場を大過なく過ごせるように」という部分が本文から読み取れない。④は山路は新三郎の同情を得ようとしたのであり、織部正は含まれないので誤り。⑤の「動物を用いた比喩」は「雄鹿のような精気」（四行目）、「老いた鷹のように」（傍線部Cの二行後）などに使用されている。

四

解答

A、えんこん　B、せいさん　C、できあい　D、あざけ　E、胸襟　F、殊勲　G、雪辱　H、潜む
I、馬耳東風　J、清濁

三

解答

出典　砂原浩太朗『黛家の兄弟』（講談社）

問1　a―②　b―④
問2　X―③　Y―⑤　Z―④

問3　④

問4　舅となる織部正が婿入りする新三郎を評定所に連れて行くことに対して長男栄之丞は弟を心配しているが、織部正と幼なじみの父清左衛門ははやく一人前にしてやろうという舅の期待に応えるよう息子新三郎に伝えている。（一〇〇字以内）

問5　④

問6　（1）ゆったりと落ち着いて死を受け入れる者。（二〇字以内）
（2）子どもがいるという嘘を重ねてでも死罪を免れようと生きることに執着すること。（四〇字以内）

問7　⑤

解説　問3　冒頭の段落に「まだ昼には間のある陽光」とあり、午前中だとわかる。また、文章の終わりの方に萩の白い花が咲いている描写があり、季節が秋であるとわかる。

問4　人物関係を理解しよう。黛家には父清左衛門と、長男栄之丞、次男壮十郎、三男新三郎の三兄弟がいて、三男新三郎が黒沢家に婿入りすることになっている。

問5　男に子どもはいないので①と③は誤り。②は「借金を背負い込んだことがきっかけ」かどうかはわからない。⑤も「賭け事にはまった」ことは事実であるが、それが原因かどうかはわからない。「ではあるが」というつながりも不適切。

問6　「従容」とは〝ゆったりと落ち着いているさま〟という意味。

分析することで経済学は学問としての理論体系を備えるようになるから。（九〇字以内）

問6　⑤

問7　③

解説

問3　〈近代経済学以外の社会科学では規格化された標準的教科書が存在しない〉ことをまず指摘した上で、政治学や社会学について言及する必要がある。設問の条件から押さえていくと、絶対的な信仰の対象である「経典」は、学説創始者独自の思想を著した個性的な著作が絶対的な教科書となっていることをたとえた表現である。その学説を一から学ぶ「初学者」は、用語、方法、内容にいたるまでのすべてを「徹底的に解読する」（＝自力で理解する）必要があるのだ。以上の内容を簡潔にまとめよう。

問4　〈学術論文を掲載する雑誌ならば、レフェリー制を採用する〉の対偶は〈レフェリー制を採用しないならば、学術論文を掲載する雑誌ではない〉となる。正解は③。

問5　三つ前の段落にある、「数式の体系（＝モデル）に現実経済をうつして、その体系に数学的演繹をほどこしてなんらかの『有意味』な命題を導く、という古典力学の方法を、忠実に踏襲する」ことで経済学は理論体系を作ることができた、という内容を答えればよい。傍線部の直後の一文の要素も加味するとよい。

問6　①は「価値を裏づけ」が誤り。②は「逆の結果を含む」が誤り。③は「双方を補強」が誤り。④は「相違点を明確に」が誤り。

問7　問5の解説で述べたことと合致する③が正解。

問3　「おぼつかなさ」は〝心配、気がかりなこと〟の意味。「ひたぶるに」は〝一途に〟の意味。「なつかしう」は〝親身に〟の意味。

問4　冒頭の「ふる」が「降る」と「経る」の掛詞である。

問5　主語は「姫君」。「いかでかは」の後に〈出て行くことができるか〉という気持ちが省略されているので補って口語訳しよう。

問6　「さ」の指示内容は「かかる（喪服の）色のほどは、これより深くもとこそ思ふを、いかでか浅くはなるべきにか」である。

問7　「すずろなり」は〝気ままだ〟の意味。「ぬ」は強意の助動詞、「べし」は推量の助動詞。

問8　二行目の「その日ばかりになむ、御迎へにたてまつるべき」という手紙は姫君あてではなく「添へ給へる人々」に書いたものなので、①が合致しない。

問9　『浜松中納言物語』と『更級日記』は、ともに十一世紀中頃に成立した作品である。

二

出典　佐和隆光『経済学とは何だろうか』（岩波新書）

解答

問1　X―①　Y―③

問2　a―①　b―④　c―④

問3　近代経済学以外の社会科学では標準的教科書が存在しないため、学説創始者の個性的な著作が絶対的な教科書となり、一から学ぶ者は用語から内容まですべてを自力で理解する必要があるということ。（九〇字以内）

問4　③

問5　現実の具体的な時間や場所と結びついた実態経済を抽象化して一般性をもつ数式の体系に変換して、そのモデルを

▲教育（国語教育）学部▼

一

出典　『浜松中納言物語』

解答

問1　a―②　b―③　c―①　d―⑤

問2　Ⅰ―②　Ⅱ―⑤　Ⅲ―①　Ⅳ―④

問3　ア―④　イ―③　ウ―①

問4　④

問5　姫君はまるで頼りない我が身のありさまなので、どうして出て行けようか（、いや、出て行けまい）とお話をお聞きになるけれども

問6　②

問7　たいそう気ままで、心細さもきっとつのるにちがいないけれど

問8　①

問9　③

解説　問1　aは強意の係助詞。bは現在推量の助動詞「らむ」の已然形。cは使役の助動詞「さす」の連用形。dは完了の助動詞「ぬ」の連体形。

問2　Ⅰは動詞「おぼし寄る」につながっているので連用形。Ⅱは係助詞「こそ」の結びで已然形。この結びの語で文が終始していないので逆接の用法。Ⅲは完了の助動詞「ぬ」の未然形。Ⅳは挿入句になっており、係助詞「や」の結びで連体形。

な世界理解」の「背後に」ぼんやりと存在する「観念」、という二つの要素を含む④が正解。

問4　文脈を整理すると、科学的世界観では来世を認めておらず、この世のことはこの世限定で考えるので、この世のことが来世につながることはないことから、その考えは「欺瞞」（＝ごまかし）であると述べている。

問5　前の部分で「現実の有り様に裏切られ続けながら、因果応報はいわば人間の自然的感情に由来する漠然としたアンビヴァレントな願望」があると書かれている。正解は④。

問6　①は「内面道徳に照らして吟味される」が誤り。②は因果応報についての記述がない。④は「脱価値的な世界観に替わって」が誤り。⑤は「一宗教という枠を超えて」が誤り。

問7　科学的思考で物事を把握する現代では、人間の自由な意思から発した行為が因果応報という価値を表すようになる、という主旨を読み取る。正解は②。

三

解答

A―④　B―①　C―④　D―②　E―②　F―⑤　G―①　H―⑤　I―③　J―③

かれている。正解は①。

問5　「一歩進めたものである」ことの内容は、傍線部Bの七～八行後で「要素は互いに違っていてよい」「要素と要素がどうつながっているのかが、はっきり特定できる」という二点が「その昔の原子論より、一歩踏み込んだ主張」とされている。この二点を両方とも含むのは③である。

問6　「これ」が指す内容は、〈機能（目的）は小さなもの（個人）から大きなもの（社会全体）まですべてに備わっており、お互いに関連している〉ということである。過不足なく説明されている⑤が正解。

問7　波線部cを含む文に「経済学以外にも…多くのヒントを受けとっている」とあるので正解は③。①は自然科学の方が先にロジックで表現されたから誤り。②と⑤の内容は本文に書かれていない。④はパーソンズが付け加えたのは「『機能』という要因」であるから誤り。

二

出典　気多雅子「罪と報い」（今野達ほか編『岩波講座　日本文学と仏教　第2巻　因果』岩波書店）

解答

問1　X―④　Y―①

問2　a―②　b―②

問3　④

問4　③

問5　④

問6　③

問7　②

解説　問3　「輪廻の観念は我々の日常生活の何かの折りに、脈絡のない仕方でぽっと姿を現わす」、「現代人の自覚的

国語

▲情報・社会・政治経済・教育（国語教育除く）・保健医療学部・短期大学▼

一

出典　橋爪大三郎「社会学概論」（橋爪大三郎ほか著『社会学講義』ちくま新書）

解答

問1　a―②　b―③　c―④

問2　③

問3　⑤

問4　①

問5　③

問6　⑤

問7　③

解説　問3　空欄Yの五行前の記述から、「全体を要素のつながりとして把握すること」がシステム論の考え方である。

正解は⑤。

問4　波線部bを含む行の九行後の「では経済学では、なぜひと足先にシステム論が成功したか？」と書かれている次の段落で、「経済学の扱う市場」について「数学的に表現できる」「数学的構造をそなえている」という二つの理由が書

/////////////////// · memo · ///////////////////

2022年度

問題と解答

■大和大学：学校推薦型選抜（公募制）

問題編

▶試験科目・配点

<table>
<tr><th colspan="2" rowspan="2">学　部</th><th rowspan="2">教　科</th><th rowspan="2">科　　　目</th><th colspan="2">配　　点</th></tr>
<tr><th>総合評価型</th><th>基礎評価型</th></tr>
<tr><td colspan="2" rowspan="2">社会・政治経済</td><td>英　語</td><td>コミュニケーション英語Ⅰ・Ⅱ・Ⅲ，英語表現Ⅰ・Ⅱ</td><td>100 点</td><td rowspan="2">250 点※
（150 点＋100 点）</td></tr>
<tr><td>選　択</td><td>「数学Ⅰ・A」，「国語総合（古文・漢文を除く），現代文B」から１科目選択</td><td>100 点</td></tr>
<tr><td colspan="2" rowspan="2">理　工</td><td>英　語</td><td>コミュニケーション英語Ⅰ・Ⅱ・Ⅲ，英語表現Ⅰ・Ⅱ</td><td>100 点</td><td rowspan="2">250 点※
（150 点＋100 点）</td></tr>
<tr><td>数　学</td><td>「数学Ⅰ・Ⅱ・A・B」または「数学Ⅰ・Ⅱ・Ⅲ・A・B」</td><td>100 点</td></tr>
<tr><td rowspan="8">教　育</td><td rowspan="2">初等幼児教育</td><td>英　語</td><td>コミュニケーション英語Ⅰ・Ⅱ・Ⅲ，英語表現Ⅰ・Ⅱ</td><td>100 点</td><td rowspan="2">250 点※
（150 点＋100 点）</td></tr>
<tr><td>選　択</td><td>「数学Ⅰ・A」，「国語総合（古文・漢文を除く），現代文B」から１科目選択</td><td>100 点</td></tr>
<tr><td rowspan="2">国語教育</td><td>英　語</td><td>コミュニケーション英語Ⅰ・Ⅱ・Ⅲ，英語表現Ⅰ・Ⅱ</td><td>100 点</td><td>100 点</td></tr>
<tr><td>国　語</td><td>国語総合（漢文を除く），現代文B，古典B（漢文を除く）</td><td>200 点</td><td>200 点</td></tr>
<tr><td rowspan="2">数学教育</td><td>英　語</td><td>コミュニケーション英語Ⅰ・Ⅱ・Ⅲ，英語表現Ⅰ・Ⅱ</td><td>100 点</td><td>100 点</td></tr>
<tr><td>数　学</td><td>「数学Ⅰ・Ⅱ・A・B」または「数学Ⅰ・Ⅱ・Ⅲ・A・B」</td><td>200 点</td><td>200 点</td></tr>
<tr><td rowspan="2">英語教育</td><td>英　語</td><td>コミュニケーション英語Ⅰ・Ⅱ・Ⅲ，英語表現Ⅰ・Ⅱ</td><td>200 点</td><td>200 点</td></tr>
<tr><td>選　択</td><td>「数学Ⅰ・A」，「国語総合（古文・漢文を除く），現代文B」から１科目選択</td><td>100 点</td><td>100 点</td></tr>
</table>

保　健 医　療	選　択	「コミュニケーション英語Ⅰ・Ⅱ・Ⅲ，英語表現Ⅰ・Ⅱ」，「数学Ⅰ・A」，「国語総合（古文・漢文を除く），現代文B」から2科目選択	200点 （各100点）	250点※ （150点＋100点）

▶備　考

- 英語は聞き取り試験は含まない。
- 「数学B」の出題範囲は「数列・ベクトル」。「数学Ⅲ」の出題範囲は「積分法」を除く。
- 総合評価型ではほかに調査書（50点：全体の学習成績の状況×10）が加味される。
- 基礎評価型は総合評価型に出願する場合のみ出願可能。
- ※印の基礎評価型の配点は，総合評価型で受験した科目のうち高得点科目の得点を1.5倍する。
- 英語外部試験のスコア・資格に応じて換算した「英語」の得点で合否判定を受けることができる英語外部試験利用制度がある。

英語

◀社会・理工・政治経済・教育(英語教育除く)・保健医療学部▶

(理工・教育（国語教育・数学教育）学部　1 科目　60 分)
(その他　2 科目 120 分)

1　次の問 1 ～問 5 の英文の空欄 [1] ～ [5] に入る最も適切なものを，①～④から 1 つずつ選び，解答欄にマークしなさい。

問 1　A large [1] of the earth's surface is covered with water.

① proportion　② number　③ crowd　④ content

問 2　The mother told her children to stay in the [2] end of the swimming pool.

① thin　② short　③ shallow　④ narrow

問 3　Some wild animals are [3] with extinction.

① set　② threatened　③ attacked　④ pushed

問 4　There is a [4] amount of useful information in your report.

① total　② few　③ demanding　④ sufficient

問 5　I don't think parents should [5] their values on their children.

① answer　② insist　③ solve　④ force

2　次の問1～問6の英文の空欄 [6] ～ [11] に入る最も適切なものを，①～④から1つずつ選び，解答欄にマークしなさい。

問1　Let's take a superexpress train [6] we can get there 30 minutes earlier.

① while　② like　③ so as　④ so that

問2　Recycling in all areas might be necessary [7] our natural resources.

① of protecting　② not to waste　③ to take after　④ maintaining for

問3　You must [8] your old driving license in order to get a new one.

① turn in　② put off　③ watch out　④ take again

問4　I think it's important to have the desire to study [9] old you get.

① in spite of so　② though whatever
③ in the face of　④ no matter how

問5　I don't think they liked my idea.　They weren't very [10] it.

① nervous about　② afraid of
③ enthusiastic about　④ official of

問6　65 percent of women said they will not feel safe [11] clothes in dressing rooms, due to the coronavirus pandemic.

① wearing out　② trying on
③ making out　④ looking for

3 次の問１～問５の会話の空欄 [12] ～ [16] に入る最も適切なものを，①～④から１つずつ選び，解答欄にマークしなさい。

問１　*A:* I want to keep pets, mom.

B: You shouldn't [12] you can take good care of them.

① when　② which　③ if　④ unless

問２　*A:* Could I have a glass of water, please?

B: [13] I'll get it for you.

① No doubt.　② Certainly not.　③ By all means.　④ Never mind.

問３　*A:* He's complaining loudly about something.

B: Don't talk to him now. [14]

① Wait until he cools down.　② Try to feel under pressure.

③ Be careful about his good mood.　④ Please go ahead.

問４　*A:* How was the concert last week?

B: [15] Her performance was wonderful.

① It couldn't have been better.

② It must have been so-so.

③ I should have seen it.

④ I cannot speak well of it.

問５　*A:* It's a phone call from Kathy.

B: [16]

① She's too busy to do it now.

② Tell her I'll be there in a minute.

③ You should have called me sooner.

④ You have the wrong number.

4　次の英文を読み，問 1 〜問 5 に答えなさい。 17 〜 22

An unlikely source has (1) the pandemic fears of thousands of children across the world − Santa's mailbag. A post office in France that answers mail it receives for Santa (2)<u>has described</u> the concerns children have been expressing about COVID-19. The letters contain the usual requests for Christmas gifts, but many have emotional outpourings that provide an insight into how the coronavirus pandemic is (3). The post office has been responding to "Dear Santa" letters since 1962. A writer who replies to the notes said: "This year, we really feel their fears − for themselves, their grandparents or their parents. [①] And in every country."

The post office has been getting around 12,000 letters per day. It has a team of 60 letter-writing "*elves". [②] They say that many children trust Santa and are expressing heartfelt fears that perhaps parents don't know. One child wrote: "This year, more than the others, I need magic and need to believe in you." Another child put a mask inside her envelope for Santa not to spread the virus. [③]

A "chief elf" explained the very bad emotional effect on children. She said: "The letters to Santa are a sort of release for them. [④] All this year they have been in lockdowns and have been deprived of school and their grandpas and grandmas. Children are putting into words everything they have felt during this period."

（注）*elves（単数形 elf）　妖精

問 1　(1)に入る最も適切なものを，①〜④から 1 つ選び，解答欄にマークしなさい。 17

① decreased　② caused　③ revealed　④ imagined

問 2　下線部(2)has described の主語として最も適切なものを，①〜④から 1 つ選び，解答欄にマークしなさい。 18

① Santa　② France
③ A post office　④ An unlikely source

問 3　(3)に入る最も適切なものを，①〜④から 1 つ選び，解答欄にマークしなさい。 19

① building hope in children　② making coldhearted children
③ calming young minds　④ troubling young minds

出典追記：Letters to Santa show children's pandemic fears, Breaking News English

問4　次の文が入る最も適切な場所を ① ～ ④ から1つ選び，解答欄にマークしなさい。 20

They're what really come out from their letters.

問5　内容が本文と一致するものを，①～⑧から2つ選び，解答欄にマークしなさい。但し，解答の順は問わないものとします。 21 22

① The "chief elf" believes that children have fully overcome their fears by getting responses from 60 letter-writing "elves".

② A team of letter-writing "elves" received many heartfelt letters of thanks from children all over the world.

③ Parents in every country are relieved to know that their children can tell Santa what they really feel.

④ In a letter a child told Santa that the child needed to believe in him more strongly than in any other year.

⑤ A child put a mask inside the envelope for Santa because the child wanted him to stay inside instead of traveling around.

⑥ There were more letters wishing for Christmas gifts than those describing fears.

⑦ The "chief elf" thinks that expressing concerns about COVID-19 in letters is a way for children to release their fears.

⑧ It is surprising that the children who have experienced lockdowns are free from bad emotional effect.

5 次の英文を読み，問1～問6に答えなさい。 23 ～ 28

Researchers in Singapore have developed an electronic material that helps robots sense touch and nearby objects. The material is a kind of foam: a solid substance that is filled with air and is soft. And the foam has another useful quality. It repairs itself when damaged, much like human skin. The material is called AiFoam, which is short for artificially innervated foam. To innervate means to supply with nerves. In robots, AiFoam would gather information from nearby and send it to a computer controlling the robot.

AiFoam is a stretchy polymer combined with a mixture that lowers surface tension. This means that if you cut the material, it can return easily into one piece. Benjamin Tee is a lead researcher on the new material at the National University of Singapore. He said there are many uses for such a material "especially in robotics and *prosthetic devices, (1) robots need to be a lot more intelligent when working around humans."

To copy the human sense of touch, the researchers mixed microscopic pieces of metal into the material. Then they added very small electrical connections underneath the surface of the foam. On June 30, 2021, a robotic hand with the AiFoam succeeded in picking up a can at National University Singapore's Materials Sciences and Engineering lab.

Tee said that when there is pressure on the material, the metal particles get closer. The movement changes their electrical properties. The electrical connections sense these changes and send information about them to a computer, which then tells the robot what to do.

"When I move my finger near the sensor, you can see the sensor is measuring the changes of my electrical field and responds accordingly to my touch," he said. The robotic hand senses not only the amount but also the direction of the force placed on it. That could make robots more intelligent and responsive.

Tee said AiFoam is the first material of its kind to combine self-healing properties with nearness and pressure sensing. After spending over two years developing it, Tee and his team hope the material can be put to use within five years. The material will let "prosthetic users have (2) <u>more intuitive use</u> of their robotic arms," he said.

（注）*prosthetic　人工装具の

問1　(1)に入る最も適切なものを，①～④から1つ選び，解答欄にマークしなさい。
23

① who　② why　③ where　④ how

出典追記：Voice of America

問2　第1・2段落の内容と最も一致するものを，①～④から1つ選び，解答欄にマークしなさい。 24

① AiFoam makes it possible for the robot to feel pains when damaged like human skin.

② The robot with AiFoam can move freely with the help of the nerves.

③ If AiFoam is cut into two pieces, it is not easy to repair itself.

④ AiFoam is made with such advanced technology as enables the robot to sense touch and nearby objects.

問3　第3・4段落の内容と最も一致するものを，①～④から1つ選び，解答欄にマークしなさい。 25

① The surface of AiFoam is made very soft in order to copy human sense of touch.

② Changes in electrical properties are caused first by pressure on the AiFoam.

③ It is easier for a robotic hand with the AiFoam to reach for something hard like a can.

④ Information sent to a computer and then to AiFoam tells the robot what to do.

問4　第5・6段落の内容と最も一致するものを，①～④から1つ選び，解答欄にマークしなさい。 26

① Robots can be more intelligent and responsive if the robotic hand senses both the amount and the direction of the force placed on it.

② Before AiFoam was invented, some other materials had both self-healing properties and nearness and pressure sensing.

③ After seven years developing, AiFoam has been put on sale.

④ Prosthetic users have been in Tee's team to develop AiFoam.

問5　下線部(2)を言い換えるとき最も適切なものを，①～④から1つ選び，解答欄にマークしなさい。 27

① more automated use　　② more useful instructions

③ more emphasis on using mind　　④ more easily and quickly learned use

問6　この記事のタイトルとして最も適切なものを，①～④から１つ選び，解答欄にマークしなさい。 28

① Ideal Material More Intelligent than Human Beings
② Robotic Arms Newly Developed for Researchers in Singapore
③ New Material Could Give Robots 'Skin' with a Sense of Touch
④ Smallest AI for Greater Possibilities in Robotic Legs and Arms

6

次の問１～問５の日本語に合うよう，与えられた語を並べ替えて英文を完成させるとき，空欄 29 ～ 38 に入る語（句）を，それぞれ①～⑤から１つずつ選び，解答欄にマークしなさい。

問1　ついかっとしてしまいました。あんなことをして申し訳ありません。

I was in a temper. I'm _____ 29 _____ 30 _____.

① what　② did　③ I
④ for　⑤ sorry

問2　その避暑地の別荘には人の住んでいる気配が全くなかった。

There was _____ 31 _____ 32 _____ the summer cottage.

① sign　② in　③ life
④ no　⑤ of

問3　彼女は涙を流しながら友人の話を聞いた。

She listened to her friend, _____ 33 _____ 34 _____.

① falling　② her eyes　③ with
④ from　⑤ tears

問4　私は流行を取り入れながら，自分らしい服を着たいと思っている。

I want to wear clothes that are fashionable _____ 35 _____ 36 _____.

① with　② and　③ in
④ keeping　⑤ my style

問５　間食をすると，栄養のバランスが崩れるのではないだろうか。

I wonder if ______ [37] ______ [38] ______ balance.

① upsets　② between　③ our nutritional
④ eating　⑤ meals

◀教育（英語教育）学部▶

（90分）

1

次の問1～ 問15の空欄 [1] ～ [15] に入る最も適切なものを、それぞれ①～④から1つずつ選び、解答欄にマークしなさい。

問1 "What a beautiful day! I would like to go swimming anywhere around here. How about you, Ken?"
"I feel like going [1] a drive to the beach."

① in　　② to
③ for　　④ at

問2 The train will depart [2] five minutes. Find a station employee right away and ask where to buy a ticket.

① at　　② to
③ for　　④ in

問3 When you [3], you cry because you are very sad or are feeling some other strong emotion.

① weep　　② chuckle
③ murmur　　④ yawn

問4 "Janis has been [4] since the age of thirteen."
"That sounds unbelievable."

① in her own　　② to her own
③ from her own　　④ on her own

問5　I was not used to that old machine, but I [5] to know a person who could show me how to use it.

① happened　　② supposed
③ located　　④ motivated

問6　"What do you think of the movie we saw last week?"
"The performances of the actors were not so bad but they [6] made the film more impressive."

① would be　　② could have
③ were　　④ had have

問7　Although our trip to Okinawa was [7] , I didn't enjoy it for some reason.

① exciting　　② excited
③ boring　　④ bored

問8　"Do I have to read this document and fill out the form right now?"
"No, there's no hurry. Take your [8] ."

① money　　② rest
③ charge　　④ time

問9　An [9] is an example or a story which is used to make a point clear.

① imagination　　② illustration
③ invention　　④ inflation

問１０　Why are you still here? Leave at once; [10] , you won't get a good seat.

① nonetheless　　② therefore
③ moreover　　④ otherwise

問11 No topic is attractive if you are not [11].

① interestingly ② interesting

③ interested ④ interest

問12 A number of artists, [12] Taylor Swift, would like to join the volunteer activity to save the island.

① falling ② gathering

③ including ④ running

問13 A pair of eagles were seen [13] toward the nest at the top of the cliff.

① flying ② fly

③ flew ④ flown

問14 "This cat and your cat *Sasuke* are so alike."
"Yes. Even I might not be able to tell one from [14] if *Sasuke* were here now."

① an other ② none

③ the other ④ other

問15 "Would you like to buy a new car?"
"No way. I am really proud of using [15]."

① my old this car ② my old car of this

③ this my old car ④ this old car of mine

2

次の問1～問8について、与えられた語を並べ替えて英文を完成させるとき、空欄 16 ～ 31 に入る語（句）をそれぞれ①～⑥から1つずつ選び、解答欄にマークしなさい。なお、文頭に来る語も小文字にしています。

問1　一度習慣になったら、毎朝早起きをするのはそれほど大変ではありません。

[16] ____ ____ [17] ____ ____ , it is not that hard to get up early every morning.

① into　② you　③ habit
④ once　⑤ get　⑥ the

問2　今朝目が覚めると、私は床の上に寝ていた。

When I woke up this morning, ____ ____ [18] [19] ____ ____ .

① on　② found　③ lying
④ myself　⑤ I　⑥ the floor

問3　今日の新聞をもっとよく見てみます。

I ____ ____ [20] ____ ____ [21] today's newspaper.

① at　② look　③ a
④ closer　⑤ take　⑥ will

問4　彼は同僚とうまくいっているようだ。

He ____ [22] ____ ____ [23] ____ his colleagues.

① with　② seems　③ along
④ be　⑤ getting　⑥ to

問5　今日はとても寒い。風邪をひいてはいけないから、外出は避けたほうがいいよ。

Today it is very cold. You ____ ____ [24] ____ ____ [25] you should catch cold.

① in case　② not　③ go

④ had ⑤ out ⑥ better

問6 彼女が腰かけることができるものは何もなかった。

There ____ [26] ____ ____ ____ [27] .

① sit ② her to ③ for
④ nothing ⑤ was ⑥ on

問7 どちらのおもちゃでも好きなほうを取っていいですよ。

You ____ ____ [28] ____ [29] ____ .

① may ② you ③ toy
④ take ⑤ whichever ⑥ like

問8 彼女が宿題を終えるのにどのくらいかかると思いますか。

[30] ____ ____ ____ [31] ____ will take her to finish her homework?

① long ② you ③ it
④ think ⑤ how ⑥ do

3 次の英文の空欄 [32] ～ [38] に入る最も適切な会話文を、それぞれ①～⑦から１つずつ選び、解答欄にマークしなさい。同じ選択肢を繰り返し用いることはできません。

"There's Dad's car!" I announced. Mom had said we'd call Billy's parents when Dad got home. Elizabeth, Steven, and I were waiting for him near the living room window.

"Hi, kids," Dad said as he came in the door.

I ran to meet him. "Hi! Let me take your briefcase," I said.

"Are you thirsty?" Elizabeth asked. " [32] ."

"And, um, I could fetch your slippers," Steven offered.

Dad gave Steven a funny look. " [33] . What's going on? Why are you kids acting so wacky?"

" [34] ," Elizabeth started.

I swallowed hard. What if Dad said we couldn't keep the roller coaster?

Mom came downstairs and gave Dad a kiss. "The kids got a present from Billy Grant today," she said.

"What is it?" Dad asked.

"A roller coaster," Steven said.

Dad burst out laughing. But he stopped when he saw how serious the rest of us looked. "A *real* roller coaster?" he asked.

I nodded. Elizabeth did too.

Dad looked stunned.

"We should call Billy's parents and find out what's going on," Mom explained.

" [35] ," Dad said.

We all piled into the den.

Dad found the Grants' number in his book and dialed the phone. "Marc? Hi! This is Ned Wakefield. Listen, do you mind if I put you on the speaker phone? Alice and the kids are here too. Thanks." Dad pushed a button on the phone.

"Hello, Wakefields!" Billy's dad bellowed.

"Hi, Mr. Grant!" we all yelled.

"How do you like your roller coaster?" Mr. Grant asked.

"It's great!" I yelled as loudly as I could.

"Really super," Elizabeth added.

" [36] ," Steven said.

"I bet you had a bunch of kids waiting for it to arrive!" Mr. Grant said.

Elizabeth and I looked at each other.

"We didn't have *anyone* waiting," Steven spoke up. " [37] ."

"You didn't know?" Mr. Grant sounded surprised. "Didn't you get our fax?"

"No," Dad reported.

"We sent it a couple of weeks back," Mr. Grant said. "We told you to call us if you didn't want the roller coaster. I guess that wasn't very good planning," he added with a chuckle.

Mr. Grant told us he had hired a man who lived in Sweet Valley to run the roller coaster for us. Then he started talking about insurance and stuff like that. I didn't understand any of it. But the longer Mr. Grant talked, the less worried Dad and Mom seemed.

"Billy really wanted you guys to have the roller coaster," Mr. Grant explained. "But of course we'll take it back if you don't want it."

"[38]!" I yelled.

"I think we'd better give you a call later," Dad told Mr. Grant. "We need to have a family meeting before we decide."

"No problem!" Mr. Grant said.

① Well—
② We want it
③ We didn't know it was coming
④ Thanks for sending it
⑤ I don't even *own* a pair of slippers
⑥ I could get you something to drink
⑦ Good idea

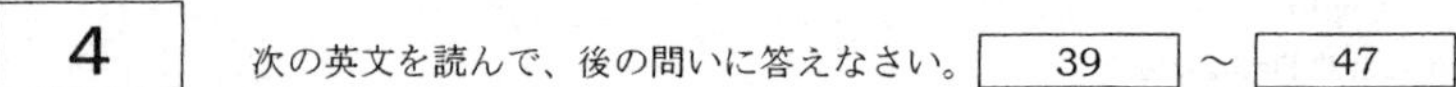

4

次の英文を読んで、後の問いに答えなさい。[39] ～ [47]

In one of my "Dare to Connect" workshops, I instructed all my students to participate full-out in their jobs for one entire week. I asked them to "act as if" their actions really made a difference to everyone around them. The key question they were to ask themselves during the week was: "If I were really important here, what would I be doing?" And then they were to set about doing it.

Peggy resisted the assignment. She lamented that she hated her job in a public relations firm and was just biding her time until she found a new one. Each day was pure *drudgery as she watched the clock slowly move through eight painful hours. (1)With great skepticism, she finally agreed to try it for just one week—"to commit 100 percent to her job, "as if" she (2)really counted.

The following week, as I watched Peggy walk into the room, I couldn't believe the difference in her energy level. With excitement in her voice, she reported the events of her week. "My first step was to brighten up the *dismal office with some plants and posters. I then started to really pay attention to the people I work with. If someone seemed unhappy, I asked (3A) there was anything wrong and (3B) I could help. If I went out for coffee, I always asked (3C) there was anything I could bring back for the others. I (4)complimented people. I invited two people for lunch. I told the boss something wonderful about one of my coworkers (usually, (5)I'm selling myself!)."

Then Peggy asked herself how she could improve things for the company itself. "First, I stopped complaining about the job—I realized I was such (6)a nag! I became a self-starter and came up with a few very good ideas that I began *implementing." Every day, she made a list of things she wanted to accomplish and set about accomplishing them. "I was really surprised by how much I could do in a day when I focused on what I was doing!" she said. "I also noticed how fast the day goes when I am involved. I put a sign on my desk that said, 'If I were really important here, what would I be doing?' And every time I started to fall back into my old patterns of boredom and complaining, the sign (7)[① what / ② me

/ ③ supposed / ④ I / ⑤ was / ⑥ reminded] to be doing. That really helped."

What a difference a simple question made in just one short week! It made Peggy feel connected to everyone and everything around her—including the organization itself. And whether Peggy chose to stay in her current job or not, she had learned a way to transform any work experience.

注)　*drudgery：つまらない仕事　*dismal：陰気な　*implement：実行する

問1　下線部(1)とほぼ同じ意味になるように、(　　)内に入る最も適切なものを①～④から1つ選び、解答欄にマークしなさい。　[39]

With great skepticism, ≒ (　　) she was very skeptical,

① After
② Because
③ Though
④ Therefore

問2　下線部(2)、(4)のニュアンスに最も近いものをそれぞれ①～④から1つずつ選び、解答欄にマークしなさい。

(2) [40]

① were really important
② were really helpless
③ were really dependable
④ were really serious

(4) [41]

① despised
② ignored
③ praised
④ encountered

問3　(　3A　)～(　3C　)に共通して入る最も適切なものを①～④から1つ選び、解答欄にマークしなさい。　[42]

① when
② that
③ if
④ hence

出典追記：Chicken Soup for the Soul: Unlocking the Secrets to Living Your Dreams by Jack Canfield and Mark Victor Hansen, Chicken Soup for the Soul Publishing

問4 下線部(5)、(6)の意味として最も適切なものをそれぞれ①～④から１つずつ選び、解答欄にマークしなさい。

(5) [43]

① 私は同僚と折り合いが良い。
② 私は営業成績が良い。
③ 私は販売を担当している。
④ 私は上司に自分を売り込んでいる。

(6) [44]

① 周囲に対して感謝の気持ちを持っている人。
② 自尊心の高い人。
③ 不平不満を言う人。
④ 常に奮闘努力する人。

問5 下線部(7)を文脈に合うように並べ替え、２番目：[45]と４番目：[46]に来るものを選び、解答欄にマークしなさい。

問6 本文の内容と一致する英文を①～⑤から１つ選び、解答欄にマークしなさい。 [47]

① At first Peggy was willing to do the assignment in the writer's workshop.
② The writer's students were asked to work as they would like to.
③ Peggy was more absorbed in the writer's assignment than expected.
④ Peggy eagerly tackled with the writer's assignment, but she found it useless.
⑤ Peggy behaved in her office as she was told to, and she got isolated from her colleagues.

5 次の英文を読んで、後の問いに答えなさい。[48] ～ [57]

WHAT DOES IT MEAN TO "CHOKE" UNDER PRESSURE?

[48] that you are sitting in class taking a test. You studied really hard, but you suddenly forget an important piece of information that you need to solve a problem. As you try your hardest to remember that one fact, you panic. Your [あ] races, you start to [い], and you cannot seem to [う] clearly anymore. This feeling of panic, often called choking under pressure, is a response of the nervous system to really stressful situations, and it can cause people to perform badly on a task. Not to be confused with difficulty breathing, "choking" under pressure happens when feelings of stress, worry, and anxiety work together to cause someone to perform worse than they normally would. In the example above, the test can either give you a great reward (getting an A+) or a [50] (getting a bad grade). This kind of stressful, risky situation can play a big role in how much information a student can remember in the moment.

While the idea of choking under pressure might seem pretty straightforward, the science behind it is complicated. For example, scientists think that choking under pressure involves memory—specifically, a type of memory called working memory. え{ ___ [51] ___ [52] ___ }, but it also depends on how different parts of the brain communicate with each other.

In this article, we describe the scientific discoveries that help us understand how brain activity comes together to cause choking under pressure. We focus on how choking affects students, but remember that choking under pressure can affect a variety of people and can happen in many different situations, like in sports or competitions. Because choking under pressure happens so often and to so many people, it is important to understand how it works so that we can try to stop it from happening.

THE ROLE OF WORKING MEMORY

Scientists who study memory have described different processes, or types, of memory. One type is called long-term memory, which lasts basically forever and can store an unlimited amount of information. Long-term memory stores the information we are not currently using, kind of like a [53] full of books that hold the stories of our lives. Another type of memory, working memory, does not last very long and cannot hold much information. Working memory is the one we use for completing tasks and getting information into and out of long-term memory. For example, we use working memory to do things like mental math or to piece a story together after listening to a sequence of events. Working memory plays a big role in learning and doing well on tests in school. People differ in how much information they can hold in working memory, which is called a person's individual working memory capacity. The amount of information (or capacity) people can hold in working memory differs slightly across people, meaning that each individual (or person) has their own working memory capacity.

Stressful situations can affect even the [54] students, by lowering the amount of space in their working memory. Remember that working memory already cannot hold much information. When students are placed in high-pressure situations (like on a test day), worrying about the pressure they are under takes up space in working memory and leaves less space available to use to complete the task. For example, when taking a test, anxious thoughts use up some of the limited space in working memory and lower the amount of working memory space available for solving a math problem or pulling a fact out of long-term memory.

問1 [48] に入る最も適切なものを、①～④から1つ選び、解答欄にマークしなさい。

① Claim
② Confirm
③ Imagine
④ Insist

問2 ［あ］～［う］に適語を入れ英文を完成させるとき、どの組み合わせが最も適切か、①～⑥から1つ選び、解答欄にマークしなさい。 [49]

① ［あ］thought ［い］heart ［う］sweat
② ［あ］thought ［い］sweat ［う］heart
③ ［あ］sweat ［い］heart ［う］think
④ ［あ］sweat ［い］think ［う］heart
⑤ ［あ］heart ［い］think ［う］sweat
⑥ ［あ］heart ［い］sweat ［う］think

問3 [50] に入る最も適切なものを、①～④から1つ選び、解答欄にマークしなさい。

① crime
② fortune
③ perspective
④ punishment

問4 次の語（句）①～⑤を並べ替えて、｛え｝の空所を埋め英文を完成させるとき、[51]、[52] に入るものを解答欄にマークしなさい。なお、文頭に来る語も小文字にしています。

① involve ② does choking ③ working memory ④ only ⑤ not

問5 [53]、[54] に入る最も適切なものを、それぞれ①～④から1つずつ選び、解答欄にマークしなさい。

出典追記：Ciurea S, Maxcey A and Newman P (2020) Why Do We "Choke" Under Pressure?. Front. Young Minds. 8:56. doi: 10.3389/frym.2020.00056

53

① auditorium
② library
③ cafeteria
④ gym

54

① strictest
② busiest
③ noblest
④ smartest

問6　本文の内容と一致する英文を①～⑧から 3 つ選び、解答欄にマークしなさい。但し、解答の順は問わないものとします。　55 ～ 57

① When you take a test, you sometimes forget something important due to working hard.
② When you feel pressured, you will choke a response of a nervous system called stress.
③ "Choking" under pressure doesn't mean you can't actually breathe when you feel worried or anxious.
④ You will feel like shaking hands with someone you like before you take an important test.
⑤ It is not so easy to describe how choking under pressure happens as you might think.
⑥ Even if you discover the mechanism of choking under pressure, you won't be able to prevent it from occurring.
⑦ Compared to long-term memory, working memory cannot store much information.
⑧ The amount of working memory depends on how much effort you have made while taking a test.

数学

数学解答上の注意

1　解答は，解答用紙の問題番号に対応した解答欄にマークしなさい。

2　問題の文中の［ア］，［イウ］などには，特に指示がないかぎり，符号(−，±)又は数字(0～9)が入ります。ア，イ，ウ，…の一つ一つは，これらのいずれか一つに対応します。それらを解答用紙のア，イ，ウ，…で示された解答欄にマークして答えなさい。

例　［アイウ］に −83 と答えたいとき

ア	⊖ ⊕ ⓪ ① ② ③ ④ ⑤ ⑥ ⑦ ⑧ ⑨
イ	⊖ ⊕ ⓪ ① ② ③ ④ ⑤ ⑥ ⑦ ⑧ ⑨
ウ	⊖ ⊕ ⓪ ① ② ③ ④ ⑤ ⑥ ⑦ ⑧ ⑨

なお，同一の問題文中に［ア］，［イウ］などが2度以上現れる場合，原則として，2度目以降は，［ア］，［イウ］のように細字で表記します。

3　分数形で解答する場合，分数の符号は分子につけ，分母につけてはいけません。

例えば，$\dfrac{\boxed{エオ}}{\boxed{カ}}$ に $-\dfrac{4}{5}$ と答えたいときは，$\dfrac{-4}{5}$ として答えなさい。

また，それ以上約分できない形で答えなさい。

例えば，$\dfrac{3}{4}$ と答えるところを，$\dfrac{6}{8}$ のように答えてはいけません。

4　根号を含む形で解答する場合，根号の中に現れる自然数が最小となる形で答えなさい。

例えば，$\boxed{キ}\sqrt{\boxed{ク}}$ に $4\sqrt{2}$ と答えるところを，$2\sqrt{8}$ のように答えてはいけません。

5　根号を含む分数形で解答する場合，例えば $\dfrac{\boxed{ケ}+\boxed{コ}\sqrt{\boxed{サ}}}{\boxed{シ}}$ に $\dfrac{3+2\sqrt{2}}{2}$ と答えるところを，$\dfrac{6+4\sqrt{2}}{4}$ や $\dfrac{6+2\sqrt{8}}{4}$ のように答えてはいけません。

6　比を答える場合，一番小さい自然数の比で答えなさい。

例えば，［ス］：［セソ］に 2：13 と答えるところを，4：26 や 6：39 のように答えてはいけません。

◀社会・政治経済・教育(初等幼児教育・英語教育)・保健医療学部▶

(教育（英語教育）学部　1 科目　60 分
その他　　　　　　　　2 科目 120 分)

1 次の各問いに答えよ。

問 1 x が 9 以下の自然数であるとき $11x + 13y = 1$ を満たす x と整数 y は

$(x, y) = ($ ア , イウ $)$ に限る。

問 2 次の各命題の真，偽を決定し，真ならば解答用紙の 1 を，偽ならば 0 をマークせよ。

(1) 「任意の自然数 n に対し，$(n+1)(n+2)$ は 6 の倍数である。」は エ である。

(2) 「任意の実数 x，y，z に対し，$xz = yz$ ならば $x = y$ である。」は オ である。

(3) 「任意の自然数 n に対し，n^2 を 6 で割った余りが 1 ならば

n を 6 で割った余りは 1 または 5 である。」は カ である。

問 3 a を実数とし，$f(x) = x^2 - 4ax + 6a^2 - 3a - 9$ とするとき，次の各問いに答えよ。

(1) 放物線 $y = f(x)$ の頂点の座標は (キ a, ク a^2 − ケ a − コ) である。

(2) 放物線 $y = f(x)$ の頂点が第 4 象限にあるならば，サ $< a <$ シ である。

問 4 k を整数とする 5 つのデータ k，$k+1$，$2k+5$，$3k-2$，$3k+1$ がある。

これらの平均値が 5 であるとき，次の各問いに答えよ。

(1) k の値は ス で，これらのデータの中央値は セ である。

(2) これらのデータの分散は $\dfrac{\text{ソタ}}{\text{チ}}$ である。

$\boxed{2}$ 黄玉 1 個，赤玉 1 個，青玉 1 個，白玉 1 個 そして 区別がつかない黒玉 2 個の計 6 個の玉がある。 このとき，次の各問いに答えよ。

問1　6 個の玉全部を横一列に並べるとき，

(1)　並べ方は全部で $\boxed{\text{アイウ}}$ 通りある。

(2)　黒玉が両端にくる並べ方は全部で $\boxed{\text{エオ}}$ 通りある。

問2　6 個の玉から 5 個の玉を選んで並べるとき，

(1)　黒玉を 1 個だけ含めて 5 個の玉を横一列に並べる並べ方は全部で $\boxed{\text{カキク}}$ 通りある。

(2)　黒玉を 2 個含めて 5 個の玉を横一列に並べる並べ方は全部で $\boxed{\text{ケコサ}}$ 通りある。

(3)　黒玉を 1 個だけ含めて 5 個の玉を円形に並べる並べ方は全部で $\boxed{\text{シス}}$ 通りある。

(4)　黒玉を 2 個含めて 5 個の玉を円形に並べる並べ方は全部で $\boxed{\text{セソ}}$ 通りある。

(5)　黒玉を 2 個含めて 5 個の玉で糸を通してネックレスを作る作り方は全部で $\boxed{\text{タチ}}$ 通りある。

$\boxed{3}$ 右図のような直方体 ABCD-EFGH において $AB=\sqrt{2}$，$BC=3$，$AE=1$ とする。このとき，次の各問いに答えよ。

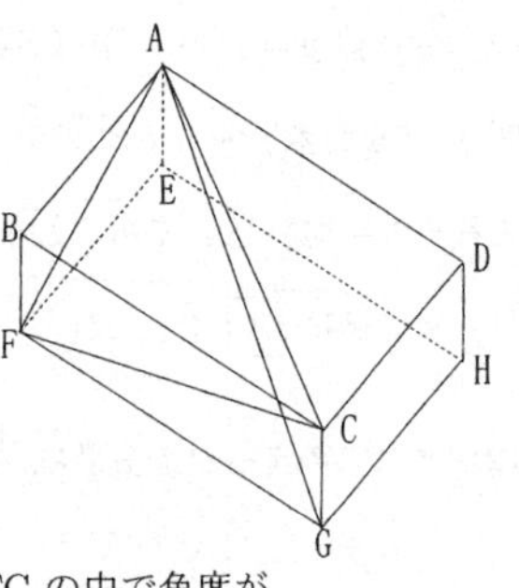

問1　線分 AG の長さは $\boxed{\text{ア}}\sqrt{\boxed{\text{イ}}}$ である。

問2　$\triangle AFG$ で $\angle FAG$ の二等分線と辺 FG の交点を P とすると，$FP:PG=\boxed{\text{ウ}}:\boxed{\text{エ}}$ である。

問3　$\triangle ACF$ の角 ① $\angle CAF$，② $\angle ACF$，③ $\angle AFC$ の中で角度が

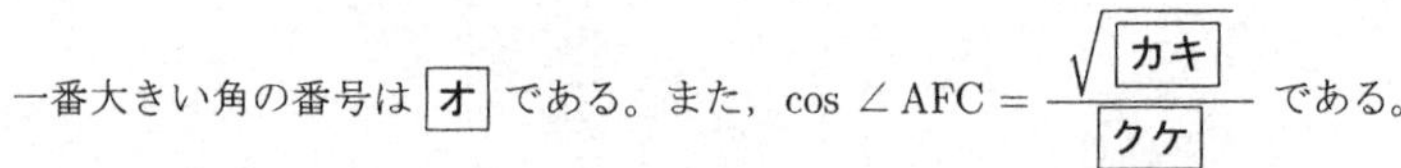

一番大きい角の番号は $\boxed{\text{オ}}$ である。また，$\cos\angle AFC=\dfrac{\sqrt{\boxed{\text{カキ}}}}{\boxed{\text{クケ}}}$ である。

問4　$\triangle ACF$ の面積は $\dfrac{\sqrt{\boxed{\text{コサ}}}}{\boxed{\text{シ}}}$ である。

4　次の各問いに答えよ。

問1　a, b はともに 3 桁(けた)の自然数で $a < b$ とする。a と b の最大公約数が 30，最小公倍数が 1050 であるとき，$a =$ **アイウ**，$b =$ **エオカ** である。

問2　自然数 3528 の正の約数は全部で **キク** 個あり，このうち 3 の倍数であるものは **ケコ** 個ある。

問3　2 進法で表された数 $11111_{(2)}$ を 10 進法で表すと **サシ** であり，さらにこれを 3 進法で表すと **スセソタ** $_{(3)}$ である。

問4　5 で割ると 3 余り，7 で割ると 6 余る自然数のうち，2 桁で最大のものは **チツ** であり，3 桁で最小のものは **テトナ** である。

問5　1 から 100 までの数字を一つずつ書いた 100 枚のカードがある。このカードの中から 1 枚のカードを引いたとき，引いたカードに書いてある数字が 10 と互いに素である確率は $\dfrac{\boxed{ニ}}{\boxed{ヌ}}$ である。

◀理工・教育（数学教育）学部▶

（90分）

注意事項

問題は全部で $\boxed{1}$ ～ $\boxed{5}$ の5題あります。$\boxed{1}$ ～ $\boxed{3}$ は必須問題、$\boxed{4}$、$\boxed{5}$ は選択問題で、いずれか1題を選択し、合計4題解答すること。

$\boxed{1}$ **問1**　a を実数の定数とする。関数 $y=ax^2-(4a-1)x+(3a+1)$ …① のグラフは a の値に関わらず定点 $(\boxed{\text{ア}},\ \boxed{\text{イ}})$，$(\boxed{\text{ウ}},\ \boxed{\text{エ}})$ を通る（ただし，$\boxed{\text{ア}}<\boxed{\text{ウ}}$ とする）。

$a\neq 0$ のとき，①のグラフの頂点は $\left(\boxed{\text{オ}}-\dfrac{1}{\boxed{\text{カ}}a},\ \boxed{\text{キ}}-a-\dfrac{1}{\boxed{\text{ク}}a}\right)$ である。

また①のグラフが x 軸と異なる2点で交わるとき，a の値の範囲は，

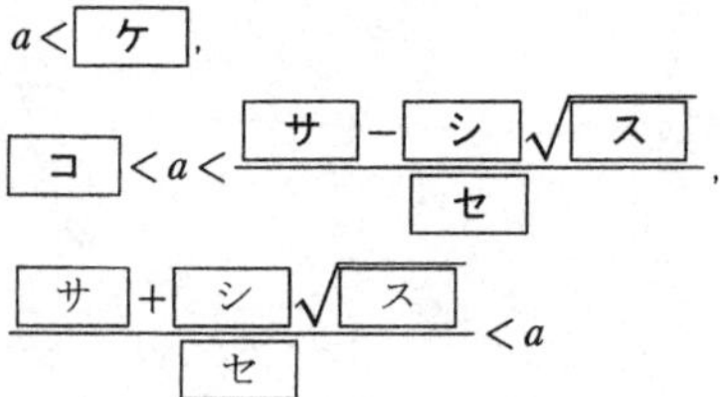

$$a<\boxed{\text{ケ}},$$

$$\boxed{\text{コ}}<a<\frac{\boxed{\text{サ}}-\boxed{\text{シ}}\sqrt{\boxed{\text{ス}}}}{\boxed{\text{セ}}},$$

$$\frac{\boxed{\text{サ}}+\boxed{\text{シ}}\sqrt{\boxed{\text{ス}}}}{\boxed{\text{セ}}}<a$$

である。

問2　s を実数の定数とする。実数 x，y に関する条件 p，q を次のように定める。

$p: |x+y|\leqq s$ かつ $|x-y|\leqq s$

$q: x^2+y^2\leqq 8$

〔1〕 次の $\boxed{\text{ソ}}$，$\boxed{\text{タ}}$，$\boxed{\text{チ}}$ にあてはまる最も適当なものを次の1～4の中から選べ。

1. 必要条件であるが十分条件でない
2. 十分条件であるが必要条件でない
3. 必要十分条件である
4. 必要条件でも十分条件でもない

(1)　$s=2$ のとき，p は q であるための $\boxed{\text{ソ}}$。

(2)　$s=3$ のとき，p は q であるための $\boxed{\text{タ}}$。

(3)　$s=2\sqrt{6}$ のとき，p は q であるための［チ］。

〔2〕 (1)　p が q であるための必要条件のとき，s の最小値は $s=$［ツ］である。

(2)　p が q であるための十分条件のとき，s の最大値は $s=$［テ］$\sqrt{［ト］}$ である。

2　三角形 ABC において，AB＝7，BC＝6，CA＝8 とする。三角形 ABC の外接円と点 A で接する直線を l，点 C で接する直線を m とする。直線 AB と直線 m との交点を D，直線 l と直線 m との交点を E とする。

問 1　$\cos\angle BAC=\dfrac{［アイ］}{［ウエ］}$ であり，$\cos\angle ABC=\dfrac{［オ］}{［カ］}$ である。

問 2　三角形 ABC の外接円の半径は $\dfrac{［キク］\sqrt{［ケコ］}}{［サシ］}$ である。

問 3　BD＝［ス］であり，CD＝［セソ］である。

問 4　AE＝CE＝［タチ］である。

問 5　三角形 ACD の面積は［ツテ］$\sqrt{［トナ］}$ であり，三角形 ADE の面積は［ニヌ］$\sqrt{［ネノ］}$ である。

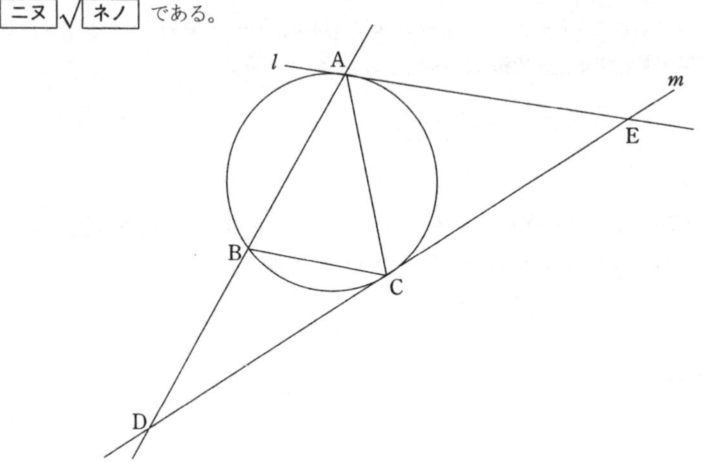

3　曲線 $C : y=|x^2-2x-8|$ と y 軸の交点をTとする。

問1　点Tの y 座標は $\boxed{ア}$ である。

また，曲線 C と x 軸との交点の x 座標は $\boxed{イウ}$ と $\boxed{エ}$ である。

問2　点Tを接点とする曲線 C の接線 l の傾きは $\boxed{オ}$ である。また，接線 l と曲線 C との共有点のうち，点T以外の2点の x 座標は $\boxed{カ} \pm \boxed{キ}\sqrt{\boxed{ク}}$ である。

問3　曲線 C と x 軸とで囲まれた部分の面積は $\boxed{ケコ}$ である。

問4　曲線 C と接線 l とで囲まれた部分の面積の和は $\dfrac{\boxed{サシス}\sqrt{\boxed{セ}}-\boxed{ソタチ}}{3}$ である。

4　次のように，数列 $\{a_n\}$ を第1列に a_1，第2列に a_2，a_3，第3列に a_4，a_5，a_6 と第 m 列に m 個の数を縦に並べたものを考える。

	第1列	第2列	第3列	…
第1行	a_1	a_2	a_4	…
第2行		a_3	a_5	…
第3行			a_6	…
⋮				⋱

問1　a_{2022} は第 $\boxed{アイ}$ 列の第 $\boxed{ウ}$ 行の数である。

問2　第1行の左から順に $b_1=a_1$，$b_2=a_2$，$b_3=a_4$，…… と定め，数列 $\{b_n\}$ を作ると，第10項は $b_{10}=a_{\boxed{エオ}}$ である。さらに，$b_n=a_k$ とすると

$$k=\frac{1}{\boxed{カ}}(n^2-n+\boxed{キ})$$

である。

問3　数列 $\{a_n\}$ の第 n 項が $a_n=4n-1$ とき，$b_n=\boxed{ク}n^2-\boxed{ケ}n+\boxed{コ}$ であるから，数列 $\{b_n\}$ の初項から第 n 項までの和 S_n は

$$S_n=\frac{1}{\boxed{サ}}n(\boxed{シ}n^2+\boxed{ス})$$

である。

5 次の各問いに答えよ。

問 1 (1) $\displaystyle\lim_{n\to\infty}\frac{1}{\sqrt{n^2+5n}-\sqrt{n^2+2n}}=\frac{\boxed{ア}}{\boxed{イ}}$ である。

(2) $\displaystyle\lim_{x\to 0}\frac{x\tan x}{1-\cos x}=\boxed{ウ}$ である。

問 2 $\displaystyle\frac{1}{(3n-1)(3n+2)}=\frac{\boxed{エ}}{\boxed{オ}}\left(\frac{1}{3n-1}-\frac{1}{3n+2}\right)$ であるから,

$$\frac{1}{2\cdot5}+\frac{1}{5\cdot8}+\frac{1}{8\cdot11}+\cdots\cdots+\frac{1}{(3n-1)(3n+2)}+\cdots\cdots=\frac{\boxed{カ}}{\boxed{キ}}$$

である。

問 3 関数 $f(x)=x\sqrt{2-x^2}$ を微分すると, $f'(x)=\dfrac{\boxed{ク}\left(\boxed{ケ}-x^2\right)}{\sqrt{2-x^2}}$ であるから,

$f(x)$ は, $x=\boxed{コ}$ のとき最大値 $\boxed{サ}$, $x=\boxed{シス}$ のとき最小値 $\boxed{セソ}$ をとる。

問 4 a は定数とするとき, 方程式 $2\sqrt{x}-x+a=0$ の異なる実数解の個数は,

$a<\boxed{タチ}$ のとき $\boxed{ツ}$ 個,

$a=\boxed{タチ}$ のとき $\boxed{テ}$ 個,

$\boxed{タチ}<a\leqq\boxed{ト}$ のとき $\boxed{ナ}$ 個,

$\boxed{ト}<a$ のとき $\boxed{ニ}$ 個

である。

④　クマゼミのホクゲンを探る。　⑤　日本語のキゲンをたどる。

F　委員長は質問に対しソクトウを避けた。 42

①　当意ソクミョウの受け答え。　②　デジタル化をソクシンする。　③　フランス語ソクセイコース。
④　就業キソクを定める。　⑤　三角ソクリョウで面積を割り出す。

G　ナマリイロの空から小雨が降る。 43

①　潮風で作物にエンガイが出る。　②　エンカ歌手が最後に歌う。　③　エンコより能力で入社する。
④　アエン鋼板ぶきの屋根。　⑤　コウエンな理想をうたう。

H　アイトウの意を表する。 44

①　果物がイタむ。　②　師をイタみ歌を捧げる。　③　歯がイタむ。
④　的をイた答え。　⑤　イたたまれず席を立つ。

I　面目［　　］を果たす。 45

①　躍如　②　一新　③　次第　④　丸潰　⑤　喪失

J　承服する気のない父が、娘の結婚に［　　］。 46

①　鼻緒をすげる　②　片棒を担ぐ　③　横車を押す　④　はめをはずす　⑤　たがを緩める

四　漢字・語句について、次の問いに答えなさい。

問　A～Hの各傍線部に相当する漢字を含むものはどれか。また、I～Jの空欄に入れるのに最も適当な語句はどれか。それぞれ一つずつ選びなさい。解答番号は 37 ～ 46 。

A　アジア諸国にツウテイする文化がある。 37

①　記念品をシンテイする。　②　用語のテイギを明らかにする。　③　国際情勢のテイリュウに民族問題がある。
④　テイセイ時代のロシア建築。　⑤　問題をテイキする。

B　国道をカクチョウする。 38

①　乗っ取りをカクサクする。　②　核兵器のカクサンを防止する。　③　チカク神経が過敏に作用する。
④　吹田市はチュウカク市に移行した。　⑤　横綱にはヒンカクがある。

C　投資信託はショクサンの早道である。 39

①　友人の成功にショクハツされる。　②　室内にソウショクを施す。　③　市が大学に研究をイショクする。
④　リショクの才にたける。　⑤　臓器イショクを検討する。

D　ビサイな粒子を吸い込んでしまう。 40

①　セツビを点検する。　②　人情のキビに触れる。　③　敵機をミサイルがツイビする。
④　災害ビチク倉庫を建てる。　⑤　旧市街地のビカンを保つ。

E　組織運営のあり方をコンゲンから見直す。 41

①　新種の虫がシュツゲンする。　②　ゲンマイは体によい。　③　相手のゲンセツに反論する。

問7　この文章の表現の特徴を述べたものとして最も適当なものを、次の中から一つ選びなさい。解答番号は 36 。

①　〈卒業面〉〈師範面〉などといった当時の容貌に関わる表現を示すことで、明のみずからの将来にかける思いを暗喩的に示すとともに、『青鞜』創刊に邁進（まい）する青鞜社発起人たちの意欲的な行動、特に西洋のものを積極的に取り入れて、日本の現状を変えていこうとする女性たちの意気込みを斬新な表現で描いている。

②　生田長江の勧めによって雑誌『青鞜』が創刊されるまでの過程を、平塚明を中心とする青鞜社のメンバーの視点とからめて描いており、なおかつそこに明の過去の心中未遂事件が「八方塞がりの中」「あの雪の塩原の幻想的な山々」「あの夜、一度死んで」と微妙に影響を与えていることが暗示的に語られることで、立体的な描き方になりえている。

③　森田草平との心中未遂事件でもはやまともな結婚はできないと思っていた平塚明が、生田長江の勧めで女性文芸誌『青鞜』の創刊に動き出し、一人の自立した女性として胸を張って生きていこうとする心情を「胸の内側で発酵している」「これからを戦う自分の鎧兜となる」といった比喩表現を折り込みながら描いている。

④　『青鞜』創刊に至る過程を、平塚明を中心とする女性たち—保持研・中野初・木内錠・物集和・長沼智恵ら—の前向きな姿勢とともに描いており、与謝野晶子の詩「そぞろごと」が明たちの気持ちを象徴するように配置されることで「女としての誇りがごうごうと燃えさかり、唸りをあげている」さまを生き生きと描いている。

⑤　森田草平との心中未遂事件が平塚明の人生を変えたことを背景としながら、『青鞜』創刊にむけて次第に意欲を増し、前向きになっていく平塚明の心情を「脇目もふらず」「休みもせず」「憑かれたように」と描き、「らいてう」の筆名を確定させるところがクライマックスとして盛り上がるように意図した描き方になっている。

④「山の動く日」という比喩は、女性の活動を意味する。昔、女性は「皆火に燃えて動」いていたが、その活動をしばらくの間止めていたに過ぎなかっただけだと、女性が目覚め、活動することの宣言となっている。

⑤「一人称にてのみ物書かばや」とは、女性であることにしっかりと立脚してものを述べようとすることの決意であるとともに、社会に向けて女性の自立を高らかに宣言したものといえる。

問6　問題文最後の点線で囲った部分に関わる説明として最も適当なものを、次の中から一つ選びなさい。解答番号は35。

①『青鞜』創刊の辞を書いた明は、これから創刊する新しい女性文芸誌に自分の過去のイメージを付け加えたくないと考え、平塚明の名前を使わないでおこうと考える。松本で聞き知った雷鳥の生態に思いをはせ、その名に力を借りることを決意し、〈雷鳥〉よりも〈らいてう〉の方が女性である自らにふさわしいと考えペンネームとした。

②『青鞜』創刊の辞を書き始めた明は、創刊する新しい女性文芸誌に自分の過去の汚い思い出を付け加えたくないと考え、平塚明の名前を使わないでおこうと考える。松本で聞き知った雷鳥の生態に思いをはせ、その名に力を借りることを決意し、〈雷鳥〉は少し硬い感じがし、〈らいてう〉の方がふさわしいと考えペンネームとした。

③『青鞜』創刊の辞を書こうとして明は、創刊する全く新しい女性文芸誌に自分の過去に関わる余計なイメージを付け加えたくないと考え、平塚明の名前を使うことを断念する。以前、松本で聞き知った雷鳥の生態に思いをはせ、その名に力を借りることを決意する。〈雷鳥〉とすることも考えたが、何となく硬い感じがし、〈らいてう〉の方が自らにふさわしいと考えた。

④『青鞜』創刊の辞を書いた明は、創刊する新しい女性文芸誌に森田と自分の心中未遂事件に関わる余計なイメージを付け加えないため、平塚明の名前を使わないでおこうと考えた。高い山の頂近くに棲む雷鳥の生態に思いをはせ、その名こそが生まれ変わった自分の力になると考え、漢字よりもひらがなの〈らいてう〉の方が女性らしくふさわしいと考えた。

⑤『青鞜』創刊の辞を書き上げた明は、新しい雑誌に自分の過去に関わる余計なイメージを付け加えたくないと考え、新たな名前にしようと考えた。そして、以前松本にいた時に聞いた雷鳥の生態に思いをはせ、その名に力を借りようと考える。はじめは〈雷鳥〉としたが、漢字の持つ硬い感じよりも、ひらがなの〈らいてう〉の方がよいと思い、それを自らのペンネームとした。

③　当初は女だけで雑誌を作ることにあまり乗り気ではなかったが、「ブルー・ストッキング」に由来する『青鞜』という誌名、さらには長沼知恵の表紙の絵も決まり、次々に女流作家が『青鞜』に集まってくるのを見て明の意欲も高まっていった。それでこの活動に対して理解や賛意を示してくれると思っていた与謝野晶子のもとに思い切って原稿依頼に出向いたが、晶子に「女は駄目だ」と言われ、反発や憤慨を感じ、原稿を断られたと思って帰った。

④　女だけで雑誌を作ってみてもお嬢さんのままごとの域を出ないと思っていたが、『青鞜』という誌名や長沼知恵の表紙絵が出来る中で明の『青鞜』創刊への決意は確かなものとなっていった。女流作家たちが『青鞜』に続々と集まるのを見て、与謝野晶子にもぜひ寄稿してほしいと考え、出向いた。しかし、晶子からは趣旨への賛同どころか、「女は駄目だ」と予想外のことを言われ、反発と憤慨を感じた。しかし、それをむやみに否定もできず、晶子の原稿を諦めた。

⑤　女だけで雑誌を作ることにはじめはあまり乗り気ではなかったが、「ブルー・ストッキング」に由来する『青鞜』という誌名や長沼知恵の表紙の絵も出来、女流作家からの賛同の声も高まり、与謝野晶子のもとに発刊の趣旨説明に出向いた。しかし、賛同どころか自分たちの活動を否定するように「女は駄目だ」と言われたことで反発と憤慨を感じる。しかし、晶子の言葉はかつて自分自身が感じていたことでもあり、それを否定することもできず、晶子からの原稿を諦めた。

問5　「C山の動く日来る。」から始まる詩の表現についての説明として、最も適当なものを次の中から一つ選びなさい。解答番号は **34** 。

①　ここにおける「山」とは、女性が活動することの暗喩であり、本来動くはずのないものが動き出すと表現するところに、世の中を震撼させるすごい出来事がいま起ころうとしていることを表現している。

②　「山の動く日」という比喩表現を用いることで、あり得ないことがこれから起きることを暗示するとともに、実はそれはあり得ないことではなく、ごく当然のことでもあることを読者に納得させる逆説的な効果をもっている。

③　「一人称にてのみ物書かばや」とは、個人主義という立場をしっかりと固めた上で、それをゆるがせにしないという決意であるとともに、自己の責任で発言していこうとする誇りを表明している。

① モンタギュー夫人のサロンから生まれた「ブルー・ストッキング」を元にする『青鞜』という雑誌名は、自分たちが学識と知見を持った女性であることを、世の中に公言するとともに、それを揶揄する人々を見返すことになるから。

② 『青鞜』という雑誌名のもとになった、モンタギュー夫人のサロンから生まれた「ブルー・ストッキング」という言葉は、学識と知見を持つ女性が、男と比肩して物を言うことができることを世の中に知らしめた言葉となるから。

③ モンタギュー夫人のサロンから生まれた「ブルー・ストッキング」という、学識と知見を持つ女性が男と比肩して物を言うのを揶揄する時に使われた言葉に由来することで、そのような揶揄にもひるまない姿勢を見せることになるから。

④ モンタギュー夫人のサロンから生まれた言葉「ブルー・ストッキング」をもとに『青鞜』とすることで、自分たち学識と知見を持つ女性が、男と比肩して世間に対して堂々と物を言うことの宣言となるから。

⑤ モンタギュー夫人のサロンから生まれた言葉を元にすることで、逆に自らが学識と知見を持つ女性であることを公言するとともに、「ブルー・ストッキング」という表現が揶揄にひるまないことを示すことになるから。

問4 「B勢いに乗ってかの与謝野晶子のもとへ協力を頼みにいった」とあるが、その前後の明についての説明として最も適当なものを、次の中から一つ選びなさい。解答番号は 33 。

① 初めは女だけで雑誌を作ることにはあまり気乗りしなかった明であったが、『青鞜』という誌名が決まったことや長沼知恵の表紙の絵がとても気に入ったことから、次第に活動への意欲が高まっていった。有名文学者の妻たちからの寄稿も集まり、女流作家からの賛同の声も高まるのを聞いて、与謝野晶子のもとに原稿依頼に出向いた。しかし晶子から、同意どころか、『青鞜』の活動を否定する「女は駄目だ」との言を聞いて、反発と憤慨を感じ彼女への落胆を深めた。

② 当初は「ブルー・ストッキング」に由来する『青鞜』を出すことにあまり乗り気ではなかったが、長沼知恵の表紙の絵の出来もよく、女流作家たちが続々と集まってくるのを見て明の雑誌刊行への意欲は高まっていった。そこで女性の活動に最も理解が深い与謝野晶子のもとに刊行趣旨の説明を兼ねて原稿の依頼に出向いた。しかし、晶子からは「女は駄目だ」と仏頂面で言われ、自らの活動すべてを否定されたと思い反発と憤慨を覚えた。

（村山由佳『風よ　あらしよ』による）

（注）　生田長江――一八八二（明治一五）～一九三六（昭和一一）。文筆家。

問1　波線部a～cの本文中における意味として最も適当なものを、次の中からそれぞれ一つずつ選びなさい。解答番号は 27 ～ 29 。

「aエキゾチック」 27
① 風変わり　② 南国風　③ 東洋的　④ 神秘的　⑤ 異国風

「bはにかみ」 28
① すまなそうな　② 気まずそうな　③ 自信ありげな
④ 恥ずかしそうな　⑤ こそばゆい

「c来し方」 29
① 昨今　② 過去　③ 現在　④ 先刻　⑤ 未来

問2　X ～ Y に入る言葉として最も適当なものを、次の中からそれぞれ一つずつ選びなさい。解答番号は 30 ～ 31 。

X 30
① 諸説紛々　② 丁々発止　③ 意見交換　④ 喧々囂々（けんけんごうごう）　⑤ 甲論乙駁（おつばく）

Y 31
① 一路順風　② 一念発起　③ 一心不乱　④ 一気呵（か）成　⑤ 一刀両断

問3　「Aそれを自ら逆手に取ったかたちだった」とあるが、このように言う理由として最も適当なものを、次の中から一つ選びなさい。解答番号は 32 。

八月下旬のその夜、明は自室の雨戸をすべて開け放ち、しばらく静かに目を閉じて座っていたのちに机に向かった。何が何でも明日の朝までに書きあげて渡すのだ。何を書くべきかについては、すでに胸の内側で発酵している。脇目もふらず、休みもせず、憑かれたように［Y］に書きあげて、やっと目をあげると空がわずかに明るみ始めていた。

〈元始、女性は実に太陽であった。真正の人であった〉

に始まる、気がつけばおそろしく長大なものになってしまった文章を読み返しても、どこも削る気持ちになれなかった。

署名をしようとして、明は手を止めた。

図らずも別のことで有名になってしまった「平塚明」の名を、ここで使いたくはない。これから誕生するまっさらな雑誌に、よけいな色を付けてしまいたくない。

ほんとうは、世間が言うような汚い思い出ではなかったのに、と思いながら、あの雪の塩原の幻想的な山々を思い浮かべる。ひと晩じゅう、白い息を吐きながらただただ目を瞠(みは)っているうちに、身体の中のすべてが根こそぎ吸い上げられ、奪われ、別のものと入れ替えられた気がした。宗教的とも言えるほどの凄(すさ)まじい体験だった。

その間、男はただ眠りこけていただけだ。そうしていまだにぐずぐずと、ねぶるように c来し方を反芻(はんすう)してばかりいる。あんなつまらないものしか書けないのはそのせいだ。

けれど自分は違う。あの夜、一度死んで、また生まれたのだ。月光の中でただ独り、新しく生まれ直したのだ。

ふと、一羽の鳥の姿が脳裏に浮かんできた。松本にいた時に聞き知った、高い山の頂近くに棲(す)む鳥だ。地味な褐色から眩(まばゆ)いほどの純白に換羽したその鳥もきっと、一面の雪原の上で月光を浴び、薄青く神々しく輝くのだろう。小さな雪洞を掘り、ふっくらとした羽毛の下に雛(ひな)鳥たちを呼び集めては温め、外敵から守りながらひそやかな眠りにつくのだろう。

優しさの中にたくましさを備えたその鳥の名前に、力を借りたいと思った。

〈雷鳥〉

少し、硬いだろうか。

〈らいてう〉

そうだ、これでいい。

この柔らかな印象の名前こそが、これからを戦う自分の鎧兜(よろいかぶと)となる。

一人称にてのみ物書かばや。
われは女ぞ。
一人称にてのみ物書かばや。
われは。われは。

「そぞろごと」と題するその詩を読み進みながら、明は途中から、興奮による震えと涙を堪え（こら）ていた。
――一人称にてのみ物書かばや。われは女ぞ。

集団に隠れ、数をたのんで物を言うのではなく、つねに「私は」と一人称を用い、自身の責任において発言するのだ。そう強く呼びかける言葉の中に、晶子の考える女としての誇りがごうごうと燃えさかり、唸（うな）りをあげているかのようだった。皆の意見が一致して、この詩は創刊号の巻頭から九頁（ページ）にわたって全文掲載されることとなった。

そしてまた、「青鞜社概則」として、十二の条文を掲載することも決めた。とくに第一条に掲げた一文はこうだ。

〈本社は女流文学の発達を計り、各自天賦の特性を発揮せしめ、他日女流の天才を生まん事を目的とす〉

いつの日か、この雑誌から、優れた女流作家を輩出することができたなら――。

編集作業は、駒込林町にある物集和の自宅で行われていた。物集邸はまるで林のような広大な敷地にあり、他の家族はどこで何をしているのか、ふだんは顔を合わせることさえない。内玄関から続く長い廊下の突きあたりに和の部屋があり、毎日のようにそこに集まった。和の兄であり、作家のような編集者のような自由人であった物集高量（たかかず）が、

「未経験のお嬢さんばかりで雑誌を出すのだから、まあ三号も続けば偉いものじゃないかね」

そんな軽口を言いながらもずいぶん手伝ってくれた。

印刷費用の見積もりを取ると、紙代を合わせて百十円。広告は博報堂に任せるとして、出費はしめて百九十六円四十銭かかるという。

「一大事業だな」

と高量は笑ったが、もちろん笑い事ではない。明は、何度も背筋を震えが這いのぼるのを堪えた。武者震いだと思おうとした。

いよいよ「創刊の辞」を書かなければならなかった。じっとしていても汗ばむほど蒸し暑い日が続いていた。

ていうオーストリアの画家が作った寄木細工の図案を模したものなのよ。綺麗でしょう」

西欧の絵を模写して使用するについては、広く一般に行われていることで何も問題はない。明がとても気に入ったと告げると、智恵は満足げな笑みを浮かべて帰っていった。

準備は着々と進んでいった。多くの男性作家の中に、それまでは個々の存在として孤立状態でいた女流作家たちが続々と『青鞜』に集まってくるのを見て、さしもの明も俄然、心が燃えてきた。

B勢いに乗ってかの与謝野晶子のもとへ協力を頼みにいったのは六月の初めだったか。出てきた晶子は気の早いことに、秋草模様の派手な浴衣を着ていた。はやりの大前髪を崩れるにまかせたような姿は、個性的というより異様に見えた。

発刊の趣旨をひととおり聞き終えると、晶子は仏頂面のまま言った。

「女は、駄目だね」

生田主宰の勉強会では世話になった相手だ。反発と憤慨を抑え、

「どうしてですか」

と問うた明だったが、晶子は視線も合わせずにくり返した。

「女は駄目だ。男に及ばない」

てっきり断られたと思い、悔しさを胸に帰ってきたのに、ふた月もたった八月初め、晶子から編集部宛てに長いながい詩が届いた。

C山の動く日来る。
かく云えども人われを信ぜじ。
山は姑く眠りしのみ。
その昔に於て
山は皆火に燃えて動きしものを。
されど、そは信ぜずともよし。
人よ、ああ、唯これを信ぜよ。
すべて眠りし女今ぞ目覚めて動くなる。

勧め方が具体的になっていったのは、母親の光沢が話せばわかる人物であることを当て込んでいたのかもしれない。塩原まで森田草平と明を迎えにいった行き帰り、光沢とはたくさん話したようだ。

生田の誘いに興味を示したのは、明より、姉の友人・保持研(やすもちよし)のほうが先だった。

「ぜひとも一緒にやりましょうよ」

平塚家に居候していた研は、肺を病んで三年にわたって療養していた身であり、ちょうど自分にも出来る仕事を探していただけにすっかりその気になってしまった。

結局、生田が当てにしたとおり、光沢が娘の結婚費用として蓄えておいたものを切り崩してくれた。

「お父さまは承知なさるまいけれど」

苦笑気味にそう言いながらも、創刊号の印刷費用ほか諸経費にと、百円をぽんと出してくれたのだ。いよいよ明も後には退けなくなった。

発起人には五人が名を連ねた。明、保持研、研の同級生であった中野初と木内錠(てい)。また、明の小学校時代の同級生の妹、物集和(もずめかず)。

初めは明の発案で雑誌名を『黒耀(こくよう)』とすることも考えたのだが、これまた生田の助言により、『青鞜(せいとう)』と決まった。ロンドンのモンタギュー夫人のサロンから生まれた言葉「ブルー・ストッキング」が元になっている。学識と知見を持つ女性が、男と比肩して物を言うのを揶揄(やゆ)する時に「あれはブルー・ストッキングだから」という表現をするのだが、A それを自ら逆手に取ったかたちだった。

有名文学者の妻たちのもとを訪ねては賛助員として寄稿を依頼し、表紙のデザインは、女子大学校の家政学部で明の一級下だった長沼智恵が、卒業後も結婚せずに絵の勉強を続けていると知って頼むこととなった。

やがて智恵が届けにきた絵は、編んだ髪を長く垂らした女性の立ち姿を描いたものだった。a エキゾチックな趣で、ひと目見れば忘れられない印象を残す。

「素敵」

明が思わず声をあげると、

「先にことわっておくけど、私のオリジナルではないの」

智恵は、えらの張った丸顔に b はにかみ笑いを浮かべながら言った。

「最近たまたま、七年前のセントルイス万博の図録を見せてもらう機会があってね。その表紙の絵は、ヨーゼフ・エンゲルハルトっ

三 次の文章を読んで、後の問いに答えなさい。なお、この場面までには、平塚明(はる)が夏目漱石の弟子である森田草平と心中未遂事件を起こし、それを新聞に書き立てられたことが描かれている。

家柄、気立て、容貌――この三つに恵まれていれば女学校の卒業を待たずに縁談が決まることも多い。卒業までなかなか縁談の決まらないのを〈卒業面(づら)〉といい、容貌などに恵まれず一生教師でもして暮らしていこうという人のことは〈師範面〉などといったものだ。

自分には、まともなかたちでの結婚はもうできないだろうと明(はる)は思った。女性に許された最高教育機関である日本女子大学校こそ出たものの、この後もなお勉学を続けるには留学する以外になく、それは父親が許さない。かといって女が職を得る道もほとんどない。

八方塞がりの中、ふらりとやってきた(注)生田長江から、女性ばかりの文学雑誌発刊の誘いがあった時は、だからたいして乗り気にはなれなかった。このうえはお遍路でもしながら独りで生きてゆく覚悟を決めていた。

しかし生田は、何度も通ってきて明を口説いた。

「もったいないですよ。あなたには才能があるんだ。天性の麗質といったものがあるし、リーダーシップもある。情緒的なところもありながら、それに流されない理知を持っている。こういうことには向いていると思いますよ」

が、どうにも気が進まない。自分自身が女であるというのに、女の仲間ばかりに囲まれるということが嬉(うれ)しくない感じがする。

これまで男性の先輩文学者たちと X の議論をしながら学んできた明には、女性だけの集団というだけで物足りなさがあった。自己というものを持たず、内面を見つめずに外側だけを飾り立て、つまらない生活のことごとにこだわって、お世辞と嘘(うそ)ばかり口にする……それが、多くの女という生きものだ。幾人集まって雑誌を作ってみたところで、しょせんお嬢さんのままごとの域を出ないのではないのか。

はっきりそう言ってやったのに、生田はあきらめなかった。

――これだけの部数を刷れば、だいたい幾らかかります。

――お友達を集めて、ぜひおやりなさい。

――費用なら、たぶんお母様が出して下さると思うんだがなあ。

①　依法社会である現代、法を社会が厳格に運用しすぎると、犯罪でなくとも司法過程で扱われるケースが増えるから。
②　私たちはいじめ事件があると「いじめた子」「いじめられた子」に注目し、何か原因を探り出そうとするから。
③　否定的な反作用が適切に作動しなければ、社会や集団は病んだ状態に陥っていると考えられるから。
④　望ましくない行動をたしなめ抑制する親など他者の強い声に頼る限り、内なる良心が育たないから。
⑤　教師が介入しない限り、学級自体で抑止力を発揮できない状態に陥り、いじめなどの行為の連鎖が続くから。

問7　本文の主旨と合致するものを次の中から一つ選びなさい。解答番号は**26**。

①　いじめた子を誰も制止しようとしない学級では、いじめの発見自体容易でなく、いじめ根絶は実際には困難を極める。
②　いじめは反作用力の衰退した学級で生じるが、かといって反作用力を高めすぎれば冤罪も生じ、対処には慎重さが求められる。
③　いじめ問題では境界が曖昧で加害者の加害意識が弱いので、まずは被害者の被害意識を高めることが反作用力を育てる。
④　いじめでは逸脱性の境界が曖昧なので、加害者の内面の歯止めに期待するだけでなく、構成員相互の働きかけも重要になる。
⑤　いじめをなくすには学級の反作用力を高めればよく、相互の監視や抑制によって学級集団内は正しい秩序へと導かれる。

問5　「C外部からの危機介入は、このシステムの限界を超えたときに限られる」とはどういうことか。その説明として最も適当なものを、次の中から一つ選びなさい。解答番号は24。

①　学級や職場をはじめとした集団内において集団内の機能が低下し、慣習や道徳や習慣などの規則に照らし、行動の是認・推奨もしくは抑制を判別しづらくなって、構成員の規則にそぐわない行動が制圧できないときには、そのときに限って、集団に属さない人が集団に介入することが許される。

②　学級や職場をはじめとした集団内において集団内の組織が、慣習や道徳や習慣などの規則に照らし、行動の是認・推奨もしくは抑制を組織的に行ってもなお、構成員の規則にそぐわない行動が制限できないときには、そのときに限って、集団に属さない人が集団に介入し、第三者として組織を点検することが許される。

③　学級や職場をはじめとした集団内において集団の構成員が各自、慣習や道徳や習慣などの規則に照らし、構成員相互の行動の是認・推奨もしくは抑制を集団的に行ってもなお、構成員の規則にそぐわない行動が制御できないときには、そのときに限って、集団に属さない人が集団に介入することが許される。

④　学級や職場をはじめとした集団内において集団の構成員が各自、慣習や道徳や習慣などの規則に照らし、構成員相互の行動の是認・推奨もしくは抑制を個別に行ってもなお、集団を損壊する危険な行動が回避されるときがくれば、その時点で、集団に属さない人が介入することによって集団の機能を一時停止することも許される。

⑤　学級や職場をはじめとした集団内において集団の構成員が各自、慣習や道徳や習慣などの規則に照らし、自由意志によって行動の是認・推奨もしくは抑制を個別に行ってもなお、集団を損壊する危険な行動が増幅されるときがくれば、そのとき以降は、集団に属さない人が介入することによって集団を解散することも許される。

問6　「D反作用力が強すぎる社会では、冤罪も含めて、過剰に犯罪が生み出される」とあるが、それはなぜか。その説明として最も適当なものを、次の中から一つ選びなさい。解答番号は25。

問3 「Aこの矛盾」とは何か。その説明として最も適当なものを、次の中から一つ選びなさい。解答番号は22。

① 子どもたちは健全な規範意識をもっているのに、からかいや持ち物かくしの発生が多くの学級で確認されたこと。
② いじめはよくないとほとんどの子どもたちが認識しているにも関わらず、現実にはいじめがなくなっていないこと。
③ いじめによる被害が大いに広がっているのに、子どもたちの内外両面からの歯止めがかえって弱まっていること。
④ 本来いじめの抑制は個々の人間の自覚の問題でありつつ、集団の側に規範意識として埋め込まれている場合もあること。
⑤ いじめが人間のつくり出す関係性に潜む病理である一方、いじめの未然防止や抑制のため人間が知恵を集積していること。

問4 「B日本社会の感性が鋭敏か否かは、子どもたちの規範感覚に少なからず影響を与えている」とはどういうことか。その説明として最も適当なものを、次の中から一つ選びなさい。解答番号は23。

① 種々の虐待、暴力やハラスメントに対し、日本社会が鈍くしか反応せず寛容な態度を貫いていることが、規範を守ろうとする日本の子どもたちにとっては受け入れがたく、子どもたちの強い大人不信や社会不信につながっている、ということ。
② 種々の虐待、暴力やハラスメントに対し、日本社会が鈍くしか反応せず許容する姿勢をとりつづけることが、規範を守ろうとする日本の子どもたちにすれば身近な大人である教師や学校への大きな不信感として身についている、ということ。
③ 種々の虐待、暴力やハラスメントに対し、日本社会は本来、鋭く反応し厳しい対応をとるべきであるにもかかわらず、社会的地位の高い者には鈍い対応をする事例が目立つことが、子どもたちの根深い教師不信につながっている、ということ。
④ 種々の虐待、暴力やハラスメントに対し、日本社会が鋭く反応し厳しい対応をとるか、または鈍くしか反応せず寛容な態度をとるかが、規範を守る鋭い感覚が日本に生きる子どもたちに育つか育たないかにも深く関与している、ということ。
⑤ 種々の虐待、暴力やハラスメントに対し、日本社会が素早く対処しを虐待や暴力の主に制裁を科すことが、SNSや動画などでの不用意な表現に対し容赦ない批判を浴びせる鋭利な感覚を日本の子どもたちがもつ温床にもなっている、ということ。

問1　X ～ Y に入る言葉として最も適当なものを、次の中からそれぞれ一つずつ選びなさい。解答番号は 17 ～ 18 。

X　17　① 一方　② しかも　③ ともかく　④ さて　⑤ なお

Y　18　① しかるに　② それゆえ　③ とりわけ　④ そもそも　⑤ 要するに

問2　波線部a～cの本文中における意味として最も適当なものを、次の中からそれぞれ一つずつ選びなさい。解答番号は 19 ～ 21 。

「a内在化された」　19

① 理解され意識の内部に志向として位置付いた
② 学習され一経験として解釈され認識された
③ 習得され自分自身の思考や感覚の一部として身に付いた
④ 取り込まれ身体の中に事物や材質が組み込まれた
⑤ 染みわたり個物の内側に本質が見いだされた

「b正直者が馬鹿を見る」　20

① 正しい者はまじめに取り扱う値打ちのないことを見過ごせない
② 嘘をついたり偽ったりしない正直な性格ゆえストレスに耐えられない
③ 悪事を働く者は罰せられ正直に申し立てた者はとがめられない
④ 世情が乱れていて正しいことが世間でなかなか通用しない
⑤ 悪賢い者は得をするのに正直な者が損をして報われない

「c壁」　21

① 見えにくくする視覚的な遮蔽
② 発見しにくくする社会的な隠匿
③ 打ち解けにくくする社交的な隔絶
④ 打ち破りにくくする科学的な限界
⑤ 乗り越えにくくする物理的な障害

定着させていく。この場合、親の反応が「反作用」である。親子関係に限らず、私たちの生活とはこうした「行為と反作用」の繰り返しからなっている。この積み重ねが、人々を社会人として成長させ、結果として社会の秩序維持につながっていく。

デュルケムは、社会や集団のなかで逸脱が発生した場合、否定的な反作用が適切に発動されるならば、その社会や集団は正常な状態にあり、適切に作動しない状態にあれば、社会や集団は病んだ状態にあると考えた。

デュルケムは、そこから「犯罪は正常現象である」という命題を導き出している。犯罪を個人の行動のレベルで見れば、正常な現象とは毛頭いえない。しかし、視点を個人から社会や集団のレベルに移行させてみると、異なった姿が見えてくる。

Y 犯罪という現象は、それが発覚し、逮捕され、起訴され、有罪判決が出て初めて犯罪となる。現代のような依法社会では、この一連の司法過程が、社会の反作用メカニズムの作動するプロセスとなる。もし、社会の反作用力が脆弱であれば、犯罪は社会の表面に現れない。反対に、D反作用力が強すぎる社会では、冤罪も含めて、過剰に犯罪が生み出される。したがって、正常な社会とは、犯罪に対する適切な反作用力を備え、一定数の犯罪を生み出すことのできる社会といえる。異常に少なすぎても、多すぎても、病んだ社会の状態の証となる。

このことは、いじめにも当てはまる。誰もいじめた子を制止しようとしない学級は、いじめに対する反作用力を欠いた集団である。教師が介入しない限り、学級自体で抑止力を発揮できない状態にある。しかも、こうした反作用力の衰退した学級は、いじめの周りにc壁を張り巡らせており、教師がいじめを発見することすら容易ではない。デュルケムになぞらえて表現すれば、まさに「病んだ学級集団」といえよう。

なお、これらの反作用は、曖昧になっている逸脱性の境界を明確にする働きも備えている。そもそもいじめ問題では、何がいじめにあたるかについての境界が曖昧になりがちであり、加害意識の弱さもそこからもたらされている。集団のなかで、いじめに対して反作用が現れなければ、境界はますます不明確となり、加害意識はいっそう希薄化する。反対に、適切な反作用が加えられれば、集団内の認識の枠組みが固まる。いじめに対して適切な反応がなされることによって、正義が貫かれ、集団の秩序も回復する。反作用は、集団のなかに、こうした一連の正のスパイラルを巻き起こしていく導火線でもある。

（森田洋司『いじめとは何か』による）

（注）1　森田――筆者である森田洋司自身を指す。

2　D・マッツァとG・M・サイクス――いずれもアメリカの社会学者。

私たちの全国調査でも、文部科学省の調査でも、いじめの発生率の高い学級では、「正しいことが正しいこととして通らない」「b正直者が馬鹿を見る」「先生が子どもたちにおもねる」傾向が見られた。日本社会全般の規範や法秩序の揺らぎと、運用者への不信感も背景として重要である。とりわけ大人が行う児童虐待、ドメスティック・バイオレンス、パワー・ハラスメント、セクシャル・ハラスメント、アカデミック・ハラスメントなどに対するB日本社会の感性が鋭敏か否かは、子どもたちの規範感覚に少なからず影響を与えていることも見逃すことはできない。

いじめは新しい問題行動であるだけに、規範観念も成熟しておらず、逸脱性の境界にも曖昧な性質があるため、子どもたちの道徳的な意味空間のなかに根を下ろしていないところが多々ある。それでも、内面からの歯止めの育成なくしては、社会の秩序を担保できない。

加えて、いかなる社会規範でも、内面の歯止めだけでは不十分であり、どうしても外からの歯止めが必要となる。つまり、いじめ加害者の周りの人々からの反作用による抑止力が不可欠である。いじめ問題のように、秩序や安全の確保を私的責任に委ねている場合、加害側の内面に多くを期待できないならば、構成員相互の働きかけに期待せざるをえないからである。

いじめ事件が発生すると、私たちは「いじめた子」と「いじめられた子」に注目し、何が原因かを探り出そうとする。しかし、実際には、直接の当事者のみによって、いじめが発生したり解消したりしているわけではない。

いじめであれ、犯罪・非行であれ、およそ逸脱行動といわれる現象は、周りの人々の反応の仕方によって、現象の発生、逸脱の程度と内容、ターゲット、継続性などが異なってくる。フランスの社会学者E・デュルケムは早くからこのことを指摘していた。

私たちの日常生活のルールは法律だけでなく、慣習、道徳、習慣などの規範の束によって保たれている。これらは、特定の場面で、どのように判断し、どう振る舞うべきかの準則を示すものである。

私たちが他者の行動に接する場合にも、規範に照らして望ましい行動であれば、これを是認し、ときにはその行動を推奨する。望ましくない行動であれば、これを否認し、事態は抑止される方向に動いていく。前者を肯定的反作用、後者を否定的反作用と呼んでいる。およそ集団といわれるものは、学級であれ職場であれ、こうした反作用によって保たれている。C外部からの危機介入は、このシステムの限界を超えたときに限られる。

人々の反作用は、目の前で起きている問題に直接対処するためだけではない。規範を内在化するのも重要な働きである。

このことは子どもを例に考えれば容易に理解できよう。子どもが望ましくない行動をすれば親がたしなめ、望ましければ褒める。こうして子どもは、望ましくない行動を外からの声によって抑制するとともに、それが望ましくないことを知り、内なる良心の声として

である。マッツァらは、「責任の回避」「危害を加えていないと考える」「被害がないと見なす」「非難や制裁を加えるものを非難する」「集団や社会への忠誠心に訴える」などのメカニズムを挙げている。

一方で、規範意識が内在化されない背景には、現代社会における規範意識の弱まりやコミュニケーション能力の低下を指摘する議論が多い。また、欲求の肥大化に伴う「コンサマトリーな行動」（欲求をあたかも消費するかのように即時達成的に行動へと移す傾向）、あるいは「今が楽しければよい」とする刹那主義が、感情や欲望の抑止力を欠き、問題行動を引き起こすという議論も多い。

これらの議論は、いずれも誤りではない。しかし、こうした傾向の背後には、現代社会の深層に潜む大きな構造変化があることを見逃してはならない。本書は、この変化を「私事化」の動向に求め、いじめ問題への対応を私事化する社会への対応の問題として捉え直す。

いじめは、基本的にグレイゾーンで発生する。そのため、ほとんどの子どもたちは一般論として、いじめを「許せない」と捉えることができるが、現実の行動のレベルでは、加害意識を強く意識しないことが多い。そのことが、「悪いことだが面白い」という意識にもつながってしまう。

その要因の一つは、逸脱性の境界が不明確なことにある。

一口にいじめといっても、からかい、ふざけ、あだ名呼び、非難の応酬、喧嘩、小突く、突き飛ばすといった、日常的に起こりうる行為から、悪質なからかいやふざけ、誹謗中傷、暴力、仲間はずしまでさまざまであり、どこまでが許され、どこからが許されないものかという逸脱性の境界が、いじめの「乗り物」によって判断できない。

逸脱性の境界が曖昧であるということは、特定の行為がいじめにあたるかどうかの判断が、行為の状況や地域文化などによって、異なる場合があることを意味している。善悪の判断を子どもたちに尋ねた各種の調査結果で、いじめは「理由によっては悪くない」「分からない」という判断が少なからず現れることは、まさに境界の不明確さを示している。状況的誘因が加われば、逸脱性の境界は容易に溶解してしまう。規範観念を醸成するにあたって注意しておかなければならない。

加害意識を希薄化する要因は、実害が見えにくいことにも求められる。「いじめの見えにくさ」のところで触れたように、いじめでは、自分の行為の加害性を相手の内面の苦痛によって推し量る必要が生じる。周りの者から実害が見えにくく、それだけ反作用も現れにくい。総体としての規範意識をいっそう脆弱化させてしまうことにもなる。

もう一つの要因に、学校の秩序や教師の威信の揺らぎがある。

二　次の文章を読んで、後の問いに答えなさい。

いじめは人間の動物としての攻撃性に根ざすものではなく、人間が社会的に作り出す関係性に潜む病理である。そのために、私たち人間社会では、その発現を未然に防ぎ、起きたいじめに「歯止め」をかける知恵を集積している。

この「歯止め」は、人間の内面に規範意識としてセットされている場合もあるし、問題に反作用する力が集団に埋め込まれている場合もある。それでも、いじめによる被害がかくも広まっているのは、子どもたちの内外両面からの歯止めが弱まっていることの現れと考えられる。

まずは、子どもたちに a内在化された規範意識がどのような状態か、見てみよう。

意識調査の結果では、ほとんどの子どもたちが、いじめは良くないことだと認識している。しかし、現実には、いじめはなくなっていない。この傾向は、「第一の波」の当時から変わっていない。たとえば、(注1)森田らが一九八四年に実施した調査結果にも、既にこの傾向が顕著である。

この調査では、いじめの典型的な手口である「持ち物かくし」と「友達をからかう」ことについて、「悪い」ことだと認識しているかどうか尋ねている。「持ち物かくし」では九七%の子どもが「悪い」ことだと認識し、「友達をからかう」についても九一%に達していた。きわめて健全な規範意識を身につけているといえる。

ところが、調査の結果、「友達をからかう」は全クラスで確認されており、「持ち物かくし」も四四学級中、四二学級で発生が確認されている。クラスのほぼ全員がいじめは「悪い」ことだと意識していても、抑止力になっていないのである。

調査チームの島和博は、Aこの矛盾を説明する一つの鍵が、いじめを「面白い」と感じている点にあると分析している。「持ち物かくし」については「悪い」ことだが「面白い」という反応が二割強、「友達をからかう」では四割強であった。この傾向は、「いじめている子」やいじめを周りではやし立て、面白がって見ている「観衆」層の子どもたちに顕著である。

善悪の判断が「理性知」の判断だとすれば、「面白い」という評価は「情動」のレベルで生じる。「悪いことだが面白い」という状態は、規範が内在化されず、情動を抑制できない場合、あるいは「面白さ」を求める情動が、「中和の技術」(注2)D・マッツァとG・M・サイクス）で行動を正当化してしまう場合、または、群集心理が発生する場合などが考えられる。

X、ここでいう「中和の技術」とは、逸脱行動に対して道徳的な非難や制裁が及ぶ場合に、自分の行動を正当化するテクニック

「x御覧じ」 13 ① 中宮 ② 作者 ③ あはれなりし人 ④ おとなひくる人 ⑤ 大納言の君

「yまかでたる」 14 ① 中宮 ② 作者 ③ あはれなりし人 ④ おとなひくる人 ⑤ 大納言の君

問8 本文の内容に合致するものを、次の中から一つ選びなさい。解答番号は 15 。

① 久しぶりに実家に帰った作者は、宮中の庭と実家の庭とを比較して感慨にふけっていた。
② 久しぶりに実家に帰った作者は、取るに足りない作り物語について気心の合う人と文通した。
③ 久しぶりに実家に帰った作者は、物語を取り出して読んでも以前のように面白いと思えない。
④ 久しぶりに実家に帰った作者は、かつて愛着を感じ親しく語り合った友に手紙を出した。
⑤ 久しぶりに実家に帰った作者は、宮中を別世界と感じこのまま実家にとどまろうと思った。

問9 『紫式部日記』の作者である紫式部と最も関係の深い人物を、次の中から一つ選びなさい。解答番号は 16 。

① 定子 ② 賢子 ③ 選子 ④ 泰子 ⑤ 彰子

② 宮中で働くようになってからは我が身の頼りなさが残っていないと思っている。
③ 宮仕えに出てからは我が身の辛さを残ることなく思い知ったと思っている。
④ とりとめのない話に気を紛らせながら存在価値のない我が身の辛さを思っている。
⑤ 行く末の心細さは晴らしようがなく身にしみる我が身の心苦しさを思っている。

問5 「Bいかでかは、わが心のうちあるさまをも、深うおしはからむ」の現代語訳として最も適当なものを、次の中から一つ選びなさい。解答番号は 11 。

① どうにかして私の心の内面の様子を、深く推察してほしいとかいうことだ。
② どうしたら私の心の内面の様子を、深く想像することができるだろうか。
③ どうすれば私の心の内や今の有様を、深く共感してくれることができるのだろうか。
④ どうして私の心の内や今の有様を、深く推察してくれるだろうか、いやくれはしない。
⑤ なぜ私の心の内や今の有様を、邪推することができるだろうか、いやできはしない。

問6 「C浮き寝せし水の上のみ恋しくて鴨の上毛(うはげ)にさへぞおとらぬ」の和歌には、二つ修辞技法が使われている。その組み合わせとして最も適当なものを、次の中から一つ選びなさい。解答番号は 12 。

① 枕詞と序詞　② 枕詞と掛詞　③ 序詞と掛詞　④ 枕詞と縁語　⑤ 序詞と縁語　⑥ 掛詞と縁語

問7 「x御覧じ」、「yまかでたる」の動作主体として最も適当なものを次の中からそれぞれ一つずつ選びなさい。解答番号は 13 ～ 14 。

問2　□で囲んだ活用語①②は基本形で示してある。本文にあうように活用させたものを次の中からそれぞれ一つずつ選びなさい。解答番号は 5 ～ 6 。

Ⅰ　たまふ　5

①　たまは　②　たまひ　③　たまふ　④　たまへ　⑤　たまふれ

Ⅱ　恋し　6

①　恋しく　②　恋し　③　恋しき　④　恋しけれ　⑤　恋しかれ

問3　「ア　あからさまに」、「イ　つれづれに」、「ウ　まほ」の本文中における意味として最も適当なものを、次の中からそれぞれ一つずつ選びなさい。解答番号は 7 ～ 9 。

「ア　あからさまに」　7

①　露骨に
②　突然に
③　ひそかに
④　かりそめに
⑤　あきらかに

「イ　つれづれに」　8

①　一緒に
②　所在なさに
③　むやみに
④　無駄に
⑤　頻繁に

「ウ　まほ」　9

①　直接
②　整っていないこと
③　へだてないこと
④　まじめ
⑤　欠点のないこと

問4　「A　さも残ることなく思ひ知る身の憂さかな」とあるが、ここでの作者の心情の説明として最も適当なものを、次の中から一つ選びなさい。解答番号は 10 。

①　宮中の華やかさを知ってからは我が身のつたなさを思い知ったと思っている。

大納言の君の、夜々は、御前にいと近う臥したまひつつ、物語したまひしけはひの恋しきも、なほ世にしたがひぬる心か。

かへし、

Cうちはらふ友なきころのねざめにはつがひし鴛鴦ぞ夜半にⅡ恋し

浮き寝せし水の上のみ恋しくて鴨の上毛にさへぞおとらぬ

書きざまなどさへいとをかしきを、ウまほにもおはする人かなと見る。

「雪をx御覧じて、をりしもyまかでたることをなむ、いみじくにくませたまふ」と、人々ものたまへり。

（『紫式部日記』による）

（注）1　御前の池――中宮の御前の庭の池。

2　年ごろつれづれに～（本文7行目）のがれたりしを――作者が夫に死別してから宮仕えに出るまでの回想。

問1　「aけり」、「bらむ」、「cに」、「dしも」は、助動詞または助詞である。本文中における意味として最も適当なものを、次の中からそれぞれ一つずつ選びなさい。解答番号は 1 ～ 4 。

「aけり」 1　①完了　②過去　③詠嘆　④強意　⑤存続

「bらむ」 2　①推量　②現在推量　③過去推量　④婉曲　⑤詠嘆

「cに」 3　①完了　②過去　③断定　④所在　⑤存続

「dしも」 4　①列挙　②同趣　③詠嘆　④強意　⑤類推

▲教育（国語教育）学部▼

（九〇分）

一　次の文章を読んで、後の問いに答えなさい。

（注1）御前の池に、水鳥どもの日々におほくなりゆくを見つつ、入らせ I たまふぬさきに雪降らなむ、この御前の有様、いかにをかしからむと思ふに、ア あからさまにまかでたるほど、二日ばかりありてしも雪は降るものか。見どころもなき古里の木立を見るにも、ものむつかしう思ひみだれて、（注2）年ごろ イ つれづれにながめ明かし暮らしつつ、花、鳥の、色をも音をも、春、秋に、行きかふ空のけしき、月の影、霜、雪を見て、そのとき来に a けりとばかり思ひわきつつ、いかにやいかにとばかり、行末の心ぼそさはやるかたなきものから、はかなき物語などにつけて、うち語らふ人、おなじ心なるは、あはれに書きかはし、すこしけ遠きたよりどもをたづねてもいひけるを、ただこれをさまざまにあへしらひ、そぞろごとにつれづれをばなぐさめつつ、世にあるべき人かずとは思はずながら、さしあたりて、恥づかし、いみじと思ひしるかたばかりのがれたりしを、A さも残ることなく思ひ知る身の憂さかな。

こころみに、物語をとりて見れど、見しやうにもおぼえず、あさましく、あはれなりし人の語らひしあたりも、われをいかにおもなく心浅きものと思ひおとす b らむと、おしはかるに、それさへいと恥づかしくて、えおとづれやらず。心にくからむと思ひたる人は、おほぞうにては文や散らすらむなど、うたがはるべかめれば、B いかでかは、わが心のうちあるさまをも、深うおしはからむと、ことわりにて、いとあいなければ、中絶ゆとなけれど、おのづからかき絶ゆるもあまた。住み定まらずなり c にたりとも思ひやりつつ、おとなひくる人も、かたうなどしつつ、すべて、はかなきことにふれても、あらぬ世に来たる心地ぞ、ここにて d しもうちまさり、ものあはれなりける。

ただ、えさらずうち語らひ、すこしも心とめて思ふ、こまやかにものをいひかよふ、さしあたりておのづからむつび語らふ人ばかりを、すこしもなつかしく思ふぞものはかなきや。

④ 重責をフカする。　⑤ 相互フジョの精神。

F 未解決事件がメイキュウ入りとなる。 **24**

① キュウリュウを下る。　② 荘厳なオウキュウを訪ねる。　③ 真相をキュウメイする。

④ ヒキュウを打ち上げる。　⑤ キュウダイ点をつける。

G 指揮をトる。 **25**

① セッショウと関白。　② 免許をシュトクする。　③ 記念サツエイ。

④ サイコウ窓を北側に設ける。　⑤ シッコウ猶予を与える。

H ゲシは一年で最も日が長い。 **26**

① 現在にイタる。　② タオれるまで走る。　③ 批判のヤを浴びる。

④ 休みがハジまる。　⑤ 日がアたる。

I □無私の態度で臨む。 **27**

① 無欲　② 平穏　③ 無我　④ 公平　⑤ 有用

J 二日続けて遅刻しては、□て当然だ。 **28**

① 油をとられ　② 油をさされ　③ 油を絞られ　④ 油を売られ　⑤ 油を注がれ

三　漢字・語句について、次の問いに答えなさい。

問　A～Hの各傍線部に相当する漢字を含むものはどれか。また、I～Jの空欄に入れるのに最も適当な語句はどれか。それぞれ一つずつ選びなさい。解答番号は19～28。

A　戦争を未然にヨクシする。19
①　シスイ栓を閉めて工事する。
②　シセイ天に通ず。
③　ヨハネのモクシ録。
④　身体をコクシして働く。
⑤　禅宗のシソを拝む。

B　彼はケッシュツした才能の持ち主である。20
①　彼女はケッペキな人だ。
②　村人達がケッパン状を提出した。
③　英雄ゴウケツ。
④　長い裁判がケッシンする。
⑤　機械の一部がケッソンする。

C　財源がコカツする。21
①　ソウカツ質問を行う。
②　愛をカツボウする。
③　親父がいたずら者をイッカツする。
④　ジュンカツ油を足す。
⑤　国から県にカンカツを移す。

D　ハイシン行為は許しがたい。22
①　ハイブツを利用する。
②　ハイゴウ飼料を牛に与える。
③　シュクハイをあげる。
④　ショウハイを争う。
⑤　事件のハイケイを調べる。

E　フヘン的に認められる真理。23
①　事実とフゴウする。
②　チームの栄光はフメツだ。
③　スマートフォンがフキュウする。

問7　本文において、筆者は「建築」と「時間」のかかわりをどのようにとらえているか。最も適当なものを、次の中から一つ選びなさい。解答番号は**18**。

① 空間の法則に挑戦しては瓦解していく建築群の廃墟が、そこを訪れた人に人間の営為のむなしさ、悠久の時の及びがたさを、音楽的にドラマチックに自覚させる。

② 成長し、完成し、古び、滅ぶ、という建築の逃れがたい過程が、時間芸術のドラマを思わせ、そこを訪れては去っていく人々の感じる時間的喜びと交響しあう。

③ 建築は、永遠不滅の建造物として作られたままの姿をもって現代に迫り、そこを訪れた人々に時間の音楽的ドラマを味わう充実感と、時の悠久性を感じさせる。

④ 古びながらも存続する建築の姿が、力学的制約を受けつつ時間を克服した空間芸術としての感動を与え、そこを訪れる人々に多彩な時間芸術を見るような味わいをもたらす。

⑤ 過ぎゆく幻想ではなくまぎれもない現実として構成され、時間に耐えて存在する建築の姿が、逆にそこを訪れる人にロマンと幻想を味わわせ、時間芸術のような錯覚を与える。

問5　「C文学もそれと同じ時間、歴史に耐えている」とあるが、筆者は本文全体を通して、「文学」をどのようにとらえているか。その説明として最も適当なものを、次の中から一つ選びなさい。解答番号は 16 。

① 人間が現実に実現できない願望を言語の世界に逃避的に表現したもので、建築の与える感動に比べれば低次元の感動しか与えることができないものである。
② 人間の空想を比較的自由に表現できるが、時代や風俗や言語によって制約されるため、一瞬の鮮烈な感動を歴史の中に残して消えていくものである。
③ 物理的制約を持つ空間芸術ではないため、時間的耐久性があり、しかも人間精神を柔軟に表現できる点で、建築などよりも優れたものである。
④ 虚業の産物ではあるが、やがて瓦礫(がれき)に変貌する建築と異なり、それを読む人間の精神的営為に応じて変わらぬ姿を永遠にとどめるものである。
⑤ 精密な理論を持つと同時に、人間の空想を自由に虚構の世界に表現することもでき、時と共に変遷しつつ歴史的に生き残るものである。

問6　文脈上、［　　］に入る言葉として最も適当なものを、次の中から一つ選びなさい。解答番号は 17 。

① ここに再び、建築物の美、幻想と、構造物の力学的表現の問題が出てくる
② ここに再び、建築の日常的実用性、住居性と、芸術性の問題が出てくる
③ ここに再び、現代美術のリアリティと、創造的虚構の問題が出てくる
④ ここに再び、建築家個人の幻想、想像力と、共同体の信仰の問題が出てくる
⑤ ここに再び、空間芸術と、ガウディ個人の宗教的幻想の問題が出てくる

問3　「A気ままに表現できる絵画」とあるが、筆者は「絵画」をどのようにとらえているか。最も適当なものを、次の中から一つ選びなさい。解答番号は14。

①　空間的に自由な表現が可能な反面、それを物理的に保存するという点では不自由な、時間芸術としての側面を持つ。
②　力学の法則には拘束されているが、常識や経験などの現実的拘束からは離脱し、純粋な幻想を虚構の世界で自由に表現できる。
③　時間に抵抗して実在する空間芸術であるが、瞬間の中に永遠の感動を表現することができる自由を持ち合わせている。
④　常識的感覚や空間的保存性によって制約されるが、力学の法則から逸脱した幻想を比較的自由に表現することも可能である。
⑤　「絵空ごと」という言葉どおり、時間的にも空間的にも自由な表現が可能な、時間芸術と空間芸術が高度に統合された芸術である。

問4　「B建築こそ空間芸術のもとのもとにほかならない。」とあるが、なぜそのようにいうことができるのか。その説明として最も適当なものを、次の中から一つ選びなさい。解答番号は15。

①　建築は、二次元空間などへ退避することなく、人間の願望や幻想を忠実に真正の空間として表現し、たとえつかの間であっても人々に永遠の感動を与えるものだから。
②　建築は、元来天を目指す人間の根本的願望にもとづき、物理的な構成や精神性など多彩な問題を克服し、現実性をも超越した純粋な空間を構成する営みだから。
③　建築は、人間が精神と肉体の力を動員して、重力や自然現象の制約に挑戦し、現実に構成した具体物を時間に抗して残そうとする、古くからの創造的営みだから。
④　建築は、力学的制約に挑戦し、それを打ち破る自由な表現によって、信仰などにもとづく幻想を現実のものとして後世に残すという、人間精神の巨大な営みであるから。
⑤　建築は、空想や幻想を排した力学的真理にもとづく厳格な創造によって成立し、芸術の域を越えて人間の実用に貢献する、記念碑的性格を持っているから。

4　パースペクティブ――景色、眺め、展望。遠近感。
5　ガウディ――アントニオ・ガウディ。スペインの建築家（一八五二～一九二六）。
6　デコラティブ――飾りたてられているさま。装飾的。

問1　X～Y に入る言葉として最も適当なものを、次の中からそれぞれ一つずつ選びなさい。解答番号は 10 ～ 11 。

X　10　①　むしろ　②　いわば　③　もはや　④　まるで　⑤　やはり

Y　11　①　かなり　②　たぶん　③　まるで　④　まさか　⑤　ついに

問2　波線部a～bの意味として最も適当なものを、次の中からそれぞれ一つずつ選びなさい。解答番号は 12 ～ 13 。

「a 佇（たたず）み」　12
①　近づいて寄り添うように　②　立ったまましばらくいて
③　足をとめて正対して　④　そばでじっと見ていて
⑤　直立不動の姿勢のまま

「b 画然と」　13
①　あきれてことばも出ない　②　これまでと全く異なる
③　あたかも絵画のような　④　はっきりと区分された
⑤　秩序正しく整理された

一グラムの虚偽も許されない。まさにアランが言うごとく建築とは、空想するだけではなく、実際につくってみなければその美しさはわからない。いくら精細な設計図にも建築のマスの巨大な力や、複雑に変化する視点のドラマまでは織りこめない。設計図や構造力学や材料の性質をもとにして、大建築をつくるスリルは、何にも代えることができない賭けであろう。まさに神の力の加護を祈る気持ちであったろう。

しかしこれらの聖堂、神殿、あるいは宮殿、城館は、ひとりの建築家の創造物というより、協同体や信仰や権力の意志によってつくられた創造物である。個人の意志は、住宅、稀に公会堂、劇場などにおいて、実用性、効用性の制約の中に辛うじて見られるに過ぎない。むしろ日本においては根本的には茅屋である、茶室や庵などで、小さいながら建築者の趣味だけによってつくられた建築であった。

しかしスペインのバルセロナで(注5)ガウディのサグラダ・ファミリア教会を見たとき、はじめて建築家個人の幻想、創造力にぶちあたった。ぼくはこの怪奇幻想の巨大なマスにぶちのめされた。それは教会というより、巨大な鍾乳洞という感じであった。軟らかい不気味な流体がこおりついて存在している。現代美術において試みられた小さな実験を、建築において実現しようとした、この奇怪さはいくら文章で書いても、写真で眺めても、伝えることができない。実際ガウディの建築のもとにa佇み、中に入って見なければわからない。それは孤独な芸術家の夢の実現であり、挫折である。宗教的感情はない。あったとしたらそれはガウディ個人の幻想の中の信仰であろう。しかし不思議な美、マスの圧倒、つまりこの世にあり得ないものがあるのを、この目で見たという異様な感銘は強烈だ。まさにガウディの執念がじかに伝わってくる。この未完の建築は残された設計図で今も少しずつつくられているが、ガウディ死後建てられた部分には、いかに設計図通りにつくられても、もう夢はない。b画然と別の平凡な建築ということがわかる。

ガウディのつくった波打つようなアパートも見た。しかしぼくはこんな(注6)デコラティブなアパートは眺めてたのしむだけで、住みたくはない。［　　　　　　　　］。しかしガウディの建築の見事さはあれだけ怪奇な幻想を表現しながら、力学の法則からはずれず、しっかりと大地に建っている、絵空事でないほんものという驚きであり、感激である。トリックにフィクションになれている現代人は必然性を内部にかくしている幻想にこそ、飢えているのではないか。

（奥野健男『芸術の辺際』による）

（注）1　バベルの塔――旧約聖書の創世記にある伝説上の塔。
2　マス――大きなかたまり、密集、集団、集まり。
3　イル・ド・フランス――フランス中北部、パリを中心とした地方。

単なる空想や幻想でなく、また言葉や文字や絵空事でなく、実際、重力や自然の天変地異に挑戦し、それに抗して人間の力をしめす建築こそ、人間の精神、肉体を用いた創造物として、至高の場を占めるように思われる。(注2)マスの重力は決してミニチュアや二次元空間や言語芸術にまで逃避したイメージ、空想、虚構の、つまりまやかしの創造物とは違う厳しい制約で迫ってくる。それだけに本物なのだ。虚業ではなく、実業なのである。

建築とはまぎれもない空間芸術、空間的存在である。空間の構成である。しかし重力に抗しかつ重力を利用して、ゴシックの教会のごとく、多数の人間の苦しい労働によって何十年、いや何百年も費やして建設する時、それは永遠に残る、残したいという建築者の執念の産物であるが、これだけ長い時間を要する間に、建築者は必ず時間というものを考えずにはいられなかったろう。何十年単位で成長し、完成し、また古びて行く建築という生きものを感じたに違いない。それが建築における年月の洗練、重味としてぼくたちの魂に訴えてくる。何十年、何百年、いや何千年も屹立(きつりつ)していると建築も年輪を帯びてくる。ぼくたちは空間芸術の極致とも言えるそれらの建造物を観(み)るとき、［X］限られた空間や土地や環境より、その建造物に時間を、歴史をこそ感じる。空間の中より、時間の中に屹立する芸術作品を、人間の意志力を見出し、感動する。これこそ空間の時間に対する制覇、反逆にほかならない。言語もC文学もそれと同じ時間、歴史に耐えているのだが、変貌して太古の姿は定かではない。建造物は遺蹟(いせき)となっても、生まれた時、創られた時と寸分違いない基礎をもって現代に迫ってくる。建造物は遺蹟となっても、人間の歴史の時間内にあっては、永遠で、不滅である。

その上、建築は歩き、近づき、内部に入りめぐり、そして出て、遠ざかる人間の視点にとって、［Y］時間芸術のような、ドラマを現出してくれる。

実際、ゴシックの教会堂を、たとえば(注3)イル・ド・フランスのシャトルの聖堂をパリからのドライブの涯(はて)に、広い畑の丘の地平線の上に遠くのぞんだ時の心のときめき、中世を残す古い街に入って、街並みの狭い路地から、人家の上に不意にそびえるゴシックの尖塔(せんとう)を見たときの驚き、近づくにつれて時々刻々と景観が変わり、尖塔の配置が微妙に運動する、近づけばそびえるばかりの高い塔、そして狭い入り口から内部に入れば、エクステリアとあまりにも異なるインテリア、曲線のアーケード、はり、円天井の偉観、ステンドグラスの豪華さ、内部の陰気な暗さ、神秘な荘厳さ、迷路、柱ひとつひとつが移動して行く(注4)パースペクティブのおもしろさ、そして再び外に出ての眺望、帰り行く道に遠ざかり地平線に沈んで行く尖塔、まるで交響楽を聴いたような時間的なよろこび、充実がある。まさに空間の建造物が演じる、時間の音楽的ドラマである。建築はどこから見られても、完璧な美であり、多様に変化する美を備えていなければならない。しかも重力の法則、建築材料の力学、構造学にしたがって合理的、論理的、科学的であり、力学に反した一ミリ、

二　次の文章を読んで、後の問いに答えなさい。

音楽や舞踊にも、演劇にも、詩や小説にも、精密な法則や理論がある。音楽理論がいちばん精密であろうし、言葉にも文法がある。しかし時間芸術は一瞬にして過ぎ行くものであり、法則に反した、あるいは法則を超えた表現も可能だ。それは芸術ではない、美ではない、意味をなさないと言われるだけで存在可能なのだ。その代わり、瞬間の中に永遠の感動を表現することもできるのだが。しかし空間芸術は、時間に抗し実在するものであり、空間に一瞬大きくかけた花火なら別だが（これは典型的な時間芸術であるが）地球の重力に抗して自己を保存しようという力学が必要だ。それだけでなく耐候、耐熱、耐寒、耐水、耐湿、耐震、耐火、耐菌などの抵抗が必要である。作者のどんな幻想を表現した彫刻であっても、保存的な空間芸術である以上、力学の法則に従わざるを得ない。蜘蛛(くも)の糸で巨大な岩石や鉄塊を支えたり、吊(つ)るすことはできない。あまりに細い足に巨大な胸や尻を支えることはできない。幻想は必然的に力学や材料により規制される。絵空ごとと言う言葉もあるごとく、二次元的空間に三次元ないしは四次元空間を、A気ままに表現できる絵画においては、幻想をかなり自由に、力学に反して表現できる。しかし過度の虚構は、それだけ絵画のリアリティを減じる。もともと空間の平面的模写である絵画は、視覚的経験、常識的、生活的リアリティを、大きく破り、反逆することはできない。その上、二次空間、平面と言いながらも、絵画も空間芸術であり、力学その他の空間的保存性の制約を脱していない。時間に抗し保存させせなければならず、絵というもの自体が空間の力学の上に成立しているのだから。

建築となると、絵空ごとは全く許されない。弱い柱の上に、重い棟は絶対にのせられない。載せようとした瞬間、その建築物は力学的真理に反し、崩壊してしまう。つまり嘘(うそ)は一片たりとも許されないのだ。空想、幻想だけで成り得る、土台のない建築、柱のない建築、一本の針の上に巨大な城をつくるなどということは不可能なのだ。

その意味で建築ぐらい、人間にとって真面目で、正直で、厳しい、ごまかしのきかない創造物、芸術はない。その正確さは単一の目的をもった機械や道具と同じである。しかし建築は機械のような単一の目的のための存在ではない。はるかに精神的な存在なのだ。ぼくは建築に芸術の父祖、特に空間芸術の根源を感じる。B建築こそ空間芸術のもとのもとにほかならない。

ぼくは天にまでとどかせようとした(注1)バベルの塔、というより城塞を築きあげようとした古代人の願望に注目をせざるを得ない。単に天国へ届く塔を空想する、信仰によって内心の祈りとして天にとどかせるのではなく、現実の具体物としてバベルの塔を建造する。日本の出雲大社も、古代は現在よりはるかに高い、天に届く社だったという。木造建築の極限にまで挑戦し、天災で何度もこわされる。

次の中から一つ選びなさい。解答番号は 7 。

① 差異化の中に秩序を形成するため。
② 流動的群衆を復活させるため。
③ 秩序を無差異化するため。
④ 敵対的異物を制圧するため。
⑤ 驚きによる還元を起こすため。

問6 文脈上、［　　］に入る言葉として最も適当なものを、次の中から一つ選びなさい。解答番号は 8 。

① 古い秩序と新しい秩序は、人間存在の基盤となっている
② 差異化と無差異化は、日常生活における基本的原理である
③ 暴力と破壊は、消去不可能な生理的原理として存在している
④ 秩序と群衆は、根底のところでは内面的な関連を結んでいる
⑤ 群衆と暴力は、社会生活の中で根源的に表裏一体の関係にある

問7 本文の内容と合致するものを次の中から一つ選びなさい。解答番号は 9 。

① 群衆心理学は、個人の集団への融解現象には注目できても、その中にある相互の敵対関係を十分みているとはいえない。
② 日常生活の秩序は、群衆の生成によってもたらされた無差異状態における模倣欲望によって活性化し、差異体系が更新される。
③ 社会の中で人間が生きる限り、互いに闘争し合わざるを得ないので、その闘争はいつも破壊的暴力として発現することになる。
④ 秩序の形成にも群衆の形成にも、暴力的排除の力が働いている以上、秩序も群衆脱した闘争のない社会の樹立が望まれる。
⑤ 第三者を排除する力は、社会の中で常に機能し、その第三者になるのは、社会内部に現実に存在する少数ばかりである。

うになること。

④　秩序の解体状況の中で、宙づり状態になった人々が日常の秩序を取り戻そうとして、相互に融合した塊のようになってしまっていること。

⑤　秩序の解体状況の中で、アナーキーになった群衆が恐怖心理から他人の欲望を自覚的に学び、万人が一様性を帯びるようになること。

問4　「B社会的分身の動力学」とあるが、筆者が「動力学」と表現するのはなぜだと考えられるか。その説明として最も適当なものを、次の中から一つ選びなさい。解答番号は 6 。

①　社会的分身は、他人の欲望に同化しながらも相互に敵対関係にあることを内在させているので、絶えず精神的危機にさらされているということを強調するため。

②　社会的分身は、本来異なった存在としてある個人どうしが近づいたり反発したりする流動的な状態において成り立つものであることを強調するため。

③　社会的分身は、他人の欲望を模倣したところから生じたものだから、その欲望に潜んでいる本質的な動因を読み取るべきであることを強調するため。

④　社会的分身は、一方で他人の欲望に同化する方向に動くかと思えば、他方では互いに反発し他人を排除する方向にも動くものだということを強調するため。

⑤　社会的分身は、単純に一様なものではなく、その背後には敵対関係を含む両面性があり、そのため人間関係が複雑で錯綜（さくそう）していることを強調するため。

問5　「C第三者排除」とあるが、これはどのような目的のために行われると筆者は考えているか。その内容として最も適当なものを、

問1　X ～ Y に入る言葉として最も適当なものを、次の中からそれぞれ一つずつ選びなさい。解答番号は 1 ～ 2 。

X　1　① つまり　② たとえば　③ あるいは　④ したがって　⑤ ところが

Y　2　① たとえば　② そして　③ だから　④ ところで　⑤ しかし

問2　波線部aの空所に当てはまる最も適当な語を次の中から一つ選びなさい。また、波線部bの意味として最も適当なものを、次の中から一つ選びなさい。解答番号は 3 ～ 4 。

「a □がちに」　3　① 偏り　② 抑え　③ 我　④ 先　⑤ 遠慮

「b 瀕（ひん）する」　4　① 転化する　② 近づく　③ 移り変わる　④ 反発する　⑤ とどまる

問3　「A 分身状態」とあるが、これはどのようなことか。その説明として最も適当なものを、次の中から一つ選びなさい。解答番号は 5 。

① 秩序の解体状況の中で、他人との距離をとれなくなった人々が恐怖心理に駆られて群衆の中に自らを解消し、パニック状態になっていること。

② 秩序の解体状況の中で、無意志的にになった群衆が自分の欲望を他人の中に見いだし、自分と他人の区別ができなくなること。

③ 秩序の解体状況の中で、無差異状態になった人々が他人の欲望を無意識的に模倣し、互いに同じような見方や考え方を持つよ

と同時に相手を排除するというのが、模倣の力学なのです。ですから分身状態は相互敵対状態でもあるのです。群衆心理学は、群衆のなかへの個人の融解と同一化の側面ばかりを強調していますが、一面的というべきです。分身(doubles)は、たしかに、二つのものが類似していることを意味しますが、それは形式的な規定であって、B社会的分身の動力学は、本来違ったものが危機のなかでの社会的還元によって、心理的に近づきつつ反発することなのです。したがって分身状態の流動的群衆は熱狂と恐怖を内在させているもので、そのなかにまきこまれた人間にとっては精神的危機を最後までひきずっていかなくてはならないでしょう。

流動的群衆が固定的群衆になるときがある。流動的群衆は相互敵対の力学を内蔵している限り、原理上は、いつ解体してもおかしくはない。ところが実際にはそうではなくて、流動的群衆はその相互敵対状態を乗り越えるために、その敵対的力を異物の排除に振り向けるのです。互いに向けていた暴力圧力を、ひとりまたは少数の第三者に集中する。内部に排除すべき異物がなければ、外部に異物を現実的にであれ想像的にであれ、作りだしていく。排除されるべき第三者が見つかり、それに向けて全員の暴力を集中していくとき、群衆は痙攣（けいれん）的に固定化する。そのとき群衆の流動性は解消し、固定的な全員一致現象が生まれる。そしてそのときこそ、群衆の解消の時期であり、古い秩序の回復か新しい秩序の創建かをとわず、日常生活の差異体系がもどってくるでしょう。

このようなC第三者排除の力の発動は、社会生活の生理とでもいうべきもので、人間が社会生活のなかで生きる限り、自覚すると否とにかかわらず、いつでもはたらいているといえるでしょう。社会のなかに生きるほかはない人間、つまり社会的人間は、差異化によって秩序を作りもするが、その秩序を無差異化して群衆状態を作りもするのです。だから、社会生活をもっぱら秩序ある生活とのみ規定して、群衆化傾向を異常で例外的なものと見なすのは、間違いだといえるでしょう。秩序の形成には、暴力的な排除の力がはたらいているし、その力が群衆をつくりだすのです。ですから、［　　　　　］わけです。人間は、他者がある限り、また他者とともに生きる限り、互いに闘争しあうのを余儀なくされるのであり、またその闘争を、あるときには破壊的暴力にすることもあれば、その闘争を制御して規則をもつ遊戯的競争にすることもあります。社会的人間を闘争の原理から見る必要があるのです。社会的人間のなかには闘争が消去不可能な生理的力としてビルトイン（内蔵）されているのです。

（今村仁司『群衆―モンスターの誕生』による）

（注）1　カネッティ――エリアス・カネッティ。イギリスの思想家、文学者（一九〇五～一九九四）。

2　アナーキー――無秩序な状態。

るでしょう。全員が同じ気持ちで動くからますますひどい事態が生まれるでしょう。この種の群衆は、(注1)カネッティなら「逃走群衆」と呼ぶでしょうが、もちろん、群衆はこの種の群衆に限ったものではありません。けれども、この例が示すように、群衆は、ある種の危機から生まれる、あるいは何らかの危機をそのなかに刻み込んでいる、ということができるでしょう。

　群衆とは、日常的な生活の流れに亀裂と切断が生まれて、秩序の安定性が解体に b 瀕(ひん)するときに、生成するといえます。古い秩序が崩壊している(注2)アナーキーな状態、これが群衆発生の基盤です。そこからもう一度旧秩序が再建されるのか、それとも新しい秩序が創造されるのかはともかくとして、この「宙づり状態」のなかでさまざまの群衆が蠢(うごめ)くのです。この危機の状態は、ノーマルな生活の流れを構成していた「差異の体系」をガタガタにしてしまい、無差異状態を現出します。差異の体系においては、各人は他人との距離をとりつつ生きることができるのですが、無差異の状態では各人は距離をとることができず、相互に融合した塊（マス）になってしまいます。群衆心理学が「個人の群衆への解消ないし融解」と呼ぶ現象がそれにあたるでしょう。すべての人々が「同じ見方・同じ感情」をもって行動することでしょう。万人が一様性という特質を帯びるのです。この状態を私は A 分身状態と呼びます。分身状態に落ち込んでいる人間を、心の動きから規定するならば、彼らは模倣欲望に動かされているということができるでしょう。

　たとえばパニック状態にある人々の恐怖心理が次々と人々に伝染していくのがみられますが、群衆心理学が「伝染」あるいは「感染」と比喩的に呼んでいる心理状態を指して、「人々が模倣欲望に囚われた」と規定するのです。ここでいう模倣とは、必ずしも自覚的な模倣や学習をいうのではありません。この状態での模倣欲望は、しばしばたいていは、無意識的な模倣であって、他人の欲望を直接的に自分のなかに映し入れる（移し入れる）のです。したがって、模倣欲望とは、他人の欲望を欲望すると定義できるでしょう。欲望という言葉は、意志的な行為と思われがちで、欲望の欲望というとますます意志的行為に見えてしまうかもしれませんが、欲望はここでは無意志的な行為と定義しておきます。この欲望は、身振りや表情にも現れますし、人々は互いに身振りや表情を模倣しあうのです。とりわけパニックのような恐怖状態、 X 一揆(いっき)や革命や反乱のような熱狂的状態では、人々は冷静な意識を欠き、いわば驚きによる心理的空白状態に陥っていますから、模倣による感染は電流のように群衆全体に伝播(でんぱ)していきます。人々が互いに分身になるとはそういうことです。

　一般に、日常生活の秩序の危機が生ずるときには、人間の精神のなかに「驚きによる還元」が起きているといっていいでしょう。分身状態は、そうした社会的還元のひとつの現れですが、それは流動的でアモルフ（不定形）な群衆を形成します。分身とは社会の危機の徴候なのです。 Y この流動的群衆は、単純に一様な塊として蠢いているだけではなく、相互に敵対関係の状態にあります。分身状態のなかに捉えられた人間は、他人の欲望を同化的に欲望すると同時に、他人を排除するようにも動きます。相手に類似する

国語

▲社会・政治経済・教育（初等幼児教育・英語教育）・保健医療学部▼

（教育（英語教育）学部　一科目　六〇分
その他　二科目一二〇分）

一　次の文章を読んで、後の問いに答えなさい。

近代の群衆あるいは群衆社会の独特の存在様式を語る前に、群衆存在に関する一般的視点をここに提示しておきたい。近代と近代以前とを問わず、そもそも群衆なるものがどうして生成してくるのかについては、すでに私は別の書物で仮説的に述べたことがありますが、ここでの主題に関わる限りでその要旨を再現して、私自身の問題意識のありようをあらかじめ説明しておくことにします。

群衆とは人間生活のなかのいかなる状態なのでしょうか。前にも少々触れましたが、人々が寄り集まるだけの状態を群衆というわけにはいきません。大学の大教室には学生がぎっしり詰まっていますが、これらの学生を群衆と呼ぶことはできないでしょう。劇場や映画館にいる満員の観客もまた群衆ということはできません。

けれども、教室とか劇場のなかでなにか異常事態や突発事故が生じたとき、室内の人々は突然に群衆に転化します。仮に「火事！」の叫び声が上がった時、室内にはパニックが生まれ、人々は[a]がちに出口へと殺到することでしょう。この時、各人は、冷静に講義を聴いたり演劇を鑑賞したりしていた人間から恐怖に囚（とら）われて他人を押しのけても自分だけは助かろうとする群衆人間に変質す

解答編

英語

◀社会・理工・政治経済・
教育（英語教育除く）・保健医療学部▶

1

解答　1―①　2―③　3―②　4―④　5―④

解説　1．proportion は「割合」という意味。a large proportion of ～ で「～の大部分」という意味になる。

2．英文前半に「母親は子どもにいるように伝えた」とあり，空所の後には「プールの端に」と書かれている。子どもがいるべき場所はプールの浅い場所であると考えられるので③ shallow「浅い」が適切である。

3．be threatened with ～「～に脅かされる」 extinction「絶滅」

4．sufficient は「十分な」という意味の形容詞で，a sufficient amount of ～ で「十分な量の～」という表現となる。

5．force *A* on *B*「*A* を *B* におしつける」

2

解答　6―④　7―②　8―①　9―④　10―③　11―②

解説　6．空所の直前に「新幹線に乗りましょう」とあり，空所の後には「私たちがそこに30分早く到着できる」と書かれているので，この2つをつなぐものとして適切なのは④ so that「～するように，～するために」である。

7．空所前に「すべての地域でのリサイクルが必要かもしれない」と書かれているので，空所以下は「天然資源を無駄にしないために」という意味になるのが自然である。「～するために」という目的の意味をもつ不定詞を用いた②が正解となる。waste「～を浪費する」

8．turn in ～「～を差し出す，提出する」

9．空所の直後に形容詞 old があることに注目する。no matter how＋形容詞または副詞の形で「たとえどんなに～であっても」という意味となる。

10．１文目に「その人たちが私の考えを好むとは思わない」と書かれていることから判断する。be enthusiastic about ～「～に熱心である，乗り気になっている」

11．空所の直後に clothes「衣服」とあり，その後に in dressing rooms「試着室」と書かれていることから判断する。try on ～「～を試着する」

3 解答　12―④　13―③　14―①　15―①　16―②

解説　12．子どもがお母さんに「ペットを飼いたい」とお願いした後の母親の発言。「もしお世話できないんだったら飼うべきではないよ」という意味になると考えると，④「もし～でなければ」が適切である。

13．「水を１杯いただけますか？」という発言に対する返答で，空所の直後で「ただいまお持ちいたします」と言っているので，③「もちろん」が適切である。

14．A の発言より，ある男性が大声で不満をこぼしていることがわかる。それに対して B は，A にその男に今話しかけるのはやめるよう助言している。この発言に続くものとしては①「彼が落ち着くまで待て」が適切である。

15．空所の後に「彼女の演奏は素晴らしかったよ」とあるので，空所には①「最高だった」が入る。

16．A が「キャシーから電話だよ」と発言しているので，それに対する発言は②「すぐにそっちに行くと彼女に伝えて」が適切。

4 解答　17―③　18―③　19―④　20―①　21・22―④・⑦（順不同）

解説　≪サンタへの手紙の内容から読み取れる子どもたちの新型コロナウイルスへの不安≫

17．空所直前の An unlikely source「思いもよらない出所」が主語になり，空所直後の「世界中の何千もの子どもたちのパンデミックへの不安」

が空所に入る一般動詞の目的語となる。そして第1段第1文（An unlikely source …）の文末のSanta's mailbagが，この英文の主語の「思いもよらない出所」のことを指していると考えれば「例年届くサンタへの手紙の中に，子どもたちのパンデミックへの不安が読み取れる」という文脈になる。よって，③revealed「～を明らかにした」が適切である。

18. 第1段第2文（A post office …）のthatは関係代名詞で，that answers mail it receives for Santaの部分がA post officeを修飾していると考える。したがって，このitはA post officeを指している。また，in FranceもA post officeを修飾している。以上のことから，has describedの主語になるのは③A post officeである。

19. 第1段第1文（An unlikely source …）に「世界中の何千もの子どもたちのパンデミックへの不安」とあり，また第1段第3文（The letters contain …）の前半に「(サンタへの）手紙にはいつものクリスマスプレゼントの要望が含まれているが，多くの手紙には感情の発露が見られる」と述べられていることから，子どもたちが新型コロナウイルスの世界的流行に頭を悩ませていることが読み取れる。よって④が適切である。

20. この文は「それらは子どもたちの手紙から本当に伝わってくるものだ」という意味である。their lettersのtheirは「子どもたち」を指すとわかるが，文頭のThey「それら」は「子どもたちの手紙から本当に伝わってくるもの」なので，第1段第1文（An unlikely source …）の「例年届くサンタへの手紙の中に明らかに見られる世界中の何千もの子どもたちのパンデミックへの不安」という内容から，子どもたちの新型コロナウイルスへのfears「不安」であると考えられる。Theyは代名詞なので，fearsを用いた英文の直後にこの英文がくるべきである。fearsを含む英文は第1段第5文（A writer who …）である。よって①が適切となる。

21・22. 第2段第4文（One child wrote …）に「今年は，他の年以上に，私には魔法が必要ですし，あなたの存在を信じる必要があります」と述べられており，④と一致する。また，最終段第2文（She said: "The …）に「サンタへの手紙は子どもたちにとってある種の解放である」と述べられており，⑦と一致する。

5 **解答** 23−③　24−④　25−②　26−①　27−④　28−③

解説 ≪AiFoam について≫

23. 空所の直前に especially in robotics and prosthetic devices「特にロボット工学と人工装具において」と分野を表す副詞句があることに注目する。これの後に続けることができるのは，関係副詞 where である。

24. ①第 1 段第 4 文（It repairs itself …）に「傷ついたら修復する」と述べられているが，痛みを感じるとは述べられていないので不適。

②第 1 段第 6 文（To innervate means …）から，AiFoam には神経が埋め込まれていることが読み取れるが，それによってロボットが自由に動けるという記述はないので不適。

③第 2 段第 2 文（This means that …）に「その素材を切ったとしても，それはたやすく 1 つに戻る」と述べられているので不適。

④第 1 段第 1 文（Researchers in Singapore …）に「シンガポールの研究者たちは，ロボットが感触や周囲の物体を感じ取ることを手助けする電気的な素材を開発した」と述べられており，また同段第 5 文（The material is …）に「この素材は AiFoam と呼ばれる」とあるので，一致する。

25. ①第 3 段第 1 文（To copy the …）に，人間の触感を模倣するとの記述はあるが，それが AiFoam が柔らかい理由であるという記述はないので不適。

②第 4 段第 1 文（Tee said that …）に「その素材に圧力が加わると，金属粒子の密度が高くなる」とあり，続く同段第 2 文（The movement changes …）に「その動き（金属粒子の密度が高くなること）が電気特性を変える」と述べられているので，この選択肢が本文と一致することがわかる。

③第 3 段第 3 文（On June 30, …）に「AiFoam を用いたロボットアームが缶を拾うことに成功した」と述べられているが，AiFoam を用いたロボットアームのほうが缶のような硬いものに簡単に手が届くとは述べられていないので不適。

④第 4 段第 3 文（The electrical connections …）に「AiFoam 内の電気のつながりが情報をコンピュータに送り，そのコンピュータがロボットに何をすべきか伝える」と述べられている。選択肢は「コンピュータに送ら

れ，その次にAiFoamに送られた情報は，ロボットに何をすべきか伝える」という意味だが，コンピュータではなく「情報がロボットに何をすべきか伝える」という記述は誤りである。よって，この選択肢は不適。

26. ①第5段第2文（The robotic hand …）に「そのロボットアームは力の大きさだけでなく，力の方向も感じ取る」と述べられており，続く同段最終文（That could make …）には「それによってロボットはより処理能力が高く敏感になるだろう」と述べられている。よって，一致する。第5段最終文のcouldは「～であろう」という推量の意味である。

②第6段第1文（Tee said AiFoam …）の最初に「AiFoamはこの種の素材としては初めてのものだ」と書かれていることより，不適。

③この選択肢は「7年の開発期間を経て，AiFoamは販売されている」という意味。第6段第2文（After spending over …）の後半に「ティーと彼のチームは，その素材が5年以内に活用されることを願っている」と書かれているので，不適。

④この選択肢は「人工装具を用いる人物が，AiFoamを開発するためにティーのチームにいる」という意味。本文にこのような記述はないので不適。

27. 下線部を含む文は「その素材は，『人口装具を用いている人がロボットアームをより…に利用できるようにする』と彼は言った」という意味。intuitiveには「直感的」の他に「専門知識なしでも簡単に利用や学習ができる」という意味があるので，④「より簡単に素早く習得して利用する」が正解。①「より自動的に利用する」は，人口装具を用いる人が意識的に動かすのではなく，自動で動くという意味になってしまうので不適。②「より有用な指令」と③「利用する精神をより強調」はintuitiveの意味に合わないため不適。

28. この英文の冒頭である第1段第1文（Researchers in Singapore …）に「シンガポールの研究者たちはロボットが感触や周囲の物体を感じ取ることを手助けする電気的な素材を開発した」と述べられていることや，英文全体を通じてAiFoamという素材の特性について述べられていることから，③が正解であると考えられる。

解答 29—④ 30—③ 31—① 32—③ 33—⑤ 34—④
35—③ 36—① 37—② 38—①

解説　29・30. I'm (sorry for what I did).
sorry for ～「～をすまなく思っている」 関係代名詞 what を用いて what I did で「私がしたこと」の意。
31・32. There was (no sign of life in) the summer cottage.
There is ～ の文では文末に場所を表す句を置くので，the summer cottage「避暑地の別荘」の前には前置詞の in を入れる。sign は「表れ，しるし」という意味。no sign of ～ で「～の気配がない」と表現できる。
33・34. She listened to her friend, (with tears falling from her eyes).
「涙を流しながら」とあるので，付帯状況を表す with を用いる。with＋名詞＋補語の形で「～を…しながら」という表現となるので，「涙を流しながら」は「涙が目から落ちながら」と考える。
35・36. I want to wear clothes that are fashionable (and in keeping with my style).
「流行を取り入れながら，自分らしい服」を「流行的でそして私に合った服」と考え，名詞 clothes を関係代名詞 that 以下で修飾する。
in keeping with ～「～に一致して，～に合う」
37・38. I wonder if (eating between meals upsets our nutritional) balance.
if は「～かどうか」という意味の接続詞。「間食」は「食事と食事との間に食べること」であるので，eating between meals と表現できる。upset「～の調子を狂わせる」 nutritional「栄養の」

◀教育（英語教育）学部▶

1 **解答** 1 —③ 2 —④ 3 —① 4 —④ 5 —① 6 —②
7 —① 8 —④ 9 —② 10—④ 11—③ 12—③
13—① 14—③ 15—④

解説 1．go for a drive「ドライブに行く」

2．時間を表す語句に付ける前置詞 in には「(今から) ～後に」という意味がある。

3．weep「しくしく泣く」

4．on *one's* own「一人で」

5．happen to *do*「偶然～する」

6．助動詞＋have＋過去分詞で過去推量を表す。could have *done*「～だったかもしれない」

7．exciting「胸をわくわくさせるような」 excited は「(人が) 興奮した」の意。主語が our trip to Okinawa であることから① exciting を選ぶ。although は「～にもかかわらず」という意味の接続詞であるので，「沖縄旅行はわくわくするものであったにもかかわらず，私はどういうわけか楽しめなかった」となる。boring は「退屈な」という意味なのでこの場合は不適。

8．Take your time.「ゆっくりやってください」 fill out the form「用紙に必要事項を記入する」

9．illustration「例，実例」

10．otherwise「さもなければ」

11．interested「(人が～に) 興味を持っている」 attractive「魅力的な」

12．including「～を含めて」

13．seen は知覚動詞 see の過去分詞形である。知覚動詞を受動態で用いるときは，その後に to 不定詞または分詞を置くことができる。「1組のワシが飛んでいるところを見られた」という意味になるので，seen の後に続くのは① flying である。

14．この会話の中で猫が2匹登場している。このように全体で2つしかない名詞を1つ1つ表す場合，片方を one，もう片方は the other で表すことができる。tell *A* from *B*「*A* と *B* を区別する」

15. this のような指示形容詞と my のような所有格の代名詞は並列することができない。this / that＋名詞＋of＋所有代名詞の形で表す。

2　**解答**　16―④　17―①　18―④　19―③　20―③　21―①　22―⑥　23―③　24―②　25―①　26―④　27―⑥　28―⑤　29―②　30―⑤　31―④

解説　16・17. (Once you get into the habit), it is not that hard to get up early every morning.

once は接続詞で「いったん～すると」の意。get into ～「(特定の習慣)を身に付ける」

18・19. When I woke up this morning, (I found myself lying on the floor).

find O C「…が～であると気づく」の形。C の位置には形容詞や分詞がくるので，ここに lying を置く。lying は lie「横たわる」の現在分詞形。

20・21. I (will take a closer look at) today's newspaper.

take a look at ～「～を見る」の意。ここでの look は名詞で，これを形容詞 close「綿密に」の比較級 closer が修飾していると考える。

22・23. He (seems to be getting along with) his colleagues.

seem to *do*「～するように見える」 get along with ～「～とうまくつき合う」

24・25. You (had better not go out in case) you should catch cold.

had better *do*「～したほうがよい」の否定形は had better の直後に not を置く。in case は接続詞の働きをし，「～するといけないので」の意。

26・27. There (was nothing for her to sit on).

nothing を to 不定詞が後ろから修飾する形容詞的用法。不定詞の後には，表記こそされないがその目的語が続くことを考えて to sit on とする。

28・29. You (may take whichever toy you like).

whichever S V「～するどちらでも」の意。whichever の後に名詞を置くことができることは知っておきたい。

30・31. (How long do you think it) will take her to finish her homework?

Do you think ～？で書き始めると Yes / No で答えなければならないので，間接疑問文の疑問詞にあたる how long を文頭に置く。

3 解答

32―⑥　33―⑤　34―①　35―⑦　36―④　37―③　38―②

解説　≪我が家にジェットコースターがやってくる？≫

32. 空所の直前でエリザベスが「のどが渇いている？」とたずねていることから⑥が入る。

33. 空所の前のスティーブンの発言に「じゃあ，ぼくはお父さんのスリッパを取ってくるね」とあり，そう言ってきたスティーブンに父親はけげんな顔をして発言し返していることから，スリッパに関する内容であることがわかる。スリッパに関する発言は⑤だけである。

34. 空所直後に「エリザベスが話し始めた」とある。話し始める際に用いる表現は①である。

35. 空所の直前の母親の発言に「私たちはビリーの両親に電話して何が起こっているのか確認すべきだ」とあり，空所の 2 行下には「父親はグラント（ビリーの苗字）の番号を本で見つけ，電話をかけた」とある。母親の提案をそのまま父親が実行に移していることを考えれば，空所には⑦が入る。

36. 空所の 2 行上で「すごいよ！」と筆者が発言し，続いて「本当に最高！」とエリザベスが発言している。それに続くスティーブンの発言は，これらと同様の非常に前向きな発言であると考えられるので，④が正解となる。

37. 空所の直後で「知らなかったの？」とグラントさんが聞き直していることから，空所には③が入る。

38. 空所の直前に「もし君たちがそれを欲しくないのであれば，ぼくたちはもちろんそれを引き取るよ」とある。「それ」とはジェットコースターのことであり，子どもたちは絶対にそれが欲しいということが文脈からわかる。よって空所に入るのは②である。

4 解答

39―③　40―①　41―③　42―③　43―④　44―③　45―②　46―④　47―③

解説　≪職場での行動を変えると得られる変化≫

39. 下線部を含む第2段最終文（With great skepticism, …）に「彼女は最終的にはそれをちょうど1週間だけやってみることに同意した」とある。同段第1文（Peggy resisted the …）に「ペギーはその指示に抵抗した」と述べられていることから，最初は懐疑的であったが最終的にそれをしてみることにしたという文脈が読み取れる。よって③ Though「～にもかかわらず」が正解。

40. count「価値がある，重要である」 第1段第3文（The key question …）後半に述べられている「もし私がここで本当に重要な人物であるのであれば，私は何をするのだろう」と自問することが，第1段冒頭で述べられているワークショップでの指示である。この指示に従ってペギーは働き方を変えてみようとしているという文脈から考えると，count の意味を知らなくとも解答に近づける。下線部(2)直前の as if は「まるで～であるかのように」の意。

41. compliment「～をほめる」 第3段全体でペギーの職場での変化について述べられており，また，同段最終文（I told the …）に「私は上司に同僚の一人についての素晴らしいことを語った」ともあるので，前問の40と同様に下線部の単語の意味を知らなくとも類推できる。praise「～をほめる」

42. if には「～かどうか」という意味がある。that は「～ということ」の意であるので不適。

43. sell には「～を売り込む」という意味がある。下線部を含む第3段最終文（I told the …）に「私は上司に同僚の一人についての素晴らしいことを語った」とあるが，下線部の直前に usually「普段は」とあることに注目する。ここはペギーが自分に起こった前向きな変化について報告しているところなので「普段は」に続く下線部は，変化前のことについて語っていると考えられる。変化後は第3段第3～6文（"My first step … for the others.）にあるように，他の人に気を遣えるようになったことがわかるので，変化前の「普段」なら上司に他の人の素晴らしいことを言うのではなく「自分を売り込んでいる」と判断できる。したがって，正解は④である。

44. 下線部を含む第4段第2文（"First, I stopped …）に「最初，私は仕事についての不満を言うことを止めた。そして私は自分が大変な a nag であったことに気づいた」とある。つまり，自分が以前いかに不満を言う人物であったかを述べているので，正解は③である。

45・46. 正しい語順は reminded me what I was supposed である。remind は「(物事が人など）に…を思い出させる」の意。空所の直後に to があるので，be supposed to *do*「～しなければならない」の形を用いることを考える。

47. ①第2段第1文（Peggy resisted the …）より不適。

②第1段第2文（I asked them …）に「まるで自分の行動が周囲のすべての人に違いを生み出すかのように行動しなさい」と述べられていることから，選択肢の後半の as they would like to「好きなように」と一致しない。

③第3段第1文（The following week, …）の後半に「私は彼女の熱量のレベルの違いを信じることができなかった」とあることから，ペギーの変化が想像以上であったことがわかる。 よって選択肢と一致する。be absorbed in ～「～に夢中である」

④第4段第5文（"I was really …）に自分の変化に驚いているペギーの発言がある。よって不一致。useless「役に立たない」

⑤第3段第8文（I invited two …）に同僚を昼食に誘ったと述べられていること，また第3段全体を通じて会社の中で積極的に周囲の人と関わり合っていることから，孤立はしていないことがわかる。よって不適。isolated「孤立した」

5 解答

48―③　49―⑥　50―④　51―④　52―①　53―②
54―④　55・56・57―③・⑤・⑦（順不同）

解説　≪重圧下で実力を発揮できない理由とその仕組み≫

48. 第1段第7文（In the example …）に「上述の例では」とあることから，第1段冒頭の授業中に座ってテストを受けている状況は例であることがわかる。したがって，空所にはそういった状況を「想像してください」という意味の動詞が入る。よって③が正解。

49. 空所を含む文の直前の第1段第3文（As you try …）の最後に「あなたはパニックになる」とあることから，空所にはこの状態のときの身体の様子を表す語が入ると考える。heart は「心臓」という名詞，sweat は「汗」という名詞と「汗をかく」という一般動詞の意味を持つことから判断する。race「(脈拍などが）どきどきする」

50. 空所の直前に a great reward（getting an A＋)「大きな報酬（A＋の成績)」とあり，空所の直後に（getting a bad grade)「悪い成績」とあるので，空所には reward の反意語が入る。よって④ punishment「罰」が正解。

51・52. 正しい語順は Not only does choking involve working memory である。選択肢と，空所直後の but it also から not only *A* but also *B*「*A* だけではなく *B* も」の表現を用いることがわかる。また，選択肢② does choking より，does があるので疑問文の形になる。否定語を文頭に置くとその後には疑問文の形が続くという倒置法のルールがあるので，Not only から始める。

53. 空所直後に full of books「本でいっぱいの」とあることから②が正解である。

54. 最終段第 1 文（Stressful situations can …）は，「ストレスを感じさせる状況は，作業記憶の容量を下げることによって［54］な生徒にさえも影響を与える」という意味である。空所の前に even「～さえ」があることに注目する。「最も賢い生徒にさえ影響を与える」とすれば自然な文章となるので，④ smartest が正解となる。

55 ～ 57. ①第 1 段第 2・3 文（You studied really … fact, you panic.）に，重要な情報を忘れてしまうのは，思い出そうとするときにパニックになることが原因であると述べられていることから不適。

②この選択肢は「重圧を感じると，人はストレスと呼ばれる神経機能の反応を抑える」という意味である。第 1 段第 5 文（This feeling of …）に「重圧のためにうまく物事が実行できない状態は，本当にストレスを感じる状況に対する神経機能の反応である」と書かれていることから一致しない。

③第 1 段第 6 文（Not to be …）に "choking" under pressure を「呼吸困難と混同しないこと」とあるので，一致する。

④ shake hands with ～「～と握手する」 この記述は本文に述べられていないので不適。

⑤第２段第１文（While the idea…）に「重圧下で自分の力を発揮できないという考えは非常にわかりやすいように感じられるかもしれないが，その背景にある仕組みは複雑である」と述べられているので一致する。straightforward「わかりやすい」 complicated「複雑な」
⑥第３段最終文（Because choking under…）の後半に「それが起こるのを防ぐことを可能にするために，自分の力を発揮できない仕組みを理解することは重要だ」と述べられているので不適。
⑦第４段第４文（Another type of…）に「作業記憶はあまり長く続かず，多くの情報を保持できない」と書かれているので一致する。
⑧第４段第８文（People differ in…）に作業記憶の容量の差は個人の容量の差であると述べられている。試験を受けている間の努力量の差であるとの記述はないので不適。

数学

◀社会・政治経済・教育（初等幼児教育・英語教育）・保健医療学部▶

1　解答　≪小問 4 問≫

ア．6　イウ．−5　エ．0　オ．0　カ．1　キ．2　ク．2　ケ．3
コ．9　サ．0　シ．3　ス．2　セ．4　ソタ．34　チ．5

2　解答　≪玉を並べる場合の数≫

アイウ．360　エオ．24　カキク．120　ケコサ．240　シス．24
セソ．48　タチ．24

3　解答　≪直方体の計量≫

ア．2　イ．3　ウ．1　エ．2　オ−③　カキ．30　クケ．30
コサ．29　シ．2

4　解答　≪約数と倍数，n 進法，1 次不定方程式，互いに素である確率≫

アイウ．150　エオカ．210　キク．36　ケコ．24　サシ．31
スセソタ．1011　チツ．83　テトナ．118　ニ．2　ヌ．5

◀理工・教育（数学教育）学部▶

1　解答　≪2次関数のグラフと x 軸の交点，必要条件・十分条件≫

ア．1　イ．2　ウ．3　エ．4　オ．2　カ．2　キ．3　ク．4
ケ．0　コ．0　サ．3　シ．2　ス．2　セ．2　ソ．2　タ．4
チ．1　ツ．4　テ．2　ト．2

2　解答　≪三角形と円≫

アイ．11　ウエ．16　オ．1　カ．4　キク．16　ケコ．15　サシ．15
ス．9　セソ．12　タチ．16　ツテ．12　トナ．15　ニヌ．28　ネノ．15

3　解答　≪曲線と直線で囲まれた面積≫

ア．8　イウ．−2　エ．4　オ．2　カ．2　キ．2　ク．5
ケコ．36　サシス．160　セ．5　ソタチ．216

4　解答　≪群数列≫

アイ．64　ウ．6　エオ．46　カ．2　キ．2　ク．2　ケ．2　コ．3
サ．3　シ．2　ス．7

5　解答　≪小問4問≫

ア．2　イ．3　ウ．2　エ．1　オ．3　カ．1　キ．6　ク．2
ケ．1　コ．1　サ．1　シス．−1　セソ．−1　タチ．−1　ツ．0
テ．1　ト．0　ナ．2　ニ．1

問6　⑤

問7　③

解説

問3　「ブルー・ストッキング」という揶揄を逆手に取ったということから③と⑤に絞られるが、「学識と知見を持つ女性であることを公言」したいわけではない。

問4　①は「有名文学者の妻たちからの寄稿も集まり」が不適。②は「『青鞜』を出すことにあまり乗り気ではなかった」が不適。④・⑤は「反発と憤慨を感じ」た後の明の説明が不適。

問5　④が比喩の説明、詩の内容ともに適切。①は「山の動く」が女性が活動することの暗喩であるので「山」だけでは不適。②は「逆説的な効果」が読み取れない。また、「されど、そは信ぜずともよし」と続くことから、「読者に納得させる」が不適。③は「個人主義という立場」が不適。⑤は「女性であることにしっかりと立脚」が不適。

問6　①は「女性である自らにふさわしい」が、②は「自分の過去の汚い思い出」が、④は「女性らしくふさわしい」がそれぞれ不適。また、ペンネームを思いついたのは「創刊の辞」を書き終えた後なので③も誤り。

問7　①は「特に西洋のものを積極的に取り入れて」が本文にない。②は「青鞜社のメンバーの視点とからめて」とあるが明以外のメンバーの視点は見当たらない。④は「自立した女性」の姿が描かれているのであって「女としての誇り」が描かれているわけではない。⑤の「脇目もふらず……憑かれたように」は「創刊の辞」執筆の様子の描写であるので不適。

四

解答

A―③　B―②　C―④　D―②　E―⑤　F―①　G―④　H―②　I―①　J―③

問6　①

問7　④

解説

問3　①と②で迷うが、「この矛盾」は一九八四年の調査の結果であり、それ以前の状況はわからないため②の「なくなっていない」は適切でない。

問4　一般に「～とはどういうことか」という問いは、傍線部をわかりやすく言い換え説明することが求められており、そういう視点から④が傍線部の最も正確な言い換えとなっている。

問5　問いは「システムの限界を超えたとき」であってシステムの「機能が低下」したときではないので、①は少しズレており②と③に絞られるが、「外部からの危機介入」は②の「第三者として組織を点検する」ことに限られない。

問6　「反作用力が強すぎる」と「過剰に犯罪が生み出される」という内容が正しく説明されている選択肢は①だけ。

問7　いじめを抑止するうえで重要なこととして本文前半（傍線部Bの次段落まで）で「内面からの歯止め」をあげ、後半（傍線部Bの次の次の「加えて」で始まる段落から）で「外からの歯止め」を説明している。どちらにも触れているものが最も主旨に合致している。

三

出典　村山由佳『風よ　あらしよ』〈第七章　山、動く〉（集英社）

解答

問1　a―⑤　b―④　c―②

問2　X―②　Y―④

問3　③

問4　③

問5　④

問3　ウ、「まほ」には①・④・⑤の意があるが、「書きざまなどさへいとをかしき」から⑤と判断する。（和歌自体がすぐれているだけでなく）書き方までもたいそう素晴らしい、ということである。

問4　①は「我が身のつたなさ」、②は「我が身の頼りなさ」、⑤は「我が身の心苦しさ」がそれぞれ不適。③と④に絞られるが、④の「存在価値のない我が身」は言い過ぎであり、「さも残ることなく思ひ知る」がはっきりと示されている③が最も適当。

問5　「いかでかは」から反語文だとわかり④と⑤に絞られるが、「深うおしはからむ」は「深く推察」するのであって「邪推」ではない。

問6　「浮き」に「憂き」が掛けられていて、「浮き寝」「水の上」「鴨の上毛」は縁語。

問7　傍線部は人々（女房たち）の言葉でxの「御覧じ」は尊敬語を使っていることから中宮で、yの「まかでたる」は冒頭の「あからさまにまかでたる」を指しているので作者だとわかる。

問8　①の「感慨にふけっていた」、④の「手紙を出した」、⑤の「実家にとどまろうと思った」はそれぞれ誤り。②の「文通した」のは宮仕えに出る前のことなのでこれも誤り。③は第二段落の冒頭部分に合致する。

二

出典　森田洋司『いじめとは何か』＜第4章　内からの歯止め、外からの歯止め＞（中公新書）

解答

問1　X—⑤　Y—④

問2　a—③　b—⑤　c—②

問3　①

問4　④

問5　③

▲教育（国語教育）学部▼

一

出典 『紫式部日記』

解答

問1 a―③ b―② c―① d―④
問2 Ⅰ―① Ⅱ―③
問3 ア―④ イ―② ウ―⑤
問4 ③
問5 ④
問6 ⑥
問7 x―① y―②
問8 ③
問9 ⑤

解説 問1 a、月の光や霜や雪を見て、「そのとき来にけり」（＝その季節が来たのだなあ）と詠嘆している。b、終止形（ラ変の場合は連体形）に接続する助動詞「らむ」は現在推量。c、上が動詞「なる」の連用形、下が助動詞「たり」であり、この「に」は完了の助動詞「ぬ」の連用形である。d、強意の副助詞「し」＋係助詞「も」である。

問2 Ⅰ、「……ぬさきに」と続く。「ぬさきに」は打消の助動詞「ず」の連体形「ぬ」＋名詞「さき」＋格助詞「に」で、〝……しないうちに〟という意味。打消の「ず」に続くので、「たまふ」は未然形になる。全体で〝（中宮が宮中へ）お入りなさらないうちに雪が降ってほしい〟の意。Ⅱ、係助詞「ぞ」の結びで連体形になる。

と。

問4　①は「たとえつかの間であっても」が、②は「現実性をも超越した」が、④は「自由な表現によって……幻想を現実のものとして」が、⑤は「芸術の域を越えて人間の実用に貢献する、記念碑的性格」がそれぞれ不適。

問5　冒頭の「精密な法則や理論がある」「言葉にも文法がある」や、傍線部の前段落の「言語芸術にまで逃避したイメージ、空想、虚構」などから、⑤と判断する。

問6　直前の「眺めてたのしむだけで、住みたくはない」に着目する。「眺めてたのしむ」とは芸術性の視点であり、「住みたくはない」とは実用性、住居性の視点である。

問7　第五段落の「成長し、完成し、また古びて行く建築」や「建造物は遺蹟となっても…」が④と合致する。①は「むなしさ」、②は「訪れては去っていく人々」が不適。③は「作られたままの姿をもって」が不適。建造物の「基礎」は「生まれた時、創られた時と寸分違いない」（第五段落）が、建造物自体が「作られたままの姿をもって」いるわけではなく、遺蹟になる。⑤は「錯覚」が不適。

三

解答

A―①　B―③　C―②　D―⑤　E―③　F―②　G―⑤　H―①　I―④　J―③

「そのため人間関係が複雑で錯綜している」がそれぞれ不適。①と④に絞られるが、「動力学」との表現から動的あるいは力学的な側面が強調されていると考え④を選択する。①は内容としては合っているが、強調するポイントを「精神的危機」としている点が、「動力学」という表現とはかけ離れている。

問5　直前の段落の最後の文に着目する。

問6　直前部で秩序と群衆について述べていることに着目する。

問7　①は第六段落に合致している。②は全体的に誤り。③は「闘争はいつも破壊的暴力として発現」が不適。④は「闘争のない社会の樹立が望まれる」が述べられていない。⑤は「常に機能」や「社会内部に現実に存在する少数ばかり」が不適。

二

出典　奥野健男『芸術の辺際』〈Ⅱ　建築・住居・都会　建築に関しての原初的な覚え書〉（阿部出版）

解答

問1　X―①　Y―③
問2　a―②　b―④
問3　④
問4　③
問5　⑤
問6　②
問7　④

解説

問3　傍線部直後の内容から「幻想をかなり自由に、力学に反して表現できる」ものの「視覚的経験、常識的、生活的リアリティを、大きく破り、反逆することはできない」し、「空間的保存性の制約を脱していない」というこ

国語

▲社会・政治経済・教育（初等幼児教育・英語教育）・保健医療学部▼

一

出典　今村仁司『群衆――モンスターの誕生』〈第一部　群衆の本質　2　群衆一般〉（ちくま新書）

解答

問1　X―③　Y―⑤
問2　a―③　b―②
問3　③
問4　④
問5　①
問6　④
問7　①

解説

問3　①の「群衆の中に自らを解消し、パニック状態になっている」では「分身状態」の説明とはならない。②は「自分の欲望を他人の中に見いだし」が不適。③は傍線部Aの前後の内容に合致する。④は「日常の秩序を取り戻そうとして」が、⑤は「他人の欲望を自覚的に学び」がそれぞれ不適。

問4　②は「流動的な状態において成り立つ」が、③は「その欲望に潜んでいる本質的な動因を読み取るべき」が、⑤は

■白鳳短期大学：学校推薦型選抜（公募制推薦入試）前期日程

問題編

▶試験科目・配点

専　攻	教　科	科　　　目	配　点
こども教育	基礎教養試験	「コミュニケーション英語Ⅰ，英語表現Ⅰ」，「数学Ⅰ・A」，「国語総合（古文・漢文を除く）」から1科目選択	100 点
	面　接	約 10 分	50 点
リハビリテーション学・看護学	基礎教養試験	「コミュニケーション英語Ⅰ，英語表現Ⅰ」，「数学Ⅰ・A」，「国語総合（古文・漢文を除く）」から2科目選択	200 点（各 100 点）
	面　接	約 10 分	50 点

▶備　考

- 選択式を中心とし，一部記述式を出題する場合がある。
- 英語は聞き取り試験は含まない。
- 数学は中学校までの学習内容も含む。
- 面接の形式は出願状況により試験当日（学科試験等がある場合はその後）に，個人面接，集団面接（ディスカッション型ではない）のいずれを実施するか発表する。
- ほかに調査書（30 点：全体の学習成績の状況〈評定平均値〉× 6）が加味される。
- リハビリテーション学専攻・看護学専攻は，上表の「２教科型（必須受験）」のほかに「１教科型（希望者選択受験）」があり，２教科型の受験科目の中で高得点科目を 200 点満点として評価する。

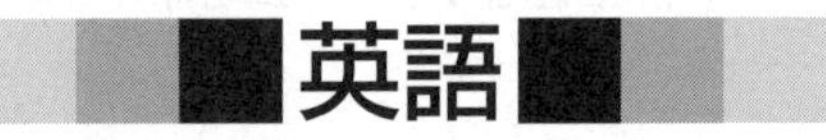

英語

(こども教育専攻　　　　　　　　　　1 科目　50 分)
(リハビリテーション学・看護学専攻　2 科目 100 分)

1　次の英文は、アメリカでは大気汚染が改善されつつあるにもかかわらず貧困層の間ではぜんそく(asthma)や肺の病気(lung cancer)が減らないことの原因について述べられている。よく読んで後の問いに答えなさい。

The quality of air is getting better in America. There are (①) workplace *pollutants. The number of people smoking is way down. But asthma and lung disease are still out there. So what is wrong?

The question is for whom life is better and for whom things are worse. The changes mentioned above *affect the rich and poor in different ways.

Researchers *conducted a study. Here is an example of what they found. The rich and the poor smoked about the same amount as each other forty years ago. Today, the poor smoke even more than they ②<u>did</u> years ago. The rich smoke much less. Why?

A researcher suggested some possible reasons. Low-income people may smoke to cope with the stress of *poverty. Tobacco companies often target low-income communities. There are (③) tobacco stores in poor areas. Poor people may have less access to stop-smoking programs.

Another expert says tobacco *dependence may be a "disease." (④) may be what people need.

What about asthma and lung disease? Asthma is on the increase for all incomes. But since 1980, asthma rates for poor children have more than doubled those of children from wealthy families. The gap between rich and poor for lung disease is growing.

These differences between the rich and the poor are similar for the more educated versus, the (⑤) educated.

There are many *debates about the reasons for the differences in all these matters. Even as the air gets better, it remains *toxic wherever there is industry. ⑥[<u>ア is / イ that / ウ also / エ it / オ true</u>] those with lower incomes live in places with more pollutants in the air. For example they live near (⑦). Some call this environmental racism, as income and *race often go together.

All these differences add up to the differences between having money and being poor. What is the best way forward?

People are always able to make decisions about what is in their best interest. Not smoking may be harder for some, but it is up to the person. What to eat is another personal choice.

But poor people have to overcome many *obstacles to staying healthy. They are always going to pay a (⑧) price to achieve and maintain their health.

出典追記：Who Smokes and Why, The Times in Plain English on June 3, 2021

*) pollutant: 汚染物質　affect: に影響する　conduct: を実施する　poverty: 貧困
dependence: 依存症　debate: 議論　toxic: 有毒な　race: 人種(差別)　obstacle: 障害物

問 1　空欄①に入る最も適当な語を選び、記号で答えなさい。
ア more　イ less　ウ many　エ fewer

問 2　下線部②の語 did が表す意味として最も適当なものを選び、記号で答えなさい。
ア conducted　イ found　ウ smoked　エ studied

問 3　空欄③に入る最も適当な語を選び、記号で答えなさい。
ア no　イ fewer　ウ many　エ more

問 4　空欄④に入る最も適当な語を選び、記号で答えなさい。
ア Money　イ Treatment　ウ Education　エ Food

問 5　空欄⑤に入る最も適当な語を選び、記号で答えなさい。
ア no　イ never　ウ less　エ better

問 6　下線部⑥の語を意味が通るように並べ替え、前から 2 番目と 4 番目にくる語の記号を答えなさい。ただし、文頭にくる語も小文字で示されているので注意すること。

問 7　空欄⑦に入る最も適当な語を選び、記号で答えなさい。
ア highways　イ stations　ウ forests　エ lakes

問 8　空欄⑧に入る最も適当な語を選び、記号で答えなさい。
ア lower　イ higher　ウ smaller　エ larger

2　次の英文は、睡眠障害(sleep difficulties)の原因と対処法について書かれたものである。よく読んで後の問いに答えなさい。

It is usual for people to wake up a few times during the night. Older people often get up to go to the bathroom. Waking at night usually is not a problem.

But what about some young people? If it happens a few times a week, there may be a troublesome reason. Stress and anxiety are some of the reasons people have sleep difficulties. Such sleep difficulties are called ①insomnia.

You may wake up, look at the clock and worry about your work. How about bills to be paid? There may be stressful things on your mind.

These feelings may *activate a stress *hormone in your body. Your body's levels of *adrenaline will rise. Your heart rate will increase. ②[ア will / イ to / ウ be / エ it / オ harder] get back to sleep. If you worry about not sleeping, it may make it harder to fall asleep.

If you are awake 25 minutes or more, (　　　③　　　). Gentle stretches or breathing exercises might help. *Meditation may work.

You may sit on a couch and read a book or magazine in dim light. Do not read on a smartphone or tablet. Use those devices to go to *Calm or Headspace. This site helps with sleep and meditation.

Limit your drinking of alcohol. Studies have shown that alcohol before bed can lead to poor quality sleep. Small amounts may help you fall asleep, but much alcohol can also cause you to (　④　) in the middle of the night.

Avoid coffee after 2 p.m. Coffee can stay in your *digestive system well into the evening.

⑤Napping lowers your drive to fall asleep in the evening. Avoid napping late in the day. Nap no later than early afternoon. And do not nap anytime longer than 30 minutes.

Try to keep to a routine schedule for sleep. There is a problem when you go to bed and wake up at (⑥) times. Studies have shown that *irregular bedtimes may lead to insomnia. The problem has to do with the natural rhythms of your body, called *circadian rhythms. They work on 24-hour cycles.

If you get up during the night to go to the bathroom, limit how much water or liquids you drink a few hours before bedtime.

*) activate: を活性化する　hormone: ホルモン　adrenaline: アドレナリン
meditation: 瞑想　Calm or Headspace: 瞑想アプリ　digestive system: 消化器系
irregular: 不規則な　circadian rhythms: 体内時計

問1　下線部①の語の意味として最も適当なものを選び、記号で答えなさい。
ア　花粉症　イ　感染症　ウ　不眠症　エ　認知症

問2　下線部②の語を意味が通るように並べ替え、前から2番目と4番目にくる語の記号を答えなさい。ただし、文頭にくる語も小文字で示されているので注意すること。

出典追記：Awake? Here is How To Return to Sleep, The Times in Plain English on July 15, 2021

問 3　空欄③に入る最も適当な語句を選び、記号で答えなさい。

ア get out of bed and do something quiet　　イ go to the bathroom and go back to sleep

ウ stay in the bed and do not move　　エ keep quiet and do not talk with anyone

問 4　空欄④に入る最も適当な語句を選び、記号で答えなさい。

ア feel stress　イ fall asleep　ウ sleep quiet　エ wake up

問 5　下線部⑤の語の意味として最も適当なものを選び、記号で答えなさい。

ア　徹夜をすること　　イ　二度寝をすること

ウ　昼寝をすること　　エ　寝坊をすること

問 6　空欄⑥に入る最も適当な語句を選び、記号で答えなさい。

ア a few　イ many　ウ different　エ the same

問 7　本文の内容と一致するもの 2 つ選び、記号で答えなさい。

ア　夜中に何度も目が覚めるのは、誰にとってもよくあることで問題ない。

イ　心配事や悩みがあるとストレスがたまり夜中に目が覚めることがある。

ウ　夜中に目が覚めた時は、暗い光の中で好きなゲームをするとよく眠れる。

エ　午後にコーヒーを飲むと消化が良くなり、夕方以降よく眠れるようになる。

オ　寝る前数時間は水などを飲む量を制限すれば夜中にトイレに行く回数が減る。

3　(　　)に入る最も適当な語句を選び、記号で答えなさい。

① I've lived in Chicago (　　) I was ten years old.

ア when　イ since　ウ before　エ for

② Carlos takes the bus everywhere.　He (　　) not have a car.

ア must　イ will　ウ shall　エ never

③ I'm not in a hurry.　I don't mind (　　).

ア wait　イ to wait　ウ waiting　エ waited

④ Don't buy those apples.　Buy the other (　　).

ア those　イ them　ウ some　エ ones

⑤ If he (　　) the money, he would buy the house.

ア have　イ has　ウ had　エ will have

⑥ "How often do you read a newspaper?"　"(　　)."

ア All day　イ All days　ウ Every days　エ Every day

4 （　　）に入る最も適当な語句を選び、記号で答えなさい。

① "Do you like to eat in a restaurant?"　"It depends (　　) the restaurant."

ア in　イ at　ウ of　エ on

② Suddenly all the lights in the building (　　).

ア worked out　イ went out　ウ ran out　エ blew out

③ It was my first flight.　I was nervous as the plane (　　).

ア took off　イ got on　ウ drove off　エ kept on

④ Are you going to (　　) what you did?

ア scold for　イ forgive for　ウ blame for　エ apologize for

⑤ Alan is 85 and lives alone.　He needs somebody to (　　) him.

ア look for　イ look after　ウ take in　エ take across

⑥ You're walking too fast.　I can't (　　) with you.

ア keep up　イ go up　ウ get up　エ call up

数学

(こども教育専攻　1科目　50分)
(リハビリテーション学・看護学専攻　2科目100分)

(注) すべて答えのみの記入で構いません。

問題 I

問1　$a=-\dfrac{6+3\sqrt{14}}{5}$，$b=\dfrac{2+\sqrt{14}}{5}$ とするとき，$a<x<b$ を満たす整数 x の個数を求めよ。

問2　ある商品を180個仕入れた。全体の $\dfrac{1}{2}$ を25％の利益を見込んで販売し，全体の $\dfrac{1}{3}$ を30％の利益を見込んで販売した。残りは破損してしまったので廃棄してしまったところ，全体の利益が1260円となった。この商品1個当たりの原価を求めよ。

問3　A，B，Cの3人が2人ずつ100メートル競争を行ったところ，次の結果となった。ただし，3人とも常に一定の速度で走るものとする。

【結果】Aは20メートル差でBに勝った。
　　　　Bは20メートル差でCに勝った。

このとき，AとCが競走すると，Aは何メートル差でCに勝つか答えよ。

問4　不等式 $2(x+a)<3(3x+1)-a$ の解が $x>3$ であるとき，a の値を求めよ。

問5　放物線 $y=2x^2-5x+1$ のグラフを，x 軸方向に1，y 軸方向に -3 だけ平行移動させた放物線の方程式を求めよ。

問題Ⅱ

問 1　$0^\circ \leqq \theta \leqq 180^\circ$ のとき，不等式 $3\cos\theta < 2\sin^2\theta$ を満たす θ の値の範囲を求めよ。

問 2　x，y はともに実数とする。次の □ の中に適するものを下記の ①～④ の中からひとつ選び，その番号を答えよ。

① 必要十分条件である
② 必要条件であるが十分条件ではない
③ 十分条件であるが必要条件ではない
④ 必要条件でも十分条件でもない

(1)　「$x=2$ かつ $y=3$」は，「$xy=6$」であるための □。

(2)　「$x>1$」は，「$x=2$」であるための □。

(3)　「$x \leqq -2$ または $4 \leqq x$」は，「$x^2 \geqq 2x+8$」であるための □。

問題Ⅲ

10 点満点の数学のテストの 20 人のデータは以下のようになった。

1, 2, 2, 2, 2, 3, 3, 3, 3, 4, 5, 6, 7, 8, 9, 9, 9, 9, 9, 10

このデータの平均値，中央値，最頻値を求めよ。

問題Ⅳ

問 1　6 個の白い碁石を 3 人に分ける方法は何通りあるか求めよ。ただし，1 個も碁石がもらえない人がいてもよいとする。

問 2　白玉 8 個，黒玉 6 個の入っている袋から，同時に 3 個取り出すとき，少なくとも 1 個が白玉である確率を求めよ。

問題Ⅴ

問 1　右図において，P，Q，R，S は接点である。
AB＝8，BC＝9，CA＝5 とするとき，
AP の長さと，BF＋FE＋EB の長さの和を
それぞれ求めよ。

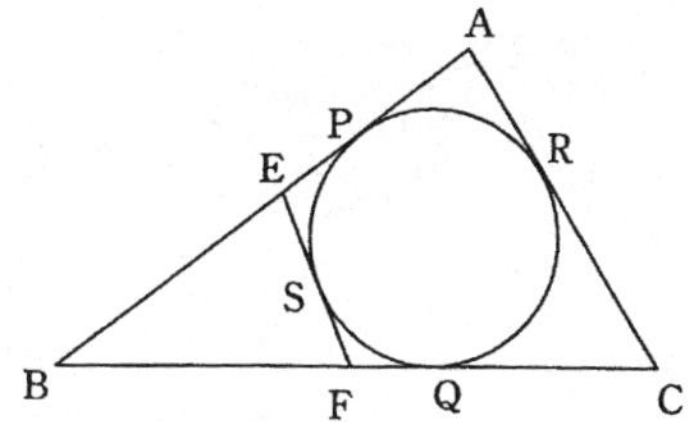

問 2　方程式 $2x+3y=33$ を満たす自然数 x，y の組 $(x,\ y)$ をすべて求めよ。

問 3　39 人の生徒が 3 問のテストを受けたところ，全問不正解の人はいなかった。問題 1 の正解者は 20 人，問題 3 の正解者は 18 人，問題 2 だけ正解した人は 10 人，問題 2 だけ不正解だった人は 6 人，問題 1 が正解で問題 2 が不正解だった人は 13 人，問題 3 が正解で問題 2 が不正解だった人は 11 人であった。次の各問いに答えよ。

(1)　問題 2 を正解した人は何人か答えよ。

(2)　全問正解した人は何人か答えよ。

問9　主人公はなぜ最後に鯉を「大学のプールに放った」のか。本文冒頭の二行を参考にして、あなたの考えを二十六字以上、三十字以内で書きなさい。

イ　彼が生きている間だけ愛人の家に鯉を預ける約束だったので、破るわけにはいかないから。
ウ　友人は死んでしまったが、自分が鯉を大事にするという約束は守り通さねばいけないから。
エ　大学のプールに鯉を移す計画を進めていて、ちょうどいい機会を逃すわけにはいかないから。

問6　傍線部⑥「私は少なからず興奮していた」とあるが、このときの主人公の気持ちとして、最も適当なものを次の中から一つ選び、記号で答えなさい。
ア　青木の彼女と手紙のやり取りを続けていることにやましい気持ちを感じている。
イ　事情を知らない人に見つかると魚泥棒だと疑われはしまいかと不安を感じている。
ウ　再び自分の鯉を釣り上げることができるので待ちきれない気持ちになっている。
エ　大きな邸宅で琵琶の実を食べながら釣りをすることに多少の罪悪感を感じている。

問7　傍線部⑦「私の白色の鯉」という表現を主人公が使うようになったのはなぜか。その説明として最も適当なものを次の中から一つ選び、記号で答えなさい。
ア　他の鯉と区別をしたかったから。
イ　鯉の所有権を主張したかったから。
ウ　鯉に対して愛着が芽生えてきたから。
エ　けがれのない物にあこがれていたから。

問8　傍線部⑧「私はすっかり満足した」とあるが、今の主人公の心情の説明として最も適当なものを次の中から一つ選び、記号で答えなさい。
ア　尊敬していた南八は亡くなったが、鯉を育てるという彼との約束を破らないことを心に誓っている。
イ　死んだと思っていた鯉が予想に反して生きていたことに驚き、もっと大きくなって欲しいと願っている。
ウ　友人を失った今は鯉だけが心のより所なので、鯉の飼育に夢中になることで現実から逃れて安心している。
エ　南八から預かって重荷に感じていた鯉だが、プールでのびのびと泳ぐ姿を見て心から誇らしいと感じている。

ウ　汚れた池に鯉を捨てたことが親友にばれるのを心配したから。
エ　鯉の所有権が下宿の主人に移ってしまうことを心配したから。

問2　傍線部②「止むを得なかった」、④「埒があかなかった」の本文中の意味として最も適当なものを、次の中から一つずつ選び、記号で答えなさい。

②　止むを得なかった　ア　やめるのがよいかと迷った　イ　中止しなければならなかった
ウ　どうしようもできなかった　エ　責任を取ることはできなかった

④　埒があかなかった　ア　許可が出なかった　イ　気を許さなかった
ウ　考えが浮かばなかった　エ　物事にかたがつかなかった

問3　本文中の空欄a～cに入れるのに、それぞれ適当な言葉を次の中から一つずつ選び、それぞれ記号で答えなさい。

ア　むしろ　イ　あたかも　ウ　ようやく　エ　なにとぞ

問4　傍線部③「私はむしろひとおもいにこいつを殺してしまってやろうかと思って」とあるが、主人公はどのような気持ちだったか。その説明として最も適当なものを次の中から一つ選び、記号で答えなさい。

ア　親友から受け取った鯉なので世話をしたいが、引越しの度に住み家を探すのはやっかいだという気持ち。
イ　下宿の中庭の池で寄生虫に宿られた鯉を診断し、もう寿命が長くないので苦しませたくないという気持ち。
ウ　鯉一匹の所有権を主張するために、友人に対して追従しなければならないと思うと情けないという気持ち。
エ　親友の命がもう長くないということがわかり、鯉を育てる自信もなくなって飼育を放棄したいという気持ち。

問5　傍線部⑤「私は一刻も早く彼の愛人の家の泉水から白色の鯉を持って帰りたいと思った」とあるが、その理由の説明として最も適当なものを次の中から一つ選び、記号で答えなさい。

ア　泉水で泳ぐ鯉が姿を見せることで、彼女が南八を思い出し悲しむのはよくないから。

冷たい季節が来て、プールの水面には木の葉が散った。それから氷が張った。それゆえ、すでに私は鯉の姿をさがすことは断念していたのであるが、毎朝プールのほとりへ来てみることは怠らなかった。そして平らな氷の上にいくつもの小石を投げて遊んだ。小石は軽く投げれば速やかに氷の上を滑って冷たい音をたてた。もし力をいれて真下に投げつけると、これは氷の肌にささった。

ある朝、氷の上に薄雪が降った。私は長い竹竿（たけざお）を拾って来て、氷の面に絵を描いてみた。長さ三間（注9）以上もあろうという魚の絵であって、私の考えでは、これは私の白色の鯉であった。

絵ができ上ると、鯉の鼻先に「……」何か書きつけたいと思ったがそれは止（よ）して、今度は鯉の後に多くの鮒や目高が遅れまいとつき纏っているところを描き添えた。けれど鮒や目高たちのいかに愚かで惨めに見えたことか！　彼らは鰭がなかったり日や口のないものさえあった。

⑧私はすっかり満足した。

（井伏鱒二『鯉』による）

（注1）一尺　…　長さの単位。一尺は約三十センチメートル。
（注2）ニウム　…　アルミニウムの略。
（注3）素人下宿　…　普通の家庭で人を下宿させること。また、その家。
（注4）愛人　…　ここでは恋人のこと。
（注5）小生　…　男性が自分をへりくだって言う語。
（注6）泉水　…　庭先に作られた池。
（注7）むらき　…　気分が変わりやすいこと。
（注8）仔細に　…　こまかに。詳しく。
（注9）三間　…　長さの単位。一間は約百八十センチメートル。

問1　傍線部①「私はこの中に鯉を放つのを不安に思った」とあるが、その理由として最も適当なものを次の中から一つ選び、記号で答えなさい。

ア　別の誰かが鯉を釣り上げて奪い去るのではと心配したから。
イ　この池で鯉を死なせてしまうのではないかと心配したから。

枇杷の実はすでに黄色に熟していて、新鮮な食欲をそそった。のみならず池畔の種々なる草木はまったく深く繁(しげ)って、二階の窓からも露台の上からも私の姿を見えなくしていることに気がついたので、私は釣竿を逆さにして枇杷の実をたたき落した。ところが鯉は夕暮れ近くなって釣ることができたので、つまり私はずいぶん多くの枇杷の実を無断で食べてしまったわけである。

私は鯉を早稲田大学のプールに放った。

夏が来て学生たちはプールで泳ぎ始めた。私は毎日午後になるとプールの見物に通って、囲いの金網に顔を寄せながら彼らの巧妙な水泳ぶりに感心した。私はもはや失職していたので、この見物は私にとって最も適切なものであった。——日没近くなると学生たちは水からあがって、裸体のままで漆の木の下に寝ころんだり、また彼らはたばこを喫ったり談笑したりする。私は彼らの健康な肢体と朗かな水泳の風景とを眺めて、深い嘆息をもらしたことがしばしばであったのだ。

学生たちがもはやむらき(注7)に水へとびこまなくなると、プールの水面は一段と静かになる。そしてすぐさま燕(つばめ)が数羽水面にとび来たって、ひるがえったり腹を水面にかすめたりする。けれど私の白色の鯉は深く沈んでいて、姿を見せはしない。あるいは水底で死んでしまっているのかもわからないのである。

ある夜、あまりむし暑いので私は夜明けまで眠れなかった。それゆえ、朝のすがすがしい空気を吸おうと思って、プールのあたりを歩きまわった。こんな場合には誰(だれ)しも、自分はひどく孤独であると考えたり働かなければいけないと思ったり、あるいはふところ手をして永いあいだ立ち止ったりするものである。

「鯉が！」

この時、⑦私の白色の鯉が、まことにめざましくプールの水面近くを泳ぎまわっているのを私は発見したのである。私は足音を忍ばせて金網の中に入って行って、仔細(注8しさい)に眺めようとして跳込台の上に登った。

私の鯉は、与えられただけのプールの広さを巧みにひろびろと扱いわけて、ここにあってはあたかも王者のごとく泳ぎまわっていたのである。のみならず私の鯉の後には、いくひきもの鮒と幾十ぴきもの鮠(はや)と目高とが遅れまいとつき纏(まと)っていて、私の所有にかかる鯉をどんなに偉く見せたかもしれなかったのだ。

私はこのすばらしい光景に感動のあまり涙を流しながら、音のしないように注意して跳込台から降りて来た。

鯉は私の洗面器の水とともに池の中に深く入った。

それから六年目の初夏、青木南八は死去した。

私はしばしば彼の病気を見舞っていたのであるが、彼の病気が重いなぞとは少しも思っていなかった。（　b　）彼が散歩にもつきあわないのをもどかしく思ったり、彼の枕元でたばこを喫ったりした。

私は博覧会の台湾館で、大小二十四箇の花をつけたシャボテンを買って、持って行って青木に贈ることにした。ところが彼の家にその鉢を持って行った日に、彼は亡くなったのである。玄関の前に立って幾度もベルを鳴らすと、彼の母親が出て来たのであるが、彼女は私の顔を見ると同時に涙を激しく流しはじめるばかりで、少しも④埒があかなかったので、のみならず土間にはいくつもの靴とともに、青木の愛人が常々はいていた可憐な女靴が急ぎ足に脱いであったので、私はシャボテンの鉢を小縁の上に置いて帰って来た。

二三日して彼の告別式の日には、亡き彼の柩の上に、彼の常々かぶっていたおしる粉色の角帽と並べて私の贈ったシャボテンの鉢が置いてあった。⑤私は一刻も早く彼の愛人の家の泉水から白色の鯉を持って帰りたいと思った。青木南八が私に対して疎ましい顔色をしたのは、かつて鯉のことについて一度だけであったからである。

私は決心して青木の愛人に手紙を送った。（青木の霊魂が私を誤解してはいけないので、ここに手紙の全文を複写する）

謹啓。青木南八君のご逝去、謹しみて弔問仕ります。却説六年以前青木君を介して小生所有の鯉（白色にして当時一尺有余）一尾を貴殿邸内の泉水におあずけいたしましたが、このたび（　c　）お返しくだされたくお願い申します。ついては来る日曜、晴雨にかかわらず午前中より貴殿邸内の池畔に釣糸を垂れることをばご許可くだされたく、なおそのため早朝より裏門を少少お開きおきのほど願います。頓首

――返事が来た。（青木の霊魂が彼の愛人を誤解してはいけないので、ここにその全文を記載してみる）

お手紙拝見いたしました。とむらいがあって間もなく魚を釣るなぞとおっしゃるのは少し乱暴かとも存じますが、よほどおだいじなものと拝しますれば、お申越の趣承知いたします。べつにお目にかかったりご挨拶に出たりはしませんが、ご遠慮なく魚だけはお釣りくださいまし。草々

日曜の早朝、私は弁当ならびに釣竿、餌、洗面器を携えて、故青木南八の愛人の邸内に忍び込んだ。そして⑥私は少なからず興奮していた。もしもの証拠に手紙の返事を持って来ればよかったのである。

三　主人公の「私」と「南八（昨年死去）」は、早稲田大学に通う親友であった。十数年前に南八が私にくれた鯉のために、ずっと私はなやまされてきた。次の文章を読んで、あとの問いに答えなさい。（なお、出題の都合上本文の一部を省略・変更した箇所がある。）

鯉はその当時一尺[注1]の長さで真白い色をしていた。

私が下宿の窓の欄干へハンカチを乾している時、青木南八はニウム[注2]の鍋の中に真白い一ぴきの大きな鯉を入れて、その上に藻をいっぱい覆ったのを私に進物とした。私は、彼の厚意を謝して今後決して白色の鯉を殺しはしないことを誓った。そして、私は物差を出して来て、この魚の長さを計ったり、放魚する場所について彼と語りあったりした。

下宿の中庭に瓢箪の形をした池があって、池の中には木や竹の屑がいっぱいに散らばっていたので、①私はこの中に鯉を放つのを不安に思ったが、しばらく考えた後で、やはり②止むを得なかった。鯉は池の底に深く入って数週間姿を見せなかった。

その年の冬、私は素人下宿[注3]へ移った。鯉も連れて行きたかったのだが、私は網を持っていなかったので断念した。それゆえ、彼岸が過ぎてようやく魚釣ができはじめてから、私は以前の下宿の瓢箪池へ鯉を釣りに行った。最初の日、二ひきの小さな鮒を釣りあげたので、これをそこの下宿の主人に見せた。主人は釣に興味を持ってはいないらしかったが、鮒なぞがこの瓢箪池にいるとは思いがけなかったと言って、次の日からは、彼も私と並んで釣をすることにした。

（　a　）八日目に、私は春蚕のさなぎ虫で、目的の鯉を釣りあげることができた。鯉は白色のまま少しも痩せてはいなかった。けれど鰭の先に透明な寄生虫を宿らせていた。私は注意深く虫を除いてから、洗面器に冷水を充たしてその中に鯉を入れた。そしてその上を無花果の葉でもって覆った。

素人下宿には瓢箪池なぞはなかった。それゆえ、③私はむしろひとおもいにこいつを殺してしまってやろうかと思って、無花果の葉を幾度もつまみあげてみた。鯉はそのたびごとに口を開閉して安息な呼吸をしていた。

私は相談するために、洗面器を持って青木南八のところへ出かけた。

「君の愛人[注4]の家では泉水が広いようだが、鯉をあずかってくれないかね？」

青木南八は少しも躊躇することなく、枇杷の枝のさしかかっている池の端に私を案内した。私は鯉を池に放つ前に、たといこの魚は彼の愛人の所有にかかる池に棲まわせたにしても、魚の所有権は必ず私のほうにあることを力説した。私のこの言葉をむしろ青木南八は、彼に対しての追従だと思ったらしく、彼は疎ましい顔色をした。何となれば私はこの魚をだいじにすることを、かつて彼に誓ったことがあったからである。

ウ　友達との関係によるルールの変化
エ　自分を守るうそをつくことの習慣化

問5（　ｅ　）に入る表現として、最も適当なものを、次の選択肢より一つ選び、記号で答えなさい。
ア　自己　イ　よい子　ウ　わがまま　エ　よしあし

問6　傍線部③「普遍的」の正しい使い方として、最も適当なものを、次の選択肢より一つ選び、記号で答えなさい。
ア　環境がどれだけ変わっても、彼の前向きな姿勢は普遍的であった。
イ　食欲はどのような生物にも備わった普遍的欲求のうちのひとつだ。
ウ　一度見た光景は絶対に忘れないというのが、彼の普遍的な才能だ。
エ　鍵を紛失した翌日には財布も落としてしまう普遍的な経験をした。

問7（　ｆ　）に入れるのに、最も適当な言葉を、次の選択肢より一つ選び、記号で答えなさい。
ア　幕切れ　イ　棚上げ　ウ　切り崩し　エ　たらい回し

問8　傍線部④「自己価値のアイテム」の具体的な例として、本文中に書かれているものを五字で抜き出して書きなさい。

問9　健全な家庭環境においては、子供はどのようなことを基準にして、「よい―わるい」のルールを身につけるか。本文中より二十一字以上、二十五字以内で抜き出して書きなさい。

（注１）欺瞞　…　うそをついてだますこと。
（注２）アイデンティティ　…　自分という存在の独自性についての自覚。
（注３）コンプレックス　…　劣等感。

問１　傍線部①「このルールがねじれていると自然な倫理感覚が身につかない」とあるが、この例として本文に書かれていない内容を、次の選択肢より一つ選び、記号で答えなさい。
ア　母親が気まぐれで怒りっぽい性格だと、子供は自分を守るために「うそ」をつくようになる。
イ　両親の「よい―わるい」のルールがずれていると、都合に合わせてルールを使い分けることになる。
ウ　「わがまま」に育てられると、自分のルールに合わない人を敵対する人間だと感じてしまう。
エ　親が自分のきょうだいばかりを可愛がると、子供は親よりも友達関係を大切にするようになる。

問２　本文中の空欄ａ～ｃに入れるのに、それぞれ適当な言葉を次の中から一つずつ選び、それぞれ記号で答えなさい。
ア　また　　イ　つまり　　ウ　しかし　　エ　たとえば

問３　傍線部②「ご都合主義」のここでの意味として、最も適当なものを、次の選択肢より一つ選び、記号で答えなさい。
ア　自分ではルールを決めることができないので、問題が起きると、「よい―わるい」の判断を他人に委ねること。
イ　その場の成り行きから、自分の良心や本心に反しているのを知りながら、自分に対して無理に正当化すること。
ウ　状況の変化についていけず、自分に対する自信が全くなくなって、周囲に対しても疑心暗鬼になって苦しむこと。
エ　両親のうち一方からは評価されるので、それに満足してしまって、自分自身では努力をしなくなってしまうこと。

問４（　　ｄ　　）に入る表現として、最も適当なものを、次の選択肢より一つ選び、記号で答えなさい。
ア　母親のきまぐれや愛情の欠如
イ　他人への親和感や、同情や共感

やっかいで、親子関係では、親がひどいので子が親を恨むと、必ず子供にうしろめたさもたまってくる。だからこういうケースでは、子の自己ルールは、つねに足りない承認欲望と、親への恨みとうしろめたさによって、自然な親和性ではなく、むしろ他者への自己防衛と攻撃性を高めるのです。

この承認をめぐる三角関係は、現在のきょうだい関係ではきわめて③普遍的です。対処の道は、この承認の不公正をよく自覚し、もし可能なら、親も不完全な存在だと考えてそれをいったん「受け入れる」ことです。そして、親からの承認の欲望をいったん（　　f　　）にして、友だち関係の中で承認を作る努力をするほうがいい。そこにひっかかっていると、どこまでも答えのない欲望を引きずって生きる可能性があるからです。

たとえば、小さな頃から、いつも自分よりお姉さん(妹)のほうが愛されている、と感じている人はとても苦しい。いつも「承認」が足りないから。すると「自己価値」も確認できない。「自己価値」の欲望はいちばん大事な人間欲望の本質です。だからいろいろあがくことになる。ある人は屈折して自分の感情を抑圧します。いつも自己の価値が低いと感じ、自信がないので、その分他人も信用できない。ある場合はひどく親に反抗する。でも反抗することには罪悪感がつきまといます。

若い女性で、こういう承認の欠如の感度をもっている人が、反動的に、過剰に他者の承認や愛情を求めるのはよくあることです(男の場合は、自分を認めてくれる他者より、まず④自己価値のアイテムを高めようとすることが多い)。過剰な承認の欲求が先にでると、他人は引いてしまうので、ますます孤立感におちいる。このサイクルから抜け出すのはなかなか大変です。

さて、われわれの「自己」(自我)とは、こんな具合にいつのまにか関係の中で形成され身体化された「自己ルール」の束です。標準的に言うと、親は、愛情によって、子供に他人たちと気持ちよい関係をうまく調整しながら作っていけるような「よい―わるい」のルールを与えようとする。でも、見たように、いろんな理由で、子供の「自己ルール」はねじれたり、分裂したり、形成不全に陥ります。

ただし、じっさいは、理想的に健全な「自己ルール」が形成される人はむしろ稀(まれ)で、ほとんどの人が、なんらかのねじれをもっていると考えたほうがいい。

ともあれ、ここで大事なのは、第一にわれわれの感受性、美意識、倫理感といったものは、主に、親との関係の中で形成されてきた、自己ルールの網の目であるということの自覚です。そして第二に、われわれは誰も、青年期に、そのような自己のありかたを、いちど自分ではっきり理解しなおすという課題をもっているということです。そして、そのための基本の考え方(原理)を、近代哲学は少しずつ見出(みいだ)してきました。

（竹田青嗣「中学生からの哲学『超』入門　自分の意志を持つということ」）

でも、とりあえずはじめは、「よい子」ルールを受け入れていくのは、まず悪いことではない。そのいちばんの理由は、家庭の中での自然な「よい-わるい」が身につかないと、他人との自然な親和感や、同情、共感という、人間にとって基本的に重要な「他者感情」がやせてしまうからです。ともあれ、自然な「よい子」ルールがねじれる大きな理由は、（　　d　　）、両親の「よしあし」のルールのズレ、などです。

しかし、現代的な観点から見て、もっと重要な要因があります。まず第一に「わがまま」に育てられること。第二に、きょうだいと親との愛情の三角関係です。

「わがまま」がまずいのは、子供の「よい―わるい」のルールが、ふつうの人間関係の「よい―わるい」と逆転してしまうからです。この子供は、自分の「よしあし」のルールを人が受け入れるのが当然と思っている。これはなんともやっかいです。自分のルールを受け入れない他人に出会うと、その人は、その相手のほうが変な人間、自分に敵対心をもつ意地悪な人だ、と感じるのです。

「（　　e　　）」ルールが身についた人は、他人とよい関係を作ることが難しいので、もう他人を自分に従わせるアイテム（お金や権力）をなんとか手に入れて生きるほかなくなります。しかも、そのことをなかなか意識できない。「わがまま」に育てられることの弊害は、しばしばその人間にとって、一生の重荷になることがあります。

もう一つは、きょうだいと親との三角関係。現代社会は、少子化の時代なので、この「きょうだいコンプレックス」[注3]は多くの人が経験する特徴的な困難です。たくさんきょうだいがいると大したことはないが、二、三人だと（とくに同性）、必ず親の愛情あるいは承認をめぐる心理的な闘争が起こる。つまり、家庭内の「承認のたたかい」です。

この承認の闘争に巻き込まれると、「よい―わるい」のルールを受け入れる動機が、親との気持ちのよい自然な親和関係を作ることではなく、むしろ、承認をめぐる不安と嫉妬によって先導されることになります。そしてここでも、「よい―わるい」の自己ルールは自然なものにならず、ねじれてしまうのです。

一つよく意識しておくべきなのは、親は子供に対して、完全に公平であることは決してできない、ということです。私の母親は、「お母さんは、わたしたちより男の子らのほうが可愛（かわい）いんだ」と不満をもらす姉たちに、自分の手を開いて見せて、「これみてごらん、五本の指のどれを切っても、おなじように痛いんだよ」と言っていました。でもそれは、じつのところウソです。親はできるだけ公平にと努力するけれど、必ず可愛い子やなんだか相性の悪い子との区別がでてくる。そして、それはむしろ自然なことであることを、人はどこかで受け入れるほかはない。

子は、あるところまで徐々にこの不公平を感じて、不満をためてゆきます。しかし不満をためるとまた、うしろめたさもたまります。ここが

問2　次の各故事成語やことわざの意味が、正しければ○、間違っていれば×を、解答欄に記入しなさい。

（故事成語・ことわざ）　（意味）

①推敲（すいこう）　…　詩や文章の字句や表現を練り直すこと。

②助長　…　いらない力添えをして、かえって害してしまうこと。

③ぬかに釘　…　意外なものの組み合わせで、ものごとがはかどる様子。

④医者の不養生　…　他人には立派なことを言うが、実行が伴わない様子。

⑤枯れ木も山のにぎわい　…　どれだけ栄えているものもいずれは滅んでしまうということ。

二

次の文章を読んで、あとの問いに答えなさい。

「よい―わるい」のルールは、家庭の中での人間関係の基本になるもので、ふつうは、このルールとともに子供は、他人への親和感や、同情や共感などを知らないうちに身につけてゆく。ところが、①このルールがねじれていると、自然な倫理感覚が身につかない。

（ a ）、よく「うそ」をつく子供がいます。うそは、ふつうずるい気持ちから出てくると言えるけれど、必ずしも子供のせいでないことがある。たとえば、もし母親が、やたらきまぐれで怒りっぽい性格だと、子供はどうしても母親が気に入りそうな「うそ」をついて自分を守ろうとするようになります。そしてそれは習慣化する。これは関係のスキルにとって具合が悪いので、そういう傾向のある人は、どこかで早めに自覚しないと長く引きずることになる。

（ b ）、お父さんとお母さんの「よい」のルールがずれている場合も子供は困る。子供は、両親に気に入られようとして、「よい―わるい」のルールをそのときの都合で使い分けるようになるからです。すると自然な「よい―わるい」のルールが形成されない。「よい―わるい」は、②ご都合主義になり、つまり自己の自然なルールではなく自己欺瞞（注1 ぎまん）的なルールになってしまいます。

（ c ）、両親の「よい-わるい」のルールをできるだけ受け入れて、「よい子」になるのが人間にとって大事なのかと言うと、またぜんぜんそうではない。いずれ、友だちとの関係が重要なものになると、この「よい子」ルールのアイデンティティ[注2]は、徐々にその関係の中で編み変えられていくべきものなのです。

国語

（こども教育専攻　一科目　五〇分）
（リハビリテーション学・看護学専攻　二科目一〇〇分）

一　次の漢字、故事成語等に関するあとの設問に答えなさい。

問1　次のそれぞれの文のカタカナ部分をふさわしい漢字に直し、傍線部分の読み方をひらがなで答えなさい。

①機械のソウサは難しい。
②世間からのヒハンを受け入れる。
③やけどに適切なショチを施した。
④再会の日を待ちコがれる。
⑤友だちが来たので席をユズった。
⑥国際会議は円滑に進められた。
⑦ビタミンの欠乏に注意すること。
⑧建物の老朽化のために改築する。
⑨悲しい場面で目が潤んだ。
⑩思いやりのある社会を育んでいく。

解答編

英語

1 **解答** 問1．エ　問2．ウ　問3．エ　問4．イ　問5．ウ
問6．2番目：ア　4番目：オ　問7．ア　問8．イ

解答編

解説　≪貧困層でぜんそくや肺の病気が減らない原因≫

問1．第1段第1文（The quality of …）に「アメリカでは空気の質が良くなっている」と書かれている。よって空所①直後の workplace pollutants「職場の汚染物質」は減っていると考えられる。また，pollutants が複数形なので，数えられる名詞に付ける fewer が適切である。

問2．did は，一度用いた一般動詞の過去形の繰り返しを避けるために用いられる。下線部を含む第3段第4文（Today, the poor …）前半に「貧しい人々はより一層喫煙をする」と述べられており，この一般動詞 smoke の過去形の代わりに did が用いられていると考える。

問3．第4段第3文（Tobacco companies often …）に「たばこ会社はしばしば低所得者地域を的にする」と述べられているので，貧しい地域にはたばこの店は他の地域よりも多いと考えられる。よってエが正解となる。

問4．第5段第1文（Another expert says …）に「別の専門家によると，たばこの依存症は『病気』かもしれない」と述べられている。空所を含む同段第2文は「（　④　）は人々が必要とするものかもしれない」という意味である。たばこ依存が病気であるのであれば，必要なのはイの Treatment「治療」である。

問5．空所の前の versus は「～に対して」という意味であるので，versus の直前にある the more educated と対比する表現を versus の直後に置く。よって空所にはウの less が入る。less は more のように形容詞，副詞の前に付けて「より～ではない」という比較級をつくる。

問6．下線部⑥の直後の those with lower incomes live に注目する。those with lower incomes「低所得の人々」は主語で，live が動詞となる

S Vの構造があるので，下線部⑥の最後には接続詞 that を置き，最初には形式主語 it を用いると考えると，It is also true that が並べ替えた後の文だとわかる。It is ～ that…「…は～だ」

問7．第8段第3文の後半（those with lower…）に「低所得の人々は大気がより汚染されている場所に住んでいる」とあるので，空所には大気が汚染されているような場所を表す名詞が入る。よってアの highways「高速道路」が正解。

問8．最終段第1文（But poor people…）に「貧しい人々は健康を保つために多くの障害物を乗り越えなければならない」とある。障害物が多いということは，それを克服するためにかかる代償もその分高くつくと考えられるので，イが正解である。

2 解答

問1．ウ　問2．2番目：ア　4番目：オ　問3．ア
問4．エ　問5．ウ　問6．ウ　問7．イ・オ

解説　≪睡眠障害の原因と対処法≫

問1．下線部①を含む第2段最終文（Such sleep difficulties…）の主語に注目すると，sleep difficulties「睡眠障害」となっているので，insomnia の意味は「不眠症」だとわかる。

問2．下線部の直後に get back … と動詞句が続いていることから，形式主語 it を用いて It is ～ to *do*「…することは～だ」の形であると考える。助動詞 will があるので It is を It will be として，It will be harder to という順番に並べ替える。

問3．第5段第2文（Gentle stretches or…）に「軽いストレッチや深呼吸が手助けになるかもしれない」という具体例が続いているので，アの「ベッドから出て何か静かなことをする」が適切である。

問4．空所を含む第7段最終文（Small amounts may…）は「少量であれば眠りに落ちる手助けになるかもしれないが，大量にアルコールを摂取すると真夜中に（　④　）かもしれない」という意味である。直前の同段第2文（Studies have shown…）に「寝る前のアルコールは睡眠の質を悪くするかもしれない」とあることから，空所にはエの wake up「目覚める」が入るとわかる。

問5．napping の英文の中での使われ方から意味を類推する。第9段第2

文（Avoid napping late …）に「一日の遅い時間に napping は避けよう」と述べられており，また同段最終文（And do not …）に「そして，どんなときでも 30 分以上長く nap してはいけない」と述べられている。これらのことから，napping はウの「昼寝をすること」であるとわかる。
問 6．空所を含む文は「床についた後で（　⑥　）起きてしまうなら問題がある」という意味。「問題がある」ということは，空所には「何度も」などの表現が入ると考えられる。したがって，a few times で「何回か」という意味になるアや at the same time で「同時に」という意味になるエは誤りで，イかウが正解だと判断できる。ここで，空所直前の at に注目する。イの many と空所直後の times は組み合わせて many times「何度も」という表現をつくることができるが，その場合 at があると at many times となり，不自然な英語になってしまう。したがって，ウを入れて at different times「異なる時間に（何度も）」とするのが正解となる。
問 7．ア．第 2 段第 1・2 文（But what about … a troublesome reason.）より，若者にとって夜中に数回目が覚めることが週に何度かあるのは睡眠障害につながる要因があるかもしれないと述べられているので，不適。
イ．第 2 段第 3 文（Stress and anxiety …）と一致する。
ウ．第 6 段全体で，夜中に目が覚めたときにすべきことが述べられているが，好きなゲームをすべきであるとは述べられていない。
エ．第 8 段第 1 文（Avoid coffee after …）に，午後にコーヒーは避けるよう述べられているので不適。
オ．最終段（If you get …）に「もしトイレに行くために夜に起きるのであれば，寝る前の数時間に飲む水や液体の量を制限しなさい」と述べられていることと一致する。

3 解答　①―イ　②―ア　③―ウ　④―エ　⑤―ウ　⑥―エ

解説　①I've lived とあるので現在完了。since は現在完了の継続用法で主に用いる接続詞で「～以来」の意。
②1 文目に「カルロスはどこに行くときでもバスに乗る」とあることから，2 文目は「彼は車を持っていないに違いない」となると考える。

③ mind は目的語に動名詞を用いる。

④ 1 文目の apples の繰り返しを避けるために不定代名詞 one の複数形 ones を用いる。

⑤主節に助動詞の過去形 would があることより，仮定法過去であると考える。よって If 節には過去形を用いる。

⑥ 1 文目の How often ～？は「どれくらいよく～しますか」と頻度をたずねる疑問詞。アの All day は「一日中」という意味なので不適。every のあとは単数形を置く。

4　解答　①－エ　②－イ　③－ア　④－エ　⑤－イ　⑥－ア

解説　① depend on ～「～次第である，～によって決まる」

② go out「(火や電気が) 消える」

③ take off「離陸する」 nervous「不安な」

④ apologize for ～「～のことを謝る」 what you did は「あなたがしたこと」の意。

⑤ 1 文目に「アランは 85 歳で一人暮らしをしている」とあるので，2 文目は「彼は自分を世話してくれる人を必要としている」となると考えられる。よって，イの look after「～の世話をする」が正解。

⑥ keep up with ～「～に遅れずについていく」

数学

I 解答 ≪小問 5 問≫

問 1．5 個　問 2．120 円　問 3．36 m　問 4．$a=8$
問 5．$y=2x^2-9x+5$

II 解答 ≪小問 2 問≫

問 1．$60° < \theta \leqq 180°$　問 2．(1)―③　(2)―②　(3)―①

III 解答 ≪代表値≫

平均値：5.3　中央値：4.5　最頻値：9

IV 解答 ≪場合の数，玉の色の確率≫

問 1．28 通り　問 2．$\frac{86}{91}$

V 解答 ≪小問 3 問≫

問 1．AP の長さ：2　BF＋FE＋EB の長さ：12
問 2．$(x,\ y)=(3,\ 9),\ (6,\ 7),\ (9,\ 5),\ (12,\ 3),\ (15,\ 1)$
問 3．(1)21 人　(2)3 人

問9　亡き親友が遺した鯉なので互いの母校のプールに放そうと思った。（二十六字以上三十字以内）

解説

問1　池に鯉を放つことに不安を感じたのは、池に木や竹の屑がいっぱいに散らばっていたから。つまり、池が汚れていて鯉を死なせはしないかと心配に思ったのである。

問4　問題文には「鯉のために、ずっと私はなやまされてきた」とあり、イの「もう寿命が長くない」は本文になく、ウの「鯉一匹の所有権を主張するため」やエの「親友の命がもう長くないということがわかり」も読み取れない。

問5　傍線部直後に「青木南八が私に対して疎ましい顔色をしたのは、かつて鯉のことについて一度だけであったからである」とあることから、親友への信義の証として鯉を大切にしたいとの思いが読み取れる。

問6　傍線部直後に「もしもの証拠に手紙の返事を持って来ればよかった」とあり、「もしもの証拠」とは邸内に不法侵入をして釣りをしていると疑われた際の証拠ということである。

問7　気がかりに思っていた鯉が堂々と泳ぎまわっており、「王者のごとく」立派に見えたので、自分の鯉として誇らしく感じられたからである。青木への義理からではなく、鯉自体への愛着が芽生えたと考えられる。

問8　アの「尊敬していた南八」は本文には書かれておらず、イの「死んだと思っていた鯉」は言い過ぎ。本文では「あるいは水底で死んでしまっているのかもわからない」とまでしか書かれていない。ウの「鯉だけが心のより所」「現実から逃れて」というほど青木の死に衝撃を受けているわけではない。また、プールに放っただけで世話はしていないので「鯉の飼育に夢中」は説明として不適切。

問9　本文冒頭の二行を参考にということだが、冒頭には同じ大学に通う親友から進物として鯉をもらったことしか書かれていない。後になって思うと、鯉は亡くなった親友の形見のようなものであり、その鯉を放したプールがある大学は親友とともに通った思い出の場所であることをふまえて、制限字数内にまとめる。

問3　「ご都合主義」とは、直前の「ルールをそのときの都合で使い分ける」こと。
問4　空欄の段落はここまでの内容をまとめているので、空欄は「両親の『よしあし』のルールのズレ」という話の前に書かれているものと見当をつけ、第二段落の「母親が、やたらきまぐれで怒りっぽい」に着目して、それに当たる選択肢を選ぶ。
問5　前の二段落から、ここでの話題が「わがまま」に育てられることだと読み取る。
問7　親からの承認が不公平、不公正であるとそれを恨んだり、不満を引きずったりするのではなく、それはそれとしていったん「受け入れ」て意識を他に向けるといったことにふさわしい言葉を選ぶ。
問8　「アイテム」という言葉に着目し、五字の語句を探す。
問9　ルールを身につける「基準」は、ここでは「条件」とか「動機」とも言い換えられる。

三

出典　井伏鱒二『鯉』

解答

問1　イ
問2　②―ウ　④―エ
問3　a―ウ　b―ア　c―エ
問4　ア
問5　ウ
問6　イ
問7　ウ
問8　エ

国語

問1　①操作　②批判　③処置　④焦　⑤譲　⑥えんかつ　⑦けつぼう　⑧ろうきゅう　⑨うる（んだ）　⑩はぐく（んで）

問2　①―○　②―○　③―×　④―○　⑤―×

二

出典　竹田青嗣「中学生からの哲学『超』入門　自分の意志を持つということ」〈Ⅲ　なぜルールがあるのか　自己ルールについて〉（ちくまプリマー新書）

解答

問1　エ

問2　a―エ　b―ア　c―ウ

問3　イ

問4　ア

問5　ウ

問6　イ

問7　イ

問8　お金や権力

問9　親との気持ちのよい自然な親和関係を作ること

解説

問1　アは第二段落に、イは第三段落に、ウは第七段落に書かれている。

■大和大学・白鳳短期大学：一般選抜前期・大学入学共通テストプラス選抜

問題編

▶試験科目・配点

【大和大学：一般選抜前期】

学部		教科	方式	科目	配点
社会・政治経済		英語	マーク	コミュニケーション英語Ⅰ・Ⅱ・Ⅲ，英語表現Ⅰ・Ⅱ	100 点
		選択	マーク	「地歴・公民（日本史Ｂ，世界史Ｂ，政治・経済から１科目選択）」，「数学Ⅰ・Ａ」，「国語総合（古文・漢文を除く），現代文Ｂ」から２科目選択	200 点（各 100 点）
理工（スタンダード3科目型）	機械工学・電気電子工学・数理科学	英語	マーク	コミュニケーション英語Ⅰ・Ⅱ・Ⅲ，英語表現Ⅰ・Ⅱ	100 点
		数学	マーク（一部記述）	数学Ⅰ・Ⅱ・Ⅲ・Ａ・Ｂ	100 点
		理科	マーク	「物理基礎・物理」，「化学基礎・化学」から１科目選択	100 点
	情報科学・建築学	英語	マーク	コミュニケーション英語Ⅰ・Ⅱ・Ⅲ，英語表現Ⅰ・Ⅱ	100 点
		数学	マーク（一部記述）	「数学Ⅰ・Ⅱ・Ａ・Ｂ」または「数学Ⅰ・Ⅱ・Ⅲ・Ａ・Ｂ」	100 点
		理科	マーク	「物理基礎・物理」，「化学基礎・化学」，「生物基礎・生物」から１科目選択	100 点
教育	初等幼児教育	英語	マーク	コミュニケーション英語Ⅰ・Ⅱ・Ⅲ，英語表現Ⅰ・Ⅱ	100 点
		選択	マーク	日本史Ｂ，世界史Ｂ，政治・経済，「数学Ⅰ・Ａ」，「物理基礎・物理」，「化学基礎・化学」，「生物基礎・生物」から１科目選択	100 点
		国語	マーク	国語総合（古文・漢文を除く），現代文Ｂ	100 点

教育	国語教育	英　語	マーク	コミュニケーション英語Ⅰ・Ⅱ・Ⅲ，英語表現Ⅰ・Ⅱ	100点
		選　択	マーク	日本史Ｂ，世界史Ｂ，政治・経済，「数学Ⅰ・Ａ」から１科目選択	100点
		国　語	マーク（一部記述）	国語総合（漢文を除く），現代文Ｂ，古典Ｂ（漢文を除く）	200点
	数学教育	英　語	マーク	コミュニケーション英語Ⅰ・Ⅱ・Ⅲ，英語表現Ⅰ・Ⅱ	100点
		数　学	マーク（一部記述）	「数学Ⅰ・Ⅱ・Ａ・Ｂ」または「数学Ⅰ・Ⅱ・Ⅲ・Ａ・Ｂ」	200点
		選　択	マーク	「物理基礎・物理」，「化学基礎・化学」，「生物基礎・生物」，「国語総合（古文・漢文を除く），現代文Ｂ」から１科目選択	100点
	英語教育	英　語	マーク（一部記述）	コミュニケーション英語Ⅰ・Ⅱ・Ⅲ，英語表現Ⅰ・Ⅱ	200点
		選　択	マーク	日本史Ｂ，世界史Ｂ，政治・経済，「数学Ⅰ・Ａ」から１科目選択	100点
		国　語	マーク	国語総合（古文・漢文を除く），現代文Ｂ	100点
保健医療		英　語	マーク	コミュニケーション英語Ⅰ・Ⅱ・Ⅲ，英語表現Ⅰ・Ⅱ	100点
		選　択	マーク	「数学Ⅰ・Ａ」，「物理基礎・物理」，「化学基礎・化学」，「生物基礎・生物」，「国語総合（古文・漢文を除く），現代文Ｂ」から２科目選択	200点（各100点）

【白鳳短期大学：一般選抜前期】

専　攻	教　科	科　　目	配　点
こども教育	選　択	「コミュニケーション英語Ⅰ・Ⅱ・Ⅲ，英語表現Ⅰ・Ⅱ」，「数学Ⅰ・Ａ」，「国語総合（古文・漢文を除く），現代文Ｂ」，「小論文（当日与えるテーマに対して８００字以内で論じる）〈省略〉」から１科目選択	100点
	面　接	約10分	50点

リハビリテーション学・看護学	選　択	「コミュニケーション英語Ⅰ・Ⅱ・Ⅲ，英語表現Ⅰ・Ⅱ」，「数学Ⅰ・A」，「理科（『物理基礎・物理』，『化学基礎・化学』，『生物基礎・生物』から１科目選択）」，「国語総合（古文・漢文を除く），現代文B」から２科目選択	計200点（各100点）
	面　接	約10分	50点

▶入試方式

〔大和大学：一般選抜前期〕

- 社会・政治経済・保健医療学部：３教科選択型と２教科選択型がある。２教科選択型は，３教科選択型で受験した「必須科目」＋「選択科目のうち高得点の１科目」の合計２科目を合否判定に使用する方式で，同日程の３教科選択型に出願する場合のみ出願可能である。
- 理工学部：スタンダード３科目型のほか，数学重視型・理科重視型がある。数学重視型は数学の配点が200点，その他の科目が各100点の計400点満点，理科重視型は理科の配点が200点，その他の科目が各100点の計400点満点で合否判定する方式で，同日程のスタンダード３科目型に出願する場合のみ出願可能である。

〔大和大学：大学入学共通テストプラス選抜〕

- 大学独自の個別試験（一般選抜と同一問題）と大学入学共通テストの科目のうち指定する科目の合計点で合否を判定する。同日に実施する一般選抜に出願する場合にのみ出願可能である。
- 理工学部および教育学部国語教育・数学教育・英語教育専攻のみ実施。

〔白鳳短期大学：一般選抜前期〕

- リハビリテーション学・看護学専攻：上表の「２教科型（必須受験）」のほかに「１教科型（希望者選択受験）」があり，２教科型の受験科目の中で高得点科目を200点満点として評価する。

▶備　考

- 一般選抜前期および大学入学共通テストプラス選抜は試験日自由選択制。１月24日，１月25日の２日間のうち，１月24日実施分を掲載している。白鳳短期大学は１月25日の実施だが，出題傾向は１月24

日のマーク方式の問題と同一である。
- 英語は聞き取り試験は含まない。
-「数学B」は「数列・ベクトル」から出題する。
- 大和大学には英語外部試験のスコア・資格に応じて換算した「英語」の得点で合否判定を受けることができる英語外部試験利用制度がある。
- 白鳳短期大学の面接の形式は出願状況により試験当日（学科試験等がある場合はその後）に，個人面接，集団面接（ディスカッション型ではない）のいずれを実施するか発表する。

■英語■

◀社会・理工・政治経済・教育(英語教育除く)・保健医療学部・短期大学▶

(短期大学（リハビリテーション学・看護学）　2 科目 120 分
その他　1 科目　60 分)

1 次の問 1 ～問 5 の英文の空欄 [1] ～ [5] に入る最も適切なものを，①～④から 1 つずつ選び，解答欄にマークしなさい。

問 1　The international conference begins [1] September 7th.

① at　② during　③ in　④ on

問 2　Lower your voice, [2] you will be overheard.

① and　② but　③ or　④ so

問 3　The blue whale is the biggest [3] on earth.

① creator　② creature　③ create　④ creating

問 4　It was impossible to [4] everyone's demands about the new project.

① carry　② enter　③ hold　④ meet

問 5　The company policy says that staff must not discriminate on the basis of racial or [5] background when hiring new employees.

① artificial　② essential　③ ethnic　④ obedient

2　次の問1～問6の英文の空欄 [6] ～ [11] に入る最も適切なものを，①～④から1つずつ選び，解答欄にマークしなさい。

問1　Emergency doors can be found at [6] ends of this hallway.

① both　② each　③ every　④ neither

問2　In spite of his success, he is as modest as [7].

① ever　② yet　③ never　④ since

問3　My teacher gave me [8] on how to learn foreign languages.

① an advice　② many advices　③ some advice　④ no advices

問4　The bag looks heavy, so [9] you with it.

① I was helped　② I'll help　③ I helped　④ I had helped

問5　The price of coffee per kilogram [10] early this month.

① has raised to 200 yen　② was risen by 200 yen
③ raised 200 yen　④ rose by 200 yen

問6　When I went camping last summer, I learned [11] to put up a tent.

① how and where　② which and when
③ which and where　④ what and when

3　次の問1～問5の会話文の空欄 [12] ～ [16] に入る最も適切なものを，①～④から1つずつ選び，解答欄にマークしなさい。

問1　*A:* Last year thirty percent of our money was spent on advertising.

B: [12]

A: No, half of it was for newspapers.

① How many newspapers were there?　② Was all of it for TV?

③ What kind of TV was it?　④ Were the newspapers large?

問2　*A:* I want to send this package by airmail.

B: Right. Just fill in this form, please.

A: What's it for?

B: [13]

① We need to know what's in the package.

② We want you to enjoy your time.

③ We want to sell the package.

④ We'd like to send you upgrade information.

問3　*A:* Let's go to that Italian restaurant I was telling you about.

B: [14]

A: We could, but it might be hard to find parking.

B: In that case, let's just get a taxi.

① Excellent!　We're finally going!

② Fantastic!　How are we getting there?

③ Great idea!　But our car is in the garage now.

④ Sounds great!　Shall we take my car?

問4 *A*: If the weather's good on Sunday, how about joining us for a hike?

B: I'd love to, but I've got a really important presentation on Monday. I'm too tense to think about anything else.

A: The best thing for that is to take [15] Fresh air and sunshine will take your mind off work. You'll be relaxed and refreshed.

① a break outside in nature.

② medicine to sleep well.

③ notes for the presentation.

④ the day off on Monday.

問5 *A*: Is this your first visit to Canada?

B: Yes.

A: How long are you going to stay in Canada?

B: About a month.

A: [16]

B: I'll be attending a summer program at the University of Toronto.

A: OK. Fine. Thank you.

① Who are you going to meet in Canada?

② What's the purpose of your visit?

③ When are you going to leave Canada?

④ Where do you hope to live?

4　次の英文を読み，問1～問6に答えなさい。 17 ～ 22

著作権の都合上，省略。

(注)
*biodegradable　微生物によって無害な物質に分解できる
*compostable　肥料にすることができる
*polyester　ポリエステル（合成繊維やペットボトルの原料）
*polylactic acid　ポリ乳酸（室温環境下ではほとんど分解しない）
*enzyme　酵素
*polymer　ポリマー（小さな分子が多数結合してできた物質）
*microbe　微生物

問1　（ 1 ）に入る最も適切なものを，①～④から1つ選び，解答欄にマークしなさい。 17

① attempt　② idea　③ effect　④ obsession

問2　次の文が入る最も適切な場所を ① ～ ④ から1つ選び，解答欄にマークしなさい。 18

But if it turns out that it creates more problems than it's worth, then their attitudes might revert back.

問3　下線部(3)の言い換えとして最も適切なものを，①～④から1つ選び，解答欄にマークしなさい。 19

① aspects　② elements　③ features　④ points

問4　（ 4a ）と（ 4b ）に共通して入る最も適切なものを，①～④から1つ選び，解答欄にマークしなさい。 20

① however　② rather　③ thus　④ yet

問5　次の文の内容が本文と一致するよう空所に入る最も適切なものを，①～④から1つ選び，解答欄にマークしなさい。

Professor Xu hopes that 21

① young people will communicate with each other crossing borders.

② next-generation scientists will discuss the problem of preserving the global environment.

③ next-generation scientists will solve the problem of increasing air pollution.

④ young people will read and understand her paper which will be published soon.

問6　本文のタイトルとして最も適切なものを，①～④から1つ選び，解答欄にマークしなさい。 22

① Millennials and Earth　② Problem of Single-Use Plastics

③ Enzymes Added to Plastics　④ Development of Biodegradable Plastics

5 次の英文を読み，問1～問4に答えなさい。 23 ～ 28

Flink had a hard time focusing in class, and he didn't understand why he couldn't learn the way other students did. He was often asked to leave the classroom because of the disruptions he caused. "At one point, my desk was literally moved to the hallway," he said. "But then I had this message sent to me that I didn't belong in a classroom."

①

One in five children in the United States has a learning disability. At the time, Flink didn't realize he was among them, and his struggles left him feeling (2) and isolated.

It was in a hallway where Flink met his first mentor, the school's janitor. "He got to know me, and eventually we started playing chess," Flink said. "There was nothing that said he had to take an interest in my life, and he did anyhow. And that saved me."

②

When he got to college, he found a community of students who also had learning disabilities. Together with five of them, Flink started a mentoring program for nearby elementary school students who had a learning disability. They called the program *Eye to Eye*, whose curriculum utilizes art as a self-expression tool.

③

Since 1998, *Eye to Eye* has grown into a nationwide non-profit organization that (3) middle school children who have a learning disability with a college or high school mentor who also has a learning disability.

"Middle school is actually the predictor of success," Flink said. "It's where kids have the maturity to say, 'Hey, this is how my brain works. And I can ask for that thing.'"

④

"It's incredible to see a classroom of our mentors and mentees," Flink said. "They can be open to each other and be themselves and the distrust towards school is gone. They are working together in the same room feeling the sense of empowerment."

Eighty percent of *Eye to Eye* students graduate from college — an impressive rate considering children with learning disabilities are three times more likely to drop out of high school.

"It's just crazy to me when we think about groups of students who are likely to fail, we don't look at the thing that they're showing up to do, which is to learn," Flink said. "This group has the highest (4) rate in our country. We can solve that."

While the organization *Eye to Eye* brings empowerment to children, there's something more he finds gratifying.

"I hear that because they were in *Eye to Eye*, they now understand better the experience of somebody else who's different than them — this is what we need in America," Flink said. "We have to love each other across our differences."

問１　次の段落が入る最も適切な場所を ① ～ ④ から１つ選び，解答欄にマークしなさい。 23

At 11, Flink was diagnosed with ADHD and dyslexia. With the support of his parents and the right school, Flink completed high school and went to Brown University.

問２　(2) (3) (4) に入る，最も適切なものを①～④からそれぞれ１つずつ選び，解答欄にマークしなさい。 24 25 26

(2) 24

① alone　② encouraged　③ independent　④ relieved

(3) 25

① compares　② leaves　③ pairs　④ rejects

(4) 26

① age　② birth　③ dropout　④ poverty

問３　本文の内容と一致するものを，①～④から１つ選び，解答欄にマークしなさい。 27

① The school asked the janitor in the hallway to teach Flink how to play chess as his first mentor.

② Flink thinks children in middle schools should be so mature as to hide

---

出典追記：This unique mentorship program helps students with learning differences realize 'their brains are beautiful', CNN on March 18, 2021 by Meg Dunn

their own learning disabilities from the teachers.

③ While *Eye to Eye* brings success to Flink, children who learn in its program are three times more likely to quit high school.

④ Flink wants Americans to understand somebody else's experience better and love each other across their differences.

問4　次の会話文は，アメリカ CNN テレビが Flink さんにインタビューをした際のやり取りの一部である。本文の内容に合うよう，会話文中の（ 5a ）と（ 5b ）それぞれに入るものの適切な組み合わせを，①～④から1つ選び，解答欄にマークしなさい。 28

CNN: What's special about the relationship between mentor and mentee?

Flink: The thing I keep seeing is that there's the immediate sense of (5a). That's just magical.

CNN: What is your hope for the kids you're mentoring?

Flink: I want them to know that they can (5b). I want them to know that they can ask for what they need. And that's what we give them.

① (5a) trust and understanding　(5b) achieve anything

② (5a) healing and understanding　(5b) discard anything

③ (5a) trust and depending　(5b) get nothing

④ (5a) healing and depending　(5b) leave nothing

6　次の問1～問5の日本語に合うよう，与えられた語（句）を並べ替えて英文を完成させるとき，空欄 [29] ～ [38] に入るものを，それぞれ①～⑤から1つずつ選び，解答欄にマークしなさい。

問1　その少女は壁にもたれて立っていた。

The girl ＿＿ [29] ＿＿ [30] ＿＿ wall.

① the　② with her back　③ against
④ was　⑤ standing

問2　将来，私たちはコンピュータに働かされることになるかもしれない。

We may ＿＿ [31] ＿＿ [32] ＿＿ computers in the future.

① by　② made　③ to
④ work　⑤ be

問3　事務所に来て最初に彼がしたことは，自分に来たeメールを読んで返事をすることだった。

The first thing he did on ＿＿ [33] ＿＿ [34] ＿＿ and reply to it.

① read　② the office　③ his e-mail
④ entering　⑤ was to

問4　僕が携帯用のゲーム機で遊んでばかりいたので，昨晩母にそれを取り上げられた。

My mom ＿＿ [35] ＿＿ [36] ＿＿ me last night because I was playing with it too much.

① from　② my　③ portable

④ took away　⑤ game player

問5　30分前に出発すればよかったのに。

You ＿＿ [37] ＿＿ [38] ＿＿ earlier.

① to　② half an hour　③ have

④ ought　⑤ started

◀教育（英語教育）学部▶

（90分）

1　次の問1～問15の空欄 [1] ～ [15] に入る最も適切なものを、それぞれ①～④から1つずつ選び、解答欄にマークしなさい。

問1　If it were not for the pandemic, the music festival [1] at the foot of Mt. Fuji as usual.

① will be held　　② are held
③ were held　　④ could be held

問2　[2] is the study of the countries of the world and of such things as the land, seas, climate, towns, and population.

① Philosophy　　② Geography
③ Economics　　④ P.E.

問3　Professor Yoshimura couldn't attend the world conference against racism [3] the sudden breakdown of the vehicle.

① due to　　② according to
③ in place of　　④ in case of

問4　Dad, will you buy me a smartphone so that I can keep in [4] with a friend of mine, who is moving to Australia?

① association　　② exchange
③ relation　　④ touch

問5　When I was watching a basketball game on TV around 11 last night, Jennifer came home [5] .

① tire out　　② tiring out

③ having tired out　　④ tired out

問 6 "Don't you know a good place to eat around here? I am starving."
"The cafeteria of this college opens at 8:00 and they serve breakfast [6] 11:00."

① by　　② for

③ until　　④ within

問 7 "You said you found a nice house to live in."
"Yeah, but there [7] furniture in it."

① is too much　　② is lot

③ are too many　　④ are a few

問 8 "My colleague John believes that this document is worth [8]."
"But you think it is worthless, don't you?"

① to be read　　② been reading

③ to read　　④ reading

問 9 "My mom is always saying, 'if you don' t begin to study. . .'"
"'You will [9] big trouble,' right?"

① be at　　② get into

③ come to　　④ drop to

問１０ "I am shocked to hear that my favorite group has broken up."
"Now I know the reason my sister seemed [10] this morning. She loved the group so much."

① depressing　　② having depress

③ to depress　　④ to be depressed

問１１ After getting through a lot of difficulties, Elle [11] to learn to fly a jet plane.

① managed ② lost

③ put off ④ called off

問１２ "Wow, you mean your father took part in a race called *the 24 Hours of Le Mans* when he was 25."

"But he had to quit the race because his car ran out of [12] .

① opportunity ② yard

③ traffic ④ gas

問１３ When the rainy season comes, this river is dangerous [13] .

① swimming ② be swimming

③ to swim in ④ to swim it

問１４ Bob didn't pass the exams [14] so much effort he had made.

① because ② instead of

③ besides ④ despite

問１５ A [15] is a substance that is usually injected into a person or animal to protect against a particular disease.

① remedy ② transplant

③ vaccine ④ disinfection

2　次の問１～ 問８について、与えられた語を並べ替えて英文を完成させるとき、空欄 [16] ～ [31] に入る語（句）をそれぞれ１つずつ選び、解答欄にマークしなさい。

問１　あなたが読み終わったら、新聞見てもいいですか。

Can ＿＿ [16] ＿＿ ＿＿ [17] ＿＿ newspaper when you finish reading it.

① your　② look　③ I
④ have　⑤ a　⑥ at

問２　あなたが電話してくれた時、ヘッドフォンで音楽を聴いていたんだ。だから着信音が聞こえなかったに違いない。

When you called me, I was listening to music on the headset. That ＿＿ [18] ＿＿ ＿＿ [19] ＿＿ the telephone ringing.

① the reason　② must　③ didn't
④ be　⑤ I　⑥ hear

問３　一昨日出版されたばかりの新刊本をどう思う。

What do you ＿＿ [20] ＿＿ ＿＿ [21] ＿＿ yesterday?

① before　② think　③ published
④ the day　⑤ the new book　⑥ of

問４　北海道に引っ越す前には、雪国で住むことがどんなものか想像もつかなかったね。

Before I moved to Hokkaido, I had ＿＿ [22] ＿＿ ＿＿ [23] ＿＿ a snowy region.

① what　② to live　③ no idea
④ would be like　⑤ in　⑥ it

問５　慌ててチケットショップに行ったら「すべての公演はキャンセルされました」だって。

I went to the ticket shop immediately ＿＿ [24] ＿＿ ＿＿ [25] ＿＿ cancelled.

① that　② be told　③ the shows
④ all　⑤ only to　⑥ were

問6　血圧を上げたい人にこの薬を与えなさい。

Give this medicine to ____ [26] ____ ____ [27] ____ .

① those　② their blood　③ who
④ pressure　⑤ raise　⑥ want to

問7　おもちゃを片付けてくれるのなら、この部屋を使っていいよ。

You can use this room ____ [28] ____ ____ [29] ____ away.

① long　② the toys　③ you
④ put　⑤ as　⑥ as

問8　水と空気がなければ、どんな生き物も誕生し得なかっただろう。

Without air and water, no ____ [30] ____ ____ [31] ____ .

① into　② have　③ could
④ come　⑤ creatures　⑥ existence

3　次の会話文を読んで、後の問いに答えなさい。[32] ～ [40]

Tom : Be quiet, please! As I said before, I'm doing my homework now.

Billy : Of course you are. Ms. Robinson always gives you tons of homework.

Tom : Luckily, not so much today.

Billy : What subject are you working on?

Tom : I'm doing a science project now. Do you know what a [32A] is?

Billy : Yeah, it is a small [33] in a police station or prison.

Tom : You should've listened to me carefully. As I said, I'm doing a *science* project.

Billy : I don't know what it means in the scientific [34] .

Tom : Oh, really? Don't you know a subject that is called [あ] ?

Billy : I've heard of it a couple of times, but I don't know its actual meaning.

Tom : It is the study of life and all [35] things.

Billy : Now I got it. So you are talking about animals or plants, right?

Tom : Exactly. And a [32B] is one of the very tiny parts of something that is alive.

Billy : How [36] is it?

Tom : It is very, very small. It is generally [37] to the naked eye. You need a [いA] to observe it.

Billy : I see. Tell me more about your project.

Tom : I am trying to find out differences between an animal [32C] and a plant [32D] .

Billy : But you don't have a [いB] , do you?

Tom : No, I don't. But I do have a [38] , so. . .

Billy : You can visit some websites to find out the differences.

Tom : You are right!

問1 [32] ～ [38] に入る最も適切なものを、それぞれ①～⑦から 1 つずつ選び、解答欄にマークしなさい。[32A] ～ [32D] の [32] の空欄4つには同じものが入ります。また、同じ選択肢を繰り返し用いることはできません。

① small
② cell
③ computer
④ context
⑤ invisible
⑥ living
⑦ room

問2 ［ あ ］、［ い ］に入る最も適切なものを、それぞれ①～④から 1 つずつ選び、解答欄にマークしなさい。［ いA ］、［ いB ］には同じものが入ります。

［ あ ］ [39]
① astronomy
② biology
③ chemistry
④ physics

［ い ］ [40]
① binocular
② kaleidoscope
③ microscope
④ telescope

4

次の英文を読んで、後の問いに答えなさい。

マーク式 [41] ～ [48] および記述式

When my mom didn't pick me up at the bus stop I knew something was wrong. Our neighbor, Dolores, was there and she motioned for her daughter, Michelle, and me to go with her. As we walked down the block, her face looked stiff. ア Her mouth was tight and there were little wrinkles between her eyebrows. The silence was intense as she placed her hand on my shoulder and pushed me along.

After あ what seemed like an eternity, we finally reached my neighbors' home. I tried thinking of anything my mom might have had to do that day. A doctor's appointment, a meeting—nothing came to mind. Dolores opened the front door so slowly that the hinges creaked. As we walked into the house, she motioned for Michelle and me to go to the living room where the rest of her family was watching television.

い The image I saw was indescribable. It looked like the factory steam stack I always passed on the way to my grandma's. I [43] to believe that steam stack was a cloud maker. A beautiful, white, puffy cloud maker. But the cloud maker I was watching on the TV was making big, black, evil rainclouds. I sat there in confusion until Dolores finally explained to me that this building was burning. The famous, big Twin Towers were burning down right before my very eyes.

I was nine years old on September 11th. It [44] hours for Dolores to explain to me what, how, and why. I had never heard of something so cruel and tragic. When my mom finally picked me up from Dolores's, she was crying. I asked her why, but all she could do was tell me everything would be all right. The phone calls to my house were endless. My mom would hang up and the phone would ring again immediately.

As the phone calls slowed, my mom sat me down and told me that Daddy wouldn't be home for a little while, but that he would come home. When I asked where he was, my mom replied, "Saving lives." My dad? Saving lives? In THAT building? Each day that my dad didn't come home got harder, but I knew he would come home. He always [45] . One morning, on the front page of the newspaper, I saw my dad. He was with three other men and they were all in their fire う gear. They were pulling a man out from beneath *rubble and debris. The man had lost his hair, and many of his teeth, and イ his eyes were caked with dirt. My dad had rescued someone, and I was so proud.

I wore red, white and blue to school every single day until my dad came home. When he walked through the front door, he looked *disheveled, his hair a mess, his clothes dirty, but I didn't care. I ran to him and wrapped my arms around him so tightly they hurt. He *reciprocated the hug and began to cry. I looked into his eyes and I asked, "Daddy, why are you crying? You're home with us now."

He smiled at me and said, "The whole time I was trying to be a hero to all those people, all I could think about was how scared I was. Scared because I was thinking that I wasn't going to get home to be a hero to you."

Hundreds of firemen and policemen died in the World Trade Center that day. I ask myself every day how I got so lucky. I also think about how unfair it is that I got to keep my daddy, and some other kids out there just like me didn't get to keep theirs.

Thank you Dad for saving lives, for fighting and for coming home. I love you.

注 *rubble and debris :（建物の）がれきや破片 *disheveled :（服装等が）乱れている
*reciprocate :（お返しに）～をする

マーク式解答問題

問1 下線部**あ** <u>what seemed like an eternity</u> の内容を最もよく表している日本文を①～④から１つ選び、解答欄にマークしなさい。 [41]

① 筆者の母親が二度と現れることはないと思えたこと。
② 筆者は永遠にバスに乗ることができないと思ったこと。
③ 筆者には、ドロレスとの間の沈黙が際限なく続くと感じられたこと。
④ 筆者がドロレスに「歩き続けろ」と口頭で命じられていること。

問2 下線部**い** <u>The image</u> の内容を最もよく表している日本文を①～④から１つ選び、解答欄にマークしなさい。 [42]

① 筆者が思い描く雲のイメージ。
② 筆者が見たドロレスの家族の様子。
③ 筆者が思い出した工場の煙突から出る煙。
④ 筆者が見たテレビの映像。

問3 [43] ～ [45] に入る最も適切なものを、それぞれ①～④から１つずつ選び、解答欄にマークしなさい。

[43]
① became ② used ③ accustomed ④ troubled

[44]
① brought ② cost ③ seemed ④ took

[45]
① did ② lost ③ might ④ can't

問4 下線部**う** <u>gear</u> の内容を最もよく表しているものを①～④から１つ選び、解答欄にマークしなさい。 [46]

① clothes needed for a special purpose
② a device for changing the speed rate of a vehicle
③ a spur to encourage someone
④ a toothed wheel in a machine

問5 本文の内容と一致する英文を①～⑥から２つ選び、解答欄にマークしなさい。但し、解答の順は問わないものとします。 [47] 、[48]

出典追記：Chicken Soup for the Soul: Thanks Dad by Jack Canfield, Mark Victor Hansen, and Wendy Walker, Chicken Soup for the Soul Publishing

① The writer was told beforehand that Dolores, not her mother, would pick her up at the bus stop.

② When the writer asked the reason her mother was crying, she said it was because everything was fine with her father.

③ When the writer asked the place where her father was, her mother said "saving lives" because she didn't know where he was.

④ The writer hugged her father so tightly and he was injured because of the hug.

⑤ The writer's father started crying when he got home because he didn't think that he could come home to see his child.

⑥ The writer's father did come home but some other fire fighters lost their lives, so she thought it was unfair.

記述式解答問題

問６　文脈を考慮しながら、波線部**ア**、**イ**を和訳しなさい。

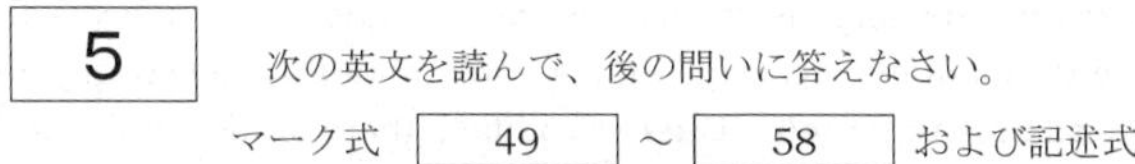

5　次の英文を読んで、後の問いに答えなさい。

マーク式 [49] ～ [58] および記述式

The panic grew with every move I made: gripping small hand-holds with suddenly sweaty palms, placing my soft rubber-soled climbing shoes onto small *ledges and nubs in the granite face. **ア** My chest seized up; the fear gripping my lungs and my brain made me dizzy. I breathed loud and fast through my mouth. My brain screamed warnings at my body:

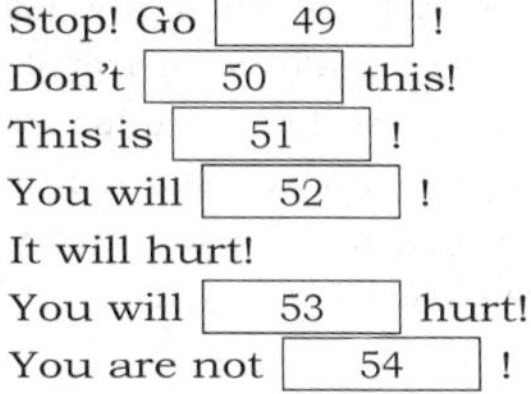

Stop! Go [49] !
Don't [50] this!
This is [51] !
You will [52] !
It will hurt!
You will [53] hurt!
You are not [54] !

It was an early May evening at the Rock Gardens, a popular climbing *crag in Whitehorse, the small capital city of the Yukon Territory, [55A] I live. By attempting to climb a steep stone wall, I was deliberately terrorizing myself, creating a situation I knew would induce something similar to a panic attack. But if I could learn to be less afraid while *harnessed up and clinging to a rock face, I had decided, I might learn to control my fear of heights more generally.

That night, I managed to force my way 6 or 7 feet up a 26-foot route before I begged my climbing partner to lower me down. As my feet touched the ground, I tried to control my panting and avoided looking anyone in the eye.

イ Acrophobia, or extreme fear of heights, is among the most common phobias in the world: One Dutch study found that it affects as many as 1 in 20 people. Even more people suffer from a non-phobic fear of heights—they don't meet the bar to be technically diagnosed, but they share symptoms with true acrophobes like me. All told, as much as 28 percent of the general population may have some height-induced fear.

Plenty of people work around acrophobia, simply avoiding triggering situations. But seven and a half years ago, I moved to the Yukon, [55B] many people spend their time hiking up steep mountains, climbing rock walls and frozen waterfalls, pinballing down mountain biking trails. My fear became a true liability—an obstacle between me and new friends, new hobbies, a new life-style. During my first full summer in Whitehorse, I panicked twice on hiking trails, curling up on the ground and refusing to move at all, or creeping, on all fours, while everyone around me walked upright. It was intolerable. So last summer, I formulated a plan: I'd use the latest research to build myself a DIY cure—or, at the very least, a coping mechanism. I was going to master my fear by exposing myself to it, over and over again.

"Face your fears" is an old idea. Even its modern, clinical variation—the idea that, as a 1998 paper in the *Journal of Consulting and Clinical Psychology* put it, "emotional engagement with traumatic memory is a necessary condition for successful processing of the event and resultant recovery"—dates back more than a century, to the work of Pierre Janet and Sigmund Freud. But its *codified, therapeutic application is much more recent, and it has important implications not just for people with phobias, but for those dealing with all sorts of anxiety-based conditions, from *obsessive-compulsive disorder to *PTSD. あ <u>Facing one's fears, done correctly, could be a way forward for tens of millions of people whose anxieties control them</u>.

I based my goals and methods of my DIY therapy program on the concept of "exposure therapy." Exposure therapy is basically an *inversion of a well-known psychological technique known as classical conditioning. If you can teach an animal to expect pain from, say, a blinking red light by repeatedly combining the light's appearance with an electrical shock until the animal reacts fearfully to the light alone, it makes sense that the *twinning of stimulus and fear can be *unraveled too. Show the animal the red light enough times without an accompanying shock, and eventually it will no longer fear the light—a process known as extinction. I was determined to extinguish my fear by proving to myself that I could climb a cliff.

注 *ledges and nubs in the granite face：花崗岩の岩肌にある岩棚や突起　*crag：岩山
*harnessed up：登山用の安全ベルトを着けて
*codified：(codify の過去分詞) 体系化された
*obsessive-compulsive disorder：強迫障害　*PTSD：心的外傷後ストレス障害
*inversion：反転　*twinning：結合
*unraveled：(unravel の過去分詞) ほどかれた

マーク式解答問題

問1 [49] ～ [54] に入る最も適切なものを、①～⑥から 1 つずつ選び、解答欄にマークしなさい。同じ選択肢を繰り返し用いることはできません。

出典追記：Exposure Therapy and the Fine Art of Scaring the Shit out of Yourself on Purpose by Eva Holland, Esquire (2017/03/15)

① get　② fall　③ do　④ back
⑤ dangerous　⑥ safe

問2 [55A]、[55B] に共通して入る最も適切なものを、①～④から 1 つ選び、解答欄にマークしなさい。

① what　② how　③ which　④ where

問3 下線部**あ**の英文の意味を最もよく表す文を、①～④から 1 つ選び、解答欄にマークしなさい。 [56]

① 不安をコントロールしている多くの人々は、正しく恐怖に向き合いたいと望んでいる。
② 正しく恐怖に向き合うことができれば、不安に支配されている多くの人々も、前向きに進めるかもしれない。
③ 恐怖に向き合うことこそが、何千万もの人々を支配する術であり、正しく行われねばならない。
④ 何千万もの人々の行く手は不安によって支配されており、恐怖に真正面から対峙することを強いられる。

問4 本文の内容と一致する英文を①～⑥から2つ選び、解答欄にマークしなさい。但し、解答の順は問わないものとします。 [57]、[58]

① The writer believed that she could reduce the fear if she would become less worried about heights while climbing rocks with a harness on.
② The writer thought that she needed a climbing partner because she always did too much when she climbed alone.
③ According to research in the Netherlands, as much as 20 percent of people are suffering from acrophobia.
④ The writer felt that the fear prevented her from getting along with new friends in the Yukon.
⑤ The writer discovered the idea of "Do it yourself" could help her to be freed from acrophobia.
⑥ The writer learned how classical conditioning would work and decided to try exposure therapy by seeing red lights so much that she wouldn't be shocked.

記述式解答問題

問5 文脈を考慮しながら、波線部**ア**を和訳しなさい。
問6 波線部**イ**とは何か、日本語で簡潔に説明しなさい。

日本史

（教育（国語教育）学部　1科目　60分
その他　　　　　　　　　2科目 120分）

1　次の史料を読み、あとの問い（**問1～9**）に答えなさい。

保元元年七月二日、
(1)鳥羽院ウセサセ給ヒテ後、日本国ノ乱逆ト云フコトハヲコリテ後、ムサ（武者）ノ世ニナリニケル也。（中略）城外ノ乱逆合戦ハヲホカリ。日本国ハ(2)大友王子、(3)安康天王ナンドノ世ノコトハ、日記モナニモ人サタセズ。(4)大宝以後トイヽテソノヽチノコト、又コノ平ノ京ニナリテノヽチヲコソサタスルコトニテアルニ、（中略）天慶ニ朱雀院ノ(5)将門ガ合戦モ、［ ア ］ガ貞任ヲセムル十二年ノタヽカイナドイフモ、又(6)隆家ノ帥ノトウイ国ウチシタガフルモ、関東・鎮西ニコソキコユレ。マサシク王・臣都ノ内ニテカヽル乱ハ鳥羽院ノ御時迄ハナシ。カタジケナクアハレナル事也。コノ事ノオコリハ、(7)後三条院ノ宇治殿ヲ心エズヲボシメシケルヨリネハサシソメタル也。

『［ イ ］』

問1　下線部(1)に関連して、「鳥羽院（法皇）」の死後におきた戦いについて述べた次の文章中の［ X ］～［ Z ］に入るべき語句の組み合わせとして正しいものを、あとの①～④のうちから一つ選びなさい。［ 1 ］

> 皇位継承権をめぐり［ X ］上皇と［ Y ］天皇の対立が激化し、一方摂関家でも、藤原忠通・頼長兄弟が摂関の地位をめぐって対立していた。鳥羽院の死を契機として1156年、上皇方と天皇方に分かれて戦い、［ Z ］方が勝利した。この内乱で皇室・摂関家の内紛に武士が活躍し、武士の政界進出を促すことになった。

① ［ X ］－後白河　［ Y ］－崇徳　［ Z ］－天皇
② ［ X ］－後白河　［ Y ］－崇徳　［ Z ］－上皇
③ ［ X ］－崇徳　［ Y ］－後白河　［ Z ］－天皇
④ ［ X ］－崇徳　［ Y ］－後白河　［ Z ］－上皇

問2　下線部(2)に関連して、「大友王（皇）子」は皇位継承をめぐる戦いに敗れたが、この乱がおこる以前の出来事について述べた次の文**a**～**c**が、年代の古いものから順に正しく配列されているものを、あとの①～④のうちから一つ選びなさい。［ 2 ］

a　対馬・壱岐・筑紫に防人と烽（とぶひ）がおかれた。

b　最初の全国的戸籍である庚午年籍が作成された。

c　都が近江大津宮に移され天智天皇が即位した。

①　a → b → c　　②　a → c → b
③　b → a → c　　④　c → a → b

問3　下線部(3)について、「安康天王（皇）」は中国の史書『宋書』における「倭の五王」の一人にあたると考えられている。あてはまる王として正しいものを、次の①～④のうちから一つ選びなさい。

3

①　済　　②　武
③　珍　　④　興

問4　下線部(4)に関連して、「大宝」元年に成立した律令について述べた次の文X・Yについて、その正誤の組み合わせとして正しいものを、あとの①～④のうちから一つ選びなさい。 **4**

X　律・令ともに現存しており、国家の基本法として明治維新まで形式的に存続した。

Y　唐の律令を範としているが、日本の実情にあわせて独自に改められたところがある。

①　X　正　Y　正　　②　X　正　Y　誤
③　X　誤　Y　正　　④　X　誤　Y　誤

問5　下線部(5)について、この人物についての説明として**誤っているもの**を、次の①～④のうちから一つ選びなさい。 **5**

①　東国に早くから進出し根をおろした桓武平氏の一族の出身である。
②　下総を根拠地にして一族内の争いを繰り返すうちに国司とも対立するようになった。
③　常陸・下野・上野の国府を攻め落とし、東国の大半を占領して新皇と自称した。
④　同じ東国の武士の平正盛・藤原秀郷らによって討たれた。

問6　史料中の **ア** に入るべき人物として正しいものを、次の①～④のうちから一つ選びなさい。

6

①　頼義　　②　経基
③　頼信　　④　義仲

問7　下線部(6)に関連して、「隆家」について述べた次の文章中の **X** ・ **Y** に入るべき語句の組み合わせとして正しいものを、あとの①～④のうちから一つ選びなさい。 **7**

藤原隆家は、関白道隆の子で、父の威勢により参議となり、中納言まで昇進をする。しかし、父の死により、叔父の **X** と政権の座を争って敗れた兄伊周と共に事件を起こして出雲へと左遷された。翌年許され帰京するが、眼を患い九州に **Y** から医師が来航していると聞き下向。大宰府の権帥を務めた。1019年、刀伊の来襲を撃退して功をあげた。

① X － 藤原道長 Y － 唐
② X － 藤原道長 Y － 宋
③ X － 藤原頼通 Y － 唐
④ X － 藤原頼通 Y － 宋

問8 下線部(7)に関連して、この人物がおこなった施策として**誤っているもの**を、次の①～④のうちから一つ選びなさい。 8

① 券契不分明な荘園を整理するため、記録荘園券契所を太政官に設けた。
② 反摂関家の立場にある文人官僚の大江匡房を寄人（側近）に起用した。
③ 宣旨枡を公定枡として制定し、鎌倉時代を通じて諸国でも使用された。
④ 宮中の護衛を武士に担当させるため、滝口の武者をはじめて設けた。

問9 イ にはこの史料の出典名が入る。「武者の世」の到来などを末法思想と道理の理念に基づいて叙述したこの歴史書として正しいものを、次の①～④のうちから一つ選びなさい。 9

① 元亨釈書 ② 愚管抄
③ 大鏡 ④ 神皇正統記

2 次の文章を読み、下の問い（**問1～9**）に答えなさい。

足利義満は、室町幕府第2代将軍義詮の子であるが、母は(1)順徳天皇の玄孫（やしゃご）にあたり、その姉妹は後円融天皇の生母である。すなわち義満は、母系で順徳5世の子孫であるとともに後円融の従兄弟という、二重の意味で皇族の縁戚であった。父義詮の病死とともに10歳で足利家の家督を継ぎ、征夷大将軍に就任したが、さらに義満は公卿界で累進するとともに(2)二条良基の教導で朝儀にも精通し、1383年には准三后の宣下を受け、朝廷内でも絶大な権力を振るった。

一方で義満は、(3)台頭する地方の有力守護の勢力削減に意を用い、各氏を挑発しては弾圧することに成功した。またこの間、 ア の イ 天皇から三種の神器を接収して南北朝の合体を実現した。(4)義堂周信の感化で『孟子』に親しみ、中国の革命思想に共感を覚え、やがて義満は王権簒奪の野望を抱くに至ったといわれる。1395年に出家して道義と号した。明との国交を回復し、建文帝から「日本国王」に冊封され、(5)勘合貿易による(6)中国銭の一方的頒賜（はんし）(注)という形で貨幣発行権を掌握した。

1393年に後円融が没すると、義満は上皇の王権を吸収して事実上の院政を開き、公家の官職任免に伴う拝賀奏慶を京都 ウ の山荘に造営した邸宅で行うよう強制、自らの参内出仕はすべて上皇の儀礼に準じ、形式上も公武両勢力の頂点に立った。次男義嗣を皇位候補として ウ 第行幸を仰ぎ、義嗣の親王元服を行うが、自らの(7)太上法皇の尊号が贈られる目前で急死した。

（注）頒賜：朝廷などから物をわかちたまわること

問1 下線部(1)について、「順徳天皇」に関して述べた次の文章中の X ・ Y に入るべき語句の組み合わせとして正しいものを、あとの①～④のうちから一つ選びなさい。 10

> 順徳天皇は、父である後鳥羽上皇の鎌倉幕府打倒計画に参加し、1221年に子の仲恭天皇に譲位して事を起こしたが失敗し、幕府によって［X］に流され、在島22年ののち没した。和歌にすぐれ、歌学書のほか、朝廷の儀式・先例を研究する［Y］の書として『禁秘抄』を著した。

① ［X］－佐渡　　［Y］－古今伝授
② ［X］－佐渡　　［Y］－有職故実
③ ［X］－隠岐　　［Y］－古今伝授
④ ［X］－隠岐　　［Y］－有職故実

問2　下線部(2)について、「二条良基」について述べた次の文a～dについて、正しいものの組み合わせを、下の①～④のうちから一つ選びなさい。［11］

a　和歌の伝統を生かして連歌の芸術性を高め、技巧的な正風連歌を確立した。
b　編集した連歌集が準勅撰とされ、連歌を和歌と対等の地位に高めた。
c　連歌の規則をまとめた『応安新式』を著した。
d　政道の意見をまとめた『樵談治要』を著した。

① a・c　　② a・d
③ b・c　　④ b・d

問3　下線部(3)に関連して、足利義満が討伐した有力守護について述べた次の文a～cが、年代の古いものから順に正しく配列されているものを、下の①～④のうちから一つ選びなさい。［12］

a　近畿・中国に一族合わせて11カ国を領した山名氏清が京都に進軍したが敗れた。
b　美濃・尾張・伊勢3カ国の守護を兼ねて強勢を誇った土岐康行が討伐された。
c　和泉を含む6カ国の守護を兼ねた大内義弘が鎌倉公方と呼応して堺で挙兵したが敗れた。

① a → b → c　　② a → c → b
③ b → a → c　　④ c → a → b

問4　文章中の［ア］・［イ］に入るべき語句の組み合わせとして正しいものを、次の①～④のうちから一つ選びなさい。［13］

① ［ア］－北朝　　［イ］－後小松
② ［ア］－北朝　　［イ］－後亀山
③ ［ア］－南朝　　［イ］－後小松
④ ［ア］－南朝　　［イ］－後亀山

問5　下線部(4)について、この人物は五山文学の代表的な僧として名高い。幕府の手厚い保護と統制を受けた五山僧の例として**適当でないもの**を、次の①～④のうちから一つ選びなさい。［14］

① 一休宗純　　② 絶海中津
③ 夢窓疎石　　④ 春屋妙葩

問6　下線部(5)について、この貿易による主な輸入品として**誤っているもの**を、次の①～④のうちから一つ選びなさい。 15

①　陶磁器　　②　生糸
③　絹織物　　④　硫黄

問7　下線部(6)に関連して、中世以降に日本に輸入された中国銭について述べた次の文X・Yについて、その正誤の組み合わせとして正しいものを、あとの①～④のうちから一つ選びなさい。 16

X　貿易により永楽通宝などの明銭が大量にもたらされ、統一した貨幣鋳造が行われなかった当時の日本ではこれらが基準貨幣として広く通用した。

Y　室町幕府や戦国大名は撰銭令を発布して円滑な取引を阻害する粗悪な私鋳銭や鐚銭の流通を禁止し、良質な中国銭だけを選ぶよう撰銭行為を奨励した。

①　X 正　Y 正　　②　X 正　Y 誤
③　X 誤　Y 正　　④　X 誤　Y 誤

問8　文章中の ウ に入るべき語句として正しいものを、次の①～④のうちから一つ選びなさい。
17

①　六波羅　　②　室町
③　東山　　④　北山

問9　下線部(7)について、朝廷は義満に対して「太上法皇」の尊号を贈ろうとしたが、これを固辞した人物として正しいものを、次の①～④のうちから一つ選びなさい。 18

①　足利義政　　②　足利義持
③　足利持氏　　④　足利義教

3　江戸時代の「町」と「村」に関する次の文章A・Bを読み、あとの問い（問１～９）に答えなさい。

A　江戸時代の町は、商工業者を主な構成員とした。(1)町屋敷をもつ家持の町人によって構成される地縁的な組織であり、複数の町が集まって町組を形成し、 ア などを選んで自治的に運営するしくみも整っていった。そして幕藩領主から住民による自治を保障され、法令の伝達・順守、町人足役などの負担を町全体で請け負った。都市には(2)城下町や(3)宿場町、(4)門前町、鉱山町などがあったが、多くは城下町であった。城下町は武家地・寺社地・町人地（町方）と、身分ごとに居住する地域が区分され、町人地のなかに町が多数存在した。

B　江戸時代の村は、中世を通じて形成された惣村を基礎とし、(5)太閤検地と中世末以来急速に進展した(6)新田開発とを経て、17世紀後半に小経営の本百姓を中心として均質な構成をもつ村が広く成立した。兵農分離によって、近世の村は百姓のみによって構成され、(7)山林原野や灌漑施設を共同で管理し、鎮守社の祭礼、(8)田植えや稲刈りなどの農作業も共同で行っていた。幕藩領主は検地を通して村を把握し、法令の順守や年貢・諸役の納入を村を単位として請け負わせる村請制を採用した。中世以来の共同体的慣行を利用し、村内の豪農層が イ ・組頭などに任じられ、村の自治運営を主導するとともに、幕府・諸藩との折衝にあたるなど、領主支配の末端を担った。

問１　下線部(1)に関連して、地主・家持とよばれた町人が賦課された負担のうち、宅地（屋敷地）に課されたものとして正しいものを、次の①～④のうちから一つ選びなさい。 19

①　運上　　②　町入用
③　冥加　　④　地子

問２　下線部(2)に関連して、城下町の例として**適当でないもの**を、次の①～④のうちから一つ選びなさい。 20

①　水戸　　②　長野
③　福井　　④　金沢

問３　下線部(3)に関連して、次の図には、東海道のとある宿駅におかれた公用の施設が描かれている（問題の都合上、一部改めてある）。このような施設の名称として正しいものを、次の①～④のうちから一つ選びなさい。 21

① 本陣　② 関所
③ 旅籠　④ 問屋場

問4　下線部(4)に関連して述べた次の文章中の X ～ Z に入るべき語句の組み合わせとして正しいものを、あとの①～④のうちから一つ選びなさい。 22

伊勢神宮は、 X をまつる皇大神宮（内宮）のほかに、豊受大神宮（外宮）、別宮など125社の総称である。内宮の鳥居前は Y 、外宮の鳥居前は Z とよばれ、室町時代には、両社の争いがたびたび発生した。江戸時代にはこの地は幕府の直轄下におかれ、 Z 奉行が支配した。

① X －大国主神　Y －宇治　Z －山田
② X －大国主神　Y －山田　Z －宇治
③ X －天照大神　Y －宇治　Z －山田
④ X －天照大神　Y －山田　Z －宇治

問5　下線部(5)について述べた次の文a～dについて、正しいものの組み合わせを、下の①～④のうちから一つ選びなさい。 23

a　豊臣秀吉が全国統一を完成した1590年から、全国的な検地の実施を命じ着手させた。
b　統一基準のもとで全国の検地がすすめられ、1段（反）＝300歩とされた。
c　村ごとに耕地の面積などが調査され、貫高が年貢や軍役などの賦課の基準とされた。
d　検地帳には直接耕作者が登録され、それまでの重層的な土地所有関係が排除された。

① a・c　② a・d
③ b・c　④ b・d

問6　下線部(6)に関連して述べた次の文章中の X ・ Y に入るべき語句の組み合わせとして正しいものを、あとの①～④のうちから一つ選びなさい。 24

X 国にあった紫雲寺潟新田は、湖沼を干拓してつくられた大規模な新田で、江戸時代中期に多く見られた Y の典型的なものとして有名である。

① X －越後　Y －藩営新田
② X －越後　Y －町人請負新田
③ X －出羽　Y －藩営新田
④ X －出羽　Y －町人請負新田

問7　下線部(7)に関連して、山林原野の利用や農業以外の副業に課せられた本百姓の負担の呼称として正しいものを、次の①～④のうちから一つ選びなさい。 25

① 小物成　　② 助郷役
③ 国役　　④ 高掛物

問8　下線部(8)について、このような共同労働の形態は近世前期の農村では広く見られた。この助け合いの呼称として正しいものを、次の①～④のうちから一つ選びなさい。 26

① 手伝普請　　② 五人組
③ 村八分　　④ 結

問9　文章中の ア ・ イ に入るべき語句の組み合わせとして正しいものを、次の①～④のうちから一つ選びなさい。 27

① ア － 町役人　イ － 代官
② ア － 町役人　イ － 名主
③ ア － 町奉行　イ － 代官
④ ア － 町奉行　イ － 名主

4　日本の経済に関する次の年表を見て、あとの問い（問１～９）に答えなさい。

年代	できごと
1909	初の持株会社として ア 合名会社が設立される。
1915	(1)大戦景気が始まり、輸出超過に転じる。
1927	大蔵大臣の失言から(2)金融恐慌が始まる。
1931	金輸出再禁止が決定され、(3)金本位制が停止となる。
1933	日本の綿布輸出量が イ を抜き世界第1位となる。
1939	(4)価格等統制令が公布される。
1946	(5)金融緊急措置令が公布される。
1949	(6)ドッジ=ラインが発表される。
1960	ウ 争議がおこるが、組合側の敗北に終わる。

問1　年表中の ア に入るべき語句として正しいものを、次の①～④のうちから一つ選びなさい。
28

① 三菱　　② 三井
③ 安田　　④ 住友

問2　下線部(1)について、この時期の経済発展を契機に女性の社会進出が進んだが、この頃の職業を持った女性の様相を示す例として**適当でないもの**を、次の①～④のうちから一つ選びなさい。 29

①

②

③

④

問3　下線部(2)に関連して、金融恐慌やその影響について述べた文として**誤っているもの**を、次の①～④のうちから一つ選びなさい。 30

①　預金者が払い戻しを求めて銀行に殺到する取り付け騒ぎが起こった。

②　鈴木商店が倒産し、多額の融資を行っていた台湾銀行が経営危機に陥った。

③　若槻礼次郎内閣は、３週間のモラトリアムを出してこの恐慌を収束させた。

④　中小銀行の合併が進み、財閥系の大銀行へ金融資本が集中する契機となった。

問4　下線部(3)について述べた次の文ａ～ｄについて、正しいものの組み合わせを、下の①～④のうちから一つ選びなさい。 31

ａ　金本位制への復帰をめざす立憲政友会の浜口雄幸内閣が成立すると、金解禁即時断行をとなえてこれを実現させた。

ｂ　日本が金解禁を待望した理由の１つに為替相場の安定下に産業を合理化し、国際競争力を高めるねらいがあった。

ｃ　金輸出禁止前の旧平価で解禁したため実質的に円の切上げとなり、輸出が大幅に減少して金が海外に大量流出した。

ｄ　日本は金本位制を離脱したため世界恐慌の影響を直接受けることとなり、政府の目論見がはずれて恐慌に巻き込まれた。

①　ａ・ｃ　　②　ａ・ｄ
③　ｂ・ｃ　　④　ｂ・ｄ

問5　年表中の イ に入るべき国名として正しいものを、次の①～④のうちから一つ選びなさい。
32

①　アメリカ　　②　イギリス

③　中国　　　　④　インド

問6　下線部(4)に関連して、政府はこの法令を出すことで国民への戦時統制を強化していったが、この法令と同年に実施された出来事として正しいものを、次の①〜④のうちから一つ選びなさい。 33

①　小学校は国民学校と改称され、軍事教練が課されるようになった。
②　国民徴用令が公布され、一般国民の軍需産業動員が可能となった。
③　翼賛選挙が実施され、翼賛政治会が結成された。
④　勤労動員がすすめられ、女子挺身隊が編成された。

問7　下線部(5)について述べた次の文X・Yについて、その正誤の組み合わせとして正しいものを、あとの①〜④のうちから一つ選びなさい。 34

X　戦後の激しいインフレを抑制するために預金が封鎖され、その支払いも原則禁止とした。
Y　従来の旧円にかわる新円を発行し、これを一定額引き出させて通貨量の縮減をはかった。

①　X　正　Y　正　　②　X　正　Y　誤
③　X　誤　Y　正　　④　X　誤　Y　誤

問8　下線部(6)について述べた次の文章中の X ・ Y に入るべき語句の組み合わせとして正しいものを、あとの①〜④のうちから一つ選びなさい。 35

アメリカのデトロイト銀行頭取でGHQ金融顧問であったドッジの指導のもとに、この改革の着手する前年に指令された X を具体化する目的で、各種の財政金融政策が実施された。政府関係機関や地方財政にも厳格な収支の均衡がはかられ、石炭、鉄鋼など基幹産業への Y の巨額の融資も停止され、各種補助金も削減された。

①　X －経済安定九原則　　Y －復興金融金庫
②　X －経済安定九原則　　Y －ガリオア資金
③　X －五大改革指令　　Y －復興金融金庫
④　X －五大改革指令　　Y －ガリオア資金

問9　年表中の ウ に入るべき語句として正しいものを、次の①〜④のうちから一つ選びなさい。 36

①　三池炭鉱　　②　高島炭鉱
③　神岡鉱山　　④　足尾銅山

世界史

（教育（国語教育）学部　1科目　60分）
（その他　　　　　　　　2科目 120分）

第1問　次の文章を読み、下の問い（**問1～9**）に答えなさい。

地中海世界は、なによりもその中心に海をいだいている。その海は(1)ヨーロッパ、アジア、アフリカの三大陸を結びつける。地中海沿岸の景観はかなり似かよっており、丘や山がつらなる。そこには(2)フェニキア人や(3)ギリシア人の植民活動以前にも、さまざまな先住民がいた。なかでも、イタリア半島のエトルリア人はいち早く文明を開花させ、(4)ギリシア文化の影響を受けながら半島中部に大きな勢力を誇った。

すでに南下していたインド＝ヨーロッパ語系の定住民のなかから、やがてラテン系のローマ人が勢力をのばしてエトルリア人の勢力を退け、山岳地域の諸部族をやぶり、前3世紀初頭には半島全域に覇権を確立した。さらにローマは、(5)海洋国家カルタゴの勢力を打倒し、西地中海に覇権をふるうことになる。東方にも進出してギリシアやオリエントの先進文明の諸勢力をも傘下におさめ、(6)前1世紀末にはまさしく地中海全域を統合する世界帝国となった。

この地中海世界帝国のもとで、広大な地域に長期にわたる平穏な状態が実現し、後世に「人類史の至福の時代」（ギボン）とたたえられるほどであった。そこでは、オリエント、ギリシアなどの先進文明と、(7)ガリアなどの地域固有の土壌文化が融合し、地中海世界は(8)「ローマの平和」のもとで空前の繁栄を享受した。とりわけ、(9)海路と陸路を通じた交易網の整備によって内外の人々が結びつき、相互に影響しあうなかで、地中海世界は古代文明の頂点にいたるのである。

問1　下線部(1)に関連して、『三大陸周遊記』を口述した人物として正しいものを、次の①～⑤のうちから一つ選びなさい。［1］

①　イブン＝バットゥータ　　②　ウマル＝ハイヤーム　　③　フィルドゥシー
④　フワーリズミー　　⑤　ラシード＝アッディーン

問2　下線部(2)について述べた文として正しいものを、次の①～④のうちから一つ選びなさい。［2］

①　アケメネス朝ペルシアに滅ぼされ、フェニキア人の活動は途絶えた。
②　ウルやウルクを母市として、フェニキア人は地中海に進出した。
③　ギリシアにフェニキア＝アルファベットが伝わり、ギリシア文字が作られた。
④　フェニキア人植民市カルタゴの反乱を発端としてペルシア戦争が起こった。

問3　下線部(3)に関連して、次の地図中の位置ａ～ｄのうち、古代ギリシア人が建設した植民市として正しいものを、下の①～④のうちから一つ選びなさい。［3］

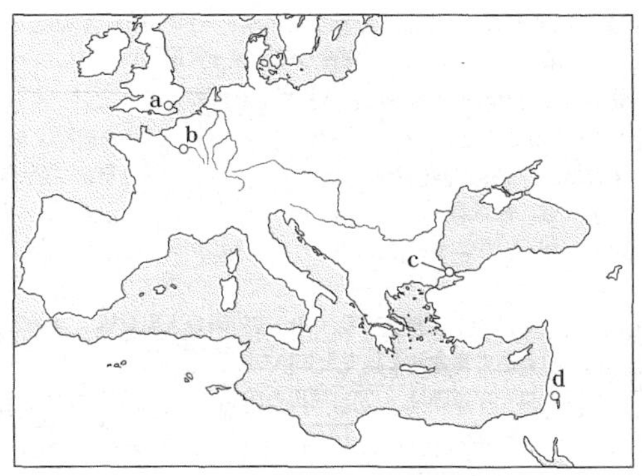

① a　② b　③ c　④ d

問4　下線部(4)に関連して、次の文中の空欄［ア］と［イ］に入れる語句の組み合わせとして正しいものを、下の①～④のうちから一つ選びなさい。［4］

ヘラクレイトスは「万物は流転する」のことばを残し、「［ア］」を変化の象徴とした哲学者である。また前5世紀の民主政最盛期のアテネで活躍した、弁論・修辞の職業教師ソフィストの代表的な人物である［イ］は「万物の尺度は人間」ということばを残している。

① ア―火　イ―ソクラテス　② ア―火　イ―プロタゴラス
③ ア―水　イ―ソクラテス　④ ア―水　イ―プロタゴラス

問5　下線部(5)に関連して、ポエニ戦争直前のローマの支配地を示す地図として正しいものを、次の①～④のうちから一つ選びなさい。［5］

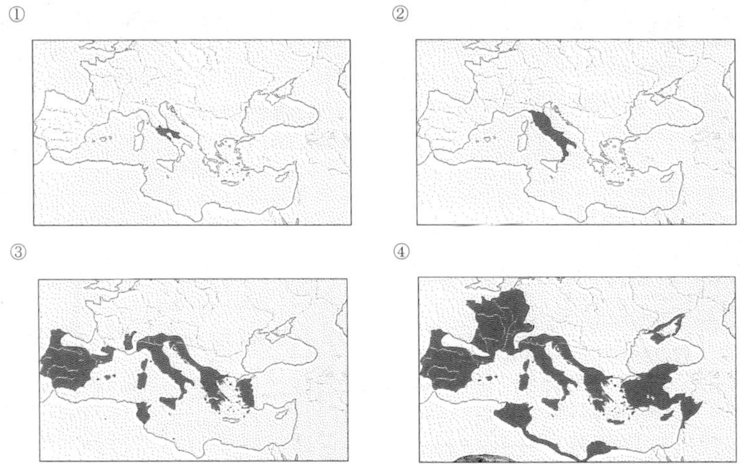

問6　下線部(6)の時期の出来事について述べた次の文a～cが、年代の古いものから順に正しく配列されているものを、下の①～⑥のうちから一つ選びなさい。［6］

a　グラックス兄弟が大土地所有の制限などの改革を進める。

b　スパルタクスの反乱がおこる。

c　プトレマイオス朝エジプトが滅亡する。

①　a → b → c　　②　a → c → b　　③　b → a → c

④　b → c → a　　⑤　c → a → b　　⑥　c → b → a

問7　下線部(7)に関連して、次の文中の空欄［ア］と［イ］に入れる語句の組み合わせとして正しいものを、下の①～④のうちから一つ選びなさい。［7］

『ガリア戦記』は紀元前58年～前51年のガリア遠征における、［ア］自身の記録である。ガリア・ゲルマニア・ブリタニアの事情にふれており、古ケルト・古ゲルマン研究の重要な資料とされている。ガリアはほぼ現在の［イ］にあたりヨーロッパ内陸部へのローマの進出の端緒ともなった。

①　ア―カエサル　　イ―スペイン　　②　ア―カエサル　　イ―フランス

③　ア―タキトゥス　　イ―スペイン　　④　ア―タキトゥス　　イ―フランス

問8　下線部(8)の時期のできごとについて述べた次の文aとbの正誤の組み合わせとして正しいものを、下の①～④のうちから一つ選びなさい。［8］

a　コンスタンティヌス帝は皇帝崇拝を強化するため、キリスト教に対する大迫害を行った。

b　マルクス＝アウレリウス＝アントニヌス帝はストア派の哲学者で、『自省録』を著した。

①　a―正　b―正　　②　a―正　b―誤

③　a―誤　b―正　　④　a―誤　b―誤

問9　下線部(9)に関連して、次の文中の空欄［　　］に入れる語句として正しいものを、下の①～④のうちから一つ選びなさい。［9］

インド洋では夏に南西からの季節風、冬には北東からの季節風が吹く。後1世紀のプリニウスの『博物誌』には、前1世紀ごろのギリシア人［　　］がこの季節風を発見したので、「［　　］の風」とよばれたとある。実際にはこれ以前に、フェニキア人やインド人がすでに季節風を航海に利用していたと考えられている。

①　ウェルギリウス　　②　リウィウス　　③　エリュトゥラー　　④　ヒッパロス

第２問　次の文章を読み、下の問い（問１～９）に答えなさい。

(1)ウマイヤ朝の時代から、徴税台帳などの行政文書が、【　ア　】語から【　イ　】語にかわりはじめていた。(2)アッバース朝最盛期のカリフであるハールーン＝アッラシードは、(3)バグダードに(4)【ア】語の文献を集めて【イ】語に翻訳する機関をつくった。そこでは、組織的、網羅的に【ア】語の文献が【イ】語に翻訳された。ムスリムの学者は、【ア】語による学問に、インドやイランの学問を融合させて、哲学、倫理学、数学、天文学、錬金術（化学）、医学などを発展させた。例えば数学では、【ア】の数学にインド起源の(5)ゼロの概念が導入されて、位取りをとって十進法に便利な【イ】数字がつくられた。哲学・倫理学では、【　ウ　】がアリストテレスの著作をもとにイスラーム哲学を完成させ、【　エ　】はアリストテレスの高度な注釈を行った。(6)この両者は、イスラーム世界の偉大な学者で、その著作がヨーロッパの言語に翻訳され、ヨーロッパの学問の基礎を提供することになる。またこの両者は、哲学だけはなく、【ア】の医学を発展させたイスラーム医学の大家でもあった。【ウ】は『医学典範』を著している。

問１　文章中の空欄【　ア　】・【　イ　】に入れる語句の組み合わせとして正しいものを、次の①～④のうちから一つ選びなさい。 10

①　ア―ギリシア　イ―アラビア　②　ア―ギリシア　イ―ペルシア
③　ア―ラテン　イ―アラビア　④　ア―ラテン　イ―ペルシア

問２　文章中の空欄【　ウ　】・【　エ　】に入れる語句の組み合わせとして正しいものを、次の①～⑥のうちから一つ選びなさい。 11

①　ウ―イブン＝シーナー　エ―イブン＝ハルドゥーン
②　ウ―イブン＝シーナー　エ―イブン＝ルシュド
③　ウ―イブン＝ハルドゥーン　エ―イブン＝シーナー
④　ウ―イブン＝ハルドゥーン　エ―イブン＝ルシュド
⑤　ウ―イブン＝ルシュド　エ―イブン＝シーナー
⑥　ウ―イブン＝ルシュド　エ―イブン＝ハルドゥーン

問３　下線部(1)について述べた次の文ａとｂの正誤の組み合わせとして正しいものを、下の①～④のうちから一つ選びなさい。 12

ａ　アラビア半島のメッカを都とした。
ｂ　トゥール＝ポワティエ間でフランク王国の軍と戦った。

①　ａ―正　ｂ―正　②　ａ―正　ｂ―誤
③　ａ―誤　ｂ―正　④　ａ―誤　ｂ―誤

問４　下線部(2)について述べた文として正しいものを、次の①～④のうちから一つ選びなさい。 13

①　この王朝の時代に、新都イスタンブールに遷都した。
②　この王朝の時代に、非アラブ人ムスリムはジズヤを免除された。
③　この王朝は、シリア総督であったムアーウィヤによって創建された。
④　この王朝は、タラス河畔の戦いで唐軍に敗北した。

問５　同じく下線部(2)に関連して、アッバース朝のカリフからスルタンの称号を得て、政治権力を行使した王朝として正しいものを、次の①～④のうちから一つ選びなさい。 14

①　後ウマイヤ朝　②　ササン朝　③　セルジューク朝　④　ファーティマ朝

問6　下線部(3)に関連して、次の文中の空欄［　　］に入れる語句として正しいものを、下の①～④のうちから一つ選びなさい。［15］

バグダードはアッバース朝第2代カリフのマンスールによって、［　　］中流に造営された円形の都市である。イスラーム世界の政治・経済・文化の中心として繁栄し、最盛時には人口150万人に達したとされる。

①　インダス川　　②　ガンジス川　　③　ティグリス川　　④　ナイル川

問7　下線部(4)の機関の名称として正しいものを、次の①～⑤のうちから一つ選びなさい。［16］

①　シャリーア　　②　スンナ　　③　バイト＝アル＝ヒクマ
④　ハディース　　⑤　マドラサ

問8　下線部(5)について、インドにおいてゼロの観念が用いられていたことを確認することができる王朝・時代として正しいものを、次の①～④のうちから一つ選びなさい。［17］

①　クシャーナ朝　　②　グプタ朝　　③　サータヴァーハナ朝　　④　マウリヤ朝

問9　下線部(6)について、西ゴート王国の首都であったが、王国滅亡後イスラーム文化の中心都市となり、12世紀からイスラームの学術書の翻訳活動が盛んに行われた都市の位置として正しいものを、次の地図中の①～④のうちから一つ選びなさい。［18］

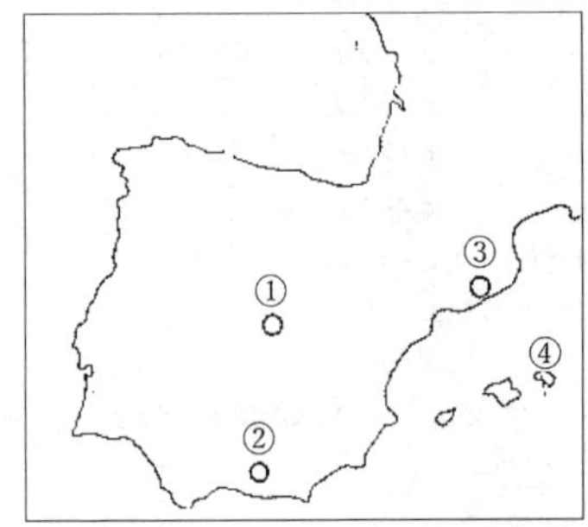

第3問　次の文章を読み、下の問い（問1～9）に答えなさい。

科挙は(1)隋・(2)唐時代にはじまり、一時中止された(3)元代を除いて、清朝末期まで実施された。

唐代には、地方での予備試験（郷試）、長安での【　ア　】部所轄の貢挙（会試）、【　イ　】部による最終の採用試験という制度が整えられた。もっとも、貴族や大官の子弟が恩典で任官できる制度（蔭位・任子の制）も残っていた。また会試の合格者（進士）でもただちに官僚の職を得るとは限らず、この点で科挙は、高級官僚にふさわしい資格を問う認定試験であったといえる。

宋代には、各州での試験（州試）、その合格者を中央に集めて【ア】部が行う省試、最後に皇帝自らが行う(4)殿試という3段階の制度が確立し、高位合格者には宰相にいたる道が開かれた。(5)科挙は当初は年1回、やがて3年に1回になり、受験生も多く、何度も受験して白髪の老人になった者も出たという。

(6)明清時代には、中央・地方の国立学校に籍を置き、3段階の学校試験に合格した者（生員）が、省都の貢院での郷試を受けることができた。生員は、さらに首都の貢院での【ア】部所轄の会試、最後には殿試を受ける必要があった。貢院は間口1mほどの狭い部屋にドアもなく仕切られた棟割り長屋がいくつも立ちならぶ広大なものであり、各受験生は与えられた3枚の板を左右の壁に差し渡して机・椅子・書架・寝台に利用し、郷試、会試とも3回連続、合計10日間ほどのかんづめ生活で答案を書くことを強いられた。明清期には、受験生のカンニング事件のみならず、試験官の不正があったり、受験生に自殺者や精神を病んだ者、またその亡霊が出たという逸話が多く残っている。

もともと科挙は(7)門閥貴族に有利であった【　ウ　】を廃止して、家柄や財産もない有能な人材を集めるという趣旨ではじめられた制度であったが、結果的には幼少から受験勉強ができる貴族や(8)富裕者の子弟が恩典に浴した。

問1　文章中の空欄【　ア　】・【　イ　】・【　ウ　】に入れる語句の組み合わせとして正しいものを、次の①～④のうちから一つ選びなさい。［19］

① ア―吏　イ―礼　ウ―郷挙里選　② ア―吏　イ―礼　ウ―九品中正
③ ア―礼　イ―吏　ウ―郷挙里選　④ ア―礼　イ―吏　ウ―九品中正

問2　下線部(1)について述べた文として正しいものを、次の①～④のうちから一つ選びなさい。［20］

① 高句麗への遠征がおこなわれた。
② 武帝の時代に中央集権体制が確立された。
③ 都が洛陽に置かれた。
④ 煬帝の時代に科挙がはじまった。

問3　下線部(2)の時代に官吏の監察を目的として設けられていた機関の名称として正しいものを、次の①～④のうちから一つ選びなさい。［21］

① 御史台　② 都護府　③ 理藩院　④ 市舶司

問4　下線部(3)に関連して、この王朝の滅亡の契機となった民衆反乱とその背景となった組織の組み合わせとして正しいものを、次の①～④のうちから一つ選びなさい。［22］

① 黄巾の乱―――太平道　② 紅巾の乱―――白蓮教
③ 黄巣の乱―――塩の密売組織　④ 太平天国の乱―――拝上帝会

問5　下線部(4)に関連して、次の年表に示したa～dの時期のうち、殿試が始まった時期として正しいものを、下の①～④のうちから一つ選びなさい。［23］

a
926年　契丹（遼）が渤海を滅ぼした
b
1274年　文永の役がおこった
c
1449年　土木の変で正統帝がとらわれた
d

①　a　　②　b　　③　c　　④　d

問6　下線部(5)について、宋代に科挙の回数が減少した背景を説明した文として最も適切なものを、次の①～④のうちから一つ選びなさい。 24

①　皇室による過度のチベット仏教への帰依・寄進が財政破綻の一因となった。

②　東林派と非東林派が対立して闘争を繰り返し、政治が混乱した。

③　節度使が、行政・財政権を手中にいれた軍閥（藩鎮）として各地に割拠した。

④　文治主義を行ったことで、国防・外交費や、官僚組織を維持する経費が増大した。

問7　下線部(6)について、このころ中国で活躍したヨーロッパ人について述べた文として正しいものを、次の①～④のうちから一つ選びなさい。 25

①　カスティリオーネは、西洋画の技法を紹介した。

②　中国全土の実測地図がイギリス人の宣教師によって作られた。

③　フェルビーストは、バロック式の円明園を設計した。

④　マテオ＝リッチは、乾隆帝に仕えて、幾何学の知識を伝えた。

問8　下線部(7)に関連して、門閥貴族による高級官職独占の様子を示す言葉として正しいものを、次の①～④のうちから一つ選びなさい。 26

①　「王侯将相いずくんぞ種あらんや」　　②　「上品に寒門なく、下品に勢族なし」

③　「蘇湖熟すれば天下足る」　　④　「都市の空気は自由にする」

問9　下線部(8)に関連して、中国における富裕層について述べた次の文aとbの正誤の組み合わせとして正しいものを、下の①～④のうちから一つ選びなさい。 27

a　宋代に台頭した新興地主層を佃戸といい、社会の支配者層を形成した。

b　卿・大夫・士とは、地方社会における実力者で、科挙の合格者や官僚経験者で郷里に隠退したものを指す。

①　a―正　b―正　　②　a―正　b―誤

③　a―誤　b―正　　④　a―誤　b―誤

第4問　次のA・Bの年表や文章を読み、下の問い（問1～9）に答えなさい。

A

年代	出来事
14世紀	(1)ヨーロッパでペスト（黒死病）が流行した
(2)17世紀	ヨーロッパでペストが流行した
1796年	(3)種痘法が開発され、予防接種という方法が始まる
(4)19世紀	イギリスで結核が流行した
(5)1918～1920年	インフルエンザウィルス（スペインかぜ）によるパンデミックが発生した
2019年	新型コロナウィルス感染症（COVID-19）の感染例が確認された

問1　下線部(1)の時期の出来事について述べた次の文a～cが、年代の古いものから順に正しく配列されているものを、下の①～⑥のうちから一つ選びなさい。［28］

a　英仏百年戦争がおこる。
b　イギリスでワット＝タイラーの乱がおこる。
c　フランスでジャックリーの乱がおこる。

①　a → b → c　　②　a → c → b　　③　b → a → c
④　b → c → a　　⑤　c → a → b　　⑥　c → b → a

問2　下線部(2)の時代について、次の文中の空欄［ア］と［イ］に入れる語句の組み合わせとして正しいものを、下の①～④のうちから一つ選びなさい。［29］

ヨーロッパには16世紀に大量の［ア］がアメリカ大陸から流入して物価は［イ］したが、17世紀になると、この物価［イ］が揺り戻しを見せ、人口も停滞し、経済は不況に見舞われた。

①　ア―アヘン　イ―上昇　　②　ア―アヘン　イ―下落
③　ア―銀　イ―上昇　　④　ア―銀　イ―下落

問3　下線部(3)を開発した人物として正しいものを、次の①～⑤のうちから一つ選びなさい。［30］

①　北里柴三郎　　②　コッホ　　③　ジェンナー　　④　野口英世
⑤　パストゥール

問4　下線部(4)に関連して、19世紀の欧米諸国と中国との関係について述べた文として誤っているものを、次の①～④のうちから一つ選びなさい。［31］

①　アメリカ合衆国は、国務長官ジョン＝ヘイの門戸開放宣言によって、中国での門戸開放を求めた。
②　イギリスは、列強の権益獲得競争の中で、威海衛を租借した。
③　フランスは、貿易の拡大を求めて、マカートニーを中国に派遣した。
④　ロシアは、ドイツ・フランスとともに、日本が獲得した遼東半島を清に返還させた。

問5　下線部(5)に関連して、この時期におこった出来事として誤っているものを、次の①～④のうちから一つ選びなさい。［32］

①　インドでローラット法が発布される。
②　パリ講和会議が開催される。
③　世界恐慌がおこる。
④　中国で五・四運動がおこる。

B

(6)第二次世界大戦は、5000万人をこえる膨大な数の死者をもたらしたといわれている。そのうち兵士は1700万人で、民間人は3400万人をこえる。第一次世界大戦のときとくらべると、兵士の死者は2倍になり、民間人の犠牲者は5倍以上になっている。一般市民など非戦闘員の犠牲が拡大しているのが、第二次世界大戦の大きな特徴である。

民間人の犠牲の多さは、原子爆弾に象徴される。科学技術の進歩にともなう巨大な殺傷・破壊力によるものだけではなかった。それは、まず第一に、この大戦が徹底的な総力戦となったことと関係している。戦争は前線だけでなく、銃後でも戦われた。そのため、敵の工業生産力と士気を壊滅させることが、重要な意味をもつようになったのである。

第二に、この大戦は、民主主義対(7)ファシズム、ファシズム対共産主義というイデオロギー戦争の一面をもち、植民地支配に対する民族解放戦争、さらにはナチスのようにユダヤ人やロマに対する民族絶滅戦争という側面をもっていた。そのため、体制や民族という要素が前面に押し出され、戦闘員と民間人の区別はかき消された。

第三に、ドイツでは第一次世界大戦のときとは異なり、軍の反乱や大規模なストライキはおこらなかった。その一つの理由は、ナチスの支配が一面では、消費物資や娯楽、余暇の供給による国民の合意に支えられていたからである。戦争中、ナチスが占領下の東欧から食糧を徴発し、労働力を強制動員してドイツ人の生活水準の維持に努めたのは、そのためである。これが(8)ソ連や(9)ポーランドの民衆に膨大な犠牲を強いることになった。

問6　下線部(6)に関連して、次のグラフは二つの世界大戦の死傷者数を示したものである。このグラフ中のa～cに該当する国名の組み合わせとして正しいものを、下の①～⑥のうちから一つ選びなさい。 33

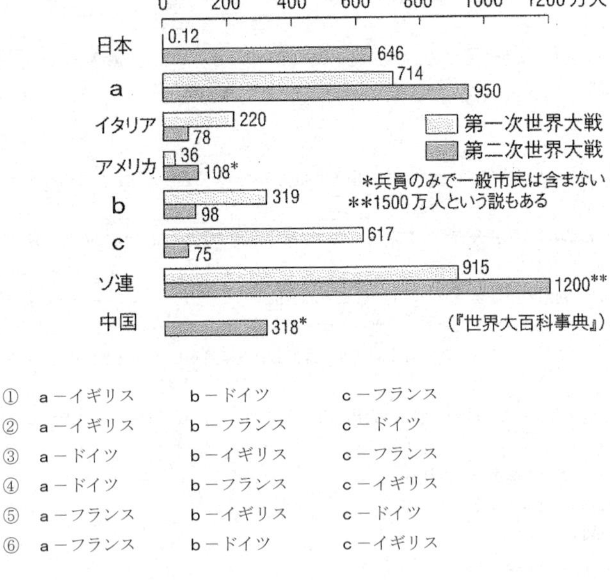

① a－イギリス　b－ドイツ　c－フランス
② a－イギリス　b－フランス　c－ドイツ
③ a－ドイツ　b－イギリス　c－フランス
④ a－ドイツ　b－フランス　c－イギリス
⑤ a－フランス　b－イギリス　c－ドイツ
⑥ a－フランス　b－ドイツ　c－イギリス

問7　下線部(7)に関連して、世界各国のファシズム勢力台頭の経緯について年代の古いものから順に正しく配列されているものを、次の①～④のうちから一つ選びなさい。 34

① 人民戦線内閣成立 → ゲルニカ爆撃 → スペイン革命 → フランコ政権の成立
② 全権委任法成立 → ヒトラーの再軍備宣言 → ミュンヘン一揆 → ズデーテン併合
③ 満州事変 → 日独伊三国防共協定 → 二・二六事件 → 盧溝橋事件
④ ローマ進軍 → ファシスト党の一党独裁 → ラテラン条約成立 → エチオピア侵攻

問8　下線部(8)に関連して、ロシア革命やソヴィエト政権・ソ連について述べた文として正しいものを、次の①～④のうちから一つ選びなさい。 35

① キューバ危機をきっかけに、コミンフォルム（共産党情報局）を解散した。
② 十一月革命（ロシア暦十月革命）で、ストルイピン政権が打倒された。
③ ブレジネフは、ペレストロイカ（改革）を実施した。
④ レーニンは、ネップ（新経済政策、NEP）を開始した。

問9　下線部(9)について、次の文aとbの正誤の組み合わせとして正しいものを、下の①～④のうちから一つ選びなさい。 36

a　ポーランドは、ロシア・フランス・プロイセンによって分割された。
b　大統領に就任したワレサは、ポーランド反政府反ソ暴動（ポズナニ暴動）を弾圧した。

① a―正　b―正　　② a―正　b―誤
③ a―誤　b―正　　④ a―誤　b―誤

政治・経済

（教育（国語教育）学部　1科目　60分
その他　　　　　　　　　2科目 120分）

第1問　次の文章を読み、下の問い（**問1～9**）に答えよ。（配点　25）

人が⒜生れながらにもっている基本的人権に対する近代民主政治の考え方は、時代とともに変化してきた。自由・⒝平等の権利から、生存権など⒞人間らしい生活をする権利へと広がっていった。さらに、⒟日本国憲法制定時には想定されていなかった事象へも、憲法第13条の幸福追求権や、第25条の生存権などをもとに、⒠環境権や、プライバシーの権利など、人権をより広く認めるべきだという主張がなされるようになった。

また、⒡財産権の内容についても変化している。財産権は財産を私有する権利を指すが、近年、実体のある「もの」だけではなく、実体のない「⒢情報」に財産としての価値を認め、⒣知的財産権として保護する制度が整備されてきている。知的財産権制度とは、知的創造活動によって生み出されたものを、⒤創作した人の財産としてその権利を一定期間保護するための制度であり、より豊かな文化の創造につながるものである。また、企業にとっては事業の成否をにぎることもある。そのため、知的財産権保護について一定の取り決めをつくることが、国際社会でも強く求められている。

問1　下線部⒜に関連して、『社会契約論』を著したルソーの思想を表す言葉として最も適当なものを、次の①～④のうちから一つ選べ。［ 1 ］

①　地方自治は民主主義の学校である。
②　人民の人民による人民のための政治。
③　イギリス人が自由なのは議員を選挙する間だけだ。
④　国王は君臨すれども統治せず。

問2　下線部⒝について、平等に関する記述として最も適当なものを、次の①～④のうちから一つ選べ。［ 2 ］

①　非嫡出子の法定相続分が嫡出子の半分とされていることにつき、最高裁判所が法の下の平等に反するという判断を示した例はない。
②　刑法にあった尊属殺人罪の重罰規定について、最高裁判所は、憲法が保障する法の下の平等に反するという判断を下している。
③　夫婦別姓を認めない民法や戸籍法の規定について、最高裁判所は、憲法が保障する法の

下の平等などに反するという判断をしている。

④　国政選挙において投票価値に著しく格差が生じた場合は、法の下の平等に反するとして、参議院議員選挙が無効となったことがある。

問3　下線部ⓒに関連して、次の文章が含まれる文書として最も適当なものを、下の①〜④のうちから一つ選べ。 3

第151条　経済生活の秩序は、すべての者に人間たるに値する生活を保障する目的をもつ正義の原則に適合しなければならない。この限界内で、個人の経済的自由は、確保されなければならない。

第159条　労働条件および経済条件を維持し、かつ、改善するための団結の自由は、各人およびすべての職業について保障される。

第161条　健康および労働能力を維持し、母性を保護し、かつ老齢、虚弱および、生活の転変にそなえるために、国は被保険者の適切な協力のもとに、包括的保険制度を設ける。

山田晟 訳

①　国際連合憲章　　②　ワイマール憲法
③　ナポレオン法典　　④　国際人権規約

問4　下線部ⓓに関連して、日本国憲法に関する記述として最も適当なものを、次の①〜④のうちから一つ選べ。 4

①　日本国憲法は、明治時代に制定されたので、「明治憲法」とも呼ばれる。
②　日本国憲法は、国民が定める民定憲法として成立した。
③　日本国憲法は、道州制を地方自治の目標と明記している。
④　日本国憲法には、自衛隊は戦力にはあたらないことが明記されている。

問5　下線部ⓔに関連して、これらの新しい人権に関する次の文aとbの正誤を判定し、その組み合わせとして正しいものを、下の①〜④のうちから一つ選べ。 5

a　公害が全国的に問題となった高度経済成長期には、環境権を保障するため、環境アセスメント法が制定された。

b　プライバシーの権利と表現の自由は衝突することもあり、最高裁判所は、プライバシーの侵害を理由に出版差し止めを命じる判決を出したことがある。

①　a－正　b－正　　②　a－正　b－誤
③　a－誤　b－正　　④　a－誤　b－誤

問6　下線部ⓕに関連して、経済的自由に関する記述として最も適当なものを、次の①〜④のうちから一つ選べ。 6

① 財産権は、法律によって制限されることがあり、企業合併などに制限をかける独占禁止法や土地売買や転用を制限する農地法などは、その例である。
② 職業選択の自由は、自分の職業を自分で決定する自由のことであり、その職業を遂行する営業の自由まで含まれるものではない。
③ 公共事業のために民間人の土地を収用する場合には、公共の利益によるものであるため、その補償をすることは必要ない。
④ 外国人旅行者の急増と職業選択の自由の保障から、誰もが、都道府県に届け出ることなく、旅行者を泊めて宿泊料をとる民泊サービスを提供することができるようになった。

問7　下線部ⓖに関連して、昨今、全国の主な駅や繁華街の人出の変化を伝える情報をよく見聞きするようになった。これらの情報に関する記述として最も適当なものを、次の①～④のうちから一つ選べ。［7］

① これらの情報は、携帯電話会社などがスマートフォンの位置情報サービスなどから得たデータに基づいていることが多い。
② これらの情報は、行政機関や報道機関の電話世論調査から推測したデータに基づいていることが多い。
③ これらの情報は、ドローンを使って上空から数えたデータに基づいていることが多い。
④ これらの情報は、行政機関や報道機関がそれぞれの現場に派遣した調査員が数えたデータに基づいていることが多い。

問8　下線部ⓗに関連して、国内初の専門裁判所である知的財産高等裁判所が設置されている機関として正しいものを、次の①～④のうちから一つ選べ。［8］

① 最高裁判所　② 東京高等裁判所
③ 文化庁　④ 特許庁

問9　下線部ⓘについて、知的財産権のうち、物品のデザインを登録日から20年間保護する権利として正しいものを、次の①～④のうちから一つ選べ。［9］

① 著作権　② 特許権　③ 意匠権　④ 商標権

第２問　次の会話文を読み、下の問い（**問１～９**）に答えよ。（配点　25）

生徒Ａ：あと数日で、僕はⓐ誕生日を迎え、有権者になります。先生、僕自身、まだ有権者ということがあまり自覚できないのですが、ⓑ政治に参加するということはどういうことなのでしょうか。

先　生：有権者になるということは、権利をもつということ、特に政治について重要な役割を持つⓒ選挙等に参加する権利を持つということができます。皆さんにとって、一番わかりやすい政治の役割は、お金の集め方や使い道を決定するということかもしれませんね。ⓓ地域の住民や国民からどのようにⓔ税金を集め、集められた税金をどのように使うか決定するということは、政治の大きな役割です。

生徒Ｂ：私は、税金の使われ方に非常に興味を持っています。

先　生：使い道を決定する権利を得たと言っても、個人の自由になるわけではありません。何に、どれくらい使いたいかは、人によって異なります。それは、生きる上で何が大切かということについての考え方が違うからです。そのため、異なる考え方に基づく様々な意見を調整し、まとめる必要があります。また、国家や社会のルールを作ること、社会の秩序を維持し統合を図ることも政治の大きな役割ですが、こちらも個人やⓕ団体の考え方や意見、利害の対立を調整し、解決することが必要なのです。

生徒Ａ：政治は大切な役割を持っているのですね。

先　生：選挙とは、このような政治に参加する手段の一つであり、国民や地域の住民から選ばれた代表者が議会でⓖ法律や予算を決定する制度をとっている我が国において最も重要な手段なのです。有権者になるということは、選挙等を通じてこのような政治の過程に参加する権利を得ることです。同時に、政治に参加しても必ずしも自分の意見が通るわけではありませんが、国民やⓗ地域の住民の意思に基づき選ばれた議員が皆の意見を議論し合意された決定に対しては、構成員の一人として従うという義務が生じることとなるのです。

生徒Ｂ：裁判員として市民がⓘ司法に参加する制度も、開始から10年以上が経ちますね。これも私は有権者として政治に参加する方法の一つとも考えています。

先　生：政治が、世代や職業など様々な背景を持ち、多様な意見を持つ人々の意思を反映して行われるためには、みんなの知恵を集めていくことが求められます。

生徒Ａ：誰かに任せるのではなく、積極的に選挙を通じて、課題について調べ、考え、自分なりに判断し、政治に参加していくことが大切なのですね。これらの権利を持つことは素晴らしいことですね。国家・社会の形成者としての自覚を持ち、責任を果たそうと思います。

問１　下線部ⓐに関連して、衆議院議員総選挙の投開票日が2021年10月24日の場合、いつまでに18歳の誕生日を迎えた者が有権者として投票することができるのか、正しいものを、次の①～④のうちから一つ選べ。 10

①　投開票日の１か月前にあたる、９月24日が誕生日である人。

②　投開票日の２週間前にあたる、10月10日が誕生日である人。

③ 投開票日の当日である、10月24日が誕生日である人。

④ 投開票日の翌日である、10月25日が誕生日である人。

問2 下線部ⓑに関連して、日本での女性の政治参加の経過や現状についての記述として最も適当なものを、次の①〜④のうちから一つ選べ。 11

① 女性の選挙権が認められたのは、第二次世界大戦後のことである。

② 地方議会での女性議員の割合は、男性よりも高い。

③ 衆議院議員に占める女性の割合は、世界で1、2位を争うほど高い。

④ 選挙の候補者は男女同数にしなければならず、違反した政党には、罰金が科されることが法律で定められている。

問3 下線部ⓒに関連して、国政選挙についての記述として最も適当なものを、次の①〜④のうちから一つ選べ。 12

① 衆議院議員総選挙の小選挙区選出では、都道府県の区域を単位とする選挙区で行われ、得票数の多い候補者が当選する。

② 衆議院議員総選挙の比例代表選出の定数は、小選挙区選出の定数よりも多い。

③ 参議院議員の任期は6年であり、3年ごとに半数が改選される。

④ 参議院議員通常選挙における被選挙権は、満25歳以上であり、住所要件はない。

問4 下線部ⓓに関連して、地域住民から徴収する地方税として正しいものを、次の①〜④のうちから一つ選べ。 13

① 酒税　② 所得税　③ 固定資産税　④ 相続税

問5 下線部ⓔに関連して、日本の税制における消費税の特徴についての文aとbの正誤を判定し、その組み合わせとして正しいものを、下の①〜④のうちから一つ選べ。 14

a 消費税は税負担の水平的な公平よりも、垂直的な公平をはかることができる。

b 消費税は直接税なので負担感が大きく、購買意欲などを阻害する面がある。

① a－正　b－正　② a－正　b－誤

③ a－誤　b－正　④ a－誤　b－誤

問6 下線部ⓕに関連して、日本の内閣や行政には、さまざまな団体が関係している。こうした団体をめぐる記述として**適当でないもの**を、次の①〜④のうちから一つ選べ。 15

① 企業から政党への献金は、公職選挙法によって禁止されている。

② 圧力団体は、政権の獲得ではなく、自らの利益の実現を目指し運動を行う。

③ ＮＰＯ法（特定非営利活動促進法）は、非営利活動を行う団体に法人格を与えその活動

の促進をめざしている。

④　国会内で活動を共にする議員団体のことを会派といい、国会内での活動を有利にしようと、いくつかの政党が結んで統一会派を作ることがある。

問7　下線部ⓖに関連して、法律の制定や予算の議決を行う日本の国会についての記述として**適当でないもの**を、次の①～④のうちから一つ選べ。 16

①　衆議院と参議院の両議院で構成されている国会は、国権の最高機関であり、国の唯一の立法機関である。

②　衆議院と参議院の両議院の議員定数については、法律ではなく各院の議員規則でこれを定める。

③　衆議院で可決し、参議院で否決された法律案は、衆議院で出席議員の３分の２以上の多数で再び可決したときは、法律となる。

④　効率的な議会運営を行うために、本会議の前に議案を少人数の委員会で審議する委員会制が採用されている。

問8　下線部ⓗに関連して、次の文章中の ア ～ ウ にあてはまる語句の組み合わせとして正しいものを、下の①～⑧のうちから一つ選べ。 17

> 人口40万人ほどの市で、地元住民の反対にも関わらず、住宅地の近くに市営火葬場を新たに建設することを市長が強引に進めようとした。ゆえに、市民の間でこの市長を ア しようという運動が発生した。すると、有権者の イ 以上による署名が集まったので、それを添えて ウ に市長の解職請求を提出した。その後、住民投票によって市長の解職の是非が問われることになった。

① **ア**－イニシアティブ　**イ**－50分の1　**ウ**－選挙管理委員会
② **ア**－イニシアティブ　**イ**－50分の1　**ウ**－市議会の議長
③ **ア**－イニシアティブ　**イ**－３分の1　**ウ**－選挙管理委員会
④ **ア**－イニシアティブ　**イ**－３分の1　**ウ**－市議会の議長
⑤ **ア**－リコール　**イ**－50分の1　**ウ**－選挙管理委員会
⑥ **ア**－リコール　**イ**－50分の1　**ウ**－市議会の議長
⑦ **ア**－リコール　**イ**－３分の1　**ウ**－選挙管理委員会
⑧ **ア**－リコール　**イ**－３分の1　**ウ**－市議会の議長

問9　下線部ⓘに関連して、日本の司法制度についての記述として最も適当なものを、次の①～④のうちから一つ選べ。 18

①　検察審査会で不起訴不当の議決があった場合、検察官は必ず起訴しなければならない。

②　検事長や検事総長の定年は、内閣の独自の判断により、最大３年延長することができる。

③　少年事件において、14歳未満の少年については刑事責任を問わない。

④　全ての刑事事件で、録音・録画などの取り調べの可視化が義務となっている。

第３問　次の文章を読み、下の問い（**問１～９**）に答えよ。（配点　25）

私たちは、働いて得た所得をもとに生活をおくっている。したがって、ⓐ働く機会を保障することは、人々の生活の安定のために重要である。憲法第 27 条は、「すべて国民は、勤労の権利を有し、義務を負ふ。」と定め、勤労権を保障している。また、第28 条では、ⓑ労働三権を保障し、それに基づく法律も整備しており、［ア］は、賃金の支払い、労働時間、休日、産前・産後の休暇などについて定めている。

2019 年末からの新型コロナウイルス感染症の流行によりはじまるコロナ禍は、働く者に大きな影響を及ぼしている。コロナ禍で解雇により仕事を失ったり、休業によって収入が減少したりした人も多く、このような社会状況の中、ⓒ労働組合の役割も再確認されている。

新型コロナウイルスの世界的な流行が続いている結果、過去に例を見ないⓓ財政政策対応が現在までに講じられており、その規模は世界全体で 11 兆ドルに迫っている。しかし、感染者数と死亡者数が急増し続ける中、政策担当者は今後もⓔ公衆衛生上の対応を最優先事項としなければならない。それと同時に、景気を下支えする柔軟な財政政策を維持し、大きな経済変化に備える必要がある。コロナ禍からのⓕグローバル経済や株式市場の回復、およびⓖ消費需要やⓗ物価の安定のために、各国の政策が果たす役割が大きくなっている。

問１　文章中の［ア］にあてはまる語句として正しいものを、次の①～④のうちから一つ選べ。［19］

①　労働基準法　　②　男女雇用機会均等法
③　労働関係調整法　　④　男女共同参画社会基本法

問２　下線部ⓐに関連して、雇用に関する記述として最も適当なものを、次の①～④のうちから一つ選べ。［20］

①　雇用のミスマッチを主な原因として、若者の早期離職率（新規学卒就職者の就職後３年以内の離職率）は高卒・大卒ともに１割前後の水準にある。
②　ワークシェアリングとは、労働者の一人当たりの労働時間を減らす方向で多様化し、雇用される人の数を増加させようとすることである。
③　定職に就かないニートや、就職も進学もせず職業訓練も受けないフリーターと呼ばれる若者への雇用の必要性が高まっている。
④　高年齢者の就業機会の確保などを規定する高齢者雇用安定法により、定年の 70 歳への引き上げが義務付けられている。

問３　下線部ⓑに関連して、労働者の権利に関する次の文ａとｂの正誤を判定し、その組み合わせとして正しいものを、下の①～④のうちから一つ選べ。［21］

ａ　団結権や争議権といった労働三権は、すべての民間企業の労働者と公務員に保障されており、制限を受けることはない。

b　労働条件に関する契約の種類と効力については、労働協約、就業規則、労働契約の順に効力が強い。

①　a－正　b－正　　②　a－正　b－誤
③　a－誤　b－正　　④　a－誤　b－誤

問4　下線部ⓒに関連して、2020年の労働組合の組織率（厚生労働省「労働組合基礎調査」による）として最も近いものを、次の①～④のうちから一つ選べ。 22

①　10.5%　　②　17.1%　　③　36.7%　　④　48.9%

問5　下線部ⓓに関連して、政府財政に関する記述として最も適当なものを、次の①～④のうちから一つ選べ。 23

①　景気回復のためには、減税や公共投資の縮小が行われるのが、財政政策として一般的である。
②　夜警国家では、国民に充実した福祉を提供する必要があるため、政府財政は歳出超過になりやすい。
③　所得再分配は、国民の経済格差を緩和するために実施されており、その例に所得税の累進課税がある。
④　公共事業などの社会資本整備のために、財政法に基づいて、特例国債が発行される。

問6　下線部ⓔに関連して、日本の社会保障制度についての記述として最も適当なものを、次の①～④のうちから一つ選べ。 24

①　公的扶助は、災害での被災地などに対して、低利の融資を行う制度である。
②　社会保険のひとつである雇用保険は、正規労働者のみをその対象としている。
③　社会福祉は、最低限度の生活を維持できない困窮者に、生活保護などにより最低限度の生活を保障するものである。
④　公衆衛生の実施機関として保健所が設けられており、その業務には感染症対策や食品衛生などがある。

問7　下線部ⓕに関連して、世界に存在する地域経済統合に関する記述として最も適当なものを、次の①～④のうちから一つ選べ。 25

①　ＡＰＥＣは、世界全体のＧＤＰの半数以上を占めるなどその経済規模の大きさから、「世界の貿易センター」とよばれている。
②　ＥＵに加盟していない国は、ユーロ通貨を使用することができない。
③　ＮＡＦＴＡは、アメリカ、カナダ、イギリスによる自由貿易協定であり、域内関税撤廃だけでなく、域外共通関税を実施している。
④　ＴＰＰは、米国が離脱を表明したことを受けて、いまだに発効していない。

問8　下線部ⓖに関連して、次の図は、ある商品に対する需要量と供給量の関係を示しており、需要曲線Dと供給曲線SがP点で交わっている。この商品に間接税が賦課され、価格が上がり供給曲線がS_1にシフトした場合の政府の税収分を、図中に示した部分として適当なものを、次の①～⑥のうちから一つ選べ。 26

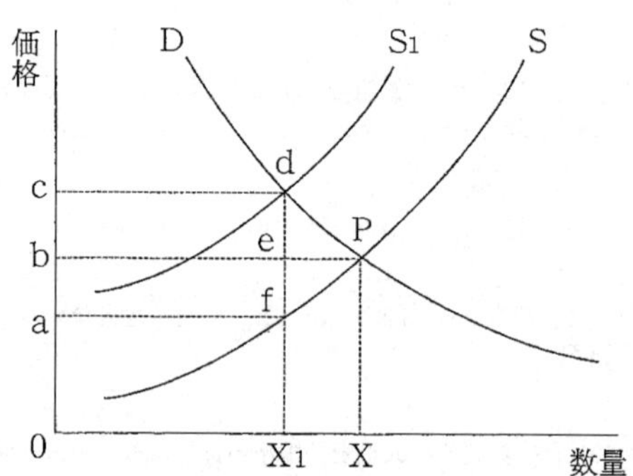

①　a b e f　　②　b c d e　　③　a c d f
④　0 a f X_1　　⑤　0 b e X_1　　⑥　0 c d X_1

問9　下線部ⓗに関連して、日本国内で物価が上昇する要因として**適当でないもの**を、次の①～④のうちから一つ選べ。 27

①　金融当局による金融緩和政策
②　日本国内における需要の拡大
③　原油などの原材料価格の上昇
④　外国為替相場での急激な円高

第４問　次の文章を読み、下の問い（**問１～９**）に答えよ。（配点　25）

「ⓐ難民」とは、「戦争、ⓑ紛争、飢饉、ⓒ人種差別、宗教弾圧、政治弾圧、ⓓ極度の貧困など、さまざまな事情で母国を離れなければならなくなった人」のことである。

狭義の意味では、難民の保護をうたった国際条約（難民条約）で対象となっている「人種、宗教、政治的意見、国籍、ⓔ特定の社会集団に属するなどの理由で迫害を受けるか、その恐れがあるために他国にのがれた人」であるが、紛争で大量の人が国から逃げ出している現在、条約の定義を超えた難民保護が求められている。

1951 年 7 月に採択された「難民の地位に関する条約（難民条約）」には、現在、140 以上の国の政府が加入している。この難民条約に規定されている［ア］――迫害の恐れのある国に送還されない難民の権利――は非常に重要である。

国連の経済社会理事会の特別協議資格を持ち、中立の立場で、国連や各国政府に対して、ⓕ国際法・基準を守り人権を尊重する対策をとるよう呼びかけている、ＮＧＯ（非政府組織）の［イ］は、その人が難民に該当するかということよりも、送還によって直面する危険に着目し、深刻な人権侵害の危険にさらされる危険のある国への強制送還に反対している。

日本は 1981 年に難民条約に加入し、難民の受け入れがはじまってから 30 年以上が経つが、現在も実際に難民として認められる人の数は少なく、ⓖ日本の難民受け入れに関する問題は少なくない。

問１　文章中の［ア］にあてはまる語句として正しいものを、次の①～④のうちから一つ選べ。［28］

①　ダブリン規則　　②　シビリアン・コントロール

③　ノン・ルフールマン原則　　④　シェンゲン協定

問２　文章中の［イ］にあてはまる語句として正しいものを、次の①～④のうちから一つ選べ。［29］

①　青年海外協力隊　　②　アムネスティ・インターナショナル

③　国境なき医師団　　④　グリーンピース

問３　下線部ⓐについて、次の文章中の［ウ］・［エ］にあてはまる語句の組み合わせとして正しいものを、下の①～④のうちから一つ選べ。［30］

世界の難民・国内避難民の数は 2019 年末時点で約 7950 万人で、過去最多を更新した。2010 年では約 4110 万人であったが、以降急増している。難民の救済は国際的な義務であるが、とりわけ先進国の協力が欠かせない。国連でこの業務にあたるのが、［ウ］である。

難民の出身国で最も多いのは、６年連続で［エ］である。これは、民主化運動の「アラブの春」が引き金となり、2011 年にアサド政権と反体制派の内戦となり、国内が混乱してしまっているためである。

① [ウ]－UNESCO　[エ]－アフガニスタン
② [ウ]－UNESCO　[エ]－シリア
③ [ウ]－UNHCR　[エ]－アフガニスタン
④ [ウ]－UNHCR　[エ]－シリア

問4　下線部ⓑに関連して、次のA～Cの紛争名と、その内容を説明している**ア**～**ウ**との組み合わせとして正しいものを、下の①～⑥のうちから一つ選べ。[31]

A　カシミール紛争　　B　コソボ紛争　　C　ダルフール紛争

ア　セルビアからの独立をめざす多数派アルバニア系が武装闘争を展開。NATOが、セルビア全域の軍事目標及び経済インフラに対し空爆による攻撃を開始したが、これに対し、セルビアが解放軍の掃討作戦を強化し、数十万のアルバニア系住民が流出し難民化した。

イ　スーダン西部のこの地では、2003年に反政府勢力と政府系勢力との間で激しい内戦が発生し、死者30万人以上にも上り「世界最大の人道危機」とも呼ばれる。2008年には、国連とアフリカ連合による合同のPKOが派遣されている。

ウ　イギリスからの独立の際、インドはヒンドゥー教徒を、パキスタンはイスラーム教徒を中心に建国されたが、北部のこの地方はイスラーム教徒が多数派の中、支配層がヒンドゥー教徒であったため、その帰属をめぐり両国が激しく対立している。

① A－**ア**　B－**イ**　C－**ウ**　② A－**ア**　B－**ウ**　C－**イ**
③ A－**イ**　B－**ア**　C－**ウ**　④ A－**イ**　B－**ウ**　C－**ア**
⑤ A－**ウ**　B－**ア**　C－**イ**　⑥ A－**ウ**　B－**イ**　C－**ア**

問5　下線部ⓒに関連して、人種差別に関する次の文aとbの正誤を判定し、その組み合わせとして正しいものを、下の①～④のうちから一つ選べ。[32]

a　南アフリカ共和国では、白人による有色人種に対する人種隔離・差別政策であるアパルトヘイトが1990年代まで行われた。

b　アメリカ合衆国では、アフリカ系住民を中心に、黒人差別の撤廃と法の下の平等、市民としての自由と権利を求める公民権運動が展開され、1960年代には公民権法が成立した。

① a－正　b－正　② a－正　b－誤
③ a－誤　b－正　④ a－誤　b－誤

問6　下線部ⓓに関連して、発展途上国に関する記述として**適当でないもの**を、次の①～④のうちから一つ選べ。[33]

①　南北問題については、国連貿易開発会議（UNCTAD）や、開発援助委員会（DAC）を中心として問題解決が図られている。

②　発展途上国間では、産油国や高い成長を実現した新興工業国と呼ばれる諸国・地域と、

絶対的貧困を克服しえない後発発展途上国との経済格差が問題となっている。

③　発展途上国のなかには、外国からの借入額が膨大になり、元本や利子が返済不可能となり、デフォルトに陥る国もある。

④　発展途上国の自立を支援するために、発展途上国の貧困層に少額の事業資金を無担保で貸し出すフェアトレードが行われている。

問７　下線部ⓔに関連して、ミャンマーの南西部の地域を中心に居住しイスラーム教を信仰する少数民族で、国内での迫害を受けバングラデシュへ避難し難民となっている民族を、次の①～④のうちから一つ選べ。 34

①　ウイグル　　②　クルド　　③　バスク　　④　ロヒンギャ

問８　下線部ⓕに関連して、国際法に関する次の文ａとｂの正誤を判定し、その組み合わせとして正しいものを、下の①～④のうちから一つ選べ。 35

ａ　国家間の紛争を解決する国際司法裁判所は、一方の当事者の訴えで裁判が開始され、判決は当事国を拘束する。

ｂ　天体を含むすべての宇宙空間は、宇宙条約によって、どの国家も領有権を主張することはできないとされている。

①　ａ－正　　ｂ－正　　②　ａ－正　　ｂ－誤
③　ａ－誤　　ｂ－正　　④　ａ－誤　　ｂ－誤

問９　下線部ⓖに関連して、次の図は、日本における難民認定申請数と難民認定者数の推移を表している。日本の難民認定に関する、次の４人の会話を読み、それぞれの発言の内容が明らかに誤っているものを、下の①～④のうちから一つ選べ。 36

難民認定申請数と難民認定者数の推移

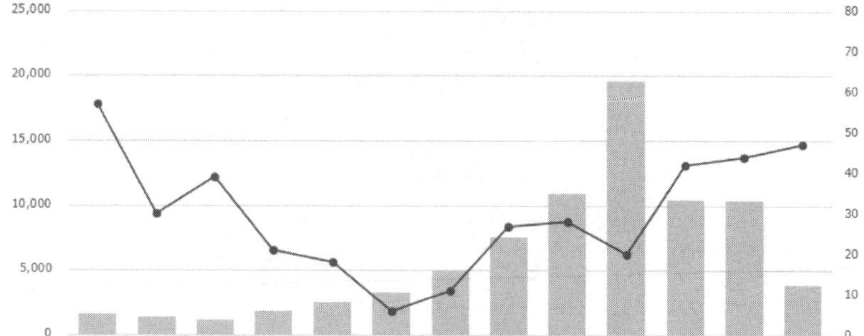

	2008	2009	2010	2011	2012	2013	2014	2015	2016	2017	2018	2019	2020
難民認定申請数	1,599	1,388	1,202	1,867	2,545	3,260	5,000	7,586	10,901	19,628	10,493	10,375	3,936
難民認定者数	57	30	39	21	18	6	11	27	28	20	42	44	47

難民認定申請者と認定者の推移／出入国在留管理庁の統計より作成

Aさん　「上の図を見ると、日本の難民認定率（難民認定申請のうち認定された割合）がとても低いことがわかるわ。難民認定申請数が１万件以上あった2016年から2019年の４年間をみても、難民認定者数の割合は１％にも満たないね。」

Bくん　「日本の難民認定率の低さには、国際的にも批判があるね。難民と認定する人数が他の先進国に比べて少ない日本の現状は、自国中心的だと言われることもある。僕は人道的な立場から積極的に難民を受け入れるべきだと考えるな。」

Cさん　「確かに難民を受け入れるべきと考える意見もあるけれども、難民の受け入れについて慎重であるべきと主張する人たちもいるわ。難民にテロ組織の一員が入り込む可能性もあり、治安面で不安が高まると考える人も少なくないと思う。難民認定の基準は厳格にしておくべきだと私は考えるわ。」

Dくん　「賛否両論あるね。日本では、難民認定の手続きを積極的かつ迅速に進めるために、出入国在留管理庁とは別に難民を専門とする庁が発足したから、これからは難民認定者数も増えるのではないかかな。これからの日本の国際的役割は高まっていくね。」

①　Aさん　②　Bくん　③　Cさん　④　Dくん

数学

数学解答上の注意

1　解答は，解答用紙の問題番号に対応した解答欄にマークしなさい。

2　問題の文中の [ア]，[イウ] などには，符号（−，±）又は数字（0～9）又は文字（a～d）が入ります。ア，イ，ウ，…の一つ一つは，これらのいずれか一つに対応します。それらを解答用紙のア，イ，ウ，…で示された解答欄にマークして答えなさい。

例　[アイウ] に −83 と答えたいとき

ア	●	±	0	1	2	3	4	5	6	7	8	9	a	b	c	d
イ	−	±	0	1	2	3	4	5	6	7	●	9	a	b	c	d
ウ	−	±	0	1	2	●	4	5	6	7	8	9	a	b	c	d

なお，同一の問題文中に [ア]，[イウ] などが2度以上現れる場合，原則として，2度目以降は，[ア]，[イウ] のように細字で表記します。

3　分数形で解答する場合，分数の符号は分子につけ，分母につけてはいけません。

例えば，$\dfrac{[エオ]}{[カ]}$ に $-\dfrac{4}{5}$ と答えたいときは，$\dfrac{-4}{5}$ として答えなさい。

また，それ以上約分できない形で答えなさい。

例えば，$\dfrac{3}{4}$ と答えるところを，$\dfrac{6}{8}$ のように答えてはいけません。

4　根号を含む形で解答する場合，根号の中に現れる自然数が最小となる形で答えなさい。

例えば，[キ]$\sqrt{[ク]}$ に $4\sqrt{2}$ と答えるところを，$2\sqrt{8}$ のように答えてはいけません。

5　根号を含む分数形で解答する場合，例えば，$\dfrac{[ケ]+[コ]\sqrt{[サ]}}{[シ]}$ に $\dfrac{3+2\sqrt{2}}{2}$ と答えるところを，$\dfrac{6+4\sqrt{2}}{4}$ や $\dfrac{6+2\sqrt{8}}{4}$ のように答えてはいけません。

6　比を答える場合，一番小さい自然数の比で答えなさい。

例えば，[ス]：[セソ] に 2：13 と答えるところを，4：26 や 6：39 のように答えてはいけません。

◀社会・政治経済・教育（数学教育除く）・保健医療学部・短期大学▶

（教育（国語教育）学部・短期大学（こども教育）　1 科目　60 分）
（その他　2 科目 120 分）

1 問1　次の □ の中に適するものを，

① 必要条件であるが十分条件でない。

② 十分条件であるが必要条件でない。

③ 必要十分条件である。

④ 必要条件でも十分条件でもない。

の中から選びその番号で答えよ。ただし，n は自然数とする。

(1) n を 5 で割った余りが 1 であることは

n^2 を 5 で割った余りが 1 であるための [ア]

(2) n^2+n を 5 で割った余りが 1 であることは

n を 5 で割った余りが 2 であるための [イ]

(3) n^2+2n を 5 で割った余りが 3 であることは

n を 5 で割った余りが 1 であるための [ウ]

問2　x の方程式

$$2x^2+5x-2-\frac{5}{x}+\frac{2}{x^2}=0 \quad \cdots \quad (*)$$

において，$t=x-\dfrac{1}{x}$ とおくと，[エ] t^2+ [オ] $t+$ [カ] $=0$ となるので，

方程式 $(*)$ の正の解は

$$\frac{-\boxed{キ}+\sqrt{\boxed{クケ}}}{\boxed{コ}} \quad \cdots ① \text{ と}$$

$$-\boxed{サ}+\sqrt{\boxed{シ}} \quad \cdots ②$$

の二つあり，大きい方の解を番号で示すと [ス] である。

2　a, b を実数の定数とし，2 つの放物線

$$y = x^2 - 2ax + b \qquad \cdots \quad ①$$

$$y = -x^2 + bx + 4a + 2 \quad \cdots \quad ②$$

を考える。このとき，次の各問いに答えよ。

問 1　放物線 ① のグラフの頂点が点 $(2, 3)$ であるとき，$a =$ [ア]，$b =$ [イ] である。

問 2　放物線 ① のグラフが放物線 $y = x^2 - 2x + 3$ を x 軸方向に 2，y 軸方向に -3 だけ平行移動したものであるとき，$a =$ [ウ]，$b =$ [エ] である。

問 3　② を 2 次関数とみて，$x = 2$ で最大値 16 をとるとき，$a = \dfrac{[オ]}{[カ]}$，$b =$ [キ] である。このとき，$y > 0$ となる x のとりえる値の範囲は [クケ] $< x <$ [コ] である。

問 4　放物線 ② と直線 $y = x + 1$ の共有点の x 座標が -1，7 であるとき，$a = \dfrac{[サ]}{[シ]}$，$b =$ [ス] である。このとき，② の頂点の y 座標は $\dfrac{[セソ]}{[タ]}$ である。

問 5　放物線 ② が放物線 ① を原点に関して対称移動したものであるとき $a =$ [チツ]，$b =$ [テ] である。このとき，① の頂点と ② の頂点の距離は [ト] $\sqrt{[ナ]}$ である。

3 1つのさいころを3回投げる時，1回目に投げて出た目を x，2回目に投げて出た目を y，そして3回目に投げて出た目を z とする。

このとき，次の各問いに答えよ。

問1 $(x,\ y,\ z)$ の組は全部で [アイウ] 通りである。

問2 $x=y<z$ となる確率は $\dfrac{\boxed{エ}}{\boxed{オカ}}$ である。

問3 $x+y<4$ となる $(x,\ y)$ の組は全部で [キ] 通りであり，

$x+y>9$ となる $(x,\ y)$ の組は全部で [ク] 通りである。

したがって，$x+y+z=10$ となる確率は $\dfrac{\boxed{ケ}}{\boxed{コ}}$ である。

問4 $x>3$ かつ $y>3$ かつ $z>3$ となる $(x,\ y,\ z)$ の組は全部で [サシ] 通りであり，$x>4$ かつ $y>4$ かつ $z>4$ となる $(x,\ y,\ z)$ の組は全部で [ス] 通りである。したがって，$x,\ y,\ z$ の最小値が4となる確率は $\dfrac{\boxed{セソ}}{\boxed{タチツ}}$ である。

4 右下図のような 1 辺の長さが 3 の正四面体 ABCD がある。

辺 AB 上に AE = 1 となる点 E，辺 BC 上に BF = 1 となる点 F，辺 CD 上に CG = 2 となる点 G，そして辺 AD 上に AH = 1 となる点 H をそれぞれとるとき，次の各問いに答えよ。

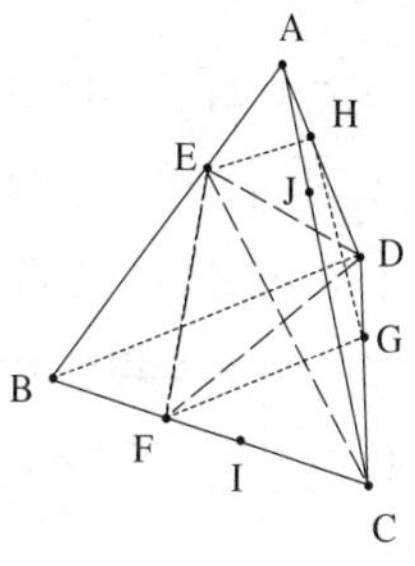

問 1 線分 DE の長さは $\sqrt{\boxed{ア}}$，線分 DF の長さは $\sqrt{\boxed{イ}}$，そして線分 EF の長さは $\sqrt{\boxed{ウ}}$ である。

問 2 $\cos\angle \mathrm{EDF} = \dfrac{\boxed{エオ}}{\boxed{カキ}}$ である。

問 3 △EDF の面積は $\dfrac{\boxed{ク}\sqrt{\boxed{ケ}}}{\boxed{コ}}$ である。

問 4 四面体 BDEF の体積 と 四面体 ABCD の体積の比は $\boxed{サ} : \boxed{シ}$ である。

問 5 四角形 EFGH を含む平面を π とおく。

平面 π に平行で点 A を通る平面と辺 BC との交点を I とすると，

BI : IC = $\boxed{ス} : \boxed{セ}$ となる。

◀理工・教育（数学教育）学部▶

（90分）

問題は、1～5の計5題あります。1～3はマーク式解答問題（必須解答）、4、5は記述式問題（選択解答）です。1～3と、4または5のいずれか1題を選択し、合計4題解答すること。ただし、第1～第3志望いずれかに、理工学科 数理科学専攻、電気電子工学専攻、機械工学専攻を含む場合は、必ず5を解答すること。

1 **問1**　$x+y+z=3$, $xy+yz+zx=2$, $xyz=-1$ とする。

(1)　$x^2+y^2+z^2$ の値は［ア］である。

(2)　$x^3+y^3+z^3$ の値は［イ］である。

問2　a を定数として，x の2次関数 $f(x)=x^2-2ax+a+1\ (0\leqq x\leqq 2)$ の最小値を $m(a)$ とする。

(1)　$a>2$ のとき，$m(a)=-$［ウ］$a+$［エ］である。

(2)　$m(a)$ の最大値は，$a=\dfrac{［オ］}{［カ］}$ のとき $\dfrac{［キ］}{［ク］}$ である。

問3　ある企業の従業員100人に電車，バス，自転車の3種類の通勤方法のアンケートを行った。電車を利用する人は76人，バスを利用する人は31人，自転車を利用する人は53人であった。また，3種類とも利用する人は7人，3種類のどれも利用しない人は3人であった。

(1)　電車，バス，自転車から2種類だけ利用する人は［ケコ］人である。

(2)　電車，バス，自転車から1種類だけ利用する人は［サシ］人である。

2 **問1** 袋Aには赤玉3個と白玉1個，袋Bには赤玉2個と白玉2個が入っている。袋A，Bから玉を1つずつ取り出す。

(1) 取り出した玉が赤玉と白玉である確率は $\dfrac{\boxed{ア}}{\boxed{イ}}$ である。

(2) 取り出した玉が赤玉と白玉であるとき，その赤玉が袋Aから取り出されたものである確率は $\dfrac{\boxed{ウ}}{\boxed{エ}}$ である。

問2 △ABCにおいて，AB＝7，BC＝8，CA＝13とする。

(1) $\sin A=\dfrac{\boxed{オ}\sqrt{\boxed{カ}}}{\boxed{キク}}$ である。

(2) △ABCに内接する円の半径 r は $r=\sqrt{\boxed{ケ}}$ である。

問3 半径2の円 O_1 と半径3の円 O_2 が外接し，直線 l が2円 O_1，O_2 とそれぞれ点A，点Bで接している。ただし，A，Bは異なる点とする。

(1) $AB=\boxed{コ}\sqrt{\boxed{サ}}$ である。

(2) 2つの円 O_1，O_2 に外接し，線分ABに接する円の半径は

$\boxed{シ}\left(\boxed{ス}-\boxed{セ}\sqrt{\boxed{ソ}}\right)$ である。

3 $\cos\dfrac{\pi}{5}=\dfrac{1+\sqrt{5}}{4}$ であることを用いて，以下の各問いに答えよ。

問1 $\cos\dfrac{2}{5}\pi=\dfrac{\boxed{アイ}+\sqrt{\boxed{ウ}}}{\boxed{エ}}$ であり，$\cos\dfrac{8}{5}\pi=\dfrac{\boxed{オカ}+\sqrt{\boxed{キ}}}{\boxed{ク}}$ である。

問2 数列 $\{a_n\}$ を，$a_n=\cos\dfrac{2^{n-1}}{5}\pi$ と定める。

(1) $a_6=\dfrac{\boxed{ケコ}+\sqrt{\boxed{サ}}}{\boxed{シ}}$ である。

(2) $\displaystyle\sum_{k=1}^{6}a_k=\dfrac{\boxed{スセ}+\sqrt{\boxed{ソ}}}{\boxed{タ}}$ である。

(3) $a_{2022}=\dfrac{\boxed{チツ}+\sqrt{\boxed{テ}}}{\boxed{ト}}$ である。

(4) $\displaystyle\sum_{k=1}^{2022}a_k=\dfrac{\boxed{ナニヌネノ}+\sqrt{\boxed{ハ}}}{\boxed{ヒ}}$ である。

4　四面体 OABC において，$|\overrightarrow{OA}|=9$，$|\overrightarrow{OB}|=10$，$|\overrightarrow{AB}|=11$ とし，$\overrightarrow{OC}\cdot\overrightarrow{AC}=0$，$\overrightarrow{OC}\cdot\overrightarrow{BC}=0$，$\overrightarrow{AC}\cdot\overrightarrow{BC}=0$ であるとする。

ただし，問１～問４は結果のみを記述式解答用紙に答えよ。また，問５は途中経過も記述式解答用紙に記述せよ。

問１　$\cos\angle AOB$ を求めよ。

問２　$\overrightarrow{OA}\cdot\overrightarrow{OB}$ を求めよ。

問３　$|\overrightarrow{OC}|$，$|\overrightarrow{AC}|$，$|\overrightarrow{BC}|$ をそれぞれ求めよ。

問４　$\overrightarrow{OA}\cdot\overrightarrow{OC}$，$\overrightarrow{OB}\cdot\overrightarrow{OC}$ をそれぞれ求めよ。

問５　頂点 C から平面 OAB に垂線 CH を下ろす。$\overrightarrow{OH}$ を実数 k，l を用いて，$\overrightarrow{OH}=k\overrightarrow{OA}+l\overrightarrow{OB}$ の形で表せ。

5　次の問１～問３は結果のみ記述式解答用紙に答えよ。また，問４は途中経過も記述式解答用紙に記述せよ。

問１　関数 $f(x)=(x+1)^2e^{-x}$ について，次の問いに答えよ。

(1)　$f'(x)$ および $f''(x)$ を求めよ。

(2)　関数 $f(x)$ の増減を調べよ。また，関数 $f(x)$ のグラフの凹凸を調べよ。

問２　不定積分 $\int\log(x^2-4)\,dx$ $(x>2)$ を求めよ。

問３　次の等式を満たす関数 $f(x)$ を求めよ。

$$\int_0^x f(t)\sin(x-t)dt=x^2$$

問４　底面の半径 2，高さ 2 の直円柱を直径 AB を含み底面と 45° の角をなす平面で切断して２つの部分に分けるとき，体積の小さい方の立体の側面積 S を求めよ。

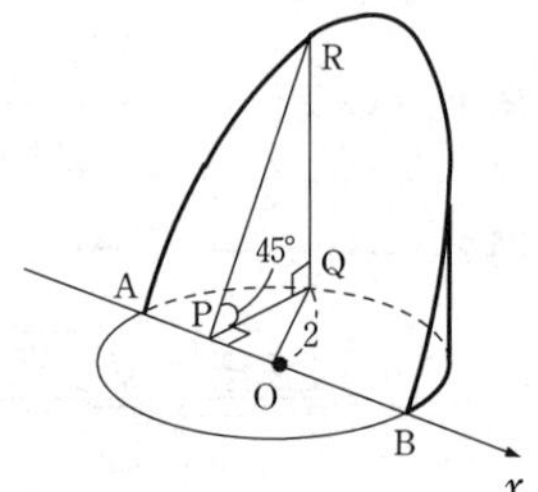

物理

（理工・教育（数学教育）学部　1科目　60分
その他　2科目120分）

受験者は 1 から 4 全てを解答しなさい。

1

図1のように，質量がMで，傾角θの斜面をもつ三角台を床の上に固定しておき，その斜面に向かって大きさの無視できる質量mの小球を，速さvで打ち出した。すると，小球は床と三角台との境界で速さを変えずに進み，図2のように床からH_1の高さに到達した後，折り返した。床，三角台のいずれの面，小球のすべてについて摩擦は無視できるものとする。また，重力加速度の大きさをgとする。

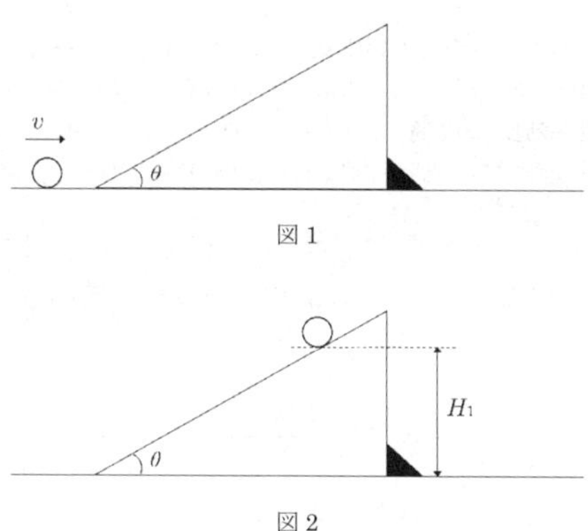

図2

問1　斜面上での小球の加速度の大きさとして正しいものを，次の①〜⑥のうちから一つ選びなさい。 1

①　g　②　$g\sin\theta$　③　$g\cos\theta$　④　$g-v$　⑤　$(g-v)\sin\theta$　⑥　$(g-v)\cos\theta$

問2　H_1として正しいものを，次の①〜⑥のうちから一つ選びなさい。 2

①　$\frac{v}{2g}$　②　$\frac{v^2}{g}$　③　$\frac{v^2}{2g}$　④　$\frac{v}{2g\sin\theta}$　⑤　$\frac{v^2}{g\sin\theta}$　⑥　$\frac{v^2}{2g\sin\theta}$

続いて，図 3 のように，三角台の固定を解いて自由に動けるようにしてから，同様の操作を行ったところ，小球の運動とともに三角台も運動し，小球の最高到達点は図 4 のように床から H_2 の高さとなった。

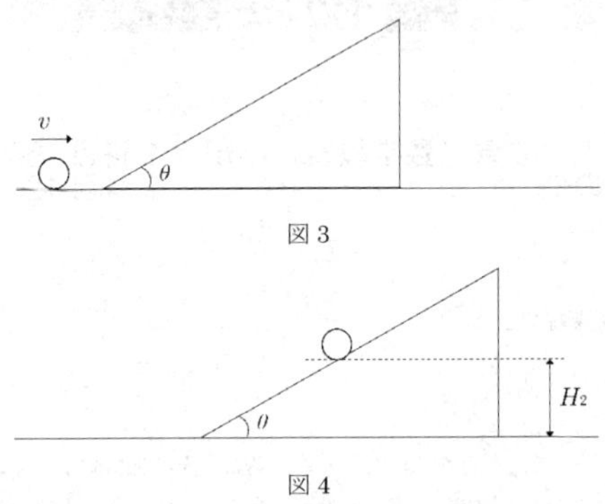

図 3

図 4

問 3　小球と三角台の運動について述べた文として正しくないものを，次の①～④のうちから一つ選びなさい。 3

① 三角台が運動するのは，小球からの仕事によって力学的エネルギーに変化が生じるためである。
② 三角台が運動するのは，小球からの力積によって運動量に変化が生じるためである。
③ 小球が斜面上を運動している間，小球と三角台の力学的エネルギーの和は一定である。
④ 小球が斜面上を運動している間，小球と三角台の運動量の和は一定である。

問 4　小球が図 4 の最高到達点に達したときの，三角台の速さとして正しいものを，次の①～⑥のうちから一つ選びなさい。 4

① 0　② $\dfrac{m}{M}v$　③ $\dfrac{M}{m}v$　④ $\dfrac{m}{M+m}v$　⑤ $\dfrac{M}{M+m}v$　⑥ v

問 5　H_2 を H_1 を用いて表したものとして正しいものを，次の①～⑥のうちから一つ選びなさい。 5

① $\dfrac{H_1}{2}$　② $\dfrac{m}{M}H_1$　③ $\dfrac{M}{m}H_1$　④ $\dfrac{m}{M+m}H_1$　⑤ $\dfrac{M}{M+m}H_1$　⑥ H_1

2

図のように，xy 平面上の，A($3a$，0)，B($-3a$，0)，C(0，$4a$)に様々な電荷をおいたときの様子について，次の問いに答えよ。ただし，$a>0$ とし，クーロンの法則の比例定数を k とする。

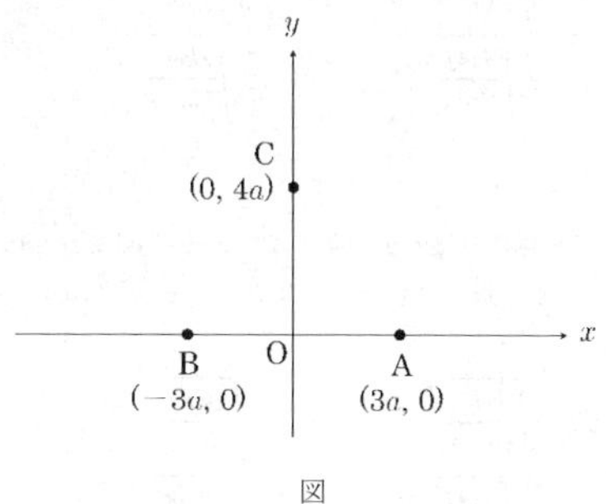

図

問1　はじめに，点Aに電気量 q（$q>0$）の正電荷を固定した。この電荷が点Cにつくる電場の強さとして正しいものを，次の①～⑥のうちから一つ選びなさい。6

① $\dfrac{kq}{5a}$　② $\dfrac{kq^2}{5a}$　③ $\dfrac{kq}{25a}$　④ $\dfrac{kq^2}{25a}$　⑤ $\dfrac{kq}{25a^2}$　⑥ $\dfrac{kq^2}{25a^2}$

問2　続いて，点Bにも電気量 q（$q>0$）の正電荷を固定した。点Aと点Bの電荷が点Cにつくる合成電位として正しいものを，次の①～⑥のうちから一つ選びなさい。7

① $\dfrac{2kq}{5a}$　② $\dfrac{2kq^2}{5a}$　③ $\dfrac{6kq}{25a}$　④ $\dfrac{6kq^2}{25a}$　⑤ $\dfrac{6kq}{25a^2}$　⑥ $\dfrac{6kq^2}{25a^2}$

問3　続いて，点Cに質量が m で，負の電気量 $-Q$（$Q>0$）をもつ小球を静かにおいたところ，小球が動き始めた。小球の運動について述べた文として正しいものを，次の①～④のうちから一つ選びなさい。
8

① 点Cには y 軸の正の向きの合成電場が生じるため，小球は y 軸の正の向きに静電気力を受ける。結果，小球は y 軸の正の向きに動き出す。
② 点Cには y 軸の正の向きの合成電場が生じるため，小球は y 軸の負の向きに静電気力を受ける。結果，小球は y 軸の負の向きに動き出す。
③ 点Cには y 軸の負の向きの合成電場が生じるため，小球は y 軸の正の向きに静電気力を受ける。結果，小球は y 軸の正の向きに動き出す。
④ 点Cには y 軸の負の向きの合成電場が生じるため，小球は y 軸の負の向きに静電気力を受ける。結果，小球は y 軸の負の向きに動き出す。

問4　問3の後，ある場所で小球の速さは最大となる。そのときの小球の速さとして正しいものを，次の①〜⑥のうちから一つ選びなさい。9

① $\sqrt{\dfrac{kqQ}{5ma}}$　② $\sqrt{\dfrac{kqQ}{15ma}}$　③ $\sqrt{\dfrac{2kqQ}{15ma}}$

④ $2\sqrt{\dfrac{kqQ}{5ma}}$　⑤ $2\sqrt{\dfrac{kqQ}{15ma}}$　⑥ $2\sqrt{\dfrac{2kqQ}{15ma}}$

問5　問3で，点Cにおいて小球に y 軸の正の向きにある速さ v 以上を与えると，小球が再び点Cに戻ってくることはなかった。v として正しいものを，次の①〜⑥のうちから一つ選びなさい。10

① $\sqrt{\dfrac{kqQ}{5ma}}$　② $\sqrt{\dfrac{kqQ}{15ma}}$　③ $\sqrt{\dfrac{2kqQ}{15ma}}$

④ $2\sqrt{\dfrac{kqQ}{5ma}}$　⑤ $2\sqrt{\dfrac{kqQ}{15ma}}$　⑥ $2\sqrt{\dfrac{2kqQ}{15ma}}$

3

図のように，一直線上に観測者O，音源S，壁Rが図の順に並んでいる。壁Rは静止している。音源Sは図の右向きに速さ v_S で動きながら振動数 f の音を右向きにも左向きにも発している。観測者Oは右向きに速さ v_O で動きながら，音源Sからの直接音と，壁Rで反射した反射音を観測する。音速は V であり，$V>v_S>v_O$ である。

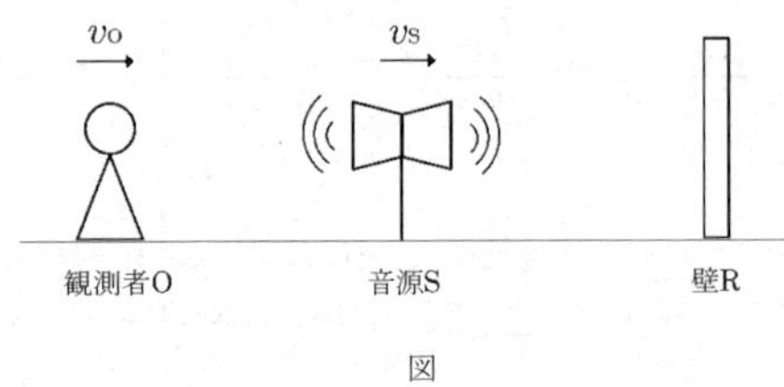

図

問1　観測者Oが観測する直接音の波長として正しいものを，次の①〜⑥のうちから一つ選びなさい。11

① $\dfrac{V+v_S}{f}$　② $\dfrac{V-v_S}{f}$　③ $\dfrac{V(V+v_S)}{f(V+v_O)}$

④ $\dfrac{V(V-v_S)}{f(V+v_O)}$　⑤ $\dfrac{V(V+v_S)}{f(V-v_O)}$　⑥ $\dfrac{V(V-v_S)}{f(V-v_O)}$

問2　観測者Oが観測する直接音の振動数として正しいものを，次の①〜⑥のうちから一つ選びなさい。12

① $\dfrac{V+v_S}{V+v_0}f$　② $\dfrac{V-v_S}{V+v_0}f$　③ $\dfrac{V-v_S}{V-v_0}f$　④ $\dfrac{V+v_0}{V+v_S}f$　⑤ $\dfrac{V+v_0}{V-v_S}f$　⑥ $\dfrac{V-v_0}{V-v_S}f$

問３　観測者Ｏが観測する反射音の振動数として正しいものを，次の①～⑥のうちから一つ選びなさい。13

① $\dfrac{V+v_S}{V+v_0}f$　② $\dfrac{V-v_S}{V+v_0}f$　③ $\dfrac{V-v_S}{V-v_0}f$　④ $\dfrac{V+v_0}{V+v_S}f$　⑤ $\dfrac{V+v_0}{V-v_S}f$　⑥ $\dfrac{V-v_0}{V-v_S}f$

問４　観測者Ｏが観測する単位時間あたりのうなりの回数として正しいものを，次の①～⑥のうちから一つ選びなさい。14

① $\dfrac{2v_S(V+v_0)}{(V+v_S)^2}f$　② $\dfrac{2v_S(V-v_0)}{(V+v_S)^2}f$　③ $\dfrac{2v_S(V+v_0)}{(V-v_S)^2}f$

④ $\dfrac{2v_S(V-v_0)}{(V-v_S)^2}f$　⑤ $\dfrac{2v_S(V+v_0)}{V^2-v_S^2}f$　⑥ $\dfrac{2v_S(V-v_0)}{V^2-v_S^2}f$

問５　観測者Ｏから壁Ｒに向かって風が一定の速さ w（$w<V$）で吹いているとき，観測者Ｏが観測する反射音の振動数として正しいものを，次の①～⑥のうちから一つ選びなさい。15

① $\dfrac{V+w+v_0}{V+w-v_S}f$　② $\dfrac{V-w+v_0}{V+w-v_S}f$　③ $\dfrac{(V+w+v_0)(V+w)}{(V+w-v_S)(V-w)}f$

④ $\dfrac{(V-w+v_0)(V+w)}{(V+w-v_S)(V-w)}f$　⑤ $\dfrac{(V+w+v_0)(V-w)}{(V+w-v_S)(V+w)}f$　⑥ $\dfrac{(V-w+v_0)(V-w)}{(V+w-v_S)(V+w)}f$

4 次の文章（Ⅰ・Ⅱ）を読み，以下の問いに答えなさい。

Ⅰ

なめらかに動くピストンをもつ容器の中に，物質量 n の単原子分子理想気体が封入されている。この気体を，図の圧力 p と体積 v の関係のように，状態Aから B の間で変化させた。状態 A における気体の温度は T であった。

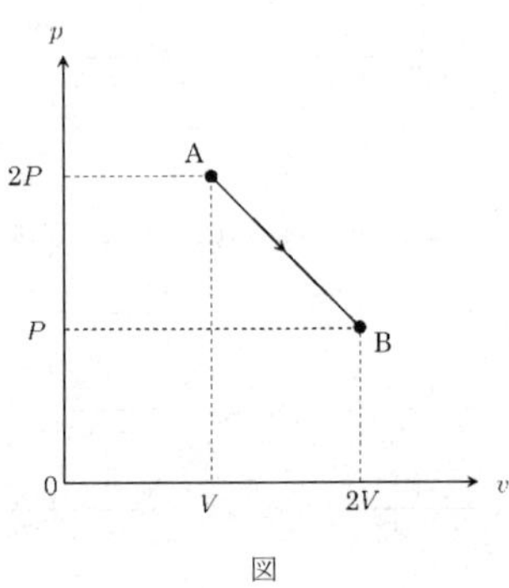

図

問1 状態Bの気体の温度として正しいものを，次の①～⑥のうちから一つ選びなさい。16

① $\frac{T}{4}$　② $\frac{T}{2}$　③ T　④ $2T$　⑤ $3T$　⑥ $4T$

問2 状態 A から B に変化する間に，気体が吸収した熱量として正しいものを，次の①～⑥のうちから一つ選びなさい。ただし，気体が熱を吸収する場合を正とし，放出する場合を負とする。17

① $-\frac{1}{2}PV$　② $-PV$　③ $-\frac{3}{2}PV$　④ $\frac{1}{2}PV$　⑤ PV　⑥ $\frac{3}{2}PV$

問3 状態 A から B に変化する間の，気体の温度が最も高くなるときの体積として正しいものを，次の①～⑥のうちから一つ選びなさい。18

① V　② $\frac{5}{4}V$　③ $\frac{3}{2}V$　④ $\frac{13}{8}V$　⑤ $\frac{7}{4}V$　⑥ $2V$

Ⅱ

金属表面から電子が出る現象は様々である。例えば，金属を高温に熱すると電子が飛び出す。他にも<u>金属表面に光を照射するだけでも電子が飛び出す</u>ことがある。

問1　下線部の現象の名称として正しいものを，次の①～⑥のうちから一つ選びなさい。19

①　核融合反応　　②　コンプトン効果　　③　真空放電
④　ブラッグ反射　　⑤　放射性崩壊　　⑥　光電効果

問2　下線部の現象について述べた文として正しいものを，次の①～④のうちから一つ選びなさい。20

①　飛び出す電子の運動エネルギーの最大値は，照射する光の波長が一定ならば，その明るさに無関係である。
②　飛び出す電子の個数は，照射する光の波長が一定ならば，その明るさに無関係である。
③　電子が金属内部から飛び出るか飛び出ないかは，照射する光の振動数に無関係である。
④　電子が金属内部から飛び出るために必要な仕事関数は，金属の種類に無関係である。

問3　アルミニウムに波長が 3.0×10^{-7}m よりも短い光をあてると，下線部の現象が起こる。アルミニウムに波長 2.0×10^{-7}m の光をあてたときの，飛び出す電子の運動エネルギーの最大値として正しいものを，次の①～⑥のうちから一つ選びなさい。ただし，プランク定数を 6.6×10^{-34}J・s，真空中の光速を 3.0×10^{8}m/s とする。21

①　1.1×10^{-19}J　　②　2.2×10^{-19}J　　③　3.3×10^{-19}J
④　6.6×10^{-19}J　　⑤　8.8×10^{-19}J　　⑥　9.9×10^{-19}J

化学

(理工・教育（数学教育）学部　1科目　60分
その他　2科目120分)

> 必要があれば、原子量は次の値を使うこと。
>
> H 1.0　C 12　N 14　O 16
>
> 気体は、実在気体とことわりがない限り、理想気体として扱うものとする。

1 各問いに答えよ。

問1　塩素原子には ^{35}Cl と ^{37}Cl の2種類の同位体が存在する。これらに関する各記述について、正しい場合は①を、誤りを含む場合は②を選べ。

a　どちらも陽子数は同じであるが、電子数が異なる。[1]

b　どちらも陽子数は同じであるが、中性子数が異なる。[2]

c　どちらも電子数は同じであるが、質量数が異なる。[3]

d　どちらも1価の陰イオンになりやすい。[4]

e　質量の異なる塩素分子 Cl_2 が4種類存在する。[5]

問2　図は塩化ナトリウム型の結晶の単位格子を模式的に表していて、黒い丸は陽イオン、白い丸は陰イオンである。各問いについて、最も適当な数値を解答群から一つずつ選べ。ただし、同じものを繰り返し選んでよい。

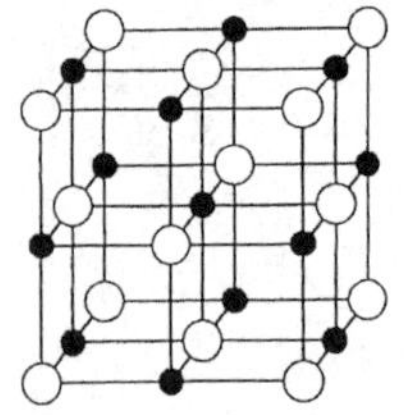

a　単位格子に含まれる陽イオンは何個か。[6]個

b　単位格子に含まれる陰イオンは何個か。[7]個

c　1個の陽イオンに隣接する陰イオンは何個か。[8]個

d　1個の陰イオンに隣接する陽イオンは何個か。[9]個

e　1個の陽イオンに最も近くて等距離にある陽イオンは何個か。[10]個

①　2　②　4　③　6　④　8　⑤　10　⑥　11　⑦　12　⑧　13　⑨　14

問3　点火プラグの付いた体積 2.0 L の容器 A と、体積 3.0 L の容器 B をコック付きの管でつないだ装置がある。コックを閉じた状態で、装置全体を27℃に保ち、容器Aには 1.0×10^4 Pa のメタンを、容器Bには 3.0×10^4 Pa の酸素を入れた。各問いに答えよ。ただし、点火プラグの体積、コック付きの管の体積は無視できるものとする。

a　装置全体を 27℃に保ったままコックを開いて十分な時間放置した。容器 A 内の酸素の分圧(Pa)を有効数字 2 桁で次の形式で表すとき、[11]と[12]に当てはまる数字を解答群から一つずつ選べ。ただし、同じものを繰り返し選んでもよい。

[11] . [12] $\times10^4$ Pa

①　1　②　2　③　3　④　4　⑤　5　⑥　6　⑦　7　⑧　8　⑨　9　⓪　0

b　次に、点火プラグを用いてメタンを完全に燃焼させたのち、装置全体を 27℃に戻して十分な時間放置した。容器 B 内の圧力(Pa)を有効数字 2 桁で次の形式で表すとき、[13]と[14]に当てはまる数字を解答群から一つずつ選べ。ただし、同じものを繰り返し選んでもよい。また、27℃における飽和水蒸気圧は 3.6×10^3 Pa とし、液体の水の体積は無視できるものとする。

[13] . [14] $\times10^4$ Pa

①　1　②　2　③　3　④　4　⑤　5　⑥　6　⑦　7　⑧　8　⑨　9　⓪　0

2 各問いに答えよ。

問1　500g の水に塩化ナトリウム 0.050mol を溶かした溶液を冷却し、−0.62℃に保った。このときの状態に関して各問いに答えよ。ただし、水のモル凝固点降下を 1.86 K·kg/mol とし、塩化ナトリウムは完全に溶解して電離しているものとする。

a　このときの塩化ナトリウム水溶液の質量モル濃度は何 mol/kg か。最も近い数値を解答群から一つ選べ。

15 mol/kg

① 0.10　② 0.17　③ 0.20　④ 0.33　⑤ 0.50　⑥ 0.66

b　このとき生じている氷は何 g か。最も近い数値を解答群から一つ選べ。16 g

① 50　② 100　③ 150　④ 200　⑤ 250　⑥ 300　⑦ 350　⑧ 400

問2　両電極に銅を用いて硫酸銅(II)水溶液を電気分解したところ、陰極に w (g)の純銅が析出した。流れた電流の大きさは i (A)で一定であり、電流が流れた時間は t 秒であった。析出した純銅の質量 w (g)を次式で表すとき、17 と 18 に当てはまる最も適当なものを解答群から一つずつ選べ。ただし、銅の原子量は M、ファラデー定数は F (C/mol)とする。

$$w = \frac{\boxed{17}}{\boxed{18}} \text{(g)}$$

① F　② $2F$　③ FM　④ $2FM$　⑤ it　⑥ $3it$　⑦ iMt　⑧ $2iMt$

問3　0.36mol/L の 1 価の弱酸の水溶液がある。この水溶液中での弱酸の電離度は 1.0×10^{-2} である。各問いに答えよ。ただし、温度は常に一定であるとする。

a　この弱酸の電離定数はいくらか。最も適当な数値を解答群から一つ選べ。19 mol/L

① 1.8×10^{-5}　② 3.6×10^{-5}　③ 4.8×10^{-5}　④ 5.4×10^{-5}　⑤ 7.2×10^{-5}

b　この水溶液を純水でうすめて 0.090mol/L にした。このときの弱酸の電離度はいくらか。最も適当な数値を解答群から一つ選べ。20

① 1.0×10^{-3}　② 2.0×10^{-3}　③ 5.0×10^{-3}　④ 1.0×10^{-2}　⑤ 2.0×10^{-2}

3　各問いに答えよ。

問1　マグネシウムに関する各記述について、正しい場合は①を、誤りを含む場合は②を選べ。

a　単体は銅や鉄よりも密度が小さい。 21

b　単体は空気中で燃焼し明るい光を放つ。 22

c　単体は常温で水と反応して水素を発生する。 23

d　硫酸塩は水に溶けやすい。 24

e　塩の水溶液は橙赤色の炎色反応を示す。 25

問2　リンに関する各記述について、正しい場合は①を、誤りを含む場合は②を選べ。

a　赤リンは、P_4分子からなる結晶である。 26

b　黄リンは自然発火するので、水中に保存する。 27

c　十酸化四リンを水に加えて加熱すると、リン酸が得られる。 28

d　リンは DNA には含まれるが RNA には含まれない。 29

e　リン酸は 3 価の酸である。 30

問3　硫酸に関する各記述について、正しい場合は①を、誤りを含む場合は②を選べ。

a　濃硫酸は吸湿性が強いので、乾燥剤として用いられる。 31

b　濃硫酸から希硫酸を調製する場合、濃硫酸に水を少しずつ加えていく必要がある。 32

c　スクロースに濃硫酸を加えると、スクロースは炭化する。 33

d　銅に濃硫酸を加えて加熱すると、水素が発生する。 34

e　濃硫酸の電離度は希硫酸の電離度よりも大きい。 35

問4　遷移元素に関する各記述について、正しい場合は①を、誤りを含む場合は②を選べ。

a　遷移元素の単体は、典型元素の金属単体に比べ、融点が高く、密度が大きいものが多い。 36

b　銀は、金属単体のうちで最も電気を伝えやすい。 37

c　酸化マンガン(Ⅳ)は過酸化水素を酸化し酸素を発生させる。 38

d　鉄(Ⅲ)イオンを含む水溶液に、チオシアン酸カリウム水溶液を加えると、血赤色の溶液になる。 39

e　硫酸銅(Ⅱ)五水和物は無色結晶で、加熱すると次第に青みを帯びてくる。 40

4 各問いに答えよ。

問1 アセチレンに関する各記述について、正しい場合は①を、誤りを含む場合は②を選べ。

a アセチレンは、炭化カルシウムと水の反応により得られる。 41

b アセチレンは、金属の溶接や切断に用いられる。 42

c アセチレンを臭素水に通じると、臭素の色が消える。 43

d アセチレンに同じ物質量の塩素を付加させると、塩化ビニルが得られる。 44

e アセチレンを赤熱した鉄管に通すと、三分子が重合してトルエンが得られる。 45

問2 2-ブタノールに関する各記述について、正しい場合は①を、誤りを含む場合は②を選べ。

a 第二級アルコールに分類される。 46

b 酸化するとアルデヒドが生成する。 47

c ヨウ素と水酸化ナトリウム水溶液を加えて加熱すると黄色沈殿を生成する。 48

d 不斉炭素原子があり、鏡像異性体が存在する。 49

e 濃硫酸を加えて加熱すると分子内脱水して、互いに幾何異性体である2種類のアルケンのみが生成する。 50

問3 アセトンに関する各記述について、正しい場合は①を、誤りを含む場合は②を選べ。

a カルボニル基をもち、ヨウ素と水酸化ナトリウム水溶液を加えて加熱すると黄色沈殿を生成する。 51

b 水に難溶である。 52

c 1-プロパノールの酸化により得られる。 53

d 酢酸カルシウムの乾留により炭酸カルシウムと共に得られる。 54

e クメン法によりフェノールと共に得られる。 55

問4 芳香族化合物に関する各記述について、正しい場合は①を、誤りを含む場合は②を選べ。

a アルキルベンゼンスルホン酸ナトリウムは、合成洗剤に用いられる。 56

b フェノールの水溶液に臭素水を加えると白色の2,4,6-トリブロモフェノールが沈殿する。 57

c テレフタル酸を加熱すると無水フタル酸が生成する。 58

d ナフタレンと同じ環をもつナフトールには2種類の異性体がある。 59

e アニリンにさらし粉水溶液を加えると、黄色を呈する。 60

問5 タンパク質に関する各記述について、正しい場合は①を、誤りを含む場合は②を選べ。

a タンパク質水溶液に水酸化ナトリウム水溶液を加えた後、少量の硫酸銅(II)水溶液を加えると赤紫色にな

る。 61

b　タンパク質水溶液に水酸化ナトリウムを加えて加熱したのち、酢酸で中和し、酢酸鉛(Ⅱ)水溶液を加えると白色沈殿が生じる。 62

c　タンパク質水溶液に多量の電解質を加えると沈殿が生じる。 63

d　酵素の主成分はタンパク質であり、生体内ではたらく酸化剤である。 64

e　温度が高くなると酵素が活性を失うのは、タンパク質が変性するためである。 65

問6　高分子化合物に関する各記述について、正しい場合は①を、誤りを含む場合は②を選べ。

a　レーヨンは、セルロースの再生繊維である。 66

b　ポリエチレンは、加熱すると軟らかくなり冷却すると再び硬くなる。 67

c　ポリビニルアルコールは、ビニルアルコールの付加重合で得られる。 68

d　ナイロン 66 は、ポリエステル系繊維の一種で、分子内に多くのエステル結合を含む。 69

e　ポリアクリロニトリルは、光の透過性に優れているので眼鏡レンズや光ファイバーに利用されている。 70

生物

（理工・教育（数学教育）学部　1科目　60分）
（その他　2科目120分）

1　光合成と窒素代謝に関する次の文章（Ⅰ・Ⅱ）を読み、下の問い（**問1～7**）に答えよ。

Ⅰ　真核生物が行う光合成では、光エネルギーは葉緑体のAチラコイドに存在する光合成色素に吸収される。チラコイド膜でのATP合成にはこの光エネルギーが用いられるため、しばしばこの反応は明反応と呼ばれる。一方、CO_2を有機物へと［ア］するカルビン・ベンソン回路は、葉緑体の［イ］で行われる反応系である。

問1　文章中の［ア］と［イ］に入る語の組み合わせとして最も適当なものを、次の①～④のうちから1つ選べ。［1］

	ア	イ
①	酸化	チラコイド膜
②	酸化	ストロマ
③	還元	チラコイド膜
④	還元	ストロマ

問2　下線部Aについて、チラコイドに関する説明文として**誤っているもの**を次の①～④のうちから1つ選べ。［2］

① 光化学系Ⅱの反応中心クロロフィルから放出された電子は、電子伝達系でのATP合成反応に用いられる。
② 光化学反応が起こると、電子は光化学系Ⅰから光化学系Ⅱに伝達される。
③ 光化学系Ⅰの反応中心クロロフィルから放出された電子は、$NADP^+$に受容される。
④ 反応によって生じるO_2（酸素）は、H_2Oがもつ酸素原子に由来する。

問3　全ての波長の光を吸収する「黒色」は、一見すると、植物の葉の色として最も理想的であると考えられる。しかし、実際に陸上植物がもつ葉の色は「緑色」である。これは、葉肉細胞中の光合成色素が、青色光や赤色光をよく吸収し、緑色光を吸収しにくい性質をもっているためである。しかし、実際に葉による緑色光の吸収率を測ると、いろいろな植物種の平均値で70％以上となる。緑色光の吸収率が70％以上となる理由として最も適当なものを、次の①～④のうちから1つ選べ。［3］

① 葉肉細胞内のはたらきにより、光合成色素が吸収しやすい波長の光へと変化するから。
② 葉に入り込んだ緑色光は海綿状組織で散らばり、多くの葉肉細胞を通過することで少しずつ吸収されていくから。

③　葉緑体は、クロロフィルが吸収する光の波長を青色光、赤色光から緑色光へと変えることができるから。

④　青色光、赤色光は葉の表皮細胞にすべて吸収され、緑色光のみが葉内に入りこみ、クロロフィルに吸収されるから。

II　植物の生体成分の合成に必要な有機物は、炭素と酸素以外は主に水に溶解しているイオンとして根から吸収している。特に窒素は、植物が生育する上で最も重要な肥料要素の1つである。窒素が肥料として硫酸アンモニウムの形で与えられた場合、アンモニウムイオンは土中の亜硝酸菌によって亜硝酸イオンとなり、さらに、亜硝酸イオンは硝酸菌によって硝酸イオンにまで酸化される。B植物はこうして生じた土中の硝酸イオンを根から吸収し、細胞内でアンモニウムイオンまで還元して、アミノ酸に取り込む。これら一連の過程では、NADPHのような還元型補酵素が必要となる。

生じたアンモニウムイオンは［ウ］と反応してグルタミンが合成され、次にグルタミン1分子と、［エ］1分子から、［ウ］が2分子生成される。［ウ］のアミノ基はC酵素のはたらきで種々の有機酸に移され、これによりいろいろなアミノ酸が合成される。そして、これらのアミノ酸をもとに植物体に必要なD有機窒素化合物が合成される。このような一連の反応は［オ］と呼ばれる。

問4　文章中の［ウ］～［オ］に入る語の組み合わせとして最も適当なものを、次の①～④のうちから1つ選べ。［4］

	ウ	エ	オ
①	グルタミン酸	ケトグルタル酸	窒素同化
②	グルタミン酸	ケトグルタル酸	窒素固定
③	ケトグルタル酸	グルタミン酸	窒素同化
④	ケトグルタル酸	グルタミン酸	窒素固定

問5　下線部Bについて、大気中の窒素をアンモニアに変換し、変換したアンモニアを共生する植物に供給している生物として最も適当なものを、次の①～④のうちから1つ選べ。［5］

①　アゾトバクター　　②　脱窒素細菌　　③　根粒菌　　④　クロストリジウム

問6　下線部Cについて、［オ］の反応を触媒する酵素の名称として最も適当なものを、次の①～④のうちから1つ選べ。［6］

①　カタラーゼ　　②　脱窒素酵素　　③　アミノ基転移酵素　　④　ニトロゲナーゼ

問7　下線部Dについて、有機窒素化合物の例の組み合せとして最も適当なものを、次の①～⑥のうちから1つ選べ。［7］

a.　グリコーゲン　　b.　グリセリン　　c.　ATP
d.　クエン酸　　e.　クロロフィル　　f.　エタノール

①　a、b　　②　b、c、d　　③　a、b、c、d
④　c、e　　⑤　c、d、e　　⑥　c、d、e、f

2 遺伝情報とその発現に関する次の文章（Ⅰ・Ⅱ）を読み、下の問い（**問 1〜6**）に答えよ。

Ⅰ　遺伝情報の発現は、転写と翻訳の二段階の過程を経て行われる。真核生物の転写の過程では、はじめに DNA の二重らせんがほどけ、DNA 上の［ア］と呼ばれる領域に、［イ］と RNA 合成酵素が結合し、一方の DNA 鎖を鋳型とした RNA が新たに合成される。真核生物の場合には、合成された RNA からイントロンに対応する部分が取り除かれて mRNA となる。核膜孔から出てきた mRNA は細胞質のリボソームに結合し、A コドンに対応した tRNA が特定のアミノ酸を運搬し、アミノ酸同士が次々と結合してポリペプチド鎖が合成され、B タンパク質となる。

問 1　文章中の空欄［ア］、［イ］に適する語として適当なものを、次の①〜⑥のうちから 1 つずつ選べ。ア［8］、イ［9］

①　基本転写因子　　②　母性効果因子　　③　プロモーター　　④　プライマー
⑤　プラスミド　　⑥　セントラルドグマ

問 2　下線部 A について、コドンに関する記述として最も適当なものを、次の①〜④のうちから 1 つ選べ。［10］

①　コドンは全部で 61 種類存在する。
②　すべてのコドンはいずれかのアミノ酸に対応する。
③　複数のコドンが同じアミノ酸を指定する場合がある。
④　コドンとアンチコドンの塩基配列は、同一の塩基配列をもつ。

問 3　原核生物の発現調節に関する記述として、**誤っているもの**を次の①〜④の中から 1 つ選べ。［11］

①　原核生物の遺伝子の発現は、転写と翻訳がほぼ同時に進行する。
②　調節タンパク質は、DNA 上のオペレーターと呼ばれる領域に結合して、他の遺伝子の発現を調節する。
③　原核生物の遺伝子の発現は、調節タンパク質に続いて、RNA 合成酵素がオペレーターに結合することで転写が開始される。
④　機能的に関係があり、隣接していてまとめて転写される遺伝子群をオペロンと呼ぶ。

問 4　下線部 B について、タンパク質に関する記述として、最も適当なものを次の①〜④のうちから 1 つ選べ。［12］

①　タンパク質分子中のヌクレオチドの配列順序を一次構造という。
②　タンパク質の二次構造には、α ヘリックスという二重らせん構造がみられる。
③　部分的に二次構造をとっているポリペプチド鎖が S−S 結合などにより三次構造をとる。
④　ヘモグロビンは、α 鎖、β 鎖の 1 つずつの計 2 つのサブユニットで構成される。

Ⅱ　PCR 法（ポリメラーゼ連鎖反応法）は特定の DNA 領域を短時間のうちに大量に増幅することが可能であるが、植物の品種を判別することにも用いられる。イネにはコシヒカリ、ひとめぼれ、あきたこまちなどの品種があるが、外観から判断することは難しい。これらの 3 種の品種不明のイネ P、Q、R から DNA を抽出し、PCR 法により品種判別を試みた。

コシヒカリとひとめぼれは、ある染色体のイントロン領域に共通配列Xをもつが、あきたこまちはもたない。また、ひとめぼれとあきたこまちは、同じ染色体のエキソン領域に共通配列Yをもつが、コシヒカリはもたない。共通配列Xを1700塩基対の長さで増幅するのに必要なプライマー①と、共通配列Yを920塩基対の長さで増幅するのに必要なプライマー②をそれぞれ加えて、PCR法を行い、DNAの増幅を行った。その後、増幅されたDNA断片を電気泳動し、図1の結果が得られた。

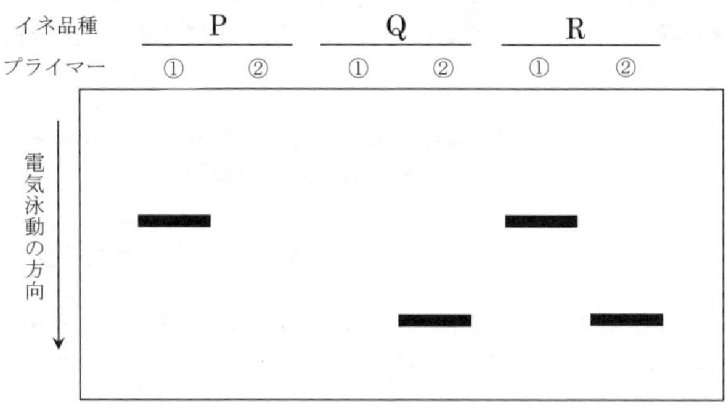

図1

問5 PCR法では、容器に増幅させたいDNA（鋳型DNA）のほかに、プライマーや4種類のデオキシリボヌクレオシド三リン酸（dNTP）を加えるが、その以外にも必要な酵素がある。PCR法を正しく行うにあたり必要な酵素として適当なものを、次の①～④の中から1つ選べ。 13

①　RNAポリメラーゼ　　②　DNAポリメラーゼ　　③　DNAリガーゼ　　④　逆転写酵素

問6 図1について、電気泳動の結果とイネの品種P～Rについて考えられることを、次の①～⑤のうちから2つ選べ。ただし、解答の順序は問わない。 14 ・ 15

①　電気泳動では分子量の小さい分子ほど泳動距離が短くなるので、泳動距離の短いバンドがXである。

②　電気泳動では分子量の小さい分子ほど泳動距離が長くなるので、泳動距離の長いバンドがYである。

③　塩基配列Xは増幅されたが、Yは増幅されなかったので、Pの品種はひとめぼれである。

④　塩基配列Yは増幅されたが、Xは増幅されなかったので、Qの品種はあきたこまちである。

⑤　塩基配列XとYの両方が増幅されているので、Rの品種はコシヒカリである。

3　植生に関する次の文章（Ⅰ・Ⅱ）を読み、下の問い（**問1〜6**）に答えよ。

Ⅰ　ある場所の植生が時間とともに変化していく現象を遷移という。植生は短期的には安定しているようにみえるが、長い年月の間には個体数や構成種が変化する。その変化が進むと、やがて大きな変化がみられない安定期の極相に達する。A極相に達した森林の多くでは、高木層の下に亜高木層・低木層・地表層などが発達しており、林冠から林床に近づくほど相対照度は低くなる。低木層では、高木層や亜高木層を透過して弱まった光を受けているため、B弱光環境でも生育できる植物Ｐが多くみられる。

問1　下線部Ａについて、高木層・亜高木層・低木層などからなる森林の成層的な分布構造は何と呼ばれるか。最も適当なものを、次の①〜④のうちから１つ選べ。 16

①　栄養段階　　②　垂直分布　　③　階層構造　　④　生態ピラミッド

問2　下線部Ｂについて、植物Ｐの樹種を中心とした森林の特徴に関する記述として**誤っているもの**はどれか。次の①〜④のうちから１つ選べ。 17

①　構成する植物種類は大きく変動しないが、森林を構成する個体は交代しており、繁殖による個体の増加と枯死による減少とがほぼつり合っている。
②　植物Ｐを中心とした樹種は、耐陰性が高いため、生育範囲を広げるために、種子を多く生産し、遠くまで散布する樹種が多い。
③　自然災害などにより林冠に大きなギャップが生じると、植物Ｐとは性質の異なる樹種が侵入して二次遷移が起こり、部分的な再生が繰り返される。
④　有機物の蓄積によって土壌が発達しており、栄養塩類や保水の割合が高く、安定した無機塩類の供給や水の循環が維持される。

問3　右図は、植物の生育にとって厳しい環境である裸地へ最初に侵入する先駆植物の光合成曲線である。植物Ｐの樹種の幼木の光合成曲線と比較したとき、植物Ｐの光合成曲線の横軸上のａ点（光補償点）とｂ点（光飽和点）の位置およびｃのみかけの光合成速度の大きさはどのようになるか。次の①〜⑥から１つ選べ。 18

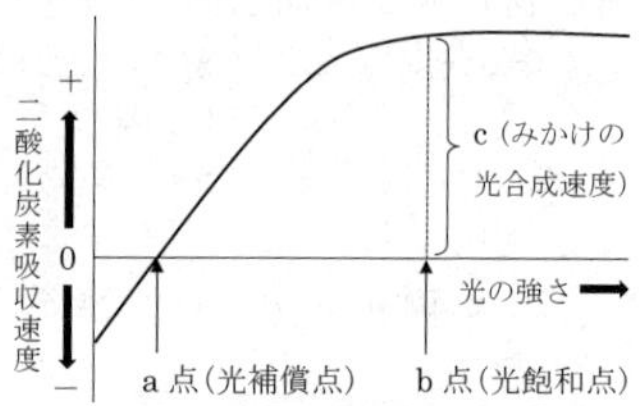

①　光補償点はより左に光飽和点はより右に位置し、みかけの光合成速度は大きくなる。
②　光補償点はより右に光飽和点はより左に位置し、みかけの光合成速度は小さくなる。
③　光補償点はより右に位置し、光飽和点は変わらず、みかけの光合成速度は大きくなる。
④　光補償点と光飽和点は、ともにより左に位置し、みかけの光合成速度は小さくなる。
⑤　光補償点と光飽和点は、ともにより右に位置し、みかけの光合成速度は大きくなる。
⑥　光補償点と光飽和点の位置は、ともに変わらず、みかけの光合成速度も変化しない。

Ⅱ　人里に隣接する農地やため池、雑木林、山などを含めた一帯は、C里山とよばれる。里山の雑木林では、クヌギやコナラなどを伐採し、燃料用の薪をつくったり、落ち葉などを堆肥作りに利用していた。このようなヒトの適度な働きかけによって多様な環境が維持されていたが、近年、D社会経済の変化によって、雑木林をはじめとする経済的価値が低下し、休耕地や管理不足の雑木林などでは、遷移が進行し、それまでの生息環境が失われつつある。

コナラが優占している、ある地域Xの雑木林を調査区とし、面積1haあたりの胸高直径（地表から約130cmでの幹の直径）ごとの生きている樹木幹（生存幹）と枯死している樹木幹（枯死幹）の本数を調べた結果、表1のようになった。

表1

		胸高直径							
		5cm	10 cm	15 cm	20 cm	25 cm	30 cm	35 cm	40 cm
幹数	生存幹	38	108	80	84	46	20	2	1
	枯死幹	45	38	16	8	0	0	5	5

問4 下線部Cについて、里山の環境の現状や、里山に適応した動植物例の例として**誤っているもの**を、次の①～④のうちから1つ選べ。 19

① クヌギやコナラの朽木や腐葉土は、カブトムシの幼虫の餌となっている。
② 里山にみられる希少種としては、メダカやタガメ、デンジソウなどがある。
③ 関西の里山には、アカマツ林やエゾマツ林からなる雑木林もみられる。
④ 狩猟頻度の低下によってイノシシやシカなどの分布域が拡大し、生物集団の構成が変化している。

問5 下線部Dについて、里山をはじめとする雑木林が放置されるようになった理由として、最も適当なものを、次の①～④のうちから1つ選べ。 20

① 栄養塩類の排出量が増加して富栄養化が進行したから。
② 木炭や薪に代わって化石燃料や化学肥料が使われるようになったから。
③ 陰樹が優占し、雑木林内の照度が低下して動植物の多様性が低下したから。
④ 下草や低木を刈り取る維持管理を繰り返したため、土壌の養分が少なくなったから。

問6 表1について、この地域Xの雑木林内の環境と、雑木林内のコナラの今後の遷移について推測できることを、次の①～⑥のうちから2つ選べ。ただし、解答の順序は問わない。 21 ・ 22

① 地域Xの雑木林では、コナラは耐陰性が強いため、遷移が進行すると極相林となる。
② 地域Xの雑木林では、コナラの幼木は枯死して生育できないため、大きな樹木は存在しない。
③ 地域Xの雑木林では、森林内は比較的明るく、光環境は不均質で林床の植物種数は豊富である。
④ 地域Xの雑木林では、森林内は比較的暗く、光環境は均質で林床の植物種数は限られている。
⑤ 地域Xの雑木林では、森林内のコナラは継続的に次世代が更新する。
⑥ 地域Xの雑木林では、森林内のコナラの次世代の更新は難しい。

4 動物の恒常性に関する次の文章（Ⅰ・Ⅱ）を読み、下の問い（**問1〜6**）に答えよ。

Ⅰ 自律神経系は交感神経と副交感神経から成り立っている。一部を除いて、多くの器官はこの両神経の二重の支配を受けており、両者は一方が促進作用を示せば、他方は抑制作用を示すというように、互いに拮抗的な支配を受ける。自律神経系の最高中枢は[ア]にある。

自律神経系のうち、[イ]神経はそれぞれの器官の近くで次の神経細胞に情報が中継されるのに対し、[ウ]神経は脊髄の両側にある神経節で次の神経細胞に情報が中継されることで諸器官の活動の調節を行う。この自律神経系のはたらきを変化させるような物質は、薬としてヒトの病気の治療に役立つ。例えば、アレルゲンを摂取したことにより過剰に気管支が収縮しすぎて呼吸がしにくくなったヒトには、[エ]神経の末端から分泌される神経伝達物質である[オ]の類似物質「エピネフリン」を注射で投薬することで、気管支を拡張して呼吸を正常にすることが可能である。

問1 文章中の[ア]〜[ウ]に入る語の組み合わせとして最も適当なものを、次の①〜④のうちから1つ選べ。[23]

	ア	イ	ウ
①	間脳視床下部	交感	副交感
②	間脳視床下部	副交感	交感
③	脳下垂体	交感	副交感
④	脳下垂体	副交感	交感

問2 文章中の[エ]と[オ]に入る語の組み合わせとして最も適当なものを、次の①〜④のうちから1つ選べ。[24]

	エ	オ
①	交感	アセチルコリン
②	交感	ノルアドレナリン
③	副交感	アセチルコリン
④	副交感	ノルアドレナリン

問3 副交感神経の起点となる場所をすべて含む選択肢として最も適当なものを、次の①〜④のうちから1つ選べ。[25]

a. 脊髄　b. 中脳　c. 小脳　d. 延髄

① a、b、c　② b、c、d　③ a、c、d　④ a、b、d

問4 下線部に関して、副交感神経から支配されずに交感神経だけで支配されている器官を次の①〜⑤のうちから2つ選べ。ただし、解答の順序は問わない。[26]・[27]

① 瞳孔　② 涙腺　③ 汗腺　④ だ液腺　⑤ 立毛筋

Ⅱ 両生類の一部では、一生、幼生の形を保ちながら性的に成熟する現象(ネオテニー)が知られている。自然界でネオテニーを起こすA種とB種について調べたところ、脳下垂体前葉、間脳視床下部、甲状腺、標的器官のうちのいずれかの一つのはたらきに、それぞれ欠陥があるため、変態せずにネオテニーを起こすことがわかった。A種とB種のどの部分にはたらきに欠陥があるかを調べるため、次の【実

験1】を行った。この実験に関する下の**問5・問6**の各問いに答えよ。

【実験1】　A種とB種に次の**処置1**～**処置3**および対照実験を行い、表1に示す結果を得た。なお、いずれもA種とB種は適当な温度で飼育している。

処理1：甲状腺刺激ホルモン放出ホルモンを含む生理食塩水を注射する。
処理2：甲状腺刺激ホルモンを含む生理食塩水を注射する。
処理3：チロキシンを含む生理食塩水を注射する。

表1　各処置による実験結果

	処理1	処理2	処理3	対照実験
A種	−	＋	＋	−
B種	−	−	＋	−

（＋：変態，　−：ネオテニー）

問5　表1の対照実験ではどのような処置を行えばよいか。次の①～④から1つ選べ。 28

① 注射を行わない。
② 生理食塩水のみを注射する。
③ ホルモンのみを経口投与する。
④ ホルモンを含む注射をすることに加えて、低温条件で飼育する。

問6　表1の結果より、A種とB種はどのはたらきに欠陥があると考えられるか。可能性がある組み合せを、次の①～⑨のうちからそれぞれ1つ選べ。　A種： 29 　B種： 30

a. 間脳視床下部からの甲状腺刺激ホルモン放出ホルモンの分泌
b. 脳下垂体前葉からの甲状腺刺激ホルモンの分泌
c. 甲状腺からのチロキシン分泌
d. 脳下垂体前葉の甲状腺刺激ホルモン放出ホルモンに対する応答
e. 甲状腺の甲状腺刺激ホルモンに対する応答
f. 標的器官のチロキシンに対する応答

① a、d　② a、e　③ a、f　④ b、c　⑤ b、d
⑥ b、e　⑦ b、f　⑧ c、d　⑨ c、e

E　金融キョウコウで株が暴落した。

F　部長にルイシンする。

G　芸術のキョクチに達する。

H　人件費をなんとかネンシュツする。

I　彼はガイジュウナイゴウの人だ。

J　人前ではあくびをツツシム。

③　電気で動く作次を「新鮮な電流に揺さぶられて、軀のあらゆる器官が生き生きと躍動しはじめた」「この一瞬の快感は、こたえられない」「思わず目をつむって、うっとりとした」と生き生きと描き、それをみている用務員さんを「足許から蛇でも出たかのように飛び退いた」「目も口もまるく開けて、両手をだらりと脇に垂れている」とややコミカルに描き対比している。

④　電気がなくなることに対する作次の不安を「スープの匙を口のすぐそばまで運んだところで」「石地蔵のように動けなくなって、ただ匙のスープが虚しく湯気を立て、指先の髪切虫が長い触角でいたずらに宙をまさぐっている」などと比喩的に描くことで、深刻な設定であるにも関わらず、読者には微笑ましくユーモラスに感じられるように描いている。

⑤　本文冒頭において「なによりも困ったのは、自分の教室にプラグを差し込むコンセントがないことであった」「コンセントがないと、電気が引けない」「電気が引けなければ、自分を思うように動かすことができない」と、作次に寄り添った不安で心細い気持ちを描いて日常にはらむ非日常性をほのめかし、読者の興味関心をひく効果的な書き出しである。

四　漢字について、次の問いに答えなさい。

問　**A**～**J**の各傍線部について、**A**～**D**は漢字の読みを**ひらがな**で、**E**～**J**はカタカナに相当する漢字を**楷書**で、それぞれ答えなさい。なお、送り仮名が必要なときは、それも書くこと。解答番号は、**記述式** **7** **A**～**J**。

A　もくろみは既に瓦解した。

B　金堂を建立する。

C　差別は唾棄すべき行為だ。

D　歴史を過去へ遡る。

用務員に気づかれそうで、それを断念せざるを得ないことは大方予想がついていたから。

④　自分のプラグを用務員室に差し込んで、一年生の自分の教室までコードを引くことを考えたが、プラグを抜かれてしまう不安を乗り越えられずに、それを断念せざるを得ないことは大方予想がついていたから。

⑤　自分のプラグを用務員室に差し込んで、一年生の自分の教室までコードを引くことを考えたが、初めての校舎で勝手が分からず、それを断念せざるを得ないことは大方予想がついていたから。

問6　問題文中の「（中略）」よりも前にある出来事と、「（中略）」よりも後にある「Cある日」の出来事では、時が大きく変わっていることについて、次の問いに答えなさい。解答番号は、**記述式** **6**。

（1）　前と後で**経過した時間**はおよそどのくらいの長さだと考えられるか、書きなさい。

（2）　そのように**解釈できる理由**を、根拠となる本文中の表現を引用しながら説明しなさい。

問7　この文章の表現や語りの特徴の説明として最も適当なものを、次の中から一つ選びなさい。解答番号は、**マーク式** 29。

①　「指先の髪切虫が長い触角でいたずらに宙をまさぐっている」「尻の先から糸を紡ぎ出す蜘蛛を真似た、単調な踊りでも踊っているように」「ダンプカーで河原へ砂利を取りにくる髭面の男たちのような声」と作次の目から見ているような表現が多く用いられることで、三人称の語りであるが語り手が作次の視点に寄り添って語っていることがわかる。

②　本文の「（中略）」より前では新鮮な電流が流れている作次を「ちっとも物怖じしなくなっている」「いつもよりずっと野太い声も出る」とたくましく図太く描いているが、「（中略）」より後では「みんなに嗤われた」「なにを訊かれても言葉で答えることができなかった」とあるように学校生活の中で仲間や先生とうまくやっていけない人物として描かれ、対比的である。

水の上を走り回る海豚の玩具についていた乾電池だけを頼りとして生きている。

② 作次は普段はおとなしく、先生の言うことも素直にきく子どもであるが、電圧が下がった時には情けないほど弱々しい声でしか話すことができず、そのため先生や用務員さんたちから誤解されることがある。

③ 作次は、小学校に入学する前から自分は電気で動くと思い込んでおり、電気がちゃんと流れている時は物怖じすることなく、いつもよりずっと野太い声で話すことができるが、そうではないと声も弱くなってしまう。

④ 作次は、村の小学校から町の小学校へ転校してきたので友だちもおらず、学校では目立たず、自分からわがままを言い出すような子どもではないが、電気のこととなると見境がつかなくなるところがある。

⑤ 作次は一人っ子であり、両親から大事にされて育ってきたのであるが、本人は両親からあまり大事にされていないと思いこんでおり、それが自分は電気で動くという思い込みにつながっている。

問4　「A作次は、三度目の舌うちをした」とあるが、作次はなぜ三度も舌打ちしたのか、その理由を**七〇字以内**で説明しなさい。解答番号は、**記述式** **5**。

問5　「B作次は、最初から無理だと思っていたから、そう落胆もしなかった」とあるが、作次が「そう落胆もしなかった」のはどうしてか。その説明として最も適当なものを、次の中から一つ選びなさい。解答番号は、**マーク式** 28。

① 自分のプラグを用務員室に差し込んで、一年生の自分の教室までコードを引くことを考えたが、コードの長さが足りないことによって、それを断念せざるを得ないことは大方予想がついていたから。

② 自分のプラグを用務員室に差し込んで、一年生の自分の教室までコードを引くことを考えたが、用務員にプラグを抜かれてしまうことで、それを断念せざるを得ないことは大方予想だついていたから。

③ 自分のプラグを用務員室に差し込んで、一年生の自分の教室までコードを引くことを考えたが、自分だけの空想であることが

「a 訝しそうな」 22
① 疑り深そうな　② 不審そうな　③ 頼りなさそうな
④ 気味が悪そうな　⑤ うさん臭そうな

「b 立ち往生する」 23
① 立ったまま死んでしまう　② 手が動かなくなる　③ 前に進めなくなる
④ 身動きが取れなくなる　⑤ 収拾がとれなくなる

「c 案の定」 24
① 残念ながら　② 思いのほか　③ 思っていた通りに
④ 計算したように　⑤ いつもと同様に

問2 X 〜 Y に入る言葉として最も適当なものを、次の中からそれぞれ一つずつ選びなさい。解答番号は、**マーク式** 25 〜 26 。

X 25
① しとしと　② そろそろ　③ うろうろ　④ ぞろぞろ　⑤ すいすい

Y 26
① 飼い犬に手を噛まれた　② 足元から鳥が立つ　③ 鳩が豆鉄砲を食った
④ 鳶に油揚げをさらわれた　⑤ 狐につままれた

問3 作次は、自分が電気で動くと思っている子どもであるが、その人物像の説明として最も適当なものを、次の中から一つ選びなさい。解答番号は、**マーク式** 27 。

① 作次は、村から町の小学校に通っているが、親しく話す友だちがおらず、去年の旧盆に父親が土産に買ってきてくれた電池で

コンセントがなくても、乾電池さえ手にしっかりと握っていれば外へも自由に出歩けるのだと気がついたのは、去年の旧盆に父親が珍しく土産に買ってきてくれた、電池で水の上を走り回る海豚（いるか）の玩具（がん）がヒントになった。作次は、その玩具から抜き取った細身の乾電池をいつも左手に握っていたが、村の仲間たちはそれを知っても、べつに怪しみもしなかった。村には、乾電池よりもおかしなものを宝物のようにしている子が他に何人もいたからである。

けれども、町の学校へ通いはじめると、左手を握ったままでは不都合なことがいろいろと出てきた。教室にいる間はともかく、校庭に出ると、そのためにへまばかり重ねることになった。ドッジボールのボールが取れない。野球のバットが握れない。鉄棒にただぶらさがることすらできない。作次は、みんなに嗤（わら）われた。なかでも、意地悪な連中は、不意打ちに襲いかかってきて左手の乾電池を奪い取ろうとしたこともあった。

「作次君ねえ」と、Cある日の放課後、担任の女先生が作次の肩に両手をのせて、顔を覗（のぞ）き込むようにしながらいった。「あんた、電気で動くんだって？　先生はね、そのことはもうずっと前に用務員のおじさんから聞いて知ってたんだけど、いままで黙って様子を見ていたの。でも、あんたにはちっともおかしなところがないわ、電気のことさえ除けばね。電気のことだけは、どうしてもわからないの。だから、先生に教えて。どうしていつも電池を手に握ってるの？」

作次は、仕方なく、

「こいつがねっと、おらは死ぬすけ。」

といったが、それ以上のことはなにを訊（き）かれても言葉で答えることができなかった。

「じゃ、こうしましょう。」と、女先生は匙を投げたようにいった。「夏休み中に、いちど先生とお母さんと三人でゆっくり相談しようね。早くその電池を手放さないと、作次君、厄介な病気になるかもしれないわ。いい？　約束よ。」

けれども、夏休みよりも、あの日の方が先にきてしまった。

問1　波線部a～cの本文中での意味として最も適当なものを、次の中からそれぞれ一つずつ選びなさい。解答番号は、**マーク式** 22 ～ 24 。

「どいてけれったら、どいてけれ。」

それが、ダンプカーで河原へ砂利を取りにくる髭面（ひげづら）の男たちのような声になったので、用務員さんは足許から蛇でも出たかのように飛び退（の）いた。

作次は、ふたたび作業に熱中したが、c案の定、用務員室を出てから十五メートルほど進んだところで、限界がきた。コードはまだ伸びそうだったが、最初の角を折れると、急にコンセントからプラグを外されやしないかという不安に胸を締めつけられて、息苦しくなったのである。B作次は、最初から無理だと思っていたから、そう落胆もしなかった。片手にコードを巻き取りながら戻りかけると、すこし離れたところから見物していた用務員さんが自分から壁に背中を貼りつけた。

また柱の蔭のコンセントの前にしゃがんで、ポケットから乾電池を取り出し、それを左手にしっかりと握ってから、プラグを抜いた。途端に、軀のなかの快い震動が消え、手足がすこしだるくなったが、それは仕方のないことで、プラグと巻き取ったコードをまた股座へ押し込んで立ち上ると、囲炉裏のそばでぼんやりしている用務員さんに、

「ありがっと。」

と礼をいった。

用務員さんは、なんとも返事をしてくれなかった。目も口もまるく開けて、両手をだらりと脇に垂れている。作次は、なにやら気の毒になって、つい、

「おらは、電気で動くもんだすけ。」

と、言わでものことを口にした。用務員さんは、二、三度、大きな瞬（まばた）きをしたきりであった。

「んでも、おらはコンセントがなくても我慢すらえ。こいつがあるすけ。」

作次はそういって、左手の乾電池をちょっと指をひらいて見せてから、きのう担任の先生から教わったように、電圧と一緒に衰えた声をせいぜい張り上げて、

「おじさん。さようなら。」

とお辞儀をした。

（中略）

作次は我に返った。プラグを取り出すために股座など探っていたから、用務員さんは、そこにしゃがんだまま用足しでもするつもりかと思ったのだろう。作次は、ゆっくりと腰を上げたが、それはべつに用務員さんの疑いを晴らすためではなくて、ともかくコードを伸ばしてみようと思ったからであった。ここから一年生の教室までは随分距離があるから、あるいは無駄骨になるかもしれないが、この際、自分のコードがどれだけ伸びるものかを試しておくのも悪くない。

作次は、ついさっきまで左手にしっかりと握り締めていた命の綱の乾電池を、そっと上着のポケットに仕舞(しま)った。それから、背中をまるくして、両手で股座からコードを手繰り出しながら、うしろ向きにそろそろと歩きはじめた。コードは床に密着させて、できるだけ直線に、けれども無理なく、余裕を持たせて伸ばさなければいけない。

不意に、尻がなにかにつかえて、肩越しに振り向いてみると、用務員さんが両目を剝(む)くようにして見下ろしている。尻が当たっている用務員さんの膝を、改めてちょっと押してやったが、動かないので、

「どいてけれ。」

と作次はいった。電流のおかげで、ちっとも物怖(ものお)じしなくなっている。それに、いつもよりずっと野太い声も出る。

用務員さんは、薄気味悪そうに道をあけたが、今度は前に回って、コードを踏んだ。作次は舌うちして、腰を伸ばした。

「邪魔しねでけれ。」

「邪魔？　なんも、邪魔なんちょ、してねべさ。」

作次はまた舌うちすると、コードを振って波打たせて見せた。

「そこを踏んでるべな。その足、どかしてけれ。」

用務員さんは自分の足許(あしもと)を見て、それからゆっくり作次の顔に目を上げた。［Y］ようなというのは、こんな顔のことをいうのだろう。それは無理もないことで、作次のプラグも、コードも、他人には見えない。用務員さんには、自分がコードを踏んでいることがわからないのだ。

「……お前、なにしてるんだ？」

と、用務員さんはコードを踏みつけたまま、情けないほど弱々しい声でいった。

A作次は、三度目の舌うちをした。プラグもコードも見えないのだから、用務員さんの目には、ただ尻の先から糸を紡ぎ出す蜘蛛(くも)を真似(まね)た、単調な踊りでも踊っているように映ったのかもしれないが、作次にはそれを他人に説明する気など、毛頭なかった。

「んだら、一緒に来。」

といって歩き出した。

そうして二人だけでゆっくり歩いてみると、町の入口の木橋よりも遥かに長い廊下であった。ただ長いばかりではなく、途中で直角に折れたりする。作次の電気コードは、伸ばそうと思えば際限もなく伸びそうだったが、ここは滅多に人の通らない山道とは違って、休み時間ともなれば大勢の生徒たちが［X］と行き交う廊下である。こんなところに、朝から学校が終るまで、長いコードを引きっ放しにしておくわけにはいかないだろう。誰かがそれに足を引っかけて転んだりするのは、こちらの知ったことではないにしても、その拍子に、用務員室のコンセントからプラグが抜けたり、コードが途中で引きちぎられたりしたら困る。困るどころか、不意に電気がこなくなったら、こちらはその場でb立ち往生する——それが給食のときだったら、たとえばスープの匙を口のすぐそばまで運んだところで。自習の時間だったら、前の席の女の子の頭に髪切虫をのっけようとしたままで。こちらは石地蔵のように動けなくなって、ただ匙のスープが虚しく湯気を立て、指先の髪切虫が長い触角でいたずらに宙をまさぐっているだけなのだ。

二つ目の角を折れたとき、つい、絶望の溜息を洩らすと、

「どした？」

と用務員さんが振り向いた。

「あんまり遠いすけ。」

「遠いか。」と用務員さんは独り合点で笑っていった。「一年生になったばかりは、誰でもそう思うのせ。なに、じきに馴れる。」

なるほど、用務員室のコンクリートの土間の、大きな囲炉裏のむこうの柱の蔭に、コンセントがあった。まさかの時のために、コンセントのありかを一個所でも多く知っているのは心強い。作次は、ただそこにコンセントがあることを確かめるだけにするつもりだったが、その前にしゃがんでしまうと、やはりそこに自分のプラグを差し込んでみないではいられなくなった。そばに用務員さんがいることなど、忘れてしまった。

作次は、股座からプラグを取り出すと、それをコンセントにしっかりと差し込んだ。途端に、まず下腹に微かな震動が起こり、それが軀の芯を伝って忽ち胸や頭や手足の先端までひろがった。新鮮な電流に揺さぶられて、軀のあらゆる器官が生き生きと躍動しはじめたのだ。いつものことながら、この一瞬の快感は、こたえられない。作次は思わず目をつむって、うっとりとした。

「……なにしてら？」と、そのとき背後で用務員さんがいった。「お前、まさか、やらかすんじゃあるまいな？」

① 現代人は成熟が遅く、自我が確立しないため、いつまでも自分探しをする。
② 医師や医療従事者には、もっと、死の迫った患者や家族と悲哀をともにする余裕と時間を与えるべきである。
③ 予測不可能な現代においては、物事を柔軟に見ることが望ましく、本当の自分を常に探し求めるのが好ましい。
④ 悲哀が少なくなった現代にあって、中高年層が戦後、実は企業内で深刻な悲哀を味わっていたことは知られていない。
⑤ 自己が満たされず喪失感を訴える若者は、他者を失う悲哀を知らないがゆえに、他者からの支えに気づけない。

三

次の文章は、三浦哲郎の小説「ロボット」の一節である。これを読んで、後の問いに答えなさい。

作次が、町の小学校へ通うようになって、まずなによりも困ったのは、自分の教室にプラグを差し込むコンセントがないことであった。

コンセントがないと、電気が引けない。電気が引けなければ、自分を思うように動かすことができない。

せめて、隣の教室にでもあればと思って、放課後、誰もいなくなってから忍び込んで探してみたが、見つからなかった。ついでに、廊下を探していると、用務員のおじさんが通りかかって、落し物でも探しているのかといった。それで、思い切ってコンセントのありかを尋ねてみると、

「コンセント？　ああ、電気の差し込みな。」

用務員さんはそういって頷いてから、a訝しそうな顔をした。

「差し込みだら用務員室にもあるけんど……なにするのせ？」

自分の軀に電気を引くのだといっても、他人はわかってくれないにきまっているから、それには答えずに、

「ちょっと、見せでけれ。」

とだけ、作次はいった。

用務員さんは、ちょっとの間、おかしな子だなという目の色で彼の顔と胸の名札を見比べていたが、やがて仕方なさそうに、

① 現代社会が、何かを喪失する心的な苦痛や不快を避けたいという現代人の冷たさをくみ取り、経済的仕組みとして専門業を各分野で確立していった結果、現代人の近年の暮らしぶりが各専門業者の言いなりになっていること。

② 現代人が、どんなにあがいても対象を再生できないという絶対的有限性に直面し、この有限感覚を現代社会から排除した結果、悲哀を受け容れる営みを専門の機関や業者が代行する仕組みが急速に確立されてきていること。

③ 現代人が何かを喪失する心的な苦痛や不快に耐えられず、悲哀を生活から遠ざけた結果、悲哀を受け容れる営みの目的や方法まで分からなくなっていること。

④ 先進国では核家族化が進み、臨終の際にどのように接して悲哀に暮れるのかまで分からず、悲哀の仕事を天職とする人に頼り切っていること。

⑤ 医療スタッフも現代は多忙で、悲哀の仕事をともにすることへの困惑と回避が広がっているため、病院が悲哀の儀式を今では外部委託していること。

問5　「B戦前派から戦中派世代の人びとに、おびただしい対象喪失の悲哀が大量生産され」とあるが、「対象喪失の悲哀が大量生産され」るとはどういうことか。**「対象喪失の悲哀」の「大量生産」が指す意味と、その理由**を明らかにしながら、**六〇字以内**で説明しなさい。解答番号は、**記述式 3**。

問6　「Cいつのまにか「悲哀の仕事」は排除されていった」とあるが、筆者の考えでは、それはなぜ起きたのか。**九〇字以内**で説明しなさい。解答番号は、**記述式 4**。

問7　本文の主旨と合致するものを次の中から一つ選びなさい。解答番号は、**マーク式 21**。

問2　波線部a〜cの本文中での意味として最も適当なものを、次の中からそれぞれ一つずつ選びなさい。解答番号は、**マーク式** 16 〜 18 。

「a心性」 16
①　心因的苦痛　②　精神的特質　③　病理的弊害　④　意識的動向　⑤　内面的習性

「b同一化する」 17
①　集まる　②　等しくする　③　均(なら)す　④　まとまる　⑤　束ねる

「c耽溺(たん)」 18
①　打ち込みすぎること　②　入れ揚げること　③　熱心になること
④　むさぼること　⑤　入れ込みすぎること

問3　［　　　］に入る言葉として文脈上最も適当なものを、次の中から一つ選びなさい。解答番号は、**マーク式** 19 。

①　病院にまかせておけば、心のことも面倒みてくれるだろうと思う
②　病院にまかせたところで、心のことまで面倒みてくれるわけがないと思う
③　病院にまかせておけば、身体面のことは面倒みてくれるだろうと思う
④　病院にまかせたところで、身体面のことすら面倒みてくれるわけがないと思う
⑤　病院にまかせようとするが、それが難しいこともまた薄々気付いていると思う

問4　「A極端な話、葬儀屋のおじさんに、お金しだいでAコースにするか、Cコースにするかを、相談するほかはない」とあるが、この一文は、どのようなことの事例を示すものと考えられるか。次の中から一つ選びなさい。解答番号は、**マーク式** 20 。

りに、なぜか不可解な無気力状態に陥る。不当に自分が虐げられて、ひどい目にあっているとか、身体のぐあいが悪くなった、感情がなくなってしまった、自分が空っぽだ、といった自己喪失体験だけを、ひたすら訴える青年がふえている。彼らは失った対象に自分がどんなに頼り、その愛情で自分がどんなに支えられていたかを知らない。彼らはその対象に向いていた感情、欲望が、なくなってしまったこととしか意識しない。〈対象喪失―悲哀〉という体験の心理構造が準備されていないために、その意味がわからないままその結果だけに気づき悩む。

（小此木啓吾『対象喪失』による）

（注）1 看護婦――看護師の旧称。この文章が載る書は、一九七九年に刊行された。
2 他患――他の入院患者。
3 モラトリアム――もとは金融用語で、不景気などで融資返済の難しい人の支払いを政府等が猶予すること。のちに比喩的に、社会人になる自信がなく大学卒業を遅らせるなどして、社会的義務から猶予される行為や期間を指すようになった。
4 山あらしディレンマ――他者との適度な心理的距離を探ろうとする心理的な葛藤。哲学者ショーペンハウアーの寓話を心理学者フロイトが引用して広まった用語。
5 減量問題――高度経済成長後の石油危機を乗り切るため、各民間企業は「減量経営」、つまり従業員の出向、配置転換、希望退職を断行した。これにより、家族的だった日本的労使関係は変質し、各社の従業員は大いに動揺した。
6 日本的マゾヒスト――日本ではごく一般的に存在する、自分を責めることで相手に罪悪感を抱かせたり、逆に相手の罪を許すことで恩を売ったりする人々。筆者の提唱した概念「日本的マゾヒズム」から派生した用語。

問1 X ～ Y に入る言葉として最も適当なものを、次の中からそれぞれ一つずつ選びなさい。解答番号は、**マーク式** 14 ～ 15 。

X 14
① だから ② しかし ③ そして ④ ところで ⑤ ちなみに

Y 15
① さらに ② あるいは ③ しかるに ④ それゆえ ⑤ ただし

おびただしい悲嘆のどん底から立ち上がったはずのわれわれは、いつのまにか管理社会とか、先進産業社会とかよばれる現代社会の高度成長の中で、悲しむことを忘れた。

社会のもの的な急速な変化は、自分がすでに一体化していた古い生活様式や生活感覚に関するモデルチェンジを次々にひき起した。情報化社会は、人びとがb同一化する思想や価値観を相対化し、多様化させてしまった。新しく生まれる技術革新は、人びとが拠り所にする職業的役割を次々に変えた。ポルノグラフィや避妊技術の普及は、男女関係の自由化をひきおこした。そして高齢化社会は、古典的なライフ・サイクルのあり方を変え、人生設計に革命的な変化を強いることになった。これらの社会変革が進行するプロセスの途上で、B戦前派から戦中派世代の人びとに、おびただしい対象喪失の悲哀が大量生産され、葬り去られていった。やがて「戦争を知らない子どもたち」は、次第に、「対象喪失を知らない世代」を形成するようになった。これらの青年たちの若者文化の時代を迎え、モラトリアム人間の自己主張が顕在化した。やがて古典的な人間たち、親や教師、職場の中高年層のモラトリアム人間化がはじまる。学園紛争の時代には、教え子たちの造反に、学生への親心と一体感を裏切られ、うつ状態に陥って受診した大学教師たちがあとを絶たなかった。それにひきつづいて中堅管理職のうつ病がマスコミをにぎわせた。Y、会社への一体感と献身を生き甲斐にしてきた中高年層の(注5)減量問題は、わが国に生き残った最後の(注6)日本的マゾヒストたちに深刻な対象喪失を味わわせ、彼らをも、モラトリアム人間化しようとしている。

ひとたびモラトリアム人間化してしまった人びとは、対象喪失に出会うことのない生き方を身につけていく。失うべきイデオロギーも目標ももたない。失っても傷つかない範囲の師弟関係や職場の人間関係しかもたない。退職してもうつ病などに陥らない程度にしか、会社にかかわらない。愛しても、失恋の悲しみは味わわないですむようにつきあう。

現代社会にふさわしい適応様式が成立するとともに、このモラトリアム人間の世界から、Cいつのまにか「悲哀の仕事」は排除されていった。この心理構造の中で人となった「悲哀を知らない子どもたち」の時代がきた。親離れ、失恋、受験の失敗をはじめ、いまもなお、外的な出来事としての対象喪失は日常的におこっている。しかし、悲哀を知らない子どもたちは、この経験を内面化された心の体験として体験することがない。またそれに対処する術を知らない。彼らに欠けているのは、悲しむ能力である。いたずらに不安になり、自分の全能感がみたされぬ怒りをもてあまして、親をうらみ、教師を責め、自らを傷つけ、軽躁的なロック音楽へのc耽溺に逃避し、さまざまの短絡的な行動に奔る。家庭内暴力、青少年の自殺が、マスコミを騒がす時代になった。

あるいはまた、外的な出来事としてはあきらかに対象喪失がおこっているにもかかわらず、対象喪失を対象喪失として経験する代わ

悲哀が悲哀に出会うことができないような仕組みが、成立してしまっているように見える。

　対象喪失は、どんなに人間があがいても、その対象を再生することができないという、人間の絶対的有限性への直面である。ところが現代社会は、人類のこの有限感覚をわれわれの心から排除してしまった。TV、飛行機、車、宇宙船、抗生物質をはじめとする医療テクノロジーの急速な進歩、冷暖房をはじめとする電気製品。これらはわずか三十年前には、すべての人にとって夢であった。いまや科学少年の魔法の夢はかない、全能感はみたされてしまった。そして人びとは、その全能感にみちた支配力によってコントロールできる人工的機械環境の中で暮らし、自然環境そのものは、直接触れることの少ないものになった。いつのまにかわれわれの基本的有限感覚は稀薄（きはく）になり、全能感はますます巨大になってしまった。そして全能感に支配された人間には、対象喪失の悲哀は存在しない。かけがえのない絶対に代わりのきかない存在は、心から排除されてしまうからである。

　X　またこの動向は、自分にとって苦痛と不快を与える存在は、むしろ積極的に使いすてにし、別の新しい代わりを見つけだすほうが便利だし、実際にそうできるという全能感を人びとにひきおこしている。死んで葬り去れば縁がなくなるし、醜く年老いた者は実社会から排除すればよいし、うまくいかなくなった男女は別れて、それぞれ新しい相手を見つければよい。できることならば、学校や職場も気に入らなければ、自由に変えられるほうがよい。住む所、暮らす国さえもそうできればそのほうがよい。すくなくとも人びとの幻想の中では、こうした全能の願望がすべての対象とのかかわりを支配しようとしている。もはやこの世界では、外的出来事としての対象喪失は起こっても、内面的な悲哀の体験をひきおこすような対象喪失は起こらない。

　すでに私は、現代は「（注3）モラトリアム人間の時代」であると定義している。モラトリアム人間は自分自身を常に仮の自分と思い、本当の自分は、どこか別のところか、これから先の未来にあると思う。一時的、暫定的な状態に身をおき、予期される変化への適応にそなえ、何事に対しても、当事者になることを避け、どんなかかわりもそれが深まりすぎて傷つくことを恐れる。この心性は、いまや親子、夫婦、男女、師弟、上司と部下……あらゆる対象との関係にもあてはまるようになった。住居、近隣、職場をはじめすべての生活環境に対しても同様である。彼らは、対象と深くかかわることによって起こる愛と憎しみのもつれ、つまり（注4）山あらしディレンマにまきこまれることを嫌う。その中にまきこまれて、傷つくことや、自分を失うことを恐れる。そしてその深層には、対象を失ったときの悲哀を事前に回避しようとする心理が働いている。またそれが「くったり、くわれたり」「のみこんだり、のみこまれたり」という対象関係を避けるモラトリアム人間のやさしさとつめたさ、ひいてはしらけの心理的性格を生みだしている。

　もちろん、この心理的性格は、個々人がはじめから好んでつくりあげたものではなかった。敗戦時の国民的な対象喪失を原点とし、

二

次の文章を読んで、後の問いに答えなさい。

現代医学教育が直面している重要な課題は、死のせまった患者とその家族と、悲哀の仕事をともにすることができるような医師や看護婦(注1)たちを、どのようにしてつくりあげるかである。医療テクノロジーは日進月歩の一途をたどっているが、病者の不安や家族の悲哀に心を向けるいとまもなしに、物的機械的テクノロジーだけを駆使する医師がふえている。今日の医療制度そのものがそのような、テクノロジー偏重によって成り立っている。ところが患者とその家族たちもまた対象喪失に対するなんの心の準備もできていない。葬儀のときになって、いったい自分の家が何宗なのかも知らなかったという人びとがふえている。医師も看護婦もまた同様である。患者や家族は、自分たちの身近にいる医療スタッフに精神面でも頼ろうとするが、医師や看護婦は、身体面のかかわりに専念し、能率的な作業によって患者たちを処理することに追いまくられている。しかもこの多忙さや身体面重視の深層心理には、悲哀の仕事をともにすることへの困惑と回避が潜んでいる。しかもこの心理傾向は、実は患者自身にも家族にもみられる。家族は家族で苦しんだり悲しんだりする病人のそばにいるのはつらいから、毎日の生活が忙しいからといって、［　　　　］。

医療スタッフにも、本人、家族にも欠けているのは、悲しんだり苦しんだりする能力である。自分に心的な苦痛や不快を与える身近な人の苦しみや悲しみにかかわることには辛くて耐えられないと言えば、それは現代人のやさしさのように受け取られるが、このやさしさは、汚れ、醜さ、不快、悲しみを感じさせるものは、できるだけ眼前から排除し、遠ざけておきたい冷たさと一つである。そしてこの心理傾向は、いつのまにかわれわれ現代人のだれをも支配するa心性になってしまった。かつては、苦しむ病人も臨終の際まで家庭にいて、家族もその苦しみを苦しみ、悲しみに泣いた。医師もまた死の床に臨んで、病者、家族とともにその悲哀の仕事を営むのを天職とした。そもそも臨床とは、「死の床に臨む」という意味であった。しかし現代社会の患者たちは、死がせまるとともに、家族からも身近な近隣(看護婦、(注2)他患)からも隔離され機械装置の完備したI・C・U(集中治療室)やC・C・U(冠疾患集中治療室)の中でひとり死と闘わねばならない。

近親者の死に出会った遺族たちは、どうやって喪に服したらよいのか、どういう儀式を行なったらよいのかさえ知らなかったという人が多い。A極端な話、葬儀屋のおじさんに、お金しだいでAコースにするか、Cコースにするかを、相談するほかはない。喪の儀式も形式化し、もはやそれは心の営みではなく、むしろ社会的な適応のための営みに終始している。こうした傾向は、なにもわが国にかぎらず、欧米先進諸国も同様である。いまや現代社会からは、対象喪失に対する悲哀そのものが排除され、社会のどの場面にいっても、

④　i　作者の夫　ii　作者　iii　作者の夫

⑤　i　作者の夫　ii　作者　iii　作者

問8　本文の内容に**合致しないもの**を、次の中から一つ選びなさい。解答番号は、**マーク式** 12 。

①　左大臣は流罪になり、大宰府の長官として九州に追放された。

②　作者の夫は物忌みや精進潔斎のために山寺に籠もっていた。

③　作者の夫が体調を崩したため悪因悪業の焼滅を祈る行法をした。

④　作者の夫は新邸からの帰りに蓮の実を一本、作者のもとに届けさせた。

⑤　「早く見せたい」と言っていた夫の新邸を作者はまだ見ていない。

問9　『蜻蛉日記』の作者を、次の中から一つ選びなさい。解答番号は、**マーク式** 13 。

①　和泉式部　②　藤原道綱母　③　菅原孝標女　④　藤原長子　⑤　阿仏尼

問4　「Aあるは、御髪おろしなど、すべて言へばおろかにいみじ」とあるが、どういう状態かわかるように補って現代語に訳しなさい。解答番号は、**記述式 1**。

問5　「B身の上をのみする日記には入るまじきことなれども、悲しと思ひ入りしも誰ならねば、記しおくなり」とあるが、ここでの作者の心情の説明として最も適当なものを、次の中から一つ選びなさい。解答番号は、**マーク式 10**。

①　自分の境遇だけを書く日記に左大臣のことは書くべきではないが、悲しいと感じたのは自分なので書かずにはいられなかった。
②　直接関係がないため日記には左大臣のことは入れないつもりだったが、子供達をいとおしいと感じたのは自分なので書き止めた。
③　身近なことだけを書く日記には左大臣のことは入るはずがないものではあるが、話を聞いた私の心が痛んだので書き記した。
④　身の上だけを書く日記に左大臣のことは入れるべきではないことだが、心惹かれたのは他の誰でもない私なので書き込んだ。
⑤　世間の評判だけを書く日記には左大臣のことは入れられそうもないが、嘆かわしい出来事だと思いつめたので書きとどめた。

問6　「Cそこはかとなく、いと苦しけれど、さはれとのみ思ふ」を現代語に訳しなさい。解答番号は、**記述式 2**。

問7　二重波線部ⅰ、ⅱ、ⅲの和歌のよみ手の組み合わせとして最も適当なものを、次の中から一つ選びなさい。解答番号は、**マーク式 11**。

①　ⅰ　法師　　ⅱ　作者の夫　　ⅲ　作者
②　ⅰ　作者　　ⅱ　作者の夫　　ⅲ　作者の夫
③　ⅰ　作者　　ⅱ　作者の夫　　ⅲ　作者

「aだに」 1
「bぬ」 2
「cにしがな」 3
「dね」 4

① 過去　② 類推　③ 完了　④ 添加　⑤ 打消　⑥ 願望

問2 □で囲んだ活用語Ⅰ～Ⅱの本文における活用形として最も適当なものを、次の中からそれぞれ一つずつ選びなさい。なお、同じものを重ねて用いても構わない。解答番号は、**マーク式** 5 ～ 6 。

Ⅰ ず 5
Ⅱ ある 6

① 未然形　② 連用形　③ 終止形　④ 連体形　⑤ 已然形　⑥命令形

問3 「アあいなし」、「イつごもり」、「ウいかにぞ」の本文中における意味・解釈として最も適当なものを、次の中からそれぞれ一つずつ選びなさい。解答番号は、**マーク式** 7 ～ 9 。

「アあいなし」 7
① なんとも感心できない
② 愛情がこもっていない
③ 不都合である
④ 憎らしい
⑤ 道理がたたない

「イつごもり」 8
① 月初
② 朔日（ついたち）
③ 大晦日（おおみそか）
④ 月末
⑤ 参籠

「ウいかにぞ」 9
① どうにかして行きたい
② どのようにでもなる
③ どちらへ行くつもりか
④ どうすればよいか
⑤ どんな具合であるか

よまはるほどとて、例のやうにも通はず、新しきところ造るとて通ふたよりにぞ、(注7)立ちながらなどものして、「ウいかにぞ」なども**Ⅱ**［ある］。ここち弱くおぼゆるに、惜しからで悲しくおぼゆる夕暮(ゆふぐれ)に、(注8)例のところより帰るとて、蓮(はす)の実一本(ひともと)を、(注9)人して入れたり。「暗くなりぬれば、まゐらぬなり。これ、かしこのなり、見たまへ」となむ言ふ。返りごとには、ただ、「『生きて生けらぬ』と聞こえよ」と言はせて、思ひ臥したれば、あはれ、げにいとをかしかなるところを、命も知らず、人の心も知ら d ねば、「いつしか見せむ」とありしも、さもあらばあれ、やみなむかしと思ふもあはれなり。

iii花に咲き実になりかはる世を捨ててうき葉の露とわれぞ消(け)ぬべき

など思ふまで、日を経ておなじやうなれば、心細し。

（『蜻蛉日記』による）

（注）1　西の宮の左大臣――源高明。醍醐天皇の皇子で臣籍に降下した。
2　ゆすりて――大騒ぎして
3　帥――大宰府の長官。
4　人――ここでは、作者の夫の兼家のこと。
5　閏五月――旧暦の閏年に差し込まれた閏月という余分の一か月。五月の次が閏五月。
6　芥子焼き――真言宗で、芥子などを火中に投じて悪因悪業の焼滅を祈る行法。
7　立ちながら――当時、立ったままで会えば、穢(けが)れに触れないとされた。
8　例のところ――兼家の新邸。
9　人――ここでは、兼家の使いのこと。

問1　「a だに」、「b ぬ」、「c にしがな」、「d ね」は助動詞または助詞である。本文中における意味として最も適当なものを、次の中からそれぞれ一つずつ選びなさい。なお、同じものを重ねて用いても構わない。解答番号は、**マーク式** [1]～[4]。

▲教育（国語教育）学部▼

（九〇分）

一　次の文章を読んで、後の問いに答えなさい。

二十五六日のほどに、(注1)西の宮の左大臣流されたまふ。見たてまつらむとて、天の下(注2)ゆすりて、西の宮へ、人走りまどふ。いといみじきことかなと聞くほどに、人にも見えたまはで、逃げ出でたまひにけり。愛宕(あたご)になむ、清水(きよみづ)に、などゆすりて、つひに尋ね出でて、流したてまつると聞くに、ア あいなしと思ふまでいみじう悲しく、心もとなき身 a だに、かく思ひ知りたる人は、袖を濡らさぬといふたぐひなし。あまたの御子どもも、あやしき国々の空になりつつ、ゆくへも知ら I ず、ちりぢり別れたまふ、A あるは、御髪(みぐし)おろしなど、すべて言へばおろかにいみじ。大臣も法師になりたまひにけれど、しひて(注3)帥(そち)になしたてまつりて、追ひくだしたてまつる。そのころほひ、ただこのことにて過ぎぬ。

B 身の上をのみする日記には入るまじきことなれども、悲しと思ひ入りしも誰ならねば、記しおくなり。

その前の五月雨(さみだれ)の二十余日のほど、物忌もあり、長き精進もはじめたる(注4)人、山寺にこもれり。雨いたく降りて、ながむるに、「いとあやしく心細きところになむ」などもあるべし、返りごとに、

i 時しもあれかく五月雨の水まさりをちかた人の日をもこそふれ

とものしたる返し、

ii 真清水のましてほどふるものならばおなじ沼にもおりもたちなむ

と言ふほどに、(注5)閏(うるふ)五月にもなり b ぬ。

イ つごもりより、なにごこちにかあらむ、C そこはかとなく、いと苦しけれど、さはれとのみ思ふ。命惜しむと人に見えずもあり c にしがなとのみ念ずれど、見聞く人ただならで、(注6)芥子(けし)焼きのやうなるわざすれど、なほしるしなくて、ほど経(ふ)るに、人はかくき

I　今般の減税は朝三［　　］にすぎない。［27］

① 白昼　② 暮四　③ 暮改　④ 夕二　⑤ 夕再

J　弊社の製品には、他社製品とは［　　］新しさがある。［28］

① 一戦を交える　② 一線を越える　③ 一線を画する　④ 一糸まとわぬ　⑤ 一糸乱れぬ

C テイチョウにお断りする。 21

① 幕臣にチョウヨウする。 ② 芳名録にキチョウする。 ③ 時代のチョウリュウを読む。
④ 薬局で薬をチョウセイする。 ⑤ ユウチョウに構えている暇はない。

D 貧困による社会カイソウの分化が懸念される。 22

① シャソウから景色を眺める。 ② ダンソウ帯が地形を形づくる。 ③ ヨクソウに湯を張る。
④ ドローンをソウサする。 ⑤ 高架下のソウオンを抑える。

E ダトウな意見として受け入れられる。 23

① ビルがトウカイする。 ② 土地トウキが地上げを招いた。 ③ 彼女は菓子好きのアマトウだ。
④ コウトウ的な文学を読む。 ⑤ 急な発令にトウワクする。

F 商品のハイセキ運動が巻き起こった。 24

① 初戦でハイタイした。 ② 核兵器ハイゼツをめざす。 ③ ハイキロのガスを検査する。
④ 穀物のハイガを利用する。 ⑤ ハイグウ者を伴って訪問する。

G 意見を委員会にハカる。 25

① インボウをたくらむ。 ② ケイリャクにかける。 ③ 地形をソクリョウする。
④ シモンに答える。 ⑤ 海外進出をキトする。

H 船がヒョウカイに衝突した。 26

① 難事件を探偵がトく。 ② 空模様がアヤしい。 ③ ミナさんのおかげです。
④ 砂糖のカタマリを運ぶ。 ⑤ ナツかしいおもちゃ。

② 人間は間違えるというところに機械との大きな違いを指摘することができるが、人間が思い描く将来の夢を実現できるかどうかは、間違いの根絶を目指す教育や研修、訓練をどれだけ充実したものできるかということにかかっている。

③ 人間の赤ん坊は前頭連合野が未発達であるため、試行錯誤を繰り返して学習することがないという点で、迷路箱に入れられた行き詰まりながらも最終的に餌を手に入れる動物の能力にも劣るという現実を、われわれは真摯に受け止めるべきである。

④ 日本の学校教育の現場で文章を書くことがおろそかにされるようになった事態は、機械文明が進歩した時代の趨勢（すうせい）からは当然の帰結であるため、今後は基本的な精神活動を訓練するための作文を教育に導入することが望ましい。

⑤ 考えるということは、問題解決・目標実現のために経験や知識の旧情報を組み合わせて新情報を生み出す、という創造的な精神活動であり、考える過程を突き止めていく文章表現は、そのような精神活動力を向上させるための効果的な方法である。

三 漢字・語句について、次の問いに答えなさい。

問 A～Hの各傍線部に相当する漢字を含むものはどれか。また、I～Jの空欄に入れるのに最も適当な語句はどれか。それぞれ一つずつ選びなさい。解答番号は 19 ～ 28 。

A 古写本をホンコクする。 19

① 大名のコクダカを調べる。　② 新番組をコクチする。　③ 夏山のケイコクを歩く。
④ ジコクは正午になった。　⑤ コッキ心をふるい立たせる。

B ムボウ運転の罰は重い。 20

① ボウリャクをめぐらす。　② ケンボウ症を患う。　③ 隣国のボウガイ工作。
④ 都内ボウショで撮影する。　⑤ ボウリョクをふるう。

問5 「C書くということ」とあるが、本文において筆者は「書く」ことをどのようにとらえているのか。最も適当なものを次の中から一つ選びなさい。解答番号は 16 。

① 思考作用を向上するとともに創造性を豊かにするための、基本的な精神活動を訓練するきわめて効果的な方法である。
② 機械文明の進歩により様々な利器が利用される中で、アメリカの教育現場において訓練されている基本的な能力である。
③ 個人的な葉書や手紙、公的な文書を作成するために必要な能力であり、学校で訓練されている基本的な技能である。
④ 教師と児童・生徒との間で行われる教育において、前頭連合野を育成する人間教育を完成するための重要な行為である。
⑤ 思考の内容を文字に表現して確認するだけでなく、思考を固着させずに新たな思考を展開する基盤をつくる営みである。

問6 文脈上、［　　］に入る言葉として最も適当なものを、次の中から一つ選びなさい。解答番号は 17 。

① このような短文から始めて、しだいに長い文章に及ぶ指導法を考案したいものである。
② これだけの内容を、こんな簡潔な文章に書きこめるような訓練をしたいものである。
③ このような片言しか書けなかった往時の武士の表現が、思いやられる。
④ これだけのことを、わざわざ陣中から書き送る愛情が、人の心を打つのである。
⑤ このように、たえず一対一の意思疎通に努力するような教育をしたいものである。

問7 本文の内容と合致するものを次の中から一つ選びなさい。解答番号は 18 。

① スピード化、情報過剰の生活環境に身を置く現代の日本人は、映画やテレビなどの視聴覚映像から多くの情報を簡単に入手できるようになったために、以前は行間を読み取るのに手間がかかった読書の煩わしさから解放された。

問3　「A学力ということばがよく使われる」とあるが、筆者のいう「学力」とはどのような力か。最も適当なものを次の中から一つ選びなさい。解答番号は 14 。

①　これまでの経験から得た様々な知識を集積する力。
②　前頭連合野の発達を促し思考の芽を育成する力。
③　人間教育を達成するために真摯に注がれる力。
④　問題解決のために知識を組み合わせて使う力。
⑤　模倣の時期から脱却して思考しようとする力。

問4　「B動物の学習能力を調べる一つの方法に、迷路学習テストがある」とあるが、ここで筆者が「迷路学習テスト」について述べる意図はどのようなことだと考えられるか。その説明として最も適当なものを次の中から一つ選びなさい。解答番号は 15 。

①　動物が学習によって餌のある終点までの近道を習得することは、人間が試行錯誤を重ねて学んでいくことと同質であることを示すことで、人間の本質を明らかにする意図。
②　動物は回数を重ねてようやく餌のある終点までたどり着くのに対し、人間はわずかな回数で目標を達成できるように、動物と人間の能力の差は歴然としていることを示す意図。
③　動物は試行錯誤して行き詰まりながら餌のある終点に到達する行動は無定見であるが、人間は試行錯誤しながらも行動する際に思考するという精神活動が伴うことを確認する意図。
④　動物が試行錯誤を重ねて餌のありかにたどり着けることから、動物にも人間と同じように一つの成功体験が次の行動の成功率を高めるように神経系が組織されていることを解説する意図。
⑤　動物が餌のある終点までたどり着く経路を調べるテストを行うことで解明された試行錯誤という学習行動が、人間の学力向上に応用できる可能性があることを示唆する意図。

一筆啓上、火の用心、お仙泣かすな、馬肥やせ。

（時実利彦『人間であること』による）

問1　[X]〜[Y]に入る言葉として最も適当なものを、次の中からそれぞれ一つずつ選びなさい。解答番号は[10]〜[11]。

[X]　[10]　①　たとえば　②　しかし　③　あるいは　④　ところで　⑤　したがって

[Y]　[11]　①　ところが　②　したがって　③　または　④　さらに　⑤　たとえば

問2　「aしたためる」、「bないがしろ」の意味として最も適当なものを、次の中からそれぞれ一つ選びなさい。解答番号は[12]〜[13]。

「aしたためる」　[12]　①　うまくまとめる　②　飾りたてる　③　工夫を凝らす　④　書きしるす　⑤　思いを伝える

「bないがしろ」　[13]
①　他人や事物の善し悪しを白紙に戻してしまうさま。
②　他人や事物の内実に白黒をつけようとするさま。
③　他人や事物の良い点を褒めず悪い点ばかりあげつらうさま。
④　他人や事物の悪い点があっても見て見ぬふりをするさま。
⑤　他人や事物をあってもないかのように侮り軽んじるさま。

とができるのである。

杉村春子さんが名演技をみせた森本薫作『女の一生』のなかの

人間という奴は、何かやると必ず間違いをしないではいられないらしいな。まるで間違いをするために何かするみたいだ。

という科白は、劇中のすべての人物を性格づけているといわれているが、実は、私たち人間の本質をズバリついているといえよう。ゲーテ(W. Goethe)の『ファウスト』のはじめの「天上の序曲」に、「人間は、努力する限り、迷うものだ」という文句がある。

電子計算機は、人間のように間違わないとよくいわれるが、とんでもないこと。機械におこるのは故障であって、まさか、自動車が間違って事故をおこしたとはいわない。このようにみてくると、私たち人間が、思考という精神を働かす限り、迷いの連続、間違いの反復であって、迷いや間違いの否定は、思考の停止、人間性の抹殺にほかならない。迷い、間違うところに、教育や研修や訓練の可能性があるといえる。

私たち人間の新皮質は、単調なリズムによろめきやすいことはすでに述べた。前頭連合野の思考を停止したり、意志を喪失させたりし、その結果、ソフトウェアの統制のないハードウェアがとり残されることになる。まわりからの指令によって、なんの抵抗もなく振りまわされる。また、強烈な色彩や怒号も、前頭連合野をして思考作用を停止させるようである。

私たちは、思考の内容を、ことばや表情や動作によって具現しているが、文字による表現が C 書くということである。最近、アメリカで創造性が乏しくなった一つの原因は、学校教育で文章をつづることがおろそかにされたためであるといわれている。現代の機械文明の進歩は、私たちに書く手間をはぶかせるようにした。電話、航空機、超特急列車などが手軽に利用できるために、私信の葉書や親展の手紙や、水茎の跡うるわしく a したためる恋文などが必要でなくなってきた。

文字をつづり、文章を書くということは、単なる模写ではなく、そこに高度な思考作用が働いている。書くことは、自分の思考を固着させるのではない。いまの思考を確認して、次の思考への踏み台にすることである。

戦後の日本の学校教育で、文章をつづる訓練が b ないがしろにされていたようだ。作文は、思考作用の向上と創造性の開発のための、基本的な精神活動を訓練するきわめて効果的な方法である。そして、作文を通じて、教師と児童・生徒との間で、一対一の教育ができるはずである。

徳川家康の重臣の本多作左衛門が、陣中から妻に送った有名な手紙――

マが、このような尊い努力を無視してはいないだろうか。

子どもだけの問題ではない。スピード化、情報過剰の生活環境は、私たちから思考する時間を奪いとっている。以前は、行間に読みとっていたが、そんなことをすると、かえってわからなくなるといった読み物の氾濫。映画やテレビなどの視聴覚の映像は、思考を遮断し、私たちの目と耳をしゃにむに引きたててゆく。しばしページをふせて考えることのできる読書に、もっと時間をさきたいものである。

イギリスの名宰相チャーチルは、下院の執務室のなかに、防音した自分の図書室を作り、重要な会議の前には、ここで静かに古典のページをめくったという。ヒットラーは豪語している――「支配者にとって幸福なことは、民衆が考えないことだ」と。目まぐるしい毎日の生活のなかに、静かに思い、静かに考えるいとまをもっと持ちたいものである。西田幾多郎さんが、名著『善の研究』を書いていた当時の模様を日記に残しておられる。午前中、二、三時間ずつ構想を練っておられたが、「額から油汗がでるような」前頭連合野の酷使であったらしい。幸いにも、私たちの前頭連合野は、それくらいではこわれそうもない。

B動物の学習能力を調べる一つの方法に、迷路学習テストがある。出発点と終点との間に、行きづまりをたくさん作ってある迷路箱のなかで、動物が出発点から、餌のおいてある終点までゆくのに、どのような経路をとってゆくかを調べるのである。はじめは、いたるところで行きづまりにぶっつかっているが、回数を重ねるにつれて、ぶっつからないで終点に到達するようになる。動物は学習によって近道を習得したというわけである。

このような学習行動を試行錯誤とよんでいるが、同じ試行錯誤ということばを使っても、動物と私たち人間とでは、本質的な違いがある。動物が曲がり角にきたり、行きづまりにぶっつかったときに、どちらかの道を選ぶが、この際、動物はなにも考えないで、サイコロを振るように、デタラメにどちらかを選ぶのである。そして、選ばれた道が成功であったとき、痕跡として動物の神経系のなかに残り、これが次の行動の成功率を高める足場になる。［Y］、このような学習は、工夫した機械のネズミにもさせることができる。

これに対して、私たち人間の試行錯誤によって行動を学習してゆく場合には、曲り角やゆきづまりで、どちらの道を選ぶかということになんらかの思考作用を働かせており、ここに動物との本質的な違いがある。

前頭連合野がまだ発達していない一、二歳の赤ん坊は、決して間違ったとか、失敗したということは感じないから、もう一度やり直してみようとはしない。四、五歳になると、成功したか失敗したかと反省し、失敗の経験を次の行動を成功させるために生かすこ

二　次の文章を読んで、後の問いに答えなさい。

人間はひと茎の葦にすぎない、自然のなかでもっとも弱いものである。だが、それは考える葦である。

といったパスカル（B. Pascal）が、同じく『パンセ』のなかの第一四六断章で、次のようにもいっている。

人間はあきらかに考えるために作られている。それが彼のすべての尊厳、彼のすべての価値なのである。そして、彼のすべての義務は、正しく考えることである。

（前田陽一訳、中央公論社）

考えるということ、そして判断するということは、受けとめた情報に対して、反射的・紋切り型に反応する、いわゆる短絡反応的な精神活動ではない。設定した問題の解決、たてた目標の実現や達成のために、過去のいろいろな経験や現在えた知識をいろいろ組みあわせながら、新しい心の内容にまとめあげてゆく精神活動である。すなわち、思いをめぐらし（連想、想像、推理）、考え（思考、工夫）、そして決断する（判断）ということである。

これらの一連の精神活動は、私たち人間の新皮質ですばらしく分化発達しているソフトウェアの前頭連合野の働きによるのである。もし、私たちの精神内容や行動に、前頭連合野が関与しないときには、私たちの生活は、その瞬間だけに生きている「精神的その日暮らし」になり、未来へ希望をかけることも、将来へ夢を画くこともできなくなり、前向きに生きてゆく姿がなくなってしまう。

A学力ということばがよく使われる。脳が単なる知識の集積された百科辞典のようなものではなく、百科辞典をひいて活用させるように、集積された知識をいかに活用するかという、思考力、判断力をいっているのである。ソフトウェアの前頭連合野が、ハードウェアの情報処理と運動発現の仕組みを使いこなす活用度である。従って、ハードウェアの優秀さもさることながら、それを使いこなそうとするソフトウェアの活力が学力にほかならない。

X、前頭連合野は三歳ころから働きだしてくるが、子どもの精神活動や行動のなかに、そのことをはっきり読みとることができる。模倣の時期から脱却して、思考する時期にはいった子どもの、前頭連合野の発達を育成し、思考の芽を踏みにじらないようにしたいものだ。試験地獄や〇×式テストなどの原因で、前頭連合野を否定した教育、いうなれば家畜教育を余儀なくさせられた時期もあったが、いまでは、小学校や中学校では、前頭連合野を育成する人間教育の達成に真摯な努力が払われている。いわゆる教育マ

③　流行のあそびを他人と同じように追っていると、定年後に退屈をしのぐためのあそびを見出すことができず、貴重な時間を持て余してしまうこと。

④　余暇のあそびに興じることによって、それを支える産業に携わる人に対して、知らぬ間に何らかの犠牲を強いていることに気付いていないということ。

⑤　あそびにはルールが不要のはずだが、今日のあそびの多くは、解放を求めるというよりもむしろ拘束を求めてやっている人がほとんどだということ。

問7　本文の内容に合致するものを次の中から一つ選びなさい。解答番号は 9 。

①　本来あそびとは人それぞれにそのあり方が異なるものだが、それはあくまでも何に心の安らぎを見出すかという対象が異なるだけで、優越感や緊張感などあそびに対して抱く感情の違いということではない。

②　今日、あそぶということに対して人びとの意識が積極的に動いているが、そこには勝敗や競争が伴い、修練や練習というあそびのための準備の時間を要するため、仕事とあそびの時間の区別がつかなくなっている。

③　あそびと仕事の違いは、心が安まるか否かという点に集約されるため、仕事であっても何らかの安心を得られるならば、それは仕事をあそぶことになり、遊んでいても不安ならば、あそびが仕事になっている。

④　すべての人に開かれているのがあそびであるはずなのに、一部の金持ちにしか楽しめないようなレジャーの娯楽は、本来のあそびからは外れたものなので、あそびについて考察する際には考慮する必要がない。

⑤　流行のあそびは、まねを重ねた末の没個性のものなので、それに打ち込むことに意味はなく、人びとはたとえそれが自分を拘束するものであっても、自分らしいあそびのあり方を追い求めていくべきである。

① 多くの人が同じようにしているあそびについて、通暁していると得意げに語る人を、不快に思っている。
② 日常にありふれた退屈なあそびについて、その新しい価値をよどみなく見出す人を、肯定している。
③ あそびが仕事のようになっていることに、敏感に気付き始めている人を、称賛しながらも静観している。
④ 誰もが見たことのあるようなあそびをしている人を、遊びが義務になっているという観点から、否定している。
⑤ すでに用意されたあそびをしている人が、このあそびを知悉（ちしつ）していると誇ることを、批判している。

問5 文脈上、［　　］に入る言葉として最も適当なものを、次の中から一つ選びなさい。解答番号は 7 。

① 本人は決してあそばず心底真剣なのである
② 本人は名誉欲のため熱心にあそんでいるのである
③ 本人は本当に心からはあそんでいないのである
④ 本人は専ら心の中で適当にあそぶのである
⑤ 本人は単にあそびに心のやすらぎを得るのである

問6 「Cさらに大きな問題になってくるであろう」とあるが、どのようなことが「大きな問題」になるのか。その説明として最も適当なものを、次の中から一つ選びなさい。解答番号は 8 。

① いまの日本で、多額の出費が必要なゴルフやテニスなどのあそびに自前で打ち込める人は非常に少なく、高収入の人に限られているということ。
② かつての資本家と労働者の対立があそびの中に持ち込まれることになって、人々は、お互いのあそびの中に心を休めることができないでいること。

Y　2　① やはり　② とくに　③ まるで　④ おそらく　⑤ まず

問2　波線部a～bの本文中での意味として最も適当なものを、次の中からそれぞれ一つずつ選びなさい。解答番号は 3 ～ 4 。

「aうわのそら」 3

① 後回しになる　② 気にならない　③ 実質を伴わない
④ 注意が向かない　⑤ 手段である

「b金にあかして」 4

① 金銭がなくなるまで　② 自分の財力を省みないで　③ 毎日飽きるまで
④ レジャー産業を利用して　⑤ 費用を十分に使って

問3　「Aこういう人」とあるが、どのような「人」を指すと考えられるか。最も適当なものを、次の中から一つ選びなさい。解答番号は 5 。

① あそびの時間帯を上手に作り出せる人
② 緊張を克服して心のやすらぐあそびができる人
③ あそびにお金も時間も掛けて楽しんでいる人
④ あそびが修練と競争に深く関わっている人
⑤ あそびと仕事の区切りができる人

問4　「Bできあいのあそびに通じて、とくとくとしている人がいる」とあるが、ここからうかがえる筆者の態度の説明として最も適当なものを、次の中から一つ選びなさい。解答番号は 6 。

う意味で、一般の庶民を事実上シャットアウトしている。舟を出してもらって、珍しい魚を釣りに行ける人はたのしくあそべることであろう。

だが、それができるのは庶民ではなく金をかけてあそべる一部の人に限られる。世界旅行は金のある独身貴族は行けるが、教養はあっても金のない人には望めない。こういう意味で、金がなく、したがっていわゆるあそびらしいあそびのできない人がたくさんいるなかで、いわゆるあそびとかレジャーだけが大声でもてはやされている現状をわれわれはいま以上に注目する必要がある。

第二に、いままでわれわれ日本人が休日とか日曜日にもあそべたのは、自分の時間を犠牲にしてでも、休みの日に商売をする人がいたからであるが、今後こういう人たちが、やはり自分たちも休みたい、自分たちもあそびたい、と言いはじめると、デパートも食堂も、動物園も遊戯場も、いずれは休日にはすべて閉まってしまうだろうということである。日曜日に、デパートや食料品店と商店がいっせいに閉まる国は外国には少なくないが、もし仮に、日本でもそのことが現実に起きると、いまの日本人が〈あそび〉だと考えていることにも少なからぬ変更をせまられることであろう。

落ちこぼれのないように旗をもって他人(ひと)のあそびにつきあう旅行社の添乗員や、家族と自分たちの食事時間を犠牲にして働いている飲食店の人びとが、たとえ儲(もう)けは減っても、わたしたちも人なみに休み、定時に家族と食事をしたい、と言いはじめたら、いわゆるレジャー産業とかいわゆるあそびだけをあそびと見ている人は、あそび場を失ってあわてなくてはならないことになる。美術館ではすでに日曜日に閉じているところが多い。

b金にあかしてあそぶあそびだけを、かっこいいあそび、自分もやってみたいあそびというふうに考えはじめると、かつての資本家と労働者の対立が、〈あそび〉のなかにもちこまれることになって、人びとはもはや、お互いのあそびのなかに心を休めることができなくなる。また、レジャー産業に従事している者が同じ時間帯に休みたいと言いはじめると、われわれは、いまあるあそび以外のものをいま以上にうまく工夫しておかないと、どこにも行けないで時間をもてあますことがいずれは現実に起きてくるであろう。

（小原信『退屈について』による）

問1　[X]〜[Y]に入る言葉として最も適当なものを、次の中からそれぞれ一つずつ選びなさい。解答番号は[1]〜[2]。

[X]　[1]　①　また　②　ゆえに　③　ところが　④　もともと　⑤　そして

んなもしているからりっぱなあそびなんだ、と言わんばかりにBできあいのあそびに通じて、とくとくとしている人がいる。こういう人は、他人にすぐそれとわかってもらえるあそびだけがあそびだと思いこんでいるなら、気の毒な不自由人だと言わなければなるまい。

われわれが生きていくには何らかの約束ごととかルールのようなものは必要であるから、あそびにもルールがあることはよいことである。ルールのないゲームはつまらない。だが、それをしなければならないというルールがすでにあるかのように、ほとんどの人びとが、カラオケやゴルフや釣りに熱を入れるというのは、どこか能がなさすぎはしないか。何かほかに未公認なやり方であそんでもよい、と私は言いたいのだ。むしろ、いわゆるルールは別になくても、自分が新しく自分のきまりを決めて、のんきに休みを過ごすということもあってよい。

ゆえに、あそびそのものにルールのあることはよいとしても、こういうあそびをすることが正統派であるとか、こういうあそびが高級(低級)だということはないことをもっと確認すべきである。われわれはあそびの種類や内容にもっと個性を工夫して、より自由にあそぶことが現代のわれわれに求められている。あそぶということにルールとか定石があると思っている人は、どこかであそびの意味をとりちがえている気の毒な人である。

人は人、われはわれ。あそびに人まねは無用である。流行のあそびを追うことはもっとつまらない。これからは、五十代半ばからの定年後に、何か自分が退屈しないためのあそびを持っておく必要がある。こういう事実を考えあわせてみると、あそびとは、いわゆる娯楽用のあそびだけではなくて、たとえば語学とか哲学とか歴史の勉強といったものを、少しずつ自分の趣味として気ながに長期にわたってやってみることも入る。その人しだいでいろんなものが面白くたのしいあそびになるであろう。ピアノだって、何も五歳からの子どもだけにまかせる必然性などはけっしてない。

いま日本人の間にもあそぶことがさかんになってきてよろこばしいと言えばそれはそれでよいのだが、ふつう重要なことが二つ抜けているようである。ひとつは、いわゆるレジャーに金がかかりすぎて、貧乏人は遊べないということである。もうひとつは、いまのレジャー産業がいわゆるあそびにつきあう商人の犠牲の上になりたっているということである。人びとの意識は、いまだこれらのことをあまり真剣に考えていないようであるが、このことはいずれ近い将来にCさらに大きな問題になってくるであろう。

Y 第一に、ゴルフとかテニスには金がかかりすぎるということである。いまの日本で、会社や業者の金でなく、自前で、ゴルフ場の会員になり、ゴルフをやっていける人はどれだけいるのであろうか。おそらく、高収入の者か、営業用のゴルフがほとんどであろう。現代のようにあそびが大っぴらに認められる時代において、人びとのもてはやすあそびの多くは、〈資本〉がなければたのしめない、とい

緊張と練習を要して仲間と張りあうものであるとき、またそれが仲間におくれをとっているタイプのあそびであるとき、われわれはもはやいつ止めてもよいとのんきにかまえていられなくなり、あそびがなんとか人に追いつくべき基本的な義務のように強制力をもった何かになってしまう。

A こういう人には、あそぶためには、仕事が a うわのそらだということもあるだろうし、あそぶことが仕事みたいになってしまって、いつまでも心が休まらない、ということもあるであろう。いずれにせよ、あそぶためにあそびの心づもりをしておこうとして、四六時中あそびのことが頭から離れないというのは問題である。とくによくないのは、本来リラックスできるはずのあそびの時間（いわゆる余暇）が、かえって劣等感とか気おくれの意識につながってしまうことがあることである。

その場合、人びとは〈あそび〉という名の仕事を引き受けていることになり、［　　　　］。もともとあそぶとは心があそぶことなのだ。形式的には仕事であっても、自分の心がそこに溶けこめて自分がたのしめるものなら、それ自体は自分にとってひとつの〈あそび〉となる。

あそびは仕事ではない。仕事がたのしくてあそびになることはあっても、あそびが自分をしばる仕事のようなものになるなら、その人はそのあそびにあそんでいない人である。われわれはあそびをあそんでもよいし、仕事をあそんでもよいが、あそびというからには、こころたのしくのびやかにあそべて、心のやすらぐことが必要である。そういう意味で、あそびの極致は幼な子のように無心になるとか、心のふるさとに帰るという言い方をしてもよいような何かなのである。そういう基本的なところが、今日のあそびには忘れられつつあるのではないか。

だが、あそぶのにルールはいらないと言えば、あたりまえだ、と言う人は少なくないであろう。しかし、今日多くの人の求めているあそびは、どこかで自分を解放せずに自分を縛ってくれるもの、いわば解放ではなくて拘束を求めてやっているあそびになっていると思われる。いわゆる団体の旅行では自由な時間をつくって本人たちの自由をふやしすぎると評判が悪いそうであるが、このところ大衆レベルでの遊びが以前よりうんと増えてきたとはいうものの、人びとはしばしば、何をしてもよい自由のなかにではなく、むしろ何か自分を縛りつけノルマを課してくれるもののなかに、たのしみややすらぎを見出す（みいだ）ことが多すぎはしないであろうか。

もともとあそびとは仕事から解放されることをめざすものであるから、われわれは気楽にしていて何をしてもしなくてもよいのである。だが、いざあそぶとなると、すでに何かある型ができあがっていて、ルールのあるもの――それはゲームであることもあるが、ゲームでなければ自分を拘束してくれるもの――がよいということになっている。あそびというのは多くの人があそびとみなしているもので、み

国語

▲社会・政治経済・教育（国語教育除く）・保健医療学部・短期大学▼

（教育（数学教育）学部・短期大学（こども教育）　一科目　六〇分
その他　二科目一二〇分）

一　次の文章を読んで、後の問いに答えなさい。

レジャーとかあそびということが大っぴらになり、レジャー産業もさかんになってくると、われわれはあそぶということに対して、かつてのようにひけめを感じることはほとんどなくなった。私はこういう趣味をもっているとか、私にはこんな特技があるという人がいると、急にその人の専門知識までが輝きを増してきたように感じるとまでは言えなくても、少なくとも、上手にあそべるとか、あそび方のうまい人ということがより人間的で現代性のある人だという印象を与えることは多くなってきている。それほどまでに、最近では、あそぶとかあそべるということに対して、人びとの意識が積極的に動いて来ている。

X 今日では、多くの場合、どういうわけか、人びとがこれが〈あそび〉だと公認しそうなものが、何か自分のマスターすべきもの、他人に追いついて他人を打ち負かすべきもの、という修練（修養）と競争（勝敗）に関係のあるものになりすぎている。せっかく仕事から解放されて、さてもう何をしてもよいという自由なはずの時間であるのに、その時間はありきたりのゲームをするために、あらかじめ予定が決められており、しかもそれをすることが少しも気をゆるめることのできない、ある種の仕事のようなものとして、たえまのない

解答編

英語

◀社会・理工・政治経済・教育（英語教育除く）・
保健医療学部・短期大学▶

1

解答　1 ―④　2 ―③　3 ―②　4 ―④　5 ―③

解説　1．特定の日には前置詞 on を付ける。

2．空所の前に命令文があることに注目する。命令文の後に or がくると「さもないと～」の意味になる。lower「～を下げる，弱める」 overhear「～を漏れ聞く」

3．空所の前に biggest という形容詞 big の最上級があるので，空所には名詞が入ると考える。①の creator は「創造者」という意味なので，正解は②の creature「生き物」となる。blue whale「シロナガスクジラ」

4．空所の後の demands「要求」に注目する。meet *one's* demand「～の要求に応える」

5．空所直後の名詞 background「背景，経歴」に注目する。また，空所前の racial「人種の」の後に接続詞 or があるので，空所には racial とともに background を修飾する形容詞が入ると考えられる。よって③の ethnic「民族の」が適切である。

2

解答　6 ―①　7 ―①　8 ―③　9 ―②　10―④　11―①

解説　6．空所直後の名詞 ends が複数形であることに気づけば，① both「両方の～」が正解であるとわかる。end は「端」の意。

7．as ～ as ever「相変わらず～」 in spite of ～「～にもかかわらず」

8．advice は不可算名詞であるので，③が正解となる。

9．空所の前に「そのかばんは重そうですね」と現在形で述べられているので，過去形の選択肢は不適である。②に含まれている助動詞 will はとっさに判断した動作に用いることができるので，②が正解となる。

10. 主語は The price of coffee なので，動詞は「上がる」という意味の自動詞 rise が適切となる。raise は「〜を上げる」という他動詞なので，ここでは不適となる。by には差を表す意味があり，by 200 yen はコーヒーの値上がりした差額を意味する。early this month「今月の上旬」

11. 選択肢と空所直後の to put up から，疑問詞＋不定詞の表現を用いることがわかる。put up の後に目的語 a tent が付いているので，which や what は空所に入らないと考えられる。よって①を入れて，「どのように，そしてどこにテントを立てるべきか」という意味にするのが適切である。

3 解答 12―② 13―① 14―④ 15―① 16―②

解説 12. *A* が最初に「昨年，私たちのお金の 30 パーセントが広告に使われました」と述べており，空所を挟んで 2 回目の発言では「いや，それの半分は新聞でした」と述べている。この文脈に合うのは②「それのすべてはテレビのためでしたか」である。

13. *A* が 2 回目の発言で「それは何のためですか」とたずねている。「それ」が指しているのは *B* の 1 回目の発言の「用紙に必要事項を記入すること」である。郵便を依頼するときに記入する内容を考えれば，①が正解であるとわかる。form「書式，申込用紙」

14. 空所の後の *A* の発言に「できるだろうけど，駐車場を見つけるのが大変かもしれないよ」とある。このことから，空所には④「それはいいですね！　僕の車で行きますか」が入る。

15. 空所の直後に「新鮮な空気と日光があなたの気持ちを仕事から解放してくれるよ」と書かれていることから，空所には①「自然の中での休憩」が入る。

16. *A* は *B* のカナダ訪問について質問しており，空所の後の *B* の発言では「私はトロントの大学の夏期講習に出席します」とある。したがって，*A* は空所で *B* のカナダ訪問の目的についてたずねていると考えられる。よって，正解は②となる。

4 **解答** 17―①　18―③　19―②　20―③　21―②　22―④

解説 ≪無害に分解できるプラスティックについて≫

17. in an attempt to *do*「～しようとして」

18. 挿入する英文に含まれる代名詞が何を指しているかを考えると，どこに入れるべきか決まってくる。この英文は「しかし，もしそれがその価値以上に多くの問題を生み出すということがわかれば，その場合人々の態度は元に戻ってしまうかもしれない」という意味である。ここでいう「それ」とは微生物によって分解できる新しいプラスティックを指すことが推測される。また，their attitudes の their が指示する可能性のある複数名詞は，それぞれ①は第 1 段第 1 文の Scientists，②は第 2 段最終文の The researchers，④は第 4 段第 2 文（Professor Xu and …）の Professor Xu and her colleagues であるが，それらはすべて研究を進めている科学者側を表す語なので「問題を生み出すことがわかれば態度が元に戻ってしまう」とは考えにくい。したがって，③の前にある第 3 段第 1 文（Paper author and …）の People を指すと考えられる。設問に示された文が③に入るならば，their attitudes は，第 3 段第 1 文に述べられている People are now prepared to move into biodegradable polymers for single-use plastics「現在のところ，人々は使い捨てのプラスティック用の微生物で分解できるポリマーへの移行の準備ができている」という人々の態度を指すことになり，自然な文脈が成立する。よって③が適切。

19. components は「構成要素」の意であるので，言い換えとしては② elements「構成要素」が適切である。

20. 第 4 段第 1 文（The normal plastic, …）の空所（ 4a ）以前には「普通のプラスティックは，日常の目的に使用する場合は便利であるが，分解されないように設計されている」と述べられており，空所（ 4a ）以下には「それらを捨てる際には，プラスティックの汚染を増やすといった問題を生み出す」と述べられている。この内容をつなぐものは③ thus「ゆえに」である。また，続く同段第 2 文（Professor Xu and …）の空所（ 4b ）を除いた英文は「シュウ教授と同僚は，その問題を根本的に解決する手助けとなるプラスティックに酵素を埋め込むことを決めた」という意味になる。この部分は，第 4 段第 1 文後半に述べられているプラスティック汚染の問題が生じていることを受けての行動であると読み取れるので，空所（　4b　）にも thus が入ることがわかる。

21. 最終段最終文（"It is good …）に「ミレニアル世代がこのことについて考え，私たちが地球と調和する方法を変える会話を始めることはよいことだ」と述べられている。ミレニアル世代とは2000年代に成人・社会人になる世代を指す。「私たちが地球と調和する方法を変える会話を始める」という内容に一致するのは②である。interface with ～「～と調和する」 preserve「～を守る」

22. 冒頭の第1段第1文（Scientists in the …）に「アメリカの科学者が微生物によって無害な物質に分解できる初めてのプラスティックを創り出した」とあり，文全体でこの新しいプラスティックについて述べられていることから，④が正解である。

出典追記：Scientists Develop Biodegradable Plastic That Can Completely Break Down Under Heat or Water, News 18 on April 22, 2021

5　解答　23―②　24―①　25―③　26―③　27―④　28―①

解説　≪学習障害の子どもを手助けする組織≫

23. 設問に示された段落は「11歳のとき，フリンクはADHDとディスレクシアだと診断された。両親と適切な学校のサポートで，フリンクは高校を卒業してブラウン大学へ進学した」という意味。第2段最終文（At the time, …）の前半に「そのとき，フリンクは自分が学習障害の子どもたちの一人であると気づいていなかった」とあるので，①に診断の内容を述べた段落がくるのは不自然であり，不適となる。また，第4段第1文（When he got …）の冒頭に「彼が大学に行ったとき」と述べられているが，設問に示された段落にある「ブラウン大学へ進学した」という事実は，これより前に言及されるのが自然である。つまり，③と④は不適となる。よって，第3段と第4段の間の②に段落が入るとわかる。

24. 第2段最終文（At the time, …）は「そのとき，フリンクは自分が学習障害の子どもたちの一人であると気づいておらず，彼の苦しみは彼に（　2　）孤立した気持ちを感じさせた」となる。直後に isolated「孤立した」とあるので，②「勇気づけられた」，③「人に頼らず独立した」，④

「ほっとした」では矛盾が生じる。よって，①alone「孤独な」が適切であるとわかる。

25. 第5段第1文（Since 1998, *Eye* …）の空所の後に with があることに注目する。with の前には middle school children who have a learning disability「学習障害を持った中学校の子どもたち」が，with の後には a college or high school mentor who also has a learning disability「同じように学習障害を持った大学または高校の助言者」という名詞句がそれぞれある。よって，空所にはこの両者を「組み合わせる」という意味の一般動詞が入ると考えられるので，③pairs が正解となる。pair *A* with *B*「*A* を *B* と組み合わせる」

26. 空所を含む第9段第2文（"This group has …）の This group とは，同段第1文（"It's just crazy …）に述べられている groups of students who are likely to fail「失敗しそうな生徒の集団」を指しており，それは第8段（Eighty percent of …）の children with learning disabilities のことである。第8段の後半では，こうした子どもたちは高校を drop out「落第する」可能性が3倍高いと述べられている。この記述と，空所を含む文が「この集団は…の割合が最も高い」となっていることを考えれば，正解は③dropout「落第」の割合だとわかる。

27. ①第3段第1文（It was in …）に，用務員と出会い彼が助言者になってくれたとあるが，それが学校の配慮であったとは述べられていない。

②第6段第2文（"It's where kids …）に「中学校は子どもが成熟して『ぼくの脳はこうなっているんだ』と言える場所」と述べられているので不適。hide「～を隠す」

③第8段（Eighty percent of …）の後半に「学習障害を持った子どもたちは高校を落第する可能性が3倍高い」と述べられているが，同じ文の前半では「*Eye to Eye* の生徒の80パーセントが大学を卒業する」と述べられているので不適。

④最終段第1文（"I hear that …）に「*Eye to Eye* にいることによって，子どもたちは自分たちと異なる人の経験をよりよく理解できる。これこそアメリカで必要とされていることだ」と述べられており，続く同段最終文（"We have to …）に「私たちは違いを超えてお互いを愛さなければならない」と述べられている。よって，これらの記述と一致する④が正解。

28. 空所（　5a　）には助言者と助言を受ける人の間の関係を表す形容詞が入る。第 7 段第 2 文（“They can be …）に「助言者と助言を受ける人はお互いに心を開き，それぞれが自分らしくなることができる」と述べられているので，trust and understanding が適切であると考えられる。また，第 7 段第 3 文（They are working …）に「助言者と助言を受ける人は，同じ部屋で能力の向上を感じながら一緒に作業している」とあることから，学習障害があっても助言者がいることでいろいろなことができる実感が湧いてくることが読み取れる。よって，空所（　5b　）に入るものは achieve anything「なんでも達成できる」が適切である。したがって正解は①となる。

6　**解答**　29―⑤　30―③　31―②　32―④　33―②　34―①　35―②　36―⑤　37―①　38―⑤

解説　29・30. The girl（was standing with her back against the）wall.

with＋名詞＋補語の形で「～を…した状態で」という付帯状況の表現ができる。back「背中」 against「～によりかかって」

31・32. We may（be made to work by）computers in the future.

使役動詞 make を受動態で用いる場合，be made to *do* の形となる。

33・34. The first thing he did on（entering the office was to read his e-mail）and reply to it.

「事務所に来て最初に彼がしたこと」の部分を，「事務所に入ってすぐに彼がした最初のこと」と考える。on *doing*「～するとすぐに」

35・36. My mom（took away my portable game player from）me last night because I was playing with it too much.

take away ～ from …「…から～を取り上げる」 portable「携帯用の」

37・38. You（ought to have started half an hour）earlier.

助動詞 ought は to 不定詞と同時に用いて「～すべき」の意。また，ought to have *done* の形で「～すべきだった」という実際行わなかったことを表す。

◀教育（英語教育）学部▶

1　**解答**　1－④　2－②　3－①　4－④　5－④　6－③
7－①　8－④　9－②　10－④　11－①　12－④
13－③　14－④　15－③

解説　1．英文の最初の if 節の動詞が過去形であることから，仮定法過去であるとわかる。よって主節の動詞には助動詞の過去形を用いる。

2．philosophy「哲学」 geography「地理学」 economics「経済学」 P. E.（＝physical education）「体育」

3．空所の前に「吉村教授は人種差別に反対する国際会議に出席できなかった」とあり，空所の後には「乗り物の突然の故障」とある。この2つの内容をつなぐ表現を選ぶ。due to ～「～の原因で」

4．keep in touch with ～「～と連絡を取る」

5．come や stand といった一般動詞の後に分詞を伴うと，「～しながらやってくる，～しながら立つ」という表現になる。tire は「～を疲れさせる」という意味の一般動詞で，主語が人の場合は過去分詞 tired の形を取ることが一般的である。tired out「へとへとに疲れている」

6．until は「～まで（ずっと）」という意味なので，「8時に開店して11時まで朝食を出す」となり，文意が通じる。by「～までに」と区別されることに注意したい。starving「ひどくお腹が減っている」

7．空所直後の furniture「家具」は不可算名詞であることに注意する。よって be 動詞は単数のものに付ける is を用い，many や few といった数を表す形容詞ではなく，量を表す much や little を用いる。

8．空所直前の worth は「～する価値がある」という前置詞である。前置詞の後には名詞または動名詞を用いる。

9．get into trouble「やっかいなことになる」

10．depress は「～を落胆させる，意気消沈させる」という意味の一般動詞で，主語が人の場合は過去分詞形にして「落胆した，意気消沈した」という意味で用いることが一般的である。ここでは，主語が my sister であるので，過去分詞の depressed を含んだ選択肢を選ぶ。

11．空所の前に「たくさんの困難を経験したのち」とあることから判断する。manage to *do*「なんとか～をやり遂げる」
12. 空所直前に run out of「～を使い果たす，～が尽きる」があることから判断する。gas には「気体」だけではなく，「ガソリン」という意味もある。
13. 不定詞の副詞的用法の一つに，直前の形容詞を修飾する用法がある。よって dangerous to swim で「泳ぐには危険」となる。また不定詞を用いる場合，その後に続く目的語のみを省略する必要があるため，to swim in this river が本来の表現であることを考え，to swim in が正解となる。
14. 空所の前に「ボブは試験に受からなかった」とあり，空所の後ろには「彼がしたたくさんの努力」とある。この2つをつなぐのは despite「～にもかかわらず」である。
15. 選択肢の英単語はそれぞれ remedy「治療」，transplant「移植」，vaccine「ワクチン」，disinfection「消毒」という意味である。本文に inject「注入する」や「特定の病気を予防するため」と述べられていることから判断する。

2 **解答**　16―④　17―⑥　18―④　19―③　20―⑥　21―④　22―①　23―②　24―②　25―③　26―③　27―②　28―①　29―④　30―③　31―①

解説　16・17. Can (I have a look at your) newspaper when you finish reading it.
have a look at ～「～を見る」の意。
18・19. That (must be the reason I didn't hear) the telephone ringing.
the reason の後に関係副詞 why が省略されており，I didn't hear 以下の部分が the reason の内容になっていると考える。must は後ろに be 動詞が続くと「～に違いない」という意味になることがほとんどである。
20・21. What do you (think of the new book published the day before) yesterday?
think of ～「～について思う，考える」 the new book を published 以下の分詞句が後置修飾していると考える。the day before yesterday「一昨日」

22・23. Before I moved to Hokkaido, I had (no idea what it would be like to live in) a snowy region.

have no idea「～がわからない」の意。「雪国に住むことがどんなものか」という日本語から，have no idea の後に間接疑問文が続くと予想できる。また，選択肢に it があることから「雪国に住むこと」を形式主語 it で表すことも考えられる。

24・25. I went to the ticket shop immediately (only to be told that all the shows were) canceled.

only to *do*「その結果～するだけだ」の意。to の後に be 動詞と過去分詞を続けて受身の不定詞をつくることができる。cancel「～を中止する」

26・27. Give this medicine to (those who want to raise their blood pressure).

those who ～ は「～な人々」の意。この who は主格の関係代名詞なので，直後に動詞を続ける。raise「～を上げる」 blood pressure「血圧」

28・29. You can use this room (as long as you put the toys) away.

as long as ～ は「～する限り」という意味で，条件を表す接続詞の働きをする。put ～ away (＝put away ～)「～を片付ける」

30・31. Without air and water, no (creatures could have come into existence).

without が文頭にくると，「～がなければ…」という仮定法を導くことができる。come into existence は「生まれる，出現する」という表現である。

3 **解答** 32―②　33―⑦　34―④　35―⑥　36―①　37―⑤
38―③　39―②　40―③

解説　≪トムとビリーの cell についての会話≫

32. 空所 32A 直後のビリーの発言で，後半の「警察署や刑務所の中にある」と書かれている部分と，空所 32B 直後の「生きているもののとても小さい部分のひとつ」と書かれている部分から考えて② cell が正解であることがわかる。cell には「(刑務所の) 独房・監房」という意味と「細胞」という意味がある。

33. 空所の直後に「警察署や刑務所の中にある」と書かれており，警察署や刑務所にあるのは独房などの部屋だと考えられるので，⑦ room が正解である。

34. トムの第 4 発言の後半に「ぼくが言ったように，ぼくは理科のプロジェクトに取り組んでいるんだ」と書かれており，それを受けてビリーが「ぼくはそれ（cell）が理科の [34] では何を意味するのかわからないよ」と返答している。したがって，空所には④ context「文脈，背景」が入ることが考えられる。

35. 空所の前に life「生命」と書かれていることから，空所には⑥ living を入れ，空所前後で the study of life and all living things「生命とすべての生き物についての学問」という句を形成すると考える。

36. 空所を含むビリーの発言に対してトムは第 8 発言で「それはとても，とても小さいよ」と返答している。したがって，ビリーは「どれくらい小さいんだい？」とたずねていると考えられる。よって，正解は①。

37. トムの第 8 発言の最初に「それはとても小さい」とあり，それに続けて空所を含む英文があることから考えると，空所には⑤ invisible「目に見えない」が入る。naked eye は「裸眼」の意。

38. 空所の直後のビリーの最終発言に「きみはその違いを見つけるためにウェブサイトを見ることができる」とあることから，空所には③ computer「コンピュータ」が入ると考えられる。

39. トムの第 6 発言で「それは生命とすべての生き物についての学問」とされているため，② biology「生物学」が正解であることがわかる。astronomy「天文学」 chemistry「化学」 physics「物理学」

40. トムの第 8 発言に「それ（細胞）はとても小さい」や「それ（細胞）は裸眼では見えない」と書かれている。空所［　いA　］の直後に「それを観察するために」という不定詞の後置修飾句があり，「それ」は上述の 2 つの記述の場合と同じく「細胞」のことであると考えられるため，③ microscope「顕微鏡」が必要であることがわかる。他の選択肢はそれぞれ binocular「双眼鏡」，kaleidoscope「万華鏡」，telescope「望遠鏡」の意。

4　解答

41―③　42―④　43―②　44―④　45―①　46―①
47・48―⑤・⑥（順不同）

問 6．ア．彼女の口元はかたく結ばれていた。

イ．彼の目には汚れがこびりついていた。

解説 ≪9.11 のテロ現場で救助活動をする消防隊の家族の様子≫

41. 第1段最終文（The silence was …）前半から，完全な沈黙の状態であることがわかる。

42. 下線部直前の第2段最終文（As we walked …）の最後から，筆者が入った部屋でドロレスの家族がテレビを見ていることがわかる。よって，下線部の the image とは「テレビの映像」である。

43. 空所の後に to が続くことに注目する。used to *do* は「以前～していた」という過去の習慣を表す表現。accustomed は be accustomed to *doing* の形で用いられ，「～することに慣れている」という意味である。

44. 第4段第1文（I was nine …）に「私は 9.11 のとき 9 歳だった」と書かれており，当時筆者がまだ小さかったことを表している。空所に④ took を入れると，「ドロレスが（まだ小さかった）私にその当時の状況を伝えるのに何時間もかかった」という文脈に沿った内容となる。It takes ＋時間＋to *do* で「～するのに時間がかかる」という表現である。

45. 第5段第6文（Each day that …）に my dad didn't come home や I knew he would come home とあり，come home という表現が 2 回述べられている。それを受けて，空所には一般動詞 come の繰り返しを避ける do の過去形 did が入ると考える。

46. 第5段第2文（When I asked …）から，筆者の父親はテレビに映っている現場で人命救助に当たっていることが読み取れる。それを踏まえて同段第9文（He was with …）の後半部分を読むと，この gear は in their fire gear という表現の一部であることがわかる。この their は，同段第9文の前半にある人命救助に当たっている「父と他の 3 人の男」である。前置詞 in には「～を着ている」という意味があり，gear の前に fire「火」があることを考えれば，父と他の 3 人の男が着ているのは消防装備であることがわかる。gear は「装備」に当たる語だと考えられるので，その説明として適切なのは①である。

47・48. ①第1段第1文（When my mom …）から，母ではなくドロレスが迎えに来ることを事前に告げられていたわけではないことがわかるので不適。

②第4段第5文（I asked her …）に「彼女ができることは，私にすべて

うまくいくよと言うだけだった」とあるが，この段階で父親が安全であるとの確信はまだないので不適。

③第 5 段第 5 文に In THAT building? とあるように，テレビで見ている場所で父親は人命救助をしていることが読み取れるので不適。

④第 6 段第 3 文（I ran to …）に筆者が父親のもとに駆け寄って抱きついていることが述べられているが，父親がそれによって負傷したとは述べられていない。よって不適。

⑤第 6 段第 4 文（He reciprocated the …）に父親が泣き出したと述べられており，その後筆者に泣いている理由を聞かれた父親は，第 7 段最終文（Scared because I …）で「自分が家に帰ってお前にとっての英雄になれないかもしれないと思って怖かったよ」と発言している。よって一致する。

⑥第 8 段第 3 文（I also think …）に「自分が父親に会えて，私と同じような他の子どもは父親に会えなかったことの不公平さについても考えてしまう」と発言していることから，一致する。

問 6．ア．第 1 段第 3 文（As we walked …）の後半に「彼女の表情はかたい」と述べられており，また波線部を含む続く同段第 4 文（Her mouth was …）の後半に「彼女の眉間には小さなしわがあった」と述べられていることから，緊迫した様子がうかがえる。tight は「しっかりとした，ぴんと張った」という意味なので，この文脈に沿って意訳する。

イ．第 5 段第 10 文（They were pulling …）から，救助された人はがれきや破片の下にいたことが読み取れる。また続く波線部を含む同段第 11 文（The man had …）には，その救助された男が髪の毛や多くの歯を失っていると書かれている。これらの状況を考慮して訳文をつくる。cake は受動態で「～にこびりつく」の意。

5　解答

49―④　50―③　51―⑤　52―②　53―①　54―⑥
55―④　56―②　57・58―①・④（順不同）

問 5．胸が締めつけられるようだった。

問 6．高所恐怖症

解説　≪高所恐怖症の改善方法について≫

49 ～ 54．第 1 段第 4 文（My brain screamed …）に「私の脳が身体に警告を発している」と書かれており，その後に空所 49 ～ 54 が続いている。

よって，空所を含む各文が自分自身への警告となるように空所に適語を入れる。空所 49 の直前には Stop!「止まれ！」とあるので，これに続くように④ back を入れて Go back!「戻れ！」とする。空所 50 には禁止の命令文となるように動詞の原形が入るので③ do が入り，「これをしてはいけない！」とする。空所 51 は be 動詞に続く形容詞が入ると考えられるので，⑤ dangerous が適切である。空所 52 には② fall を入れ，「落ちるぞ！」という警告文をつくる。空所 53 の直後に hurt があるが，これは hurt「～にけがをさせる」の過去分詞形で「けがをした」という意味となるので，空所には過去分詞を後ろに続けられる① get が入る。空所 54 には⑥ safe を入れ，「安全ではないぞ！」という警告文をつくる。

55. 空所 55A のほうで考えると，直前に the small capital city of the Yukon Territory という場所を表す固有名詞があり，その後にカンマが続いているので空所には関係詞が入ると考えられる。空所の後ろに I live とあるが，ここに前置詞 in がないので，空所には関係代名詞ではなく関係副詞 where が入ると考える。これを空所 55B にあてはめても文意が通るので，④が正解である。

56. 下線部の主部は Facing one's fears である。このように無生物が主語になるときは，「恐怖に直面することによって」と副詞句のように訳すとよい。また，tens of millions of people whose anxieties control them の tens of millions of ～ は「何千万もの～」や「非常に多くの～」という意味である。whose 以下は tens of millions of people を修飾する関係代名詞節である。下線部の最後の them が tens of millions of people のことを指しているとわかれば，whose 以下は「不安がそれらの人たちを支配している」つまり，「不安によって支配されている」と解釈できる。a way forward は「前に進むための道」なので，全体としては「不安によって支配されている多くの人々」にとって「恐怖に直面すること」が「前に進むための道」となるという意味になり，これらに一致するのは②である。

57・58. ①第 2 段最終文（But if I…）に「しかし，もし私が登山用の安全ベルトを着けて岩肌にしがみついている間に恐怖心を減らすことができるようになれば，私は高所の恐怖心をコントロールできるようになるかもしれないと決心した」と書かれていることから一致する。

②第 3 段第 1 文（That night, I…）に「その夜，私は強引に 6，7 フィ

ート登った後に登山のパートナーに降ろしてくれとお願いした」とあるが，自分が無茶をするからそれを止めるパートナーが必要とまでは述べられていない。

③第4段第1文（Acrophobia, or extreme …）の最後に「高所恐怖症は20人に1人もの人に影響を与える」と述べられていることより不適。

④第5段第3文（My fear became …）に「私の恐怖心は本当の負債，つまり私と新たな友人，新たな趣味，新たな生活様式との間の障壁になった」とあることから一致する。

⑤筆者を助ける可能性のある idea「考え」は，第6段第1文の“Face your fears”であり，“Do it yourself”は第5段第6文（So last summer, …）に「DIY でできる治療を作り出すために最新の研究を利用した」とあるが，筆者を助ける考えだとは述べられていないため不適。

⑥最終段第3・4文（If you can … known as extinction.）から，赤い光線を動物に当てる記述はあるが，筆者に当てるとは述べられていないので不適。

問5．波線部を含む第1段第2文（My chest seized …）の後半に「私の肺と脳を襲う恐怖心が私にめまいを起こさせた」とあるので，恐怖心が私の胸をぎゅっと締めつけている様子が読み取れる。seize「～をぐいとつかむ」，grip「～を襲う」，dizzy「めまいがする」の意。

問6．波線部イ直後に or があるが，これは「つまり」という意味を表す。よって波線部 acrophobia は，直後の extreme fear of heights のことであり，「高所恐怖症」という意味となる。

日本史

1 解答 ≪古代の総合問題≫

1－③　2－②　3－④　4－③　5－④　6－①　7－②　8－④
9－②

2 解答 ≪足利義満の生涯≫

10－②　11－③　12－③　13－④　14－①　15－④　16－②　17－④
18－②

3 解答 ≪江戸時代の町・村・街道≫

19－④　20－②　21－④　22－③　23－④　24－②　25－①　26－④
27－②

4 解答 ≪近現代の日本経済≫

28－②　29－③　30－③　31－③　32－②　33－②　34－①　35－①
36－①

世界史

1 解答 ≪古代地中海世界≫

1－①　2－③　3－③　4－②　5－②　6－①　7－②　8－③
9－④

2 解答 ≪イスラーム世界の文化，外来の学問≫

10－①　11－②　12－③　13－②　14－③　15－③　16－③　17－②
18－①

3 解答 ≪中国の官僚制度，科挙≫

19－④　20－①　21－①　22－②　23－②　24－④　25－①　26－②
27－④

4 解答 ≪ヨーロッパにおける疫病と第二次世界大戦≫

28－②　29－③　30－③　31－③　32－③　33－③　34－④　35－④
36－④

政治・経済

1 解答 ≪基本的人権の拡大≫

1 ―③　2 ―②　3 ―②　4 ―②　5 ―③　6 ―①　7 ―①　8 ―②
9 ―③

2 解答 ≪参政権≫

10―④　11―①　12―③　13―③　14―④　15―①　16―②　17―⑦
18―③

3 解答 ≪労働，経済全般≫

19―①　20―②　21―③　22―②　23―③　24―④　25―①　26―③
27―④

4 解答 ≪難民と国際政治≫

28―③　29―②　30―④　31―⑤　32―①　33―④　34―④　35―③
36―④

出典追記（問 9 の図）：アムネスティ・インターナショナル日本

数学

◀社会・政治経済・教育（数学教育除く）・
保健医療学部・短期大学▶

1 解答 ≪小問２問≫

ア―②　イ―③　ウ―①　エ．2　オ．5　カ．2　キ．1　クケ．17
コ．4　サ．1　シ．2　ス―①

2 解答 ≪いろいろな放物線≫

ア．2　イ．7　ウ．3　エ．8　オ．5　カ．2　キ．4　クケ．−2
コ．6　サ．3　シ．2　ス．7　セソ．81　タ．4　チツ．−1
テ．2　ト．2　ナ．2

3 解答 ≪さいころの確率≫

アイウ．216　エ．5　オカ．72　キ．3　ク．6　ケ．1　コ．8
サシ．27　ス．8　セソ．19　タチツ．216

4 解答 ≪正四面体≫

ア．7　イ．7　ウ．3　エオ．11　カキ．14　ク．5　ケ．3　コ．4
サ．2　シ．9　ス．1　セ．1

◀理工・教育（数学教育）学部▶

1　解答　≪小問 3 問≫

ア．5　イ．6　ウ．3　エ．5　オ．1　カ．2　キ．5　ク．4
ケコ．49　サシ．41

2　解答　≪小問 3 問≫

ア．1　イ．2　ウ．3　エ．4　オ．4　カ．3　キク．13　ケ．3
コ．2　サ．6　シ．6　ス．5　セ．2　ソ．6

3　解答　≪三角関数で定義された数列≫

アイ．−1　ウ．5　エ．4　オカ．−1　キ．5　ク．4　ケコ．−1
サ．5　シ．4　スセ．−2　ソ．5　タ．2　チツ．−1　テ．5
ト．4　ナニヌネノ．−1010　ハ．5　ヒ．2

4　解答　≪四面体と空間ベクトル≫

問 1．$\cos\angle \mathrm{AOB}=\dfrac{1}{3}$

問 2．$\overrightarrow{\mathrm{OA}}\cdot\overrightarrow{\mathrm{OB}}=30$

問 3．$|\overrightarrow{\mathrm{OC}}|=\sqrt{30}$，$|\overrightarrow{\mathrm{AC}}|=\sqrt{51}$，$|\overrightarrow{\mathrm{BC}}|=\sqrt{70}$

問 4．$\overrightarrow{\mathrm{OA}}\cdot\overrightarrow{\mathrm{OC}}=30$，$\overrightarrow{\mathrm{OB}}\cdot\overrightarrow{\mathrm{OC}}=30$

問 5．平面 OAB⊥CH より　　$\overrightarrow{\mathrm{CH}}\cdot\overrightarrow{\mathrm{OA}}=0$，$\overrightarrow{\mathrm{CH}}\cdot\overrightarrow{\mathrm{OB}}=0$

$(\overrightarrow{\mathrm{OH}}-\overrightarrow{\mathrm{OC}})\cdot\overrightarrow{\mathrm{OA}}=0$　　$\overrightarrow{\mathrm{OH}}\cdot\overrightarrow{\mathrm{OA}}=\overrightarrow{\mathrm{OC}}\cdot\overrightarrow{\mathrm{OA}}$

$\overrightarrow{\mathrm{OH}}\cdot\overrightarrow{\mathrm{OA}}=30$

$\overrightarrow{\mathrm{OH}}=k\overrightarrow{\mathrm{OA}}+l\overrightarrow{\mathrm{OB}}$ より　　$\overrightarrow{\mathrm{OH}}\cdot\overrightarrow{\mathrm{OA}}=k\overrightarrow{\mathrm{OA}}\cdot\overrightarrow{\mathrm{OA}}+l\overrightarrow{\mathrm{OB}}\cdot\overrightarrow{\mathrm{OA}}=81k+30l$

よって　　$81k+30l=30$

3 で割って　　$27k+10l=10$　……③

同様に，$\overrightarrow{\mathrm{CH}}\cdot\overrightarrow{\mathrm{OB}}=0$ より　　$(\overrightarrow{\mathrm{OH}}-\overrightarrow{\mathrm{OC}})\cdot\overrightarrow{\mathrm{OB}}=0$

$\overrightarrow{\mathrm{OH}}\cdot\overrightarrow{\mathrm{OB}}=\overrightarrow{\mathrm{OC}}\cdot\overrightarrow{\mathrm{OB}}$　　$\overrightarrow{\mathrm{OH}}\cdot\overrightarrow{\mathrm{OB}}=30$

$\overrightarrow{\mathrm{OH}}=k\overrightarrow{\mathrm{OA}}+l\overrightarrow{\mathrm{OB}}$ より　　$\overrightarrow{\mathrm{OH}}\cdot\overrightarrow{\mathrm{OB}}=k\overrightarrow{\mathrm{OA}}\cdot\overrightarrow{\mathrm{OB}}+l\overrightarrow{\mathrm{OB}}\cdot\overrightarrow{\mathrm{OB}}=30k+100l$

よって　　$30k+100l=30$

10 で割って　　$3k+10l=3$　……④

③，④を連立して解いて　　$k=\dfrac{7}{24}$，$l=\dfrac{17}{80}$

よって　　$\overrightarrow{\mathrm{OH}}=\dfrac{7}{24}\overrightarrow{\mathrm{OA}}+\dfrac{17}{80}\overrightarrow{\mathrm{OB}}$　……(答)

5　解答　≪指数関数の微分，対数関数の積分，定積分で表された関数，円柱を切断した立体の側面積≫

問 1．(1) $f'(x)=(1-x^2)e^{-x}$，$f''(x)=(x^2-2x-1)e^{-x}$

(2)

x	$\cdots$	-1	$\cdots$	$1-\sqrt{2}$	$\cdots$	1	$\cdots$	$1+\sqrt{2}$	$\cdots$
$f'(x)$	$-$	0	$+$	$+$	$+$	0	$-$	$-$	$-$
$f''(x)$	$+$	$+$	$+$	0	$-$	$-$	$-$	0	$+$
$f(x)$	↘		↗		↗		↘		↘

問 2．$\displaystyle\int\log(x^2-4)\,dx=(x+2)\log(x+2)+(x-2)\log(x-2)-2x+C$

（ただし C を積分定数とする）

問 3．$f(x)=x^2+2$

問 4．$\angle\mathrm{QOP}=\theta$ とおくと $\mathrm{QP}=2\sin\theta$ である。

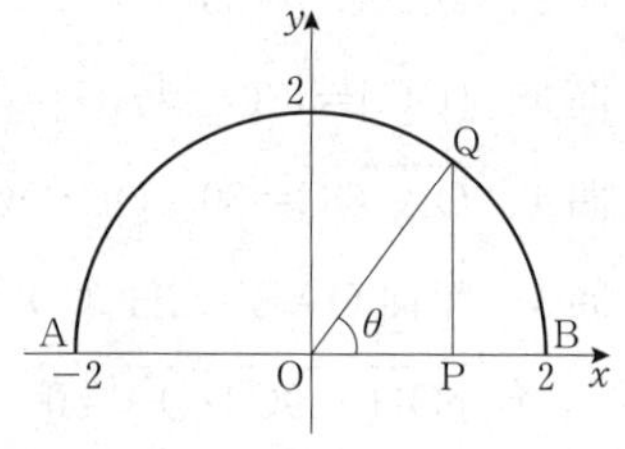

△PQR は直角二等辺三角形であるから

$\mathrm{PQ}=\mathrm{RQ}$

また，弧 $\overparen{\mathrm{BQ}}$ の長さは 2θ である。

ゆえに，求める側面積は

$$S=\int_0^{\pi}2\sin\theta\,2\,d\theta$$

$$=\Bigl[-4\cos\theta\Bigr]_0^{\pi}$$

$$=\left[4\cos\theta\right]_{\pi}^{0}$$

$$=4-(-4)=8 \quad \cdots\cdots(\text{答})$$

物理

1 解答 ≪力学的エネルギーの保存，運動量の保存≫

1—② 2—③ 3—④ 4—④ 5—⑤

2 解答 ≪点電荷による電場と電位≫

6—⑤ 7—① 8—② 9—⑥ 10—④

3 解答 ≪ドップラー効果≫

11—① 12—④ 13—⑤ 14—⑤ 15—④

4 解答 ≪気体の状態変化，光電効果≫

16—③ 17—⑥ 18—③ 19—⑥ 20—① 21—③

化学

1 解答 ≪原子の構造，イオン結晶，混合気体≫

1 ―②　2 ―①　3 ―①　4 ―①　5 ―②　6 ―②　7 ―②　8 ―③
9 ―③　10―⑦　11―①　12―⑧　13―①　14―⑧

2 解答 ≪凝固点降下，電気分解の量的関係，弱酸の電離平衡≫

15―②　16―④　17―⑦　18―②　19―②　20―⑤

3 解答 ≪マグネシウムの性質，リンの性質，硫酸の性質，遷移元素の性質≫

21―①　22―①　23―②　24―①　25―②　26―②　27―①　28―①
29―②　30―①　31―①　32―②　33―①　34―②　35―②　36―①
37―①　38―②　39―①　40―②

4 解答 ≪アセチレンの性質など有機小問 6 問≫

41―①　42―①　43―①　44―②　45―②　46―①　47―②　48―①
49―①　50―②　51―①　52―②　53―②　54―①　55―①　56―①
57―①　58―②　59―①　60―②　61―①　62―②　63―①　64―②
65―①　66―①　67―①　68―②　69―②　70―②

生物

1　解答　≪光合成，窒素同化≫

1 —④　2 —②　3 —②　4 —①　5 —③　6 —③　7 —④

2　解答　≪遺伝情報の発現，PCR 法≫

8 —③　9 —①　10—③　11—③　12—③　13—②

14・15—②・④（順不同）

3　解答　≪植生の遷移としくみ≫

16—③　17—②　18—④　19—③　20—②

21・22—④・⑥（順不同）

4　解答　≪自律神経系と内分泌系≫

23—②　24—②　25—④　26・27—③・⑤（順不同）　28—②　29—⑤

30—⑨

④比喩的ではなく例示的な説明である。

A、がかい　B、こんりゅう　C、だき　D、さかのぼ（る）　E、恐慌　F、累進　G、極致　H、捻出　I、外柔内剛　J、慎む

用務員さんにいらだちを感じたから。（七〇字以内）

問5　④

問6　（1）三カ月ほど。

（2）前の出来事は用務員の言葉に「一年生になったばかりは」とあるように作次が小学校に入学して間もない頃のことだと考えられるが、後の出来事は先生の発言に「もうずっと前に用務員のおじさんから聞いて」や「夏休み中に……ゆっくり相談しようね」とあることから夏休み前のことだと考えられるから。

問7　⑤

解説　問3　①「親しく話す友だちがおらず……乾電池だけを頼りとして」が不適。②「電圧が下がった時に……誤解される」が不適。④作次は転校生ではなく新入生である。⑤「両親からあまり大事にされていないと思いこんでおり」が不適。

問4　用務員さんが見えない作次のコードを踏んでいること、それが作次の作業の邪魔となっていること、そのため用務員さんをいらだたしく感じていること、この三点を字数内にまとめればよい。

問5　傍線部の「最初から無理だと思っていた」は空欄Xのある段落の「プラグが抜けたり、コードが途中で引きちぎられたりしたら」といった不安を指している。ただ「用務員にプラグを抜かれてしまう」と要因を用務員に限定はしていないので②ではなく④が適切。

問6　前の出来事は作次が小学校入学間もない頃のことであり、「ある日」は夏休み前の出来事だと読み取れる。その根拠となる言葉をそれぞれ会話の中に探し、それを引用すればよい。

問7　書き出しでは、作次が電気で動くという非日常性を作次の視点から少しずつほのめかしている。⑤が正解。①「作次の目から見ているような」が適当でない。②前半の物怖じしないたくましい少年像と後半の「仲間や先生とうまくやっていけない人物」とが対比的とは言い難い。③用務員さんの描写は驚きを表現しており、作次との対比ではない。

問7　⑤

解説　問2　b、本文中では前文の「一体化」と同じような意味で使われている。
問3　直前の文の「この心理傾向」つまり悲哀を回避する傾向は「家族にもみられる」とあるので、家族も悲哀を回避して「医療スタッフに精神面でも頼ろうとする」と考えれば①の「病院にまかせておけば、心のことも面倒みてくれるだろう」となる。
問4　直前の「どうやって喪に服したらよいのか、どういう儀式を行なったらよいのかさえ知らなかった」から判断する。死への接し方、悲哀の受け容れ方さえわからなくなっているということ。
問5　「対象喪失の悲哀」とは近親者など自分にとって大切な人の死によって感じる深い悲しみのことであり、その「大量生産」とは戦争で多くの人が亡くなりそれによって大勢の人々が深い悲しみを経験したことを指す。
問6　人々がモラトリアム人間化していくことで、対象喪失の悲哀も感じなくなり、悲哀と取り組むこともなくなったということを制限字数内でまとめる。
問7　本文の主旨は最後の二段落で述べられており、〈対象喪失―悲哀〉という体験が心の体験としてなく、対象喪失の意味がわからない若者は、自己の喪失感としてしか感じられないといったことが述べられているものを選ぶ。

三

出典　三浦哲郎「ロボット」〈『三浦哲郎自選全集』第八巻〉（新潮社）

解答　問1　a―②　b―④　c―③
問2　X―④　Y―⑤
問3　③
問4　用務員さんは作次のコードが見えないため繰り返しコードを踏んでしまってそのたびに作業の邪魔となっており、

となる。

問5　「身の上」とは自分の身の上ということで①と④に絞られるが、「悲しと思ひ入りしも」は〝身にしみて悲しい〟ということなので「心惹かれた」の④は不適。

問6　「そこはかとなく」は〝どこがどうだとはっきりわからない〟という意味。「さはれ」は〝どうともなれ・どうなってもかまわない〟となりゆきに任せる気持ち。

問7　ⅰの直前で「いとあやしく心細きところになむ」と山寺にこもっていた作者の夫から手紙が届き、それに対する作者の返事がⅰ。ⅱはⅰへの返事で作者の夫から。ⅲは作者がしみじみとした心情を和歌に詠んだ場面である。

問8　最後の段落で「つごもりより、なにごこちにかあらむ（月末より、何の病気であろうか）」と身体の不調を訴えている場面があるがこれは作者のことなので、③の「作者の夫が体調を崩した」は合致しない。

二

出典　小此木啓吾『対象喪失』〈第六章　悲哀排除症候群〉（中公新書）

解答

問1　X―③　Y―①

問2　a―②　b―④　c―⑤

問3　①

問4　③

問5　対象喪失の悲哀とは自分にとって大切な人を失うことで受ける悲しみを指し、戦争で大勢の人がそうした悲しみを感じたこと。（六〇字以内）

問6　人工的機械環境の中で暮らし、全能感に支配された人間には、内面的な悲哀の体験をひきおこすような対象喪失は起こらず、何事に対しても対象に深くかかわらない生き方を身につけていくから。（九〇字以内）

▲教育（国語教育）学部▼

出典　藤原道綱母『蜻蛉日記』〈中巻　安和二年三月—五月〉

解答

問1　a—②　b—③　c—⑥　d—⑤

問2　Ⅰ—②　Ⅱ—④

問3　ア—①　イ—④　ウ—⑤

問4　あるいは出家なさるなど、およそ言い尽くせないほどひどい。

問5　①

問6　どこということなく、ひどく苦しいけれど、どうなってもかまわないとばかり思う。

問7　③

問8　③

問9　②

解説　問2　Ⅰ、打消の助動詞「ず」は連用形も「ず」である。「ゆくへも知らず」で意味が途切れず、次の「ちりぢり別れたまふ」につながっているので連用形である。Ⅱ、「たよりにぞ」の「ぞ」の結びで連体形。ラ行変格活用で、終止形は「あり」。

問4　「あるは」はここでは接続詞として〝あるいは〟としたが、〝ある人は〟としても可。「御髪おろす」は〝出家する〟ことで「言へばおろかに」は〝言い尽くせない〟という意味。「いみじ」は程度がはなはだしい場合に用い、望ましい場合にも望ましくない場合にも用いられる。ここでは望ましくない場合なので〝ひどい・痛ましい〟といった意味

問4　ここでは迷路に対する動物の行動の説明の後、人間の行動が対比されている。その本質的な違いとして「なんらかの思考作用」を挙げていることに着目し、筆者の意図を読み取る。

問5　傍線部の次の段落に「書くこと」の説明がある。⑤が正解。①もその次の段落に合致するが、こちらは学校教育における「作文」に特化した記述であるので、「書くということ」全般の説明としては⑤のほうが適切である。

問6　「一筆啓上……」の一文は、簡潔にして要を得た名文として知られていること、その前の部分で近年書くことがおろそかにされていると指摘していることから筆者の意図を考える。

問7　④と⑤に絞られるが、④は「当然の帰結であるため」が不適。

三　解答

A―④　B―①　C―①　D―②　E―⑤　F―③　G―④　H―④　I―②　J―③

問5　次の段落の冒頭で同様の内容を繰り返していることに着目する。

問6　「大きな問題」については、最終段落にまとめられている。②が適切。

問7　①は第五段落の「あそびというからには、……心のやすらぐことが必要である」、第七段落の「もともとあそびとは……何をしてもしなくてもよいのである」、第九段落の「こういうあそびをすることが正統派であるとか、こういうあそびが高級（低級）だということはない」、第十段落の「その人しだいでいろんなものが面白くたのしいあそびになるであろう」などに合致する。②は「仕事とあそびの時間の区別がつかなくなっている」が不適。第五段落に「あそびが自分をしばる仕事のようなものになるなら、その人はそのあそびにあそんでいない人である」とある。③は「心が安まるか否かという点に集約される」、④は「考慮する必要がない」、⑤は「没個性」「意味はなく」「たとえそれが自分を拘束するものであっても」が不適。

二

解答

出典　時実利彦『人間であること』〈Ⅱ　18　考えること・書くこと〉（岩波新書）

問1　X―④　Y―②

問2　a―④　b―⑤

問3　④

問4　③

問5　⑤

問6　②

問7　⑤

解説

問3　傍線部直後の「集積された知識をいかに活用するかという、思考力、判断力」に着目する。

国語

▲社会・政治経済・教育（国語教育除く）・保健医療学部・短期大学▼

一

出典　小原信『退屈について』〈Ⅲ　こころの豊かさを考える　何のためのあそび〉（三笠書房）

解答

問1　X—③　Y—⑤
問2　a—④　b—⑤
問3　④
問4　⑤
問5　③
問6　②
問7　①

解説

問3　前段落の「〈あそび〉だと……マスターすべきもの……修練（修養）と競争（勝敗）に関係のあるものになりすぎている」に着目する。

問4　①と⑤に絞られるが、「こういう人は……気の毒な不自由人だ」と筆者は見ていて、不快というよりは批判に近い思いである。

/////////////////// · memo · ///////////////////

/////////////////// · memo · ///////////////////

教学社 刊行一覧

2025年版 大学赤本シリーズ

国公立大学（都道府県順）

374大学556点
全都道府県を網羅

全国の書店で取り扱っています。店頭にない場合は，お取り寄せができます。

1 北海道大学（文系−前期日程）
2 北海道大学（理系−前期日程） 医
3 北海道大学（後期日程）
4 旭川医科大学（医学部〈医学科〉） 医
5 小樽商科大学
6 帯広畜産大学
7 北海道教育大学
8 室蘭工業大学／北見工業大学
9 釧路公立大学
10 公立千歳科学技術大学
11 公立はこだて未来大学 総推
12 札幌医科大学（医学部） 医
13 弘前大学 医
14 岩手大学
15 岩手県立大学・盛岡短期大学部・宮古短期大学部
16 東北大学（文系−前期日程）
17 東北大学（理系−前期日程） 医
18 東北大学（後期日程）
19 宮城教育大学
20 宮城大学
21 秋田大学 医
22 秋田県立大学
23 国際教養大学 総推
24 山形大学 医
25 福島大学
26 会津大学
27 福島県立医科大学（医・保健科学部） 医
28 茨城大学（文系）
29 茨城大学（理系）
30 筑波大学（推薦入試） 医 総推
31 筑波大学（文系−前期日程）
32 筑波大学（理系−前期日程） 医
33 筑波大学（後期日程）
34 宇都宮大学
35 群馬大学 医
36 群馬県立女子大学
37 高崎経済大学
38 前橋工科大学
39 埼玉大学（文系）
40 埼玉大学（理系）
41 千葉大学（文系−前期日程）
42 千葉大学（理系−前期日程） 医
43 千葉大学（後期日程） 医
44 東京大学（文科） DL
45 東京大学（理科） DL 医
46 お茶の水女子大学
47 電気通信大学
48 東京外国語大学 DL
49 東京海洋大学
50 東京科学大学（旧 東京工業大学）
51 東京科学大学（旧 東京医科歯科大学） 医
52 東京学芸大学
53 東京藝術大学
54 東京農工大学
55 一橋大学（前期日程）
56 一橋大学（後期日程）
57 東京都立大学（文系）
58 東京都立大学（理系）
59 横浜国立大学（文系）
60 横浜国立大学（理系）
61 横浜市立大学（国際教養・国際商・理・データサイエンス・医〈看護〉学部）
62 横浜市立大学（医学部〈医学科〉） 医
63 新潟大学（人文・教育〈文系〉・法・経済科・医〈看護〉・創生学部）
64 新潟大学（教育〈理系〉・理・医〈看護を除く〉・歯・工・農学部） 医
65 新潟県立大学
66 富山大学（文系）
67 富山大学（理系） 医
68 富山県立大学
69 金沢大学（文系）
70 金沢大学（理系） 医
71 福井大学（教育・医〈看護〉・工・国際地域学部）
72 福井大学（医学部〈医学科〉） 医
73 福井県立大学
74 山梨大学（教育・医〈看護〉・工・生命環境学部）
75 山梨大学（医学部〈医学科〉） 医
76 都留文科大学
77 信州大学（文系−前期日程）
78 信州大学（理系−前期日程） 医
79 信州大学（後期日程）
80 公立諏訪東京理科大学 総推
81 岐阜大学（前期日程） 医
82 岐阜大学（後期日程）
83 岐阜薬科大学
84 静岡大学（前期日程）
85 静岡大学（後期日程）
86 浜松医科大学（医学部〈医学科〉） 医
87 静岡県立大学
88 静岡文化芸術大学
89 名古屋大学（文系）
90 名古屋大学（理系） 医
91 愛知教育大学
92 名古屋工業大学
93 愛知県立大学
94 名古屋市立大学（経済・人文社会・芸術工・看護・総合生命理・データサイエンス学部）
95 名古屋市立大学（医学部〈医学科〉） 医
96 名古屋市立大学（薬学部）
97 三重大学（人文・教育・医〈看護〉学部）
98 三重大学（医〈医〉・工・生物資源学部） 医
99 滋賀大学
100 滋賀医科大学（医学部〈医学科〉） 医
101 滋賀県立大学
102 京都大学（文系）
103 京都大学（理系） 医
104 京都教育大学
105 京都工芸繊維大学
106 京都府立大学
107 京都府立医科大学（医学部〈医学科〉） 医
108 大阪大学（文系） DL
109 大阪大学（理系） 医
110 大阪教育大学
111 大阪公立大学（現代システム科学域〈文系〉・文・法・経済・商・看護・生活科〈居住環境・人間福祉〉学部−前期日程）
112 大阪公立大学（現代システム科学域〈理系〉・理・工・農・獣医・医・生活科〈食栄養〉学部−前期日程） 医
113 大阪公立大学（中期日程）
114 大阪公立大学（後期日程）
115 神戸大学（文系−前期日程）
116 神戸大学（理系−前期日程） 医
117 神戸大学（後期日程）
118 神戸市外国語大学 DL
119 兵庫県立大学（国際商経・社会情報科・看護学部）
120 兵庫県立大学（工・理・環境人間学部）
121 奈良教育大学／奈良県立大学
122 奈良女子大学
123 奈良県立医科大学（医学部〈医学科〉） 医
124 和歌山大学
125 和歌山県立医科大学（医・薬学部） 医
126 鳥取大学 医
127 公立鳥取環境大学
128 島根大学 医
129 岡山大学（文系）
130 岡山大学（理系） 医
131 岡山県立大学
132 広島大学（文系−前期日程）
133 広島大学（理系−前期日程） 医
134 広島大学（後期日程）
135 尾道市立大学 総推
136 県立広島大学
137 広島市立大学
138 福山市立大学 総推
139 山口大学（人文・教育〈文系〉・経済・医〈看護〉・国際総合科学部）
140 山口大学（教育〈理系〉・理・医〈看護を除く〉・工・農・共同獣医学部） 医
141 山陽小野田市立山口東京理科大学 総推
142 下関市立大学／山口県立大学
143 周南公立大学 新 総推
144 徳島大学 医
145 香川大学 医
146 愛媛大学 医
147 高知大学 医
148 高知工科大学
149 九州大学（文系−前期日程）
150 九州大学（理系−前期日程） 医
151 九州大学（後期日程）
152 九州工業大学
153 福岡教育大学
154 北九州市立大学
155 九州歯科大学
156 福岡県立大学／福岡女子大学
157 佐賀大学 医
158 長崎大学（多文化社会・教育〈文系〉・経済・医〈保健〉・環境科〈文系〉学部）
159 長崎大学（教育〈理系〉・医〈医〉・歯・薬・情報データ科・工・環境科〈理系〉・水産学部） 医
160 長崎県立大学 総推
161 熊本大学（文・教育・法・医〈看護〉学部・情報融合学環〈文系型〉）
162 熊本大学（理・医〈看護を除く〉・薬・工学部・情報融合学環〈理系型〉） 医
163 熊本県立大学
164 大分大学（教育・経済・医〈看護〉・理工・福祉健康科学部）
165 大分大学（医学部〈医・先進医療科学科〉） 医
166 宮崎大学（教育・医〈看護〉・工・農・地域資源創成学部）
167 宮崎大学（医学部〈医学科〉） 医
168 鹿児島大学（文系）
169 鹿児島大学（理系） 医
170 琉球大学 医

2025年版　大学赤本シリーズ

国公立大学 その他

171 〔国公立大〕医学部医学科 総合型選抜・学校推薦型選抜※ 医 総推
172 看護・医療系大学〈国公立 東日本〉※
173 看護・医療系大学〈国公立 中日本〉※
174 看護・医療系大学〈国公立 西日本〉※
175 海上保安大学校／気象大学校
176 航空保安大学校
177 国立看護大学校
178 防衛大学校 総推
179 防衛医科大学校（医学科） 医
180 防衛医科大学校（看護学科）

※ No.171～174の収載大学は赤本ウェブサイト（http://akahon.net/）でご確認ください。

私立大学①

北海道の大学（50音順）

201 札幌大学
202 札幌学院大学
203 北星学園大学
204 北海学園大学
205 北海道医療大学
206 北海道科学大学
207 北海道武蔵女子大学・短期大学
208 酪農学園大学（獣医学群〈獣医学類〉）

東北の大学（50音順）

209 岩手医科大学（医・歯・薬学部） 医
210 仙台大学 総推
211 東北医科薬科大学（医・薬学部） 医
212 東北学院大学
213 東北工業大学
214 東北福祉大学
215 宮城学院女子大学 総推

関東の大学（50音順）

あ行（関東の大学）

216 青山学院大学（法・国際政治経済学部－個別学部日程）
217 青山学院大学（経済学部－個別学部日程）
218 青山学院大学（経営学部－個別学部日程）
219 青山学院大学（文・教育人間科学部－個別学部日程）
220 青山学院大学（総合文化政策・社会情報・地球社会共生・コミュニティ人間科学部－個別学部日程）
221 青山学院大学（理工学部－個別学部日程）
222 青山学院大学（全学部日程）
223 麻布大学（獣医、生命・環境科学部）
224 亜細亜大学
226 桜美林大学
227 大妻女子大学・短期大学部

か行（関東の大学）

228 学習院大学（法学部－コア試験）
229 学習院大学（経済学部－コア試験）
230 学習院大学（文学部－コア試験）
231 学習院大学（国際社会科学部－コア試験）
232 学習院大学（理学部－コア試験）
233 学習院女子大学
234 神奈川大学（給費生試験）
235 神奈川大学（一般入試）
236 神奈川工科大学
237 鎌倉女子大学・短期大学部
238 川村学園女子大学
239 神田外語大学
240 関東学院大学
241 北里大学（理学部）
242 北里大学（医学部） 医
243 北里大学（薬学部）
244 北里大学（看護・医療衛生学部）
245 北里大学（未来工・獣医・海洋生命科学部）
246 共立女子大学・短期大学
247 杏林大学（医学部） 医
248 杏林大学（保健学部）
249 群馬医療福祉大学・短期大学部
250 群馬パース大学 総推
251 慶應義塾大学（法学部）
252 慶應義塾大学（経済学部）
253 慶應義塾大学（商学部）
254 慶應義塾大学（文学部） 総推
255 慶應義塾大学（総合政策学部）
256 慶應義塾大学（環境情報学部）
257 慶應義塾大学（理工学部）
258 慶應義塾大学（医学部） 医
259 慶應義塾大学（薬学部）
260 慶應義塾大学（看護医療学部）
261 工学院大学
262 國學院大學
263 国際医療福祉大学 医
264 国際基督教大学
265 国士舘大学
266 駒澤大学（一般選抜T方式・S方式）
267 駒澤大学（全学部統一日程選抜）

さ行（関東の大学）

268 埼玉医科大学（医学部） 医
269 相模女子大学・短期大学部
270 産業能率大学
271 自治医科大学（医学部） 医
272 自治医科大学（看護学部）／東京慈恵会医科大学（医学部〈看護学科〉）
273 実践女子大学 総推
274 芝浦工業大学（前期日程）
275 芝浦工業大学（全学統一日程・後期日程）
276 十文字学園女子大学
277 淑徳大学
278 順天堂大学（医学部） 医
279 順天堂大学（スポーツ健康科・医療看護・保健看護・国際教養・保健医療・医療科・健康データサイエンス・薬学部） 総推
280 上智大学（神・文・総合人間科学部）
281 上智大学（法・経済学部）
282 上智大学（外国語・総合グローバル学部）
283 上智大学（理工学部）
284 上智大学（TEAPスコア利用方式）
285 湘南工科大学
286 昭和大学（医学部） 医
287 昭和大学（歯・薬・保健医療学部）
288 昭和女子大学
289 昭和薬科大学
290 女子栄養大学・短期大学部 総推
291 白百合女子大学
292 成蹊大学（法学部－A方式）
293 成蹊大学（経済・経営学部－A方式）
294 成蹊大学（文学部－A方式）
295 成蹊大学（理工学部－A方式）
296 成蹊大学（E方式・G方式・P方式）
297 成城大学（経済・社会イノベーション学部－A方式）
298 成城大学（文芸・法学部－A方式）
299 成城大学（S方式〈全学部統一選抜〉）
300 聖心女子大学
301 清泉女子大学
303 聖マリアンナ医科大学 医
304 聖路加国際大学（看護学部）
305 専修大学（スカラシップ・全国入試）
306 専修大学（前期入試〈学部個別入試〉）
307 専修大学（前期入試〈全学部入試・スカラシップ入試〉）

た行（関東の大学）

308 大正大学
309 大東文化大学
310 高崎健康福祉大学
311 拓殖大学
312 玉川大学
313 多摩美術大学
314 千葉工業大学
315 中央大学（法学部－学部別選抜）
316 中央大学（経済学部－学部別選抜）
317 中央大学（商学部－学部別選抜）
318 中央大学（文学部－学部別選抜）
319 中央大学（総合政策学部－学部別選抜）
320 中央大学（国際経営・国際情報学部－学部別選抜）
321 中央大学（理工学部－学部別選抜）
322 中央大学（5学部共通選抜）
323 中央学院大学
324 津田塾大学
325 帝京大学（薬・経済・法・文・外国語・教育・理工・医療技術・福岡医療技術学部）
326 帝京大学（医学部） 医
327 帝京科学大学 総推
328 帝京平成大学 総推
329 東海大学（医〈医〉学部を除く－一般選抜）
330 東海大学（文系・理系学部統一選抜）
331 東海大学（医学部〈医学科〉） 医
332 東京医科大学（医学部〈医学科〉） 医
333 東京家政大学・短期大学部 総推
334 東京経済大学
335 東京工科大学
336 東京工芸大学
337 東京国際大学
338 東京歯科大学
339 東京慈恵会医科大学（医学部〈医学科〉） 医
340 東京情報大学
341 東京女子大学
342 東京女子医科大学（医学部） 医
343 東京電機大学
344 東京都市大学
345 東京農業大学
346 東京薬科大学（薬学部） 総推
347 東京薬科大学（生命科学部） 総推
348 東京理科大学（理学部〈第一部〉－B方式）
349 東京理科大学（創域理工学部－B方式・S方式）
350 東京理科大学（工学部－B方式）
351 東京理科大学（先進工学部－B方式）
352 東京理科大学（薬学部－B方式）
353 東京理科大学（経営学部－B方式）
354 東京理科大学（C方式、グローバル方式、理学部〈第二部〉－B方式）
355 東邦大学（医学部） 医
356 東邦大学（薬学部）

2025年版　大学赤本シリーズ

私立大学②

357 東邦大学(理・看護・健康科学部)
358 東洋大学(文・経済・経営・法・社会・国際・国際観光学部)
359 東洋大学(情報連携・福祉社会デザイン・健康スポーツ科・理工・総合情報・生命科・食環境科学部)
360 東洋大学(英語〈3日程×3カ年〉)
361 東洋大学(国語〈3日程×3カ年〉)
362 東洋大学(日本史・世界史〈2日程×3カ年〉)
363 東洋英和女学院大学
364 常磐大学・短期大学 総推
365 獨協大学
366 獨協医科大学(医学部) 医

な行(関東の大学)

367 二松学舎大学
368 日本大学(法学部)
369 日本大学(経済学部)
370 日本大学(商学部)
371 日本大学(文理学部〈文系〉)
372 日本大学(文理学部〈理系〉)
373 日本大学(芸術学部〈専門試験併用型〉)
374 日本大学(国際関係学部)
375 日本大学(危機管理・スポーツ科学部)
376 日本大学(理工学部)
377 日本大学(生産工・工学部)
378 日本大学(生物資源科学部)
379 日本大学(医学部) 医
380 日本大学(歯・松戸歯学部)
381 日本大学(薬学部)
382 日本大学(N全学統一方式—医・芸術〈専門試験併用型〉学部を除く)
383 日本医科大学 医
384 日本工業大学
385 日本歯科大学
386 日本社会事業大学 総推
387 日本獣医生命科学大学
388 日本女子大学
389 日本体育大学

は行(関東の大学)

390 白鷗大学(学業特待選抜・一般選抜)
391 フェリス女学院大学
392 文教大学
393 法政大学(法〈Ⅰ日程〉・文〈Ⅱ日程〉・経営〈Ⅱ日程〉学部—A方式)
394 法政大学(法〈Ⅱ日程〉・国際文化・キャリアデザイン学部—A方式)
395 法政大学(文〈Ⅰ日程〉・経営〈Ⅰ日程〉・人間環境・グローバル教養学部—A方式)
396 法政大学(経済〈Ⅰ日程〉・社会〈Ⅰ日程〉・現代福祉学部—A方式)
397 法政大学(経済〈Ⅱ日程〉・社会〈Ⅱ日程〉・スポーツ健康学部—A方式)
398 法政大学(情報科・デザイン工・理工・生命科学部—A方式)
399 法政大学(T日程〈統一日程〉・英語外部試験利用入試)
400 星薬科大学 総推

ま行(関東の大学)

401 武蔵大学
402 武蔵野大学
403 武蔵野美術大学
404 明海大学
405 明治大学(法学部—学部別入試)
406 明治大学(政治経済学部—学部別入試)
407 明治大学(商学部—学部別入試)
408 明治大学(経営学部—学部別入試)
409 明治大学(文学部—学部別入試)
410 明治大学(国際日本学部—学部別入試)
411 明治大学(情報コミュニケーション学部—学部別入試)
412 明治大学(理工学部—学部別入試)
413 明治大学(総合数理学部—学部別入試)
414 明治大学(農学部—学部別入試)
415 明治大学(全学部統一入試)
416 明治学院大学(A日程)
417 明治学院大学(全学部日程)
418 明治薬科大学 総推
419 明星大学
420 目白大学・短期大学部

ら・わ行(関東の大学)

421 立教大学(文系学部—一般入試〈大学独自の英語を課さない日程〉)
422 立教大学(国語〈3日程×3カ年〉)
423 立教大学(日本史・世界史〈2日程×3カ年〉)
424 立教大学(文学部—一般入試〈大学独自の英語を課す日程〉)
425 立教大学(理学部—一般入試)
426 立正大学
427 早稲田大学(法学部)
428 早稲田大学(政治経済学部)
429 早稲田大学(商学部)
430 早稲田大学(社会科学部)
431 早稲田大学(文学部)
432 早稲田大学(文化構想学部)
433 早稲田大学(教育学部〈文科系〉)
434 早稲田大学(教育学部〈理科系〉)
435 早稲田大学(人間科・スポーツ科学部)
436 早稲田大学(国際教養学部)
437 早稲田大学(基幹理工・創造理工・先進理工学部)
438 和洋女子大学 総推

中部の大学(50音順)

439 愛知大学
440 愛知医科大学(医学部) 医
441 愛知学院大学・短期大学部
442 愛知工業大学 総推
443 愛知淑徳大学
444 朝日大学 総推
445 金沢医科大学(医学部) 医
446 金沢工業大学
447 岐阜聖徳学園大学 総推
448 金城学院大学
449 至学館大学 総推
450 静岡理工科大学
451 椙山女学園大学
452 大同大学
453 中京大学
454 中部大学
455 名古屋外国語大学 総推
456 名古屋学院大学 総推
457 名古屋学芸大学 総推
458 名古屋女子大学 総推
459 南山大学(外国語〈英米〉・法・総合政策・国際教養学部)
460 南山大学(人文・外国語〈英米を除く〉・経済・経営・理工学部)
461 新潟国際情報大学
462 日本福祉大学
463 福井工業大学
464 藤田医科大学(医学部) 医
465 藤田医科大学(医療科・保健衛生学部)
466 名城大学(法・経営・経済・外国語・人間・都市情報学部)
467 名城大学(情報工・理工・農・薬学部)
468 山梨学院大学

近畿の大学(50音順)

469 追手門学院大学 総推
470 大阪医科薬科大学(医学部) 医
471 大阪医科薬科大学(薬学部) 総推
472 大阪学院大学 総推
473 大阪経済大学 総推
474 大阪経済法科大学 総推
475 大阪工業大学 総推
476 大阪国際大学・短期大学部 総推
477 大阪産業大学 総推
478 大阪歯科大学(歯学部)
479 大阪商業大学 総推
480 大阪成蹊大学・短期大学 総推
481 大谷大学 総推
482 大手前大学・短期大学 総推
483 関西大学(文系)
484 関西大学(理系)
485 関西大学(英語〈3日程×3カ年〉)
486 関西大学(国語〈3日程×3カ年〉)
487 関西大学(日本史・世界史・文系数学〈3日程×3カ年〉)
488 関西医科大学(医学部) 医
489 関西医療大学 総推
490 関西外国語大学・短期大学部 総推
491 関西学院大学(文・法・商・人間福祉・総合政策学部—学部個別日程)
492 関西学院大学(神・社会・経済・国際・教育学部—学部個別日程)
493 関西学院大学(全学部日程〈文系型〉)
494 関西学院大学(全学部日程〈理系型〉)
495 関西学院大学(共通テスト併用日程〈数学〉・英数日程)
496 関西学院大学(英語〈3日程×3カ年〉) 新
497 関西学院大学(国語〈3日程×3カ年〉) 新
498 関西学院大学(日本史・世界史・文系数学〈3日程×3カ年〉) 新
499 畿央大学 総推
500 京都外国語大学・短期大学 総推
502 京都産業大学(公募推薦入試) 総推
503 京都産業大学(一般選抜入試〈前期日程〉)
504 京都女子大学 総推
505 京都先端科学大学 総推
506 京都橘大学 総推
507 京都ノートルダム女子大学 総推
508 京都薬科大学 総推
509 近畿大学・短期大学部(医学部を除く—推薦入試) 総推
510 近畿大学・短期大学部(医学部を除く—一般入試前期)
511 近畿大学(英語〈医学部を除く3日程×3カ年〉)
512 近畿大学(理系数学〈医学部を除く3日程×3カ年〉)
513 近畿大学(国語〈医学部を除く3日程×3カ年〉)
514 近畿大学(医学部—推薦入試・一般入試前期) 医 総推
515 近畿大学・短期大学部(一般入試後期) 医
516 皇學館大学 総推
517 甲南大学 総推
518 甲南女子大学(学校推薦型選抜) 新 総推
519 神戸学院大学 総推
520 神戸国際大学 総推
521 神戸女学院大学 総推
522 神戸女子大学・短期大学 総推
523 神戸薬科大学 総推
524 四天王寺大学・短期大学部 総推
525 摂南大学(公募制推薦入試) 総推
526 摂南大学(一般選抜前期日程)
527 帝塚山学院大学 総推
528 同志社大学(法、グローバル・コミュニケーション学部—学部個別日程)

2025 年版　大学赤本シリーズ　No. 545

大和大学
大和大学白鳳短期大学部

2024 年 7 月 30 日　第 1 刷発行
ISBN978-4-325-26603-7
定価は裏表紙に表示しています

編　集　教学社編集部
発行者　上原 寿明
発行所　教学社
〒606-0031
京都市左京区岩倉南桑原町56
電話　075-721-6500
振替　01020-1-15695
印　刷　共同印刷工業